农业科技查新指南

◎ 王 昕 徐 艳 崔淑贤 主编

中国农业科学技术出版社

图书在版编目（CIP）数据

农业科技查新指南／王昕，徐艳，崔淑贤主编．—北京：中国农业科学技术出版社，2017.7

ISBN 978-7-5116-3136-7

Ⅰ.①农… Ⅱ.①王…②徐…③崔… Ⅲ.①农业技术-技术革新-科技情报-信息检索-指南 Ⅳ.①G254.97-62

中国版本图书馆 CIP 数据核字（2017）第 145889 号

责任编辑 李冠桥
责任校对 贾海霞

出 版 者 中国农业科学技术出版社
北京市中关村南大街 12 号 邮编：100081
电　　话 (010)82109705(编辑室) (010)82109704(发行部)
(010)82109709(读者服务部)
传　　真 (010)82106625
网　　址 http://www.castp.cn
经 销 者 各地新华书店
印 刷 者 北京科信印刷有限公司
开　　本 710 mm×1 000 mm 1/16
印　　张 43.75
字　　数 782 千字
版　　次 2017 年 7 月第 1 版 2017 年 7 月第 1 次印刷
定　　价 135.00 元

《农业科技查新指南》

编写人员名单

主　　编： 王　昕　徐　艳　崔淑贤

副 主 编： 张志娟　白凌燕

编写人员：（按姓氏笔画排序）

马　鑫　王　宇　王春萌　王　博
卢　闯　白　冰　吕国丽　纪　晔
纪　韬　杨明岩　李玉娟　张玉鑫
张晓婷　苗　羽　金　姣　侯晓磊
梁　昶　彭秀媛

策　　划： 卢庆善

内容提要

《农业科技查新指南》是一本实用型图书。全书12章，分别介绍了农业科技查新的种类和特点、信息检索知识、信息文献资源、现代信息检索技术、计算机信息检索、因特网信息检索、光盘检索系统、中国文献信息检索、国外文献信息检索、农业科技查新检索、查新点与数据库、查新程序、全文查新报告案例和主要科技政策文件。

本书全面、系统、翔实叙述了农业科技查新的有关问题，可供农业科研院所科技工作者，农业大专院校师生以及涉农企、事业单位技术人员参考。

内容提要

[illegible]

[illegible]

前　　言

科技查新作为科技管理的一项重要的基础性工作，是在科技文献检索和科技咨询前提下发展而来的一项新型的科技服务业务。科技查新不仅用于科技管理，而且还广泛用于科学研究、产品开发等诸多领域。当天文数字信息的存储和编辑变得异常容易，当多媒体等不同类型文献的快速检索成为现实，当网络的宽带变得不再拥挤，信息的存储和检索便捷技术将满足人们在任何时间、任何地点获取信息成为可能。在信息已经数字化的网络环境下，既为科技查新提供了空前广泛、翔实的信息资源，也为科技查新提供了更加迅速、方便的检索手段，因此，科技查新和信息检索已成为现代科技工作者应具有的基本技能和素质。

2000 年 12 月，科技部发布了《科技查新机构管理办法》和《科技查新规范》，使全国科技查新工作有章可循，促进了全国各查新机构科技查新的发展和进步，在对查新报告的宗旨、用途及核心内容的认识上，在对查新目的与查新点的掌握上，在对查新报告的格式、内容的撰写与著述上等都有了更深入的理解，并在科技查新规范要求的基础上取得了广泛共识。

农业科技查新是科技查新的一个分支，与科技查新一样具有科技查新的共性，只是更体现其专业特性。农业科技查新为农业科研立项、农业科技项目验收、农业科技成果评价、报奖、技术引进、新品种、新产品、新技术推广与开发、专利申报等提供客观、公正的评价依据，为农业科研、农业生产、农村经济的发展提供快速、准确的信息服务。

科技查新既是一项严肃、认真的工作，又是一项科学性、技术性很强的工作。查新人员要具有较高的素质，首先要具有高度的社会责任感，还要有雄厚的专业技术知识、文献知识、外语知识等，以及综合、归纳和分析问题的能力。

我们在农业科技查新工作中体会到，农业科技查新门类广，包括动物、植物、昆虫、微生物等；专业多，涵盖遗传育种、高产栽培、土壤肥料、植物保护、畜禽养殖、疫病防治、农业机械、生物技术等。查新目的不同，有立项查新、科研成果鉴定奖励查新、新品种新技术查新以及国外技术引进、专利申请查新等。另外，查新委托单位在查新的要求上，在科学技术和查新点（或创新点）的理解和撰写上也不规范。因此，为了进一步做好农业科技查新工作，使之更科学、更客观、更公证，我们组织查新工作人员在参阅有关查新文件、资料的基础上，结合自身工作的感悟和心得，共同编写了《农业科技查新指南》一书，让我们与读者共享。

由于时间仓促和作者水平有限，书中错谬在所难免，恳请读者赐教。

编　者

2017 年 5 月

目　　录

1　农业科技查新综述

1.1　我国科技查新发展的历史回顾

1.1.1　科技查新的开始

我国科技查新是在科研体制不断深化改革中逐步发展形成的一种科技信息咨询工作。改革开放以来，科学技术在国民经济发展中的重要性和作用越来越凸显，并得到国家的高度重视，提出“科学技术是第一生产力”的革命性口号。国家对科学技术研发的投资不断加大力度，并以项目（或课题）的形式投入研究经费。怎样才能对研究项目（课题）的立项和取得的研究成果进行客观、公正、公平、准确的评价，这时已提到科技管理的议事日程上来。为此，国家相关的科技管理部门进行了连续的研究和探索，并不断地进行总结和提升。

1987 年，科技部（原国家科委）颁布了《科学技术成果鉴定办法》（以下简称《办法》），1988 年又颁布了《科学技术成果鉴定办法若干问题的说明》（以下简称《说明》），该《办法》和《说明》规定了研究课题立项和研究成果评审方法，主要是依靠同行专家的评议和生产效益证明。但是，由于国内外科学技术突飞猛进的迅速发展，同行专家不可能对所有需要评审的立项课题和科技成果都有全面、深入的了解和把握，因此也不太可能作出客观、公正的科学评价。另外，当时我国的社会经济发展和科学技术发展水平还比较落后，引进的国外文献信息资料还相当少，国内的文献信息检索体系还不够完善，还处于手工检索时期，同行专家要想获得全面、有关专业的文献信息相当困难，而且时间和精力也没有这种可能，其结果是同行专家很难了解国内外相关学科和专业科学技术发展的水平、研发的深度和广度，客观上容易造成评审不准确而重复立项和低水平重复，也造成研究成果水平评审的失准。

在这种大环境下，就提出了将科技信息评价纳入研究课题立项和科技成果鉴定的程序中来，以便为专家评审提供全方位、准确和客观的科技文献参考依据。这就是科技查新的必要性和由来。

1990 年，科技部下发了《关于推荐第一批查新咨询科研立项和成果管理的情报检索单位的通知》(国情发情字〔1990〕800号),有20余个单位申报首批一级科技查新单位,其中11个单位获得了授权。该通知标志着我国科技查新工作的正式开始。

自1990年起,科技部启动了科技查新机构认定和科技查新工作管理办法的制定。2000年,科技部颁布了《科技查新机构管理办法》和《科技查新规范》,标志着我国科技查新工作走上了法制化的轨道,也极大地推动和促进了科技查新工作在全国范围内的快速发展。

1.1.2 科技查新走向市场

科技查新的实施在很大的程度上提升了科技立项和成果鉴定奖励的严肃性、科学性、公正性和权威性,为了保证科技查新的质量,在1994年颁布的《科学技术成果鉴定办法》中的第四章第十八条规定,科技成果需持有科技部及省、自治区、直辖市科技厅(委)或者国务院有关部门认定的科技信息机构的科技查新报告。在《国家重点新产品计划管理办法》(国科发计字〔1997〕503号)中的第三章第十一条规定,提交评审新产品需有国家一级科技查新单位或相应科技查新机构的新产品科技查新检测报告。

这一规定以行政管理的形式把科技查新纳入科技成果评价体系中,确立了科技查新在科技成果评价体系中的重要地位。1994年,国家科技部在全国授权了38个家一级科技查新机构,此外,农业部、教育部和卫生部等也先后授权了一批科技查新单位。

2002年,国务院为进一步转变政府职能,深化改革行政管理体制,对当时已有的行政审批项目进行了审查和论证,取消了一批行政审批项目,其中在2003年2月27日颁布了《国务院关于取消第二批行政审批项目和改变一批行政审批项目管理方式的决定》(国发〔2003〕5号)中,取消了406项行政审批项目,其中的第二十六项"科技查新机构业务资质认定",即科技部在国科发字〔2000〕544号关于印发《科技查新机构管理办法》《科技查新规范》的通知中有关"科技查新机构业务资质认定已被取消。从此以后,科技查新机构业务资质认定和科技查新业务培训不再属于行政管理内容,科技部也停止了对科技查新机构的认定和管理工作。科技查新工作步入市场化。

1.2 科技查新的种类及其特点

1.2.1 科研立项查新

1.2.1.1 立项查新的目的

科技立项是实施科学研究的先决条件和基础，只有准确地了解和把握，拟开展研究项目的先进性、新颖性、科学性、实用性等，才能对项目内容进行正确评估，进而优化国家的研究资源，保证国家科学技术计划的实施。

科研立项的目的是申报单位为取得政府的支持，得到科研经费。通常，政府科研管理部门对申报的研究项目要组织专家进行评审。同行专家虽然具有较丰富的学科专业知识，但在当前学科分支很细，专业相互交叉的情况下，要求专家了解和把握每个研究课题的立项内容是很难的。专家不太可能掌握全面的情况，更不可能对近 10~15 年来公开发表的研究报告、专利、研究生论文等进行全面的阅览。

总体上看，立项查新的主要目的有两个：一是为主管科技立项的部门和评审专家提供一个客观的评价指标，比较真实地反映出查新项目的国内外情况，避免研究项目的低水平重复，避免人力和物力资源的浪费，以保证将有限的科研资金用到急需的重大科研项目上。二是为申报立项科研团队在开题研究之前提供比较全面的项目研究背景和信息，优化科研项目的总体设计、提高研究效率、缩短研究周期。达到事半功倍、快出成果的目的。

1.2.2.2 立项查新的特点

1. 背景资料的全面性

科研立项一般是对新颖的研究内容，或者对还从未开展过的研究内容进行研究、探索。在起草研究项目申请时，科技人员虽然对该研究领域的背景资料有一定了解，但常常是不全面的。因为他们只是通过有限的文献资料与自身研究范围内了解到的一些情况编写课题方案，设计技术路线，因此对课题的背景资料掌握的不够充分，提供的科学技术内容不全面，关键词也不十分准确。而立项查新就具有全面性的特点。即查新人员在探索过程中，由于查阅到该学科领域的大量文献资料，对该立项的全面情况有所了解，并提供给科研人员。因而，科研人员在掌握了全面情况后，提出修正项目名称、补充项目内容、充实技术路线等相关内容。

2. 研究目标的集中性

许多研究立项编写的研究预期目标比较多，比较分散，试图从多方面开展研究取得研究成果，以至于造成创新点多而杂，对于查新检索和查新结论的撰写有一定的困难。这种情况往往产生在申报项目单位在申请重大科研项目时，科研人员为了能争取该项目获得成功，主观上想研究目标越多越好，结果可能是适得其反。这时，需要查新人员与起草项目人员沟通，共同分析研究，归纳、提炼项目研究的主要目标，做到重要目标不遗漏，类似目标合并到一起，最终确定项目的主要研究目标和创新点。

3. 研究内容的合理性

研究立项是一种与未完成的科研课题，研究内容是否合理也很难做出判定。它不像研究成果有一定的结果和结论，或者具有一定的技术经济指标。而科研立项的研究内容相对较为模糊，这种情况给查新人员带来一定困难，因此通过查新使项目的研究内容尽量达到合理。

1.2.1.3　立项查新应关注的问题

1. 了解申报项目的种类

由于国家对科技工作日益重视，因此资助的科研项目及其经费力度与日俱增。科研项目的种类也很多，大体分3种：一是研究项目类，如国家高技术研究发展计划（“863”计划）、国家重点基础研究发展计划（“973”计划）、国家自然科学基金项目、攻关计划、跨越计划、攀登计划、重大专项等。二是建设项目类，如国家高技术产业化示范工程项目、国家农作物改良中心、分中心建设项目、农作物原原种、原种基地建设项目、园区建设、各种基地建设项目等。三是开发推广项目类，如丰收计划、成果转化资金项目、新品种、新技术推广项目、农业综合开发项目等。了解项目的种类，对于申请项目和立项查新非常重要。

2. 把握申报项目的指南

研读和把握申报项目的指南内容，对于撰写项目申请书和确定立项查新的创新点是很必要的。下面列举国家高技术研究发展计划（“863”计划）课题申请指南（2001—2005年）。

指南内容：优质、高产、专用农作物育种技术及新品种选育。

研究目标：通过研究优质、高产、专用农作物遗传改良技术，农作物杂交优势利用技术，开展育种技术方法创新、新品种选育和育种材料创制，基本实现主要农作物品种优质化、专业化、多样化和特色化，初步建立具有国际竞争力的我国农作物育种技术和产业创新体系，带动我国种子行业的发展，使我国农作物育种研究整体达到国际先进水平，部分达到国际领先水平。

研究内容及主要指标：研究基因聚合、生化育种、水分养分高效利用育种技术、早代微量快速鉴定筛选、细胞工程、染色体工程、分子标记辅助育种、基因工程育种等现代育种技术，将常规育种技术与现代育种技术有机结合，创造和培育优质、丰产、多抗、专用、广适性、水分养分高效利用的主要粮食作物（稻、麦、玉米、薯类、大麦、谷子等）、棉麻作物、油料作物（大豆、油菜、花生等）、园艺（果树、蔬菜、花卉、茶桑等）作物、新型饲料作物、糖料作物和橡胶树等的新品种和优异育种农产品要求，增产5%（组合8%）以上，兼抗2种以上主要病虫，其中对农业生产、农业结构调整、农产品质量提高有重大影响和具有国际竞争力的突破行新品种（组合）25~35个：多抗、广适性、高产品种（组合）120~130个，增产8%（组合10%）以上，品质达到国家二级优质农产品要求，抗逆性强，兼抗2种以上主要病虫；超级农作物品种810个，增产15%以上，品质达到国家二级优质农产品要求，兼抗2种以上主要病虫：创制各类优异育种新材料800份。研究新型核不育系、细胞质雄性不育系、生态型雄性不育两用系、自交不亲和系和雌性系杂种优势利用技术，研究无融合生殖等杂种优势固定新技术、创造优异不育系。

保持系、恢复系，选育超级优质农作物杂交种；培育优异不育系等40~50份，超级优质农作物杂交组合10~15个，建立主要农作物杂交优势利用模式6种以上，杂种产量潜力提高20%以上：建立新型杂交种子生产技术体系3个，制种产量达到生产田的65%以上；获得23份无融合生殖新材料，自交不亲和系6个，雌性系2个。研究特种经济作物的高效脱毒快繁生产与检测技术。建立制种、品种示范与快繁生产基地12~13个，对具有重大农业应用前景的新品种给予重点支持，进行中试与产业化，新品种（组合）累计推广10亿亩（15亩=1公顷，全书同）以上，申报发明专利58项。

申请条件：申请单位和申请者有坚实的育种工作基础、丰富的研究材料和良好的实验条件，掌握完善、高效的现代育种技术，在相关作物的品种选育上已取得较好的成就。能完成预定目标。

对于上面的指南内容，要重点把握课题的层次、研究目标、研究内容、主要指标等，以便申请课题和提出立项查新。

1.2.1.4 查新结论的表述

对立项查新结论的表述，重点在于确定拟开展的研究课题是否已有研究，相关研究涉及哪些方面的研究内容，根据检索出的文献资料，以最简明扼要的文字说明相关内容的研究现状和发展趋势，以及做出必要的比对分析，则有助于评审专家了解和掌握该项目的必要性、新颖性和水平。

1.2.2 科研成果查新

1.2.2.1 成果查新的目的和特点

成果查新是指在研究课题实施完成之后，对研究的成果进行鉴定。在申请成果鉴定之前，需要查证成果的创新性和水平，为评审专家提供该成果新颖性的依据。成果鉴定查新是申报科技成果奖励的必备条件，是成果鉴定和评审的重要依据，目的是帮助评审专家客观、公正地评价研究成果，减少评审失误，保证成果得到科学、合理的评价，实事求是地反映成果的水平。

成果查新需对成果涉及的内容进行全面、系统的检索，证实其是否具有新颖性。检索的文献种类多、范围广，要求检索出与申报成果最密切相关的比对文献，用来证明该科研成果的创新性。由于申报成果查新时期研究工作已经完成，因此较立项查新具有研究背景资料更详尽、更全面，研究目标明确，研究内容和结果，因而，查新委托人能够全面提供关键词和创新点。但也有委托人因怕查新人员查出与该项目重复的结果，丧失其新颖性，而有意不提供其关键词，或改换主要项目关键词的情况。

1.2.1.2　成果查新应关注的问题

1. 应了解国家及各省部委有关奖励的种类和要求

我国每年公布的成果奖励的种类较多，因而应了解和熟悉国家级、省部委级以及市厅级成果奖励的时间、奖项内容和要求、申报程序等。例如，国家级的有发明奖、自然科学奖、科技进步奖等；省部委级的有自然科学奖、科技进步奖、科技成果转化奖、星火奖等；市厅级的有科技进步奖、科技振兴奖、丰收奖等。

2. 应关注检索相应的科技成果数据库

在检索文献数据库时，应关注成果数据库的检索，其目的是可以避免成果重复申报，保证科技成果的公正性、科学性和严肃性。国家不同成果奖励部门大都已经建立起科技成果数据库，或者出版有关科技成果文摘索引，在查新过程中，要注意检索或查阅，或检索国家科技成果网。

3. 科技成果查新结论表述

科技成果查新结论的表述，既要对该研究成果与国内外相关研究成果进行对比分析，也要反映出该成果所处领域科学研究的布局及其研究的地位和学术作用。但是，科技成果查新不能作出像评审专家一样的基于经验和研究现状的结论，只能根据检索文献后作出客观、科学、公正的结论。

1.2.3 专利申请查新

我国专利的新颖性是混合性的，要就国内、国外未公知，国内未公用，检索时间限制是申请月或优先权日之前 15~20 年；专利的新颖性申请月前没有与申请专利的发明创造完全相同的发明创造公知公用。所谓同样的发明创造是指与权力要求中所说的技术特征完全相同，所谓公知公用是指在国内外出版刊物上公开过，国内使用过。

按照世界专利合作条约组织之规定，专利申请查新最低文献量应为英、美、法、德、日、俄、意及PCT、EPT 7国2组织专利说明书及其169种核心期刊。

我国专利分为发明专利、实用新型专利和外观设计专利3种，具侧重点各是不一样的。发明专利是指对产品、方法或者对其改进提出新的技术方案。实用新型专利是指对产品的形状、构造及其结合提出的适于实用的新技术方案。外观设计专利是指对产品的形状、图案及其结合以及色彩与形状、图案的结合所做出的富有美感并适于工业应用的新设计。因此，在进行专利申请查新检索时应根据查新委托人申请专利的类型进行有关内容，文献及其范围的检索。

1.3　农业科技查新的目的和意义

农业科技查新是在农业科技文献检索和科技咨询的基础上产生的一项新型的农业科技服务业。它作为农业科技管理的一项基础性工作，为农业科技项目立项、评审、验收，科技成果申报、评奖，专利申请，技术引进与交易，新品种、新产品、新技术等查新，提供客观评价依据，为农业、农村经济的发展提供科学、准确的信息服务。

农业科技查新不仅用于科技管理，还用于农业科学研究，新品种、新技术开发等诸多领域。随着互联网的快速发展和普及，越来越多的人员使用网络来查询和获取信息，在信息已经数字化的网络条件下，即为农业科技查新提供了空前广泛、充实、有效的信息资源，也为科技查新提供了更加方便、快捷的检索工具，农业科技查新和信息检索，已成为农业科技工作者的基本技能和必备素质。

为了加强和改进科学技术评价工作，建立健全科学技术评价制度，完善科学技术服务体系，推动国家科技创新体系建设，国家科学技术部发布了包括一系列配套方法和意见的指导性文件。例如，2000年12月科技部发布的《科技查新规范》。这些文件在强调改革科技成果管理和鉴定制度，将知识产权管理纳入科技成果管理体系中，提高科技成果的法律内涵和市场外延，逐步实现科技成果鉴定社会化和市场化的同时，也十分重视加强与科技有关的知识产权中介服务组织建设；提出了支持建设以科技情报信息机构、成果管理机构、技术交易机构为基础的公共科技信息平台的想法。而加强科技查新、知识产权申请保护等工作于科技查新的有机结合，也是重要的考量方面。

1.4 农业科技查新的定义和特点

1.4.1 查新的定义

查新是科技查新的简称，是指查新机构根据查新委托人提供的需要查证其新颖性的科学技术内容，按照《科技查新规范》操作，并做出结论。

该定义仅赋予查新以“查证新颖性”的功能，而未给予对委托项目的“创造性”进行评价。这一规定实现了查新单位凭借其拥有的文献资源优势及信息检索和分析能力的优势，对是否已存在“同样的成果”做出客观的鉴别和证明性结论的功能。该规定排除了建立在特定技术领域专业技术深入理解基础工作上的“创新性评价”功能。从这一点出发，科技查新应严格把握“以文献为依据”，进行异同分析的原则，不作武断的“先进性结论”或“项目水平”结论。但从另一方面看，构成一项科研成果的核心，离不开技术上的创新与科技进步。因此，科技查新不可能脱离对委托项目创新性（创新点）的理解、把握和判断，它集中体现在对“查新点”的提炼归纳和掌握上。

1.4.2 查新的特点

1.4.2.1 新颖性

新颖性是指委托日以前查新项目的科学技术内容部分或者全部没有在国内外出版物上公开发表过，如何理解和界定新颖性？根据查新的文献评价特征，以及关于新颖性判断的“相同排斥原则”与“单独对比原则”等进行考量。

1. 相同排斥原则

相同排斥原则是指对同样的项目，即所属科学技术领域相同，解决技术问题的手段相同或实质上相同，预期效果与现有技术相同，应采取相同排斥原则。凡在委托日之前已有同样的成果在国内外出版物上由他人公开发表过，即可认定后者无新颖性。

2. 单独对比原则

单独对比原则是指将查新项目的技术要点与每一份相关文献的技术内容进行一对一的单独对比，而不是与多份相关文献的内容进行组合比对。

3. 下位类的具体概念否定上位类的一般概念的原则

例如，已见“铈元素”在某一制品中应用，就使“稀土元素”在同一制品中的应用丧失新颖性。

4. 突破传统的原则

例如，查新项目的技术参数超出常规限定的范围。

“相同的成果”指的是技术领域要解决的技术问题及其效果相同，所采取的技术手段完全相同或者实质上相同的成果。在查新范畴内，影响新颖性的公开方式是指出版物公开发表。对在国内公开使用的同类成果，如未能通过相应文献来证实其属于相同成果的应不影响新颖性。不管是“立项查新”，还是“成果查新”，其新颖性均应以有没有同样成果在出版物上公开发表为断定依据。

农业成果的应用应看作是成果目的和效果的一部分。有的文献介绍了成果技术方案或设想，但尚无应用实例，即使是技术特征完全相同，如果对比文献介绍的技术方案未付诸应用，则不应影响查新项目的新颖性。在类似这样的分析、对比中，可采用“但该文献报道是上述未见实际应用”等评语。

1.4.2.2 查新点

查新点是指需要查证的内容要点。此处的“查新点”应理解为项目的创新点。一般来说，查新点目的和宗旨是对科研项目创新点新颖性的查证。可比较文献的筛选、检索结果的分析和对比，以及查新结论的做出均应针对各查新点进行。因此，“科技查新合同”和“科技查新报告”应准确列出、并确认查新项目的各项查新点，即应包括体现该项目新颖性的全部技术创新点。深入理解和把握成果的主题，是准确掌握成果创新点的基础和关键。

而应该注意的是，不要把反映项目新颖性不可缺少的技术特征以外的，一般意义上的差异性特征或技术指标列为查新点。

1.4.2.3 关键词

关键词是指在文献中出现的对特征文献主题内容具有实质意义的词语，对揭示和描述文献主题内容是重要的、关键性的词语。

根据文献学的表述，“关键词”既不同于以词表为依据的经过规范化处理的“叙词”（或称“主题词”），也不同于完全不受约束的“自由词”。目前，从大多数国内、国外文献数据库的检索实际出发，农业科技查新推荐采用的关键词检索，应该是兼顾规范性词语及社会生活中常用的一些不太规范，但流传较广的自由词，以尽量避免文献漏检。

1.5 农业科技查新管理

1.5.1 合同书的管理

1.5.1.1 查新业务受理

为方便科技查新工作的管理，查新项目的委托由查新部门负责人受理。查新项目委托是查新部门按 ISO 9000 体系运行规定，在委托方与查新方签订正式《科技查新合同》之前，用于反映项目主题特征及查新点，并记载委托方要求的质量记录表。

委托方在委托查新时，应填写《查新项目委托书》，以便查新单位按委托书叙述的内容和要求进行合同的评审，鉴定和洽谈。

1.5.1.2 查新合同的内容

查新合同书中应注明查新项目名称，委托单位名称（包括委托人、电话、电子邮箱等），查新目的、查新点、查新要求、查新项目的科技要点，中、英文关键词、查新费用等。

1.5.1.3 查新合同的签订与实施

查新合同内容填写完成后，查新受理人对所填内容，应根据查新业务的要求认真推敲，确认查新内容的新颖性，提供资料的完整性，查新要求的合理性，以及查新完成时间要求，查新费用等，并经双方签字生效。

查新合同签订后，部门负责人安排查新员履行具体查新职责，并由其负责与委托方保持沟通联系。查新合同通常是由委托方与受理方共同协商签署。在不影响查新收费的情况下，也可接受以传真件或电子邮件方式进行查新委托，其委托件的书面形式应作为查新合同备份。

在查新合同实施过程中，除双方同意须进一步澄清的内容细节外，不得单方修改，在受理方完成合同规定的查新内容后，如果委托方提出对查新内容作实质性修改，或改变查新点，受理方应根据具体情节，补充收取查新费用，或签署新的查新合同。

查新人员对委托方填写的项目科学技术要点进行文字语句的条理化，规范化修改和删减，计量单位的法定预算，对委托方提供的中、英文关键词进行修订和扩展，属正常查新检索业务范畴，与上述修改合同无关。

1.5.2　查新报告管理

1.5.2.1　查新报告总体格式

查新报告应采用农业部规定的统一格式，其内容符合查新合同的要求。

1. 查新目的和要求

归纳起来，查新目的分为两大类，立项查新属于拟申报的项目，在项目科学技术要点的介绍中，应从文字的表述上与已完成的成果项目有所不同。

2. 项目的科学技术要点

以查新合同的科技要点为基础，参考委托单位提供的技术报告以及其他有关技术资料，总结归纳出几项科技要点。在查新工作中，常常发现委托方（人）提供的技术要点往往过于详尽，或缺乏实质性的技术内容，或出现修饰性，甚至广告性语句，或技术用词不够规范，或计量单位，符号不符合法定标准，以及出现错字、别字等，必须对此加工整理、精简提炼，突出和补充技术新颖点，使术语、计量单位等规范化。

3. 查新点

查新点是整个查新检索、文献分析对比过程中的依据和亮点，一般情况下它是从科学技术内容中提炼出来的，因此，不能因为避免重复而省略，应准确、到位。

4. 检索范围和策略

按规定列出相关文献的数据库、工具书等的名称、起止年限。未检索的数据库不得在报告中列出，虽检索使用，但与查新无关的文献数据库也不得在报告中列出。

检索词应以与项目内容有关的规范性的词或词组列出，必要时可列出相应的同义词或近义词，但不宜采用短词，词组中不能含有联机检索禁用的词或介词。

5. 检索结果

对检索结果要说明检出文献相关程度，对检出的相关文献分国内、国外（或中文、外文）两部分列出，每部分根据与相关文献的密切程度，按顺序排列。

6. 查新结论

查新结论要做到完整性、科学性、逻辑性和客观性。撰写层次分明，语言表述准确清晰，不得用含糊不清或修饰性、赞誉性词语表述。对项目查新点与相关文献进行必要的比较分析，并在分析比对的基础上，对查新项目的新颖性做出具体的判断性结论。

1.5.2.2 查新报告的文字表述

查新报告应当采用描述性写法，使用规范化术语，文字、符号、计量单位应符合国家现行标准和规范要求，不得使用含混不清的词语。应该包含足够的信息，使查新报告的使用者能够正确理解。

查新报告是具鉴证性和公正性的技术文件，不仅报告的内容要客观公正，而且报告运用的语言文字也要严谨。在撰写查新报告时，要杜绝原则性、常识性错误，以及数据错误等，最大限度地降低文字差错率。

查新报告应采用规范化术语、借助词表，相应的术语标准复核查新合同中的中、英文技术术语，关键词规范，这样可以保证检索入口正确，避免了在文献分析、翻译、录入过程中出现的错误，也使查新报告具有准确性。

1.5.3 查新人员管理

1.5.3.1 查新人员

1. 查新人员应具备的条件

查新人员（包括查新员、审核员及其他工作人员）要遵守国家法律和社会公德，具备相关的农业专业知识和较宽的知识覆盖面，具有相当熟练计算机操作技能和文献检索与分析能力，具有较丰富的文献咨询业务知识，具有较高的外语应用水平。

2. 查新人员的培训

依据《科技查新机构管理办法》的规定，查新人员应接受科技查新教育培训，通过相应的业务考核合格后才能上岗。

3. 查新人员资格认定和撤销

资格认定的程序是首先由查新部门根据查新员应具备的资格标准和综合考核指标上报名单，经上级查新工作领导小组审定、批准、公布。

查新人员资格撤销的理由是，因专业不熟练造成漏检或误检，并导致查新结论严重失误者；或因工具书和数据库不熟悉造成漏检、误检，或因工作态度不认真、敷衍失职造成漏检、误检，或因迎合委托单位无理要求造成检索不实，并导致查新结论严重失误者，或因查新员自身的其他原因，造成查新工作错误，并造成不良社会影响和经济损失者，均应撤销其查新员资格。

查新人员资格每年认定一次。

1.5.3.2 查新审核员的职责

审核工作的目的是确保查新报告客观、公正、准确、真实地反映查新项目的新颖性。《科技查新规范》中规定了审核员的职责是，负责审查查新员所采取的查新程序是否规范，查新员所确定的检索数据库、工具书是否合适，选定的检索词及分类栏目是否适当，查新员收集到相关文献是否齐全，对提出的文献判断是否正确，查新结论是否客观、公正和准确，所提供的查新报告是否规范，最终向查新员提出审查意见。

查新审核员对查新报告审核的内容主要如下。

1. 对查新项目科学技术要点的审查

包括明确查新要点，删除其修饰词语，广告性词语以及难以定论的词语，审查技术要点中的数据，必要时与详细资料核对，根据查新要求和已经查出的相关文献内容，要求委托方补充必要的比对数据。

2. 对查新范围、关键词、分类号、检索式进行审查

复核中英文检索词是否规范，分类号定位是否准确，避免出现与查新项目无关的检索词、分类号、数据库，确保检索策略得当，避免检索范围过宽或过窄。

3. 对检索结果中的相关文献审查

查新报告中所列相关文献是否确切有关，如相关文献过少应建议更换检索入口，扩充检索资源，检索结果中的文献引录是否有深度，或仅停留在文题的重复上，对外文文献的译文和理解是否准确、恰当。

4. 对查新结论的审核

是否在尽力做到相关文献与查新点逐项反复分析对比后作出结论，不宜过分强调查新项目的一般技术特点或非关键技术内容，应突出是否有决定新颖性的实质性内容，结论中涉及查新项目比对时，不应出现技术要点中没有提供的数据、内容，删除赞誉、水平之词。

2 信息检索基础知识

人类社会已经迈入信息化时代、知识经济时代，信息成为继材料和能源之后的第三大资源，成为社会发展的决定性力量和主导因素。有色的无色的、有声的无声的、有味的无味的、有形的无形的……多姿多彩的世界，纷繁复杂的世界，无处不是信息，我们的世界被信息覆盖。

在农业上有两个重要的概念和定义：

一是基因（遗传因子)。它是遗传的物质基础，是 DNA 或 RNA 分子上具有遗传信息的特定核苷酸序列。基因通过复制等方法把遗传信息传递给下一代，使后代出现与亲代相似的性状。也通过突变改变自身的性状，储存着生命孕育、生长、凋亡过程的全部信息。通过复制、表达、修复、突变，完成生命繁衍、细胞分裂和蛋白质合成等重要生理过程。

二是性状。是指生物体的形态、结构和生理、生化等特性的总称，即生物体表现出来的信息特性的总称。所谓相对性状即指同种生物同一性状的不同表现类型，如豌豆花色有红花与白花之分，种子形状有圆粒与皱粒之分等。这也是信息的表达。

“现代遗传学之父”孟德尔在他的豌豆杂交试验中，专注研究了豌豆种子的形状、茎的高度、子叶的颜色、种皮的颜色、豆荚的形状、豆荚的颜色、花的位置、花的颜色 7 对相对性状的遗传规律。他根据 7 对相对性状在下一代的信息表达发现了遗传规律，即基因的分离规律和基因的自由组合规律。

可见，人类探索客观世界的过程就是发现、认知、创造信息的过程。

2.1 信息

信息无处不在。商业统计数据是信息，工业、建筑业图纸是信息，植物生长性状是信息，动物的发育指标是信息，人的体征是信息，文献是信息……总之，来自大千世界的图形、符号、文字、实物等所有能够感觉到、听到、闻到、看到、尝到和表现出来的都是信息。信息是十分广泛的，信息是能够感知、认知、发现、存储和传递的。那么究竟什么是信息？迄今为止并没有确切、统一的定义，不同的角度对信息有不同的理解和解释。

2.1.1 信息的定义

在现代汉语词典中，“信息”一词有两种解释：一是音信消息。数月来一直没有他的信息。二是信息论中指用符号传送的报道，报道的内容是接收符号者预先不知道的。

在百度百科中，“信息”一词有如下解释：一是［information］有目的地标记在通信系统或计算机的输入上面的信号……（如电话号码的一个数字）；二是［message］音信消息。

其引证解释如下。

（1）音信消息。南唐李中《暮春怀故人》诗：“梦断美人沉信息，目穿长路倚楼臺。”宋陈亮《梅花》诗：“欲传春信息，不怕雪埋藏。”

（2）现代科学指事物发出的消息、指令、数据、符号等所包含的内容。人们通过获得、识别自然界和社会的不同信息来区别不同事物，得以认识和改造世界。在一切通信和控制系统中，信息是一种普遍联系的形式。陈原在《社会语言学》中论述：“按物理学的观念，信息只不过是被一定方式排列起来的信号序列。在社会交际活动中，这个定义还不够：信息还必须有一定的意义，或者说信息必须是‘意义的载体’。”地铁、自动化控制、神舟七号等发射都是靠仪器传递并控制信息。

可见，对信息的解释大同小异，可以让人们领悟，但不是标准确切的定义。通过资料查询，信息的定义并不统一，不同领域不同地区对信息定义的表述也不同。

2.1.1.1 信息定义的起源

信息作为科学术语，最早出现在哈特莱（R. V. Hartley）于1928年撰写的《信息传输》一文中。他指出，信息是选择的方式和自由度，从通信领域的角度将信息理解为选择通信符号的方式。

1948年，信息论的奠基人香农（C. E. Shannon）在他发表的《通信的数学理论》一文中给出了信息的明确定义，认为“信息是用来消除随机不确定性的东西”，这一定义被人们看作是经典性定义并加以引用。

控制论的创始人美国科学家维纳（Norbert Wiener）在《控制论》一书中指出，“信息就是信息，既非物质，也非能量”，认为“信息是人们在适应外部世界，并使这种适应反作用于外部世界的过程中，同外部世界进行互相交换的内容和名称”，把信息看成是与物质、能量同等重要的客观世界三大要素之一。这一定义也被作为经典性定义加以引用。

1993 年，我国著名的信息学专家钟义信教授在《中国大百科全书》中认为：“按照狭义的理解，信息是用来消除不确定性的东西。按照广义的理解，又有两种认识：从本体论意义上说，信息泛指一切物质（物质的、精神的）运动的状态和运动的方式，包括事物内部结构的状态和方式以及外部联系的状态和方式；从认识论意义上来说，信息是关于事物运动状态和运动方式的反映。正因为信息是事物运动的状态和方式（本体论意义），是关于事物运动状态和运动方式的反映（认识论意义），它才可以用来消除人们认识上相应的不定性。”“信息是事物存在方式或运动状态，以这种方式或状态直接或间接的表述”。

2.1.1.2　不同地区信息的表述

信息在英文、法文、德文、西班牙文中均用“information”来表达，日文中用“情报”来表达，中国台湾用“资讯”来表达，中国古代用“消息”一词表述，现代则用“信息”“情报”表述。

2.1.1.3　不同角度信息的表述

从自然界角度看，信息既不是物质，也不是能量，而是依附于自然界客观事物而存在。只要有物质存在，就有表征其属性的信息。例如，花开花落的变化是一种信息，它反映了某种植物生长过程中某些特性和状态；树干的年轮是一种信息，它反映了树木成长的时间特性；山高、水深是一种信息，反映了山和水的空间特性；人的容颜是一种信息，它能够表现出人生命的状态；酒的醇香是一种信息，它反映了乙醇的化学特性；弹簧的弹性是一种信息，它反映了弹簧的能量特性……由此可见，信息的概念，实际上就是客观事物运动状态、时空特性、能量大小、质料、系统特征、相互联系方式等一切反映事物客观属性的总称。从这种意义上看，信息比客观事物的属性更具一般性与普遍性。

从主观认识角度看，信息是储存在人脑中的意识、思想、观念、知识等形态，是外部客观事物属性在人脑中留下的印记，是物质反映属性的高级形式。哲学家把人的这些直接接受客观事物信息的功能称为人的自然信息功能，即人通过视、听、闻、触等感觉、知觉对来自不同方位的信息进行综合、传递、编译为大脑可以识别、存储的形式，选择、过滤和提取正确信息的能力。

从科学技术角度看，信息的概念体现在一切工程、设备、实验等的技术和有关技术的特性之中。信息既是这些客观事物的表征，也是人的知识、文化、艺术、科学能力水平等属性的反映。

从精神文化角度看，信息概念的实质在于它以某种编码形式储存或传输于某种介质之中，如存储在书本、纸张上的文字信息，记录在唱片、录音带上的声音信息，印制在画报、照片、录像带上的图像（形）信息，计算机系统中的各种数字、数据信息等。我们把存储在这些物理介质中的信息统称为文献信息。文献既是记录信息的物质载体，又是人类的精神文化产品。

2.1.1.4 不同领域信息的定义

随着科学技术的发展，信息的概念深入各学科领域，使用频率越来越高，不同学科的学者都试图从自己的学科领域诠释信息，赋予了信息不同的内涵和外延。例如，数学家认为“信息就是概率分布发生变化的东西”；经济管理学家认为“信息是提供决策的有效数据”；电子学家、计算机科学家认为“信息是电子线路中传输的信号”。

信息领域：我国著名的信息学专家钟义信教授认为“信息是事物存在方式或运动状态，以这种方式或状态直接或间接的表述”。美国信息管理专家霍顿（F. W. Horton）给信息下的定义是：“信息是为了满足用户决策的需要而经过加工处理的数据。”简单地说，信息是经过加工的数据，或者说，信息是数据处理的结果。

物理学领域：物理学家认为“信息就是负熵”，提出了“信息熵”的概念，用信息熵描述系统与环境交流信息的程度。

2.1.1.5 信息的科学定义

根据信息领域学者们对信息的研究成果，信息的定义更加科学、合理，主要有如下几种表述：

信息是对客观世界中各种事物的运动状态和变化的反映，是客观事物之间相互联系和相互作用的特征，表现的是客观事物运动状态和变化的实质内容。

“信息”用来反映事物内部属性、状态、结构、相互联系以及与外部环境的互动关系，减少事物的不确定性。

信息（Information）是物质运动规律的总和。

信息是客观事物状态和运动特征的一种普遍形式，客观世界中大量地存在、产生和传递着以这些方式表示出来的各种各样的信息。

信息的目的是用来“消除不确定的因素”。信息，又称作讯息、资讯，是一种消息，通常以文字或声音、形式来表现，是数据按有意义的关联排列的结果。信息由意义和符号组成。

文献是信息的一种，即通常讲到的文献信息。

信息就是指以声音、语言、文字、图像、动画、气味等方式所表示的实际内容。

2.1.2 信息的特征

信息的特征即指信息区别于事物的本质属性，可以概括如下。

2.1.2.1 客观性与普遍性

信息是事物运动状态和方式的表现，只要有事物存在，就有其运动的状态和方式，也就存在着信息。信息既不是物质，也不是能量，是客观事物普遍性的表征，是普遍的社会现象，无处不在，无时不有。它与物质、能量一起构成了客观世界的三大要素。

2.1.2.2 流动性与传递性

信息具有流动性和传递性。信息传递是信息从时间或空间上的某一点向其他点移动的过程，是信息从信息源发出，经由一定的信息通道传递而达到接受体的性质。没有传递就不能成为真的信息，不论这种信息传递是被动的还是主动的，也不论信息传递两端——发送者和接收者是否是有意识的。

由于信息的传递，才出现充满生机和千变万化的世界。信息的传递性表现在人与人之间的消息交换，人与自动机、自动机与自动机之间的信息交换，动物界和植物界的信号交换。同时，人类进化过程中的细胞选择、遗传也被看作是信息的传递与交换。事物之间的相互联系必定在信息的流动中发生。如果信息不能够被传递，就不能够被人们所认识到。正因为信息具有传递的属性，才使得人们能够认识客观世界，并利用信息来推动社会进步。

信息可以通过多种渠道、多种方式进行传递。原始的口头传递，后来的马匹、烽火传递，特别是发明了印刷技术之后的出版物传递，给信息活化利用和扩散提供了极为方便的条件。影音传递、电信网络传递，使信息传递的空间、范围空前扩大，几乎没有了距离的限制，其速度之快、范围之大让世界变得渺小，让地球变成了村庄，让宇宙不再神秘。

信息的可传递性还表现出十分容易扩散的性质。这是因为信息是附载在多种物质上的意识形态的东西，容易伴随载体作多形式的运动，从而迅速传递出去，扩散开来，使有价值的知识在社会上不胫而走，广泛传播；信息越扩散，人们拥有的信息就越多，处处留心收集，就会得到十分有价值的信息，使知识由静态变为动态，由个人财富创造变为集体财富创造乃至社会财富创造，推动了社会发展。

研究信息传递的基本属性可加快知识活化的速度，扩大知识的影响范围。语言性与物质载体的同一性使信息具备可传递性。这种可传递性是通过传递手段来实现的。

2.1.2.3 多样性与综合性

信息在不同的领域具有多种不同的特性或表现形式，如客观事物中的各种自然属性；人工设备的技术特征；人类社会的各种社会特征；人脑中反映客观事物认识的思想、知识；人类交流信息过程中的声音、文字、图像以及用各种编码形式记录下来的数据、新闻、情报、消息等。各种形式的信息又常常以综合的方式表现事物的特征，所谓“多媒体”正是信息多样性和综合性的集中表现。

2.1.2.4 相对性与有效性

从信息作为事物相互联系的反映角度看，信息源不确定的程度或者信息源接受信息量的多少，均与信宿的状态有关。这一特征在人作为信宿接受信息的过程中表现得尤为明显。同一信息对具有不同认知水平的人所产生的作用和有效性也不相同。

2.1.2.5 积累性与价值性

信息的质量和价值实质上反映了对客观事物属性认识的深度和真实程度。通过人脑思维或人工技术设备的综合、加工和处理，信息不断积累丰富，质量和利用价值不断提高。信息只有被利用才会产生价值，是人类的一种重要资源，如未被利用，其价值可能随时间的流逝而减少，或者成为“信息垃圾”。

2.1.2.6 感知性与社会性

一切事物都是可以被认知的，信息也是。人依靠视觉、听觉、触觉、嗅觉和味觉感知各种信息。信息作为表现客观事物的一种形式，不仅存在于自然界，而且存在于人类社会和人类思维之中，无时不在，无处不存。对于生活在信息海洋中的人们来说，无时不在感知信息。但是，人们对信息的感知不尽相同。不同的接受者对同样的信息会因接受者年龄、职业、性别、经历、生活环境等不同有着不同程度的感知度，同样的接受者对不同的信息也有不同的感知度。不同的信息源，感知不同，输入的信息会不同。

信息是人与人之间在社会实践中的思维交流活动，它具有极强的社会性。离开人在群体状态下的社会实践，就无信息可言。离开人们的个体实践及思维活动，也就不可能有信息。信息的核心是思想，没有人的社会实践和意识的介入，信息也就成了无源之水，无本之木了。

人们的社会实践归根结底是整个人类认识世界、改造世界的过程，在这一过程中，个人、群体和整个社会对事物的认识、交流、总结、记忆的基本手段是信息。信息是大容量、多样性的特有记忆和发现，信息的交换则是巩固社会的。信息的社会性，决定了信息的地位和作用，也决定了信息的网络性和共享的必要性、必然性。

2.1.2.7 知识性

知识是人类通过信息对自然界、人类社会以及思维方式与运动规律的认识和掌握，是人脑通过思维重新组织的系统化的信息的集合。信息与知识相互作用，推动着知识的发展。知识是人类对客观事物的认识，是人们在大量信息的基础上所挖掘提炼出的、表达事物运动规律或者事物之间相互作用和相互关系的具有普遍意义的“信息精髓”。

信息来源于实践，是人类对客观世界思维的真实反映。知识来自于信息，是信息的深加工产品。人类在实践中不断创造知识，并把它记录下来，进行信息交流。原苏联学者谢米纽克认为：“每一位科学家首先解决的问题是为了自己把研究过程中获得的认识结果用自己习惯的代码标示出来。这一阶段获得的知识是有限的，因为它还没有被纳入科学的和其他范围的社会交流系统，所以它只具备被视为情报信息的可能性。进入第二阶段时，研究者的任务是使其获得的知识被别的科学家和其他人所掌握。换言之，第二阶段就是为别人进行代码标示，即经过第一次标示的知识，译成更广泛使用的语言。这一过程的任务是创造一种可能性，把获得的知识引入科学交流系统，引入整个社会宝库。正是这样的结果，才产生了科学情报信息。”这段阐述揭示了信息是和知识紧密联系在一起的，没有知识的内容，就不能形成信息。

可见，知识是信息的基本属性之一，这已成为多数信息情报科学家的共识。

2.1.2.8　寄载性

信息必须借助某种材料和能量作为载体才能存在、表示和传递，这种寄载是通过一定符号序列实现的。在信息学中，将以一定的符号序列来表现信息的方式称作编码。人类社会中最早的编码符号是手势、表情、声音，然后是语言、文字、图像，后来发展到光、电、磁等。

信息、信息载体、表达符号不能混为一谈，要注意区分。信息要素载于物质和能量，但它绝不是物质和能量本身，而是这些东西所反映的内容。信息要借助某种符号表示，但也不是符号本身，而是符号的含义。例如，一份刊载有某项农业科学研究进展的报刊，其上的信息不是报刊本身，不是纸张，也不是纸上印的字符，而是某项农业研究进展的具体内容。

2.1.2.9　时效性

时效性即时间性和效益性。信息从发出、传递、接收到利用的时间长短及其效率即信息时效性，这是信息的重要特征。具体来说，信息的使用效果依赖于时间，在一定的期限内，使用适时，就会发挥很大的效益，过了一定的时限，效益就会减少或消失，甚至产生相反效果。

影响信息时效性的因素主要有3个方面：一是与其所反映事物的发展变化快慢有关，变化快，信息生成的速度也快，总量多，其效用期就短，反之，信息总量少，效用期就长。二是与信息的收集、加工、传递速度有关。信息收集能力强，加工效率高，传递速度快，那么信息从收集到进入使用的时间就短，时效性就能充分体现，否则，时效性就差。三是与信息使用者的判断能力和决策水平有关。使用者获得信息后，如果能对其真伪、科学性、可利用性迅速做出准确判断，并做出相应决策，那么，信息的效率就大，反之，必定延误时间，并使信息的效用大大降低，甚至失去效用。

总之，信息的价值并不是绝对的，随着时间的推移，信息的价值很有可能会逐渐消失，即信息具有老化特性。在信息化时代，我们要认识到只有尽早获取和利用相关的信息，才能发掘这些信息的价值，也才能用这些有价值的信息去获取新的进步与发展，否则，这些信息会变为无用信息，还可能会成为信息的污染源。

2.1.2.10　共享性

信息与物质、能源的根本区别在于信息具有共享性，即信息能同时为多个使用者所利用，而且可以被重复使用，不会随着使用者或使用次数的增多而减少。一般的物质、能量、资源是有一定的限度和储量的，只能按一定的数量来实现分配与消费。而信息则不同，它是一种生生不息的东西，不会被使用者消耗掉。出卖专利，出卖技术资料，应该说是一种交易，但对信息而言却不会引起交易，买方虽已得到，卖方却无所失去，双方共享信息。这就是说，信息不能作转手交易，只能作共享交易。信息与物质不同，信息交换不仅不会失去原有信息，而且还会增加新的信息，这种特性是信息的共享性。信息共享极大地缩短了人类认识世界和改造世界的时间，节省了人力、物力和财力，而且人们在共享和利用信息的基础上发明、创新、进步。

2.1.2.11　实用性

实用性是信息的灵魂，是信息的基本属性，是进行信息筛选的基本依据。信息的实用性是同信息的价值联系在一起的，可用信息价值来衡量。

信息的实体是知识。它的实用性，即它的价值，应当体现在其知识内容的新颖程度和对于信宿来说可利用程度。信息所提供的知识，对信宿来说是新的尚未发现的事实，或者是学科领域新出现的生长点，反映了新水平、新动向，使人耳目一新，则实用性强；对已贮备这种知识的信宿来说无用，则没有或者缺少实用性，是无价值信息。在实践中很多信息具有相对实用性即有相对价值，这是一种普遍存在的现象。同一信息对不同的信宿具有不同的价值，即实用性不同，有的人利用信息进行创新，有的利用信息开阔眼界、增进知识、提高水平，有的仅仅是收藏，有的适逢其时，可“雪中送炭”。

2.1.2.12　存储性和开发性

人类可以利用不同的载体存储信息，甲骨、竹简、纸张、胶卷、磁盘等都是信息的存储载体，形成了印刷型、缩微型、声像型、电子型、网络型的信息，形成了图书、期刊、报纸等各种信息寄载体。

信息又是一种可开发的宝贵资源，存储与传递信息的目的是开发信息资源。

各种信息可以帮助人们进行联想，对开辟新的思想境界有着进一步启发的作用。信息检索的终极目标是掌握所需信息，并通过分析、评价信息，把握学科、产品、技术、生产的发展态势，在前人智慧的基础上去开发新的产品、技术，创造新的文明。

由于信息的存储，人类的文化遗产得到保存，人类文明得到延续；由于信息的开发，创新了人类的文明，推进了科学技术的进步和社会的发展。

2.1.2.13　多媒体性

信息的表现形式多种多样，信息可以表现为文字，如发表在各种刊物上的文章；信息可以表现为图表，如企业经营中的各种报表；信息可以表现为静止或动态的图像，例如，电视新闻等；信息还表现在可以使用不同的载体进行传递和存储，如纸介质（书籍、报纸等）、磁介质（磁盘、磁带、磁卡等）、电介质（IC卡、闪存等）、光学介质（光盘等）。

2.1.2.14　直观性与隐蔽性

信息有着直观性和隐蔽性的特征，即信息有显性信息和隐性信息之分。

实物信息源提供给我们的信息中，首先是直观、感性、生动、全面、形象的信息，另外还有潜在的、隐蔽的、全方位的、多角度的信息，不易被完全发现，需要人们从不同的角度去分析研究和发现。

在孟德尔的豌豆杂交试验中，豌豆的亲本性状在后代中产生了差异，有的性状在子一代中表现出来，有的性状在子一代中没有表现，但是在子二代中有所表现。这是因为，基因是有显性和隐性之分的。在一对基因中只要有一个是显性基因，其后代的相貌和特征就能表现出来。而隐性基因则只有当成对基因中的两个基因同时存在时，其特征才能表现出来。

借助对上述内容的理解，我们将信息分为容易感知的显性信息和不容易被感知的隐性信息。人类探索世界的过程，往往是通过那些感性的显性信息去发现、感知和研究隐性信息的过程。当人类将那些未知的隐性信息变成感性的显性信息时即有了发现、创新和创造。

2.1.3　信息的类型

信息无处不在，无时不有，广泛存在于自然界和人类社会。信息是多种多样、多方面、多层次的，包括与人类智能活动相关的知识、技术、经济、科学、文化、社会等，信息的类型亦可根据不同的标准来划分。了解信息的类型有助于人们加深对信息内涵及其特征的认识。到目前为止，按照信息的表现形式、出版类型、加工程度等进行划分的较多。

2.1.3.1 按表现形式分类

信息具有不同的表现形式，我们可以依靠各种感官和大脑去感知客观世界和土观意识形态的各种信息。按照表现形式，信息可以分为文字（符号）信息、图像（图形）信息、数据（数值）信息和语音信息。

1. 文字信息

文字是人们为了实现信息交流、通信联系所创造的一种约定的形象符号。广义的文字还包括各种编码、代码与符号，如化学分子式、计算机中的二进制数字编码、ASCII码、汉字双字节代码、国际电报与单元代码、生物学中的雄性（♂）、雌性（♀）等，都是一些符号的约定。这些文字、符号、代码都是信息的表述形式，其内容再现于它们的结构属性之中。如基本笔画的不同组合、字和字母的不同组合、二进制码“0”和“1”的不同排列等，分别代表不同的信息内容。

2. 图像信息

图像、图形是一种视角信息，它比文本信息更加直接，更加易于理解。电影、图画、标志性图标等是人工创造的图像和图形，大自然的客观景象则是抽象的或间接的图像信息。随着多媒体技术的发展，各类图像信息库极大地丰富了人类的生活。

3. 数据信息

数值数据是“信息的数字形式”或“数字化的信息形式”。狭义的“数据”是指有一定数值特性的信息，如统计数据、气象数据、测量数据以及计算机中区别于程序的计算数据。广义的数据是指在计算机网络中存储、处理、传输的二进制数字符编码，文字信息、图像信息、语言信息以及从自然界直接采集的各种自然信息等均可转换为二进制数码，网络中的数据通信、数据处理和数据库等就是广义的数值数据信息。

4. 语音信息

语音信息是通过声音和语言传递给外界的信息。音乐是一种信息形式，是一种特殊的声音信息，它是通过演奏方式表达丰富多彩的信息内容的。人的讲话实际上是一种最普遍的信息表现形式，是大脑的某种编码形式的信息转换成了输出的语言信息。动物之间同样靠语音传递信息，进行交流。

2.1.3.2 按出版类型划分

1. 图书

包括专著、教科书、各种科普读物及各专业参考书、工具书等在内的各种书籍都称为图书。图书是经过编者严谨思考、精心设计、认真选材、反复斟酌后写成，其内容科学、系统、可靠性强，有启发性、指导性和教育意义，是人们从事生产、学习、研究不可缺少的信息来源。

传统印刷业图书出版周期较长，体积大，更新速度慢，随着网络的发展，电子版图书的出现弥补了这一缺陷，为科研人员、学生等提供了快捷、高效、廉价的阅读与应用服务，价格便宜，存储方便，深受人们欢迎，但是由于电子图书的虚拟性强，加之存在存储问题、阅读习惯问题、软硬件环境问题、应用技术问题等，电子图书并不能替代纸质印刷图书。除了大学、科研单位等一些有条件的机构购买电子图书外，更多的人依然接受纸质图书。

2. 期刊

期刊是指同一专业领域定期或不定期出版的连续性出版物。它出版数量大、周期短、内容新颖，能迅速反映国内外的各个学科专业的研究水平和发展动向，是人们获取一般基础理论研究知识和生产技能指导、阶段性实验数据的重要信息源。

按内容划分，期刊有综合性期刊与专业性期刊；按性质划分，期刊有学术性期刊、技术性期刊、消息性期刊、检索性期刊及通报性期刊；按对原文压缩程度划分，期刊有目录、索引、文摘、快报、述评、文献指南、书目等。

3. 报纸

报纸是指以刊载新闻、评论、人物事迹、美文札记等为主的出版周期较短的定期连续性出版物。按出版发行周期报纸可分为日报、周报等，按内容可分为时事政治类、科技类、商业类、文教类等。报纸信息量大，出版周期短，传递信息快，传播范围广，通俗易懂，适合任何人阅读，具有群众性和通俗性，是重要的社会舆论宣传工具，也是重要的信息源，对社会经济发展和政治生活有着广泛深远的影响。

4. 政府出版物

政府出版物指各国各级政府部门及所属机构出版的文献信息资料，它主要包括社会科学与自然科学两大类。其中行政文件，如讨论会记录、各种法令、外交文件、统计数据等占大多数，科技资料数量相对较少。

5. 科技报告

科技报告指各学术团体、科研机构、大学研究院等从事科学研究机构的研究报告及其科学研究及生产过程中的记录。科技报告理论性强，是了解某一领域科研进展状况、发展动态的重要情报资源。但科技报告保密性强，除了一些经过官方出版的公开发表的科技报告可供科研工作者查阅咨询外，一般难以获取。

6. 专利文献

专利文献是指发明人向政府部门（专利局）递交的、说明自己的创造的技术文件，同时也是实现发明所有权的法律性文件。专利文献包括专利说明书、专利公报（摘要）、商标、设计公报以及检索专利的工具等。专利文献具有技术性、新颖性、独创性、实用性等特征，是重要的技术经济情报来源。

7. 会议文献

会议文献是指在国内外学术团体举行的专业会议上发表的论文与报告。与期刊相比，会议文献具有传播情报信息更迅速的功能。它反映了某学科、某专业的最新成果和发展水平动向，是科研工作不可缺少的信息源。

会议文献一般分为会前、会中和会后三种形式。会前资料如会议通知、会议程序单、论文摘要等；会中资料如开幕词与闭幕词、会议决议书等；会后资料如会议结束后经整理出版的专门会议丛刊、会议论文集等。

8. 学位论文

学位论文指高等院校研究生（硕士或博士）攻读学位而撰写的毕业论文。它经专家评审、鉴定并通过，具有学术性强、系统性强、科学严谨的特点，往往有独到的见解，是科研中重要的信息资源，与期刊论文相比，具有很高的参考价值。

9. 技术标准和规范

技术标准和规范主要指包括技术规范、技术标准、操作规程、建议、准则、术语、专门名词等在内的各种技术文件。在标准实践领域里，技术标准和规范在适用范围方面是有区别的，前者是一种得到管理机构认可，适用于一定专业领域的技术规范，具有法定性；后者是指对产品、材料、工艺流程或技术特点的说明书，它仅以满足买方或工业规定的要求为准则。

技术标准主要包括尺寸标准、材料标准、性能标准、方法标准、操作规程、术语和图形符号标准、文献等。

10. 产品样本资料

产品样本资料是厂商或者贸易机构、产品销售者为介绍、宣传和推销其产品而印发的多为免费赠送给消费者的资料。如产品目录、产品样本、产品说明书、产品总览、产品手册等。它们大多是对产品的性能、构造原理、用途、使用方法、操作规程、产品规格等所作的具体详细的说明。产品样本资料一般附大量图表、产品特性曲线、方程等，图文并茂，形象直观，所反映的技术较为成熟，数据较为可靠，对技术革新、选型、设计、试制新产品以及引进设备等均有一定的参考价值。产品样本的资料一般随着产品的更新换代而更新，其中会有一部分试销产品，应予注意。

通过产品样本资料可以了解厂家的工艺水平、管理水平和产品发展趋势方面的情报。产品样本资料除直接出版发行之外，还常常被包含在一些贸易刊物、企业介绍、数据手册之中，较易于获取。

11. 技术档案

技术档案是在科技生产活动中形成的一系列以工程技术图纸、任务书、协议书、合同、技术经济指标、研究计划、试验设计、设计方案、实验记录、调查材料、总结报告以及与此有关的调查统计数据、工业生产和田间生产数据等材料组成的文件。这是生产和科研中用以积累经验、吸取教训、提高质量、促进改进与创新的重要依据，具有较高的参考价值。技术档案具有技术性、适用性、保密性等特征，一般在内部控制使用。

在以上的信息类型中，科技报告、会议文献、专利文献、标准文献、学位论文、政府出版物、产品样本资料和技术档案统称为特种文献，在收藏管理上往往与图书报刊分开，另立体系，分别管理。

2.1.3.3 按信息产生客体划分

1. 自然信息

它是指自然界中的各种信息，包括瞬时发生的声、光、热、电、形形色色的天气变化、缓慢的地壳运动、天体演化等。

2. 生物信息

它是指生物为繁衍生存而表现出来的各种形态的行为，如遗传信息、生物体内信息交流、动物种群内的信息交流等。

3. 社会信息

它是指人类各种活动所产生、传递与利用的信息，包括人与人之间交流的信息，人与机器之间作用的信息。按照人类活动领域，社会信息又可分为科技信息、经济信息、政治信息、军事信息、文化信息等。

2.1.3.4 按信息的加工程度划分

1. 零次信息

零次信息是指记录在非正规物理载体上的、未经加工整理的信息，如书信、笔记、手稿、考察记录、实验记录等。这类信息往往呈现为零星的、分散的和无规则的状态，具有原始性、新颖性、分散性和不可检索等特征。

2. 一次信息

一次信息是指记录在正规载体上的、经过一定加工整理的信息，是以作者本人的生产和科研工作为依据而创作的原始信息，如专著、论文、研究报告、专利说明书、技术标准、会议文献、学位论文等，是人们研究或创造性活动成果的直接记录。不管信息存储于何种物质载体及出版的版次，只要是原始资料就是一次信息。

一次信息具有创造性、系统性和新颖性等特征。但一次信息零碎、分散、无序，有的很难获取。

3. 二次信息

二次信息是指将分散的、无序的一次信息进行加工整理后，使之成为系统有序的信息，如书日、题录、文摘、索引等，就是通常所指的检索工具。其中目录、文摘、索引等各种书目数据库是二次信息的核心。二次信息的形成是信息从分散、无序到集中、有序化的书目控制过程，具有浓缩性、汇集性和有序性等特点。

4. 三次信息

三次信息是根据二次信息提供的线索，利用一次信息，经过调研、分析、综合后等深加工后形成的信息，如述评、综述、进展报告、数据手册、百科全书、指南、期刊书目和年鉴等。三次信息具有较强的概括性，成为人们研究新事物的具体结论和成果。

2.1.3.5　按所依附载体划分

根据信息所依附的载体，可将其划分为口语信息、实物信息、文献信息、数字信息等。

1. 口语信息

它是指存在于人脑记忆中，通过交谈、讨论、报告等方式交流传播的信息。它反映了人们的思考、见解、看法和观点，是推动研究的最初起源。口语信息具有出现早、传递快、偶发性强的特点，但缺乏完整性和系统性，大部分转瞬即逝，一部分通过文献保存，另一部分留存在人类的记忆中，代代相传而称为口述回忆或口碑资料。作为信息留存的一种形式，口语信息无时不在，无处不有，承载着人类的知识、经验和史实，是一种需要重视和开发的极为丰富的资源。

2. 实物信息

实物信息是指固化在实物中的信息，实物包括自然实物和人工实物（如文物、产品样本、模型、碑刻、雕塑等），其特点是直观性强、感觉实在、信息量大，但需要通过知识、智慧、经验和工具挖掘隐含的大量信息。

3. 文献信息

文献信息是指以物质材料为载体形式所表达的内载信息；即以文字、图形、符号、声频、视频等方式记录在各种载体上的信息。它与人工符号本身没有必然的联系，但要通过符号系统实现传递。文献信息也是一种相对固化的信息，一经“固定”在某种载体上就不能随外界的变化而变化。文献信息的优点是：易识别、易保存、易传播；缺点是不能随外界的变化而变化，固态化是文献信息老化的原因。

4. 数字信息

数字信息亦可称为电子信息，是指以数字代码方式将文字、图形、图像、声音、动画等存储在磁带、磁盘、光盘等介质上，以电信号、光信号的形式传播，并通过网络通信、计算机及其终端设备再现出来的一种信息。数字信息是计算机技术、通信技术、多媒体技术和高密度存储技术迅速发展的产物。它需要用计算机才能读取信息，具有存储容量大、存取速度快、体积小、可共享等特点。数字信息是当今发展最快、最具有应用价值和发展前景的新型信息。

2.1.4 信息的存储载体

2.1.4.1 刻写型

刻写型文献是最早的文献形式，是指纸张发明以前的古代文献，如我国古代的甲骨文献、钟鼎文献、简牍文献、缣帛文献，国外的蜡板文献、羊皮文献等。

2.1.4.2 印刷型

它是以手写和印刷技术为手段，以纸张记录信息的载体形式。它的优点是可以直接阅读、携带方便，因此成为人类科研、生产、学习、文化交流等活动中最常用的工具。与现代信息载体相比，印刷型信息载体存储信息密度小，占用收藏空间大，难以长期保存。

2.1.4.3 缩微型

缩微型主要指以感光材料记录文字及其相关信息的载体，常见的有缩微胶卷和缩微胶片。缩微型信息载体的优点是便于保存、转移和传递，缩小文献的体积，可节约书库面积达 95%以上，而其成本大大减少。缩微型信息载体借助电子技术、计算机技术进一步增强了自身的功效。例如，它可以制作成计算机存取载体的输入胶片和输出胶片。目前，许多大型文献信息中心都将学位论文、科技报告等文献制作成缩微品加以收藏和保存。

缩微型信息载体必须借助阅读设备才能使用。

2.1.4.4 声像型

声像型指记录声音、图像信号的文献载体形式，如录音带、录像带、幻灯片、影视片以及近年来推出的高密度视、听光盘。声像型信息载体可以让人们通过自己的视觉、听觉感受到直观、形象、生动、逼真、丰富多彩的信息世界。

2.1.4.5 电子型

电子型是指采用电子手段并以电子形式存在，利用计算机及现代通信方式提供信息的一种新兴载体，它的前身是机读型。电子型出版物内容丰富、类型多。按信息存储介质划分，主要有软磁盘与光盘两大类；按出版物类型划分，主要有电子期刊、电子图书、电子报纸、电子名录、电子地图、各种联机信息库和光盘数据库产品或磁带、软盘等产品；按文献信息的存取方式和费用承担情况分为开放存取型（免费型）和有偿访问型（收费型）等。

电子出版物的问世是信息时代的重要标志，它改变了书刊的物理形态，开辟了一种新的信息分发渠道，极大地提高了信息的传递速度，加速了信息化的进程。与其他传统出版物相比，电子出版物的优点是：①信息容量大；②出版周期短，易更新，它不需要制版、印刷、装订等环节，并可随时对内容进行增、删、改；③方便检索；④易复制，可将网上数据拷贝到机器的硬盘或软盘，也可以变成纸质文件；⑤可交互性，任何人都可以利用网络发表、交流传息。

包括电子出版物在内的电子型信息具有低成本、高效益、非实物、非独占、无损消费、可共享等特征。

2.1.4.6　网络型

网络型是指存储在互联网上的信息，通过网络提供和获取信息的一种形式。这种类型的信息包罗万象，分布广泛，内容丰富多样，所载信息量可以突破页码的限制而扩大。

网络型优点是：①不受时间限制，信息获取快，传播快，更新快，时效性强；②多媒体合成，表现生动、图文声像并茂；③传播形式的非线性和交互性。

网络型缺点明显，内容庞杂，类型多样，良莠不齐，易变，不稳定，组织无序、分散。因此，“信息过载”和“资源迷向”在所难免，给用户快速检索和获取信息带来一定困难。

2.1.5　信息的传输

信息的传输主要依靠人工信息传输系统和计算机网络系统。人工信息传输系统主要是通信系统，人们通过各种通信系统获得千里之外的信息。任何网络系统都是传输、交换信息的系统，联网的所有用户（计算机）之间能够互相建立联接和进行相互通信，这是网络的重要特征。在当代，信息的传输正是通过计算机网络系统和先进的信息技术实现的。

从网络角度看，任何一个网络系统（无论是通信系统还是计算机网络），不管它的内部结构如何，都应该把它们看成一个具有交换功能的信息传输系统，一个具有许多分布的交换节点组成的网络传输系统。信息通过下列方式传输。

2.1.5.1　路由选择

网络信息的传输要经过路由，以便在多条输出信道中选择其中一条，即“路由选择”，也就是在网络系统中“寻址”。在一个大型网络系统中，从一个节点到另一个节点的连接和通信，就是通过一系列的寻址操作、路由选择来实现的。

2.1.5.2　分层传输

网络信息传输是分层传输的。网络体系结构中的每一层都可能对多个服务访问点 SAP 选择寻址，各层都可能有自己的地址域，因此可以形成对应各自地址的信息传输，从而构成了网络多层传输系统，实现快捷、高效的信息传输。

具体来说，计算机网络信息资源及其传输是在不同系统中实现的。由于不同系统实体之间的信息传输复杂，相互间不可能作为一个整体来处理。于是，用分层或协议分层结构来构建网络体系结构，就成为网络信息传输的重要前提。国际标准化组织 ISO 于 1984 年提出了开放系统互联 OSI 模型。该模型按照计算机网络信息传输的功能要求，把通信过程分为 7 层，分别为物理层、数据链路层、网络层、传输层、会话层、表示层和应用层，每层都规定了完成的功能及相应的协议（图 2-1）。

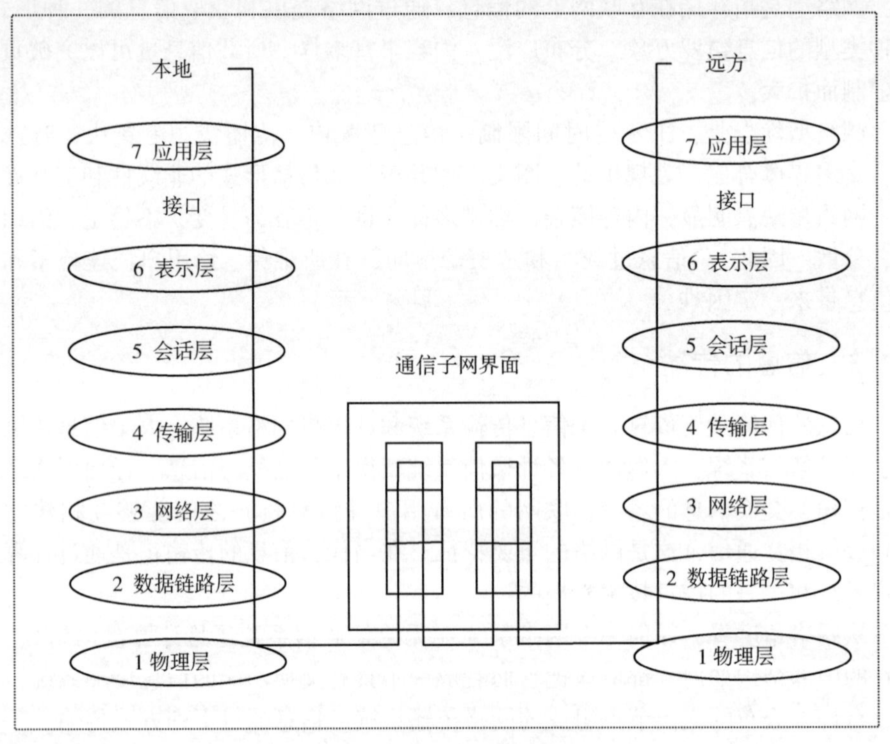

图 2-1 ISO/OSI 参考模型

在 7 个功能层中，1~4 层与实时的数据通信传输有关；5~7 层与面向用户的网络信息查询服务有关。各层次的主要功能及其相互作用如下。

物理层提供建立和拆除物理链路所需的机械及电气接口，计算机遵循这些接口定义用物理介质相连，实现面向比特（bit）流的数据传输。

数据链路层的主要任务是加强物理层传送比特的功能，为网络层提供一条无差错的比特传输路线，包括比特流组装或拆除数据帧（Data Frame），以保证物理层用电信号把它们传送出去，并接收和识别它们。

网络层主要解决网络路径的畅通和阻塞控制，如寻址、呼叫的建立和清除等。

传送层是整个协议层次结构中最核心的一层，它的作用是从会话层接收数据，包括端到端的报文传输、连接管理、差错控制、数据分流和流量控制等。

表示层主要通过转换计算机自己内部的数据，使其相互“理解”，表示层还涉及另外一些功能，如数据加密、数据压缩。应用层提供直接面向最终网络用户的大量信息传输服务，如文件传输、访问和管理、报文处理、目录管理、过程作业运行等。

2.1.5.3　多路复用

传输设备负责把任一路输入信道的信号送到任一路输出信道上去，且传输设备和系统的任一输出信道与某一信道都不是固定连接，可以多路复用，形成了多路复用的网络传输系统。

2.1.6　信息的功能

信息是社会发展的要素，在人类认识世界和改造世界的活动中发挥着重要作用，主要有以下几个功能。

一是资源功能。科技的进步、社会的发展都与信息息息相关，人类通过对世界各种信息的获取、分析、处理、吸收、利用，促进了社会的持续发展。21世纪，信息已成为人类社会的重要资源。

二是组织管理功能。管理系统是一个信息输入、处理、输出及信息反馈的系统。在系统运行过程中，每个环节都离不开信息。信息是管理过程中相互联系的条件和要素。

三是中介功能。人与客观事物的认识和联系是以信息为中介条件的，从物质系统到精神系统，从系统内部到系统外部的所有联系环节都必须通过相应信息来实现，信息才是沟通的桥梁和纽带。因此，信息在人与人之间、人与客观事物之间起到了中介的作用。

四是传播功能。信息通过传播实现了组织功能、中介功能，信息发挥作用是以其传递与传播为基础的。

2.1.6.1　信息与知识

知识是人的主观世界对客观世界的概括和如实的反映，是人类通过信息对自然界、人类社会以及思维方式与运动规律的认识，是人脑通过思维重新组合的、系统化的信息集合，是人类智慧的结晶和社会实践经验的总结。

1. 知识的类型

随着对知识内涵的认识加深，人类从不同角度对知识进行了分类。

著名哲学家卡尔·波普尔的“世界3”理论中，知识分成了两种，即主观知识和客观知识。主观知识即人们头脑中的经验、观点、思想，在文字产生以前，知识主要以主观知识的形式出现。随着信息载体的出现，主观知识实现主体外存储，从而产生了通过文字、图像等记录于载体的客观知识，它是人类的一个重大进步。主观知识可以随着人的死亡而消失，而客观知识可以继承，实现跨越时空的交流、传递、开发和利用，它是当代社会信息资源的主体。

从知识使用中的实践性和价值性上，德国哲学家马克斯·舍勒将知识划分为应用知识、学术知识和精神知识三大类。美籍著名经济学家弗里兹·马克卢普认为知识包括五个方面的内容：实用知识、学术知识、闲谈和消遣知识、精神知识和不需要的知识。

还有一种分类，是在OECD分类的基础上，进一步将知识划分为两大类别：显性知识和隐性知识。

（1）显性知识。所谓显性知识，是指可以通过正常的语言文字方式传播的知识，是以专利、科学发明和特殊技术等形式存在的知识，存在于书本、计算机数据库、CD ROM等中。显性知识是可以表达的，有物质载体的，可确知的。在OECD对于知识的四类划分中，关于Know—what和Know—why的知识，基本属于显性知识。

（2）隐性知识。所谓隐性知识，或称为“隐含经验类知识”，往往是个人或组织经过长期积累而拥有的知识，通常不易用言语表达，也不可能传播给别人或传播起来非常困难。例如，技术高超的厨师或艺术家可能达到世界水平，却很难将自己的技术或技巧表达出来从而将其传播给别人或与别人共享。隐性知识所对应的是OECD分类中关于Know—how和Know—who的知识，其特点是不易被认识到、不易衡量其价值、不易被其他人所理解和掌握。

显性知识和隐性知识的划分突破了过去人们对知识的认识，将还未经系统化处理的经验类知识给予了承认。如果说显性知识是冰山，那么隐性知识就是隐藏在其下面的资源。隐性知识虽然比显性知识难发觉，却是社会财富的最主要源泉，比显性知识更完善、更能创造价值，隐性知识的挖掘和利用能力，将成为个人和组织成功的关键，是信息检索人员的一个重要技能表现。

2. 知识的属性

知识具有很多属性，其中主要的有：

（1）意识性。知识是一种观念形态的东西，只有通过人类的大脑才能产生、认识和利用它，知识通常以概念、判断、推理、假设、预见等思维形式和范畴体系表现自身的存在。

（2）信息性。信息是产生知识的原料，知识是被人们理解和认识并经过大脑重新组织和系统化的信息，信息提炼为知识的过程是思维。

（3）实践性。社会实践是一切知识产生的基础，也是检验知识的标准。人类在农业生产实践过程中逐渐创造了农耕工具，学会了播种，发展了纺织等。长期的生产实践，产生了农业文化，形成了源远流长的农耕文明。可见，知识来源于实践，并对实践有重大指导意义。

（4）规律性。人们在实践中对事物的认识，是一个无限的过程，人们在这种无限过程中所获得的知识从一定的层面上揭示了事物及其运动过程的规律性。孟德尔通过豌豆杂交试验，认识了遗传的规律性，为遗传和育种奠定了基础。

（5）继承性。每一次新知识的产生既是对原有知识的继承和利用、深化与发展，又是更新的知识产生的前提和基础，知识被记录或物化为劳动产品后就可以世代相传并利用。

（6）渗透性。随着知识门类的增加和人们认识世界的不断深化，多种知识可以互相渗透，构成知识的网状结构体系。

人类通过信息来认识大自然、人类社会、人类思维与运动规律，通过获得的信息组成知识，感知、认识世界，发现、发明和创造新事物。信息是构成知识的原料，这些原料通过人的接收、选择、整理、提炼等加工过程，去粗取精、去伪存真，由此及彼，由表及里，形成各种各样的知识。知识是信息的一个重要组成部分，知识的产生离不开信息和信息传递。随着人类认识的不断深入发展，新的知识不断产生和积累，人类的知识体系将不断丰富、发展和完善。知识反映的是人类对客观事物的普遍认识和科学评价。人们通过学习掌握知识，可以增长创造才能，提高决策水平，更有效地开展各项社会活动。在知识经济时代，信息和知识已经成为生产力、竞争力和经济成就的关键因素，成为社会生产所需要的中心资源。

信息不同于数据，同样知识也不同于信息，数据在组织之后成为信息，信息被应用于一定的行为领域中成为知识。

2.1.6.2 信息与情报

情报是传递中的知识，是经过加工、分析、提炼过的有用的信息。知识性、传递性和效用性是情报的三个基本属性。情报的本质是知识，但知识并不等于情报，知识必须传递给用户、能满足用户的特定需要才能成为情报。“情报”二字被广泛用于政治、经济和文化领域。人们在社会实践中源源不断地创造、交流与利用着各种各样的情报。情报是经济建设、科研、生产、经营管理等不可缺少的宝贵财富，是进行决策、规划、管理的主要依据。情报在不同历史时期其社会功能和概念有所不同。

1. 情报的定义

情报是人们在特定的时间内为一定的目的而传递的有特殊效用的知识和信息。

在古代，情报首先产生于军事领域。《辞源》指出："定敌情如何，而报于上官者"是为情报;《辞海》中则说："战时关于敌情之报告，曰情报。"这是中国早期的情报定义。反映了情报作为消息传递的功能及构成情报的两个基本要素——"情"与"报"，强调情况、消息的传递报道作用。到了近代，随着科学技术的迅速发展，创造与传播知识的工作有了新的发展，专职情报机构的主要工作是使知识有序化，以解决情报检索问题。于是，情报概念也有了新发展，认为情报是"作为存储、传递和转换的对象的知识"，是"在特定时间、特定状态下，对特定的人提供的有用知识。"

为了解决情报资料激增情况下如何为决策人员有效服务的问题，情报工作由一般文献工作阶段进入了侧重与经济和社会发展相结合的情报分析研究阶段，情报的定义增添了新的内容："情报是判断、意志、决心、行动所需要的能指引方向的知识和智慧"，是"解决问题所需要的知识"，是"激活了的知识"。

情报来源于人类社会实践，是物质世界与精神世界共同作用的产物。人类正是在不断认识、改造自然与社会的过程中，在物质生产与科学实验的实践中，源源不断地创造、交流与利用各种各样的情报。在日常生活中，人们经常在不同的领域里，自觉或不自觉地在传递情报、接受情报与利用情报。因此，情报又是一种普遍存在着的社会现象。

情报与信息、知识、文献、资料、数据等相关概念有着不可分割的密切联系。

在西语中，情报一词既代表我们所说的信息，也代表我们所说的情报。因而，出现了"情报就是信息"一说，而在汉语中，信息和情报两个术语所反映的概念既有联系又有区别。现在，信息的概念既包括人与人之间的消息交换，又包括人与机器之间、机器与机器之间的消息交换，以及动物界和植物界信号的交换。而知识则是人类通过加工吸收信息，对自然界、人类社会以及思维方式与运动规律的认识与掌握，是人的大脑通过思维重新组合的系统化的信息集合。因此，人类既要通过信息来认识世界、改造世界，又要根据所获信息组成知识。可见，知识是信息的一部分，而信息则是构成知识的原料，这些原料经过人脑接收、选择、处理，才能组合成新的知识（即系统化了的信息）。新知识首先发生并存在于人脑中，这就是主观知识；如将头脑中的认识结果通过某种物质载体记录下来，就变成可以传递的客观知识。随着人类认识的深入发展，这种客观知识已逐步形成为较完整的知识体系，这是人类创造的宝贵精神财富，人类围绕知识所进行的交往活动，就是普遍存在的情报过程。

文献是记录有知识的一切载体。是在时间上、空间内用符号和载体积累和传播情报的最有效的手段，目前仍是情报的最主要来源，是情报源的主体部分。

数据是表达事物的字符集合。凡能用计算机进行编码和通信的符号都属于数据之列。不是所有的数据都可成其为情报，只有被定义了的数据才是情报，情报是加工了的数据，是数据的内容。在实际使用中，二者容易混淆。

2. 情报的特征

情报具有知识性、传递性、效用性 3 个基本特征。

（1）知识性。知识是人的主观世界对于客观世界的概括和反映。随着人类社会的发展，时时刻刻都有新知识产生，人们可以通过读书、看报、听广播、看电视、参加会议、参观访问等活动吸取有用的知识。这些经过传递的有用知识，就是人们所需要的情报，这是广义层面的情报。可见，情报的本质是知识，情报都包含有知识和信息，所以知识和信息是构成情报的原料。没有一定的知识内容，就不能成为情报。知识性是情报最主要的特征属性。但不是所有的知识都是情报，知识必须经过传递交流、供人们利用才能构成情报。

（2）传递性。传递性是情报的第二基本特征，是指无论是存贮在人脑中的主观知识还是记录在载体上的客观知识，无论知识有多广、有多深、有多新颖，如果不进行交流传递，都不能成为情报。知识要变成情报就必须经过传递运动，传递是情报的基本属性特征。

（3）效用性。只有满足特定需要的运动的知识才可以称为情报，这是情报的效用性。

情报是具有知识性和传递性、运动性的，但并不是所有运动的知识都是情报。人们创造情报、交流和传递情报的最终目的在于充分利用情报，发挥情报的效用性，主要表现为增长知识、扩展思维、启迪思想、开阔眼界、提高认知能力、改变知识结构、加快技术传播等，帮助人们去认识世界和改造世界。

从小处说，情报是为用户服务。往大处说，情报是为社会服务。用户需要情报，社会需要情报。情报的效用性是评价情报服务工作的重要指标。因此情报还具有社会性。此外，情报还具有积累性、与载体的不可分割性、容易退化老化等特性。

3. 情报的类型

情报类型的划分有多种，不同的划分标准有不同的分类。

按情报的应用范围可分为：科学情报、经济情报、技术经济情报、军事情报、政治情报等。

按情报的内容及其所起的作用可分为：战略性情报和战术性情报两大类。

战略性情报一般是指对解决全局或某些特定领域中如制定能源政策、城市发展规划等一些带有方向性、政策性问题所需要的活化了的知识，其中包括科学依据、论证和方案等内容。战略情报的形成需要经过高度的逻辑思维过程并具有较明显的预测性质。

战术性情报则是指对解决局部或某一学科领域中的一些具体问题所提供的情报。

战略性情报与战术性情报是相互作用、密切关联的，战术性情报是构成战略性情报的基础，战略性情报则可以为战术性情报指明方向。

2.1.6.3 信息与文献

人类为了继承和传播知识，使用文字、图形、符号、声频、视频、电子等各种手段将其记录下来，这样就形成了文献。随着科学技术的发展和社会的进步，知识的物质载体和记录手段呈现出多样化，文献的外延不断扩大，文献种类不断增加，不仅包括传统的书刊报资料，而且包括缩微胶片制品、音像资料、机读资料、多媒体资料和电子出版物等。因此，国际标准化组织在其制订的《文献情报术语国际标准》中把文献定义为“记录一切人类知识信息的载体”，我国国家标准 GB 4898—1985 把文献定义为“记录有知识的一切载体”。

综上所述，凡是记录有知识或信息的一切载体均为文献。

文献具有记录、储存和传递知识的作用，是人们获取知识、信息和情报的重要来源，也是交流传播知识、信息和情报的最基本手段。文献包括 4 个要素：

一是知识内容，即文献的内容。二是物质载体，如甲骨、竹简、纸张、胶卷、磁盘。三是记录符号，如文字、图表、声音、图像等。四是记录手段，如刀刻、书写、印刷、录音、录像等。

在文献中，凡是通过各种手段（如文字、图形、公式、代码、声频、视频、电子等）记录科学技术信息或知识的物质载体称为科技文献。科技文献是人们从事科学技术活动的劳动成果的表现形式之一，它记载着人类在社会实践中积累起来的丰富知识和宝贵经验，会集着世世代代千百万劳动人民和科技工作者对客观事物认识的结晶，积累了无数的科学事实、数据、理论、定义、方法以及科学的构思和假想，记载了许多成功的经验和失败的教训，反映了当时人们对客观事物认识的程度和科学技术的进展状况及发展水平，预示科学技术的发展趋势和方向。科技文献是信息自身存储和传递过程中的一种重要的载体形式，是获取信息的重要来源，是人们进行科学技术研究的基础，是科学技术进步的阶梯。

2.1.6.4 信息、知识、情报的关系

信息是事物运动的状态和方式，是宇宙间普遍存在的现象。知识是人类对客观事物的认识、是信息内容的一部分。情报是人类社会活动的产物，来源于人类的社会实践，属于信息的范畴，具有信息的一般特性和运动规律。信息、知识、情报三者既有区别，又有联系。信息是知识的原料，知识是人脑意识的产物，是系统化了的信息。从外延上看，信息的外延大于知识，知识存在信息之中。而情报又是知识的特定部分。信息、知识、情报三者之间是依次包含的关系。即信息⊃知识⊃情报。

信息、知识与情报三者之间在一定条件下可以相互转换。信息经过加工可转变成知识，知识通过各种不同的媒介和手段传递给接受者，为他们所理解和应用，就转变成情报，有时使用者还可直接将信息转换成情报。反之，情报在不被人需要时，可还原为知识，知识在遇到不能认识、不能理解的人时，又只不过是一般的信息。同时，情报也可直接还原为信息。

2.1.6.5 信息、文献、知识的关系

信息是广泛存在于自然界、人类社会、人类思维之中的一切事物的存在方式和运动状态的客观反映；知识是人类社会中经过人类智能加工的系统化的信息；文献则是记录人类信息、知识、情报的一切载体。信息、文献、知识三者可以相互转换。

根据范畴大小，信息圈、知识圈、文献圈依次为包含关系（图 2-2）。科学地认识和了解信息、文献、知识的关系，有助于人类更好地把握信息、分析文献、集成智慧，更好地认识自然界，推进人类社会的发展。

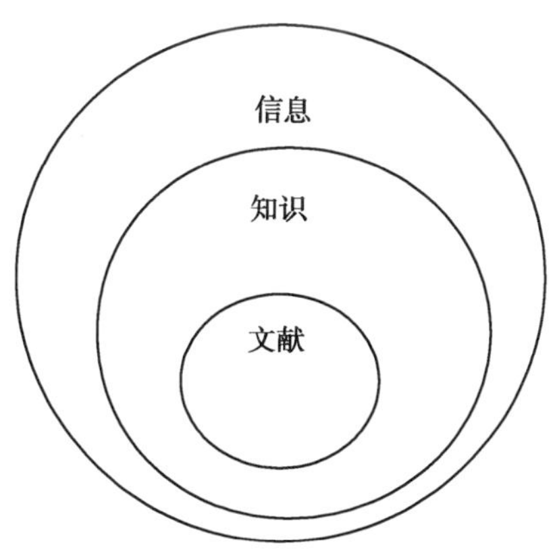

图 2-2 信息、文献、知识的关系

2.1.7 信息素养

在信息时代，信息本身已经不再重要，重要的是人们能否意识到信息的作用、价值和开发信息资源的战略意义，能否有效地组织信息资源开发活动，能否充分地利用各种信息资源有效获取新的深层次的信息。一个人的信息素养将影响其研究与开发能力，因为信息是信息社会里促进经济发展的最重要的战略资源。

2.1.7.1 信息素养的概念

信息素养（Information Literacy）的概念最早由美国信息产业协会主席保罗·泽考斯基（Paul Zurkowski）于 1974 年提出，他认为信息素养即“经过训练，掌握了利用大盘信息工具及主要信息源解决问题的技术和技能”。1989 年美国图书馆协会对信息素养进行了定义，即“要成为有信息素养的人应该认识到何时需要信息，并拥有评价和有效利用所需信息的能力”。1990 年美国“国家信息素养论坛”年度报告中提出“信息素养人”即了解自己的信息需求；承认准确和完整的信息是制定明智决定的基础；能在信息需求的基础上系统阐述问题；能识别潜在信息源，检索信息源，制定成功的检索策略；能利用以计算机为基础的信息技术或其他技术；具有评价信息的能力；能为实际应用而对信息进行组织；具有将新信息结合到现存的知识体系中的能力；能采用批判性思维利用信息并解决问题。

概括起来，信息素养内容包括信息知识、信息意识、信息能力和信息道德 4 个方面。

1. 信息知识

它是指一个具有信息素养的人应当对信息的基本概念、性质、特征、类型、存储形式、管理方式以及信息在社会政治、经济、文化和科学研究中所发挥的重要作用有清楚的了解，能用正确的态度去面对信息和有目的的利用信息，能够跟踪和研究与信息密切相关的信息技术的发展情况，这是信息素养的基础。

2. 信息意识

它是指一个人对信息活动自觉的认识和反应，即一个人对信息的敏感性和关注度，是能够主动寻找信息、发现信息和自觉地利用信息的意识。

3. 信息能力

信息能力是信息素养的核心。包括获取、理解、分析、评价、利用信息的能力及利用信息技术的能力和分析决策能力，就是分析信息内容和信息来源、鉴别信息质量、评价信息价值、决策信息取舍以及分析信息成本并开发利用的能力。

信息能力包括信息获取能力、利用信息能力、应用信息技术能力。获取信息能力就是通过各种途径和方法收集、查找、提取、记录和存储信息的能力。利用信息能力即有目的地将信息用于解决实际问题或用于学习和科学研究之中，通过已知信息挖掘信息的潜在价值和意义并综合运用，以创造新知识的能力。信息技术应用能力即利用计算机网络以及多媒体等工具收集信息、处理信息、传递信息、发布信息和表达信息的能力。

4. 信息道德

人们从事信息活动所应遵循的行为规范即为信息道德，包括道德伦理、政策、法律、法规等。具有信息道德方知保护信息隐私权、知识产权，只参与或从事正当允许的信息活动，并能够自觉抵制不良信息。信息道德是信息素养的准则。

2.1.7.2 信息素养的标准

1998 年美国图书馆协会和教育传播与技术协会在其出版的《信息力量·创造学习的伙伴》中提出，具有信息素养的学生必须具有的能力是：能够有效地、高效地获取信息；能够熟练地、批判地评价信息；能够精确地、创造性地使用信息。书中还具体制订了学生的信息素养标准，这些标准同样适用于从事信息服务与研究的人员。主要表现为下述 9 种信息能力。

1. 运用信息工具的能力

熟练运用各种信息采集工具、编译工具、发送工具、存储工具获取所需的信息。

2. 获取信息的能力

能够有效地、高效地获取信息，并熟练地、批判地评价信息；能够根据自己的学习目标主地、多途径地收集各种学习资料与信息；能够熟练地掌握阅读、访问、讨论、参观、实验、资料检索、视听感知等获取信息的方法。

3. 处理信息的能力

包括鉴别、筛选、分析、综合、概括、记忆和表达信息的能力。

4. 生成信息的能力

能用恰当的符号把对自己和他人有用的信息进行译码、编码、改造，生成简洁、流畅、鲜明、易用信息的能力。

5. 创造信息的能力

能探求与个人兴趣有关的信息，并能欣赏作品和其他对信息进行创造性表达的内容，善于运用创造性思维、灵感思维与发散思维方法，通过分析发现与创造新的信息。

6. 发挥信息作用的能力

善于运用外界信息改进学习方法、调整学习计划、扩充知识容量，能最大限度地发挥出所发现和占有的信息的教育效益与社会效益。

7. 信息协作意识与能力

能够利用各种信息协作途径和工具开展广泛的信息协作，能与外界建立经常的、融洽的、多维的信息协作关系，并能通过各种活动创建信息协作。

8. 信息免疫能力

能树立正确的人生观、价值观，能自觉清除信息垃圾，避免有害信息，抵制不良信息的侵蚀与干扰。

9. 信息行为能力

自觉遵循围绕信息的所有活动过程中所涉及的伦理道德和相关法律，并能认真执行符合伦理道德与相关法律的行为。

2.2 信息源

2.2.1 信息源的含义

个人为满足其信息需要而获得信息的来源，称为信息源。包括那些能够产生、载有、储存、加工、传递信息的自然物质、文献载体、机构、人物、产品等都是信息源。信息源具有普遍性、潜在性和运动性。要获得信息源中的信息，必须了解信息源的特点、变化规律，掌握获取信息的途径和方法，善于捕捉有价值的潜在信息和深层次信息，善于抓住获取信息的机会，以达到发现、开发、利用有价值信息的目的。

2.2.2 信息源的类型及特点

信息源有自然信息源和社会信息源之分。自然信息源广泛存在于自然界中，是物质运动和生物生存活动的结果，如山川、河流、土地、气候、能源、动物、植物、微生物等，它们是人类生存最基本的自然环境和物质条件，是自然信息的发生源。

社会信息源则存在人类活动之中，是社会的直接产物。无论是自然信息源，还是社会信息源，其开发利用均在社会中进行，社会信息源是信息源的主体。从信息采集的角度出发，社会信息源通常可分为个人信息源、实物信息源、文献信息源、组织机构信息源等。

2.2.2.1 个人信息源

个人信息源是指人们在各种实践活动中形成和传播的各种各样的信息。由于个人信息源的信息获取方式主要是口头交流，故亦称口头信息源。

人是信息的创造者，是最有活力的信息源。人类具有功能独特的信息感知、传递与存储器官，并且在长期的社会实践活动中形成了独有的信息交流专用符号——语言，能不断地创造与传播各种最新信息。参与社会信息交流活动的每个人都是一个独立信息源。个人信息源在社会信息交流系统中具有重要的地位和作用。1965 年，美国国防部技术信息处的 W.M.卡尔森（W.M.Carlson）对该部工程师的 3 400 人次信息查询登记进行分析，结果发现，有 31%的信息是通过口头交谈获得的。这一调查结果表明，最重要的信息源是人，特别是那些处于关键位置的行家。个人信息源主要包括领导者及管理人员、专家和技术人员、生产人员以及信息工作者。他们在工作中积累了大量的经验，占有着大量的信息，而且又在不停地创造着信息，同时与外界有着广泛的联系，本身就是信息的凝聚点和发射源。个人信息源的特点如下。

1. 及时性

通过与个人直接接触和交谈，获取信息的速度更为迅捷，而且可以及时得到信息反馈。

2. 新颖性

人们交谈的信息内容多为对方不知道或不清楚的事物，其内容往往具有较强的新颖性。有时甚至可得到一些不宜公开的内部信息。

3. 强化感知性

面对面地获取信息，除接收到语言信息外，还可根据信息发出者的声调、语气、体语以及环境气氛等感受其“言外之意”，进行推理和判断，加深理解。

4. 主观随意性

人们在口头信息交流过程中往往按照自己的好恶对信息进行加工取舍，或根据个人意志对客观事物进行曲解和割裂。这种主观随意评价易导致信息失真。

5. 瞬时性

口头信息生存时间短，更新速度快，因其极易流变，必须记录转化在其他信息载体上方可长期保存。

2.2.2.2 实物信息源

实物信息源系指固化在实物中的信息来源。一切物质实体都蕴含着丰富的信息，一切事物的发展变化都与其存在的场所密切相关。无论是自然物、人工制品，还是事物发生的现场，均可视为实物信息源。实物信息源以实物为载体，作为载体的实物又是所载信息的直接产物。如仪器设备、作物品种、农药、饲料、苗木等。实物信息源给人们提供了充分认识事物的物质条件。这类信息源的特点如下。

1. 直观性

实物的最大优势就是直观、生动、形象。它能提供全方位、多角度的信息，供人们根据各自的需要去进行分析研究。

2. 真实性

实物信息源是客观存在着的东西，人们可从中获取第一手完整可靠的信息，因而具有较高的真实性和可信度。

3. 效益性

实物信息来源于产品，又服务于产品，它具有明显的社会效益。

4. 隐蔽性

实物信息源中包含的信息往往是潜在的、隐蔽的，不易被完全发现，因此，要求信息收集人员必须有强烈的信息意识、敏锐的洞察能力和一定的分析研究水平。

5. 零散性

实物信息源的时空分布十分广泛、散乱、混杂，无一定规律可循，因此很难对其进行加工整理。

2.2.2.3 文献信息源

文献信息源系指用一定的记录手段将系统化的信息内容储存在纸张、胶片、磁带、磁盘和光盘等物质载体上而形成的一类信息源。换言之，文献信息源就是指包含有信息的各种类型的文献。根据其载体、出版形式及加工深度不同，可划分为多种类型。

文献是社会信息交流系统中最重要的成分之一，是社会文明发展的客观记录，是人类思想成果的存在形式，也是科学与文化传播的主要手段，其基本功能是存储与传播信息。文献信息源是一种重要资源，借助于文献，科学研究得以继承和发展，社会文明得以发扬和光大，个人知识得以转变成社会知识。作为现代社会最常用的、最重要的信息源，文献信息源具有以下特点：

1. 系统性

文献所记载的信息内容往往是经过人脑加工的知识型信息，是人类在认识世界改造世界的过程中所形成的认知成果，经过选择、比较、评价、分析、归纳、概括等一系列思维的信息加工活动，并以人类特有的符号系统表述出来的。因此大多比较系统深入，易于表达抽象的概念和理论，更能反映事物的本质和规律。

2. 稳定性

文献信息是通过文字、图形、图像或其他代码符号固化在纸张、化学材料或磁性材料等物质载体上的，在传播使用过程中具有较强的稳定性，不易变形，不失真，从而为人们认识与决策活动提供了准确可靠的依据。

3. 易用性

利用文献信息源不受时空的局限，用户可根据个人需要随意选择自己感兴趣的内容，决定自己利用文献的时间、地点和方式，遇到问题可以有充分的时间反复思考，可对照其他文献进行补充印证。

4. 可控性

文献信息的管理和控制比较方便。信息内容一旦被编辑出版成各种文献，就很容易对其进行加工整理，控制其数量和质量、流速和流向，达到文献信息有序流动的目的。

5. 时滞性

由于文献生产需要花费一定的时间，因而出现了文献时滞问题。文献时滞过长将导致文献内容老化过时，丧失其作为信息源的使用价值。

2.2.2.4 组织机构信息源

组织机构信息源系指产生、传递（传播）、存储与加工文献信息的机构，人们可以从这些机构中获得信息来源。因为组织是社会有机体充满生命活力的细胞，作为一个开放的社会系统，组织机构要与外界环境不断地交换物质流、能量流和信息流。各级各类组织机构主要是通过内外信息交换来发挥其控制功能，实现组织目标的，因此，组织机构既是社会信息的大规模集散地，也是发布各种专业信息的主要源泉，如政府部门、各类社会组织和学术团体、科研院所和高等学校、出版社、编辑部、各类图书馆及信息服务机构等。这类信息源的主要特点是：

1. 权威性

各种组织机构或从事研究开发，或从事生产经营，或从事监督管理，往往是专门开展某一方面的业务工作，它们所产生发布的信息相对集中有序，也比较准确可靠，具有一定的权威性，值得高度重视。

2. 垄断性

有些组织机构由于保守或者是竞争等方面的原因，常常把本部门所拥有的信息资源看成是自己的私有财产而不愿对外公开。如果没有完善的信息公开制度作保证，就很难进行信息收集工作。

2.3 信息检索

信息检索是信息工作的重要内容，是信息用户与信息源沟通的重要渠道，是信息传递的集中表现，是信息存储的最好应用。信息检索的概念产生于20世纪50年代，有以下几个原因：①知识急剧增长，需要合理存储；②人们查询的着眼点不再局限于文献本身，而是指向了文献中的信息；③计算机应用到了情报工作领域，信息处理手段更加强有力。由此，产生了信息检索及不同于传统图书馆参考业务的相关业务。

早期的信息检索，人们主要根据文献的特征用手工方式实现。后来，以计算机为核心的信息技术，开辟了信息处理与信息检索的新时代。从数字信息处理到字符信息处理，从静态信息处理到动态图像、图形信息处理和声音信息处理等等，拓展了新的检索领域，丰富了检索内容，提高了检索速度。

2.3.1 信息检索的概念

信息检索，目前没有公认一致的严谨的定义。国内外有关专家学者从不同角度解释信息检索，比较有代表性的有以下几种。

2.3.1.1 广义与狭义的信息检索

信息检索是指查找满足特定需要的过程，分为广义的信息检索和狭义的信息检索。

1. 广义的信息检索

广义的"信息检索"（Information Retrieval）包括信息的存储过程和查找过程，是指将信息按一定方式组织和储存起来，并根据信息用户的需要找出有关信息的过程。通常被称为"信息存储与检索"，包括各种文献信息的加工存储和检索利用两方面的内容，由两个方向相反而又相互依存的工作过程构成，这一广义的信息检索概念是对信息工作者而言的。

2. 狭义的信息检索

"检索（Retrieval）"即"查找"之意，狭义的信息检索是指广义的信息检索的后半个过程，仅指信息的查找，即从信息集合中找出所需要信息的过程，即信息的搜索选择。实际工作中，往往把日常信息收集、加工、存储视为检索的准备工作，而单纯地把信息的搜索视为信息检索。狭义的信息检索概念通常是针对信息用户而言的，是根据信息用户的特定需求查找所需信息的过程。

2.3.1.2 通信范畴的信息检索

人们对信息的查询本质上属于人类通信的范畴。美国数学家 Calvin N. Moors 提出：情报检索是一种时间性的通信形式，它与近期其他人研究的点对点的通信形式相区别，此种通信是时间性的，在时间上从一个时刻通往较晚的时刻，而在空间上可能还在同一地点。这一观点旨在说明，信息传递是一种特殊的通信形式，此种通信可以发生在当代人之间，也可能发生在当代人与后代人之间。正是这种通信促使了人类思想、文化、科学上的交流。

2.3.1.3 基于知识服务的信息检索

基于知识服务的信息检索称为知识检索。知识检索是在信息服务向知识服务转化的过程中产生的概念，能够更加深层次地挖掘知识单元和析取知识单元，更能够满足用户对知识的确切需求。

知识检索是以知识点为基本单位的检索。知识点的抽取与存储、知识组织与语义网构建等是知识检索的基础。有研究者认为，知识本体是一种知识组织体系，以知识本体作为知识组织的技术和方法，才能实现基于语义的知识检索。

知识检索的一般工作原理：首先，在语言学、领域学专家等的帮助下，建立基于领域概念知识的领域本体，用以收集信息源中的数据，并参照已建立的领域本体，把收集来的数据按规定的格式存储在知识库中。其次，对于从用户检索界面获取的查询请求，查询转换器可借助语义知识库以及与用户的多维交互分析确定用户的查询请求，并把查询请求转换成规定的格式，将抽取的信息源语义与检索请求语义进行匹配，然后找出符合条件的数据集合。最后，检索的结果经过分析处理后，返回给用户。

知识检索的特征：①支持自然语言检索，具有分析和理解自然语言的能力；②支持语词、语义内容的处理，实现同义词扩展检索和关联检索；③具有概念推理和学习功能；④具有强大的人机交互功能。

知识检索的基本思想与实质：知识检索是模拟扩展人类关于知识处理与利用的智能行为和认识思维方法，把借助语义知识库理解、分析和规范后的检索请求与经过语义知识库分析的信息源索引库进行语义匹配，并提交给界面主体的过程。

2.3.1.4 传统文献检索角度的信息检索

苏联情报检索专家 A. и. черныи 指出，情报检索是从大量的文献中查寻与对象提问所指定的研究内容相关的文献，或者是查询包含用户所需事实与消息的文献的过程。这里的文献指文献线索和包括文献的章节片断以及与事实有关的直接情报等。

2.3.1.5 全息检索

我国王永成教授认为，全息检索就是“可以从任意角度，从存储的多种形式的信息中高速准确地查找，并可以任意要求的信息形式和组织方式输出，也可仅输出人们所需要的一切相关信息的电脑活动”。这里所谓的任意角度，是指要求检索系统从用户可能采用的检索需求作为出发点，并把这些出发点都设成检索入口。所谓多种形式的信息，指的是在现代多媒体技术所能保证存储并输出文本、图像与声音信息的条件下，继续发展直至能输出超声频与超视频信息；所谓任意要求的信息组织形式，是指按用户需求组织对已检索到的信息的输出，从而真正实现人机检索过程中“以人为中心”的服务宗旨；所谓输出一切相关信息，从存储方面看，相关性表现在系统对存储的文本的外部特征、文本的内涵本体特征以及其他辅助性特征等的描述方面存在不可避免的差异。从检索一方看，用户对信息需求的认知能力、表述能力也同样影响检索结果。因此，相关性不仅是传统文献检索也是全息检索的基本特征和评价检索系统的重要参考指标。

2.3.1.6　概念信息检索

Chank，Kolodner 和 DeJong 等概念信息检索倡导者认为，概念信息检索是基于自然语言处理中对知识在语义层次上的析取，并由此形成知识库，然后根据对用户提问的理解来检索其中的相关信息。它与传统文献检索的不同之处在于，后者是基于关键词或主题词为核心的标引与检索，而关键词在很多情况下并不适用于确切表达文献信息的概念和内容，因此误检与漏检在所难免。概念信息检索可以对输入的原文内容中的概念而不是关键词来进行组织和安排，在对其进行语义层次上的自然语言处理基础上来获取相关的概念和范畴知识，然后通过记忆机制将它们存储到知识库中以备检索。概念信息检索系统，一般由记忆机制、语义分析机制、知识库、人机接口等部分组成。目前国际上已开发出了一些实用的概念信息检索系统，如美国哥伦比亚大学 Lebowitz 开发的主要用于阅读和理解用自然语言形式输入的专利文献摘要的 RESEARCHER 系统和美国通用电气公司人工智能研究室研制的专门用于处理与公司或企业有关的商业信息的 SCISOR—System for Conceptual Information Summarization，Organization 和 Retrieval 系统等。

2.3.2　信息检索的原理

信息检索是从任何信息集合中识别和获取所需信息的过程及其所采取的一系列方法和策略。从原理上看，它包括存储与检索（图 2-3）。

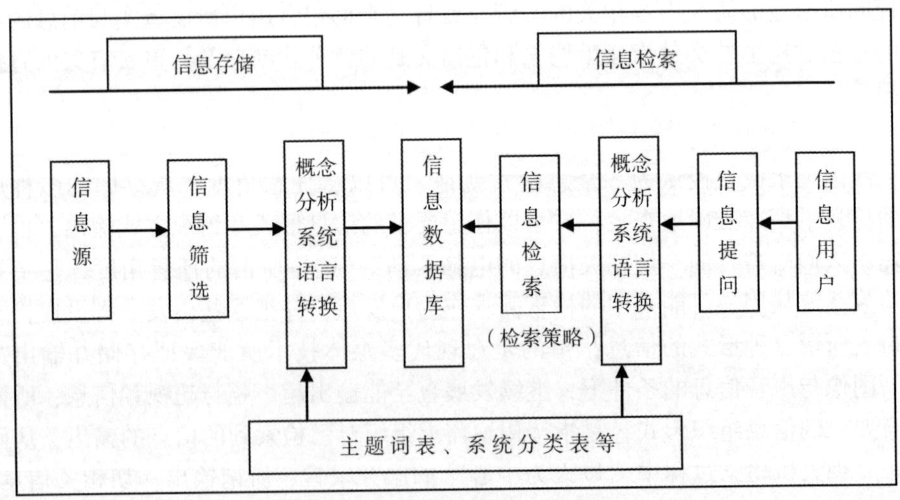

图 2-3　信息检索原理

信息的存储主要包括对在一定专业范围内的信息选择基础上进行信息特征描述、加工并使其有序化，即建立数据库。检索是借助一定的设备与工具，采用一系列方法与从数据库中查找出所需信息。存储是检索的基础，检索是存储的反过程。在现代信息技术条件下，信息检索从本质上讲，是海量信息的精确提取，是指人们从一切信息系统中高效、准确地查询到自己感兴趣的有用信息，而不管它以何种形式出现，或借助于什么样的媒体。

广义的信息检索包括信息的存储和检索两个过程。信息的存储就是将收集到的一次信息，经过著录其特征（如题名、著者、主题词、分类号等）而形成款目，并将这些款目组织起来成为二次信息的过程。信息的检索是针对已存储好的二次信息库进行的，是存储的逆过程。存储是为了检索。为了快速而有效地检索，就必须存储。没有存储，检索就无从谈起，存储与检索是相辅相成、相互依存的辩证关系。

然而，由于职业、知识水平、个人素质甚至习惯等因素的差异，信息存储人员（标引者）与信息检索用户（检索者）对同一信息的分析、理解也会存在不同。比如《计算机在生物化学中的应用》一文，标引者可能将其归入“生物化学”类，而检索者则可能在“计算机”类查找该文。这样，标引者与检索者之间发生了标引错位，存储的信息就无法检索到。

怎样才能保证信息存得进又取得出呢？那就是存储与检索所依据的规则必须一致，即标引者与检索者必须遵守相同的标引规则。这样，无论什么样的标引者，对同一篇文献的标引结果一致，不论是谁来检索，都能查到这篇文献。

信息存储与检索共同遵循的规则称之为信息检索语言。只要标引者和检索者用同一种检索语言来标引要存入的信息特征和要查找的检索提问，使它们变成一致的标识形式，信息的存储过程与检索过程就具备了相符性。相应地，存入的文献也就可以通过信息检索工具（系统）检索出来。如果检索失败了，那么就要分析一下检索提问是否确切地描述了待查课题的主题概念？在利用检索语言标引时是否出了差错，从而导致检索提问标识错误？只有检索提问标识和信息特征标识一致时，相关的文献才能被检索出来。

信息检索一定是以信息的存储与检索之间的相符性为基础的，如图 2-4 所示。如果两个过程不能相符，那么信息检索就失去了基础。如果检索不到所需的信息，存储也就失去了意义。

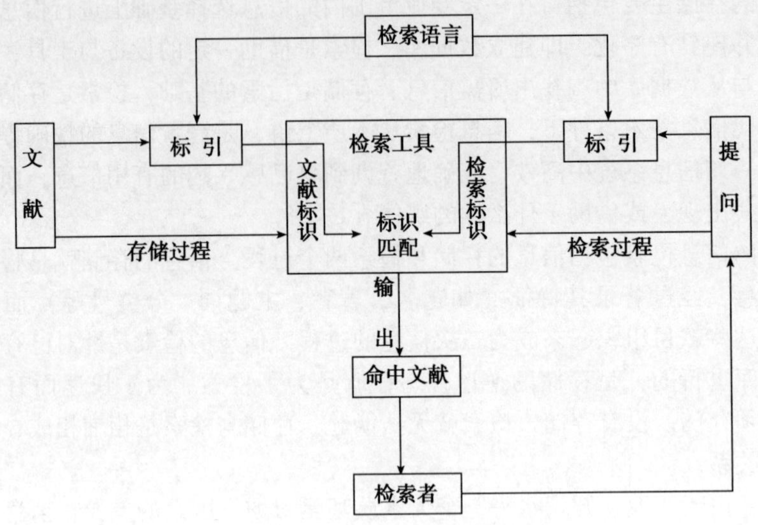

图 2-4 信息检索匹配性原理

2.3.3 信息检索的类型

信息检索可以按不同的标准划分类型。

2.3.3.1 按存储和检索的内容划分

信息检索按照存储和检索的内容可以划分为文献信息检索、数据信息检索和事实信息检索。

1. 文献信息检索

它通常指的是检索系统存储的是以二次信息为对象（目录、索引、文摘）的信息，它们是文献信息的外部特征与内容特征的描述集合体。信息用户通过检索获取的是原文的"替代物"。

2. 数据信息检索

它是指检索系统中存储的是数值型数据，如科学技术常数、各种统计数据、人口数据、气象数据、市场行情数据、企业财政数据等，是事物的绝对值和相对值的数字。检索系统提供一定的运算推导能力，例如，外推、内插、填补空缺数据，甚至列出曲线图或进行各种功能分析等。信息用户可利用通过检索获得的经过核实、整理的数值信息再作定量分析。

3. 事实信息检索

它是指检索系统存储的是从原始文献中抽取的关于某一事物（事件、事实）发生的时间、地点和过程等方面的信息。它是数值信息和系统数据信息的混合。

一般先从系统中检索出所需信息后，再加以逻辑推理才能给出结论。例如，科研单位科技人员基本情况统计数据库中包含大量科技人员的相关事实信息，企业管理数据库中包含大量的人员、工资、销售、预测、产品等相关信息，这类信息主要是用于管理决策。

2.3.3.2 按信息的组织方式划分

按照信息的组织方式划分，信息检索可分为全文检索、超文本检索和超媒体检索、目录检索、题录检索、文摘检索。

1. 全文检索

它是指检索系统中存储的是整篇文章乃至整本书。检索时，用户可以根据自己的需要从中获取有关的章、段、句、节等信息。还可以进行各种频率统计和内容分析。随着计算机容量的增加与运算速度的提高，全文检索已由当初的法律、文学领域迅速扩大到农业、生物、工业等更多的学科和专业。目前，重点学科的期刊、书籍、学位论文等基本实现了全文检索。

2. 超文本检索

从组织结构上看，超文本的基本组成元素是节点（nodes）和节点间的逻辑联接链（Link），每个节点中所存储的信息以及信息链被联系在一起，构成相互交叉的信息网络。

传统的文本检索系统强调文本节点的相对自主性，采取从“什么”到“哪里”的检索模式，而超文本检索强调中心节点之间的语义联结结构，靠系统提供的复杂工具作图示穿行和节点展示，提供浏览式查询，其检索模式是从“哪里”到“什么”。

3. 超媒体检索

超媒体检索的存储对象超出了文本范畴，融入了静态、动态图像、图形以及声音等多种媒体信息，信息的存储结构从单维发展到了多维，存储空间范围在不断扩大，是对超文本检索的补充。

4. 目录检索

目录检索是指以目录的形式来组织信息，形成目录型检索工具，然后用户利用目录来进行检索。目录通常有卡片式目录、书本式目录、机读目录、联机公共检索目录。通过目录只能检索到文献的外部特征信息如书名、著者、出版者、出版地、页码、分类号、文献收藏单位等书目数据，人们了解到文献的各种特征后，根据这些外部特征再去查找文献，从而得到原文。

5. 题录检索

题录检索是指以题录的形式来组织信息，形成题录型检索工具，它类似于目录检索，但不同于目录检索。题录检索的结果不是文献的外部特征信息，而是文献中某篇文章的外部特征信息。

6. 文摘检索

文摘检索是以文摘的形式来组织信息，形成文摘型检索工具，是在题录的基础上增加了篇章的内容摘要，使人们不仅可以查到文献中某篇文章的外部特征信息，还能了解到篇章的内容梗概。

2.3.3.3 按信息存储和检索的方式、技术划分

1. 传统信息检索

传统信息检索是原始的手工检索。手工检索是指人们通过手工的方式来存储和检索信息。检索过程完全是人来进行的行为。专业信息管理人员用人工的方式来完成信息的存储，用户通过手翻、眼看、大脑判断来完成检索过程。根据人们的手工检索实践，传统信息检索又可分为专业性检索和非专业性检索。非专业性检索是指人们直接针对原始文献进行检索，不是利用检索工具来进行。这种检索是盲目的，费时费力，检索面窄，查全率查准率低，检索结果往往不理想。专业性检索包括追溯法、工具法、综合法。追溯法是人们在查出部分与课题相关的文献后，再通过这些文献的参考文献，找到参考文献的参考文献，由此可追溯查出更多与研究内容相关的文献。工具法是指人们利用检索工具进行信息检索，是专业的方法，检索结果比较理想，需要经过培训才可熟练掌握。综合法则是追溯法与工具法的综合利用，人们可以先通过工具法找到部分文献，再利用追溯法查找更多的有参考价值的文献，二者交叉使用，会使检索结果比较满意。

2. 现代信息检索

现代信息检索通常是指计算机检索，即人们利用数据库、计算机软件、计算机网络及通信系统来进行信息数据的存储和检索。计算机检索按检索方式可分为光盘检索、联机检索和网络检索。

随着计算机的产生和应用，信息检索发生了革命性的变化，信息处理和检索能力极度提高，检索结果既全又准，检索速度快捷高效，使得情报工作者信息服务能力大大提高，用户可在短时间内从海量信息中提取有价值的信息。目前，现代信息检索技术已成为每个人必须掌握的技能之一。

2.3.4 信息检索语言

检索语言又称标引语言、索引语言、信息存储与检索语言、文献工作语言、标识系统等，是应文献信息的加工、存储和检索的共同需要而编制的专门语言，以达到信息存储和检索的一致性，提高检索效率。其实质是用于表达一系列概括文献信息内容的概念及其相互关系的概念标识系统，可以是从自然评议中精选出来并加以规范化的一套词汇，也可以是代表某种分类体系的一套分类号码，还可

以是代表某一类事物的某一方面特征的一套代码，用于对文献内容和信息需要进行主题标引、特征描述或逻辑分类。

能否在检索系统中使用规定的检索标识即检索语言来正确标引提问，和能否从检索工具词表中选出确切表达检索提问所需的标识是决定信息检索成败的关键。当信息检索时，信息检索人员首先对检索课题进行主题分析，明确课题所涉及的检索范围，形成代表信息需要的概念，并把这些概念转换成信息检索语言(标识)，然后从检索工具或检索系统中查找用该词语标引的文献，从而找到包含所需信息内容的文献。目前，国内外比较有代表性的信息检索语言有：《中国图书馆图书分类法》《汉语主题词表》《国际十进分类法》《杜威十进制分类法》《NASA 叙词表》等，《农业生物学词表》和《农业科学叙词表》是农业信息检索中的常用工具。

2.3.4.1 信息检索语言的功能

无论是信息的存储，还是信息的检索，都必须使用检索语言进行标引和表达。检索语言在情报检索中起着极其重要的作用，它是沟通情报存储和情报检索两个过程的桥梁，也是沟通标引者和检索者的桥梁。在信息存储过程中，用它来描述信息的内容和外部特征，从而形成检索标识；在检索过程中，用它来描述检索提问，从而形成提问标识；当提问标识与检索标识完全匹配或部分匹配时，结果即为命中文献。如果没有检索语言作为标引者和检索者的共同语言，就很难使同一主题内容的信息取得一致，那么，则无法从检索工具中快速而准确地查到文献信息，情报检索也就不能实现，或者达不到预期的效果。使用检索工具，必须了解和掌握这些约定俗成的符号系统，即检索语言。

检索语言大致有以下 4 个主要功能：

一是对文献的信息内容及其外表特征加以规范化的标引，保证不同的标引人员表征文献的一致性和不同的检索人员与检索途径的标的归一性。二是对内容相同或相关的文献信息加以集中，或揭示其相关性。三是使文献信息的存储集中化、系统化、组织化、规范化，便于检索者按一定的排列次序进行有序化检索。四是便于将标引用语和检索用语进行相符性比较。

2.3.4.2 信息检索语言的类型

信息检索语言通常分成两大类，即表述文献内容特征的语言和表述文献外部特征的语言。

1. 表述文献内容特征的检索语言

表述文献内容特征的检索语言（图 2-5）通常是指所论述的主题、观点、结论、方法等，可划分为分类语言和主题语言。

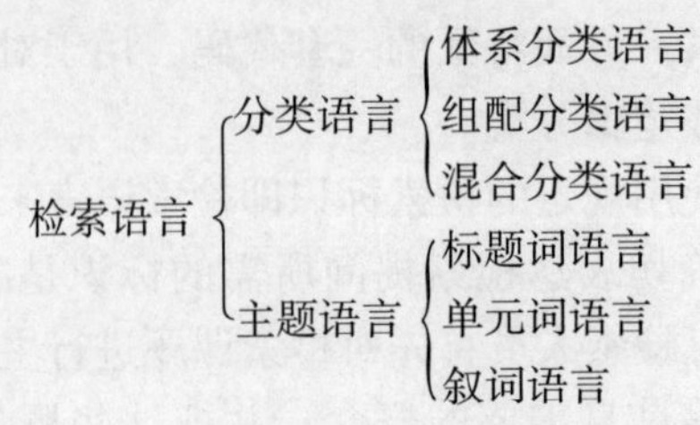

图 2-5 表述文献内容特征的检索语言

（1）分类语言。分类语言是将表达文献信息内容和检索课题的大量概念，按其所属的学科性质进行分类和系统排列，并用分类号作标识的检索语言，可基本反映出科学知识的分类体系，可表示出概念及其在系统中的位置，可表示出概念与概念之间的关系。因此，它是一类用分类号作标识，具有学科系统性的人工语言。分类语言包括体系分类语言、组配分类语言和混合分类语言。

（2）主题语言。主题语言包括标题词语言、单元词语言、叙词语言和关键词语言，是经过控制或留待检索时控制的自然语言词汇，是直接表达文献信息内容和检索课题所涉及的核心事物或论题的概念名词，并按顺序排列，显示词语与其表达的概念之间、文献信息内容之间关系的检索语言。

2. 表述文献外表特征的检索语言

表述文献外部特征的检索语言通常是指文献的篇名、作者姓名、出版者、研究机构、报告号码、专利号码等，是将不同的文献按照篇名、作者姓名或者报告号码、专利号码进行排列，形成以篇名、作者及号码等的检索途径以满足需求者的检索语言。描述文献外部特征的检索语言简单分类为题名语言、著者语言和号码语言等。

2.3.5 信息检索工具及其系统

2.3.5.1 信息检索手段

根据使用的不同工具和和采取的不同方式，信息检索可分为手工检索和计算机检索 2 种。

1. 手工检索

手工检索简称“手检”，是指人们通过手工的方式来存储和检索情报。其使用的检索工具主要是书本型、卡片式的检索工具，即目录、索引、文摘和各类工具书（包括图书、期刊等）。检索过程是由人以手工的方式完成的。匹配是人脑的思考、比较和选择。

2. 计算机检索

计算机检索简称“机检”，是指人们利用数据库、计算机软件技术、计算机网络以及通信系统进行的情报存储和检索，其检索过程是在人和计算机的协同作用下完成的。计算机会从其存储的大量数据中自动分拣出与用户提问相匹配的信息，而用户则是整个检索方案的设计者和操纵者。与手工检索相比，计算机检索的检索本质没有发生变化，发生变化的只是信息的载体形式、检索手段、存储方式和匹配方法。计算机检索又可分为联机检索、光盘检索和网络检索。

2.3.5.2　信息检索系统的组成

信息检索系统由4个基本要素组成。

1. 检索文档

即标有检索标识的信息集合。例如，手工检索系统使用卡片式目录、文摘、索引所构成；计算机检索系统使用的是存储在磁性或光盘等介质上的目录、文摘、索引或全文，以及多媒体信息所构成的数据库。

2. 技术设备

即检索所需的硬件环境，用以存储信息及其检索标识以及实现存储和检索操作的各种技术设备。手工检索系统中指印刷型检索工具，计算机检索系统中指各种类型的主机、终端、计算机外围设备和网络通信传输设备。

3. 系统规则

包括检索语言、标引规则、信息传输标准和信息输出标准等用以规范信息采集分析、标引著录、组织管理、检索与传输等过程的各项标准体系。

4. 作用于系统的人

包括信息采集人员、信息标引人员、信息加工处理人员、信息检索人员、系统管理维护人员等，是检索系统中的主导因素。

2.3.5.3　信息检索系统的分类

信息检索系统主要分为手工信息检索系统和计算机信息检索系统。其中计算机检索系统是用计算机进行信息存储和检索的系统，由计算机硬件、检索软件、数据库、通信网络等组成。硬件主要包括：中心计算机、检索终端、数据输出设备等。检索软件是检索系统的灵魂，负责管理数据库和处理检索提问，它决定系统的检索能力。数据库是检索系统的信息源，是检索作业的对象。通信网络是信息传递的设施，在检索终端和中心计算机之间传递信息。

计算机检索系统一般细分为光盘检索系统、联机检索系统和网络检索系统。

1. 光盘检索系统

光盘检索系统是指利用光盘驱动器和光盘数据库及其检索软件，结合计算机建立起来的信息检索系统，由微机、光盘数据库、检索软件等组成。光盘检索系统源于20世纪80年代中期，目前国内普遍采用的是光盘网络检索系统，它是由光盘服务器、计算机局域网、光盘库磁盘阵列、检索软件等组成。

相对于手工检索而言，光盘检索系统的优点主要体现在检索速度快、灵活方便、入口多。另外，光盘检索系统还有以下特点：大多是单用户版，使用不必通信联系，不受时间限制；存储容量大，速度快，具有随机存取的功能；保存期长，不易损坏，规格统一，便于复制；设备简单，费用低，检索技术易掌握。其缺点是检索范围受光盘数据库的限制，更新不够及时，一般是定期更新（快者1个月，慢者1年），因此信息的获得比国际联机慢。

2. 联机检索系统

联机检索是20世纪60年代发展起来的一种提供人机对话的检索技术，是指用户利用终端设备，通过国际（卫星）通信网络，与世界上任何国家的大型计算机检索系统的主机联结，从而检索世界各国存储在计算机数据库中的信息资料。我国自1980年首次开通国际联机情报检索业务起，目前已经在50多个城市建立了130个国际联机检索终端，并通过国际卫星与国外12个国际联机情报检索服务系统联机，可检索的数据库达600多个，信息量达几亿条。

联机检索系统由联机服务的中心计算机、检索终端、通信网络、联机数据库、检索软件等组成，其优点是数据库数量大，检索范围广泛；检索速度快、途径多，方便灵活；内容新，实时性强；完善的人机对话功能、灵活的检索结果输出方式和多样的输出格式。其缺点是检索系统及其文档（数据库）的收录、标引等问题较为复杂，检索技术和技巧不易掌握，设备要求高，检索费用昂贵。

3. 网络检索系统

网络检索是指通过通信网络获取和享受电子信息服务。网络检索系统由计算机服务器、用户终端、通信网络、网络数据库等组成，其特点是方法简单、灵活、方便、时效性强、费用低。

网络信息检索系统与联机信息检索系统最根本的不同在于网络信息检索是基于客户机/服务器的网络支撑环境的，这是目前计算机网络运行的主流支撑环境。在这个环境下，客户与服务器遵循共同的协议，关系是对等的。一个服务器可被多个客户访问，一个客户也可访问多个服务器。联机检索系统的主机和用户是主从关系，是采用功能极强的主计算机和终端构成的集中式运行环境。由于全部处理功能都集中于主计算机，当处理负载过大时，主计算机的性能会成为制约通信网络的瓶颈。

2.3.6 计算机信息检索系统优势

总的来说，相对于手工信息检索，计算机信息检索具有以下优势。

2.3.6.1 更新速度快，效率高

一般数据库系统在收到最新文献资料后，首先用于更新数据库，然后才出版

书本式检索工具，两者之间的时差为 1～2 个月。大型的数据库系统一般按季度更新，如美国《生物学文摘》光盘数据库。

2.3.6.2　范围广、信息量大

大型机检系统往往收录有几十个甚至几百个各种类型的数据库，机检的标引深度要比手检高得多。Dialog 系统是当前世界上最大的一个联机检索系统，拥有自然科学、经济、社会科学等方面的数据库。

2.3.6.3　跨库检索

一个课题可同时检索许多个内容相关的数据库，实现跨库检索。

2.3.6.4　检索手段灵活多样

一般的检索手段有布尔逻辑检索、位置逻辑检索、限定检索、截词检索、加权检索等。另外，用户还可以根据自己对查全率、查准率、文种、文献类型、时间跨度、经费支付能力等方面的要求，设计各种各样的检索式。

2.3.6.5　检索结果输出灵活

检索结果可以根据用户的要求输出，形式灵活。

2.3.7　信息检索的流程

计算机信息检索是从用户信息需求开始到制定检索策略、上机操作、获得检索结果或原始信息的一个过程。该过程的具体程序包括：分析检索课题、制定检索策略、试检索及调整检索策略、正式检索、索取原文等，检索流程如图 2-6。

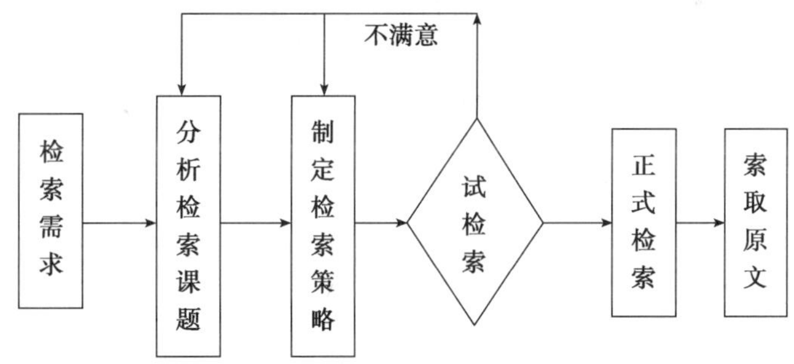

图 2-6　信息检索的流程

2.3.7.1　分析检索课题

分析检索课题，是为了弄清楚检索课题要达到的目的和意图，使信息检索者和信息需要者的思维结果趋于一致，以达到良好的检索效果。明确用户的检索目的、要求和检索的范围是制定检索策略的基础和前提。任何一个检索都是根据已知去查找未知，通过分析检索课题而明确的已知线索越多，查获所需信息的可能性就越大。

1. 弄清信息需求，明确检索目的

信息需求是人们客观上或主观上对各种情报信息的一种需求。这种需求是人们索取情报信息的出发点，也是联机信息检索时选择数据库、确定检索策略以及评价检索效果的依据。不同类型的课题，其信息需求的范围和程度也不尽相同。

通常检索目的可分为3种。

（1）科研攻关型。它是要解决农业科研或生产中的一些具体的技术难题，往往只要求检出的信息对自己的研究有所帮助，查找信息的范围不需要很广。这类课题要求查准率高，只要找到合适的信息即可。

（2）课题普查型。它是要针对某一课题收集系统详尽的资料，这类检索要求查全率高，往往要检索若干年的信息，一般采用回溯检索的方式。例如，申请农业发明、申报成果奖励、鉴定及立项类的查新课题，往往需要全面地收集某一主题范围的信息。

（3）研究探索型。它是要密切跟踪、了解国内外农业某一方面的最新成果，掌握最新科研动态，这类检索要求信息新颖、及时性强，多采用定题检索的方式。

与用户的检索目的相对应，一般信息服务机构提供两种信息服务。

一是定题服务——SDI（Selective Dissemination of Information）。检索机构根据用户提出的课题检索要求，定期对有关数据库收到的最新内容进行检索，并及时将结果交付用户使用。所提供的资料都是当前最新发表的信息，便于科技人员跟上科技发展的步伐，掌握最新动态，对正在进行中的研究课题最为适用。

二是回溯检索服务——RS（Retrospective Search）。不仅要查找某一特定课题的最新信息，而且要回溯过去某一段时期内的有关资料，对于准备从事某一新课题研究的用户特别适用。该服务可为用户提供充分的课题信息资料，避免盲目重复，使用户在充分吸收他人研究成果的基础上进行新的研究，亦称“立题查新检索”“成果查新检索”，对研究人员已完成本项研究成果，准备进行成果鉴定、申报成果奖、申请专利，都十分有用。

2. 明确检索要求与范围

主要应搞清楚检索课题所涉及的学科、专业范围，检索的主题概念是什么，能用哪些名词术语表达，所需要的信息类型是信息还是具体的数据、事实，对检出信息的类型、语种、出版时间、地域范围等有什么具体要求，是否还有其他的已知线索如信息名称、有关人名、机构名称、信息号码（专利号、标准号码、报告编号码等），将已知线索一一分析出来。

（1）明确所需的信息量。规定所需信息数量的上限，对以后确定检索策略和控制检索费用是一个很重要的参数；同时还需对检索课题可能有的相关信息量做出估计。

(2) 明确所需信息的语种、年代范围、类型、作者或其他外部特征，这对限定检索范围很重要。

(3) 明确检索课题内容涉及的主要学科范围，这对以后选择合适的数据库很重要。

(4) 分析检索课题的主要内容，用自然语言来表达这些内容要求，这是联机检索中较为重要的环节。

2.3.7.2 制定检索策略

信息需求本身具有不确定性，加上用户可能并不充分了解数据库中的信息特征标识，而且系统功能存在某些限制，这些因素都会不同程度地影响检索效果。不同的检索课题、不同的检索目的、不同的检索要求，所选用的检索工具和检索方法就不同，检索的效果也大相径庭。为了迅速准确地检索到所需要的课题信息，在正式开始检索前，应制定适当的检索策略。良好的检索策略可以减少各种不利因素的影响，尽可能地使检索提问标识、信息需求和检索系统保持良好的一致性，从而检索出满足用户需求的信息。

检索策略（Retrieval Strategy）是指为实现检索目标而制订的全盘计划或方案。具体说来，就是在分析课题内容具有哪些概念单元的基础上，确定检索系统、检索文档、检索途径和检索词，并科学安排各检索词之间的位置关系、逻辑关系以及查找步骤等。检索策略考虑得是否周全，直接影响信息的查全率和查准率。具体步骤包括如下。

1. 确定检索范围

根据第一步对检索的时间、地域、语种以及信息类型等进行分析，确定一个合理的查找范围。

2. 确定检索工具和检索方法

检索工具在计算机检索中即为数据库，分析了信息需求后，可根据已知的条件来选择合适的数据库。如欲检索国外专利信息，则可先检索国内的 BDSIRS 系统的 GWZL 库，但其提供的检索途径及报道最新专利信息方面不及美国的 Dialog 系统的 WPI 库，当检索要求较高时，常选用美国的 Dialog 系统。

明确数据库及整个检索系统的基本性能是制定检索策略的前提条件。各个数据库都有自己的特点，不仅有综合性和专业性的不同，标引方法和检索方法、覆盖的专业面、收录信息类型、语种、出版物的文字也均有差别，因此选择检索工具要根据检索课题的要求、检索工具的特点和检索者的外语水平，选择适宜的检索工具。要了解数据库的学科专业范围及各种性能参数，主要包括如下。

(1) 数据库的类型是否能满足检索需要。

(2) 数据库的学科专业范围是否能与检索课题的学科专业相吻合。

(3) 数据库收录的信息类型、信息收录的时间范围、更新周期是否符合检索需求。

(4) 数据库描述信息的质量，包括对原文的表达程度、标引深度、专指度如何等，是否按标准化著录。

(5) 数据库的基本索引及辅助索引提供的检索途径及检索标识的特点。数据库提供的检索入口是否与检索课题的已知线索相对应，对数据库检索途径的标引所遵循的规则都必须有比较清醒的认识。如果在提问式中列出系统没有的检索点，是不可能检出信息的。

(6) 检索费用。对于联机检索，费用包括机时费、联机（脱机）打印费、通信费、字符费等，而且即使是同一种数据库在不同的检索系统中，检索费用、文档结构，可检字段、检索功能等都不完全相同。

选择数据库时，可以利用检索工具指南、联机数据库目录、光盘数据库目录、数据库指南等。联机检索也可以利用系统提供的数据库总索引文档来选择检索文档，如 Dialog 系统的 411 文档（免费索引文档）。

检索工具选定之后，即可根据检索课题的要求和检索工具的特点确定检索方法，一般应使用顺查法或倒查法。检索方法的选择，一般情况下，应以顺查法和倒查法为主，在此基础上，配以浏览法检索最新信息，或以循环法、回溯法查找某一重要时期或某一重要问题的有关信息。

3. 确定检索途径

检索途径选择恰当与否，直接影响检索效果。数据库选定之后，其提供的检索途径也随之确定，可根据已知的条件来确定某一个或几个检索途径。常用的检索途径有著者、分类、主题、信息题名、信息号、代码（如分子式、产品型号)、引文等，还有信息类型、出版时间、语种等。每种途径都必须根据已知的特定信息进行查找。

由于计算机存储容量大，运算速度快，又对比较多的字段建立了索引，可以从手检中常用的主题词、分类号及作者等途径检索，可以从篇名、文摘的自由词、信息类型、期刊名称等途径进行检索，还能利用各种途径的组配进行交叉检索。总而言之，应根据检索课题要求的深度，在检索过程中灵活选择和确定检索途径。

4. 确定课题的概念组面和检索词

弄清信息需求、了解检索课题并确定了检索途径后，明确其概念组面和检索标识是重要的一步。

通过对检索课题进行概念分析，如果课题属单一概念就用单个检索词表达；若课题概念复杂，应明确组成课题内容的几个概念组面，并通过一定的逻辑组配形成一定的复合概念或概念关系来表达用户的信息需求。确定了课题的概念组面，还要将概念组面转换成相应的为系统所识别的检索标识。

检索标识，即检索词，也称检索点，与检索途径相对应，是检索途径的具体化。如主题途径的检索标识就是主题词，分类途径的检索标识是分类号，著者途径的检索标识是著者姓名，其他的则依此类推。检索词一般有如下 3 种形式。

（1）规范词。从待检数据库的叙词表或主题词表中选取规范化的词或词组，因为词表是数据库标引和检索必须共同遵循使用的检索语言。为了使检索提问标识与信息特征标识相一致，获得最佳的检索效果，应优先选用规范词。

（2）规范化的代码。索引代码是数据库系统为某些主题范畴或主题概念规定的索引单元，这类单元有很好的专指性，是一种有较好检索效果的信息特征标识。

（3）自由词。使用自由词检索能够充分利用系统的全文查找功能。规范词或代码的选择需利用词表或分类表等进行自然语言到规范语言的转换，而标引人员和检索人员的思路不一致时也会影响检索效果。此时，用自由词在篇名、文摘甚至全文中查找显现出一定优越性，自由词直接、简明，是科技人员容易接受且较为常用的一种方法。

将概念单元转换为检索词时，应尽量选用规范化词。检索新课题、边缘学科或比较含糊的概念时，应特别小心，因为这些词往往没有收入系统，这时应从专业范畴出发选用本学科内具有检索意义的关键词或自由词，不然就会带来误检或漏检。

确定检索词就是将检索课题中包含的各个要素及检索要求转换成数据库中允许使用的检索标识，即用所选定的数据库的词表（如叙词表、分类表）把检索提问的主题概念表达出来，形成主题词或分类号码等，也可以是关键词（视数据库而定）、人物姓名、地名等。选择检索词，应注意各种检索途径的特点及编制规则，如主题标识应注意正确使用叙词表，分类标识应注意分类表的族性关系和相关类目，著者标识应注意不同国家和民族著者姓名的特点和索引编制规则，以达到检准、检全的目的。

检索词的表示应符合 2 方面的要求：一是切题性，即检索标识反映信息需求；二是匹配性，即检索标识和检索系统的存储特征标识相一致。

5. 构造检索式

检索标识确定后，接下来就是构造检索式，即用一定的组配关系把各个检索标识联接起来组成检索提问式，并表达各种复杂的概念关系，以准确地表达信息需求。检索式是机检中用来表达检索提问的一种逻辑运算式，又称检索表达式或检索提问式。它由检索词和检索系统允许使用的各种运算符，如各种布尔逻辑算符、位置算符以及系统规定的其他组配连接符号组合而成，是检索策略的具体体现。正确地选词并配备逻辑符是制定检索策略的关键，关系到检索策略的成败。

在构造检索式时要注意各种逻辑运算符、位置算符、截词符等的使用方法，如位置算符的松紧程度及先后次序，还要考虑各个检索项的限定要求及输入的次序，根据反馈信息对检索式进行调整等。

2.3.7.3　试验性检索

检索策略制定好以后，就进入信息检索的实施阶段。一次成功的信息检索，是在调查研究和周密计划的基础上，有目的、有步骤进行的。拟定信息检索步骤是信息检索的一个重要组成部分。制定检索策略是信息检索的理性思考，而有目的、有步骤地查找信息，是检索策略和方案的具体应用，二者既有联系，又有区别。

在检索系统中将检索标识与系统中存储的信息标识进行匹配，查出相关信息，并对所获结果进行分析，看其是否符合需要。如果试查结果满意，可进行正式检索；否则，要分析原因，修改、调整检索策略。但是在实际的计算机检索中，常常会出现信息过少甚至为零或信息过多的情况。作为检索人员，应与用户进行分析，及时调整检索策略，以使检索达到令人满意的效果。

具体的调整包括修改检索式、调整检索词、重新选择检索系统等。如信息资源过多或过少，可通过增加或减少检索项、运用布尔逻辑的组配以增加或缩小检索范围，达到减少或增加命中信息的目的。通常来说，逻辑“与”总是缩小检索范围，达到查准的目的；逻辑“或”总是扩大检索范围，达到查全的目的；而逻辑“非”总是排他检索，缩小检索范围，达到查准的目的。

1. 缩检

当检出的记录数量太多时，应采用缩检技术排除不符合需要或相关性较小的记录。可以调整检索式将检索限定在篇名和叙词字段，利用信息的外部特征进行限制检索，增加用逻辑“与”“非”运算，采用位置算符，改用确切的词组，指定词之间的位置关系，增加新的限定词，选择更专指的检索词。

2. 扩检

当检出的记录数量太少时，则要采用扩检技术扩大检索范围。可以将检索的字段改为文摘、全文字段等，减少或取消限制条件，提高检索词的泛指度，结合使用关键词和叙词，增加同义词和其他相关词并将其与原来的检索词用逻辑“或”算符组配，改用较泛指的检索词，减少逻辑“与”“非”运算，采用截词检索等。

若采用适当的扩检技术，检索结果仍不能令人满意，则考虑更换检索文档，即重新选择数据库。

在实现上述调整中，一是从学科专业知识出发，选择泛指词、专指词及相关词，并确定组配逻辑；二是利用计算机检索系统的功能，从信息的类型、年代、文种等外表特征入手对命中信息集合进行调整与控制，直到获得较满意的检索结果。

2.3.7.4　正式检索

试检获得成功，就可以进行正式检索。在检索中，应灵活运用各种检索方法和检索途径，充分利用各种累积索引，并对各种参照款目进行认真审核与利用。

为确保检索结果的完整性，还应利用其他信息源进行查找，如浏览最新的核心刊物来补充检索工具或数据库中尚未报道的最新信息。

2.3.7.5　索取原文

由于计算机检索结果得到的只是信息线索，检索结束后，还要根据所获得的信息线索索取原文。在索取原文过程中，要注意以下问题。

1. 识别信息类型

不同类型的信息收藏地点不同，在索取原文时首先就要区别信息的类型。根据信息外部特征的差异，可以区别不同类型的信息。

2. 将缩写刊名恢复全称

检索工具中在信息来源项的著录中，常常将期刊名称按一定的缩写规则进行缩写。因此索取原文时，首先要将刊名的缩写恢复成全称，然后才能根据刊名全称及年、卷、期借阅原文。缩写刊名还原方法主要有以下 2 种。

①利用检索工具所附的来源期刊表。大多数检索工具一般都在附录部分提供摘引刊物一览表，利用它不但可以查找刊物的全称，还可以了解信息的来源情况。

②根据刊名缩写规则或利用有关的工具书查找。

3. 识别不同语系文字的音译

在西文检索工具中，俄文、中文、日文等的信息作者、出版物名称通常采用音译法转换成英文进行著录，故索取原文前，要将这些音译的人名、出版物名称还原成原来的语种。

2.3.8　信息检索的方法与途径

掌握信息检索的方法与步骤是信息工作人员必须具备的基本技能。信息检索的方法很多，每种方法都有其特点和使用环境，用户在检索过程中要根据检索需求、内容、特点及软硬件环境选择正确的检索方法，掌握正确的检索步骤。

2.3.8.1 信息检索方法

信息检索的方法分为直接检索、间接检索和综合检索3种。

1. 直接检索

直接检索方法是一种传统的查找文献的方法，大致可以分为浏览法和追溯法。

浏览法是指直接在一次文献中查找所需文献的方法。带有一定的盲目性，一般只作为其他检索方法的补充，主要用于查找新近期发表还没有被各种检索工具和数据库收录的文献。

追溯法是指查到一篇文献后，以文献所附的参考文献或附录式书目为线索追溯信息，由近及远，逐一追踪的方法。这种检索方法简单，不需利用检索工具，能追溯到相关学科的部分代表作品，但有一定的局限性。这种检索方法检索效率不高，费时费工，漏检率大。另外，作者所提供的参考文献信息可能会不够全面，与原文见解不同的文献信息可能会不提供或者少提供，这样通过追溯法所得的信息会比原文还要陈旧，这是追溯法检索的一大缺点。

2. 间接检索

间接检索方法主要是利用检索工具查找文献信息的方法，目前最为常用。这种方法具有科学性，能够系统地、客观地检出信息，是优先考虑的检索方法。

间接检索可根据时间分为顺查法、倒查法和抽查法。

顺查法即从过去某一时间起往现在逐年逐月地检索。假若将所查信息按照时间顺序加以分析，就可以看出研究对象的发展过程及规律。这种方法适用于课题研究面宽、需要了解历史演变的项目。

倒查法是从现在往过去逐年回溯，适用于新兴的研究课题或者了解学科发展趋势动态的查检。用这种方法的用户比较注重新的信息，同时对信息量有一定要求。比如在论文写作时就可以采用倒查法进行信息检索。

抽查法是抽检某时段的信息。事物发展到关键时期、鼎盛时期，常常会出现重大成果，如果抽取这一时期的信息资料进行检索，往往能找到重要的信息。用这种方法检索的用户往往注重某些重要的、关键的信息资料，淡化了信息的全面性和系统性。这种方法利用了事物发展的不平衡性。

3. 综合法

综合法又称交替法、分段法、循环法，是直接和间接两种检索方法的结合。综合使用各种检索方法，可以扬长避短，在检索实践中被广泛应用。

2.3.8.2 信息检索途径

信息检索途径，就是利用信息的某种特征作为检索标识来查询相关的信息，检索途径与检索语言直接对应，每种检索语言都可以作为一条检索途径。常用的信息检索途径分为两大类，即按信息外表特征检索和按信息内容特征检索。按信息外表特征检索的检索途径有题名检索、责任者检索、号码检索（如登录号等）、机构检索、出版物名称检索等；按信息内容特征检索的检索途径有分类号检索、主题词检索、关键词检索、任意词检索等。此外，还有一些特殊的检索途径，如生物分类途径、化学分子式或功能团途径等。

1. 题名检索

题名包括标题、书名、刊名、篇名等。手工检索中，常利用书名来查询图书，很少用题名来查询连续出版物上的信息。但在计算机检索中，利用题名检索特定的图书、期刊、论文等都是可行的。

2. 责任者检索

责任者（包括个人或者团体著者、编者等）检索可用于手工检索和计算机检索。手工检索是利用著者索引来查询，计算机检索时，只要选择责任者途径，然后在对话框内输入责任者名称就可以进行检索。

3. 号码检索

经常被用来检索的号码有物质登记号、标准书刊号、报告号、资料索取号等。这些号码都是用在检索特定的信息资料上，一般和信息内容没有直接关系，所以单纯检索索取号没有意义，检索信息的索取号的目的是索取原文。

4. 机构名称或出版物名称检索

这两种检索实际上是两种抽样检索，目的是抽取重要的机构或重要出版物内的相关信息。计算机检索中，选择途径后在对话框内直接输入要检索的名称即可进行检索。

5. 分类号检索

分类号检索即分类检索。这种检索方法具有较好的族性检索功能。但由于信息资料的学科交叉和知识渗透，不能按某一分类号查出所有相关信息。对分类概念理解上的差异（尤其新学科、交叉学科、边缘学科），同一本书或者同一篇文章不同的人可能会给出不同的分类号，这样大大降低了信息查全率。

在分类检索时，对待课题的概念要清楚，对其学科间的各种关系也要清楚，要正确掌握相关课题的分类名称、分类号及分类检索工具的排检。

6. 主题词检索和关键词检索

主题词检索和关键词检索与分类检索相比，具有明显的优势。一般用户对分类号的理解要比对主题词或关键词的理解困难，利用用户熟悉的词汇作为检索标识比较直观；检索过程中，检索用词和各词间的关系都是由用户自己决定，检索起来比较灵活；复杂的课题检索，难以用一个分类号准确地描述课题所包含的所有内容，而用几个词来描述要容易得多；在检索速度、查全率、查准率上，关键词检索和主题词检索都明显优于分类检索。

利用主题词和关键词检索时，首先要选择恰当的检索词，既要选全又要选准，要将同义词、近义词、俗语、别名等都列出来；其次，检索中要正确处理各词间的关系、位置和重要程度。

7. 任意字段检索

计算机信息检索中，词汇检索常有关键词（主题词）和任意字段两种途径供用户选择。两种途径检索步骤相似，不同的是关键词（主题词）检索通常是限定在相应的字段中进行，查准率较高，但查全率会受一定影响。当用户对信息的查全率要求较高时，可以考虑采用任意字段检索，即对整个相关数据库中对每条记录的所有字段都进行搜索，这种方法具有很高的查全率，但查准率有所降低。

2.4 我国文献信息的主要收藏及服务系统

文献信息系统主要是指在一定范围内（世界、地区、国家、行业等），有计划、有组织地建立起的合理的多层次的文献信息资源保障体系。其目的在于使文献信息收藏相对完备，保证最大限度地满足社会对文献信息的需求。文献信息系统的结构与组织实质上是文献信息资源的布局问题。任何一个国家的文献信息系统的规模及组织管理体制，都是与该国的生产力水平、经济结构特点以及科学技术发展程度密切相关。

我国文献信息系统的体系结构是由若干个相对独立的并行子系统构成。

2.4.1 图书馆系统

2.4.1.1 公共图书馆

公共图书馆是由中央或地方政府管理、资助和支持的、免费为社会公众服务的图书馆，多按照行政区划从上到下建制，包括国家级公共图书馆、省级公共图书馆、市级公共图书馆及县级公共图书馆，隶属各级文化部门管理。公共图书馆内收藏学科广泛，读者多样。

中国国家图书馆原名北京图书馆，一般简称“国图”，是中国最大的图书馆，全球最大的中文数字资源基地和中国最先进的网络服务基地。建筑总面积25万平方米，每年接待海内外读者约400多万人次。

中国国家图书馆依法接收中国大陆各出版社送缴收藏的出版样书，收藏非正式出版物、各高校的博士学位论文等，是图书馆学专业资料集中收藏地和全国年鉴资料收藏中心。从藏书量和图书馆员的数量看，中国国家图书馆是亚洲规模最大的图书馆，是世界上最大的国家图书馆之一，是世界著名的国家图书馆。

中国国家图书馆馆藏丰富，品类齐全，古今中外，集精结粹，藏书可上溯到700多年前的南宋皇家缉熙殿藏书，最早的典藏可以远溯到3 000多年前的殷墟甲骨。国家图书馆的馆藏文献中珍品特藏包括善本古籍、甲骨金石拓片、中国古旧舆图、敦煌遗书、少数民族图籍、名人手稿、革命历史文献、家谱、地方志和普通古籍等260多万册（件）。2012年年底，中国国家图书馆的藏书容量达3 119万册，其中价值连城的古籍善本就有200余万册，著名的《永乐大典》《四库全书》等举不胜举。其中尤以《四大专藏》即《敦煌遗书》《赵城金藏》《永乐大典》和《文津阁四库全书》最受瞩目。

中国国家图书馆是综合性研究图书馆，是国家总书库。馆藏资源包括图书、期刊、报纸、学位论文、古籍善本、特藏专藏、工具书、年鉴、电子出版物、缩微资料、视听资料。国家图书馆一般除收藏本国出版物外，还收藏大量外文出版物（包括有关本国的外文书刊），并负责编制国家书目和联合目录。1998年开始，中国国家图书馆开始立项实施“中国数字图书馆工程”，部分馆藏资料实现数字化，部分数据已面向社会提供服务。

国家图书馆的外文书刊购藏始于20世纪20年代，是国内典藏外文书刊最多的图书馆，并大量入藏国际组织和政府出版物，是联合国资料的托存图书馆。

国家图书馆不仅收藏缩微制品、音像制品，还入藏了国内外光盘数据库近百种，电子出版物8 000余种。

国家图书馆与世界120多个国家和地区的1 000余家图书馆、学术研究机构建立并保持着书刊交换关系。

2.4.1.2 高校图书馆

高校图书馆的主要目的是为学校教学和科研服务，为广大师生提供可有效利用的文献信息资源，收藏范围密切结合所设置的专业，具有较强的针对性。

高等学校图书馆是为高等学校教学和科学研究服务的图书馆，指大学图书馆和学院图书馆等，是高等学校的文献情报中心，担负着为教学和科研服务的双重任务，是培养人才和开展科学研究的重要基地之一。其特点是读者需求稳定、读者用书集中、文献的收集和组织管理须适应本校专业设置和科学研究项目，全面收藏专业文献，重点收藏相关学科和边缘学科文献，适当收藏一般文献。近年来，我国高等教育进入跨越式发展阶段，各高校的专业设置数量迅速增加，并向多学科发展，致使高校图书馆的馆藏文献涉及范围日趋广泛。从提供文献的形式来看，不仅提供图书期刊，同时还提供学位论文、会议文献；从语种来说，也比较注重英、日、法、俄、德等外文书刊的收藏。随着网络化的发展，高校图书馆数字化建设发展迅猛，大量引进与购买中外文数字化资源，建成了文献极为丰富的数字化图书馆、云图书馆。与此同时，高校图书馆正在快速推进网络服务系统的建设，在全国最具影响的是中国高等教育文献保障体系（CALIS）的建立和发展。

中国高等教育文献保障系统（China Academic Library & Information System，CALIS)，是经国务院批准的我国高等教育“211 工程”“九五”“十五”总体规划中 3 个公共服务体系之一。其宗旨是在教育部的领导下，把国家的投资、现代图书馆理念、先进的技术手段、高校丰富的文献资源和人力资源整合起来，建设以中国高等教育数字图书馆为核心的教育文献联合保障体系，实现信息资源共建、共知、共享，以发挥最大的社会效益和经济效益，为中国的高等教育服务。

CALIS 管理中心设在北京大学，下设了文理、工程、农学、医学 4 个全国文献信息服务中心，华东北、华东南、华中、华南、西北、西南、东北 7 个地区文献信息服务中心和一个东北地区国防文献信息服务中心。

中心始建于 1998 年，引进、共建了一系列国内外文献数据库，包括大量的二次文献库和全文数据库；同时开发了联机合作编目系统、文献传递与馆际互借系统、统一检索平台、资源注册与调度系统，形成了较为完整的 CALIS 文献信息服务网络。迄今为止参加 CALIS 项目建设和获取 CALIS 服务的成员馆已超过 500 家。

2.4.1.3　科学研究系统图书馆

该系统为中国科学院以及各级各类科学研究机构内设置的文献情报系统及图书馆。该系统包括中国科学院文献情报中心及中国科学院上海文献情报中心、成都文献情报中心、武汉文献情报中心、资源环境科学信息中心等 120 多个科技情报系统。

科学研究系统图书馆中以中国科学院文献情报中心（又名中国科学院图书馆）最为著名，该馆于 2006 年 3 月由 4 个中国科学院院级文献情报机构整合形成，总馆设在北京，下设兰州、成都、武汉分馆，并依托若干研究所（校）建立特色分馆。

该馆是具有多种服务功能的全国最大的综合性科技图书馆和自然科学情报中心。该中心与 STN、DILOG、DATA-STAR 等著名国际联机检索系统连接，并在各分院、主要研究所设立检索分终端，为用户提供方便快捷的文献联机检索服务。该中心为国家一级科技查新咨询单位，提供开题立项、申报成果、成果鉴定等文献查新、信息咨询、情报调研等服务。

该馆努力打造数字化网络化环境下新的文献情报服务模式，集成整合了多层次资源，有机融合了国家体系，全方位连接 e-Science 资源，形成了一个资源丰富、无缝连接、覆盖全院、服务全国的强大的公共文献信息集成服务平台。

2.4.2 国家科技信息系统

国家科技信息系统，即中国科学技术信息研究所及其系统，隶属于国家科技部。该系统最具影响的是中国科学技术信息研究所，成立于1956年10月，是国家科学技术部直属的国家级综合性科技信息机构，主要从事科技文献收藏与服务、数据库建设、信息分析研究。60多年来，该所在我国文献工作的基础研究、领导决策、咨询服务、中文信息资源建设、联机信息检索、中国科技信息网络的建立等方面发挥了重要作用。此外，该系统还有中国科学技术信息研究所上海分所、重庆分所，各省（自治区、直辖市）均设有省级科技信息研究所，以及地区、市级科技信息研究所。该系统从上到下形成了一个完整的体系，近年来进行了重大改革，由社会公益型向科技服务型转变，并以市场为导向，实行企业化管理，大力发展信息服务产业。

1996年，上海科技信息所与上海市图书馆合并，走上国情一体化的探索之路，这一改革对我国各省市公共图书馆与科技信息研究所两大文献信息系统的发展带来了一定的影响。

2.4.3 国家专利文献系统

国家专利文献系统是国家科技信息体系的重要组成部分。该系统的主要机构为国家知识产权局专利文献馆及其分设在沈阳、济南、长沙、南京、成都、上海等城市的专利文献馆组成。

国家知识产权局专利文献馆，成立于1981年，其前身是中国科技情报所专利馆，现隶属于国家知识产权局专利局专利文献部，是国家级专利文献与信息的收藏、服务中心。该馆收藏有28个国家和3个国际组织的专利说明书和32个国家、2个国际组织的专利公报、专利文摘、专利索引，以及世界著名的欧洲专利信息与文献中心、英国德温特公司的专利文献，可提供88个国家、2个国际组织的专利文摘信息检索。

30多年来，专利文献馆的馆藏不断补充与完善，现已建成馆藏种类最多、年代最早、数量最大、范围最广的全国专利文献与信息收藏、服务中心。

2.4.4 标准文献系统

标准文献系统由中国标准化研究院和各省市标准化研究院（所）下设的标准馆以及国内相关标准文献收藏机构组成，隶属于国家质量监督检验检疫总局。中国标准化研究院标准馆是国家重点支持、面向全国的国家级标准文献服务中心，是国家科技图书文献中心标准分站，是全国最大的标准收藏中心，其标准文献收藏量为全国之最，是规模宏大、门类齐全的标准文献资源中心。收藏有 60 多个国家、70 多个国际区域性标准化组织、450 多个专业学（协）会的标准，以及全部中国国家标准和行业标准，还收集了 160 多种国内外标准化期刊和 7 000 多册标准化专著，并与 30 多个国家及国际标准化机构建立了长期、稳固的标准资料交换关系，还作为一些国外标准出版机构的代理，从事国外及国际标准和营销工作。具体包括：

全部的中国标准：包括全套的国家标准、行业标准和地方标准。并且实现了持续快速的更新。

国际标准：收藏了绝大多数国际标准化组织发布的标准，比如 ISO、IEC、ITU 等。

国外标准：收藏了大多数发达国家、主要新兴国家及其国内主要标准化组织发布的标准，比如美国国家标准 ANSI，美国材料与试验协会标准 ASTM、英国国家标准 BSI、德国国家标准 DIN 等国外标准。

8 个特色资源：①BR-ABNT 巴西标准；②SA-SASO 沙特阿拉伯标准组织；③IN-BIS 印度标准学会；④ZA-SANS 南非国家标准；⑤DE-VDA 德国汽车工业联合会；⑥KR-KATS 韩国标准；⑦CN-CNS 台湾地方标准；⑧DK-DS 丹麦标准化协会标准。

标准文献数字资源：包括 HIS 数据库（涵盖世界大多数标准化组织发布的标准文献资源）、Perinorm 数据库（由德国 DIN、法国 AFNOR、英国 BSI 三大标准化组织共同推出，收集了 24 个国家，约 150 万条标准信息，现行有效约 75 万条）、中国的台湾标准数据库（中国台湾省标准为 14 000 余条）、韩国标准数据库（全部韩国标准为 24 000 余条）和 VDI 标准数据库。

中国技术法规：国家标准馆收藏河北、黑龙江、上海、福建、山东、湖北、重庆、贵州、云南、甘肃 10 个省市的地方法规。

全套日本法规、全套美国联邦法规等。

同时该馆收藏了各类图书、工具书、会议录等标准化专著近 1 万册。其中主要包括：各类标准化档案；标准化图书；国内外科技字典、词典；标准化组织与机构会议录；历年国内外标准目录。

实物标准：ISO 标准胶片、国家标准地震图谱、美国 ASTM 钢铸件 X 光底片、英国标准颜色配比扇、英国蓝色羊毛布样实物标准、药典等。

2.4.5 档案系统

我国档案系统由中央档案馆及各省、市、县档案馆（室）组成，收藏各种档案资料，面向国家党政部门及社会提供档案资料咨询服务。是社会各方面利用档案信息资源的中心，我国已有各级各类档案馆 3 816 个，其中国家综合档案馆 3 046 个，国家专门档案馆 225 个，部门档案馆 142 个，企业档案馆 304 个，文化事业单位档案馆 40 个，科技事业单位档案馆 59 个。档案馆总建筑面积 4 659 866 平方米，其中库房面积 2 574 437 平方米。

多年来，全国各级各类档案馆大力开发档案信息资源，为党和国家工作大局及社会各方面提供档案服务。档案馆通过积极向社会开放档案，平均每年接待利用档案资料者 1 300 万人次，利用档案资料 3 600 万卷（件、册）次。

中央档案馆，是中共中央和国务院直属的文化事业机构，1959 年成立于北京，集中保管自“五四”运动以来的，具有全国意义的革命历史档案和中华人民共和国成立后党和国家中央机关的具有永久保存价值的档案。该馆馆藏 80 万件，资料 80 余万册，其中珍藏了大量领袖人物的手稿，馆藏档案丰富珍贵，是党和国家档案的精华，是我国民主革命和有中国特色社会主义建设的历史见证。该馆是我国规模最大、馆藏最丰富、设备最先进的著名档案馆。

一般来说，我国文献信息系统的组织形式是由行政条块中派生出来，具有典型的条块结构。各文献信息机构基本上是依靠政府拨款，列入国家建制，其发展规模基本上由各级政府和主管部门决定。这种组织形式归口管理方便，但依赖性强，共享性差。

随着我国科学技术的迅猛发展和信息化进程的加快，上述传统文献信息收藏与服务体系难于满足社会需求，一批商业化的科技信息提供商应运而生，他们将大量商品化的科技文献信息数据库推向市场。这些商业化科技信息的内容全部是电子化信息，是图书馆信息的补充和延伸，具有检索快捷、存储和使用方便等特点，尤其是全文数据的提供，深受广大科技工作者的青睐。目前，国内主要有清华同方、万方数据、重庆维普、超星、北大方正、书生之家等中文科技信息提供商，是科技工作者、学生等离不开的信息资源库。

2.5 信息检索的研究方向及业务技能

20 世纪中期，有学者将信息检索作为一门学科来研究，主要代表人物及成果如下。

①Granfield，确立了标引语言及系统评价方案。②Salton，提出了矢量空间模型（用于切定文本与检索式之间类似度的余弦公式）与文献聚类技术。③Roberson及 Van Rijisbergen/Sparck Jones 等人，研制了概率模型。④Sparck Jones 及 Smeaton，开发了计算机语言检索技术。

上述研究及成果奠定了基于“提问-检索”模式为核心的文献检索的相关理论与方法基础。其中主要涉及规范化检索语言、线性的书目数据库结构、预定的检索、以检索提问模式为主提供检索服务等。

20世纪90年代以来，网络技术、超媒体技术乃至智能技术创新了计算机硬件环境，改变了以传统的相对集中和规范为基础的文献数据库及其检索方式，促进了“提问-检索”向“浏览-查询”模式的转变。作为一门学科的信息检索，其主要任务是面向全方位、多元化的信息资源，采用新型的网络信息搜索工具为用户提供个性化、知识化的信息服务。其研究对象与内容主要应包括下列几个方面。

2.5.1 检索语言兼容整合研究及应用技能

检索语言是建立和利用检索系统必要的语言。传统的文献检索系统是采用对自然语言事先规范而形成的受控语言（如分类表、主题词表）来描述文献信息特征、生成概念及其概念标识的系统，人们通过分类表中的分类符号或主题词表中的主题词（或叙词）作为控制检索的入口格式进行检索。受控语言对语义和句法上的控制显示了自身的优势；文献描述和表达概念的性、专指性，便于提高查准率；标引时可以集中相关文献，提高查全率；能显示概念间的各种关系，有利于及时调整检索策略等。但受控语言只适应文献数量有限，以手工检索方式为主的系统，它支持“提问-检索”模式必要的检索语言。

随着以计算机为核心的网络通信技术的发展与推广使用，文献及非文献信息数量急剧增长，受控语言显现出了局限性，专业性太强，应用范围有限，更新维护困难等。这一局限恰好可以由自然语言来弥补。自然语言即指作者的书面用语。用自然语言可以减少概念间转换产生的误差，检索入口词多，操作简单、方便、灵活，也适于专业人员之外的广大用户群。随着自然语言标引技术的日渐成熟，电子文本的大量储存，越来越多的终端用户需要进行网上信息查询，这驱动了自然语言的网上应用，使得自然语言网上应用趋于可行。

自然语言本身也有局限性。如选词不加严格控制，会使词语量过大，过多占用磁盘空间，从而影响主题的集中，降低查准率；自然语言对多义词不加控制，往往使相关主题内容的文献分散，从而造成漏检。自然语言不能反映概念间的各种对应关系与隐含关系从而影响了查全率等。

受控语言和自然语言均有其局限性，但二者之间可以互补，二者的兼容和整合研究成为必要课题，可以从以下几方面开展研究：①建立一种中介语言，解决不同检索语言之间的转换问题；②制定不同词表中相关概念之间关系的类型及规则，促进兼容的研究；③为用户提供透明、易用性窗口，创造集标引、检索、用户提问于一体的检索语言的研究等；④整合网络数据库中的不同检索语言的研究。

检索语言开发研究者，应着力研究一种方便、快捷、准确、适用范围广的既兼容又整合的语言，方便用户操作；信息检索的用户，包括信息检索工作人员，有必要了解相关研究的内容及成果，以提高应用技能。

2.5.2 数据库与文档的研究及应用技能

计算机信息检索技术主要包括信息的存储与检索技术。信息的存储基本上是依靠建立系统的单位自己来组织和建立各类信息的文档。文档的集合又称作文献数据库，即文献型、数值型、事实型及全文信息的集合。建立数据库是进行检索的关键，相关研究包括：①数据库内容及文档的选择。②数据库的检索语言及文献标引。③数据库文档结构（包括传统文本的线性结构、超文本的非线型网状结构）的描述、组织与更新。④数据库的质量、使用效果及其评价方法、评价准则。⑤数据库市场及版权问题等。

2.5.3 有关检索系统的研究及技能

检索系统是检索环境（检索软件、硬件环境）、检索工具（印刷型或计算机）、信息资源（数据库）、检索方法与策略、检索实施者的集合体。一切检索都是通过检索系统实现的。检索系统的研究主要包括：①信息资源的存储及其广泛、全面、针对性。②信息资源的规范性。③操作系统的简便快捷性。④检索结果的准确、全面性。而网络信息检索系统的研究应着重于系统硬件配置，软件的设计与分析，系统的评价、智能化应用等。

2.5.4 检索策略的研究及技能

检索策略是在处理信息需求提问实质的基础上确定的检索途径、检索词语、各词语之间的逻辑关系及查找步骤、系统输出顺序等。检索策略与检索效果密切相关。正确的检索策略可以优化检索过程，以最少的花费、最短的时间获得最佳的检索效果。

检索策略研究的内容及应掌握的技能包括：①以查全为目标的检索策略的调节与控制。②以查准为目的的检索策略的调节与控制。③以最小投入为目标的检索策略的调节与控制。④检索策略失误的分析。⑤系统对检索策略的自动修改机制。

2.5.5 网络搜索引擎研究及相关技能

网络信息资源丰富，内容覆盖面广，信息形式多样，要快速、准确、无误地查询到所需信息，必须借助网络中的各种搜索工具，即帮助用户查询信息的搜索引擎，包括搜索机、Web 搜索器等。用户通过制定各种检索策略在互联网中发现、收集信息并对收集的信息进行加工、组织、存储，以满足自己或他人的信息需求。

超链接、自动搜索、自动标引、自动索引等均为搜索引擎的核心技术，相关技术的基本原理、结构、类型及功能研究应为重点研究对象和应掌握的基本技能。

2.5.6 检索服务研究及技能

检索服务是信息服务的重要环节，包括手工、机检服务，国内外联机检索服务，光盘检索服务，网络检索服务等。服务内容主要是对检索用户信息需求的调查与分析、检索中介部门采取的服务方式与创新机制、检索效果的评价方法与准则等。

研究的重点应包括：①个性化信息服务。②知识化信息服务。③信息服务机制研究。④网络信息的有效传递和利用研究。⑤海量信息的有效控制与有效提取等。

3 信息资源与文献信息资源

3.1 信息资源

信息普遍存在，但不是所有信息都是信息资源。信息资源是指满足一定条件并经过人类开发和组织的信息。对信息资源的认识需要掌握信息资源的概念、特点及其类型等。

3.1.1 信息资源概念

3.1.1.1 信息资源概念的发展

20 世纪 70 年代开始，国外兴起了信息资源的开发、利用研究，我国情报界、图书馆界也紧随其后，于 80 年代开始了信息资源的研究。

信息资源的概念，国内、国外没有统一的定义，不同学者对信息资源概念的阐述稍有不同。其中有代表性的定义有：

美国弗吉尼亚州信息资源管理研究员里克斯（Betty R. Ricks）和高（Kay F. Gow）在《信息资源管理》一书中指出："信息资源包括所有与信息的创造、采集、存储、检索、分配、利用、维护和控制有关的系统、程序、人力资源、组织结构、设备、用品和设置。"

德国信息管理学家斯特洛特曼（K. A. Stroetmann）认为信息资源包括信息内容、信息系统和信息基础结构 3 部分："①信息内容，它既包括产生于信息服务或从外部信息源获取的信息，也包括与内容活动有关的理论和方法论信息、管理和操作信息、与决策相关的信息，还包括与外部活动有关的交易信息、用户信息和市场信息。②信息系统，其要素包括系统目标、操作人员、信息内容、硬件、内部规则等。③信息基础结构，在此是指一个组织的信息基础结构，它由各种可共享的数据库、计算机硬件设备、数据库管理系统和其他软件、局域网等所构成。信息内容、信息系统、信息基础结构形成了一个组织的信息管理的三位一体结构。"

1991 年，中国科学院文献情报中心孟广均教授提出："信息资源包括所有的记录、文件、设施、设备、人员、供给、系统和收集、存储、处理、传递信息所需的其他机器。”

我国学者查先进在《论信息资源的含义经济学特征》一文中：“从狭义角度来说，信息资源是指人类社会经济活动中经过加工处理有序化并大量积累后的有用信息的集合，如科学技术信息、政策法规信息、社会发展信息、市场信息、金融信息等，都是信息资源的重要构成要素。从广义角度来说，信息资源是信息和它的生产者及信息技术的集合。也就是说，信息资源由 3 部分构成：①人类社会经济活动中经过加工处理有序化并大量积累后的有用信息的集合；②为某种目的而生产有用信息的信息生产者的集合；③加工、处理和传递有用信息的信息技术的集合。”

3.1.1.2 信息资源概念的种类

根据上述学者对信息资源阐述，将信息资源的概念分为狭义概念和广义概念两种。

1. 狭义信息资源

信息资源是人类社会经济活动中经过加工处理有序化并大量积累起来的有用信息的集合，如科技信息、政策法规信息、经济信息、市场信息、社会发展信息等。

2. 广义信息资源

信息资源是人类社会信息活动中积累起来的信息、信息生产者、信息技术等信息活动要素的集合。

3.1.2 信息资源的特点和属性

3.1.2.1 信息资源特点

对于信息资源的认识，可简单归纳为如下几点。

(1) 信息资源是信息的集合。

(2) 信息资源是有用信息的集合。无用的信息不包括在信息资源的集合之中。

(3) 信息资源是经过加工、组织后有序的可存取的信息的集合，这是信息资源区别于信息的显著特征。

3.1.2.2 信息资源属性

1. 知识性

信息资源是人类认识世界、改造世界的产物，凝聚着人类的思想、智慧、经验、教训等，具有知识属性。知识性是信息资源的本质属性。

2. 共享性

信息资源可以共享，其利用不受数量、位置、时间、空间等限制。信息资源不同于物质和能源，不能独有，不能消耗。

3. 时效性

信息资源因信息的时效属性而具有较强的时效性，其利用价值会随着时间的推移、社会的变革、经济的发展而发生改变。

4. 开发性

信息资源具有可开发性，科技的发展都是在前人科技成果和生产开发基础上再开发、再消化、再创新而取得的，人类依赖信息资源的开发推动了社会的进步。

5. 发展性

信息资源是一种动态资源，处于不断发展的过程中，是不断积累、丰富、增长的，会随着人类社会的实践活动而不断产生、更新、累积新的信息资源。

3.1.3 信息资源类型

信息资源不但具有上述共同属性，而且形式多样，种类不同，根据信息资源开发程度、传播范围等划分为不同的类型。

3.1.3.1 按开发程度划分

根据信息资源的开发程度，可将其划分为潜在信息资源、现实信息资源。

1. 潜在信息资源

它是指人们在认知和创造过程中存储在大脑中的信息资源，这种信息资源以人的大脑为载体，容易被忽略甚至忘却，无法为他人使用。潜在信息资源的开发利用取决于开发者的信息捕获、提取、利用、分析等能力。

2. 现实信息资源

它是指潜在信息资源经过个人的表述后能够为他人所利用的信息资源。现实信息资源按照表达方式，又可分为口头信息资源、体语信息资源、文献信息资源、实物信息资源、网络信息资源。

（1）口头信息资源。它是指人们口头语言表达而未被记录下来的信息资源，如谈话、讲座、授课、演讲、讨论、唱歌等。口头信息资源也称人脑信息资源，这种信息资源传递直接、有针对性，可以双向交流。口头信息资源的获取受时间和空间限制，不适合远距离传播和长久保存与积累。为便于口头信息资源获取、传播和利用，人们通常把口头信息资源转换成文献信息资源。

（2）体语信息资源。它是指人们以手势、姿态、表情等肢体语言表达出来的信息资源。

(3) 文献信息资源。文献信息资源是指记录在各种媒体上的包括文字、图像、声音、印刷品、电子信息、数据等用于交流传播的文献信息的集合。文献信息资源便于积累、传播、保存和利用。

(4) 实物信息资源。它是指以实物形式表达出来的信息资源，依附于文物、样品、样机等实物上。人们可通过展览、展销、实地考察等方式对实物信息资源进行认知、分析、研究和利用。实物信息资源又分为自然实物信息资源（如动植物、微生物等）和人工实物信息资源（如模型、产品样品、雕塑、碑刻等)。

实物信息资源具有直观、真实、易仿制、易检验等特点，值得重视和利用的重要情报资源。

(5) 网络信息资源。它是指以网络为纽带连接起来的信息资源和以网络为主要交流、传播、存贮手段的信息资源，包括内联网信息资源、外联网信息资源、互联网信息资源。网络信息资源也称虚拟信息资源，是以数字化形式记录、多媒体形式表达、以网络计算机磁、光介质及通信介质存储并通过计算机网络进行传递信息内容的集合。

网络信息资源是通过计算机网络可以利用的各种信息资源的总和，以互联网信息资源为主。

3.1.3.2 按传播范围划分

按传播范围，可将信息资源划分为公开信息资源、半公开信息资源和非公开信息资源。

1. 公开信息资源

它是指公开发行、流通、传递的信息资源，又称共享信息资源或白色信息资源。

2. 半公开信息资源

它是指非公开发行、流通、传递，难以通过常规途径获取的信息资源。半公开信息资源又称灰色信息资源。这类信息出版最小、流通范围有限，一般是内部信息资料，如内部刊物、技术报告、会议文献等。

3. 非公开信息资源

它是指未被人类认识的信息资源（如考古发现的古文字）和处于保密状态的信息资源（如内部档案、未解密的政府文件、个人日记笔记等)。非公开信息资源又称黑色信息资源。

3.1.4 常用信息资源

为方便信息检索，下面列举一些常用信息资源。

3.1.4.1 常用中文信息资源

科技人员和专业检索人员查询信息时，最常利用以下一些信息资源。

（1）中国知网。

（2）维普资讯。

（3）万方数据。

（4）国家科技图书文献中心。

（5）超星数字图书馆。

（6）书生之家。

（7）方正 Apabi。

（8）国研网。

3.1.4.2 常用英文信息资源

常用英文信息资源主要包括世界著名的几大检索系统平台，包括如下。

1. 文摘数据库

（1）SCI。

（2）EI。

（3）CA。

（4）CAB。

2. 全文数据库

（1）Elsevier ScienceDirect。

（2）SringerLink。

（3）Wiley InterScience。

3.1.5 农业信息资源

农业信息资源与农业自然资源、农业人力资源都是农业的主要资源。

3.1.5.1 农业信息资源的类型

农业信息资源可按信息源、信息内容和形式划分不同的类型。

1. 按信息源划分

农业信息资源包括自然信息资源和社会信息资源两大类。

（1）自然信息资源。自然信息资源包括一切与农业发展有关的自然界和自然物体，如土地、山川、气候、水资源、能源、动物、植物、微生物等，它们是发展农业最基本的自然环境和物质条件。

（2）社会信息资源。社会信息资源又包括机构信息资源、人物信息资源、实物信息资源和文献信息资源。

①农业机构信息资源。主要指由农业机构和农业团体（如联合国粮农组织、

各国各级农业行政单位、农业科研单位、农业院校、农事企业、农业学术团体等）产生的农业信息资源。其中农业机构包括农业信息产品生产机构、农业信息传播机构、农业信息服务机构等。

②农业人物信息资源。主要指由农业行政管理人员、农业专家、农业科研人员、农业生产人员、农业信息服务推广人员等产生的信息资源。

③农业实物信息资源。主要指由人造产品、生物体等蕴含的信息资源。如化肥、良种、农药、饲料、食用菌、苗木等。农业实物信息资源具有直观性、潜在性和先进性。

④农业文献信息资源。它是指用信息符号记录知识、信息的内容，使知识、信息物化于上，便于信息的积累、存贮、加工、复制、传递和使用。农业文献信息资源是记录农业生产经验、科技成果等农业生产活动的信息载体，会集着前人和当代人生产实践、经验和智慧，是信息交流的主要形式。

2. 按信息内容划分

农业信息资源按内容划分，可分为农业自然资源信息、农业科学技术信息和农业社会经济信息。

（1）农业自然资源信息。包括农业生物资源信息、农业环境资源信息等。

（2）农业科学技术信息。包括农业科学研究数据、农业技术信息等信息资源。

（3）农业社会经济信息。包括农产品市场信息、资本信息、政策法规、管理信息等。

3. 按信息形式划分

农业信息资源按形式可分为农业传统文献信息资源和农业现代文献信息资源。

（1）农业传统文献信息资源。包括图书、期刊等传统文献资源。

（2）农业现代文献信息资源。主要有农业数据库资源、互联网资源、多媒体信息资源等。

3.1.5.2　网上农业信息资源分布

网上农业信息资源数量巨大，分布极广，但主要分布在以下各类网站。

1. 农业情息机构网站

主要包括农业新闻、农产品供求信息、农业实用技术知识、农产品价格行情等信息，主要利用搜索引擎按学科逐级查找或按主题查询。

2. 农业院校、科研院所或图书情报机构图书馆网站

主要是农业及与农业相关的数据库。检索途径较多，主要有分类、主题、著者、号码等，是农业科技工作者获取农业文献信息资源的主渠道。

3. 各国政府网站或世界农业组织网站

如国家农业部网站、联合国粮农组织网站等，这些网站是农业信息资源发布的主要阵地。

4. 科技类网站

科技类网站如各国科技网等是科技信息发布的主要网站。

3.2 文献信息资源

文献信息资源是人类文明进步的文化载体形式，是一种智力资源，是社会发展、科技进步的基本要素。随着记录和出版形式的改变，文献的概念已不再局限于图书馆收藏的纸本文献，而是将数据、期刊、资料等统称为文献。文献信息资源是迄今为止收集、积累、贮存下来的文献信息的总和。

3.2.1 文献信息资源概念

文献信息资源不等于信息资源，而是包含于信息资源。文献信息资源是经过加工的信息资源，是在特定的物质载体上用文字、图形、声频、视频等手段记录的可进行交流传播的文献信息的集合。

总之，文献信息资源是信息资源，是记录在各种载体上的信息资源。

3.2.2 文献信息资源特点

文献信息资源具有信息资源的一般属性，即具有知识性、共享性、时效性、开发性和动态发展性。此外，文献信息资源还具有可再生性、积累性、价值潜在性等特点。

1. 可再生性

自然资源会因开发与利用的深入而减少甚至枯竭，而文献信息资源不同于自然资源，不仅不会因开发和利用而减少，反而会因反复利用开发而促进知识的挖掘与发现，从而促进科技的进步和人类文明的发展。文献信息资源是取之不尽、用之不竭的可再生的宝贵信息资源，具有可再生性。

2. 可积累性

文献信息资源是不断积累的文献信息的集合，会随着时空变化和事件变化而不断增加新的文献信息。因此文献信息资源具有可积累性。

3. 价值潜在性

文献信息载体所蕴含的知识的价值即文献信息资源的价值，这种价值在开发之前是潜伏于某一产品、某一成果、某一思想中的，一旦被开发利用，其价值即得以体现。文献信息资源具有价值潜在性，而且其价值是随着文献信息资源的开发程度而变化的。

另外，文献信息资源与信息资源相比，便于广泛传播、长期积累、永久保存、随时利用的特点。

3.2.3 文献信息资源类型

文献信息资源是一种重要的信息资源，根据文献的编辑出版形式、载体形式及加工深度不同，可划分为不同的类型。

3.2.3.1 按编辑出版形式划分

根据文献的编辑出版形式，可将文献信息资源分为图书、期刊、报纸、科技报告、会议文献、专利文献、标准文献、学位论文、政府出版物、产品样本资料、技术档案、图谱等。

根据国际通用出版标准，可将文献信息资源按出版形式划分为图书、连续出版物和特种文献 3 种。其中连续出版物包括期刊、报纸、年鉴等；特种文献包括科技报告、会议文献、专利文献、标准文献、学位论文、政府出版物、产品样本资料、技术档案、图谱等。

下面按照国际通用出版标准划分的文献信息资源类型依次介绍。

1. 图书

图书是指以印刷方式单本刊行的出版物，国际上通常将 48 页以上、不定期出版的印刷品称为图书。包括专著、汇编本、多卷本、丛书等。

图书一般经过作者对原始素材进行筛选、核实、鉴别、分析、综合后写成的，具有系统性、全面性、成熟性的特点。图书的编著出版周期较长，内容新颖性不及科技报告、期刊、会议文献等。图书是最重要的文献信息资源类型。

（1）按语种划分。图书按语种分为中文图书、日文图书、西文图书（包括英、法、德等拉丁文字）。

（2）按用途和读者对象划分。图书按用途和读者对象划分为通俗图书、科普图书、科学专著、生产技术用书、教科书、工具书（字典、词典、百科全书、年鉴、手册、名录、图录、年表、统计资料等）、少儿读物等。

（3）按写作方式划分。图书按写作方式可划分为专著、编著、汇编、翻译、编译等。

其中科技图书大多数是对已发表的科研成果、生产技术、经验或者某一知识领域的系统论述或概括，通常是著者在收集大量资料基础上，经过选择、分析、归纳和总结的产物。其特点是内容比较全面系统，基础理论强，论点较成熟可靠。如需对某方面知识进行系统地了解、学习和参考，查阅科技图书是行之有效且可靠的办法。图书的缺点是撰写、编辑、出版所需时间较长，传递信息速度慢。

科技图书按其用途可分为阅读图书、参考工具书和检索用书。

阅读图书，包括教科书、专著、文集等。教科书一般介绍基本知识和公认见解；科学专著是专门就某一课题或研究对象进行比较全面深入地论述的学术性著作；文集是由各种文章汇编而成的一种出版物。

参考工具书，包括字典、词典、百科全书、年鉴、手册、名录、图录、年表、历表等，是供人们释疑解难、翻检查考的出版物。

检索用书，是供人们查找一定范围内文献线索的出版物，如以图书形式刊行的书目、题录、文摘等。

国内外公开出版的图书在版权页上有责任者（著者、译者、编者等）、出版地、出版者、出版时间、版次、国际标准书号（ISBN）等标注内容。

2. 连续出版物

连续出版物是指具有统一题名、有连续编号、定期或不定期单独连续出版的内容不重复的出版物，包括期刊、报纸和其他类型的连续性出版物如会议录、连续性报告、专著性丛刊等。

连续出版物是与图书同等重要的文献信息资源类型，具有连续性、及时性、稳定性的特点。

（1）期刊。期刊又称杂志，是“一种以印刷形式或其他形式逐次刊行的，通常有数字或年月顺序编号，并打算无限期地连续出版下去的出版物”。广义的期刊包括所有定期发行或不定期发行的连续性出版物。期刊从外表看，有一相对固定的名称和版式、有连续出版的时间顺序标识（即出版年、月、卷、期号）；从内容看，具有内容新颖、能及时反映最新研究成果和动态，内容丰富、信息量大，发行与流通面广，便于获取等特点。期刊出版周期短，能及时反映当前科技水平，一般不再版、不重印。

期刊按其性质和用途不同，可分为原始性期刊、检索性期刊和其他期刊。

原始性期刊又称学术性与技术性期刊，主要刊登科学研究和生产方面的学术论文、研究报告、会议论文、实验报告等原始文献。此类期刊多由学术团体如学会、协会、科学院（所）、高等院校等单位编辑出版。其学术水平高，技术性强，具有较高的参考价值，是科技信息的主要来源。

检索性期刊是以期刊的形式出版的专供人们查找文献线索的一类刊物，如以期刊形式出版的目录、题录、文摘等。检索性期刊是获取信息的重要工具。

按期刊报道内容的学科范围划分，期刊可分为综合性期刊和专业性期刊；按期刊的出版周期划分，有周刊、半月刊、月刊、双月刊、季刊、年刊和不定期期刊等；按期刊的质量水平分为一般期刊、核心期刊。

其他期刊，包括快报性、资料性、科普性、时事政治性期刊等。

（2）报纸。报纸是指以刊载新闻和评论为主的出版周期较短的定期连续性出版物。报纸传递信息快，信息量大，现实感强，传播面广，读者众多，具有群众性和通俗性，是重要的社会舆论工具和信息源，对社会经济和政治生活有着广泛的影响。但报纸资料较庞杂较零散，不易积累和保存。随着报纸数字化的发展，报纸刊载信息的检索利用问题得到了很大程度的解决。

报纸按出版发行周期分为日报、周报等，按内容分为时事政治类、科技类、商业类、文教类等。

3. 特种文献

特种文献指有特定内容、特定用途、特定读者范围、特定出版发行方式的文献，包括会议文献、科技报告、专利文献、标准文献、学位论文、产品样本、出版物、档案等。其中的一部分作为图书或连续出版物或期刊论文正式出版或发行，更多的则非正式出版，内部发行。其内容新颖专深、实用性强、信息量大、参考价值高，是极为重要的文献信息资源。

特种文献中有许多是非正式出版文献，获取困难，常被称为灰色文献。下面介绍几种主要的特种文献类型。

（1）会议文献。会议文献是指在学术会议上宣读或交流的论文及其他资料。会议结束后，通常会将这些会议文献集中出版，如会议录，会议论文集，会议论文汇编等。包括会前、会中和会后文献。会前文献是指会议日程表、会议论文预印本和论文摘要等；会中文献是指开幕词、讨论记录、会议决议和闭幕词等，会后文献是指会议录、会议论文集、会议论文、期刊特辑及有关会议的声像资料等。会后文献内容比较系统完整，但没有固定的出版形式，与其他文献交叉重复比较严重。学术会议多由各种专业学会、协会或主管部门召开。会议文献的学术性较强、水平较高，往往反映出国内外某一学科或专业领域的最新研究成果、发展水平、发展趋势等。

（2）科技报告。科技报告是关于某项研究的阶段性进展总结报告或研究成果的正式报告。其特点是：每篇报告单独成册，有机构名称和统一的编号，内容专深具体，大多数与政府的研究活动、国防及尖端科技领域有关，有一定保密性。科技报告所报道的研究成果一般经过有关部门的审查和鉴定，所反映的技术内容较为成熟，数据较为详尽可靠，并且科技报告出版快，报道研究成果及时。因此，科技报告是一种重要的信息源。世界每年发表科技报告 70 余万篇，我国每年发表科技报告 5 万余篇。中国科技信息研究所是我国科技报告的收藏单位。

（3）专利文献。专利文献是专利制度的产物，广义上专利文献是指所有与专利有关的资料，包括专利申请书、专利说明书、专利分类、专利公报、专利文摘、专利证书等；狭义上的专利文献仅指专利说明书。专利说明书是指专利申请人向专利管理部门呈交的对于其发明创造的技术性及专利权限等方面所作的说明。专利说明书内容比较详细具体，多数附有图案，对了解某项新技术、新产品、新工艺的技术内容有重要作用。专利文献具有编写格式统一、出版快、内容新颖、技术性强、实用性强并具有法律效力等特点。它是集技术、法律和经济于一体的带有启发性的一种重要文献。

（4）标准文献。标准文献是指对农产品、原材料、工程建设等的质量、规格、计量单位、操作规程、检验方法等方面所制定的技术规定。标准文献是按规定程序制定，经公认权威机构批准，在特定范围内必须执行的规则、规定、技术要求等。

标准是规范性文献，具有一定的法律约束力，是科研、生产、设计、管理、产品检验、商品流通等的共同依据。

标准可按使用范围可分为国际标准、区域标准、国家标准、地方标准、行业标准和专业标准。一个国家的标准在一定程度上反映出该国在某一方面的经济与技术政策、科研与生产水平和标准化水平。随着经济发展和科技水平的提高，标准也在不断地补充和修订，查阅时应以最新标准为准。

（5）学位论文。学位论文是高等院校或研究机构的本科生、研究生为获得学位而在导师指导下所撰写的学术论文。按学位不同可分为学士论文、硕士论文和博士论文。学士论文的水平差异较大，但探讨的问题比较专一，硕士和博士论文具有一定的学术性、独创性、系统性和完整性，具有重要的参考价值。学士论文一般不公开发表，多数收藏在授予学位的大学图书馆或研究机构的文献信息中心。北京图书馆、中国科技信息研究所和中国社会科学院文献信息中心是国务院学位委员会指定的我国学位论文收藏单位。

（6）政府出版物。政府出版物是指各国政府部门及其所属机构所颁发出版的文献。它的内容比较广泛，大致可分为行政性文件和科技文件两大类，其中科技文件包括政府颁布的科技政策、条例、法令等，占政府出版物的 30%～40%。政府出版物与其他类型文献有一定的重复，但也有一些是首次发表。政府出版物对于了解某国的科技、经济等方面的政策和事件有重要参考价值。

（7）产品样本资料。产品样本资料是指厂商或贸易机构为宣传和推销其产品而印发的免费赠给消费者的资料。如产品目录、产品样本、产品说明书、产品总览、产品手册等。它们大多是对定型产品的性能、构造原理、用途、使用方法、操作规程、产品规格等所作的具体说明。产品样本资料图文并茂，形象直观，所反映的技术较为成熟，数据较为可靠，对技术革新、选型、设计、试制新产品以及引进设备等均有一定的参考价值。产品样本资料随着产品的更新换代而更新，而且有一部分产品是试销产品，对此应予以注意。

(8) 技术档案。技术档案是指在生产或科研活动中形成的有具体工程和研究对象的技术文件的总称，包括任务书、协议书、技术经济指标、研究计划、方案、试验设计、实验记录、调查材料、总结报告等所有应入档的资料。它是生产和科研中用以积累经验、吸取教训和提高质量的重要依据，具有较高的参考价值。技术档案有一定的保密性，一般在内部控制使用。

在以上文献信息类型中，科技报告、会议文献、专利文献、标准文献、学士论文、政府出版物、产品样本资料和技术档案统称为特种文献，在收藏管理上往往与图书报刊分开，另立体系，分别管理。

3.2.3.2 按载体和记录形式划分

按物质载体和记录形式的不同，文献信息资源可分为书写型、印刷型、缩微型、声像型和机读型。

1. 书写型

书写型文献信息资源是最原始的文献信息资源形式，包括手写、雕刻等。

2. 印刷型

印刷型文献信息资源是一种传统的文献信息资源形式，它主要指以纸张为载体，通过印刷手段（油印、铅印、胶印、石印等）把负载知识的文字固化在纸张上。该类文献信息资源的优点是便于直接阅读，使用方便；缺点是较笨重，存储密度低，收藏占用空间大，加工保存消耗人力物力大，识别和提取难以实现机械化和自动化。

3. 缩微型

缩微型文献信息资源是以感光材料为载体，以缩微照相为记录手段而产生的一种文献信息资源形式，如缩微胶卷、缩微胶片等。该类文献信息资源的优点是存储密度较大，体积小，便于收藏保存，便于远距离传递；缺点是不能直接阅读，必须借助缩微阅读机才能阅读。

4. 声像型

声像型文献信息资源又称视听资料。它是以磁性和感光材料为载体，借助于特殊的机械装置（如复录机、摄像机、录像机等）直接记录声音、图像而形成的一种文献信息资源形式。如唱片、录音带、录像带、幻灯片、电影片、多媒体资料等。该类文献信息资源的优点是可以做到闻其声、观其形，直观、真切，给人以鲜明生动的直观印象；缺点是制作成本较高，需要借助于一定的设备才能阅读。

5. 机读型

机读型文献信息资源是以磁性材料为载体，利用计算机进行存储和阅读的一种文献资源形式。主要包括存储在磁带、磁盘和光盘上的数据、信息和资料等，如电子期刊和电子图书的全文数据库、书目数据库、事实型数据库等。该类文献信息资源的优点是存储密度高，存取速度快，识别和提取易于实现自动化；缺点是需借助计算机等先进技术设备才能阅读。

在上述 5 种文献信息资源类型中，印刷型文献信息资源是一种传统的文献资源形式，仍是人们应用最广泛的文献资源形式。缩微型、声像型和机读型文献资源是在印刷型文献的基础上发展起来的新型文献信息资源，是信息时代的产物，是人类从“纸张文化”时代迈向“电子文化”时代的标志。据统计，美国早在 1995 年数字化文献量就已超过传统印刷型文献量。大量电子出版物的产生促使人类文明走向了数字文明。

3. 2. 3. 3 按加工深度和内容性质划分

按文献加工深度和内容性质可将文献信息划分为零次文献、一次文献、二次文献和三次文献。

1. 零次文献

它指未经正式发表或尚未形成正规载体的一种文献形式，如书信、手稿、会议记录、笔记等。口头信息源和实物信息源都是零次文献信息的来源。零次文献的特点就是信息来源直接真实，内容新颖。

2. 一次文献

它也称原始文献指作者以本人在生产、科研或理论探讨中所获得的第一手资料为基本素材撰写的文献。如大多数阅读性图书、期刊论文、科技报告、专利文献、标准文献、会议文献、学位论文、技术档案等都是一次文献。一次文献的论述一般都比较具体、详尽和系统，具有独创性，所以它能直接在科研、教学、生产、设计中起到参考和借鉴作用，具有较高的理论价值和应用价值。

3. 二次文献

它也称检索工具指将分散的无组织的一次文献进行搜集、提炼、浓缩、加工、整理，并按一定的科学方法，组织编排、编辑出版的文献，如书本式目录、题录、文摘及机读型书目数据库等。其作用是既能概括原文，又能提供有规律的检索途径，对提高一次文献的利用率起到非常重要的作用。

4. 三次文献

它指利用一次文献查得一次文献，并根据特定的需求和目的，对其内容进行分析、研究、对比、综合、评述，概括而撰写的文献。如综述、述评、年度进展报告、百科全书、手册、年鉴等。其特点是文字精练、叙述简明扼要，具有系统性、综合性、知识性和工具性等特点。

综上所述，一次文献是二次文献和三次文献的基础，是文献检索的主要对象；二次文献具有浓缩性，是一次文献的简略和有序化，是文献检索的工具。三次文献具有综合性，既是检索对象，又可提供一定的检索途径与检索手段。可见，从一次文献、二次文献到三次文献，是一个由博而约、由分散到集中、由无组织到系统化的过程。二者功能与作用不同，在检索实践中应根据不同的需要加以选择使用。

3.2.4 农业文献信息资源

由于农业生产具有广泛性、周期性、地域性、季节性等特点，农业信息资源有独特之处。

3.2.4.1 综合性

农业涉及面广，综合性强，农业生产、科研等受农业生物自身特性、环境气候因素、生产技术因素、政策法规因素、市场因素等多种因素的影响，因此，农业文献信息资源具有综合性的特征。

3.2.4.2 时效性

农业生产受时间和季节影响，农业信息应与农时相符才能发挥作用。因此时效性是农业文献信息资源的重要特性。

3.2.4.3 区域性

植物的生长与环境息息相关，例如，热带的品种不能适应寒冷地区，干旱地区植物不宜在湿地生长，这些农业区域性特点决定了农业文献信息资源的区域适用性。

3.2.4.4 实用性

农业文献信息资源是为改进生产技能、改善作业环境、提高产品质量等而产生的文献资源，以实用性为原则。

3.3 电子信息资源

3.3.1 电子信息资源概念

所有把文字、图像、声音、画面等信息以电子数据形式存放在光、磁等非印刷介质的载体上并通过网络通信、计算机等方式再现的信息资源称为电子信息资源。

3.3.2 电子信息资源特点

与印刷型文献资源相比，电子信息资源形式更加多样，内容更加丰富，检索不再受时空限制，更加方便、快捷、准确。但是电子信息资源彼此交叉，存在于不同的介质上。

3.3.3 电子信息资源类型

随着信息技术、网络技术迅速发展，电子信息资源种类繁多，内容丰富，在类型划分上有了不同的标准。一般来说，按电子数据形式、传统文献类型、信息载体、信息表现形式、媒体类型等方面来划分电子信息资源的类型。

3.3.3.1 按电子数据形式划分

按电子数据的不同，电子信息资源可分为模拟电子信息资源和数字电子信息资源。

1\. 模拟信息资源

模拟信息资源是指通过广播、电影、电视和录像等以模拟信号传递的电子信息资源。

2\. 数字信息资源

模拟信息资源是指通过电子计算机等以数字信号传递的电子信息资源。其中，数字信息资源是电子信息资源的主体。

3.3.3.2 按传统文献类型划分

按照传统信息检索理论，传统文献类型划分为零次文献、一次文献、二次文献、三次文献等。由此将电子信息资源划分为零次文献型、一次文献型、二次文献型、三次文献型和单行版电子资源。

1\. 零次文献类型

它是指电子论坛以及各种国际组织、政府机构、学术团体、教育机构、企业、商业等机构在网上发布的信息。

2\. 一次文献类型

包括单机、联机、网络全文数据库和电子期刊、电子图书、电子报纸等。

3\. 二次文献类型

包括图书馆馆藏目录数据库（OPAC）、商业型联机数据库、网络书目题录数据库。

4\. 三次文献类型

它是指各种类型的网上电子参考工具书。

3.3.3.3 按信息载体类型划分

随着网络科技的发展，信息传播不再局限于以纸为媒介，大量磁、光等信息存储介质涌现，出现了以磁、光等不同存储载体的电子信息，因此，按信息载体不同将电子信息资源划分为光介质电子信息资源、磁介质电子信息资源和硅片载体电子信息资源。

1. 光介质电子信息资源

主要是指存放于只读光盘（CD-ROM）、交互式光盘（CD-I）、图文光盘（CD-G）、照片光盘（Photo-CD）等，包括文字、图片、声音以及视频动画等的电子信息资源。

2. 磁介质电子信息资源

主要是指存放于磁盘、磁带等的电子信息资源。

3. 硅片载体电子信息资源

主要是指集成电路下的电子出版物。

3.3.3.4 按信息服务类型划分

按信息的服务方式可以将电子信息资源分为单机型、联机型及网络型电子信息资源。

1. 单机型电子信息资源

它是指单独发行的电子信息资源，以光盘出版物为主，包括游戏、娱乐、教育以及各种文献信息数据库及各种软件。

2. 联机型电子信息资源

它主要是指一些计算机联机检索服务系统，例如，美国 Dialog、欧共体 ESA、德国 STN 系统等。

3. 网络型电子信息资源

它是指在互联网上面各种各类丰富全面的信息资源。

以上的电子信息资源中，单机型的电子信息资源与联机数据库电子信息资源有部分内容是交叉重复的，有些数据库资源同时具有联机版和单机版版本。联机数据库与网络信息资源也有很大部分的重复内容。目前，联机系统大都在网上提供 Web 服务，如国际联机检索系统 Dialog 于 1997 年开始通过互联网提供 Dialog Web 服务。

3.3.3.5 按信息交换交流方式划分

信息以正式出版和非正式出版两种形式来表现，由此，按人类信息交换与交流的方式将电子信息资源划分为非正式出版类型、半正式出版类型和正式出版类型。

1. 非正式出版类型

它是指如电子新闻、电子邮件、电子布告、电子论坛等动态的电子信息，这些信息随意性较强，流动性较大，质量难以保证，规范性差，缺少控制性。

2. 半正式出版类型

它又称“灰色信息”类型，是指受到一定产权保护但没有纳入正式出版信息系统中的信息，如各种学术团体、教育机构、政府机构、行业协会、企业、商业、国际组织等单位介绍宣传机构或其产品的描述性信息。

3. 正式出版类型

即电子出版物类型，是指经出版许可、受到产权保护的电子信息。这类信息来源可靠、质量较高，多为知识性、分析性信息，具有较高的利用价值和参考价值，利用率较高。目前正式出版类型的电子信息资源主要有：电子期刊、电子报纸、电子图书、电子名录、电子地图、数字音像出版物（如 CD、VCD、DVD）等。此外，联机方式查询的数据库，如书目数据库、数值数据库、事实数据库和全文数据库等也属此类。

3.3.3.6 按信息媒体类型划分

媒体信息主要有文本信息、图形信息、图像信息、动画信息、视频信息等。根据媒体信息的分类，电子信息资源又可以分为文本信息资源、超文本信息资源、多媒体信息资源和超媒体信息资源等。

1. 文本型

它是指以文字、数值等纯文本信息为主的电子信息资源，占电子信息资源的绝大多数，如书目数据库等都是文本信息资源。

2. 图像型

它是指以图像信息为主的电子信息资源，如图谱库、图像素材库等。

3. 音像型

它是指以音像信息为主的电子信息资源，如 CD、VCD、DVD 等。

4. 多媒体型

它是指包括文本、图像和声音等在内的各种信息表达或传播形式的电子信息资源，如电子百科全书、教育类电子出版物等。这类电子信息资源的检索、查询、利用等以多媒体信息系统为平台。该系统平台能够对包括文本、图像、图表、图画、照片、动画、影视、声音（语言、音乐或其他）以及它们的结合提供充分的检索、统计等交互功能，根据用户需要提供各种利用形式的信息资源。

5. 超文本型

它是指按知识单元及其关系建立的知识结构网络的一类电子信息资源。超文本型信息资源的数据库由结点和链路组成，查阅超时，以知识片段及其关系作为追踪、检索的依据。该类型信息资源能够把文字信息和图像信息有机地结合在一起，可以处理文字、图片、地图和其他直观信息。

6. 超媒体型

超媒体是超文本与多媒体两种技术的结合，是超级媒体的。超媒体型电子信息资源是指当超文本节点中的信息是多媒体信息时，在信息浏览环境下，超文本的信息管理方式与多媒体的信息表现形式结合在一起的信息资源类型。

超媒体型电子信息资源的检索利用依赖于超媒体信息系统平台。该系统平台能够实现不同类型的媒体信息高度综合、高度集成，图、文、声并茂，媒体信息同步实现，展现超文本和多媒体两种信息资源的特点，空间上、时间上具有高度的交互性。

3.3.4 常用电子信息资源

3.3.4.1 数据库

1. 数据库概述

数据库产生于20世纪50年代，70年代迅速发展，80年代趋于成熟，是产生最早、应用最广、影响最大的一种电子信息资源。

20世纪80年代后期，世界著名的联机数据库系统进入了跨越式发展阶段，数据库服务从过去以提供书目与索引等二次文献服务为主转变为以全文数据库、数值数据库为主，提供的信息内容不再局限于书目和索引，学科范围涉及自然科学、社会科学和人文科学的各个领域，尤其侧重于经济领域的经济信息、产品信息、金融信息等。

全文数据库最早出现于法律领域。自1973年米德数据公司开发的LEXIS法律全文数据库正式投入使用以来，先后在文学、医学、化学、专利等领域推出了全文数据库。

数据库在中国发展态势迅猛。学科范围涉及科技、经济、社会等各个领域。其中，《中国科技期刊篇名数据库》《中国专利数据库》《中国企业公司及产品数据库》《中国科技成果数据库》《中国科技经济新闻数据库》《中国科技文献数据库》《全国科技成果交易数据库》《中国科技论文引文分析数据库》《中国学术会议论文数据库》和《中国化工文摘数据库》应用频率较高。

由于国际联机检索费用较高，20世纪70年代兴起了光盘数据库。该类数据库将信息存储在光盘上供用户检索利用。光盘数据库容量大、成本低、费用少，但提供信息不及网络信息和联机检索信息及时。

随着信息技术的发展，将数据库技术与网络技术结合，便形成了网络数据库。20世纪90年代，光盘数据库借助网络，通过阵列式光盘塔、镜像光盘塔和系统软件使光盘直接或间接联入互联网，供网上用户利用。其中一部分光盘数据库提供商开始在网上设站点提供网络版数据库，例如《中国学术期刊》（光盘版）开通了网络版数据库，主要包括科技期刊、专利、科技成果、会议论文和博硕论文等信息数据库，并面向企业、科研单位等提供相关信息服务。网络数据库信息内容更加丰富、广泛，信息服务更加快捷、高效。

目前，我国已经开发了各种类型的全文数据库，如中国知网的《期刊全文数据库》维普的《中文科技期刊全文数据库》万方的《中国学术会议论文数据库》《中国学位论文数据库》等。

2. 数据库类型

数据库的类型可以按媒体信息、信息处理的程度、服务模式以及信息所属行业来划分。

（1）按媒体信息类型划分。根据媒体信息类型，数据库分为文本数据库、数值数据库、声音数据库、图像数据库、视频数据库、多媒体数据库等。

①文本数据库主要是文本信息，如一些法律数据库、文学数据库等。

②数值数据库主要是数值信息，如一些实验数据、统计数据及各类标准等。

③声音数据库主要以收集声音信息为主。

④图像数据库主要是各种类型的图形、图像，如一些素材数据库等。

⑤视频数据库主要收集视频信息。

⑥多媒体数据库主要收集并提供文本、图像、图表、图画、照片、动画、活动影视、声音、语言、音乐等以及它们的结合信息等。

（2）按信息处理程度划分。按信息处理程度，数据库分为书目数据库、题录数据库、全文数据库。

①书目数据库存储对文献信息进行加工后的书目数据，如OPAC等，提供查询、检索功能。

②题录数据库主要存储原文经过提炼后所得的文摘、索引等信息并提供各种检索功能。

③全文数据库是指收录全文或者其中主要部分能够提供全文检索的源数据库。该类型数据库主要存储文献的原文信息，其信息内容在各类数据库中是最完整最准确的，用户通过检索可直接获得原文信息。

全文数据库按存储内容、应用领域等又可划分分不同类型。

A. 按照存储内容划分按照存储内容，全文数据库可分为直接型原文数据库和摘录型原文数据库。

a. 直接型原文数据库是指直接存储文献正文以及正文以外的其他信息（如参考文献）的数据库。

b. 摘录型原文数据库是指存储原文经过提炼所得的若干篇摘录的数据库。

B. 按照应用领域划分，全文数据库可分为法律法规全文数据库、期刊全文数据库、博硕论文数据库、商情全文数据库、新闻消息全文数据库等。

(3) 按服务模式划分。按照服务模式，数据库分为单机数据库、联机数据库和网上数据库。

①单机数据库是指在单个计算机上提供服务的数据库，包括磁带数据库、磁盘数据库、光盘数据库等。

②联机数据库是指通过专门的通信线路，利用终端进行数据库检索服务，包括美国 Dialog、欧盟 ESA 和德国 STN 等计算机联机服务系统等。

③网上数据库是指借助网络进行服务的数据库。

(4) 按信息所属行业划分。数据库按照行业可划分为农业、医学、化工等不同的类型。行业数据库主要是行业内文献的聚类，更利于行业人员检索利用本行业的数据资源。

3.3.4.2 电子图书

1. 电子图书概述

电子图书是将著作的文本转换为计算机可读形式的信息，记录在磁性或光学媒介上，在计算机软件的支持下，自动形成全文数据库，是电子出版物的主要类型之一。

电子图书是通过计算机或有计算机功能的阅读设备进行阅读使用的新型信息媒体。出现于 20 世纪 80 年代初。1981 年，世界上第一本可用于商业目的的电子图书《The Random House Electronic Thesaurus》问世。1995 年，最大的网上书店 Amazon 书店问世，实现了通过互联网销售并可本地打印的图书。电子图书图、文、声并茂，深受广大读者欢迎。早期电子图书主要以百科全书、词典类参考工具书居多。后来，网上文学作品越来越多。随着学科领域的不断扩展，到目前，电子图书已涉及了各个领域、各个学科。越来越多的用户的阅读习惯发生了变化。

2. 电子图书类型

电子图书可根据内容、信息提供方式、提供服务形式的不同划分为不同的类型。

(1) 按内容和信息提供方式划分。根据电子图书的内容和信息提供方式电子图书可分为文本图书、静态图像图书、动态图像图书、声音图书、多媒体图书。

①文本图书，由文本材料组成，按页的方式存储。

②静态图像图书，由按特定主题组织的一级图像组成。

③动态图像图书，由动画或活动的视频片段组成。

④声音图书，存储的是声音。

⑤多媒体图书，信息内容不是单一的，而是包括文字、图像、声音、动画、视频等多种媒体信息。

多媒体是电子信息资源优越于传统印刷型信息资源的重要方面，目前，多媒体技术在各类电子信息资源中的应用越来越多。

（2）按提供服务形式划分。根据提供服务形式，电子图书分为单机型电子图书、网络型电子图书。

①单机型电子图书，是指主要以磁盘和CD-ROM光盘为载体的电子图书。

②网络型电子图书，是指主要以计算机硬盘等为载体的电子图书。其出版者将其制作成网页或直接存储在联网的服务器上，提供用户访问和利用。

3. 电子图书特点

电子图书可以对文本进行单项检索或多项检索。通过索引和检索软件，用户可以按照需求对所检信息的各个知识点进行抽取、排序、重新组合、打印、下载、存储。与传统的纸质图书相比，电子图书拥有更大的利用价值。电子图书必须通过电子阅读器阅读。

3.3.4.3 电子期刊

1. 电子期刊概述

电子期刊是相对于传统的印刷型期刊而言的，它是以数字形式出版发行的一种连续出版物。

我国的第一份电子期刊是1995年1月12日出版的《神州学人》杂志。之后迅速发展，据统计，1993年有224种电子期刊通过网络向全世界发行，到1999年全球网上期刊数量已超过万种，到2000年年底，网上中文期刊有550多种。

随着网络的发展，上网期刊的数量急剧增长。中国期刊网、数字化期刊等期刊门户网站应运而生，为用户浏览、检索期刊带来了便捷。

2. 电子期刊类型

电子期刊可按出版载体、出版形式、内容组织形式等进行分类。

（1）按出版载体形式划分。根据出版载体的不同，电子期刊可分为光盘电子期刊和联机电子期刊。

①光盘电子期刊是指以光盘为载体的电子期刊。这种电子期刊可以是单一的期刊，如EI检索工具刊的光盘版；也可以是多种期刊的集合，如UMI出版的AST（Applied Science and Technology）中包含了300多种期刊的文摘索引及100多种期刊的全文。

②联机电子期刊是指通过网络和计算机来完成期刊的编辑、审稿、排版、检

索和阅读的电子期刊。与传统印刷型杂志和光盘电子期刊相比，联机电子期刊是一种全新的电子期刊。世界上第一份联机杂志是1991年9月由美国科学促进会（AAAS）和OCLC共同开发的《最新临床实践联机杂志》。

（2）按出版形式划分。按出版期刊是否有印刷版分为期刊电子版和纯电子期刊。

①期刊电子版是指印刷型期刊在继续发行印刷版的同时，在因特网上发行经过电子转换后的电子版期刊。期刊电子版有些是印刷版的完全翻版，即内容格式完全一样，纯文本格式；有些与印刷版有或多或少的不同，如内容作了增删，增加了编者和读者的交流，加上了检索、超文本链接、多媒体等。

②纯电子期刊是指只在因特网上出版的纯电子期刊，这种期刊内容表现形式丰富，令人耳目一新。

（3）按期刊内容组织形式划分。按期刊内容组织形式，可将电子期刊划分为集中型电子期刊和分布型电子期刊。

①集中型电子期刊是指期刊的内容都放在期刊所在站点的服务器上的电子期刊。集中型电子期刊占目前因特网电子期刊的绝大多数。

②分布型电子期刊也称虚拟期刊，是指期刊所在站点网页上只有目录和摘要，而文章则是分散在各个不同的站点上。分布型电子期刊只给读者提供访问各文章的网址或链接，只要点中它，就可链接到该篇文章所在站点。这种电子期刊没有范围限制，没有大小限制。

（4）按收费情况划分。电子期刊根据是否收费阅读分为免费访问型和收费订阅型。

①免费访问型是指读者通过直接或间接访问期刊所在站点，免费阅读或输出的电子期刊。间接访问期刊一般是指借助于网上搜索引擎、电子期刊目录、电子期刊数据库系统等进入期刊所在站点。

②收费订阅型是指通过付费阅读或付费订阅的电子期刊。该类电子期刊的目录和摘要一般都是免费查询的。

（5）按是否同行评审划分。按期刊的主要文章是否经过同行评审分为同行评审型电子期刊和非评审型电子期刊。

①同行评审型电子期刊是指期刊刊登的主要文章在决定发表前经过与作者同一领域的专家评审。一般同行评审期刊论文质量和期刊学术水平较高。

②非评审型电子期刊是指作者的论文投到编辑部后，不经过同行评审过程，直接由编辑部决定是否利用。

另外，电子期刊还可按是否定期出版划分为定期出版电子期刊和不定期出版电子期刊。

3. 电子期刊的特点

电子期刊具有连续出版物期刊的一般特征，即有统一的题名、按一定的周期分期编号、连续出版等。此外，电子期刊还具有电子出版物的一般特征，是“专供计算机识读、受控运行和加工处理数据的特殊编码形式的资料”。由于计算机技术、通信技术、多媒体技术等信息技术的应用，网络型电子期刊具备了传统印刷型期刊所无法具备的优点。

（1）成本低。电子期刊生产成本低，发行费用低，从而使电子期刊的价格较为低廉。电子期刊是在网上的无纸出版期刊，出版者不必支付纸张费、印刷费和装订费用等，生产成本大大降低。同时，电子期刊利用网络发行，免去了传统印刷型期刊发行中大量的运输、邮递、人工等发行费用。

（2）出版周期短。传统的印刷型期刊的发行主要通过运输和邮寄，所花时间由数天到数个星期不等，而电子期刊作者与编者、编者与评审者之间的联系都是靠 E-mail、FTP 等电子手段实现，节省了通信费用和通信时间，缩短了出版周期，期刊时效性增强，这是顺应时代发展的大势所趋。

（3）没有容量限制。一般来说，印刷型期刊的开本、页数都是固定的，因此所刊载文章篇幅是有限的。而电子期刊则无此限制，在理论上只要期刊的服务器硬盘足够大，就能使期刊的容量足够大，这样就能使有价值的文章及时发表，不受篇幅长短限制，无需因篇幅限制删减。除此之外，电子期刊还可以不受限制地刊登与文章有关的附录、实验数据、背景材料等，必要时还可以出增刊。

（4）不受时空限制。电子期刊阅读和利用没有时间、空间、地点限制，使用方便。传统期刊一般通过图书馆或机构资料室提供馆内阅读或借阅服务，受馆藏限制，印刷版期刊有时需要到异地图书馆去查阅。另外，印刷版期刊还受图书馆服务时间限制。而电子期刊则不受时间限制，24 小时提供服务，只要联网并经授权，任何地点、任何时间都可访问。

（5）阅读方式灵活。电子期刊可以在线阅读，也可以下载后离线阅读或打印到纸上阅读。传统期刊只能翻阅或复印后阅读。

（6）具备检索功能。由于电子期刊可以充分运用计算机信息处理技术，使得一般的电子期刊都是由一个或多个数据库组成，且具备检索功能，读者可根据期号、作者姓名、文章题目、关键词等从现刊、过刊及出版者提供的其他资源（数据库）中检索出所需信息，这是印刷型期刊所无法办到的。

（7）出版格式多样。电子期刊可以充分利用多媒体技术，表现形式丰富。可以根据需要包含文字、图形、图像、声音、动画、视频等多媒体信息。为满足不同读者的需要，电子期刊可以采用如 HTML、PDF 等多种格式同时出版。

（8）具有超文本链接功能。电子期刊都采用超文本的形式存储信息，具有链接功能，包括：文章内的链接（如与注解、附录、参考文献等的链接）、期刊内的链接（如与目录的链接）、不同文章之间的链接、与期刊提供的其他资源的链接等；期刊以外的链接对象包括互联网上的其他出版物、数据库、软件等。有了这些链接，读者在阅读时可以通过点击鼠标方便地阅读和查询相关信息。

（9）内容修订方便。传统印刷型期刊的内容修订，只能在该期以后出版的刊物中进行。而电子期刊可以在当期修改，既可以在原来文章上对有问题的地方进行修改，也可以将文章的修改内容或修订版链接到原来的文章上，使读者可以方便地看到最新的内容。

（10）交互性强。电子期刊出版中，作者与编者、编者与读者、读者与作者之间可以进行双向、快速、面对面的交流，编者可以跟踪掌握读者使用期刊的情况，读者可以自由选择需要调阅的内容或发表意见。

电子期刊与印刷型期刊对比情况如表 3-1。

表 3-1　电子期刊与传统印刷型期刊对比情况

比较内容	电子期刊	印刷型期刊
出　版	无纸出版	纸张印刷出版
发　行	网络发行	邮局发行
成　本	生产、出版、发行费均低，成本低	有生产成本、出版发行成本，成本高
出版周期	周期短	周期长
期刊容量	不受开本、页数、篇幅限制，容量大	开本、页数固定，刊载文章篇幅有限，容量基本固定
阅读方式	方式灵活，可在线阅读、离线阅读、打印阅读	只能翻阅或复印后阅读
阅读时间地点	不受时间、空间、地点限制	受馆藏地点、服务时间限制
检索功能	具备检索功能，可通过题名、作者、关键词、主题、刊名、机构等进行快捷方便的检索	只能通过检索工具书手工检索，或者逐期逐篇查阅
出版格式及内容	格式多样，可以采用如 HTML、PDF 等多种格式同时出版。包含文字、图形、图像、声音、动画、视频等超文本信息	格式基本固定。只包含文字、图形、图像等文本信息
链接功能	链接功能强大	没有链接功能
内容修订	可当期修订	只能在该期以后出版的期次中修订
交 互 性	交互性强，作者、编者、读者之间可以方便地双向交流	交互性差

3.3.4.4　电子报纸

1. 电子报纸概述

电子报纸是信息技术和网络发展的产物。几乎所有具有一定规模的报纸都发行了电子报纸。例如《人民日报》(中国)、《光明日报》(中国)、《纽约时报》(美国)、《泰晤士报》(英国)、《世界报》(德国)、《朝日新闻》(日本)等，均已发行电子报纸。电子报纸的发行大大降低了报纸的出版发行成本，给读者带来了方便、快捷、高效的阅读服务，提高了信息资源的利用效率。

2. 电子报纸类型

电子报纸可以按照主题领域和网络版与母版一致性进行分类。

(1) 按主题领域划分。根据内容涉及的主题领域，电子报纸可分为综合性报纸和专业性报纸。我国的《人民日报》《光明日报》等，美国的《New York Times》《Christian Science Monitor》等属于综合性报纸。我国的《经济日报》《中国证券报》《电脑报》等和美国的《Science Daily》等均属于专业性报纸。

(2) 按网络版与母版一致性划分。电子报纸与其对应的纸质母版报纸比较，可分为以下几种。

①在因特网上设立独立的网站，电子报纸内容是其纸质母版的翻版。如《纽约时报》。

②在因特网上设立独立的网站，但电子报纸内容并不雷同于其纸质母版。典型代表是《华尔街日报》。

③在因特网上设立独立的网站，但网上内容远远超出其母版的容量，形成了跨媒体的地区性综合信息平台。该类电子报纸除了母版信息外，还囊括其他信息源提供的信息，如电台、电视台、杂志、博物馆、图书馆、交通服务部门等提供的信息。典型代表是《波士顿环球报》。

④众多报纸联合经营一个大型的新闻网站，但各报内容相对独立。

⑤报纸独自、数家联合或与其他网络服务商联合，经营专业性的信息服务网站。

3. 电子报纸特点

电子报纸与传统报纸相比，具有以下特点。

(1) 不受容量、版面、时间限制。电子报纸出版不受容量、版面等限制；不受时间限制，网络报纸的出版者可以在任何时间在网上发表消息，无须等到第二天或者更长时间。

(2) 传播快。电子报纸无须印刷、发行、运输等，出版快，信息传播时间缩短，效率提高。

(3) 检索功能强大。电子报纸具备强大的检索功能，可实现对某一特定信息的检索。通过网上检索功能，电子报纸检索信息全面，而且省时省力，可避免传统报纸信息搜索中费时费力、无法保证收集到的信息的全面性的问题。

3.3.4.5 电子声像

1. 电子声像概述

电子声像是指以数字化形式存储于磁、电等介质上的声像信息资源。电子声像是电子信息资源的一种，具有电子信息资源的基本特征，借助于计算机及类似设备读取，这是电子声像与传统的照片、磁带、录像带等声像信息的最大区别。

传统的声像信息通常都是以模拟信号形式存储，不同类型的声像信息有不同的存储方法和存储介质，因此，必须借助于各自合适的播放设备才能利用这些信息。例如，听磁带的歌曲必须借助于录音机，看录像带的内容需要有录像机等。

2. 电子声像类型

电子声像可以根据媒体形式和使用角度不同来划分类型。

（1）按媒体形式分类。按媒体形式不同，电子声像分为图片信息、音频信息、视频信息和三维虚拟影像。

①图片信息是指以 GIF（Graphics Interchange Format）、JPEG（Joint Photograph Experts Group）等文件格式存储的信息。

②音频信息主要指以 WAV（Wave）、AIFF（Audio Interchange File Format）、MIDI（Musical Instrument Data Interface）、MP3（MPEG-1 Layer3）等文件格式存储的信息。

③视频信息主要指以 Quicktime、AVI（Audio Video Interleave）以及 MPEG（Moving Picture Expert Group）等形式存储的信息。

④三维虚拟影像是指以 VRML（Virtual Reality Modeling Language）组织，以立体三维形式呈现的信息。

（2）按应用方向划分。按应用方向，电子声像可分为声像数据库、多媒体辅助教学、声像电子出版物和多媒体公众服务系统。

①声像数据库是指以图像、声音、影像构成数据库的主要内容。

②多媒体辅助教学是指将多媒体广泛应用于教学，图、文、声并茂，充分调动多种感官的声像类型。目前应用较多的是远程教育网站。

③声像电子出版物是指除文本外，图像、音频、视频成为电子出版物的重要组成部分。

④多媒体公众服务系统应用广泛，目前的网络多媒体广告、多媒体商品导购、网络会议、网络广播、网络电视等均属此类。

3. 电子声像特点

与传统声像信息相比，电子声像具有以下特征。

（1）存储形式一致。电子声像中的图片、声音、视频、动画等所有信息都以二进制编码形式存在。

（2）读取设备统一。电子声像信息都是以统一的二进制代码的形式存储，所以可以由计算机来读取。

（3）存储密度大。由于信息压缩技术的发展和磁盘、光盘等存储介质性能的不断提高，电子声像信息存储密度更大。

3.3.4.6 软件读物

1. 软件读物概述

软件读物是指以二进制代码的形式存储于磁、光、电等介质中，通过计算机或类似设备进行阅的一种电子出版物。软件读物是数字时代的全新出版形式，伴随着计算机的产生而产生、发展而发展。软件读物必须借助一定的计算机程序，才能使用户进行阅读或操作。

2. 软件读物类型

软件读物可按照应用层次、应用范围等不同标准划分类型。

（1）按应用层次划分。按照应用层次，软件读物可分为系统软件、工具软件和应用软件。

①系统软件主要是指维持计算机正常运行的各种必需软件，这类软件通常仅供机器阅读使用，如操作系统软件等。

②工具软件是指在系统软件之上，用来开发其他软件的软件，通常包括一些程序设计语言，如 JAVA、C++、VB 等，以及一些开发工具软件，如 Photoshop、Dreamwaver、Authorware 等。

③应用软件是针对特定用户或者某一特定用途的软件。这类软件又可分为通用型应用软件（如文字处理软件 WPS、Word，表格处理软件 Excel、Lotus、Notes，统计分析软件 SPSS 等）和特定用途的应用软件（即针对某一公司客户开发的特定软件）。

（2）按应用范围划分。按照软件应用范围，可将软件读物分为学科专业软件、教学应用软件和个人用户专业软件。

①学科专业软件是针对特定学科的软件，比如财务分析、数据库管理、保险事业、采购控制等。

②教学应用软件包括基础学科（如数理化）、专业学科（如农业、经济、生物技术）等各学科教学软件与教学管理软件。

③个人用户软件主要针对个人用户设计，如游戏、个人财政支出计划等。

3. 软件读物特点

与其他电子出版物相比，软件读物具有以下特征。

（1）必须借助于一定的计算机程序才能阅读使用。

（2）专门的软件商和信息公司等是软件读物的出版者。

（3）软件需要通过微机使用，因此软件对应用机型、操作系统、使用语言、内存等情况的硬件要求严格。

3.3.5 农业电子信息资源

目前应用较多的农业电子信息资源为数据库类和电子图书类。

3.3.5.1 农业数据库类

农业科研中，应用最多、发挥作用最大的数据库电子信息资源主要有中国知网、万方数据、重庆维普三大中文数据库和CAB、AGRIS、AGRICOLA国际三大农业综合数据库和全文数据库等英文数据库。其中科技查新检索中应用较多的数据库包括：

1. 中国知网

（1）中国学术期刊网络出版总库。

（2）中国博士学位论文全文数据库。

（3）中国优秀硕士学位论文全文数据库。

（4）中国重要会议论文全文数据库。

（5）国际会议论文全文数据库。

2. 万方数据

（1）中国学术期刊数据库。

（2）中国学位论文全文数据库。

（3）中国学术会议论文全文数据库。

（4）外文学术会议论文全文数据库。

（5）中国国家标准全文数据库。

（6）中外专利数据库。

（7）中国科技成果数据库。

3. 重庆维普

（1）CSTJ中文科技期刊数据库。

（2）CCD中文科技期刊数据库（引文版）。

（3）外文科技期刊数据库。

4. 国际农业生物科学中心数据库（CAB）

5. 国际农业科技信息系统（AGRIS）数据库

6. 美国国家农业图书馆书目数据库（AGRICOLA）

7. 生物学及食品科学数据库（BIOSIS Previews）

8. 施普林格全文数据库

3.3.5.2 农业电子图书类

农业图书类电子信息资源主要包括：

1. 超星电子图书

2. 方正 Apabi 电子图书

3. 书生之家电子图书

3.4 网络信息资源

随着网络的发展和信息技术水平的提高，网络信息资源成为资源最多、门类最全、规模最大的信息资源宝库，涉及自然科学、社会科学等各个领域各个学科，对科技的进步和社会的发展发挥了巨大作用。

3.4.1 网络信息资源概念

网络信息资源是指通过计算机网络发布、传递、存储的各种信息资源的总和。包括因特网、局域网和广域网上的信息资源。

3.4.2 网络信息资源特点

与传统信息资源比较，网络信息资源极其丰富，是传播、交流科技、教育、商业、社会等各种信息的主要渠道。网络信息资源除具有信息资源的知识性、共享性、时效性等基本属性特征外，还具有开放性、交互性等许多突出的特点。

1. 无序

网络信息资源以超文本方式存在，缺乏统一控制，质量参差不齐，呈分散、无序状态。

2. 开放

网络信息资源可通过链接任意检索，多数的资源存储、输出、传递等不受限制，呈开放状态。

3. 动态

网络信息资源具有很强的时效性，传输快，更新快，呈现不稳定性和动态性。

4. 形式多样

网络信息资源图文并茂，集视、听、用于一体，动静融合，具有多样化的表现形式。

5. 容量大

网络信息资源以计算机为载体，存储介质以磁、光、半导体芯片等为主，存储容量巨大，不受版面限制，而且存取方便，记录输出格式易于转换，可最大限度地报道信息内容。

6. 用户群体广泛

从科学家到职员，从企业家到服务人员，从科研人员到学生、农民等各个阶层、各个学历层次的人员都可利用网络信息资源。

7. 交互性强

网络信息资源可以通过论坛、反馈等各种方式实现交流与沟通，互动性极强。

3.4.3 网络信息资源的类型

网络信息资源可按网络信息内容、信息交流类型、信息服务方式、信息资源层次、信息存取方式、网络信息源、涉及领域、文本组织形式等标准划分为不同的类型。

3.4.3.1 按信息发布范围划分

网络信息资源按信息交流范围划分为正式出版类型、非正式出版、半正式出版类型。

正式出版类型是通过万维网发布，具有一定的产权保护且知识性强、利用价值高、信息可靠的网络信息资源类型。如各种数据库、联机杂志、电子版工具书、报纸、专利信息等。

非正式出版类型网络信息资源随意性强，具有流动性，信息量大，质量难以控制。如网络电子公告、电子新闻、电子邮件、电子专题讨论、网上论坛等。

半正式出版类型又称灰色类型，是从各种学术团体、教育机构、企业、商业部门、国际组织、政府机构、行业协会等单位的网站上发布的从正式出版物系统无法得到的灰色信息。

3.4.3.2 按网络信息内容划分

按照信息服务方式，可将网络信息资源分为网上数据库、网上出版物、联机馆藏目录库等几种类型。

1. 网上数据库

它是指数据库利用不再局限于单机或专门的检索终端，而是借助网络提供利用的数据库。网上数据库资源通过网络提供商业和非商业的数据库资源，例如 Dialog 和 STN 等，通过互联网提供数据库查询服务，授权用户可以通过远程登录方式进行检索，也可通过 Web 浏览方式进行查询；O-CLC 在网上提供了书目数据库和文献数据库服务；CompuServe 信息公司则集成了数百个不同类型的专业数据库，提供统一服务。

网上数据库资源极为丰富，有的提供免费数据库资源查询检索服务，如美国、加拿大等国专利数据库及Medline数据库等都可以通过Web方式免费检索。

2. 网上出版物

网上出版物是指在网络环境中编辑、出版、发行的出版物以及印刷型出版物的网络版，包括网上图书、网上期刊、网上报纸等。网上出版物类型的网络信息资源数量急剧增加、内容广泛、发行快、费用低、内容新。

3. 联机馆藏目录库

网络环境下的数字图书馆完全实现了电子化、数字化、网络化，为使更多的读者充分利用图书馆资源并实现资源共享，众多图书馆建立了馆藏机读目录数据库并通过网络提供OPAC服务。无论何时何地，只要通过目标图书馆的URL，就可查询目标图书馆的馆藏，完全不受时间、距离的限制。

4. 软件类型

它是指应用于各种系统平台的工具软件和系统软件等，包括一些公共软件、共享软件和其他相关文件，是非常重要的信息资源。

5. 动态信息

网上动态信息包括政府机构发布的消息、政策法规、通告、会议消息、论文集、研究成果、产品目录、出版目录、广告等，是网络信息资源的重要组成部分，动态性强。

6. 休闲娱乐信息

该类信息包括网上娱乐游戏、教育培训类信息，资源丰富，多为免费提供，满足了不同网络用户的信息需要。

3.4.3.3 按信息存取方式划分

按照信息存取方式，可将网络信息资源分为邮件型、电话型、提示板型、广播型、图书馆型、书目型等。

1. 邮件型

信息存取方式是以电子邮件和电子邮件群体服务为代表。

2. 电话型

指以特定的个人或群体为对象在网络上通过文字交往实现即时信息传播的方式。

3. 广播型

利用网络向特定群体即时提供图像和声音的信息传播方式。

4. 图书馆型

对一次信息进行有系统的组织、收藏、存储等，建立网上个人图书馆。

5. 书目型

用于检索网络信息资源的各种检索工具，是以提供二次信息为主的存取方式。

6. 揭示板型

以不特定型大多数网络利用者为对象的非即时的信息传播方式。比较具有代表性的是网络新闻和匿名 FTP。

3.4.3.4　类型

除以上类型外，网络信息资源还可按照文本组织形式划分为自由文本（未经规范处理的全文、文摘或标题的非结构化组织）和规范文本（按照统一的标准、格式组织）；按网络信息源划分为政府、研究机构、大学、公司企业、社会团体、个人等；按资源形式划分为各类电子出版物、计算机软件、声音、图像文件等；按内容涉及的领域，有政治性文件、学术研究报告、教育信息、经济活动信息（广告、企业情况等）、历史文献资料、文学艺术、娱乐性资料等。

3.4.4　农业网络信息资源

目前，常用的网络信息资源主要有网络数据库和网站。其中农业网络信息资源主要包括农业网络数据库系统、农业常用联机检索系统和农业常用网站。

3.4.4.1　农业网络数据库系统

（1）中国知网。

（2）万方数据。

（3）重庆维普知识资源整合服务平台。

（4）SpringerLink。

（5）生物学文摘数据库（CAB）。

3.4.4.2　农业常用联机检索系统

（1）中国高等教育文献保障系统（CALIS）（http：//www.calis.edu.cn）。

（2）国家科技图书文献中心（NSTL）（http：//www.nstl.gov.cn）。

（3）Dialog 系统。

（4）STN 系统。

3.4.4.3　农业常用网站

在科技查新中应用较多的农业网络信息系统主要如下。

（1）中国经济信息网（http：//www.cei.gov.cn）。

（2）国务院发展研究中心信息网（http：//www.drcnet.com.cn）。

（3）中国宏观经济信息网（http：//www.macrochina.com.cn）。

（4）国家农业科学数据共享中心（http：//www.agridata.cn）。

（5）中国农业科技信息网（http：//www. cast. net. cn）。
（6）中华人民共和国国家知识产权局网站（http：//www. sipo. gov. cn）。
（7）中国专利信息网（http：//www. patent. com. cn）。
（8）中国专利信息中心（http：//www. cnpat. com. cn）。
（9）中国知识产权网（http：//www. cnipr. com）。
（10）中国标准化协会（http：//www. china-cas. org）。
（11）中国标准服务网（http：//www. cssn. net. cn）。
（12）中国标准咨询网（http：//www. chinastandard. com. cn）。
（13）中国标准网（http：//www. zgbzw. com）。
（14）ChinaGB 国家标准频道（http：//www. chinagb. org）。

4 现代信息检索

4.1 全文检索

全文检索是20世纪50年代末产生的信息检索技术。最早的全文检索系统是1959年美国匹斯堡大学卫生法律中心研制的。全文检索系统的出现为人们获取原文而非文献线索提供了一条有效的途径。近年来，全文检索技术的应用范围不断拓展，与出版技术相结合，制作出各种科技书刊、专利文献、新闻报纸等全文数据库。如中国的《人民日报》、美国的《纽约时报》、加拿大的《多伦多环球邮报》等都出版了机读全文数据库，并每天更新。一些年鉴、手册、百科全书、参考书、文学作品等也成为全文检索系统的处理对象，如《中国法律法规大典》《中国大百科全书》等。

全文检索以全文数据库存储为基础。所谓全文数据库即是将一个完整信息源的全部内容转化成为计算机可识别、处理的信息单元而形成的数据集合。全文检索系统必须对全文数据库进行词（字）、句、段等更深层次的编辑、加工。同时，允许用户用自然语言表达检索提问，借助截词、邻词等方法直接查阅文献原文信息。

由于全文检索系统存储的对象是信息源本身，而不是信息的线索，因而占用空间大，系统响应速度慢；同时，由于采用自然语言标引与检索，规范化程度低，误检、漏检在所难免。诸如此类的问题，正是当前全文检索系统研究的热点。

4.1.1 全文检索系统及其功能

4.1.1.1 全文检索系统的概念

全文检索系统发展至今，虽然技术上已趋于成熟，但对这一概念的认识仍是众说纷纭，归纳起来，有以下几种。

（1）能提供全文的检索系统。这种概念的核心实际是全文数据库的存在，它强调的是原文的提供，而不论用户采用何种途径进行文献的获取。

（2）允许用户从任意篇、章、节、句、词组、词、字查找，并允许用户在上述任一级别上进行任何逻辑组合的系统。这种系统强调的是检索范围全而精，要求深入原文进行各类查找。

(3) 允许用户使用自然语言进行检索的系统。这种概念强调的是检索使用的语言不再受到各类词表的限制，用户可以随意用自己所熟悉的自然语言进行文献的查检。

事实上，以上3种说法都不够全面。应该说，全文数据库的存在以及对全文进行字、词、句、段一级的编辑、加工和检索，这两者的结合才是真正意义上的全文检索系统。概括来讲，全文检索系统是指：具有全文数据库，具备全文编辑、加工和检索功能，允许用户以自然语言进行检索并获取原文的系统。

4.1.1.2 全文检索系统的特点

1. 检索结果的直接性和可靠性

书目检索系统提供的是二次文献，是对原始文献所含信息进行高度压缩的产物，它无法代替对原始文献的阅读。要解决用户实质性的情报需求，还需要用户自己根据二次文献再次查找原始文献。而全文检索系统提供的正是这种记载论述的原文，它将二次文献的检索同原始文献的获取与浏览查找融为一体，因而具有直接性和可靠性。而这种直接性与可靠性是治学态度严谨的学者进行科学研究所必需的。

2. 检索的详尽性和彻底性

书目检索系统的书目数据库是结构化的数据库，对文献所有提取的存取点仅限于若干可检字段，特别是对文献内容进行标引产生的标识。这种标识往往受到标引员的学科知识水平、标引技术以及所允许的标引时间等因素的限制，带有一定的主观性。而全文检索系统允许对文献中的任何章节、段落、句子、词或字进行检索，提供的引得深度达到了顶点，避免了标引员个人判断中可能存在的误差，从而使得检索极为详尽和彻底，具有极大的客观性，更好地满足了情报用户的多种需求。

3. 用户使用的便捷性

全文检索系统主要采用原文献中的文字作为检索的依据。与受控语言相比，尽管缺乏规范性，但就其易用性与表达性来说，最受情报最终用户的欢迎。用户不再需要预先学习规范化的检索语言就可以轻松地利用自然语言查找到自己所需的文献信息。

4. 标引方法简单，具有较好的一致性和通用性

全文检索系统采用自然语言标引，摆脱了标引用词表和类表编制、维护的沉重负担，建库速度快、费用省；同时标引专指度高，一致性好，标引成果具有较好的共享性和通用性。

4.1.1.3 全文检索系统的功能

全文数据库大都是采用倒排文档结构，这种结构决定了全文数据库的检索特点。但是，由于全文数据库的倒排文档建立方法各异，因而在不同的全文数据库之间也存在着不同的检索特征和实现的检索功能。除传统的布尔逻辑检索外，全文检索系统的检索功能综合起来主要有如下几种。

1. 位逻辑检索

位逻辑检索是指两个或多个词（或字）之间，是否以一定的先后顺序出现，彼此以相隔多少个词或字的距离联接，它们的出现是否不允许另一个词或字同时出现，以及它们同时出现或不出现于同一句子、同一段落、同一文章的范围之中等的限定。一般认为，位逻辑检索是全文数据库的基本功能。位逻辑检索的实现基础是建立倒排档时记录下的词或字的位置信息，这种位置信息表示出该词（字）所在的字段（或句子）及其在该字段（或句子）中所处的位置。根据它们的位置信息进行彼此位置关系的运算。

2. 截词检索

截词检索是一种很常见的检索功能。对于全文数据库来说，由于自由文本中不同作者有不同的用词习惯和语言风格，而且一般都缺乏词汇控制手段，因而截词检索显得更为重要。截词方式主要有右截词和左截词两种类型，目前右截词使用较广，而左截词实现的还不很多。截词检索的一个发展，是无限位截词之外，产生了有限位截词，这有利于查准率的提高。

3. 字符串检索

字符串检索是对比字的片段，即系统能查找夹在一个长词中的某一串字符。事实证明，在西文文献中它是一种强有力的检索手段。但运算速度慢，一般只用于一个很有限的初步命中集合中作二次检索之用。

4. 限定检索

全文数据库一般将每篇文献划分为若干字段，因而可将检索限定在一个或多个字段中进行。将文献全文作为一个字段，同样也可将检索限定在这个字段中进行。通过布尔逻辑算符，也可以构成多重字段限定，限定检索也可与位逻辑检索等结合使用。

5. 同义词检索

在全文数据库中，由于词和词形都是不加控制的，因而同一个词在不同的文献中可能有不同的形式。为此有的全文数据库提供了同义词表，检索时自动查核该表，以发现这种用词的不一致，比如北平=北京、湘=湖南等。这一检索功能将设想不同用词形式的负担交给了计算机，因而解放了用户。

6. 后控制表辅助检索

后控制表辅助检索是在同义词检索基础上近年来提出的一种新的检索模式。它主要是通过一个被称为后控制表的工具扩充用户的检索用词，重新构造检索式，从而提高系统的查全率。

除此之外，一个完善、实用的全文检索系统还应该为用户提供多个检索入口，而不仅仅是在正文中查找，因此在主文档中还应包含题名、著者等可检项，方便用户进行查检。

4.1.2 全文检索系统的实现技术

全文检索系统的基本问题是怎样处理全文本数据，即如何在计算机中存储表示各个切识项。通常进行的“全文分割处理”或“电子文本格式化”就属于这一范畴，这涉及全文检索系统在概念层次上的构建模型。

4.1.2.1 关系型全文检索系统

关系模型用于处理结构化、线性的数据，表示实体与实体之间的联系。它采用表格表示一维数据，表达模型简单，易于处理，由此构建的数据库即是关系型数据库。书目数据库采用了这种模式，例如可以赋予书的属性有：书名、作者、出版者等，而书的集合构成了一个二维表格，在此基础上可开发出关系型书目数据库。这种关系同样适合于全文数据库，即将全文数据库看做是一类复杂的、具有书目结构的数据库。在书目系统中按记录组织文献，每条记录又分成若干字段，将此种方法，扩充到全文中，再辅以全文检索技术就构成了全文数据库的开发思路。

针对全文文献固有的多样性、结构的不规范性、篇幅的大小不一等特点，目前在构建关系型全文检索系统时有如下几种选择：①从文本内容出发，将文本中相对独立、完整的内容单元作为一个记录单位，如一个标题下的文本作为一条记录，一个小节作为一个记录，一个百科全书条目作为一个记录单元等，除人工加注标识符外，行之有效的途径是由软件自动识别印刷文本中的特殊排版符，抽取所需字段入库；②从文本外部形式划分自然段，一个自然段作为一个记录，此方法简单，由计算机自动完成，但缺点是不能将一个前后彼此相关联的有始而终的事件有机地结合在一起，容易造成分割现象，甚至断章取义。因此，关系型数据格式化的优化方案是上述两种选择的结合。

关系型全文检索软件费用比较低廉。但它无法处理表格、图形数据，其应用范围受到一定的限制。

4.1.2.2 层次型全文检索系统

全文本文献有着复杂的层次结构体系。加在一篇文章中的每个标题之下可以派生出若干子标题，每个标题又有多个观点等，常见的自然段划分就是层次结构最明显的反映。全文数据适合于用层次模型描述，可以将层次模型组织的全文系统的数据结构分为三种类型：逻辑文档、文本文档、倒排文档。

逻辑文档用于提取整个文本的框架，便于向上、下、平行移动，以确保文本在显示过程中的连续性．即实际上的浏览性文本。文本文档存储文献的内容，如以 ASCⅡ码源文本的形式存在，根据逻辑文档中的位置指针建立起逻辑文档与文本文档之间的联系。倒排文档决定层次模型的检索机制。

层次模型全文系统抛开了记录的概念，以较低层次的文本单元，如节、段等作为处理的基本单元，具有加工简单，能够提供不同层次间的链路关系的功能。并且，由于它根据文本内容的有机联系来存储、处理数据，反映保留文献数据全貌，因而优于关系模型。

4.1.2.3 面向对象的全文检索系统

关系模型只适合处理线性数据，不易直接表现层次结构数据。层次模型虽然可以按树形结构处理数据，但只能描述二元一对多的关系，不能确切表现二元多对多关系，因而无法满足联想式、启发式信息检索要求。而面向对象模型的超文本全文系统相对上述两种模型来说，显示出诸多的优越性：①支持不同层次的数据抽象概念化，可将特定数据模型或类型的所有操作集中起来，增加数据库的模块化程度，易于理解一类对象的共同性质；②支持继承性，即一个类可以成为另一个类的子类，因而不仅继承了超类的所有特性，同时可以定义自己的特性，由此，方便地形成树型结构的层次体系；③支持多继承性，即允许对象属于不同的类，即任意类的交叉，这一特点在结构中表现为每个节点允许多个交节点的存在；④允许对象间通过定义适当的过程和消息来表达相互间的复杂关系。

可见，对象模型是一种以自然的方式再现客观世界中事物的逻辑关系，直观显示文献数据库极为复杂的层次结构体系，目前面向对象的方法正被用于超文本系统的研制中。只有借助超文本技术，才能研制出集关系模型、层次模型、对象模型的一体化的全文检索系统。

4.1.2.4 自动标引技术

标引实质上是对文献进行分析操作的过程，标引的质量直接影响检索效果。但传统标引中使用的规范化文本（主题词表、分类表）的模式并不适合文本检索系统。因为全文篇幅巨大，工作量无法估计，词表维护代价大；词表无法及时反映学科体系中词与词间关系的变化；词表不具备系统所要求的专指性等。

目前，全文检索系统采用自动标引的方法主要有：①计算机辅助标引，即首先由人工标出关键词，然后由计算机提取这些知识项，形成关键词表，再对全文进行扫描；②词典标引，包括关键词词表法、停用词表法、部件词典法等多种方法，部件词典标引在全文检索系统中运用较多，该法将词的语法属性引入到自动分词中比形成分词技术有明显的优势；③单汉字标引，中文文本中单个汉字是构成词、句、段、节、章的基本单元，具有无穷的组配能力，能构成二字词、三字词或包括更多字的词汇。但中文语法复杂，增加了对中文词处理的难度。国内学者以汉字作计算机处理的天然单元，在标引与检索中使词一级降到字一级，利用相邻度、通配符检索的功能、将汉字组合成词，从而绕过词的切分问题。

由于单汉字标引与计算机辅助标引、词典标引一样，采用的都是自然语言，难以保证查全率，因而在技术上适当增加了词汇控制和后控制措施，以满足等级、同义词、族性检索的需要。

4.2　多媒体检索

多媒体检索是把文字、声音、图像等多种信息进行数字化加工处理后供检索的一种综合技术。一般分为视频检索、声音检索及图像检索 3 类。

4.2.1　视频检索

视频检索是在大量的视频数据中查找所需要的视频片段的过程。其用途广泛，如人体心脏的跳动、卫星云图的变化等；往往具有层次化特征，比如，要检索关于某一个镜头中的某一主题的视频段，或某些图像帧等。因此，视频系统的层次化结构处理是视频检索的关键，主要采用 3 种技术。

4.2.1.1　框架检索

框架的组织是对一个数据对象或类似于传统数据库中的一个记录进行结构层次处理，可按视频主题或按内容特点安排。主题框架的最高层次是主题目录，其下可定义超类、类以及子类等。内容框架的最高层次是视频镜头源，如名称、地点以及拍摄时间等，其下分别为背景、对象的运动情况等。框架检索是基于对框架的填充技术，每个检索首选最高层，一旦命中，则按内容的填充框架提供给用户。其检索接口是一个基于框架层次结构的表格。

4.2.1.2　特征描述检索

特征描述检索是针对视频的局部特征（事物的颜色、形状、纹理等）及视频中目标的运动情况的检索。其中，基于主色调的检索在视频检索中效率较高。用户可以选用系统提供的调色板，指出所需检索的镜头或代表帧的主色调，也可以通过调色板调整其所需颜色。对于目标运动情况的检索有两种方式：一是通过 SQL 语言方法查询；二是采用手绘的方法描述、检索。

4.2.1.3 浏览检索

层次化浏览是视频检索常用的方法，如利用分层场景转移图进行浏览，获取整段视频的场景图之后，再用分层方法对代表帧聚类，并将每类选取的代表帧作为浏览节点再依次向下一层浏览。

4.2.2 声音检索

声音检索包括：用序号查找一段声音，以匹配方式检索给定样值的声音，对声音文本的检索等。常用的技术如下。

4.2.2.1 特征描述法包括自然语言描述法和声音解释法

（1）自然语言描述法是将原始的声音录制成文件形式保存，通过对文本的自然语言描述（如题目、内容特征介绍等），提供声音检索。

（2）声音解释法是把对声音特征所作的适当索引与声音数据一起存入多媒体数据库中，根据对每个声音解释中的结果来建立声音索引的方法。

4.2.2.2 内容检索法包括以下几种形式

（1）赋值检索。即按用户指定某些声学特征的值或范围的说明进行检索。

（2）示例匹配检索。即由用户根据选择示例的声音或建立在对声音的某些特征进行描述基础上的检索。

（3）浏览检索。即将某种或某些声音的内容分割为若干节点，用链路连接，用户可按任意顺序通过链路进行检索。

（4）语言识别与合成方式的检索。该方法是由语言识别装置将原始语言转化为计算机可以理解的数据，存入语言数据库，将语言与文本信息统一起来，用数据库管理系统统一描述、编辑、存储与检索。

4.2.3 图像检索

基于内容的图像检索（Content Based lmage Retrieval，CBIR）是指在数据库中找出满足某一特定的视觉特征描述的图像的过程。CBIR 系统的基本思想是通过分析图像的视觉特征和上下文联系来进行检索的过程。在用户查询端，用户通过查询接口（采用图像的用户查询技术）表达其查询后，系统将该查询要求用系统所支持的视觉特征中的一种或几种的组合来表示，这种表示称为查特征。图像匹配模块根据系统相似性度量的算法计算查询特征与特征库中对应的每组特征的相似程度，把所得结果由大到小排序后得到一个匹配图像序列返回给用户。在检索的过程，可以通过人机交互，对检索的结果逐步求精，不断缩小匹配的范围，从而定位到目标。举例来说明检索过程。假定一个用户要查找某段图像，其过程大致有 3 个阶段。

第一阶段是查找符合所需标准的数字图像。这时，服务器给用户提供带有检索表格的浏览器，用户按检索询问填表，以查找该图像，把该表送入服务器上，服务器把询问交换成检索系统所要求的格式和协议（Z39.50 协议）完成了第一询问，得到了一组满足条件的图片目录，在这其中，每幅图像都由它的调度码来识别。

第二阶段是为用户挑选图像进行显示和查看。服务器给用户提供图像目录清单的浏览器，或者在 html 网页上，用户挑选所需的图像。

第三阶段是检索数字图像。服务器向调度系统发送所选图片的调度指令，并送回图像对象库的地址，然后，服务器执行 RAP 协议把调度指令送到对象库，并为调度指令所识别，这样就完成了一幅图像的检索。最后，被选中的图像由对象库提供，经服务器送到用户浏览器或 html 网页上，并在屏幕上显示出来。由 CBIR 系统的结构，包含图像的描述、特征的索引、图像的相似性度量、图像的用户查询技术和支持多媒体查询的数据库技术等几种关键技术。目前在多数 CBIR 系统中，图像查询是通过一次检索过程将系统匹配结果作为检索结果返回给用户。然而由于以下几方面原因，在很多情况下，用户的查询目标很难通过一幅或几幅查询图像来精确表达。首先，用户在开始查询时，通常也无法精确知道自己所要的图像；其次，不存在通用的数据模型来描述所有类型的图像；再次，由于系统不能直接进行语义上的查询，因此即使在图像特征上相似的图像也有可能完全不是用户所要的结果。鉴于以上原因，一个好的图像查询应具有以下性质：一是相关性反馈（relevance feetback），相关性反馈指在查询过程中，用户根据本次查询结果与自己所期望的结果之间的相关性，向系统提供信息反馈，系统则根据用户的反馈来自动调整查询内容，然后继续检索，使查询结果向用户的期望逼近。二是多种特征的组合查询，大量的实验结果和经验表明没有一种通用的数据模型可以有效地表示现实世界中所有类型的图像。因此，针对不同的实际应用，选择多个图像特征的多种模型的组合比采用单一的模型来描述整个图像数据库要更加可行和富有成效。三是在以上两种特性的基础上与全文文本查询相结合，进行趋语义的图像查询，图像的语义与人的认识相关，很难完全用图像的特征表示，文字描述可能会更加清楚。众所周知，文字不能完全准确地描述所有图像的意思。并且加注文字是一项费时费力的工作。因此，进行趋向语义的图像查询应建立在相关性反馈、多种特征组合查询和对图像内容加注的文字进行全文本查询结合的基础上。这样做可以充分利用用户对图像内容的理解，由系统用多种特征的最佳组合来描述。

4.3 超媒体及超文本检索

传统文本都是线性的，用户必须顺序阅读。超媒体与此不同，它是一个非线性的网状结构。用户要沿着交叉链选择阅读自己感兴趣的部分。早期的超文本以文字为主，随着多媒体技术的发展，开始容纳包括图像（形）、视频、声频等各种动、静态信息，统称为超媒体系统或超文本系统。它可以提供用户自由浏览信息。

从信息组织角度看，超媒体系统是一个由节点和表达节点之间关系的链构成的网状数据库，采用“控制按钮”的方式组织接口，“按钮”即为连接节点之间的链。节点是存储信息的基本单位，可以存储各种形式的数据内容，甚至一段程序。对节点的显示一般采用多窗口浏览方法，每个窗口分别显示一个节点。节点间的链接有两种方法：索引链和结构链、索引链实现节点中“点”“域”之间的链接，链的起始端为链源，往往以斜体、粗体、彩体，或加下划线、边框等形式表示，也可以是一个图符或按钮。结构链是对层次信息进行操作的，即它连接的是父子节点。超媒体系统是一个由节点和链构成的有向网络。

超媒体系统主要提供基于浏览的检索方式和基于提问的检索方式。

4.3.1 基于浏览的检索方式

超媒体系统的数据库是一个多维空间结构的文献链路网。链路网将同一篇文献或不同文献（或文献代表）的相关部分结构化地连接起来，这是传统的检索系统所无法实现的。这种组织结构决定了它主要通过非线性浏览获取信息，即通过跟踪信息节点间的链路在网络中移动的过程，并非直接检索。通过浏览不但可以了解数据库的组织，从中查寻与课题相关的信息，而且可以不断得到新节点的启发，重新调整检索的目标，使获取的信息更切题，或者通过浏览信息片段，动态地建立新的查寻路径。

为了减少浏览过程中经常出现的“迷路”现象，使用全局浏览器（global browser）是目前常用的措施之一。所谓全局浏览器是以图形方式帮助用户定位，通过它可以在网络中四处移动，看到所有的节点。但全局浏览器也存在一些问题，如受屏幕面积限制，用户一次只能看到网络的一小部分，其余的部分必须通过滚屏或改变浏览窗口才能显示。由于缺少语义信息，只显示节点名称和节点之间的链路会使用户对其中的实际内容和范围产生误解。计算、滚屏时间长，节点和链路的不断增加造成全局浏览费时费力。目前解决这些问题的办法主要包括：①利用概况窗口展示一个网络结构的简况，使用户透过该窗口了解当前显示部分在网络中所处的位置；②利用过滤器限制链路类型、节点类型或节点的扩展范围；③编制路径目录（树形或图表形），以记录和显示用户在一次浏览过程中访问过的节点，帮助用户判明所查信息的方向和位置，以便及时调整浏览路线，避免过多重复。

4.3.2 基于提问的检索方式

基于浏览的查寻是从“哪里”到“什么”（where→what），而采用提问的方式则是从“什么”到“哪里”（what→where）。与浏览方式相比，提问方式查找目标明确，准确度高，较适于大型系统。但该方式对用户要求高，用户必须熟悉专门化检索语言和检索策略。

从上述两种基本检索方式中可以看出，超媒体系统相对于传统检索有着许多优越之处。但它同样存在不足，一方面，浏览的检索方式并不适于大型的超媒体检索系统，因为大型系统中存储文献（或文献代表）量大，随着节点和链路的不断增加，用户“迷路”现象在所难免；另一方面，超媒体系统不提供直接检索，仅靠用户自行浏览发现相关的主题内容，面对复杂多变的联想、选择链路、查看节点内容和判断取舍，需要花费大量时间和脑力，影响检索速度。此外，超媒体系统节点间的链路是由系统设计者根据关键词之间的关系预先设计好的，即链接是静态的，无法满足用户按自己的思路去创造，删除或修改的要求，不能真正使用户自由联想。解决这些问题的办法在于用基于提问的检索方式来扩充浏览检索的功能。目前，基于提问的超媒体检索系统均在试验过程之中，已提出的基于提问检索的模型主要有双层结构模型、分类提问模型、自然推理模型等。

4.4 联机检索

联机系统的诞生，使许多相互独立的终端实现了“对话”方式的信息检索。其主要特点是：①实时性，用户能将个人的提问与系统所储存的信息进行实时的检索，并能立刻看到检索结果，随时修改提问，直到满意为止；②完整性，用户不仅能检索到文献的摘要，还可以检索到文献的全文；③共享性，不仅可以检索到本地的数据库，而且可以与外地，乃至国际联机网络互通有无，实现信息资源共享；④广泛性，由于现代通信网络的发展，用户不再限于系统操作人员，每一个社会成员都可以根据个人的需要直接进行联机操作。

4.4.1 联机检索的实现

4.4.1.1 联机检索系统的组成

联机检索系统主要由3个部分组成：主机系统、通信系统和终端设备。

(1) 主机系统是联机检索系统的核心，它具备处理速度快、多道程序和分时功能，内存容量大，多样化的输入输出设备。

(2) 通信系统是指终端设备与主机系统进行通信的设备。通信线路分为两种：专用的直达线路；通过拨号选择对方的交换线路。前者是特定通信线路，后者使用电话网和用户电报网，联机系统使用的通信线路就属于后一种。

(3) 终端设备是一种人与系统的接口设备。它能将字符、声音及人类的信息表现形式转换成系统的机器代码。反之，将系统的结果还原成字符、声音等形式，传送给终端用户。

4.4.1.2 联机系统的检索过程与策略

(1) 分析课题实质，包括了解所需文献信息的类型，及其内、外部特征，确定关键词、主题词等。

(2) 进入检索过程，其步骤大体如下：①利用主题法或联机选择法选择合适的数据库；②将课题分析结果分解成系统能识别的检索词；③确定查找途径；④用逻辑运算符联结检索词；⑤在数据库中查找；⑥分析检索结果；⑦根据需要，检验全过程或中间过程，查到满意为止。

在进行联机检索时，构造检索策略的方法主要有：①提高查全率采取的策略，a. 去掉AND连接的非主题词；b. 增加用OR连接的相关词；c. 利用上位类或上位词检索；d. 聚类方法；e. 截词方法；f. 同义词控制等。②提高查准率采取的策略，a. 利用下位类或下位词检索；b. 利用外部特征进行限制检索；c. 增加用AND连接的相关词等。

4.4.2 联机检索存在的主要问题

传统联机检索系统的设计思想是以系统自身为出发点，而不是以用户为核心的，主要表现在：①注重系统自身工作效率的提高，如改进算法、改进存储结构与存取技术等；让用户去适应、配合系统，很少分析、考虑用户对使用系统的要求。②面向检索专家或中介机构，系统要求用户的提问必须采用规范化的检索语言来表达检索需求，用预定的策略构造提问式，按系统指令进行检索，这样，会使许多用户依赖于检索专家或专门的中介机构（文献信息服务部门)，用户自己直接完成检索必须经过严格的培训。③目前联机系统采用的布尔逻辑策略不能全面反映对检索课题涉及到的语义和句法关系，很难避免输出结果出现零或过量的现象。④人—机交互界面不友好，且费用较高。

4.4.3 联机检索的发展

为了顺应互联网的强劲发展，克服联机检索自身的弊端，世界上许多著名的联机系统都加盟了互联网，如 Dialog、STN、OCLC 等。甚至每一个拥有电脑的单位或个人，只要开通了互联网，就能通过下列方式进入国际联机系统：

（1）Telnet 联机方式。Telnet（远程登录）是互联网 3 个基本功能中（另两个分别为 E-mail 和 FTP）最强的一个，远程登录有两种方式：直接拨号和 TCP/IP 方式。使用直接拨号方式连接远程系统的客户需要知道在通过本地的 modem 直接和远程系统的 modem 建立连接时是不需要 IP 地址和主机名的。使用 TCP/IP 方式联网的用户如果安装了网卡，他们的通信线路要比用 modem 和电话线路传输速度高几倍到几十倍甚至几百倍。

通过 Telnet 可远程登录到世界各大联机系统，如 Dialog、STN、OCLC 等，可以访问名录数据库、电子公告板（BBS），可以查询图书馆馆藏目录及原始文献。

远程登录虽然为信息资源共享而设置，但并不意味着任何一台主机都可以随便登录，更不意味着可以完全免费地使用他人系统中的全部资源。在使用 Telnet 登录联机服务时，应申请一个账号，进入主机登录时必须输入用户名和口令（密码），而且对不同账户可以给予不同的权限。如有的只许浏览部分文件，有的可以运行某些程序，或使用全部资源等。

（2）WWW 联机方式。WWW（World Wide Web）是一个可以检索互联网上几乎所有信息资源的查寻系统。WWW 网中的所有主机都安装 TCP/IP（Transter Control Protocol/Internet Protocol），WWW 客户或服务程序及 HTTP（Hyper Text Transfer Protocol）。前者用于浏览或管理超文本文件 HTML（Hyper Text Markup Language），后者则用来传输超文本。这些协议和程序使得世界上 WWW 网中所有不同类型的计算机之间都可以用同一种语言互相访问和显示文档。WWW 的超文本文档不仅限于文本，而且还是一个图文声并茂的超媒体巨型信息库。目前，通过 WWW 访问的 Dialog 网址有：http：//www. dialog. com/dialog；通过 WWW 检索 STN 系统的网址如美国化学学会的化学文摘 CAS：http：//www. Info. cas. org/online. html；OCLC 的网址是：http：//www. ref. oclc. 2000。

这两种联机方式界面友好，操作简便，无须专业培训，只要选库得当，即可获得令人满意的效果。Telnet 联机方式速度快，稳定性差。WWW 联机方式功能多，速度慢。总的来说，联机检索服务还要在提高检索速度，降低费用方面继续改进。

4.5 光盘检索

光盘（Optical Disk）即高密度光盘，是20世纪80年代出现的一种利用光学方式进行读写信息的外存储器。它是近代发展起来不同于磁性载体的光学存储介质，用聚焦的氢离子激光束处理记录介质的方法存储和再生信息，又称激光光盘。光盘具有简单易用、存储容量大且存取速度快等独特的特点并很快发展成为一种新的检索系统——光盘检索系统，光盘检索系统即利用光盘驱动器和光盘数据库及其检索软件，结合计算机建立起来的信息检索系统。它是光盘数据库检索的载体，光盘数据库是重要的电子资源检索系统之一。

4.5.1 光盘检索的应用

20世纪80年代初，逐渐形成了CD-ROM的概念。当时，许多人已意识到可用某种小型声盘来发行大量的数字数据。1983年，美国国会图书馆的编目发行服务处（CDS）开始数字光盘技术的试验，将内含26 000条书目记录的MARC数据库“压制”入12英寸光盘的母盘，于1984年4月交付使用。半年后开始出现了适应图书馆和信息部门的CD-ROM，CDS将其工作中心由视盘转向CD-ROM，并继续执行为期3年的“光盘发行试验研究计划”。1985年12月，CDS选择了“Name Authorities”“Subject Authorities”“Music”和“Americana”等4类MARC记录作为CD-ROM数据库来发行. 美国国会图书馆的这一大胆尝试，成功地把CD-ROM作为新型电子发行介质推到了数据库发行的前沿，开辟了光盘技术新的应用领域。

现在美国的CD-ROM内容主要是数据库。国外销售的CD-ROM按专业的比例是：图书馆方面占29%，医学方面占11%，财经方面占9%，百科辞典及其他参考书占4%，其他（饮食、宇宙、法律、工程、能源、软件、社会科学、游艺、手册、税务等）各占1%~2%。

目前，一片光盘可存储500~600MB的数据，相当于1 600多张360kB的5英寸软盘的存储容量。最新资料显示，更大容量的光盘在国外已经问世，可存储12.8万MB的信息。由于CD-ROM光盘系统是面向电脑的，这对信息资料的处理、传播和利用将带来极大的方便。它也是一种新的电子出版物，其覆盖领域越来越广。目前市售光盘资料的种类已超过1 300种，光盘技术将使图书信息业的服务日趋多样化、分散化和社会化。由于光盘技术的广泛应用，使得光盘驱动器及其支持设备有了大幅度的发展，无论在品种、性能及功能集成方面都得到很大改善。光盘业的迅猛发展，特别是光盘数据库在图书馆业中的应用，给西方发达的信息业注入了新的活力，信息资料的利用率也大大提高。

目前，我国已有上百家图书信息部门和高校图书馆订购和使用了国外的 CD-ROM 数据库系统，尤其最近几年，由于信息意识的普遍提高，各高校图书馆充分认识到光盘检索这一有力的信息服务形式，投资购买了大量的光盘数据库，仅以北京大学图书馆为例，1992 年年底还没有 1 张自己的光盘，到 1995 年，图书馆的信息咨询部光盘检索室已具有中外各种光盘 20 余种，其中还包括 1 套 SSI（社会科学索引）全文光盘，除 1 张索引盘，全文数据光盘已达 160 多块，并且以每月两张的速度增加其光盘数量。

随着光盘购置数量的增加，有越来越多的人开始喜欢上这一快捷的检索工具，对光盘的依赖也越来越大。CD-ROM 光盘数据库和联机数据库的一个重大区别在于 CD-ROM 是一种真正的最终用户数据库，它是一种独立的计算机系统，在检索过程中不涉及远程通信网络问题，因而其操作相对简单；再加上 CD-ROM 是一种非限制性检索工具，给人们的心理压力小，所以 CD-ROM 可以让用户自己进行检索，而不用像联机检索那样需委托中介人进行检索。

4.5.2 光盘的种类

光盘是一个大家族，由许多不同的成员构成。按其功能可分为 3 个大类。

4.5.2.1 只读光盘（Read-Only Memory，简称 ROM）

光盘中的信息是制造厂家事先写入和复制好的，用户只能读取其中的信息，不能往上写信息或修改原有的信息。它的主要特点是：数据先写到母盘上，然后利用母盘大量复制盘片供发行；可采用工业化生成方式生产，价格低廉；用户需使用标准的光盘驱动器或播放机读取盘上信息。主要用途：存储声音、图像或文字信息，作为出版工具、情报存储检索设备和信息传递工具。只读光盘有数字式和模拟式两类。前者存储数字化信息，后者存储模拟信号。

4.5.2.2 写一次光盘（Write-Once Optical Media）

这是可代用户自己写入数据的一种光盘，但只能写一次，一旦写入数据，便不能擦去或原地修改，故得此名。其主要特点是：存储密度小于 CD-ROM，适用于现场记录数据，不能大量复制，盘片和驱动器价格较高，且尚未标准化。它具有 CD-ROM 的许多特性，可存储文字信息和高质量的图像，盘片坚固耐用，具有很好的抗磁场和抗污染能力。用户可用它来自建数据库和检索系统，也可作为计算机的外存储器。目前市面上能见到的 WORM（Write-Once-Read-Many）、DRAW（Direct Read After Write）、ODS（Optical Digital Data Disc）等产品均属此类。写一次光盘也有数字式和模拟式之分。

4.5.2.3 可擦光盘

当出版商和信息提供商热衷于生产只读光盘，记录管理者关心写一次光盘时，计算机学家、电子数据处理相关管理信息系统专家则在关注可擦光盘的研制和发展。可擦光盘具有磁盘的特性，信息写入后可抹去重写，是一种可再生的记录介质。可擦光盘的容量为10MB~1GB不等，重复使用次数达106次以上。它已进入实用化阶段，可代替磁带、磁盘。因缺乏标准，其性能/价格比目前尚不优于磁盘，故应用缓慢，但这是一种最具发展前景的光盘类型。

4.5.3 光盘检索的优点

4.5.3.1 运行速度快，对运行环境要求简单

光盘检索系统是一个独立的计算机检索系统，不像联机检索需要通信线路和网络，它不受通信线路不畅、网络拥塞等因素的影响和限制。即使连接在校园网上，由于传输距离较近，其运行速度也比较快。

4.5.3.2 成本低，检索效果好

一般而言，光盘数据库的检索费用比联机检索费用低得多，并具有很好的检索效果。光盘检索系统的费用是一次性投入的，其使用时间一般不受限制。利用率越高，分摊的成本越低，且在整个检索过程中不涉及远程通信网络问题，也不需要使用专线电话之类的通信线路，并考虑机时费与流通量的问题，没有联机检索按时间收费的紧张感，可为用户提供良好的检索条件和环境气氛。可将文本、声音、图形和影像结合在一起，实现多媒体检索。

4.5.3.3 下载方便，操作灵活

检索结果输出方式灵活，可在检索的同时直接获取全文。用户在光盘数据库中检索到的数据可以根据自己的需要选择多种方式输出，如拷盘、打印、套录建库或者网上传输等，以便随时查询。

4.5.3.4 安全性能高

对于光盘数据库而言，一般是只读光盘（可擦写除外），不会因病毒或其他情况而造成文献丢失。光盘检索系统软件功能齐全、检索界面友好，操作简单，且不受检索时间限制。系统所提供的帮助信息可以使用户很方便地学会检索。

4.5.3.5 存储容量大，稳定性好

结构小巧，性能价格比高，一张普通的DVD光盘至少可存储4G字节的信息，其容量之大并且读取速度快。稳定性与数据保存性好，光盘信息的读取采用非接触式激光扫描，多次读取不会磨损盘面；且数据信息为物理性存储，不受电磁场、光照、温度、湿度等的影响。此外，由于盘面上有保护层，密封性好，不受尘土、手印等的损害。因此，坚固耐用，保存时间长。

4.5.4 光盘检索的缺点

4.5.4.1 使用范围有限

光盘数据库的规模和容量有限，虽然相对于传统印刷品相比，光盘具有更大的信息量，但与联机检索系统庞大的数据库相比，其收录范围不够广泛，一般是按专业和领域建库，不可能囊括所有学科，而且受到所购置光盘专业种类的限制，因此，适用的对象有一定的局限性并且会影响查全率和查准率。一次性购买费用高，对于使用频率不高的单位或个人来说成本较高。

4.5.4.2 更新周期长

一般的光盘数据库更新需要 3 个月，最快也需要 1 个月。不能满足时效性要求较高的检索的需求。远远比不上联机检索。

4.5.4.3 检索系统不兼容

各种光盘数据库检索系统目前还难以实现标准化和统一化。不同出版商制作的光盘数据库不能在一个系统中兼容，使用上有很多不便。

4.5.4.4 需要不断换盘

一个大型数据库，一般都是几千张甚至更多的光盘，特别是全文数据库，例如中国学术期刊全文光盘数据库，每年都有一百多张光盘，检索时需要不断更换光盘。

4.5.5 光盘检索的基本流程

光盘检索的基本流程为根据检索的课题选择合适的数据库，并确定检索词，根据检索要求编写检索式，开始检索，检索完毕后，分析判断检索结果，如不合适需修改检索词和检索式进行二次检索，最终得到满意的检索结果。

1. 分析研究课题，明确查找要求

明确所需信息及文献内容、性质、水平等情况；在分析课题的基础上形成主题概念；根据检索主题概念的学科性质，确定检索的学科范围。

2. 选择检索数据库

由于当前数据库的种类繁多，各数据库的内容相差很大，从国内外出版的数据库来看，一般从数据库的学科范围、数据库的文献范围、数据库的国别或语种范围 3 个方面来选择数据库。

3. 确定检索词

所谓检索词，就是将检索要求概括成的简洁词语。检索词的选择必须符合两个要求，一是能准确反映课题的检索要求，二是必须符合数据库对输入词的要求。

4. 编写检索式

一个课题往往需要用多个检索词来描述其含义，这些检索词又往往需要用一定的语法规则来规定，才能完整描述检索要求，这就要编写检索式。检索式是将检索词之间的关系用布尔逻辑算符和位置算符来描述的式子。

5. 检索结果显示及判断

按系统提示进行检索，根据显示文献信息的内容和篇数，可以判断检索结果是否符合要求，如果不符合要求，则调整检索词和检索式再次进行检索。

4.5.6 光盘检索的未来发展

光盘网络化是发展的必然趋势。实现光盘网络化不仅可以提高光盘的利用率，如可以实现多对一的检索效果，而且还可以使光盘数据库中的多张光盘同时被一个检索词扫描检索。光盘数据库在网上可以通过光盘塔组、光盘陈列或把光盘数据库的内容先复制在硬盘上，供网上用户共享。目前、北京大学、清华大学、上海交通大学、同济大学、北京图书馆等单位陆续建成单位的光盘局域网，取得了良好的利用效果。国内许多单位都是在 Nove Ⅱ 网络环境下，利用文件服务器和光盘服务器或专用网络文件服务器来实现光盘的网络检索功能的。

点对点光盘检索是光盘检索服务的又—发展趋势，它是通过电话拨号来实现对远程光盘数据库进行检索的。对于远距离的个人或单位，主要借助调制解调器和电话线，通过异步通信方式实现。点对点光盘远程检索的最大优点是，对设备要求不高，费用少，实用性强。

多媒体光盘代表着多媒体技术的发展方向。多媒体系统通常由个人主机、工作站、超级微机及声像输入输出设备、功能卡、控制设备、视频信息实时多任务支撑软件创作语言等构成。它要把文字、图像、声音信息放在一起处理，需要很大的存储空间，较高的实时要求，较复杂的数据压缩和复原技术及宽带传输设备。恰好 CD-ROM 容量大、费用低，是一种理想的存储多媒体信息的介质，这预示着多媒体光盘将伴随着多媒体系统功能的增强应用于更多的领域。

4.6 网络信息检索

互联网的迅猛发展和迅速普及给我们带来了丰富的信息，其中既有宝贵的信息，也有垃圾信息、不健康的信息：面对浩如烟海的良莠不齐的网络信息，网络信息检索工具是我们迅速而准确地获取自己所需的信息的保证。

4.6.1 网络信息检索工具的类型

20世纪80年代，网络信息工作者已经开发出了Archive，WAIS，Veronica等检索工具。到90年代中期，网络信息工作者又研制出了检索万维信息资源的搜索引擎。1999年对网上资源检索工具的调查表明，当时总网页数为8亿，但世界上11个大型搜索引擎的全部搜索量仅为3.35亿。因此，不仅对引擎搜索技术的研究还在继续，对其他工具、软件和检索系统的研究也在加紧进行，由此产生从不同要求，不同角度研究搜寻网上信息的工具：据统计，网络信息检索工具已达数千个，下面从检索机制，检索内容、信息加工层次、信息资源类型等角度对网络信息检索工具进行介绍。

4.6.1.1 按检索机制划分的检索工具

网络信息检索工具按数据检索机制划分，可分为搜索型检索工具，目录型检索工具和混合型检索工具。

1. 搜索型检索工具

这类检索工具包括搜索引擎，搜索代理、搜索软件：利用搜索型检索工具，用户只需在检索框中输入检索式，搜索工具就能代用户查找符合检索式要求的网络信息资源。这种工具方便直接，而且可以使用布尔逻辑、词组或短语等基本检索功能，以及自然语言、概念、多语种等高级检索功能，可以限制检索对象的地区、网络范围、数据类型、时间等。

在搜索型检索工具中，搜索引擎是最主要的工具。Excite，HotBot，Infoseek. Lycos，Opentext，Webcrawler等都是著名的搜索引擎。搜索引擎可以分为单一搜索引擎（Single Search Engine）和元搜索引擎（Meta Search Engine）。

单一搜索引擎一般在自己搜集的信息或者数据库中查找用户所需的资料和信息，可以按对网站、网页的处理重点不同分成目录型搜索引擎和全文型搜索引擎。前者以网站检索为主，网页全文检索为辅，即，将网上纷繁复杂的网站序化后编成国际互联网分类目录，在各类下排列有关网站的站名、网址链接和内容提要，就像一本电子网址簿。后者以网页全文检索为主，网站检索为辅，在这种引擎的资源库中所保存的信息是各网站的每一个网页的全部内容，全文检索的结果，不是站名、网址和内容提要，而是与用户输入的关键词相关的一个个分类的网页地址和一小段文字。

元搜索引擎是将用户发出的检索请求通过转义在多个单一搜索引擎中查询，对查询结果进行归并、去重、校验等处理，并按相关度排列，然后返还给用户。换言之，这是一种“引擎的引擎”，由于将多个搜索引擎集成在一起，并提供一个统一的检索界面，使用户能在更广的范围内，更方便快捷地进行检索。元搜索引擎可进一步分为搜索引擎目录、多元搜索引擎和多元搜索引擎的其他形式。

2. 目录型检索工具

这是一种独立型检索工具，往往自身包含可检索的数据库。目录型检索工具按层次细分原理，将网络信息按一定的主题分类体系组织，并辅之以年代、地区等分类，把全部文献归入主题词典的层次结构或树形结构，上位词包含下位词，下位词再包含下位词，依次类推。用户采用逐层浏览目录、逐步细化的方法就能检索到合适的类别，直至具体资源：这种方式简单，不需要学习构造检索式，对查找某一类信息或还不知道的新信息很有用：目录型检索工具虽然有搜索功能，但在严格意义上不是真正的搜索引擎，用户完全可以不用进行关键词查询，仅靠分类索引也可找到需要的信息，目录型检索工具中最具代表性的莫过于 Yahoo (雅虎)，其他著名的还有 Open Directory Project（DMOZ），LookSmart，About 等，国内的搜狐、新浪、网易搜索也都属于这一类。大型数据库群的导航库，图书馆的检索系统、部分学科信息门户也属于这种工具。

3. 混合型检索工具

这类检索工具兼有搜索型工具和目录型工具的优点，既可直接输入检索式查找特定资源，又可通过浏览目录了解某个领域或范围的资源。实际上，现在大多数搜索引擎都同时提供输入检索式检索和目录浏览检索两种功能，以增强自己的检索能力和市场竞争力。

4.6.1.2 按采集内容划分的检索工具

网络信息检索工具按采集的内容划分，可分为综合型检索工具、专科型检索工具和专题型检索工具。

1. 综合型检索工具

它又称通用型检索工具，采集标引信息资源时不限制资源的主题范围和数据类型，努力满足用户学习、工作、生活和娱乐多方面的要求。人们可利用这类检索工具检索各种各样的信息，AltaVista，Excite，Yahoo 等属于这一类工具。

2. 专科型检索工具

它又称专业检索工具，专门采集某一学科范围、某一主题或某一类型的信息资源，并用更为详细和专业的方法对信息资源进行标引描述，在检索机制中设计利用与该专业领域密切相关的方法技术，为用户提供专业领域内的深层次的信息资源服务，MedicalWorldSearch，Engineering Electronic Library 等专业引擎、学科门户、专类工具书的网络版、专业数据库的导航系统就属于这类检索工具。

3. 专题型检索工具

它指专门用来检索某一类信息或数据的检索工具，如检索电话号码的 555-1212 和 Switchboard，查找个人电子邮件地址的 WhoWhere，检索地图的

MapBlast，检索图像的 WebSeek，检索 FTP 文件的 Archie 和 FileZ，检索新闻组的 DeJaNews，检索音乐信息的 MP3 搜索通等。

4.6.1.3 按包含检索工具数量划分的检索工具

网络信息检索工具按包含的工具数量划分，可分为单独型检索工具和集合型检索工具。

1. 单独型检索工具

这类检索工具通过自身的采集标引机制，建立自己的网络资源数据库，并通过检索代理软件为用户提供检索服务。

2. 集合型检索工具

它又称元检索工具，是一种能够利用多个检索工具查寻网络信息资源的工具。它通过一个统一用户界面帮助用户在多个检索工具中选择和利用恰当的检索工具来实现检索。检索时，用户向集合型检索工具发出检索请求。集合型检索工具根据用户请求再向多个单独型检索工具发出检索请求。这些单独型检索工具执行检索请求后将检索结果传送给集合型检索工具，集合型检索工具再将从多个单独型检索工具获得的检索结果进行整理，然后传送给用户。除了元搜索引擎，各种资源链接中心、网络信息资源指南、虚拟咨询台也属于这类检索工具。

单独型检索工具有独立的网络资源采集标引机制和相应的数据库，集合型检索工具一般没有自己独立的数据库，更多的是提供统一界面（或进一步地提供统一检索方式和结果整理），形成一个由多个分布的、具有独立功能的检索工具构成的虚拟逻辑整体。这是二者的主要区别。

4.6.1.4 按信息加工层次划分的检索工具

类似于手工信息检索工具，网络信息检索工具按信息加工层次划分，也可分为网络二次信息和网络三次信息。

1. 网络二次信息

它又称线索性检索工具，是在网络一次信息的基础上进行加工、整理，使之系统化的检索工具，是对无序的网络一次信息的外部特征，如题名、责任者、出处等进行著录，或将其内容压缩成简介、提要或文摘，并按一定的学科或专题加以序化而形成的检索工具。文献的三大线索型检索工具——书目、索引、文摘属于二次文献，其网络版就构成了作为网络二次信息的网络书目数据库、篇名数据库、文摘数据库等，搜索引擎的性质和功用与传统的索引类似，属于网络二次信息；网络版联合目录、资源链接中心、网络资源指南这类指引线索型的工具也属于网络二次信息。网络二次信息具有性、线索性、汇编性和简明性的特点，不仅能为查找网络一次信息提供线索，而且能简明网络零次和一次信息。

2. 网络三次信息

随着互联网的发展，网络上出现了越来越多的三次信息，又称网络版“参考工具书”“在线参考工具书”或者“虚拟参考工具书”。网络三次信息是根据课题需要，利用二次信息，选择有关的零次或一次信息，经过筛选、综合、分析、浓缩而成的检索工具；它们具有系统性、综合性、知识性的特点，概括了某一阶段人类已掌握的某一领域的知识，可以直接满足用户的信息需求，对学术研究具有很大的指导和参考作用。网络版综述、述评，词典、百科全书、名录、手册、年鉴、部分学科门户网站、数字图书馆等都属于网络三次信息。与印刷型的三次文献相比，网络三次信息具有更多优点：内容更丰富，使用更方便，数据更新周期更短。

4.6.2 网络检索工具的特点

网络信息检索工具有如下特点。

4.6.2.1 信息检索空间更加广阔

网络信息检索工具检索的范围几乎覆盖互联网上的所有资源。在传统的联机检索中，用户终端通过硬件线路与主机相连，是一个相对封闭的系统。在互联网中，用户终端通过局域网或广域网与主机服务器相连，是一个开放的系统。它可以同时使用多个主机，甚至是所有主机的某种资源，而用户不必知道它们的具体地址，大大拓展了检索空间。

4.6.2.2 检索信息及时

互联网上随时有新信息出现，用户需要了解最新信息。采用自动方式采集网络信息的检索工具能一天 24 小时不间断地采集信息，索引库能及时更新。因此，网络用户能及时检索到最新的信息。

4.6.2.3 信息检索系统更加透明

网络信息检索对用户屏蔽了网络的各种无力差异，使用户在使用这些服务时感到明显的系统透明度。主机的硬件平台、操作系统软件上的差异、客户程序和服务程序版本的差异、主机的地理位置、信息的存储方式，甚至通信协议的差别，对用户的检索操作都没有影响。

4.6.2.4 用户界面友好

网络信息检索工具采用 Client/Server 结构、Windows 界面交互式作业，可以同时显示图、文、声等多媒体信息，信息反馈功能和瞬间响应功能较好，检索途径多，可作书签标记，保留检索历史，操作十分方便。

网络信息检索工具虽然具有以上优点，但也存在不足。因特网是一个松散的组织，没有一个统一的管理机制，其中不少信息是半正式或实验性的，信息发布十分自由，没有严格的审批制度，造成信息良莠不齐。网络信息检索最突出的缺点是查准率不高。

4.6.3 网络检索工具的优化与改进

由于网上信息多样，数量庞大，利用检索工具检索过程中的“闲逛”“迷路”现象仍十分普遍。因此，网络信息检索工具有待进一步优化与改进。

4.6.3.1 构建专业性的网络信息资源指引库

所谓指引库是从专业角度考虑，提高某一学科领域的信息利用率，以优化检索质量。

构建指引库需要首先调查网上某专业的相关信息数量、质量、分布状况及相关程度；决定信息的跟踪、导集、分析和整录方案；确定指引库的数据结构、库的结构、索引方式及其技术方案；开发相应的用户软件等。

4.6.3.2 编制同义词词典

同义词词典可以辅助用户选择与课题语义相关的主题词（关键词）作为（检索）入口词，提高查全率。

4.6.3.3 采用特殊符号或标记记录

保存用户浏览的路径及其邻近节点，帮助用户及时调整检索方向，避免重复，少走弯路。目前能够提供这种功能的有 Notecard 系统。它提供了一个记录表来显示用户的浏览路径及相关节点。

4.6.3.4 建立语义-文献双层数据结构模型

语义-文献双层数据结构模型包括 3 种信息，即语义信息，文献信息，链接信息。其中，链接信息又由 3 种类型组成：链接不同语义节点的语义链（Semantic Link）；链接不同文献节点的结构链（Structural Link）；链接于语义节点和文献节点之间的连接链（Connection Link）。语义信息与语义链集合构成双层模型的第一层；文献信息和结构链构成另一层；连接链穿行于两层之间。

语义-文献双层结构的层面在切换时发挥如下功能：①当语义层加入新的描述词时，检索软件即会自动建立新词汇和文献层中的各信息单元的对应关系；②当文献层中加入新文献时，系统也会建立起信息单元和语义结构的联系。其中，语义层的词汇集合（T）也由 3 个部分组成：抽出词（ET）、索引词（IT）、用户词（UT），即 T=ET U IT U UT 是通过自动抽词算法从主页文本中抽出的词汇；IT 是系统所采用的索引词汇，IT 之间存在语义层原有的语义链接；UT 是用户在检索过程中采用的检索词，这 3 个部分相互交叉。当检索用词正好符合索引词时，通过词的语义链接就可以直接获得它。这时，用户可以方便地看到相关词并顺着链接进入文献层；当采用的检索词不在索引词范围之内，但属于抽出词时，那么，用户可以查阅符合要求的文献，然后再顺链到达索引词集合。这是基于抽出词与文献单元直接联系的原理而实现的。

4.6.4 网络信息检索策略

了解了网络检索工具的功能与特点还不够，重要的是如何利用检索工具广、快、精、准地查找到所需要的信息，这就需要掌握检索策略。

所谓检索策略就是利用检索工具查找到所需内容的科学安排。检索策略的制定一般遵循 4 个原则：一是快，即从检索请求的提出到检索结果的提交要快速；二是准，即检索结果要准确，避免检索出过多无关内容；三是全，指检索结果全面，满足用户的需求；四是效益原则，即以最低的费用获取所需的信息。由于上网检索须付各种费用，因此检索策略的制定要充分考虑到尽可能降低成本。

4.6.4.1 检索项的确定

确定检索项是在明确用户检索请求的基础上，将检索请求转化为检索式。这一阶段主要做好以下工作。

1. 进行主题分析

用户根据课题涉及的专业范围选择对口数据库，系统根据检索请求将检索请求分解成若干个既能代表信息需求又具有检索意义的主题概念，包括所需的主题概念有几个，概念的专指度是否合适，哪些是主要的，哪些是次要的等，力求使分析的主题概念能反映检索的需要。

2. 确定检索项

主题分析后，就要选择适当的规范词语或自由词作为检索项。规范词是从主题词表中选取的，经过规范处理的受控词汇。自由语词是作者用语，又称自然语言，属于非受控词汇。传统检索系统中，标引人员常常利用规范词进行主题标引，而在网络环境下，新的词汇层出不穷，规范词已不能很好地满足检索的需要，自然语言检索则成为信息检索的一个发展趋势，由于自然语言不加控制，用词灵活，容易产生检索范围失控现象，因此，在进行检索时，应注意规范语言与自然语言的兼顾。

3. 构造检索式

网络检索工具一般都允许使用布尔逻辑算符对检索项进行组配。常用的布尔逻辑符有 AND、OR、NOT。若要查找的文献既要有 A，又要有 B，检索式可构造为“A AND B”；要查找的文献含 A 或者 B，则构造成“A OR B”。一般情况下，OR 很少使用，因为按这种组配方式检索，会检索出很多不相关的信息。如果要排除某些概念时，可以使用 NOT 组成检索式。不过应注意有些检索工具，如 Yahoo 不执行 NOT 运算符。

4.6.4.2 选择适当的检索工具

网络上的许多搜索工具，在搜索范围及索引组织等方面不尽相同。要选择最佳的搜索引擎，可查看站点 Http：//www. beaucoup. com/engbig. himl。该站点列出了 19 个大类近 2 500 个搜索引擎，详细介绍了各个搜索引擎的覆盖范围、特点和使用方法。

4.6.4.3 掌握提高检索速度的措施

这些措施如下。

1. 建立书签体系

检索时可使用“Add to bookmark”，将当前正在访问的网址保存到书签中，使网络书签更有条理，以后再上网时，只需点击地址栏中的下拉箭头，再点击要进入的网址，这样做可以减少上网重复查找和输入网址的时间。

2. 采用缓存措施

即将访问过的网页，包括文本图像存储在缓存中，当再次浏览这些已访问过的主页时，浏览器直接从缓存中读取网页内容，无须再经过网上传输。一个网页传输完，若来不及阅读，可继续接受下一个网页的传输，传输结束后，再用 BACK，FORWARD 按钮继续阅读。

3. 设置启动页面

每个浏览器启动时，最初展现出来的页面称为启动页面。可以设置浏览器中的起始页面，将访问次数最多的页面设置为启动页面。例如，在 Communicator 中，可以在“Preference”中的“Navigator”项的“Navigator Start With”框中，选择启动页面为空白页面、主页或上一次浏览的最后一页。选择主页后在 Home Page 框中填写每次开启浏览器所要浏览的网址。

4. 减少图像装载

在检索到的信息中往往会有图像信息，由于图像会减慢网络速度，为提高速度，可关掉图像选项，进行纯文本浏览。例如，在 Netscape In Navigator 中，去掉 Option 菜单中创 Auto Load Image 选项，即可关掉图像。这样做并不会漏掉传输中的任何信息，如果要查看某幅图片，可点击 Place Holder；如果要依次查看所有图片，只要激活 Navigator 和 Images 按钮，即可将图像全部下载。

5. 利用后台工作

目前许多计算机都支持后台工作，用户在检索时可以同时开几个窗口，这样一来，虽然每一个网页的传输速度没有改变，但用户等待时间缩短，检索速度加快。具体做法是在 Netscape 中，从 File 菜单中选择 New Browse 或在 Internet Explore 中、在 File 菜单中选择 New Window，可以打开新的浏览窗口，进行其他检索工作。

各种网络搜索工具仍处在不断发展、完善的阶段，迄今为止还没有任何一种网络搜索工具在检索功能上可单独与计算机检索系统相比，但是，从总体上来讲，配合科学、合理的检索策略，各种搜索工具强大的检索功能就会充分发挥出来。

5 计算机信息检索

手工检索（Manual Retrieval）简称手检，是人们在长期的文献信息检索实践中沿用的传统方法，是人们直接凭头脑进行判断，借助简单的机械工具对记录在普通载体上的资料进行检索的各种方法的通称，是由检索者通过书本式目录、卡片式目录以及后来出现的穿孔卡片目录等检索工具查找文献线索的过程。手工检索是由人的手工操作完成的，其匹配是人脑的思考、比较和选择，其最常见、最基本的方法是追溯法、工具法、混合交替法。由于文献量的急剧增长、文献分布异常分散、文献生命周期明显缩短等弊端出现，使手工检索已不能及时、准确、全面地获取信息。于是，出现了计算机信息检索，进入了一个全新的检索时代。

5.1 计算机信息检索

计算机信息检索（Computer Information Retrieval）与手工信息检索相对应，简称机检，是指对大量的文献资料或数据进行加工整理，按一定格式存储在机读载体上，建立机读数据库，用特定的检索指令、检索词和检索策略，通过计算机对机读数据库进行检索的信息检索方式。在检索过程中，人是整个检索方案的设计者和操纵者。计算机信息检索是在计算机技术、通信技术和网络技术迅猛发展的基础上建立起来的，在信息服务领域具有划时代的意义。

从广义上来说，计算机信息检索包括信息的存储和检索两个过程，对应数据库的建立和查找两个部分。从狭义上来说，计算机信息检索指的是后一过程。

文献信息存储就是文献标引人员对文献内容进行主题分析，即把文献包含的信息内容分析成若干能代表文献主题的概念，并用词表、分类表等规范化标识的情报检索语言对文献主题进行标引、按所选数据库结构的索引结构输入到计算机进行存储，同时把入选文献中的其他特征标识（标题、著者、文摘、原文出处等）也一起输入计算机，编制成一系列索引数据库，成为有查询功能的检索工具。标引是对文献内容特征和外部特征进行分析形成概念标识，再依据一定的标准或规则（检索语言：如分类号、主题词、关键词及著者选用规则等）将其用相应的标识充分、准确地表达出来。

信息存储主要包括的内容如下。

信息采集：对广泛且分散的信息资源进行有针对性的采集。

信息著录：对所收集的原始信息的外部特征如题名、著者、文献出处和内容特征如分类号、主题词、摘要进行描述，形成一条条款目或记录过程。

信息标引：就是根据一定的规则和程序，对文献内容进行分析，然后赋予每篇文献以一定数量的内容标识如分类号、主题词、关键词作为存贮和检索的依据。它的作用是为信息存贮与检索这两环节之间提供某种连接物。

信息整序：就是将采集到的无序信息进行有序化组织的过程。

信息检索作为信息存储的逆过程，是将描述特定用户所需信息的提问特征与信息存储的检索标识进行异同的比较，从中找出与用户提问特征一致或基本一致的信息。检索的过程就是检索者对检索课题进行主题分析、明确检索范围，形成能代表情报需求的若干主题概念。把这些主题概念转换成计算机信息检索语言，即用数据库检索工具书对各概念选词和进行逻辑组配，编制成检索提问式。用计算机检索系统功能在文献资料数据库中将信息需求主题概念和数据库内文献主题概念标识进行匹配，找到命中文献。

计算机检索的特点：

（1）信息量大且形式多样，表现为分散性和无序性。

（2）语言种类繁多。

（3）具有更为广泛的应用领域。

（4）信息发布具有较强的实时性，信息的更新速度较快。

（5）检索操作简便、界面友好、互动功能强、允许用户更多地参与信息检索，费用低。

（6）检索速度快，原文可获得性高。

提供多维、多层检索，具有强大的组配、扩检、缩检的能力，扩大标引的范围，增加文献检索点的数量，不仅提供受控语言检索，而且还提供自然语言检索方法，开发新的检索技术，如人工智慧、模糊逻辑、概念检索等，用户可以用自然语言提问。能够对检索词进行加权处理，对检索结果进行排序，提供超媒体的检索，消除语言的障碍，更具个性化的检索服务，将是未来计算机检索的发展趋势。

5.1.1 概述

总体来说，信息检索经历了两个主要阶段，即手工检索阶段和计算机信息检索阶段。

20 世纪 50～60 年代，是计算机检索的第一个阶段，称作脱机检索（Offline Retrieval），脱机检索即批处理检索，将大量的原始信息进行加工，使信息集合与人类信息需求之间的匹配转化为信息的某种标识与特征化后的提问之间的匹配。检索人员根据检索要求制定检索策略，通过检索系统进行成批检索处理，最后将检索结果交给用户。脱机检索具有一定的缺点，在地理上带来的障碍不便于检索结果的获取；在时间上定期检索造成信息不能及时获取；它是封闭式的检索，检索策略一经输入系统就不能更改，更不能依据机检应答来修改检索式。

20 世纪 60～80 年代是计算机检索的第二个阶段，称作联机检索（Online Retrieval），联机检索是一种提供人机对话的检索技术，用户在终端设备上制定检索策略，通过通信网络，与世界上任何国家和地区的大型计算机检索系统的主机联结，从而获取世界各国存储在计算机数据库中的信息资料。1971 年美国建成世界上第一个实用的联机情报检索系统，1980 年我国首次开通国际联机情报检索业务。著名的国际联机检索系统有美国的 Dialog 系统、ORBIT 系统、BRS 系统以及 MEDLARS 系统，还有欧洲的 ESA/IRS 系统、英国的 BLAESE 系统等。这些系统很快发展成为国际性情报检索系统，数据库种类及其检索存储记录都在迅速增加，如：美国的 Dialog 系统，1984 年就有 200 多个数据库，其中包括美国的《医学索引》、荷兰《医学文摘》、美国《生物学文摘》、美国《化学文摘》等。如今此联机检索系统仍然是世界上最有影响的联机检索系统之一。

20 世纪 80～90 年代是计算机检索的第三个阶段，称作光盘检索（CD-ROM Retrieval）。1983 年，出现了一种新的存储器，CD-ROM 光盘。光盘检索是指利用光盘驱动器和光盘数据库及其检索软件，结合计算机建立起来的信息检索系统。光盘检索系统是单机信息检索系统的一种，它解决了单机检索系统数据存储量少的缺点，它以光盘数据库为基础，结构简单，在装有光驱的 PC 机上可直接使用。20 世纪 90 年代又开发了光盘塔和光盘网络软件，使光盘数据库系统向网络化发展。光盘数据库的信息服务模式主要有：单用户、点对点、基于局域网、基于广域网的光盘数据库信息服务模式等。光盘数据库主要采用菜单驱动模式，其特点有：直接检索，易操作；具有储量极大而体积微小，便于携带，可存储文字、声音、图片等多种形式；介质成本低；存储能力强；数据可靠性高；稳定性与数据保存性好，坚固耐用，使用寿命长，要求设备简单，可随地安装；使用方便，不须通信联系，不受时间限制；易于操作；检索费用低（不需要昂贵的联机检索通信费用）；可随时修改检索策略而具有很高的查全率和查准率等优点。操作技能易掌握，已无须特别要求，用户易接受，性能价格比高，信息获得比国际联机慢，回溯检索须多次换盘。随着互联网的发展，特别是一次文献数据库业的壮大，光盘数据库逐步暴露出其局限性，无法提供大数据量的存储和处理大用户量的访问。因此，在网络比较发达的地区，渐渐被网络检索取代。目前，光盘数据库仍在局域网条件较好、广域网发展尚不成熟的地区使用。Chemical Abstracts Index 光盘（1987—1991 年）由美国化学文摘社与光盘公司联合研制，收录 1987—1991 年《化学文摘》的全部内容。Science Citation Index（SCI）光盘（科学引文索引）由美国费城科学情报研究所编辑出版，收录 1961 年以来有关生命科学、医学、物理、化学、农业、工程技术、行为科学等方面的文献及引文。CAJ（中国学术期刊）是由清华大学开发研制，分题录、文摘、全文 3 个层次的数据库，是国内常用的全文数据库之一。

20 世纪 90 年代至今是计算机检索的第四个阶段，称作网络检索（Network Retrieval）。网络检索是指通过通信网络获取信息的计算机检索。网络检索系统由计算机服务器、用户终端、通信网络、网络数据库等组成，具有检索速度快、检索途径多、信息检索范围广、信息量大、数据时效性强、可操作性强等特点。INTERNET 就是这个时期的最杰出代表，它能够跨越时空，进行实时信息检索、资源共享的国际性计算机网络。INTERNET 飞速的发展，已成为人们进行全球范围的合作、信息交流与资源共享的不可替代的通信交流方式。

网络信息资源检索服务方式如下。

1. 文档查询服务

网络用户可通过 anonymousFTP（File Transfer Protocol）进行远距离检索，包括词串、文件名、关键词查询等。文档查询服务器通常支持远程登录、电子邮件和使用文档查询客户程序 3 种方式查询。

2. 基于菜单的信息检索服务（Gopher）

它可以将用户的情况自动转换为 FTP 或 Telent 命令，用户可以选取自己需要的信息资源。

3. 基于关键词的文档检索服务（WAIS）

广域信息服务器（Wide Area Information Server）又称数据库的数据库（Database of Database），是用来供用户查询分布在互联网上各类数据库的通用接口软件。

4. 基于超文本的搜索引擎服务（Search Engine）

Web 信息检索有很强的直观性，能提供世界范围的超文本浏览和查询服务。用户只要运用浏览器软件，操纵计算机的鼠标器，就可以利用搜索引擎，通过互联网从世界任何地方检索所需要的文本、图像及声音等信息资源。

网络信息检索系统与联机信息检索系统最根本的不同在于网络信息检索是基

于客户机/服务器的网络支撑环境的，这是目前计算机网络运行的主流支撑环境。在这个环境下，客户与服务器遵循共同的协议，关系是对等的。一个服务器可被多个客户访问，一个客户也可访问多个服务器。联机检索系统的主机和用户是主从关系，是采用功能极强的主计算机和终端构成的集中式运行环境。由于全部处理功能都集中于主计算机，当处理负载过大时，主计算机的性能会成为制约通信网络的瓶颈。

在网络发展的过程中，先后产生了许多用于网络检索的工具，如 Archie、Gopher、WAIS 检索工具、Web 信息服务系统和搜索引擎，其中基于 Web 信息服务系统的检索、浏览或链接是网络信息检索的主要方式之一。各种类型计算机检索系统比较情况见表 5-1。

表 5-1 各种类型的检索系统比较

检索系统类型	数据更新	系统功能	系统特点
光盘检索	较慢，一般按季度更新	菜单检索，方法简单，入口较多，易用	检索速度快，费用较低，范围有限，更新较慢
联机检索	较快，一般按周更新	命令检索，方法复杂，功能强大，完善的辅助功能，入口多，不易掌握	检索速度快，费用高，范围广，可获原文，更新及时
网络检索	很快，一般日更新	菜单检索，方法简单，灵活多样，功能较强，入口较多，易用	检索速度快，费用较高，范围广，可获原文，更新快，时效性强

历经半个多世纪的发展，计算机技术和通信技术不断革新，为信息的存储和检索提供了技术支持，为数据传输提供了条件，成就了当今的信息检索时代。

5.1.2 检索原理和特点

5.1.2.1 检索原理

计算机信息检索的实质就是由计算机输入的检索策略与系统中存储的文献特征标识及其逻辑组配关系进行类比、匹配的过程。按存储信息的特征标识，就可以在信息库中输出所需的信息。如图 5-1 所示，计算机信息检索原理示意图。

与手工检索相比，计算机信息检索的匹配过程由计算机完成，人在整个过程中是设计者和操纵者，这样大大地减轻了检索人员的工作量。在一系列检索技术和检索策略的支持下，并且其数据资源丰富，因此能达到较高的查全率和查准率。

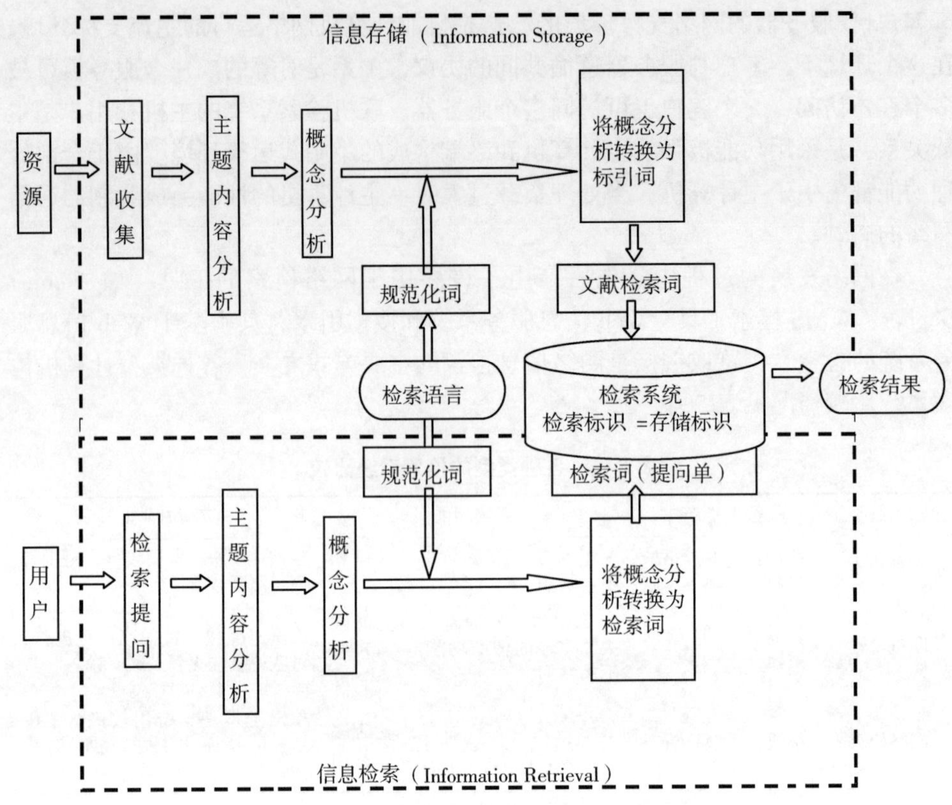

图 5-1 计算机信息检索原理示意图

5.1.2.2 计算机检索的优势

1. 更新周期短

通过手工检索的文献信息更新周期长，一般需要数月甚至半年，利用计算机检索的文献信息更新周期极短，大型的数据库系统一般按季度更新，光盘多为每月更新一次，网络则每天更新一次。一般数据库系统在收到最新文献资料后，首先用于更新数据库，然后才出版书本式检索工具，两者之间的时差为 1~2 个月。

2. 检索范围大

手工检索由于受制于书本式检索工具的出版、保存等方面的原因，无论在文献量、时间区间、学科种类、地域范围和语种等方面都是相当有限的。而计算机检索则不然，由于计算机的运算速度高和数据库存贮量大，特别是对于计算机国际联机检索来讲，计算机技术、通信技术和高密度存贮技术三位一体的发展与应用，使得计算机检索具备了实效性、完整性、广泛性和准确性的特点，能在短时间内检索世界范围内的有关文献信息资料，真正达到了人类知识的共享。手工检索文献信息的最大缺点是受时间和空间以及当地资源量、用户量的限制，而计算机文献信息检索则彻底打破了以上的限制，可以在任何时间、任何地方，通过网络检索共享服务器上的数据库。

3. 可实现跨文档检索

一个课题可同时检索许多个内容相关的数据库。

4. 检索手段方便灵活

一般的检索手段有布尔逻辑检索、位置逻辑检索、限定检索、截词检索、加权检索等。另外，用户还可以根据自己对查全率、查准率、文种、文献类型、时间跨度、经费支付能力等方面的要求，设计各种各样的检索式。

5. 检索速度快

由于计算机的运算速度快，其存贮介质的存贮信息量大，故检索时速度快，特别适合检索大规模课题的情报资料。手工检索需要数日甚至数周的课题，计算机检索只需要数小时甚至几分钟就可以完成，大大地提高了检索文献信息的检索速度，节约了读者的检索时间，提高了检索效率。

6. 检索结果可以直接输出

可以选择性打印、存盘或 E-mail 发送检索结果，有的还可以在线直接订购原文。

7. 特性检索功能强

尽管计算机不能代替人脑，但它能够查找题名、文摘、标引词等中所包含的某一特定检索词的资料，还可以根据检索者需要，随心所欲地打印信息用户所需要的信息资料。

8. 服务方式多

计算机文献信息检索能够提供回溯性检索报务（简称 RS）、定题服务（简称 SDI）和联机订购服务方式，使得计算机检索得以迅速发展和广泛应用。

9. 原版全文显示，界面友好、效果好

利用计算机检索文献信息，无论是光盘数据库还是网络数据库，其检索到的文献信息都是原版全文显示，而且其检索界面也非常友好。

10. 学科覆盖范围广

无论是光盘数据库还是网络数据库，其信息资源的学科覆盖范围都比较广泛，不仅包含了经济、政治、法律、文史哲、教育、社会科学综合等，而且还涵盖了医药、卫生、农业、电子技术、信息科学、数理科学等。

11. 检索途径多

一般来说，计算机检索除具有手工检索中采用的途径外，还能满足多途径交叉检索的需要，对于综合性课题的检索其优势尤为突出。手工检索文献信息的途径较少，一般只提供分类、主题、著者等检索途径，而利用计算机检索文献信息除能提供手工检索文献信息的各种途径外，还能提供如题名、关键词、基金、机构、中英文摘要、全文等检索途径。

5.1.2.3 计算机检索的劣势

1. 检索费用高

不论是上机检索还是购买数据库费用都很高。

2. 回溯文献少

无论是光盘数据库还是网络数据库，其文献的回溯期都不长，目前世界上最有影响的数据库美国的 ORBIT 系统，其文献最早的也只不过是 1949 年，而国内影响最大的两个数据库中国学术期刊数据库和万方数据库的文献才回溯到 1994 年。

3. 检索者需要一定的计算机水平和图书馆学方面的知识

利用计算机检索文献信息，必须掌握一定的计算机知识，能熟练地运用计算机，了解计算机检索文献信息的检索界面，掌握检索策略。不仅如此，同时还应具备相应的图书馆学方面的知识，对主题、关键词、机构、全文、题名等一般的检索概念和检索途径要有所了解和掌握。

4. 计算机检索文献信息不一定能符合检索者的信息需求

在计算机文献信息检索过程中，计算机不具备人脑的思维能力，因此，检索提问标识一经输入检索系统，便无法结合系统检索的具体情况不断明确用户的信息需求和修改用户的检索提问标识。同时，在计算机信息检索系统中，检索提问与文献特征标识的组配完全是一种字面组配，即计算机将两种“标识”完全作为“字符串”来进行类比运算。因此，必须要求检索提问标识在形式上与文献特征标识保持一致才能“匹配”。这种字面上的组配，使检索出的文献记录只在字面上与检索提问标识保持一致，而在内容上或概念上就不一定符合用户的信息需求。

5.1.3 检索技术

下面介绍几种在光盘检索、联机检索和网络检索等各类机检系统中常用的检索技术，但由于不同的机检系统使用不同的检索软件，所支持的检索技术不同，采用的检索算符也不同，因此实际检索时，应注意查看所用检索系统的说明。

5.1.3.1 布尔逻辑检索

19 世纪英国数学家 George Boole 采用代数表达式推导出组合的一种方法，引出了布尔逻辑代数。在检索课题时，通常课题中所包含的关键词或主题要领不止一个，它们之间的关系是靠运算符来表达的。所谓布尔逻辑检索（Boolean

Logical）是用布尔逻辑算符将检索词、短语或代码进行逻辑组配，指定文献的命中条件和组配次序，凡符合逻辑组配所规定条件的为命中文献，否则为非命中文献。利用布尔逻辑运算符连接各个检索词，然后由计算机进行相应逻辑运算，得到所需信息的方法。它是检索系统中最常用的一种检索方法，主要的布尔逻辑关系有以下 3 种：

1. 逻辑“与”

运算符为 AND 或 *。检索词 A 和检索词 B 用“与”组配，检索式为：A AND B 或者 A * B。它表示检出同时含有 A、B 两个检索词的记录。如“计算机在农业中的应用”方面的文献，其检索式可为：计算机 AND 农业，它要求检索结果必须同时包括计算机和农业。计算机逻辑“与”检索能增强检索的专指性，对检索词加以限定，使检索范围缩小，提高查准率。此算符适于连接有限定关系或交叉关系的词（图 5-2）。

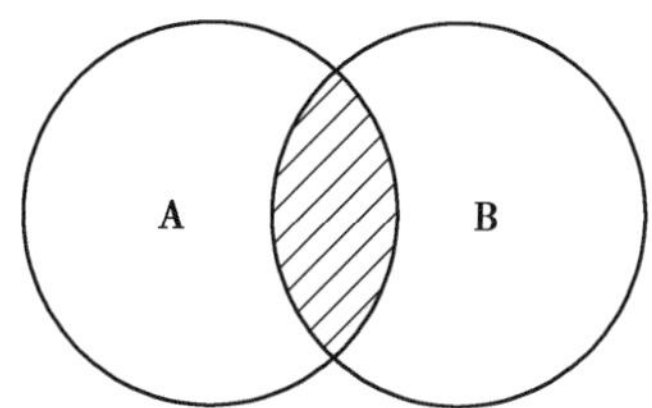

图 5-2　为 A AND B，即 A 和 B 都出现的记录

2. 逻辑“或”

运算符为 OR 或+。检索词 A 和检索词 B 用“或”组配，检索式为：A OR B 或者 A+B。它表示检出所有含有 A 词或者 B 词的记录。如计算机 OR 电脑 OR 微机，它只要求检索结果有计算机或电脑或微机或同时包括计算机和电脑和微机。逻辑“或”检索扩大了检索范围，增加了命中文献量，提高了查全率。此算符适于连接有同义关系或相关关系的词（图 5-3）。

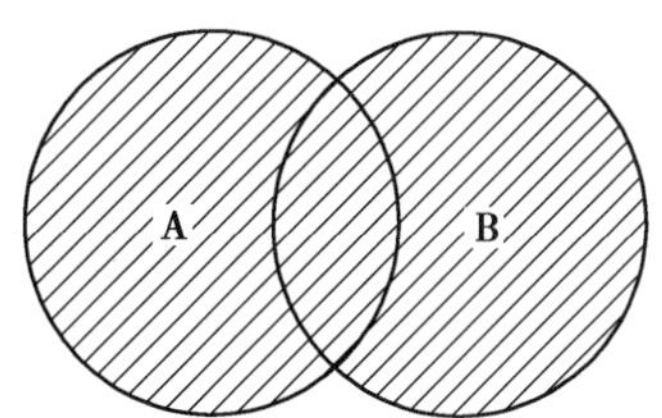

图 5-3　为 A OR B，即 A 和 B 有一个或两个都出现的记录

3. 逻辑“非”

运算符为 NOT 或 -。检索词 A 和检索词 B 用“非”组配，检索式为：A NOT B 或者 A - B。它表示检出含有 A 词，但同时不含 B 词的记录。如：计算机 NOT 电脑，它要求检索结果中包含计算机，但不包含电脑。逻辑“非”和逻辑“与”运算的作用类似，可以缩小检索范围，但不一定能提高文献命中的准确性，一般只起到减少文献输出量的作用。此运算适于排除那些含有某个指定检索词的记录。但如果使用不当，将会排除有用文献，从而导致漏检，在实际检索中应慎重使用（图 5-4）。

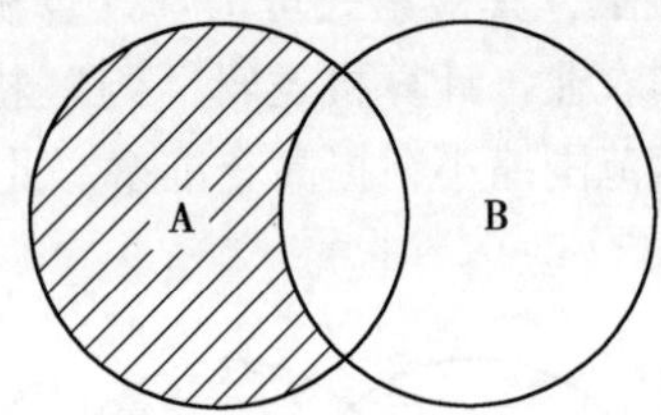

图 5-4 为 A NOT B，即只出现 A 而不出现 B 的记录

布尔逻辑检索在光盘检索、联机检索和网络检索中广泛应用，除 Archie 外，所有网络检索工具都具备布尔检索功能，对于一个复杂的逻辑检索式，检索系统的处理是从左向右进行的。在有括号的情况下，先执行括号内的运算；有多层括号时，先执行最内层括号中的运算，逐层向外进行；在没有括号的情况下，AND、OR、NOT 的运算次序，在不同的系统中有不同的规定，如 Dialog 系统中依次为 NOT→AND→OR；STAIRS 系统和 ORBIT 系统中依次为 AND 和 NOT 按自然顺序执行，然后执行 OR 运算。检索时应注意了解各机检系统的规定。键入命令时，大小写字符通用。

5.1.3.2 截词检索

截词检索（Truncation）是指用给定的词干做检索词，查找含有该词干的全部检索词的记录，也称词干检索或字符屏蔽检索。简单地说，就是将通配符放在检索词的某个位置进行截断，用截断的词进行检索，凡满足这个词局部中的所有字符（串）的文献都为命中的记录。截词检索也是一种常用的检索技术，在西文检索工具中广泛使用，它可以作为扩大检索范围的手段，起到防止漏检，提高查全率、减少检索词的输入量、节省检索时间、降低检索费用等作用。检索时，若遇到名词的单复数形式，词的不同拼写法、词的前缀或后缀变化时，均可采用此方法。

截词的方式有多种，按截断位置可分为右截断、左截断、中间截断、复合截断等；按截断字符数目可以分为有限截断和无限截断。

1. 右截断

它又称后端截词、前端一致，指的是检索词尾部有变化的形式，例如，输入comput?（本文用?表示截断符号）命中记录中会出现compute、computed、computer、computing、computers、computable、computations、computerize、computerization等相关词；若输入PY=200?，会把2000—2009年的记录全部查出来。

2. 左截断

截去某个词的前部，是词的后方一致比较，也称后方一致检索。例如，输入?computer能够检出含有computer、minicomputer、microcomputers等词的记录。

3. 中间截断

它也称屏蔽词，截去某个词的中间部分，是词的两边一致比较，也称两边一致检索。一般来说，中截词仅允许有限截词，主要用于英、美拼写不同的词和单复数拼写不同的词。如organi?ation可检索出含有organisation和organization的记录。

4. 复合截断

即同时采用两种以上的截断方法。例如，?agricul?可以检出nonagricultural、agricul、agriculture、agricultural、agriculturalist、agriculturist等。

5. 有限截断

有限截断是指允许截去有限个字符，有限后截词主要用于词的单、复数，动词的词尾变化等。将"n"个截词符放在检索词（关键词、主题词）的词干或词尾可能变化的位置上。例如，"apple? ?"表示截去一个字符，它可检出apple、applet，但不能检出applewife、applewood等词；又如comput??? ?可检出compute、computer、computers、computing等词，不能检出computable、computation、computerize等词。注意：词干后面连续的数个问号是截断符，表示允许截去字符的个数，最后一个问号是终止符，它与截断符之间要有一个空格，输入时一定要注意。如books可用book?代表，其中截词符?可以用来代替0个或1个字符，因此，book?可检索出包含有book或books词的记录；acid??可检索出含有acid，acidic和acids的记录。

6. 无限截断

它也称开放式截断，允许截去的字符数量不限，主要用于同根词。如solubilit用solub?处理，可检索出含有soluble、solubility、solubilization、solubilize、solubilizer、solubleness等同根词的记录。

由上可见，任何一种截词检索都隐含着布尔逻辑检索的"或"运算。截词检索能提高检索的查全率，但截词的部位要适当，如果截得太短（输入的字符一般不少于3个），将得到大量不相干的词，增加检索噪声，影响查准率。计算机检索系统中对截词符没有统一的标准，根据其数据库不同其检索符号也不同，如 Dialog 系统和 STN 系统用“?”，ORBIT 系统用“#”，BRS 系统用“$”，ESA-IRS 系统用“+”等。大多数系统都提供截词检索的功能。较常用的是后截词和中截词两种方法，一般不用左截词。

5.1.3.3 位置检索

位置检索（Proximate）是在检索词之间使用位置算符（也称邻近算符，Adjacent Operators）来规定算符两边的检索词出现在记录中的位置，从而获得不仅包含有指定检索词而且这些词在记录中的位置也符合待定要求的记录。利用布尔逻辑运算符对检索词进行组配时，并未限定检索词之间的位置关系，因而可能会产生歧义，影响某些课题的查准率，这就需要采用位置运算符来弥补这一缺陷。这种方法能够提高检索的准确性，当检索的概念要用词组表达或者要求两个词在记录中位置相邻/相连时，可使用位置算符。文献记录中词语的相对次序或位置不同，所表达的意思可能不同，而同样一个检索表达式中词语的相对次序不同，其表达的检索意图也不一样。布尔逻辑运算符有时难以表达某些检索课题确切的提问要求。字段限制检索虽能使检索结果在一定程度上进一步满足提问要求，但无法对检索词之间的相对位置进行限制。不同的联机检索系统使用的位置算符的种类和功能有时不完全相同，应参看机检系统的说明，常用的算符有以下几种：

1.“F”算符

“F”算符是“field”的缩写，要求被连接的检索词出现在同一字段中，字段类型和词序均不限，中间可插任意检索词项。如 information（F）agriculture 表示在同一字段中检索出 information 和 agriculture 均为命中的记录。

2.“S”算符

“S”算符是“Sub-field/sentence”的缩写，要求被连接的检索词必须同时出现在记录的同一句子/子字段中（在文摘中的一个句子就是一个子字段），词序不限，中间插入词的数量也不限。如 computer（S）agriculture 表示只要在同一句子/子字段中检索出含有 computer 和 agriculture 均为命中的记录。

3.“N”算符

“N”算符是“near”的缩写，要求被连接的检索词必须紧密相连，词之间除允许有空格、标点、连字符外，不得夹单词或字母，词序不限；（nN）表示两个检索词之间最多可以夹 n 个词（n 为自然数 1，2，3…），且词序任意。如 information（N）agriculture 可以检出 information agriculture 和 agriculture information；又如 control（1N）systerm，不仅可以得到 control system、control of system 或 control in system，还可以得到 system of control，甚至 systerm without control 等。

4. “W”算符

“W”算符是“with”的缩写，要求检索词必须按指定顺序紧密相连，词序不可变，词之间除允许有空格、标点、连字符外，不得夹单词、字母或代码，“(W)”算符还可以使用其简略形式“()”。(nW)算符(nWord)，表示此算符两侧的检索词必须按此前后邻接的顺序排列，连接的两个词之间最多可夹入 n 个词(包括系统禁用词，n 为自然数)，但允许有空格或连字符，词序不得颠倒。如检索式为“information (W) agriculture”时，系统只检索含有“information agriculture”词组的记录。又如 control (1W) system，可以得到包含 control system、control of system 或 control in system 等形式的记录。n 的选择需要认真考虑。

5. “C”算符

“C”算符是“citation”的缩写，表示两个检索词必须出现在同一记录中，但两词的词序和所在的字段不限。其作用同布尔逻辑算符“AND”。

6. “L”算符

“L”算符是“link”的缩写，表示两词必须在同一规范词单元内再现，词序可变。同一规范词单元的含义由各数据库规定。有些数据库的规范词字段中，一个完整的规范词可分为主标题词和副标题词两部分，如“美国工程索引”数据库，可用(L)算符来连接同一规范词单元中的主、副标题词。(L)算符将检索自动地限制在规范词字段中查找。

7. SAME

通常写作 A SAME B，表示 SAME 两侧的检索词 A 和 B 必须同时出现在数据库的同一个段落中。位置检索对提高检索的查准率和查新率有重要作用，但网络检索中基本只支持(W)和(N)检索式。在 OCLC 收录的 ERIC 数据库中，就使用了位置检索技术，它所使用的位置算符有(N)和(W)等。采用位置算符检索时，通常最严谨的算符放在最左面。

5.1.3.4 限制检索

限制检索(Range)是通过限制检索范围达到优化检索结果的方法。常用的限制检索有以下几种。

1. 字段检索

把检索词限定在某个/些字段中，如果记录的相应字段中含有输入的检索词则为命中记录，否则检不中。也就是说，机检时只对限定字段进行运算，可以提高检索效率。字段检索可分为两类，后缀方式(suffix)和前缀方式(Prefix)。后缀方式对应 Basic Index，反映文献的主题内容；前缀方式对应 Additional Index，较多是反映文献的外部特征。

后缀方式是将检索词放在后缀字段代码之前，常用的代码见表 5-2。

表 5-2 后缀字段代码

字段代码	字段名称
/TI	Title 篇名
/AB	Abstract 文摘
/DE	Descriptors 规范词
/ID	Identifiers 专用词

如查找微型机和个人计算机方面的文章。要求“微型机”一词出现在叙词字段、标题字段或文摘字段中，“个人计算机”一词出现在标题字段或文摘字段中，检索式可写为：microcomputer？？/de，ti，ab OR personal computer/ti，ab；如查找葡萄酒方面的文章，要求“wine”一词出现在叙词字段、标题字段或文摘字段中，“sherry”一词出现在标题字段或文摘字段中，检索式可写为：wine/de，ti，ab OR sherry/ti，ab；又如查找农业方面的文章，检索式 agriculture/TI，凡篇名中有 agriculture 的文献将被检索出来。专用词并非规范词，它们是学术性文献中的一些学科专业词汇和专门用语，有明确的专指概念，却不可能被词表收录。对专门领域的研究人员而言，这些词语却是“规范的”。

前缀方式是将检索词放在前缀字段代码之后，常见的代码见表 5-3。

表 5-3 前缀字段代码

字段代码	字段名称
AN=	Abstract Number 文摘号
AD=	Address 地址
AU=	Author 作者
BN=	ISBN 国际标准书号
CC=	CAL Classification code 类号
CC=	CAL Classification Heading 类目
CD=	Conference Date 会期
CF=	Conference 会议
CI=	City 城市
CL=	Conference Location 会址
CN=	Conference Number 会议号
CO=	Coden 期刊代码
CO=	Company 公司
CS=	Corporate source 机构
CT=	Conference title 会名

（续表）

字段代码	字段名称
CU=	Country 国家地区
CY=	Conference year 会议年代
DO=	DOI
DT=	Document type 文献类型
ED=	Editor 编者
JA=	Journal announcement 刊号
JN=	Journal name 期刊名
LA=	Language 语种
OG=	Organization 组织
PS=	Province state 省/州
PY=	Publication year 出版年
RID=	Researcher ID
SA=	StreetAddress 街道地址
SN=	ISSN 国际标准刊号
SO=	Source publication 文献来源
TC=	Treatment Code 处理码

如：PY=2016，表示2016年出版的刊物文献将被检索出来。又如查找Prescott写的文章，可以输入检索式：au=Prescott。

在搜索引擎中，字段检索多表现为限制前缀符的形式。如属于主题字段限制的有：Title、Subject、Keywords、Summary等。属于非主题字段限制的有：Image、Text等。作为一种网络检索工具，搜索引擎提供了许多带有典型网络检索特征的字段限制类型，如主机名（host）、域名（domain）、链接（link）、URL（site）、新闻组（newsgroup）和E-mail限制等。这些字段限制功能限定了检索词在数据库记录中出现的区域。由于检索词出现的区域对检索结果的相关性有一定的影响，因此，字段限制检索可以用来控制检索结果的相关性，以提高检索效果。在著名的搜索引擎中，目前能提供较丰富的限制检索功能的有AltaVista、Lycos和Hotbot等。

2. 使用限制符

用表示语种、文献类型、出版国家、出版年代等字段表示符来限制检索范围。例如要查找2016年出版的英文或法文的农业方面的期刊，则检索式为：(agriculture/de，ti，ab) AND PY=2016 AND (LA=EN OR FR) AND DT=Serial。

在编制检索式时，使用字段限制检索符可以限定检索词在数据库中出现的范围，对命中太多的记录再行筛选。如检索式：AU=Gordon? AND PY=199?，表示查找 Gordon 所写的、于 1990 年后发表的所有文献。这种字段检索可由代表文献内容特征的基本索引（Basic Index）字段和代表文献外部特征的辅助索引（Additional Index）字段中的单元词（Word）或多元词（Phrase）构成，前者含有所有与主题内容相关的词，如书目型数据库中的题目、文摘、规范词字段中的叙词等，后者含有记录中除基本索引字段外的那部分信息，如作者、语种、出版年等。

可以用一个以上的代码，用逗号隔开，如：business information/DE，TI OR business intelligence/ID，TI ANDPY = 1990 AND LA = English。

各代码之间的关系可看作是“逻辑或”，只要把字段代码加到检索词中，计算机就在被指定的字段中进行查找，并将命中文献检出。采用基本索引字段代码限定检索词的范围时，用后缀标识符，DIALOG 系统是在检索词后面加斜线“/”，再加限制检索符（如上例的/DE）；使用辅助索引字段时要用前缀标识符，即在限制检索符后加等号“=”，再加检索词（如上例中的 LA =）。应当注意，各数据库的前后缀代码的数量和形式有所不同，在检索某一数据库时，需仔细参考有关说明材料。Dialog 系统蓝页中的检索选择项（Search Option）提供了可检字段说明；利用联机 HELP 功能，输入指令“？FIELDn”（n 为数据库文档号）可以查阅任何文档可检字段用法一览表。

3. 使用范围符号

常用的范围符号有、Less than、Greater than、From to 等，如查找 2000—2010 年的文献，可表示为：PY = 2000：2010 或者 PY = 2000 to PY = 2010。又如查找 2001 年以来的 agriculture 方面的文献，可表示为 agriculture And Greater than 2000。查找在指定的文献号范围内有关 ecology 方面的文献，可表示为 ecology？/225000—450000。

4. 使用限制指令

限制指令可以分为一般限制指令（Limit，它对事先生成的检索集合进行限制）和全限制指令（Limit all，它是在输入检索式之前向系统发出的，它把检索的全过程限制在某些指定的字段内）。如 Limit S5/328000—560000 表示把先前生成的第 5 个检索集合限定在指定的文摘号内。又如：Limit all/de，ti 表示将后续检索限定在叙词和题名字段。

上述几种限制检索方法既可独立使用，又可混合使用。

5.1.3.5 加权检索

加权检索是指根据检索词对检索课题的影响程度，对每一个检索词给定一个数值表示其重要性程度，称为权值。检索时，系统先查找这些检索词在数据库记录中是否存在，并对存在的检索词计算它们的权值总和，只有当数据库记录的权值之和达到或超过预先给定的阈值时，该记录即为命中记录。阈值可视命中记录的多寡灵活地进行调整，阈值越高，命中的记录越少。加权检索是信息检索的一个基本检索手段，它的侧重点不在于判定检索词或字符串是否在数据库中存在、与别的检索词或字符串是什么关系，而在于判定检索词或字符串在满足检索逻辑后对文献命中与否的影响程度。运用加权检索可以命中核心概念文献，它是一种缩小检索范围提高检准率的有效方法。但并不是所有系统都能提供加权检索这种检索技术，而能提供加权检索的系统，对权的定义、加权方式、权值计算和检索结果的判定等方面，又有不同的技术规范。

与联机检索、光盘检索一样，在网络检索中，也使用加权检索的检索技术。通常采用加号和减号表示检索词在检索提问中的分量，即用加号表示某检索词一定要在检索结果中出现，减号则用于表示某检索词一定不能出现在检索结果中。

与联机检索、光盘检索相比，网络信息检索支持的检索技术更多。网络信息检索还可以使用自然语言检索、模糊检索、概念检索等检索技术。

自然语言检索是指用户在检索时可输入自然语言表达的检索要求，在检索过程中检索工具接收到用户提问后，首先利用一个禁用词表从提问中剔除那些没有实质主题意义的词汇，然后将余下的词汇作为关键词进行检索。

模糊检索允许被检索信息和检索提问之间存在一定的差异，这种差异通常指来自用户在输入检索提问时的输入错误，如少键入一个字、打错一个字母等，或者来自某些词汇在不同国家的不同形式，检索工具能够估计到这些词汇的正确形式或其他变形，使我们能够检索到正确词汇或其他变形形式标引的结果。

概念检索是指当用户输入一个检索词后，检索工具不仅能检索出包含这个具体词汇的结果，还能检索出包含那些与词汇属于一类概念的词汇的结果。在此意义上，概念检索实现了受控检索语言的一部分功用，即考虑到了同义词、广义词和狭义词的使用。

5.1.4 检索基本过程

计算机信息检索的基本程序指的是从用户有信息需求开始到分析检索课题、选择检索系统、制定检索策略、实施检索直至获得检索结果或原始信息这样一个过程。

5.1.4.1 分析检索课题

分析检索课题是为了弄清楚检索课题要达到的目的和意图，使信息检索者和信息需求者的思维结果趋于一致，以达到预期的检索效果。在分析课题时，应对查全率和查准率有相应的要求，明确用户的检索目的、需求和检索的范围，这是制定检索策略的基础和前提。任何一个检索都是根据已知去查找未知，通过分析检索课题而明确的已知线索越多，查获所需信息的可能性越大。

1. 弄清信息需求，明确检索目的

信息需求是人们客观上或主观上对各种情报信息的一种需求。这种需求是人们索取情报信息的出发点，也是联机信息检索时选择数据库、确定检索策略以及评价检索效果的依据。不同类型的课题，其信息需求的范围和程度也不尽相同。

通常检索目的可分为3种。

科研攻关型是要解决研究或生产中的非常专指或是细微的问题，往往只要求检出的信息对自已的研究有所帮助，对文献要求专指性强，而查找信息的范围不需要很广。例如某种作物的新品种及栽培技术等。因此这类课题要求查准率高，只要找到合适的信息即可。

课题普查型是要针对某一课题收集系统详尽的资料，这类检索要求查全率高，往往要检索若干年的信息，一般采用回溯检索的方式。例如，申请发明、立项、申报成果奖励、鉴定类的查新课题，往往需要全面地收集某一主题范围的信息。这类用户的情报需求是普查，查全。这时应采取增加相关概念、上位概念的方法来扩检。

研究探索型是一些研究、开发和应用新技术、新理论的用户，需要密切跟踪、了解国内外某一方面的最新成果，掌握最新科研动态，这类检索要求信息新颖、及时性强，多采用定题检索的方式。这类用户的情报需求具有新和及时的特点，对查全率的查准率不一定要求很高。

在明确了检索目的，分析出课题的概念之后，为选库、选词及制定检索策略，奠定了必要的基础。

与用户的检索目的相对应，一般信息服务机构提供两种信息服务。

定题服务（Selective Dissemination of Information ，SDI）。检索机构根据用户提出的课题检索要求，定期对有关数据库收到的最新内容进行检索，并及时将结果交付用户使用。所提供的资料都是当前最新发表的信息，便于科技人员跟上科学发展的步伐，掌握最新动态，对正在进行中的研究课题最为适用。

回溯检索服务（Retrospective Search ，RS）。不仅要查找某一特定课题的最新信息，而且要回溯过去某一时期内的有关资料，对于准备从事某一新课题研究的用户特别适用。该服务可为用户提供充分的课题信息资料，避免盲目重复，使用户在充分吸收他人研究成果的基础上进行新的研究，亦称“立题查新检索”“成果查新检索”，对研究人员已完成基本项研究成果，准备进行成果鉴定、申报成果奖励、申请专利等都十分有用。

2. 明确检索要求与范围

主要应搞清楚检索课题所涉及的学科、专业范围，检索的主题概念是什么，能用哪些名词术语表达，所需要的信息类型是信息还是具体的数据、事实，对检出信息的类型、语种、出版时间、地点范围等有什么具体要求，是否还有其他的已知线索，如信息名称、有关人名、机构名称、信息号码（专利号、标准号、报告号）等，将已知线索一一分析出来。

明确所需的信息量。规定所需信息数量的上限，对以后确定检索策略和控制检索费用是一个很重要的参数；同时还需对检索课题可能有的相关信息量做出估计。

明确所需信息的语种、年代范围、类型、作者或其他外部特征，这对限定检索范围也很重要。

明确检索课题内容涉及的主要学科范围，这对以后选择合适的数据库很重要。

分析检索课题的主要内容，用自然语言来表达这些内容要求，这是联机检索中较为重要的环节。

5.1.4.2 制定检索策略

信息需求本身具有不确定性，加上用户可能并不充分了解数据库中的信息特征标识，而且系统功能存在某些限制，这些因素都会不同程度地影响检索效果。不同的检索课题、不同的检索目的、不同的检索要求，所选用的检索工具和检索方法就不同，检索的效果也大相径庭。为了迅速准确地检索到所需的课题信息，在开始正式检索前，应制定适当的检索策略。良好的检索策略可以减少各种不利因素的影响，尽可能地使检索提问标识、信息需求和检索系统保持良好的一致性，从而检索出满足用户需求的信息。

检索策略（Information Retrieval Strategy）即我们常说的检索提问式，也就是检索词之间的逻辑关系式，为实现检索目标而制订的全盘计划或方案。检索策略是否合理，将直接影响到检索结果的成败。具体来说，就是在分析课题内容具有哪些概念单元的基础上，确定检索系统、检索文档、检索途径和检索词，并科学安排各检索词之间的位置关系、逻辑关系以及查找步骤等。一般来说，使用逻辑"与"算符越多，专指性则越强，查准率就越高；使用逻辑"或"算符越多，检索范围就越大，查全率就越高；使用逻辑"非"算符去掉不相关的概念，也可提高查准率，但用时要慎重，以免漏检。另外，在制定检索策略时，不要连续使用多个位置逻辑算符，以免限制过严而漏检文献。检索策略考虑得是否周全，直接影响信息的查全率和查准率。具体步骤包括如下。

1. 确定检索范围

根据第一步对检索的时间、地域、语种以及信息类型等进行分析，确定一个合理的查找范围。

2. 确定检索工具和检索方法

检索工具在计算机检索中即为数据库，分析了信息需求后，可根据已知的条件来选择合适的数据库。由于不同的数据库存储了不同范围和类型的数据集合以及不同形式的文献特征标识，所以合理全面地选择数据库是检索结果好坏的关键。如欲检索国外专利信息，则可以检索国内的 BDSIRS 系统的 GWZL 库，但其提供的检索途径及报道最新专利信息方面不及美国的 Dialog 系统的 WPI 库，当检索要求较高时，常选用美国的 Dialog 系统。在选择数据库时，可借助于《Dialog Database Catalog》（数据库目录）、《Dialog Bluesheets》（Dialog 数据库蓝页）及《Find your Database Fast》等辅助工具，也可使用 411 文档联机查找。DIALINDEX（411 文档）是系统数据库总索引文档，是联机选择数据库的辅助工具。该数据库不存储具体的文献记录内容，而是存储系统绝大部分文档的基本索引和辅助索引。通常使用该数据库来查询某一检索课题在各待检文档中的命中文献量，以帮助用户确定最合适的数据库。在数据库中提问式可以是一个单词或一个多元词组，也可以是一个逻辑表达式。用 BEGIN 进人 411 文档后，可以进行下面四种指令操作：S、SF、SAV、EXS。

明确数据库及整个检索系统的基本性能是制定检索策略的前提条件。各个数据库都有自己的特点，不仅有综合性和专业性的不同，标引方法和检索方法、覆盖的专业范围、收录信息类型、语种、出版物的文字也均有差别，因此选择检索工具要根据检索课题的要求、检索工具的特点和检索者的外语水平，选择适宜的检索工具。要了解数据库的学科专业范围及各种性能参数，主要包括如下。

（1）数据库的类型是否能满足检索需要。

（2）数据库的学科专业范围是否能与检索课题的学科专业。

（3）数据库收录的信息类型、信息收录的时间范围、更新周期是否符合检索需求。

（4）数据库描述信息的质量，包括对原文的表达程度、标引深度、专指度如何等，是否按标准化著录。

（5）数据库的基本索引及辅助索引提供的检索途径及检索标识的特点。数据库提供的检索入口是否与检索课题的已知线索相对应，对数据库检索途径的标引所遵循的规则都必须有比较清醒的认识。如果在提问式中列出系统没有的检索点，是不可能检出信息的。

（6）检索费用。对于联机检索，费用包括机时费、联机/脱机打印费、通信费、字符费等，而且即使是同一种数据库在不同的检索系统中，检索费用、文档结果、可检字段、检索功能等都不完全相同。

选择数据库时，可以利用检索工具指南、联机数据库目录、光盘数据库目录、数据库指南等。联机检索也可以利用系统提供的数据库总索引文档来选择检索文档，如 Dialog 系统的 411 文档（免费索引文档）。

检索工具选定之后，即可根据检索课题的要求和检索工具的特点确定检索方法，一般应使用顺查法或倒查法。检索方法的选择，一般情况下，应以顺查法和倒查法为主，在此基础上，配以浏览法检索最新信息，或以循环法、回溯法查找某一重要时期或某一重要问题的有关信息。

3. 确定检索途径

检索途径选择恰当与否，直接影响检索效果。数据库选定之后，其提供的检索途径也随之确定，可根据已知的条件来确定某一个或几个检索途径。常用的检索途径有著者、分类、主题、信息提名、信息号、代码（如分子式、产品型号）、引文等，还有信息类型、出版时间、语种等。每种途径都必须根据已知的特定信息进行查找。

由于计算机存储容量大，运算速度快，又对比较多的字段建立了索引，它不仅可以从手检中常用的主题词、分类号及作者等途径检索，而且可以从篇名、文摘的自由词、信息类型、期刊名称等途径进行检索，并且还能利用各种途径的组配进行交叉检索，这些都是手工检索所不及的。总而言之，使用什么检索途径，先用什么途径，后用什么途径，应根据检索课题要求的深度，在检索过程中灵活掌握。

4. 确定课题的概念组面和检索词

弄清信息需求、了解检索课题并确定了检索途径后，确定其概念组面和检索标识是重要的一步。

通过对检索课题进行概念分析，如果课题属单一概念就用单个检索词表达，若课题概念复杂，应明确组成课题内容的几个概念组面，并通过一定的逻辑组配形成一定的复合概念或概念关系来表达用户的信息需求。确定了课题的概念组面，还有将概念组面转换成相应的为系统所识别的检索标识。

检索标识，即检索词，也称检索点，是表达文献信息需求的基本元素，也是计算机检索系统中进行匹配的基本单元。与检索途径相对应，是检索途径的具体化，如主题途径的检索标识就是主题词，分类途径的检索标识是分类号，著者途径的检索标识是著者姓名。其他的则依此类推。检索词选择正确与否，直接影响着检索结果。检索词一般有如下 3 种形式。

规范词：从待检数据库的叙词表或主题词表中选取规范化的词或词组，因为词表是数据库标引和检索必须共同遵循使用的检索语言。为了使检索提问标识与信息特征标识相一致，获得最佳的检索效果，应优先选用规范词。

规范化的代码：索引代码是数据库系统为某些主题范畴或主题概念规定的索

引单元，这类单元有很好的专指性，是一种有较好检索效果的信息特征标识。如国际专利分类号 IC=、PTS 数据库的产品代码 PC=、标准工业代码 SC=等。

自由词：使用自由词检索能够充分利用系统的全文查找功能。规范词或代码的选择需利用词表或分类表等进行自然语言到规范语言的转换，而标引人员和检索人员的思路不一致时也会影响检索效果。此时，用自由词在篇名、文摘甚至全文中查找显现出一定优越性，自由词直接、简明，是科技人员易为接受且较为常用的一种方法。在数据库没有专用的词表或词表中没有可选的词时，可以从一些已有的相关专业文献中选择常用的专业术语作为检索词。注意检索词的同义词、近义词、相关词、缩写词、词形变化等形式的词，以提高查全率。

将概念单元转换为检索词时，应尽量选用规范化词。检索新课题、边缘学科或比较含糊的概念时，应特别小心，因为这些词往往没有收入系统，这时应从专业范畴出发选用本学科内具有检索意义的关键词或自由词，不然就会带来误检或漏检。

任何一个检索课题，总可以从不同的角度分成不同层次的若干概念，每个概念分别具有独立的内涵，又存在一定的逻辑关系。这些概念及其逻辑关系表达了不同深度和广度的课题内容的最佳概念组面。通过课题分析，确定了各概念组面之后，就要选择表达概念的检索词。确定检索词就是将检索课题中包含的各个要素及检索要求转换成数据库中允许使用的检索标识，即用所选定的数据库的词表（如叙词表、分类表）把检索提问的主题概念表达出来，形成主题词或分类号等，也可以是关键词（视数据库而定）、人物姓名、地名、信息名等。选择检索词应注意各种检索途径的特点及编制规则，如主题标识应注意正确使用叙词表，分类标识应注意分类表的族性关系和相关类目，著者标识应注意不同国家和民族著者姓名的特点和索引编制规则，以达到检准、检全的目的。检索词的确定，有以下几种方法。

上取法：又称上位扩展法，指按检索词的等级关系向上取一个合适的上位词。

下取法：指按等级关系向下取一个合适的下位词。

旁取法：即按等级关系取同位词或相关词。

追踪法：通过审阅已检出的相关文献，从中发现可供下一步检索用的词。

截词法：截去检索词的词缀，仅用其词干或词根做检索词。

注：尽可能参照词表；有效利用数据库的各种代码；避免使用高频词；注意英美写法的不同；使用专业术语。

检索词的表示应符合两方面的要求：一是切题性，即检索标识反映信息需求；二是匹配性，即检索标识和检索系统的存储特征标识相一致。

5. 构建检索式

检索标识确定后，接下来就是构造检索式，即用一定的组配关系把各个检索标识连接起来组成检索提问式，并表达各种复杂的概念关系，以准确地表达信息需求。检索式是机检中用来表达检索提问的一种逻辑运算式，又称检索表达式或检索提问式。它由检索词和检索系统允许使用的各种运算符，如各种布尔逻辑算符、位置算符以及系统规定的其他组配连接符号组合而成，是检索策略的具体体现。正确地选词并配备逻辑符是制定检索策略的关键，关系到检索策略的成败。

在构造检索式时要注意各种逻辑运算符、位置算符、截词符等的使用方法，如位置算符的松紧程度及先后词序，还要考虑各个检索项的限定要求及输入的词序，根据反馈信息对检索式进行调整等。

5.1.4.3 试验性检索

检索策略制定好以后，就进入信息检索的实施阶段。一次成功的信息检索，是在调查研究和周密计划的基础上，有目的、有步骤进行的。拟定信息检索步骤是信息检索的一个重要组成部分。制定检索策略是信息检索的理性思考，而有目的、有步骤地查找信息，是检索策略和方案的具体应用，二者既有联系，又有区别。

在检索系统中，将检索标识与系统中存储的信息标识进行匹配，查出相关信息，并对所获结果进行分析，看其是否符合需要。如果试查结果满意，可进行正式检索；否则，要分析原因，修改、调整检索策略。但是在实际的计算机检索中，常常会出现信息过少甚至为零或信息过多的情况。作为检索人员，应与用户进行分析，及时调整检索策略，以使检索达到令人满意的效果。具体的调整包括修改检索式、调整检索词、重新选择检索系统等。如信息资源过多或过少，可通过增加检索项、运用布尔逻辑的组配以增加或缩小检索范围，达到减少或增加命中信息的目的。通常来说，逻辑“与”总是缩小检索范围，达到查准的目的；逻辑“或”总是扩大检索范围，达到查全的目的；而逻辑“非”总是缩小检索范围，达到查准的目的。

当检出的记录数量太多时，应采用缩检技术排除不符合需要或相关性较小的记录。可以调整检索式将检索限定在篇名和叙词字段，利用信息的外部特征进行限制检索，增加用逻辑“与”“非”运算，采用位置算符，改用确切的词组，指定词之间的位置关系，增加新的限定词，选择更专指的检索词，提高检索式的专指度，增加或换用下位词和专指度较强的词；增加一个检索概念；将检索式中的AND算符改为位置算符；或将较宽松的位置算符改为更严谨的位置算符；使用后缀限制，将检索词限制在基本索引的“重要”字段中，如规范词字段或题目字段；用辅助索引的某些字段与主题检索相结合限制检索范围。产生检索结果信息量过多的原因可能有：一是主题词本身的多义性导致误检；二是对所选的检索词的截词截得过短。

当检出的记录数量太少时，则要采用扩检技术扩大检索范围。可以将检索的字段改为文摘、全文字段等，减少或取消限制条件，提高检索词的泛指度，结合使用关键词和叙词，增加同义词和其他相关词并将其与原来的检索词用逻辑“或”算符组配，改用较泛指的检索词，减少逻辑“与”“非”运算，采用截词检索等。选择其他的同义词、相关词或上位词；去掉一个不太重要的检索概念；将限制严谨的位置算符改为较宽松的位置算符，或用 AND 算符代替位置算符；取消某些限制过严的后缀符、限制符等；增加检索途径，将主题途径与非主题途径结合起来使用；利用截词技术，检索所有相同词干的词；用 E 指令扩词以核实拼写；选择其他数据库进行检索。造成检索结果信息量少的原因可能有：一是选用了不规范的主题词或某些品种的俗称，商品名称作为检索词；二是同义词、相关词、近义词没有运用全；三是上位概念或下位概念没有完整运用。

若采用适当的扩检技术，检索结果仍不能令人满意，则考虑更换检索文档，即重新选择数据库。

在实现上述调整中应注意两点：一是从学科专业知识出发，选择泛指词、专指词及相关词，并确定组配逻辑；二是利用计算机检索系统的功能，从信息的类型、年代、文种等外部特征入手对命中信息集合进行调整与控制，直到获得较满意的检索结果。

5.1.4.4 正式检索

试验获得成功，就可以进行正式检索。在检索中，应灵活运用各种检索方法和检索途径，充分利用各种积累索引，并对各种参照款目进行认真审核与利用。

为确保检索结果的完整性，还应利用其他信息源进行查找，如浏览最新的核心刊物来补充检索工具或数据库中尚未报道的最新信息。

5.1.4.5 索取原文

由于计算机检索结果得到的只是信息线索，检索结束后，还要根据所获得的信息线索索取原文。在索取原文过程中，要注意以下问题。

1. 识别信息类型

不同类型的信息收藏地点不同，在索取原文时首先就要区别信息的类型。根据信息外部特征的差异，可以区别不同类型的信息。

2. 将缩写刊名恢复全称

检索工具中在信息来源项的著录中，常常将期刊名称按一定的缩写规则进行缩写。因此索取原文时，首先要将刊名的缩写恢复成全称，然后才能根据刊名全称及年、卷、期借阅原文。缩写刊名还原方法主要有以下两种。

利用检索工具所附的期刊来源表。大多数检索工具一般都在附录部分提供摘引刊物一览表，利用它不但可以查找刊物的全称，还可以了解信息的来源情况。

根据刊名缩写规则或利用有关的工具书查找。国际标准化组织1972年颁发了《国际期刊名称缩写规则》［ISO-4—1972（E）］对期刊名称的缩写作了统一规定。遇到不易确定的刊名缩写时，可以查找《国际期刊名称缩写词表》［ISO-833—1974（E）］或者利用中国图书进出口总公司编辑的《外国报刊目录》、美国Gale公司出版的《Periodical Title Abbreviations》《Ulrich's International Periodicals Directory》等。

3. 识别不同语系文字的音译

在西文检索工具中，俄文、中文、日文等的信息作者、出版物名称通常采用音译法转换成英文进行著录，故索取原文前，要将这些音译的人名、出版物名称还原成原来的语种。

中文的出版物名称和著者姓名。现在常用汉语拼音直接著录，也有个别采用威妥玛拼音著录的。威妥玛拼音法（Wade system）曾广泛流行，它与汉语拼音的差别较大，如果遇到采用威妥玛拼音时，要首先利用《威妥玛拼音与汉语 音节对照表》将其转换成汉语拼音，再拼出汉字。

俄文、日文出版物名称和著者姓名。分别采用《俄文字母—拉丁字母音译对照表》和《黑本式拉丁字母—日文字母音译对照表》进行音译著录，可以分别利用这两种表进行还原。

4. 利用各种收藏目录

在索取原始信息过程中，要根据不同类型的信息查找不同的联合目录、馆藏目录、联机公共目录等，查知其原文的收藏单位，再进行借阅。例如要借英文图书，可利用西文图书联合目录；要借中文期刊，可利用中文期刊馆藏目录；要借英文期刊，可利用西文期刊联合目录、馆藏目录等，查出所需要信息的入藏单位及其索取号，便可以借阅或复制原文。

5. 利用信息传递服务，获取远程文章

许多大型检索系统提供信息传递服务，可以根据检索结果在线提出索取全文的申请，通过E-mail、传真等方式获得原文。

5.2 主要的联机检索系统

联机信息检索（Online information retrieval）又称联机检索，是指建立在计算机联机处理方式上的信息检索，即检索者通过检索终端和通信线路直接查寻检索系统数据库的计算机检索方式。用户采用终端并通过通信线路，以与检索系统对话的方式直接访问数据库，进行存储、检索、打印、修改数据等处理。

5.2.1 联机检索的产生与发展

萌芽于1962年，美国麻省理工学院的M.M.凯塞利用IBM709电子计算机和IBM2741多通道控制台进行了世界上首次联机检索试验。1964年，美国洛克希德公司首次研制Converse联机检索系统，随后研制成功RECON系统。并在此基础上创建了DIALOG检索系统。1965年，SDC与ORBIT系统。美国国立医学图书馆的MEDLINE以及斯坦福大学的SPIRES系统等。

兴起于20世纪70年代中期，联机检索技术在世界范围内蓬勃兴起，并在各个领域广泛应用。联机检索数据库从以二次文献为主发展到全文型、百科全书型、事实型和数值型等多样品种，应用领域从科技扩展到经济、金融、出版等各领域。世界上重要的联机检索系统美国在文摘与索引数据库领域有DIALOG信息服务社、SDC的ORBIT检索服务社、文献检索公司BRS信息技术部、美国国家医学图书馆MEDLINE等科技信息联机检索系统；在全文数据库领域，有MEAD数据中心、News Net、Data Times Corporation；在数值商业数据库领域有DRI/Mc-Graw-Hill；在面向消费者的数据库服务领域有CompuServe信息服务部。此外还有Information Bank、CIS等各种联机检索系统。

近年来美国出现了超级市场型数据库联机服务系统。Telebase数据库服务公司将欧美各国的Dialog、BRS、SDC、QUESTEL、VU/TEXT、News Net、Pergamon、Infoline等系统约600种数据库纳入自己的检索网，用户可以选择和检索每个数据库。UNIS信息服务公司，也将Dialog、DELPHI、COMTEX提供的120多种数据库纳入系统，专门提供经济、企业和市场信息的信息服务。SOURCE系统提供职业、航空路线和时刻表、电影评论等信息服务。COMPUSERVE系统提供电子菜谱、购物、影视、音乐信息等数据库服务。除美国外，德、法、英、日都是联机检索发展的大国。据统计，西欧国家共有100多个联检系统。这些系统通过分组数据交换网组成了著名的大型信息资源网络，即EURONET DIANET。它联结了德国的DATEX-P、法国的TRANSPAC和NTI、英国的PSS和IPSS、瑞士的TELTPAC、意大利的ITAPAC、西班牙的RETR、比利时的DSC、瑞典的TELEPAC、挪威的NORPAC等分组交换网，拥有1 000个数据库。与此同时，发达国家的联机检索正向着产业化方向发展。俄国和东欧国家也已经建立跨国联机检索系统。埃及、韩国等在联机检索系统发展上也有声有色。

大型国际联机检索系统主要有：Dialog、OCLC、MEDLARS、STN、ORBIT、BRS等。国内联机系统中较大的系统有：中国科技信息研究所的ISTIC系统、北京文献服务处的BDSIRS、化工信息研究所的CHOICE系统和机电信息研究所的

MEIRS 系统等。

5.2.1.1　联机信息检索系统的构成

联机信息检索系统主要由以下几部分构成。

计算机：联机检索系统的核心部分，包含硬件和软件。系统的检索速度和存储容量主要取决于硬件部分，软件决定信息的储存、处理、检索以及整个系统的运行与管理。

数据库：一系列记录的集合，是检索系统的信息源，它存储在计算机的磁带、磁盘、光盘和其他存储介质上。

通信网络：一般有公用电话网、专用数据通信网和公用数据网等类型。调制解调器、自动呼叫器、通信控制器、网关等都远程通信系统不可缺少的重要通信设备。

检索终端：是用户向联机检索中心发送或接收信息的设备。

辅助设备如下。

联机检索数据库主要分为两类。

参考数据库：是二次文献数据库，包含各种机读版的文摘、索引、目录等，它的价值在于向用户指引一次文摘，有书目数据库、指南数据库两种。

源数据库：是能直接提供原始资料或具体数据的自足性数据库，用户不必再查阅其他信息源，其特点在于含有用户作为检索目的而要求获取的数值、事实或文本，有数值数据库、文本数值数据库、术语数据库、图像数据库、全文数据库等几种。

5.2.1.2　联机信息检索的主要服务功能及特点

1. 检索速度快，检索效率高

国际联机检索的主机，大都能每秒执行几千万条指令，一般用户发出命令 5 秒钟内即可将命中文献的篇数显示到用户的终端屏幕上，检索一个课题只需几分钟，且在一系列系统的检索技术、检索策略的保证下能达到较为理想的查全率和查准率。

2. 信息资源丰富且质量高

各大联机检索系统不仅是数据库经销商，而且也是数据库的生产者，所提供的一般是各领域的核心、权威数据库，涉及学科领域广泛，且数据库的数量多，从几十个到数百个不等，信息资源丰富且经过严格的加工、处理和组织，质量较高。据统计，世界上公开发行的文献 80%都可以通过国际联机系统查到。

3. 数据更新快

一些大型联机检索系统数据库的更新速度较快，有季更新、月更新、周更新，甚至每日更新，用户可以及时得到最新信息。如 STN 系统中的大多数数据库都能保证每周更新，而著名的美国化学文摘 CA 数据库，它在 STN 检索系统中每天都更新，且文摘可追溯到 1907 年。而且，绝大多数书本式检索工具都是由计算机在其机检数据库的基础上编制的。显然，书本式检索刊物报道文献要比机检数据库晚一些。

4. 检索费用高

国际联机检索的费用主要由联机机时费（通信费）、数据库检索使用费和信息提供费（打印、传送等）。另外，联机检索要求检索者受过系统培训，一般用户通常要通过专业人员的代理，因此还可能支付一定的检索代理费，所以检索花费较高。

5. 检索功能强

位置算符、数字运算符、截词符等可达到准确检索的目的，这是互联网标引所无法达到的，联机检索系统可以提供众多的检索途径，用户可根据需要运用多种检索方法进行查检。用户能够自行确定检索词，或用布尔逻辑算符和位置算符将多个检索词进行组配查找，也可指定任意信息属性，如主题词、著者、出版单位、文献篇名、期刊刊名、出版年代等检索途径，而且可以通过人机对话，扩大或缩小检索范围，不断修改与调整检索策略，来达到满意的查全率和查准率，确保检索的最佳效果。

6. 灵活的服务方式和输出方式

一般大型的联机检索系统都提供回溯检索、定题检索、联机订购原文乃至联机通信等多种服务项目，例如，可通过联机系统订购原始文献的复印件。因为用户通过联机检索后，获得的都是二次文献，当用户需要文献资料的原文而在当地馆藏中又找不到时，则可利用联机检索系统进行原文的服务，向提供原文的机构订购原文的电子格式或复印件或缩微平片。另外，联机检索的结果可联机显示并打印，也可脱机打印，还可将联机结果存盘，以便重新编辑整理使用。输出格式有多种选择，既可输出数据库中的完整文献记录，也可输出篇名、出处等某些字段，也可以根据需要安排字段的排序，并编成专题目录、信息资料通报等。有的系统还可输出缩微形式的原始文献。

5.2.2 Dialog 联机检索系统

美国 Dialog 系统是世界上规模最大、历史最悠久的一家综合性商业联机检索系统，1966 年由美国洛克希德导弹航空公司所属的一个情报科学实验室负责建立；1972 年开始为用户提供联机服务，正式投入商业运营；1981 年 6 月 Dialog 成为 Thomson Corporation 的一个子公司；1988 年新闻出版和电视广播公司（Knight Ridder Information Inc）耗资 3.5 亿美元购买了 Dialog 系统，1997 年 KR 公司又与英国的 M. A. I. D. 公司（一个长期从事商务信息服务的公司）兼并，成为目前世界上最强大的联机信息行业公司（The Dialog Corporation plc）。2000年又被 Thomson 集团收购；2008 年并入 Proquest。目前已遍布 100 多个国家。

Dialog 系统是目前世界上最大的国际联机情报检索系统，覆盖各行业 900 多个数据库，其数据类型主要有 4 种，即文献型、数值型、名录字典型、全文型，收录 40 多个语种和占世界发行总量 60%的 6 万多种期刊，其报道文献量占世界各检索系统数据库文献总量的一半以上。文档的专业范围涉及的学科领域被分为 20 类，包括综合性学科、自然科学、应用科学和工艺学、社会科学和人文科学、商业经济和时事报道等。信息总量约 15TB，共有 14 亿条记录，存储的文献型和非文献型记录占世界各检索系统数据库文献总量的一半以上。收录的文献类型有书报、专利、会议记录、科技报告、工业标准、市场行情、统计数据、公司厂商名录、广告、商标等。数据库中的数据更新及时，多数每周更新，有些数据库每日更新。该系统主要业务是经销数据库，提供数据库联机查询，也提供数据库的光盘产品。该系统只开发管理程序和人机友好界面接口服务程序，将数据库生产者研建的数据库放在它的系统上运行，并对数据库资源进行管理，提供联机查询。提供的服务项目有各种类型信息检索、定题服务和原文定购等。经过多年的发展现在已成为世界上第一个在全球应用的、具有实际重要数据库的在线信息检索系统。Dialog 公司主页 http：//www. dialog. lk/（图 5-5）。

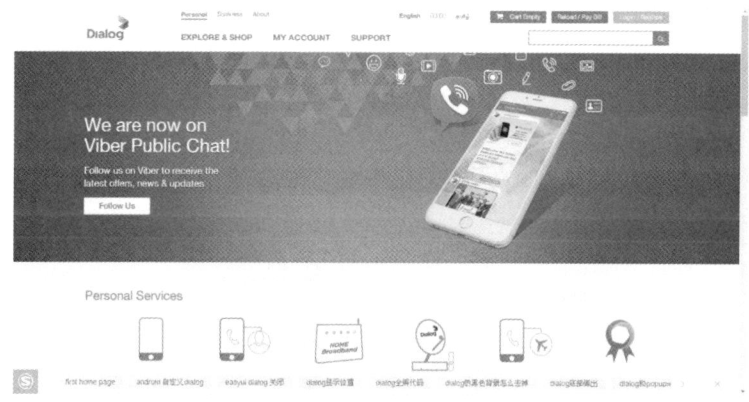

图 5-5　Dialog 主页

Dialog 系统早在 20 世纪 80 年代就已被我国许多图书情报单位引入，成为我国信息用户查询国外各类信息的重要工具，特别在学术研究领域的课题调研、项目查新、课题立项、成果评估、专利申报等工作中都发挥了重要作用。

5. 2. 2. 1　服务与利用

Dialog 提供联机检索服务项目有，如追溯检索（RS，专利申请、综述撰写、项目研究的确定和鉴定等)；定题检索（SDI，是按用户预先指定的要求不定时地对存储在数据库中的最新文献信息进行检索，并将结果提交有关用户。)、查新服务（或称新颖性检索)；联机订购文献、文献递送服务、知识索引（Knowledge Index)、跨文档检索（OneSearch）等。

要使用 Dialog 系统首先要申请账号，交纳开户费，每年要交年费和数据库使用费。以前主要是通过 ChinaPAC 专线电话联到北京。然后，在北京通过通信卫星联到美国的 Dialog 公司。通信费用比较高。做一个检索查新课题，其费用除联机检索费(数据库使用费、打印费）外，还包括由字符通信费、端口费、长话费组成的国内通信费。其中字符通信费一般按检索时间×12.1 元/分钟计算。互联网普及以后，可以通过远程登录（Telnet）或万维网（Web）的方式来检索 Dialog 系统，检索费只包括联机检索费和本地互联网费用，不必考虑字符通信费，因此检索人员上网联机时可不必考虑联机时间的长短，因为互联网的费用很低，更加直接、方便。

Dialog 根据不同用户的需求，提供了多种检索界面和联机方式，并制定了相应的收费办法：

1. 专业检索人员使用的检索方式

Dialog 专门为从事图书馆、信息检索等专业检索人员设计了功能强大的指令检索方式，可检索 Dialog 系统所有数据库，从而获得更快捷、更精确、更全面的检索结果（图 5-6、图 5-7)。

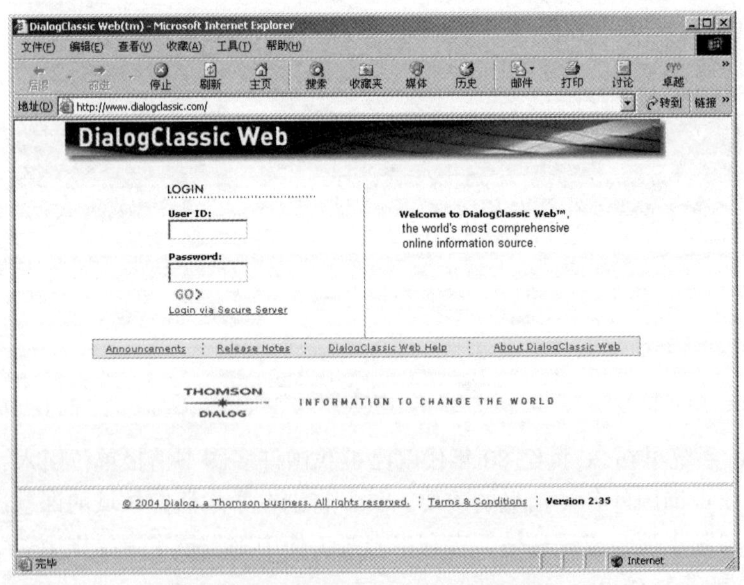

图 5-6　DialogClassic Web 登录页面

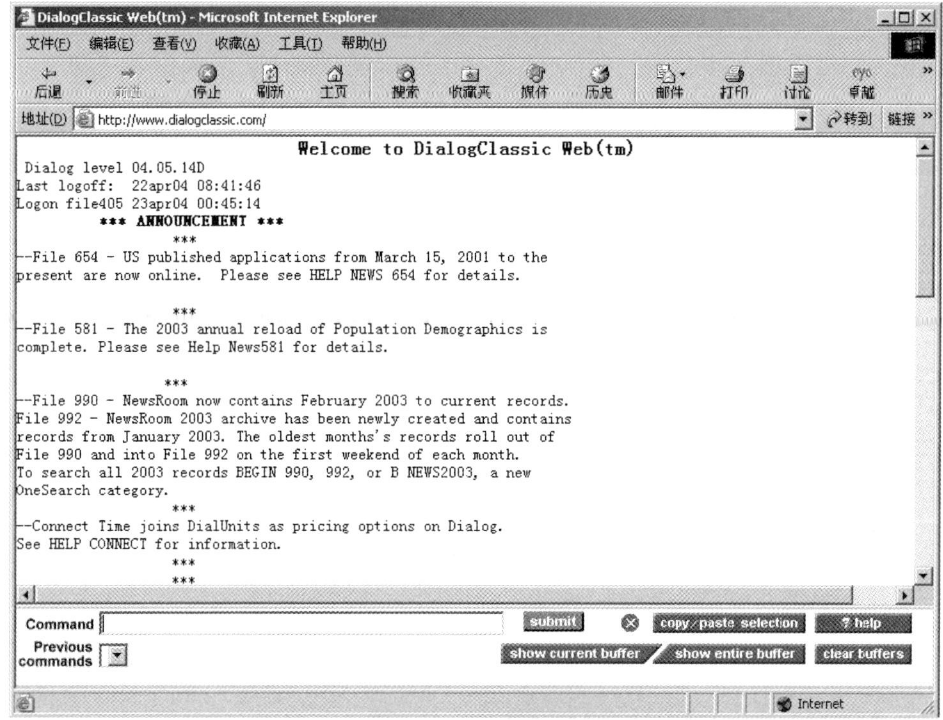

图 5-7 DialogClassic 系统检索结果显示页面

（1）纯文本界面 DialogClassic，http：//www. dialogclassic. com。

（2）WEB 界面 DialogWeb，http：//www. dialogweb. com。

可通过 Netscape 或 IE 浏览器全功能检索 Dialog 所有数据库。检索页面带有图形，并可通过菜单获取数据库蓝页、检索费用、数据库索引字段、打印格式以及联机帮助信息等内容。数据库蓝页是 Dialog 系统为了用户了解每一个数据库的特征、可检字段及字段索引性质、输出格式等内容提供的一个检索指南，由于其印刷本用蓝色纸张印刷的，所以称为蓝页。蓝页主要介绍数据库如下内容：File Description（文档简介）、Subject Coverage（包含学科领域）、Sources（文献源介绍）、Origin（数据库生产者）、Sample Record（记录样例）、Search Options（可检字段）、Basic Index（基本索引）、Additional Index（辅助索引）、Indexing（字段标引形式，即是用单元词还是用词组标引）、Limiting（附加限定）、Sorting（可用指令 Sort 排序字段）、Mapping（可用 Map 指令存储的字段）、Output Options（输出格式）等，并对每一项给出操作样例（图 5-8～图 5-13）。

DialogWeb 提供两种检索方式：

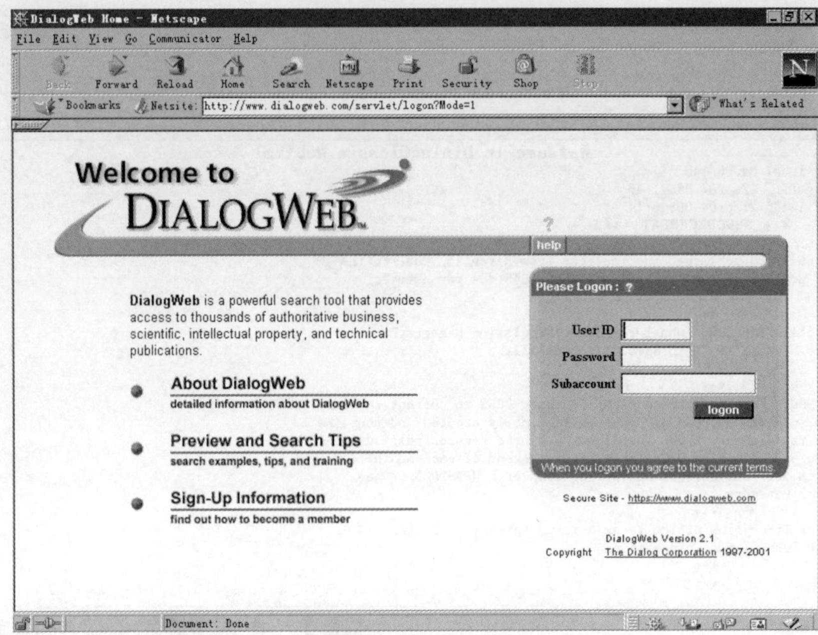

图 5-8　DialogWeb 登录页面

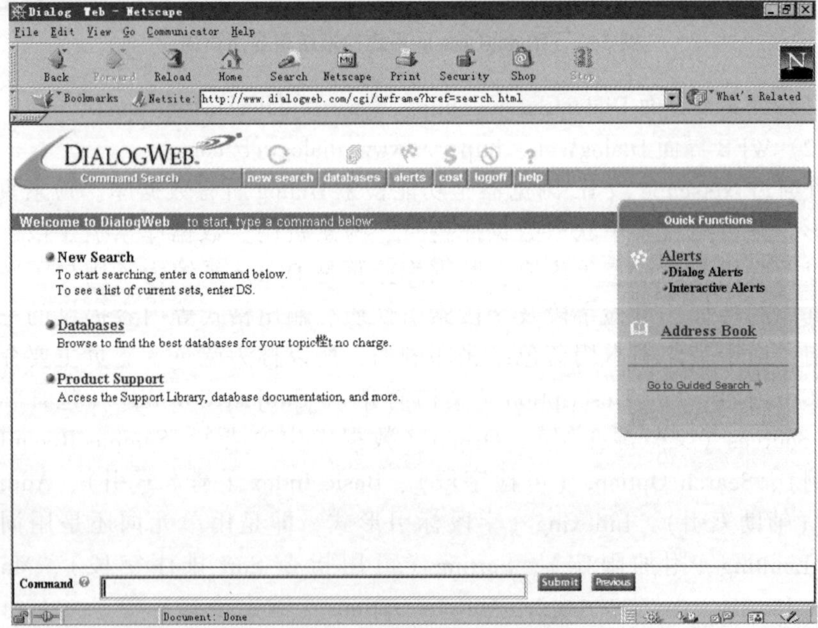

图 5-9　DialogWeb 命令检索页面

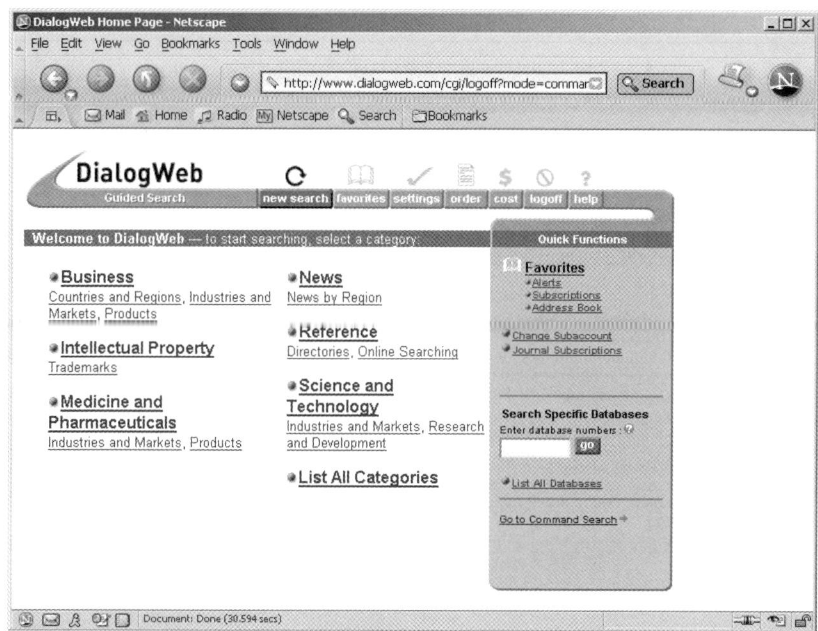

图 5-10　DialogWeb 系统的菜单检索界面

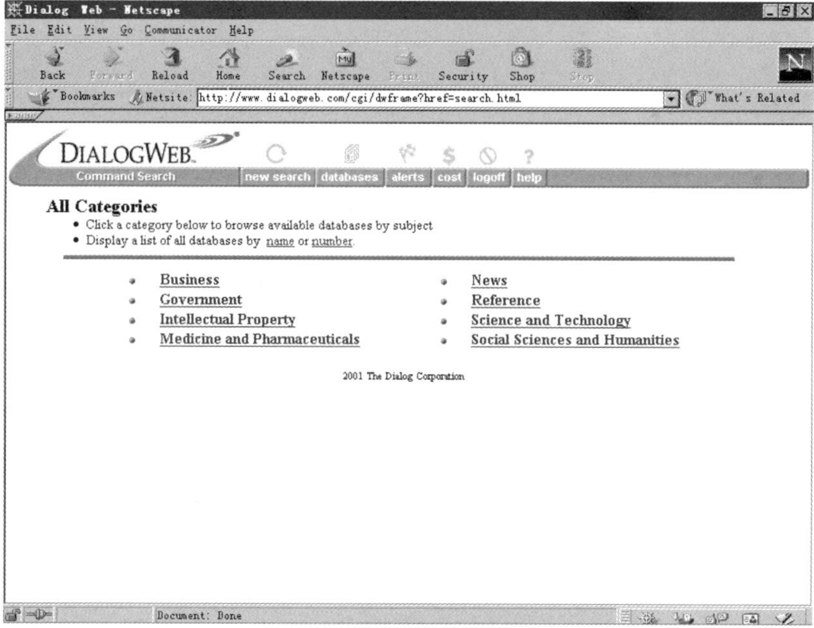

图 5-11　DialogWeb 主题分类与数据库选择页面

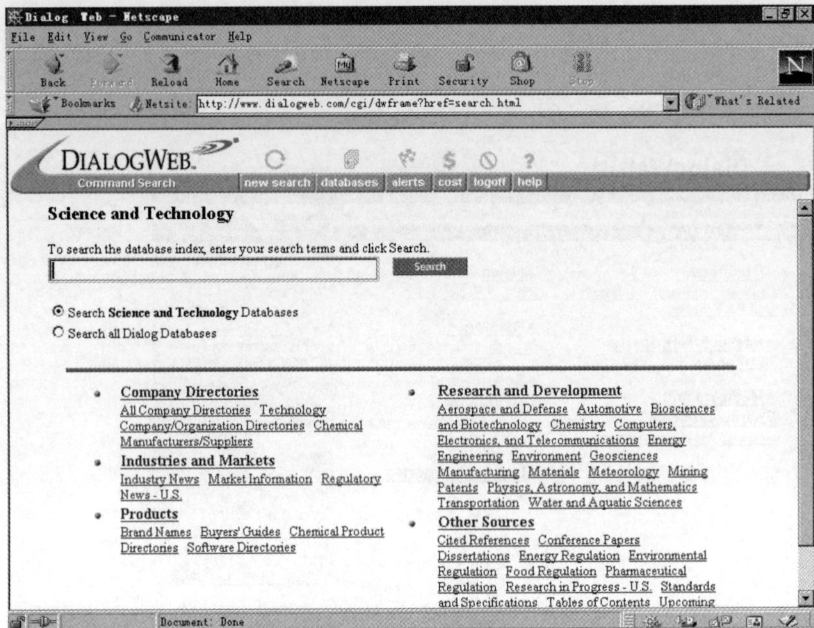

图 5-12　DialogWeb 检索界面

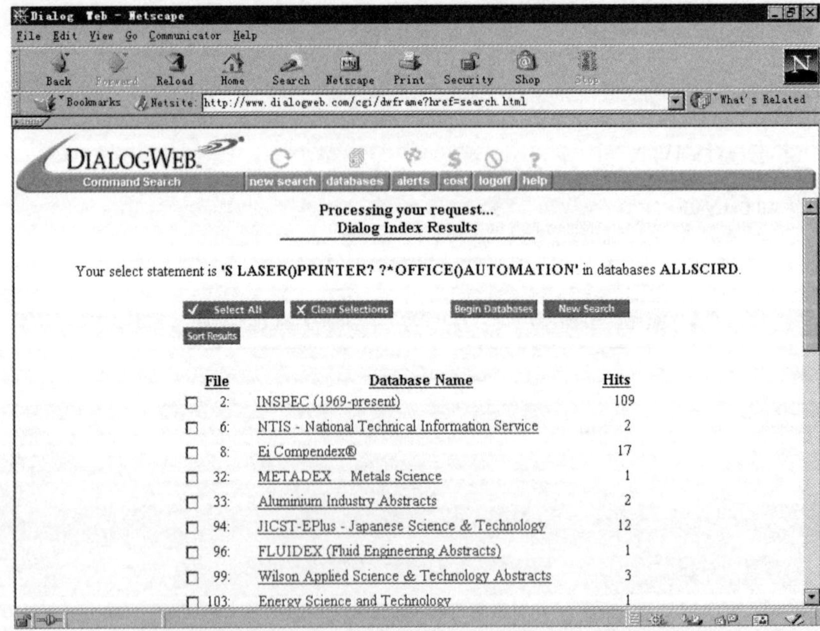

图 5-13　DialogWeb 文档动态菜单检索结果显示页面

指令检索方式（Command Search）：供具有检索经验的中高级检索人员使用。

引导检索方式（Guided Search）：供专业检索人员、非专业检索人员和初学者使用。

（3）通过互联网远程登录方式检索 Dialog（DialogLink 专用软件，可以从 Dialog 网站上免费下载）（纯文本界面）主机域名 dialog. com。这种方式可以预先输入检索式，节省联机输入造成的开销；还可以将检索式保存，以便以后察看。

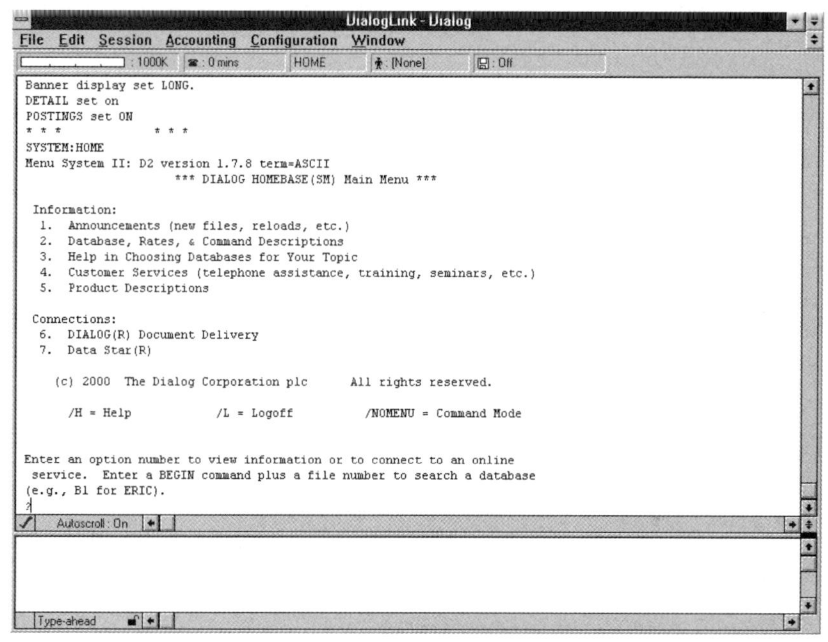

图 5-14 DialogLink 检索页面

2. 非专业检索人员使用的检索方式

Dialog 为没有检索经验的非专业检索人员或初学者设计了多种检索界面，使得这些人员无须熟悉 Dialog 数据库及检索指令即可进行检索。检索方式简单直接，只需点选所需信息类别然后输入特定范围关键词，再连接到相关数据库中进行检索。

根据不同类别的检索需求（如化工、医药、专利、能源等）用户可以选择不同的界面方案，以方便检索。

注意：下面介绍的是为新用户和没有检索经验的人员提供的基于 Web 的指导性检索界面，它只能检索 DIALOG 部分数据库。

可根据用户需求选择下列不同的检索平台。

（1）DialogPRO（http：//dialogpro. dialog. com）为中小型企业量身定做的产业信息平台。

（2）Dialog1（http：//www. dialog1. com）整合科技行业信息内容的简易检索平台。

（3）DialogSelect（http：//www. dialogselect. com）按行业细分建立的简易检索平台。

（4）ProFound（http：//www. profound. com）提供超过10万份专业且极具有价值的全球市场报告。

（5）TradstatWeb（http：//www. tradstatweb. com）拥有全球约90%的贸易数据。

（6）DataStarWeb（http：//www. datastarweb. com）专注于生物技术、医药类和欧洲市场的信息检索平台。

（7）NewsRoom（http：//www. dialognewsroom. com）提供全球最新、最快的新闻和商业信息、科技信息和 不同专业领域科技发展、趋势的信息。

（8）NewsEdge（http：//dialog. newsedge. com）提供全球最完整的实时新闻。

（9）Intelliscope（http：//intelliscope. intelligencedata. com）提供投资银行及券商报告。

（10）Dialog OpenAccess（Search by Credit Card）（http：//www. dialog. com/openaccess/）。

OpenAccess 是 Dialog 国际联机检索系统的公开网站，在该网站可以免费查找以下各类资源的题录信息：各学科最新研究动态；论文被 SCI、EI 等数据库收录情况；论文在 SCI、SSCI、AHCI 数据库中被他人引用的情况；标准、专利和各种市场商情等题录信息。Dialog OpenAccess 网址 http：//www. dialog. com/products/openaccess/。Dialog OpenAccess 包括了 Dialog 中大部分数据库，并分为商业新闻、化学、工程、环境、医学、药学、知识产权、政府报告等栏目（图5-15）。

5.2.2.2 数据库类型、结构与选择

Dialog 系统的数据库有书目型数据库（Bibliographic Databases）、数值型数据库（Numeric Databases）、名录型数据库（Directory Databases）、全文型数据库（Full-Text Databases）等。而各数据库的收录范围、数据类型、存贮/检索标识、检索费用等不尽相同，可根据实际需求合理地选择数据库。

数据库由字段来标识数据的各个属性特征并可检索点。每个数据库文档都规定了自己的基本索引字段和附加索引字段，其中基本索引字段（Basic Index Fields）是指检索中以后缀方式限定的字段，附加索引字段（Additional Index

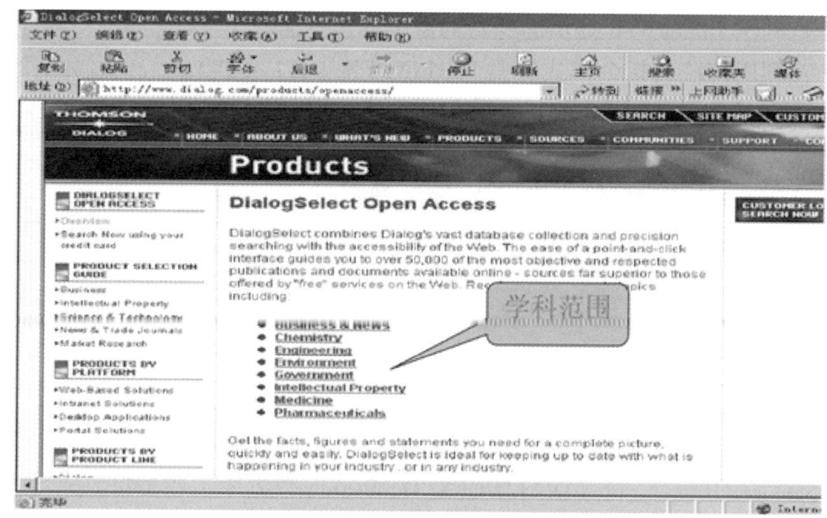

图 5-15 DialogOpenAccess 检索主页

Fields）是指检索中以前缀方式限定的字段，使用时应先查看一下。

1. 基本索引字段

一般情况下，以下字段属于基本索引字段：

（1）ti（题录、篇名），例如：s computer（）instruct?/ti。

（2）ab（摘要），例如：s computer（s）instruct?/ab。

（3）de（主题词、叙词），例如：s computer（n）instruct?/de。

（4）id（自由标引词）。

2. 附加索引字段

附加索引字段一般有：

（1）au（作者），例如：s au=dingSamuel。

（2）cs（作者单位），例如：s cs=（BEIJING（）NORMAL（）UNIV（）DEPT（）MATH）。

（3）jn（刊物名称），例如：s jn=physical（）review?。

（4）py（出版年份），例如：s py>1994。

（5）la（语言），例如：s la=eng。

3. 数据库的选择方法

（1）使用数据库选择工具选择恰当的数据库。

（2）使用《DIALOG 数据库目录》选择数据库。

（3）使用《DIALOG 数据库说明书》选择数据库。

（4）使用数据库选择工具选择恰当的数据库。

（5）利用 DialogWeb 提供的免费的数据库选择工具。

（6）利用传统的指令模式检索 DIALINDEX（411 文档）。

5.2.2.3 检索方法

1. 基本检索指令

DIALOG 系统指令的输入格式：? 指令 数据<回车>。

调用文档指令 Begin 或 B，即进入指定数据库，或打开数据库文档。

例：b 5

b 1，34

b environ

b 399

b 2，6，8　　　　　（OneSearch）

b patents　　　　　（DIALINDEX/OneSearch 数据库主题类目）

b 8，patents

选词指令 Select 或 S，即输入检索词、前缀、后缀代码或组号，执行检索。

例：s search（）engine?

s au=ding Samuel

s cs=（Beijing（）normal（）univ?）and py>=1998

s computer? ?

S1 4230　COMPUTER? ?

s online+on（）line

s glaucoma * therap?

s（air+water）（2n）pollut? * s3

s s1（s）optic?

s（s1+s2） * s3 * s4

s（heat+thermal）/ti，de

s s12/ti

s video/ti * au=hess，g?

s co=america online?

s jn=information todays

s pn=us 5445842

s ic=c07c-015

s ic=c07c-015/04

s rn=9002-88-4

s rn=50-00-0（s）reaction?

s rn=9002-88-4p

s s3 * py=1990：2006

s s4/1996-2006

扩词指令 Expand 或 E

例：e au=brostoff，s

E1 1 AU=BROSTOFF，ANITA

E2 2 AU=BROSTOFF，GEORGE

E3 0 *AU=BROSTOFF，S

E4 2 AU=BROSTOFF，STEPHEN

E5 2 AU=BROSTOFF，STEVE

E6 1908 AU=BROSTOFF，STEVEN

E7 1 AU=BROSTROM，NATHAN

E8 1 AU=BROSTROM，RICHARD

E9 1 AU=BROSVIC，D

E10 1 AU=BROSZ，ALAN

E11 1 AU=BROSZ，TIM

E12 1 AU=BROSZEIT，RICHARD K.

s e4

s e4：e6

s e4 or e8 or e11

显示、打印指令。

联机打印指令 Type 或 T

脱机打印指令 Print 或 Pr

指令格式

? t Sn/打印格式/打印记录范围

? tn/打印格式/打印记录范围

例：t s1/6/all

t s2/3/1-15

t s3/5/1-5，8，10

t 056789/7

t /6，k/1-10

t s1/ti，au，cs/1-2

在同时打开多个文档进行多库检索时，可在打印指令输入项的最后用 FROM 指定某个或某几个数据库。

例：t s4/7/all　from 155

t s4/3/1-9　from 399，5

t s5/6，k/1-5　from each

t s1/ti，au/1-2　from each

关机指令 Logoff 或 log，bye，quit，stop，off 等，断开连接，退出 Dialog 系统。

暂时关机指令 Logoff hold。

暂时保存检索策略指令 SAVE TEMP，系统自动分配一个以字母 T 开头的策略保存号。

调用保存检索策略指令 Execute Steps 或 EXS。

例：exs　tf2886681

Exs

叠加指令；

多次输入：

？b 2，8

？s laser（）printer？？/ti and py=2003

？rd

？t/6，k/1-5 from each

一次输入：

？b 2，8；s laser（）print？？/ti and py=2003；rd；t/6，k/1-5 from each

回顾检索过程指令：Display Sets 或 DS，回顾检索过程，显示所有的组号及每个组号对应的检索式和命中的记录数。

去重指令：RD。

专利文献去重指令：IDPAT，同时检索多个专利数据库时使用。

MAP 指令，可将一个命中记录或一组命中记录中的某个字段（需指定）内的词或数据（如专利号、CAS 登记号、作者、专利权人、发明人、专利分类号、公司名称等）抽取出来并自动保存（系统自动给出保存号），然后用 EXS 指令调用已保存的策略，即可将这些被抽取出来的词或数据作为检索词在当前数据库或其他数据库中进行检索。

输入格式

map xx Sn/1-n

map xx temp Sn/1-n

map xx t Sn/1-n

map xx t Sn/n

map xx t/1-n

map xx t

应用举例

map pa s3/1-10

map pn temp s3/1-15

map ic t s6/1-9

map pnpb t s2/1

map rn t/2

map co t

(Sn 为组号；xx 为字段代码；t 为暂时保存)

分步执行检索指令 Select Steps 或 S STEPS&SS。

集合间布尔运算指令 Combine 或 C。

保存检索策略指令 Save。

查看保存的检索策略指令 Recall。

调出并执行保留检索指令 Execute 或 EX。

取消保存的检索策略 Releasa。

2. 基本检索算符

(1) 逻辑算符。逻辑算符是表达检索提问的各概念之间的逻辑关系。逻辑算符有 3 种：AND（与）、OR（或）、N 叮（非）。3 种算符可同时在一个检索式中使用，也可单独使用。

①OR：逻辑“或”，可用“+”代替。用来表示相同概念的词之间的关系。

例：? Scomputer Or microcomputer

? SSlorS2

? C1+2

②AND：逻辑“与”，可用“ * ”代替。用来组配不同的检索概念。

例：? Ssolar and energy

? SS3 and S4

? C3 * 4

③NOT：逻辑“非”，可用“-”代替。用来排除某些检索概念。

例：? S（computer not microcomputer） and network

使用逻辑算符时应注意的事项：

逻辑算符的优先级为：NOT、AND、OR，可用括号来改变优先顺序。在逻辑组配时，算符的两侧必须各留有一个空格。

(2) 截词符（truncation）。用“?”表示，用于解决一些词干相同、词义相近、但词尾或词头不一致的派生词（如由同一词根派生出的名词、动名词、动词、形容词、副词等)，或名词的单、复数形式，或同一词的英美不同拼写形式等词的一次输入。

按截断的字符数量分为：

①无限截词符?。

在检索词的词干前后加一个“?”，则表示在该词干后可加任意个字符。例如：TRANSPORT? 可检出 TRANSPORT，TRANSPORTER，TANSPORTATION 等；? Computer 可检出 Computer，Microcomputer 等；employ? 可检出 employ，employer，employee，employment 等；s prevent? 可检出 prevent，prevents，prevented，preventing，prevention，preventable 等。

②有限截词符?? 。

例：cat? ?（问号之间有一个空格，表示在词干后只允许加一个字符）可检出 cat，cats；apple? ? 可检出 apple，apples。若在字符串前方或后方连续输入多个“?”，问号的个数即表示可变字符的最大数量。例：PROCESS??? 可检出 PROCESS，PROCESSES，PROCESSING 等词干后最多有三个字符变化的词。而 comput??（问号之间没有空格，表示词干后允许加两个字符）可检出 compute，computer；process?? 可检出 process，processes 等；process??? 可检出 process，processes，processing，procession 等。

按截断的位置分为：

①右截断（前方一致）。

②中截断（中间屏蔽）在一个词中间，插入“?”，其中“?”的个数即可变字符的最大数。例如：wom? n 可检出 woman，women 或 womyn；organi? ation 可检出 organisation 和 organization。

(3）位置算符（Proximity Operators）。用于限定词与词之间的位置关系，以提高查准率。当检索词为词组形式时，或两个检索词之间可能被禁用词或标点符号隔开时，均应使用位置算符。

①（W）或（）、(nW）算符。

(w)：表示两个词必须紧挨着，且词序不可颠倒，(w）算符也可用空括号（）代替。

例：solar（w）energy，可检出 solar energy；real（w）estate 可检出 real estate；non（）stick 可检出 non stick，non-stick。

(nw)：表示两个词之间可插入 n 个词，且词序不可颠倒。

例：solar（1w）energy 可检出 solar energy，solar radiant energy 等。

②（N）或（nN）算符。

(N）表示两个词之间必须紧挨着，但词序任意。

例：fiber？？（n）optic？可检出 fiber optics，optical fibers 等；

（nN）表示两个词之间最多可插入 n 个词，词序任意。

例：control（1n）system，可检出 control system；control of system 或 control in system，及 system of control 等。

③（S）算符。

表示两个词必须在记录中的同一个句子或同一个子字段中出现，且词序可变。子字段含义由数据库定义。要求两个检索词必须在同一子字段（subfield）中（如：同一标题，同一段落或同一句子等）。例如：computer（S）crime；solar（s）heat;？S color（S）pigment。在全文数据库中，（s）位置算符是将算符前后的两个检索词限定在同一段落内出现，词序可变；而在其他数据库中则是将检索词限定在同一子字段中出现，词序可变。

④（P）算符。

表示两个词必须在记录中的同一个字段中出现，且词序可变。

有了逻辑算符和位置算符，即可编制较为完整的检索提问。在检索时应注意：

①逻辑算符的运算顺序：NOT→AND→OR

②位置算符优先于逻辑算符，即（w），（n），（s）→not→and→or

③位置算符的执行顺序是按语句中位置算符的输入秩序从左至右执行的。如有括号，则优先执行括号内的位置算符，即（）→（W），（N），（S）→NOT→AND→OR。

（4）禁用词。在 Dialog 系统中，下列九个词不能作为检索词使用，这些词称为禁用词。禁用词有：AN、AND、BY、FOR、FROM、OF、TO、THE、WITH。在检索含有禁用词的词组时，可用位置算符来处理。

（5）基本索引字段标识符。基本索引含所有与主题内容相关的词。如书目型数据库中的题目、文摘、规范词和自由词等字段中的词，而 Title 题目字段（/TI）、Abstract 文摘字段（/AB）、Descriptors 规范词（叙词）字段（/DE）、Identifiers 标引的自由词字段（/ID）和 Full Descriptors 完整的叙词（单元词）（/DF）就称为基本索引字段。不同类型的数据库其基本索引字段不完全相同。这些后缀代码用于指定记录的基本索引的某个字段进行检索。例：

？S BUGET/TI

（6）辅助索引。辅助索引用于前缀代码。辅助索引包括了除基本索引字段以外的所有其他可检字段，即与主题内容无关的字段，如作者字段（AU=）、出处字段（SO=）、刊名字段（JN=）、出版年代字段（PY=）、分类号字段（CC=）等。辅助索引字段随数据库的不同而有所不同，检索时需要参阅 DIALOG

数据库蓝页。例：

AU=Author（作者）？S AU=MIRO，R？

CS=Corporate Source（机构名称）？S CS=HARVARD AND MEDICINE

CO=Company Name（公司名称）？S CO=FORD MOTOR？

JN=Journal Name（期刊名称）？S JN=J. MATER. SCI.

LA=Language（文种）？S LA=ENGLISH

PY=Publication Year（出版年代）？S PY=2002

注：使用辅助索引时“=”后不留空格。

（7）范围检索。用冒号“：”指出检索范围，相当于逻辑 OR 的作用。例：

？S PY=2000：2002

？S E4：E5

（8）数值检索。下列关系算符用于检索数值范围：等于（=），大于（>），小于（<），大于等于（>=），小于等于（<=）。例：

？S SA>1000，000（SA 表示销售额）

？S 100<=EM<500（EM 表示雇员人数）

3. 联机检索的基本程序

（1）接通联机系统。建立用户终端与中心计算机设施之间的线路连接，并键入各种密码来表明用户的机构标识。

（2）选择需要检索的数据库或文档。如果检索人员对系统的数据库设置和检索课题的主题内容比较熟悉，那么就可以使用简单的系统指令进入所选的数据库进行检索。如果检索人员对系统数据库的状况不熟悉的话，就应当借助于系统中设立的索引数据库进行选择。例如：b411、？sfbusiness、？sfscitech242527 等。

数据库选择的基本原则：先国内后国外；先免费后收费；先全文后文摘；先镜像后正式。

数据库选择的基本工具：数据库服务商；公开出版的数据库索引、手册和评论，如 InformationToday 公司编制的 FulltextSourcesOnline、Williams-Gale 出版的 Computer-ReadableDatabase，《中国数据库》；数据库自动选择的工具软件，包括驻留于主机系统上的软件，驻留于用户微机上的工具软件以及正在研制过程中的数据库选择专家系统，如英国 Loughborough 科技大学研制的公司信息数据库咨询系统 CIDA、加拿大的 Online-Expert 样机系统等。

（3）输入并组配检索词。

？b34？ssmoking

？ scancer5375SMOKING13655CANCER？ ssmoker??? scarcinoma681SMOKER?? 22579CARCINOM？ c5or6？ slung?? 74505OR632109LUNG??? c4and7？ c （1or2） and38174AND74422（1OR2）AND3

这里，S 是选择指令，C 是组配指令。DIALOG 系统还提供有位置算符、截词算符等。例如：? SEUROPEAN（W）ECONOMEC（W）COMMUNITY、? SREDWOOD（W）DECK（F）PATIO、? S（REDWOODORPINE）（W）（DECK-ORFLOOR）等。位置算符要按照准确的次序来输入。输入次序一般是（W）、（N）、（L）、（S）、（F），如有括号，则先执行括号内的位置算符。

（4）检索结果的处理。用户想将检索的结果打印出来，可用联机打印指令 TYPE 或脱机打印指令 PRINT。TYPE 指令的使用方式有两种：一是以提问编号联机打印。例如，在 type 7/4/3 中，7 为提问编号（Set No.），4 为第 4 种打印格式，3 为要求打印的命中文献记录的序号。二是以文献记录索取号联机打印。由于在数据库里每篇文献记录都有一个存取号，因此用户也可使用这个编号联机打印文献记录。例如，在 type 4723/7 中，4723 是文献记录的存取号，7 为第 7 种打印格式。脱机打印方式是系统先将用户的脱机打印指令和要求存储在主机内，再由联机系统计算机中心用快速打印机每天 3 次集中打印处理，然后邮寄给用户。如 PRINT 3/4/1-25，3 为提问编号，4 为打印格式，1-25 是要求打印文献记录的篇数。需要说明的是，在使用输出指令要求计算机输出检索结果时，都需要输入文献的打印格式（format）。

Dialog 系统打印格式，其中，书目型数据库输出形式，有以下几种。

①存取号；

②全记录无文摘；

③题录；

④题目和文摘；

⑤全记录；

⑥题目；

⑦题录和文摘；

⑧题目和标引词。

非书目型数据库输出形式，有以下几种。

①存取号；

②公司名称、地址、电话号码、标准工业代码及规范词；

③公司名称、地址及电话号码；

④带有字段名称代号（TAG）的全记录；

⑤全记录；

⑥公司名称；

⑦全记录；

⑧公司名称、标准工业代码、规范词及所有销售表。

(5) 退出联机检索系统。

? logoff

20Nov914：43：38UserT77

$1.960.028HrsFiles347Descriptors

LOGOFF4：43：41

CLRDTE0：17：1613662

响应 logoff 命令后，系统自动给出了联机时间、联机费用、联（脱）机打印费用以及退出系统的时间等信息，并使用户回到网络节点。节点提供了一些控制信息（CLRDTE），表明该检索过程一共经历了 17 分 16 秒，接收了 136 个段，并传送了 62 个段。到这个时候，既可以连接另一个联机系统，如 ORBIT 系统，重新进行一项新检索；也可以关闭设备，结束检索。

使用终端进行联机检索的用户一般需要支付通信线路费、数据库使用费与打印费以及管理费等。收费情况因数据库的不同而有所差异。

5.2.3 OCLC 的 FirstSearch 检索系统

5.2.3.1 概述

OCLC 即联机计算机图书馆中心，1967 年创建于美国俄亥俄州哥伦布市，其前身为 Ohio College Library Center（俄亥俄州大学图书馆中心），是为俄亥俄州各大学的图书馆共享各单位的信息资源而开发的一个计算机图书管理系统。1977 年起 OCLC 的成员扩大到俄亥俄州以外的图书馆。1981 年更名为 Online Computer Library Center，Inc. 总部在美国俄亥俄州都柏林，是一个非营利、成员制的联机计算机图书馆服务和研究机构，也是世界上最大的提供文献信息服务机构之一。以推动更多的人检索世界上的信息、实现资源共享并减少使用信息的费用为主要目的。目前，有 112 个国家和地区的 6 万多个图书馆和教育科研机构使用 OCLC 去查询、获取、编目、借阅和保存图书及其他文献。从 1991 年开始，OCLC 除提供原有的联合目录、文献编目服务及馆际互借（Interlibrary Loan，ILL）服务以外，还推出了基于网络的信息检索服务系统 FirstSearch，以 Web 为基础，向用户提供世界范围的参考资源。1999 年 8 月，OCLC 推出了新研制的 New FirstSearch 检索系统。新系统的检索功能强大、界面友好、操作简便并易于获取全文。New FirstSearch 联机信息检索系统发展迅速，深受欢迎。New FirstSearch 以 Web 为基础，采用了当前信息通信领域的高新技术，给了用户一个便捷、友好、世界范围的参考资源。从 1999 年开始，CALIS 全国工程中心订购了其中的基本组数据库。2007 年，FirstSearch 又增加了来自 RLG（Research Libraries

Group）Eureka 的 12 个权威数据库。目前通过该系统可检索 80 多个数据库，其中 30 多个数据库可检索到全文，总计包括 7 500 多种期刊的联机全文和 3 000 多种期刊的联机电子映像，达 900 多万篇全文文章。OCLC 主页 http：//www. oclc. org/en-asiapacific/home. html（图 5-16）。

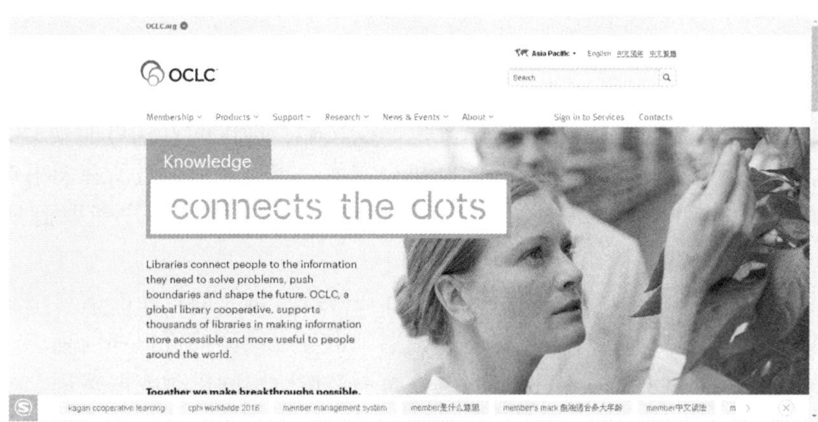

图 5-16　OCLC 主页

http：//www. oclc. org/support/home. en. html（图 5-17）。

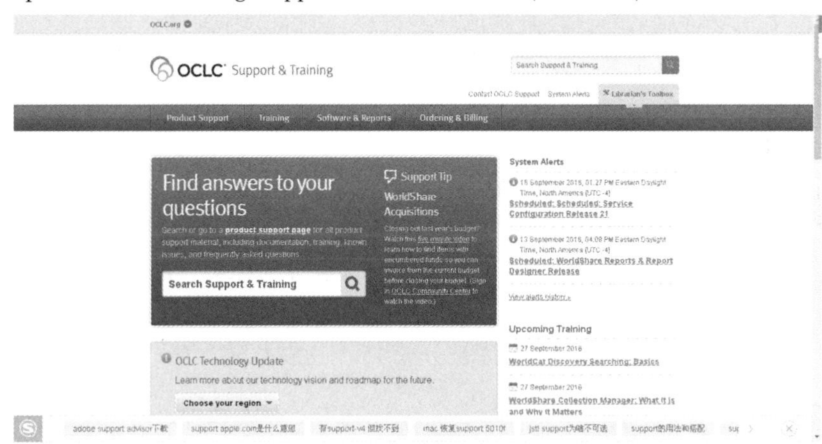

图 5-17　OCLC 检索主页

OCLC 的 FirstSearch 是一个面向最终用户设计的交互式的联机信息检索系统，具有如下特点。

（1）面向最终用户。FirstSearch 是一个面向最终用户设计的联机检索系统，任何技术人员只要经过半天的培训都能熟练地应用，然后可自己亲自上机操作检索适合自己需要的文献，而且可以在图书馆、办公室、试验室甚至家中等任何地方的联到互联网的电脑上使用。

(2) 信息量大。用 FirstSearch 系统可检索主题范畴非常广泛的 80 多个数据库。检索到的文献信息中不仅包含文摘还能查阅到馆藏地点。

(3) 提供一体化服务。OCLC 的一体化服务分为 3 个层次：第一层对用户提出的问题进行相关文献的检索，可检索的数据库大多为二次文献数据库。第二层是查找文献所在地，其所在地包括世界范围的图书馆、世界上可提供全文服务的文献服务社或 OCLC 自身。第三层是提供一次文献，提供的方式可能是 OCLC 的数量达 100 多万篇的随时都在更新的联机全文库，也可能是通过所在图书馆的馆际互借服务，也可能是第三方的文献服务社。最终保证了用户能取到所需的文献。

(4) 信息更新快。OCLC 的数据库经常在修改，每天都有新的信息增加到数据库中，因此用户从 OCLC 的数据库能检索到世界上最新的资料和信息。

(5) 收费低。OCLC 是按检索的次数而不是按所用的机时收取费用，用户每递交一次检索式并得到命中记录的一览表后计为一次检索，之后你可以对其表中任一条记录进行联机显示、打印或以 E-mail 方式传递回本地信箱，不论你浏览了多少条记录和经过多长时间均在一次收费之内。

除以上主要特点之外，还有其他许多特点，例如操作简便，网络支持服务环境好，易于获取联机全文，强大的检索手段，灵活多样的检索入口，包含馆藏信息，收费低，全天候服务，界面友好等。

5.2.3.2 FirstSearch 系统的数据库

当前利用 New FirstSearch 可以检索到 80 多个数据库（按次检索收费 60 多个），这些数据库绝大多数由美国的国家机构、联合会、研究院、图书馆和大公司等单位提供。数据库的记录中有文献信息、馆藏信息、索引、名录、文摘和全文资料等内容。资料的类型包括书籍、连续出版物、报纸、杂志、胶片、计算机软件、音频资料、视频资料、乐谱等。这些数据库被分成 15 个主题范畴，它们是：

艺术和人文学科（Art&Humanities）

传记（Biography）

商务和经济（Business&Economics）

会议和会议录（Conferences&Proceedings）

消费事务和人物（Consumer Affairs&People）

教育（Education）

工程与技术（Engineerinig&Technology）

综合性（General）

普通学科（General Science）

生命科学（Life Science）

医学/健康，消费者（Medicine/Health，Consumer）

医学/健康，专业人员（Medicine/Health，Professional）

公共事业和法律（Public Affairs&Law）

快速参考（Quick Reference）

社会科学（Social Science）

这些信息来源于知名信息提供商和全世界知名图书馆，如著名的H. W. Wilson、ISI、INSPEC、CAS、MEDLINE、UMI、ERIC、GPO 等。自 2013 年 7 月 1 日起，OCLC 正式把 World Almanac 数据库从 FirstSearch 基本组数据库包中迁出，同时新增了 GPO 美国政府出版物数据库和 SCIPIO 在线的艺术品和珍本拍卖目录数据库，FirstSearch 基本组数据库包共有 13 个子数据库，具体如下。

1. ArticleFirst 期刊索引数据库

ArticleFirst 数据库包括自 1990 年以来的 16 000 多种来自世界各大出版社的期刊目次表页面上的各项内容，每一条记录都对期刊中的一篇文章、新闻故事、信件和内容进行描述，并且提供收藏该期刊的图书馆名单。这些期刊的语言大多为英文，同时也有部分其他语种。目前该库有 3 200 多万条记录，主题涵盖商业、人文学、医学、科学、技术、社会科学、大众文化等。该数据库每天更新。

2. ClasePeriodica 拉丁美洲科学和人文学领域期刊索引数据库

ClasePeriodica 数据库由 Clase 和 Periodica 两部分组成，其中 Clase 对专门登载社会科学与人文科学的拉丁美洲期刊中的文献所作的索引；Periodica 则涵盖专门登载科学与技术文献的期刊。该数据库对 2 700 多种以西班牙文、葡萄牙文、法文和英文发表的学术期刊中的 65 万多条书目引文提供检索。不但包括以泛美问题为主的期刊中的信息，还含有在 24 个不同的拉丁美洲和加勒比海地区出版的文章、论文、单行本、会议录、技术报告、采访、以及简注。其中，Clase 收录的期刊从 1975 年开始至今，Periodica 收录的期刊从 1978 年开始至今。主题有农业科学、历史、人类学、法律、艺术、图书馆学与信息科学、生物学、语言学与文学、化学、管理与会计、通信科学、医药学、人口统计学、哲学、经济学、物理学、教育学、政治学、工程学、心理学、精密科学、宗教学、外交事务、社会学和地球科学。该数据库每 3 个月更新一次。

3. Ebooks 联机电子书目录数据库

Ebooks 收录了 OCLC 成员图书馆编目的所有电子书的书目信息，接近 1 300 万种，涉及所有主题，涵盖所有学科，收录日期从公元前 1 000 年至今。该数据库每天更新。

4. ECO-Index 学术期刊索引数据库

ECO-Index（Electronic Collection Online）是一个学术期刊索引数据库，收录了自 1995 年以来来自世界上 70 多家出版社的 5 000 多种期刊，总计 680 多万条记录，涉及几乎所有学科，主要有农业、商业、科学、技术、文学、医学、宗教、哲学、语言、法律、政治学、心理学、社会学、经济学、教育学、地理学、历史学、人类学、美术以及图书馆学等。该数据库每天更新一次。

5. ERIC 教育学数据库

ERIC 是由美国教育资源信息中心整理的已出版的和未出版的教育方面文献的一个指南，涵盖数千个教育专题，提供了最完备的教育书刊的书目信息，包括对发表在 Resources in Education（RIE）月刊上的非期刊资料与每个月发表在 Current Index to Journals in Education（CIJE）上的期刊文章的注释参考，涵盖了从 1966 年到现在的有关教育方面的几乎所有资料。ERIC 收录了 1 000 多种的期刊和资料，共有记录 140 多万条，包括一个 ERIC 叙词表，可免费阅读约 24 万篇全文文章。主题有成人教育、职业教育、教育评估、残疾与天才教育、小学与幼儿教育、高等教育、城市教育、教育管理、信息与技术、语言学与语音学、阅读与交流、教师与教师教育等。该数据库每月更新一次。

6. MEDLINE 医学数据库

MEDLINE 数据库标引了国际上出版的近 2 万种期刊，相当于印刷型的索引，如同 Index Medicus，Index to Dental Literature 和 International Nursing Index，包括成千上万条附有实质性摘要的记录。MEDLINE 收录了从 1950 年至今的 2 100 多万条记录，主题涵盖了所有医学领域，包括临床用药、牙科学、教育、试验、药品、健康服务管理、护理、营养、病理学、精神病学、毒物学和兽医药品。该数据库每天更新。

7. OAIster 全球联合机构知识库

OAIster 全球联合机构知识库是 2002 年密歇根大学在美国梅隆基金会的资助下开展的项目，目前发展成全球最大的开放档案资料数据库，为研究者提供多学科数字资源。该库记录数量已达 2 100 多万条，来自 1 100 多家图书馆及研究机构。包括：数字化图书与期刊文章、原生数字文献、音频文件、图像、电影资料、数据集、论文、技术报告、研究报告等。每条记录包括数字资源的全文链接，用户可以查看、下载和保存大量的图片及全文内容。数据库每三个月更新一次。

8. PapersFirst 国际学术会议论文索引数据库

PapersFirst 数据库是一部在世界范围召开的大会、座谈会、博览会、研讨会、专业会、学术报告会上发表的论文的索引。涵盖了自 1993 年以来所有来自于大英图书馆文献供应中心的发表过的研讨会、大会、博览会、研究讲习会和会议的资料，共有 810 多万条记录，所包含的主题就是在所的会议中讨论的种种主题，可通过馆际互借获取全文。该数据库每两周更新一次。

9. ProceedingsFirst 国际学术会议录索引数据库

ProceedingsFirst 是 PapersFirst 的相关库，是一部在世界范围召开的大会、座谈会、博览会、研讨会、专业会、学术报告会上发表的会议录的索引。涵盖了从 1993 年以来所有来自于大英图书馆文献供应中心的发表过的研讨会、大会、博览会、研究讲习会和会议的资料，而且每条记录都包含一份在每次大会上所呈交的文件的清单，从而提供了各次活动的一个概貌，共有近 46 万条记录。该数据库每周更新两次。

10. WorldCatDissertations 硕士博士学位论文数据库

WorldCatDissertations 收集了 WorldCat 数据库中所有硕博士论文和以 OCLC 成员馆编目的论文为基础的出版物，涉及所有学科，涵盖所有主题。WorldCat 硕博士论文数据库最突出的特点是其资源均来自世界一流高校的图书馆，如美国的哈佛大学、耶鲁大学、斯坦福大学、麻省理工学院、哥伦比亚大学、杜克大学、西北大学以及欧洲的剑桥大学、牛津大学、帝国理工大学、欧洲工商管理学院、巴黎大学、柏林大学等，共有 1 800 多万条记录，其中 100 多万篇有免费全文链接，可免费下载，是学术研究中十分重要的参考资料。该数据库每天更新。

11. WorldCat 全球图书馆联机联合目录数据库

WorldCat 是世界上最大的书目记录数据库，包含 OCLC 近两万家成员馆编目的书目记录和馆藏信息。从 1971 年建库到目前为止，共收录有 480 多种语言总计 20 多亿条的馆藏记录、3 亿多条独一无二的书目记录，每个记录中还带有馆藏信息，基本上反映了从公元前 4 800 多年至今世界范围内的图书馆所拥有的图书和其他资料，代表了四千年来人类知识的结晶。文献类型多种多样，包括图书、手稿、地图、网址与网络资源、乐谱、视频资料、报纸、期刊与杂志、文章以及档案资料等。该数据库平均每十秒更新一次。

12. GPO 美国政府出版物数据库

GPO 是美国政府出版物数据库（U. S. Government Printing Office），由美国政府出版署创建，覆盖从 1976 年以来各种各样的美国政府文件，包括美国国会的报告、听证会、辩论、记录、司法资料以及由行政部门（国防部、国务院、总统办公室等）颁布的文件，每条记录包含有一个书目引文，共有 60 多万条记录。该数据库每月更新一次。GPO 拥有的用户包括美国国会图书馆、纽约大学、华盛顿大学、密歇根大学、OhioLINK（俄亥俄州图书馆和信息网络）等 80 多所大学和学院。

13. SCIPIO 在线的艺术品和珍本拍卖目录数据库

SCIPIO 是世界上唯一一个在线的艺术品和珍本拍卖目录数据库，涵盖了从 16 世纪晚期到目前已排定日期但尚未举行的拍卖中的出售目录，共有 300 多万条记录。每条记录包含出售日期和地点、目录题名、拍卖行、出售者、拥有馆藏的图书馆。SCIPIO 提供北美和欧洲主要拍卖行以及许多私下销售的拍卖目录，是了解艺术品、珍本、收藏历史、古今市场趋势的珍贵信息来源。涉及的主题有珍本、绘画、艺术作品、雕塑、素描、家具、珠宝、房地产、纺织品和地毯等。该数据库每天更新。SCIPIO 的用户包括美国国会图书馆、哈佛大学、芝加哥大学、芝加哥艺术学院、耶鲁大学、普林斯顿大学、加州大学系统的 10 所分校等。

5.2.3.3 国内专线免费检索网址

为满足我国高校教学科研人员对国外信息资源的检索和利用，由国家教委“211 工程”的中国高等教育文献保障系统（CALIS 中心）计划并支付经费，采用年购买方式，已购买了 OCLC 基础组（Base package）的 13 个数据库的年使用权，提供给“211 工程”的 61 所院校共同使用 14 个“并发用户”免费（检索费和通信费全免）检索。并在清华大学图书馆设置代理服务器，从专线通过清华大学图书馆的代理服务器联到 OCLC 检索，专线网址为：http：firstsearch. global. oclc. org/FSIP（通过专线，无国际通信流量费）；或 http：firstsearch. oclc. orgFSIP（通过 Internet）（图 5-18）。

图 5-18 OCLCFirstSearch 登录页面

5.2.3.4 常用算符使用方法及示例

下表简单介绍了 OCLC FirstSearch 常用算符（表 5-4）。

表 5-4 常用算符的使用

算符	示例	
And 逻辑与	car and industry	检中结果中必须同时含有 car 和 industry 才符合要求
Or 逻辑或	college or university	检中结果中含有 college 或 university 任一个就符合检索要求
Not 逻辑非	television not cable	检中结果中出现 television 但不能出现 cable
* 截词符	Comput *	表示检索输入同词根的词，本检索式可检出 computer computing computerization 等
#通配符	Wom#n	#代表 1 个字符，本检索式可检出 woman women 等
？通配符	colo？r	？代表 0 个到 9 个字母，本检索式可检出 color colour colonizer colorimter 等
？n 通配符	Colo？4r	n 代表可替换的字符数，本检索式可检出 colonizer
+复数标志符	Coach+	可同时检索该词的单数和复数形式，本检索式可检出 coach、coachs 和 coaches
Nn 位置算符	Television N2 cable	两检索词顺序可以颠倒，中间最多可以插入 n 个词，n 可以是 1 到 25 之间的整数
Wn 位置算符	Tree W9 pine	两检索词顺序不能颠倒，中间最多可以插入 n 个词，n 可以是 1 到 25 之间的整数

5.2.4 LexisNexis 系统

5.2.4.1 概述

LexisNexis（律商联讯）为 Reed Elsvier 集团下属的公司，专业从事法律、商业、新闻信息和出版服务，是全球领先的资讯和服务解决方案供应商。1973 年由 Mead Data Central 公司建立，最初是一个交互式法律全文数据库检索系统。1994 年，Lexis-Nexis 成为 Reed Elsevier 的一员，并在中国香港成立代表处。其数据库在初期只包括美国联邦法律、贸易与证券法规、联邦税法以及 Ohio 等州的法律全文文献。经过多年的发展，Lexis-Nexis 目前已成为一个综合性的联机信息检索服务系统，内容涉及新闻、法律、经济、商业、政府出版物等，其中美国政府法律法规数据库是它的特色资源，在法律界具有很高的知名度。这些信息被组织、划分成多个“图书馆”（Libraries），每个“图书馆”收录一个主题领域（如市场信息）或某种出版物类型（如专利、年度报告或新闻文章等）。该系统有其特色数据库、专门的检索指令和专门的通信检索软件，其检索功能较为完善，在美国等西方国家有很重要的影响，它在使用范围、使用率及收益方面都是首屈一指的。Lexis-Nexis 的信息产品很多。Lexis-Nexis 主页：http：//www. lexisnexis. com. cn/zh-cn/home. page（图 5-19）。

图 5-19　LexisNexis 主页

http：//www. lexisnexis. com/en-us/gateway. page（图 5-20）。

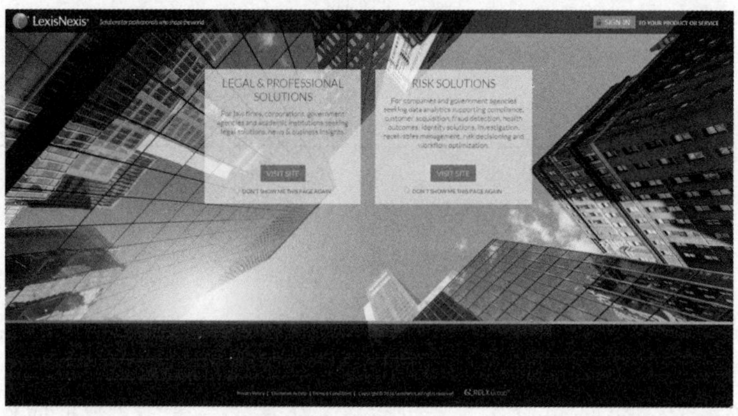

图 5-20　LexisNexis 主页

5. 2. 4. 2　研究领域

Lexis-Nexis 是目前世界上为法律研究提供全文检索之最大线上服务系统之一，连结 50 亿个文件、11 439 个数据库以及 40 000 个来源，数据每日更新。其中包括美国联邦和州政府、美国国际商业委员会、国际商务管理局约 300 年的法律全文案例，美国最高法院从 1790 年 1 月到现在的案例和最高法院上诉案例，美国地方法院从 1789 年到目前的案例，来自破产法庭、国际贸易法庭、税务法庭、商标和专利权上诉法庭、退伍军人上诉法庭、商业和军事法庭的判决书及 50 个州中各级别法院的判决书，自 1988 年至现在的所有联邦律法包括联邦记录、联邦法规、美国首席检察官意见、联邦获取规则和增补在内的所有联邦规则，50 个州的州宪法、法院规则与美国首席检察官意见等，超过 600 种法律评论杂志中的法律评论等。同时，Lexis. com 法律专业数据库也包括了欧洲的联邦法律和法规，欧洲、美国、日本等其他国家和地区近二十四年来的全文专利资料，大不列颠及北爱尔兰联合王国、加拿大、澳洲、新加坡和中国香港等世界绝大多数国家和地区的法律法规和案例等。Lexis-Nexis Academic 学术大全是由美国图书馆界专家委员会设计、经专业图书馆员做资源收录评估和筛选、专为学术图书馆提供服务的专业信息资源系统。Lexis-Nexis 致力于为学术领域，律所，会计事务所，政府，企业的专业人士提供服务。在全球拥有 260 万订户，仅在美国就有 1 600 多所大学和学院成为它的长期用户。

Lexis-Nexis 的数据库产品因其内容丰富、涵盖面广泛、使用简捷、检索功能强大，能够较好地满足学术和实务领域的对法律、商业、新闻、数据等其他信息资料的检索要求，是全球主要法学院，政府，律师事务所，会计师事务所的首选法律资源。

Lexis-Nexis 产品类型如下。

1. 国际产品

（1）法律专业数据库（Lexis©）。

（2）商业信息数据库（Nexis©）。

（3）学术大全（Academic Universe）。

（4）统计大全（Statistical Universe）。

（5）美国国会大全（Congressional Publications）。

（6）美国历史文献数据库（Primary Sources in U. S. History）。

（7）专利大全（Total Patent）和法院链接（Courtlink）等新产品。

2. 国内产品

（1）中国法数据库（Lexis-Nexis China，简称 LNC）。

（2）专业实务在线产品［Product Practitioner Module，包括公司法（Corporate），劳动法（Employment），知识产权（IP），税法（Tax）］。

Lexis©包括的基本内容如下。

①综合全面的美国法资料：包括法律判例（Cases US.），联邦立法（Federal Legal），各州法律资料（State Legal）。

②庭审记录和诉讼文书，专家证人分析、陪审团裁决。

③英美立法历史与政治：提供美国国会议案信息、各州议案追踪、霍尔兹伯里英国法案每月评论，帮助您了解立法历史与政治背景。

④法学期刊：包括美国、英国核心法学期刊的全文资料，如 Harvard Law Review，Yale Law Journal。

⑤法律报告：除了提供美国法律报告和法理学和美国判例报告注解、法律重

述外，还提供美国法理学（第2版）、律师杂志集等数据库。

⑥其他参考文献：包括 Martindale-Hubbell 出版的涉及商业、培训、ABA 继续法律教育、统计数字方面的信息资料。其中包括160个国家的《律师事务所名录》《辩论裁判目录》《法学院及教授名录》等。

⑦法律新闻：收录了300多种美国及其他国家的法律报纸、杂志和新闻中的法律报道。既可以通过地域范围来搜索，也可以通过涉及的法律实务分类来查询。

⑧包括美国在内的26个国家和地区的判例、立法或贸易投资法律实务信息。

⑨享誉全球的谢泼德引证服务。

5.2.5 Datastar 系统

该系统建立于1981年，最初由瑞士无线电公司提供，是欧洲最大的联机检索系统，其服务终端遍布于世界各地。目前它已与 Dialog 系统联合。Datastar 系统有350多个数据库，主要侧重于物理学、生命科学、社会科学，还包括丰富迅捷的经济、商情信息源。Datastar 特别以提供有关欧洲的信息为特色，有欧洲公司信息、欧洲新闻（东西欧的经济、政治和商业新闻）、产业分析、市场研究、企业收购与合并、贸易信息等。Datastar 在生物医学、药学、卫生保健信息的提供方面也是具有领先地位的。其数据类型广泛，有指南型的目录、深度的公司财务综述以及各种期刊、会议论文等的书目信息。Datastar 的接入方式有 Telnet、Web 和 Windows 等界面形式。其网址为 http：//www.datastar.com.ar/（图5-21）。

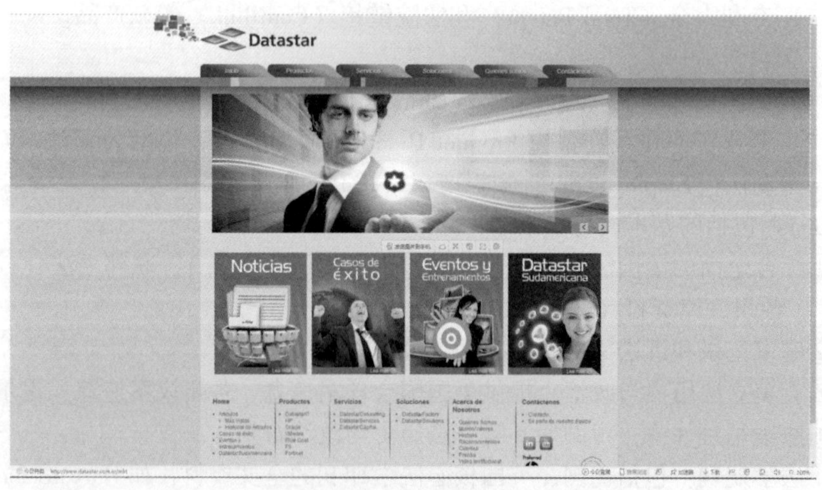

图5-21 Datastar 主页

5.2.6 STN 系统

STN 是国际科学技术网络（The Scientific and Technical Information Network-International）的简称，创建于 1983 年，由美国化学文摘社 USA Chemical Abstracts Service（CAS）、德国卡尔斯鲁厄专业信息中心 Fachinformationszentrum Karlsruhe（FIZ）与日本科技情报中心 Japan Science and Technology Corporation（JST）共同合作经营的跨国网络数据库公司，是世界著名的国际联机信息检索系统之一，提供完全的科技信息领域的在线服务。它拥有 200 多个数据库，包括化学化工、数学、物理、能源、冶金、建筑、化工产品信息、公司信息和专利等，并拥有世界上第一批联机图像数据库，能够实现化学物质的结构检索，如 CAS 的化学物质结构图形库（Registry File）和贝尔斯登有机化学大全结构数据库（Beilstein Structure Searching）等，其系统拥有一些其他任何联机检索系统所没有的特殊资源和检索手段，其化学物质结构图形库（Registry File）是世界上最庞大、收录数据最完全的化学物质名称数据库，收录的化学物质名称已经数以亿计，每周平均还要加入 20 924 个新化合物。每个记录都包括了该化学物质的系统命名和它所有的同义词、分子式、化学结构式或生物序列等。用户可用化学结构图形或分子式或化学物质名称等在这个数据库中准确地找到所需的化学物质，并获得其化合物登记号（RN），用此登记号转入 CA、CA Plus、MARPAT、美国专利数据库、石油专利文摘数据库等许多数据库中做进一步的检索，而不必担心漏掉任何一个同义词。STN 是一个先进、高效的科学技术信息检索系统，它除具备常规的文献检索和文献递送功能外，还有对复杂化学、生物学及药品等信息的专业性检索手段，有对化学物质名称、结构图形、高分子聚合物及生物化学和遗传工程中的蛋白质及基因序列等信息的特殊检索技术，可以解决化学及生物学领域中的某些特殊检索问题。

5.2.6.1 STN 系统网址

STN 有 3 个服务中心

北美服务中心位于美国哥伦比亚 http：//www. cas. org

欧洲服务中心位于德国卡尔斯鲁厄 http：//www. fiz-karlsruhe. de

亚洲服务中心位于日本东京 http：//www. jst. go. jp

5.2.6.2 STN 系统的 3 种联机检索方式

（1）STN Easy 是基于图形的 Web 界面，网址如下。

http：//stneasy. cas. org

http：//stneasy. fiz-karlsruhe. de

http：//stneasy-japan. cas. org

在STN系统中，STN Easy的检索方法最简单，无须掌握检索指令，收费也是最低的，可直接在STN网上免费申请账号。

（2）STN on the Web是基于文本的Web界面，网址如下。

http：//stnweb. cas. org

http：//stnweb. fiz-karlsruhe. de

http：//stnweb-japan. cas. org

它集STN和浏览器的强大功能于一体，适用于有经验的检索者。STN系统的所有数据库、所有检索指令均可在此方式下使用。特别是化学物质结构图的检索，还可直接进入原文库。

（3）STN Express with Discover。

STN Express with Discover！6. 0是TELNET界面，适用于专业检索人员。它是一个非常完整的联机检索经典软件包，使检索变得简单而有效，提供流畅的联机环境。

STN系统的检索指令有些与Dialog系统用法类似，也有一些是独有的。

①数据库检索费。以用机时间计算，各数据库的机时费是不一样的，少数库还要加上按检索词的个数收取费用。

部分数据库还提供多种收费标准：

按用机时间计费，不收检索词费用，如HCA；

较低的机时费，适当加收检索词费用，如CA；

机时费为零，收取较高的检索词费用，如ZCA。

②记录输出打印费。以显示或打印的记录篇数计算。不同的数据库每篇记录的打印费不同。

③通信费。它是指与STN系统联机时所占用的通信网络的费用，目前多是采用IP连接的通信费。过去联机采用X. 25连接或DDN连接，所产生的通信费要更高。

5. 2. 7 ORBIT系统

ORBIT系统（原名Questel · Orbit系统）是美国系统发展公司（System Development Company，简称SDC）经营的大型计算机情报检索系统，该公司于1960年研制联机检索软件："文献目录信息的联机分时检索系统"（Online Retrieval of Bibliographic Information Timeshared，简称ORBIT）取得成功，1974年发展成为国际联机情报检索系统。是仅次于Dialog的国际联机检索系统。1986年麦克威尔联机公司（Max Well Online，Inc.）兼并了ORBIT。它约有120个文档，0. 6亿篇文献，约占世界机读文献总量的25%，每月更新20万篇，约有20个文档与

Dialog 系统相重。以化工、石油、生物化学、环境科学、安全科学等学科文献比较齐全而著称。以每周 125 小时以上向全世界 2 万多用户提供联机检索、联机订购原文、定题检索、回溯检索和建立私人文档等服务。其特点是系统联机检索功能较强，对话简单，操作方便。

该系统通过卫星通信网络，为世界各地的用户服务。为了保持竞争地位，ORBIT 也搜集了各个专业领域的信息源，在专利、化学、能源、工程、和电子学领域的信息更为齐全。近年来竞争策略有所改变，致力于提供一些 Dialog 没有的数据库，如在专利方面，它常年为用户提供 WPI 和 U. S. Patent 等，又将美国专利数据库 USPA 和 USPB 合并成一个数据库 USPM，使用户避免了跨文档检索。其他商情数据库包括 ACCOUNTANTS（会计文献索引）、CHEMQUEST（化工产品市场信息）、MMA（管理与销售学文摘）、MICROSEARCH（微机产品信息库）等。

5.2.8 EINS 系统

EINS［即从前的欧洲空间组织信息检索服务系统（Europen Space Agency Information Retrieval Service，简称 ESAIRS）］，建于 1966 年，总部设在意大利首都罗马附近的 Frascati（费拉斯卡蒂），是欧洲最大的联机情报检索系统，也是世界上大型国际联机情报检索系统之一，仅次于美国的 Dialog 公司和 ORBIT 公司。其特点是独有“法国科学文摘”“原材料价格”“酸雨”等数据库。

5.2.9 BRS 系统

书目检索服务系统是美国书目检索服务处情报技术公司经营的综合性联机情报服务系统，（Bibliographic Retrieval Services，Inc.，简称 BRS 系统。）该系统是在纽约州立大学生物医学交流网的基础上发展起来的，创立于 1976 年，总部设在纽约附近的 Latham，主要成员是纽约州立大学图书馆员。起初它建立了一个收费低廉的医学方面的数据库，为各大医院、私人医生提供手术方案、配方、医药信息等服务，并逐步购进了各种专业类型的数据库，并在 1978 年推出私人数据库的服务项目。1982 年 BRS 开发出名为 BRS/SEARCH 的检索软件包，同年，又为美国各家庭用户提供一种称为“After dark”（黄昏后）的服务项目，到 1986 年 2 月，BRS 系统拥有的公用数据库已达到 110 个，私人数据库 40 个，用户达 2 万家，数据库的文献范围包括医学、生物化学、社会 科学、商业经济、工程技术、专利、标准、工业产品、书目文献、政治报告、人文科学、教育等，信息存储量达到 5 000 万篇。到 1988 年年底，BRS 中央计算机存储有各个数据库生产者提供的150多个数据库，共8 000多万件记录，包括期刊论文、专利、标准、政府报告、学位论文和产品目录等文献资料。除了学位论文数据库可上溯到1861年的论文外，大都是20世纪60~70年代的资料，世界各地用户通过通信网络，使用兼容的终端机或微机，可以从数据库中检索到有关医药保健、生物科学、工程技术、商业经济、社会科学和人文科学等领域的当前和历史的情报。1989年，BRS被麦克威尔联机公司兼并。BRS系统的数据库中有些和其他联机系统的数据库相同，也有些是BRS独家经营的，其中产品和标准情报颇具特色。BRS早先运营的书目型数据库仅提供文献题录（篇名、著作、出处等）和摘要。现在，数值型和全文数据库日渐增多。

BRS的基本功能同其他联机系统相似，一般用单词或词组作检索词，用"与""或""非"标准逻辑算符和位置算符把多个检索词加以组配，按规定的格式输入，系统立即显示命中的记录数，输入显示或打印指令即可获得输出的情报（即检索结果）。

中国的联机检索系统基本上经历了从引进磁带数据库到自建文献数据库、从引进检索软件到自编检索软件、从亦步亦趋到初步壮大的发展过程。20世纪70年代末，我国开始引进国外机读数据库磁带并进行联机检索试验；1981年，北京文献服务处建立起国内第一个联机检索系统，联机文献容量为500万篇，并在全国20个城市设置检索终端；1991年，中国科学技术信息研究所在全国设有120余个远程检索终端。

目前，国内联机检索系统已经初具规模，其中最重要的系统有：中国科技信息研究所的ISTIC系统、北京市文献信息服务中心CALIS系统。这些系统的联机检索终端已达上百个，遍布全国20多个省市。除了上述系统之外，已经建立联机检索系统的机构还有上海科技信息研究所（ISTIS ORS系统）、中国医学科学院信息所（IBM 4316，主要数据库是MEDLINE）、冶金科技信息所（CDC，主要数据库是中外金属文献等）、电子科技信息所（MV8000，主要数据库是国内外电子科技文献等）、核科技信息所（DPS7000，主要数据库是INIS）等，这些系统大都规模较小或尚未提供商业性联机服务。

5.2.10 中国科技信息研究所的ISTIC系统

ISTIC（Institute of Science & Technology Information of China）（http://www.istic.ac.cn/）（图5-22）是全国最早建立国际联机检索终端的机构。1990年正式提供服务。利用CDS/ISIS检索软件在IBM4381机上建立西文联机检索系统，利用经汉化的TRIP检索软件，在VAX机上建立中文联机检索系统。该系统已进入国家公共数据网（x. 25网），可通过国家公共数据网和电话网提供中西文联机检索服务。1990 年该系统已有远程终端 40 多个，将来准备同国际上大系统实现机—机联网，成为中国科技信息联机检索中心。目前，ISTIC 系统可提供中文数据库 12 个，西文数据库 7 个。中文数据库主要有：《中国学术会议论文库》《中国重大科技成果库》《中国适用技术成果库》《“星火计划”适用信息库》《中文科技期刊联合目录》《中国专利库》《中国企业与产品库》等；西文数据库主要有：《美国工程索引》《美国工程索引会议论文库》《英国科学文摘库》《中情所西文文献库》《中国学位论文库》《中国学会学报论文库（英文版）》等。

图 5-22　ISTIC 主页

5.2.11　北京市文献信息服务中心 CALIS 系统

北京市文献信息服务中心（原名北京文献服务处情报检索系统 Beijing Document Service Information Retrievel System，简称 BDSIRS）（http：//www. bj. calis. edu. cn/）（图 5-23）是 1978 年由中国国防科技信息中心和北京市科协共同策划联合组建的。国防科工委和中国国防科技信息中心是最重要和最直接的用户。成立初期，引进了美国 SPERRY-UNIVAC1100/10 型计算机及其配套检索软件 UNIDAS。经过消化与改进，于 1981 年建起了我国最早的实用型联机检索系统，并陆续在西安、上海、成都设立了远程终端，实施联机检索。后来又在引进软件的基础上，自行设计和研制出一套新的信息检索软件，在引进的 UNISYS/1100-

72 型大型计算机上实现了中西文兼容检索。经过十几年的发展，BDSIRS 已经成为国内系统配置最大、信息量最多的联机信息服务中心。目前 BDSIRS 系统有各种数据库 20 多种，文献量逾 2 200 万篇，联机终端 200 多个，遍及全国 60 多个城市。国内信息库：国防科技信息，中国军工报，网上新闻库，国防科技成果综合推广库，现代军事，中国工程院院士学术报告，国防科技简讯；国内成果交流库，国防科技报告中文馆藏库，国防科技中文文摘库，中国经济信息库，中国科技期刊题录库，中国专利文摘库。国外信息库：电子书库，外文馆藏库。

图 5-23 CALIS 主页

我国联机检索发展的优劣势分析如下。

国内联机检索系统优势：首先是节省费用。国内联机系统检索费用一般不到国际联机系统的一半，且这些系统也提供了一些国际联机中常用的大型联机数据库，如《化学文摘》《工程索引》和《美国政府报告通报》等。其次是直接利用中文检索。解决了联机检索与阅读中的语言障碍，且有些中文资料在国际联机系统中根本检索不到。最后是易索取原始文献。凡是国内系统提供的自建数据库，均可在国内找到相应的一次文献。

国内联机检索系统存在的问题：一是提供的数据库少。目前国内各联机系统提供的数据库，包括英文在内，一般在 10 个左右，远远满足不了国内用户的信息需求。二是更新周期较长。以工业技术方面的数据库为例，目前全国具有一定规模的工业技术方面的 45 个自建库中，有 24 个是年度更新，占 52%；月更新的只占 11%（5 个）；半月更新的只占 2%（1 个）。三是检索功能不强。目前国内联机系统提供的检索点非常有限，且不能像 Dialog 系统等国际联机检索系统那样提供灵活多样的检索运算功能。这些都给检索带来诸多不便，也影响了国内联机系统的普及和应用。

除以上介绍的著名联机检索系统以外，还有大量的系统存在。如网络时代的新锐 UnCover、JSTOR 等，以及各专业领域的检索系统，如 MEDLINE、ERIC、GPO Access 等。

5.3 检索结果反馈与调节

5.3.1 检索结果反馈与调节的必要性

当用户将检索词或检索式输入系统检索的时候，我们说，真正的检索过程才刚刚开始。因为，在实际中，检索往往都不是一步就可以完成的，需要在每一次检索结果的基础上进行不断地反馈、调整，从而逐步逼近目标信息，检索结果反馈与调节的必要性可以从以下几个方面表现出来。

1. 检索结果反馈与调节是对检索策略修改、完善的过程

由于用户的情报需求具有较大的随机性和动态性，对用户需求的分析和表达也往往因人而异，再加上检索系统本身功能不够完善，影响检索系统性能的各种因素的变化也比较复杂。凡此种种，使得在制定检索策略的过程中必然会存在着一些产生检索失误的潜在根源。为了达到既定的检索目标，采用各种调节方法和反馈途径对检索策略进行修改、完善，是不可避免的。

2. 检索结果反馈与调节是加强用户对系统认识的过程

有时候，用户进行粗略的检索，也是一种试探性的行为。因为，当用户初次或不经常使用某个检索系统的时候，对于其性能和收录的文献量是不清楚的。在这种情况下，检索结果反馈和调节也起到帮助用户熟悉系统的作用。

3. 检索结果反馈与调节是精准检索的前提

在今天大量文献层出不穷的情况下，希望通过一次检索就得到最相关文献的想法通常是会落空的。初次检索的结果会因为数量庞大而无法一一浏览，因此，就需要进一步缩小检索范围。

4. 检索结果反馈和调整是帮助用户发现、明确其潜在需求的必要手段

在多数情况下，用户需要通过不断反馈来反复思考原有的检索策略、检索词以及检索式，从而在不断的反馈调节中，明确自己的信息需求，找到最为恰当的检索词（式），提高查准率。最后，在网络发达的今天，互联网已经成为人们的一个巨大的信息源，对于这样一个信息源的开掘和发现也是要通过不断的反馈和调节。我们都有这样的经历，那就是通过互联网上的超链接，我们往往会有意外

的发现。

综上所述，检索结果反馈与调节是十分必要和有用的。因此这里特别来介绍检索结果的反馈与调节，其主要内容包括：检索效果的评价以及指标、检索结果反馈的形式和类型、造成各种检索结果的原因、检索调节的基本原则与方法等内容。

5.3.2 检索结果的评价指标

信息检索效果，就是利用检索系统进行检索服务时所获得的有效结果。它对用户利用信息的效果产生直接影响，是对检索系统的性能和质量检验的尺度。评价信息检索效果，目的是为了准确掌握检索系统的各种性能水平，分析影响检索效果的因素，调节检索策略，改进检索系统的性能，提高检索效果，满足用户信息检索的要求。

检索效果的评价可以分为主观评价和客观评价。客观评价所用的指标一般包括查全率、查准率、漏检率和误检率四项指标。

5.3.3 检索结果反馈形式

但是随着现在各种电子资源的丰富以及互联网的普及，检索结果的反馈形式也趋于多样化和个性化。很多检索系统可以根据用户的要求提供不同的输出方式。

5.3.3.1 相关性反馈信息

相关性反馈信息是指系统给出的每一个检索结果与检索要求的匹配程度，是在信息检索系统中的一种指导性学习的技术，用以提高系统的检索能力。因此，采用相关反馈技术的检索系统就可以为用户提供这样的相关性反馈信息。

5.3.3.2 文献反馈

即指定检出文献的类型。这里的类型既可以指检索结果自身的类型，如全文、文摘、题录等；也可以指检索结果来源的文献类型，如新闻、报纸、杂志、期刊等。对于不同的用户，可以根据这一点判断信息的时效性、专业性、实用性、可信性等。

5.3.3.3 隐形反馈

隐形反馈是通过用户基于检索结果的总体情况做出的判断，从而对于检索系统获得更进一步的认识和了解。例如，在结果反馈中，可以大致判断出该系统收录文献的来源是学术期刊还是一般的杂志、报纸，对于学术期刊而言，是一流的期刊，还是水平一般的期刊。这些都可以从检索结果反馈中看出。

5.3.3.4 检索结果的数量

即结果输出的数量。这也是不同检索方式所产生的最为直接的结果。用户可以根据检索结果的数量判断原来使用的检索词、检索式的效果，同时，还可以人致估计该检索系统的用词、专业化程度等。

5.3.4 检索的实践效果与总结

在具体介绍检索调节之前，有必要就不同检索方式的效果进行说明。因为要想进行有效的检索结果调节，首先就要清楚产生不同检索结果的原因。

5.3.4.1 通配符（截词）检索效果

截词检索，就是使用通配符（如“?”或“*”等），检索与给出字词部分匹配的检索项。由于一个基本字可以构成许多同根词和许多复合词，因此，使用通配符进行截词检索，将扩大检索范围，提高查全率。对不同检索词，使用截词检索增加的检索结果不同。一个词越短，使用截词检索增加的检索结果越多。

5.3.4.2 检索条件对检索结果的作用

检索条件涉及限定词数量、关键词相邻程度和检索字段等多个方面，其手段通常是布尔算符、位置算符等。不同的检索条件对检索结果的范围和数量都会有影响。改变检索条件有多种情况。

1. 增加限制条件

应用“与”即 AND 连接不同的检索词，这样会使检索结果减少；反之，如用 OR 连接，则相当于扩大检索范围，从而使得检索结果增加。

2. 要求两个检索词必须相互靠近

应用位置算符，要求两个检索词必须以特定的相对位置进行检索，将削减检中结果的数量。例如，在 ProQuest 中，由于该数据库为全文数据库，故经常使用位置算符检索。主要位置算符：W/N（within），如 information W/2 technology，表示两词相邻，相隔最多不超过 2 个词，前后顺序可以颠倒；PRE/N（precede by），如 information PRE/2 service，表示两词相邻，相隔最多不超过 2 个词，前后顺序不能颠倒；W/DOC（within DOC），表示两词包含在同一文献中，不必相邻，与布尔逻辑算符 AND 不同的是，后者表示的只是两个词在同一段落中。

3. 把检索词限制在指定字段中

即规定某个检索词或词组必须出现在文摘、标题、全文等不同的字段中，这种做法会减少检中数量。

增加作为限制条件的检索词、要求两词相互靠近、限定检索字段，是加强检索条件或提高查准率的主要做法，反之，则是检索条件或提高查全率的主要途径。放宽检索条件或增加限制条件将使检中数量发生增加或减少，这是一种直觉的认识和定性的判断。

5.3.4.3 不同字段对检索结果的影响

1. 主题词检索

用主题词（关键词）进行检索是最常见的做法，许多数据库都设有自己的词库，用户可以直接浏览数据库的主题词列表，从中选择合适的检索词，当然，也可以在检索以后，通过浏览发现新的检索词。

主题词检索具有灵活、适用面广、容易掌握等优点。主题词是一种规范化的检索语言，我们检索任何一篇文献都可按主题词进行检索。主题词检索（包括关键词）最省事，不用翻手册，似乎也总能够获得结果，也容易满足。至于关键词检索，由于关键词和自由词都是未经规范化的自然语言，检索人员在使用关键词或自由词时，必须注意词性的变化、词根和词尾的变化，同时，还要考虑到检索语言之间的语义关系，防止漏检或误检等情况产生。例如：维生素和“维他命”是同义词，“癌”和“肿瘤”是近义词。有时，主题词还可以和辅助词结合检索，辅助词是一种特殊词，它对主题概念起限定性的辅助作用，能提高检索的深度与专指度。

主题词检索一般会有以下几种效果。

（1）切题关键词数量庞大，用户难以查全。用户和检索员所想出的主题词极其有限，难以涵盖众多作者使用的丰富多样的主题词。最先给出的几个检索词（主题词）显然是不全的，到底有多少与课题有关的主题词是很难弄清楚的。因此可以说，使用主题词进行检索很难取得高的查全率和查准率。

（2）不同主题词检索效果相差悬殊。字面上看合乎要求的主题词有可能是低产的或无收获的。可以用检中数量、查全率和查准率来对主题词检索的效果进行考察。不同主题词对切题文献的检中数量（查全数量）相差悬殊，不同检索词在查准率方面也具有差异。字面上看合乎要求的主题词有可能是低效的或无效的。使用不同主题词进行检索，检中效率（查准率）非常不同，不同检索词在检中数量方面也具有差异。大多数主题词都是低频词，高频词极少。使用不同主题词进行检索获得的检索结果是很不同的，也就是说，不同主题词在整个数据库中出现的次数不同。主题词在数据库中的出现次数，简称主题词的频率。主题词频率高，意味着使用它检中文献（包括切题文献和非切题文献）的数量大。

2. 分类号检索

数据库一般都根据自己的分类标准将文章按内容进行分类，并赋予相应的分类号。一篇文章涉及的内容、对象可能比较多，就可以按不同角度和主题进行分类，因此一篇文章可以被分为多个不同类别，每篇文章具有多个分类号。检索分类号可以使用截词符，但不宜截得太短，否则查准率下降。如果要在特定数据库中用分类号检索需要的文献信息，必须先在数据库所采用的分类手册中查找到与自己需要相对应的分类号。

每个分类号都有一个类名，或称分类范畴词组，用于概括该分类的内容。有的数据库只允许用分类号进行检索，有的数据库则可以检索分类类名。对用户来说，通过检索词来检索分类可以省去查找分类表的麻烦。在 Dialog 的许多数据库中，可以使用分类类名后缀“/SH”以词汇方式检索分类。

分类检索的查全率是比较令人满意的，但是其查准率则不尽如人意，而且，当学科交叉愈演愈烈的时候，原有的分类体系难以容纳不同的交叉学科。因此，这种检索方式对于学科入门或者希望获得某个学科、领域基本情况的用户是比较适合的，而对于有特定领域需求的用户则不一定适用。

文献型数据库一般具有按分类进行检索的功能或字段。采用某一标准对数量巨大的文章进行分类，有助于提高查全率和查准率。分类和主题都是对文章内容的表述，但效果很不同。根据统计结果，不论从大的层次来看，还是从小的层次来看，都只存在一个或两个分类号，各种检索指标都优于同级别的其他分类号，我们称之为核心分类号。从检中相关文献的绝对数量、查全率和查准率来看，切题文献特别集中分布于核心分类号。可以说，无论从相对效率，还是从绝对效率来看，从分类号途径进行检索的效果都很好。

3. 标题检索

标题字段包含组成标题的全部文字。标题一般是由能够代表文章主题的关键词组成，标题中的词大多可以直接用作为文章主题词，对于科技文章尤其如此。比起主题词，标题更长一些，如果要检索已知标题的文献，可以输入标题中的少数关键字并用算符组配表示。这种检索方式极为直接，而且文献的相关性也会比较高，但是可能会没有检索结果输出。因此，这种方式应当用于具有明确需求的用户或者检索目的十分明确的用户。利用标题或文章篇名进行检索时，也需要一定的符号。

4. 文摘检索

可以使用文摘检索的，主要有 3 种类型的数据库——题录型数据库、文摘数据库和全文数据库，其中以文摘数据库为多。利用数据库的文摘字段，可以检索出现于文摘中的任何字词。这种检索方式所检出的文献一般在内容上的相关性较高。

5. 作者检索

作者姓名的写法具有多样性，自己取名、民族习惯、标引方法都是其原因，这给正确进行作者检索造成了困难。检索作者时可以浏览以下数据库的作者标引，看看数据库中有无该作者的文章以及自己的写法是否准确。利用作者进行检索的时候，不同的数据库也有不同的形式，需要使用特定的符号。

在检索中，对于作者检索效果可以采用如下评价指标辅助用户对检索效果进行评估。

(1) 使用该作者姓名进行检索的“检中文献数量”(即作者及同名同姓者所发表的文章数量)。

(2) 使用该作者姓名进行检索所获得的“专业相关文献数量”。

(3) 检中文献中合乎需要的“选用文献数量”(即该作者所发表文章中合乎用户需要的文献的数量)。

(4)“从作者姓名进行检索的专业查准率”(用某作者姓名进行检索得到的文献中专业相关文献的比例：专业相关文献数量÷检中文献数量)。

6. 期刊检索及其效果

利用期刊检索，首先需要了解期刊与相关文献的关系。具体来讲，有以下几种情形。

(1) 刊名相关期刊和刊名不相关期刊。一般来讲，有1/4的切题文献分布在外专业期刊中，它们是无法通过查找专业期刊获得的，而且，切题文献在刊名相关期刊中分布不均。可见，同样都是本专业的刊物，但对特定专题的文章(合乎用户需要的切题文献) 的收录数量差距较大。其原因在于图书情报类期刊种类较多，因而使得切题文献在刊名相关期刊中的集中程度下降，另外，则是专业外刊物也收录切题文献。

(2) 对特定专题感兴趣的期刊与对该专题不感兴趣的期刊。不同的期刊，即使是属于同一领域，其专题兴趣也不尽相同。有些注重理论研讨，有些则侧重实证研究。

因此，期刊检索的实际效果，从总体来看是缺乏效率的。其根本原因在于专题文章在期刊中是十分分散的。对一个专业期刊来说，在保持专业性的同时也存在容纳多样性的倾向，因此不可能在一个专门问题上集中很多文章。另外，一种期刊的投稿作者对专门领域文章的生产率有限，为了维持充足的稿源，专业期刊必然要放宽对录用文章在专业专指性和质量上的要求，这样，即使是专业期刊，也要收录一定数量的弱相关文献。从期刊途径进行检索查全率低的另一个原因是，在同一专业领域存在多种期刊，数量有限的切题文献分散于众多期刊中，难以查全。

其他常用的检索字段还包括机构名称、会议名称、文章类型、文献类型、时间、地点、国家、语种、索取号等多种入口。

7. 引文检索

论文之间相互引证的关系反映了学术研究之间的内在联系。引文检索机制将各个不同学科领域内对于某一课题的相关研究揭示出来，便于用户掌握各种不同学科、不同领域相关研究的交叉与互动，从而为科学研究的立项、规划、发展和深入提供高参考价值的信息资源。国内已有的引文库包括：1996 年 5 月中科院文献信息中心编辑的《中国科学引文索引》；1996 年中信所信息分析研究中心和万方数据公司合作出版的《中国科技论文与引文数据库》光盘；1997 年 1 月由清华大学光盘国家工程研究中心制作、清华大学出版社出版的《中国学术期刊（光盘版）》。其中有的就是以引文索引为主体，有的则将引文检索作为其功能之一。目前，最为权威的是 SCI 和 SSCI 两种引文索引数据库。

8. 不同检索途径检索效果比较

在比较多的情况下，无论从相对效率还是从绝对数量来说，用分类号检索效果最好。从主题词进行检索，查准率低，查全率更低；从作者进行检索，查准率较高，查全率极低；从刊名进行检索，查全率和查准率都比较低。从分类号进行检索之所以比其他检索途径具有更好的效果，是因为分类号是受控标引项。对一个数据库来说，它可以采用一个统一的分类法对收录文献进行分类，从而对多样性实施控制，内容相同或相近的文章被赋予同样的分类号，这是从分类号进行检索在大多数情况下能够获得相对其他途径更好效果的原因。当然，分类号检索效果的好坏取决于分类标准是否科学以及标引人员是否始终严格遵循分类标准。

引文分析属于文献计量学的范畴，是根据文献间相互引证的关系及特点，运用数理统计、图论、模糊数学等，对文献的引用与被引用现象进行分析，以揭示科学发展态势的一种研究方法。引文分析法有着其他许多方法不可比拟的优越性和独到之处，可应用于：①通过文献之间的相互引证建立科学论文和科学期刊的学科联系，进行科学文献结构和科学结构的研究；②通过文献中引证事项的时间序列及联系，揭示科学发展史及其规律；③通过引证次数多少评价科研成果及科研人才；④通过引用习惯和引用方式研究情报用户的构成及行为。

5.3.5 检索调节的基本原则与方法

在考察了不同检索入口与方法的基础上，进一步讨论检索调节的基本原则和调节的方法。

在实际检索过程中，仅需一个检索词就能满足检索要求的情况并不多。通常我们使用多个检索词构成检索策略，以满足由多概念组配而成的较为复杂课题的要求。检索策略，又称为提问逻辑，就是对多个检索词之间的相互关系和检索顺序做出的某种安排。

检索调节的目的就是为了提高检索结果与用户需求的一致度，这里的需求既可以指明确表达出的需求，也可以指潜在的、在检索过程中不断发展的需求，就是提高查准率、查全率，降低误检率、漏检率。实际上，用户的检索也是以满意度为标准，即上述指标达到用户满意为止，没有什么绝对的标准。

5.3.5.1 检索输出结果不理想的原因

检索式输入检索系统后，系统响应的检索结果有时不一定能满足课题的要求。或者检出的篇数过多，而且不相关文献所占比例很大；或者检出的文献数量太少，有时甚至为零，这时就需要调整检索策略。

1. 检出数量过多的原因

调整检索策略之前，首先要分析造成结果不理想的原因。对于输出篇数过多的情况，应分析是否可能是如下原因造成的。

（1）选用了多个多义性的检索词。

（2）截词截得过短。

（3）输入的检索词太少。

（4）应该使用“与（AND）”却使用了“或（OR）”。

（5）优先运算符“（）”使用错误。

2. 检出数量过少的原因

对于输出篇数过少的情况，应分析是否是以下原因造成的。

（1）检索词拼写错误。

（2）遗漏重要的同义词或隐含概念。

（3）检索词过于冷僻具体。

（4）没有使用截词算符。

（5）位置算符和字段算符使用得过多。

（6）使用过多的“与（AND）”算符。

5.3.5.2 检索策略调整的基本原则

根据对各种可能输出结果的分析，以及在检索过程中涉及的可能导致四个指标变化的因素，我们大致可以把握如何进行进一步的调整方向。检索调节可以从以下两个大的方面来进行。

1. 检索式的调整

检索式的调整，其中既包括检索用词的调整，又包括检索词之间关系的调整，如布尔逻辑算符、位置逻辑算符。由于用户的检索需求是在检索过程中根据结果的反馈不断进行调整的，因此，对于原有检索主题的认识也是动态发展的。有时前一次的检索结果会为用户提供更为精确的检索词，或者提供更为贴近需求的主题表达方式。

2. 检索工具的调整

不同的检索工具侧重点也不尽相同，即使是同一个主题或领域的检索工具，其内容在时间远近、详细程度以及收录范围上也是有差异的。特别是在数据库使用十分广泛的今天，用户很有必要了解不同的数据库之间的差异。用户应当尽可能了解，从而可以配合使用，获得最好的检索效果。

5.3.5.3 检索式的反馈调整

作为制定检索策略的关键步骤，检索式的构造需要反复地修改，并在一次次调整中达到或接近理想状态。关于检索式的调整方法，我们可以从查全率和查准率这两个主要的检索效果评价指标分别来做分析，并提出对策。当用户对检出结果不满意时，可以通过适当调节检索式中泛指词、专指词和相关词之间的数量比例及逻辑组配关系来改善检索效果。

1. 提高查全率的调整

对于需要提高查全率的课题，主要从扩检入手，因此，检索式的调整可选用以下方法。

（1）降低检索词的专指度，可从词表或检出文献中选一些上位词或相关词补充到检索式中。

（2）调节检索式的网罗度，如删去某个不甚重要的概念面。

（3）进行族性检索，可采用分类号检索或采用一组近义词、同义词或相关词用 OR 连接在检索式中。

（4）进行截词检索，可以采用的有后截断、前截断、前后截断等截词方法。

（5）增加检索途径，如将主题途径与非主题途径结合起来使用。

（6）取消某些限制过严的前后缀符、限制符等。

2. 提高查准率的调整

对于需要提高查准率的检索课题，一般是在有一定查全率的基础上再进行缩检，可以使用下列调节检索式的方法：

提高检索式的专指度，增加或换用下位词和专指度较强的自由词。

（1）用 AND 连接一些进一步限定主题概念的相关检索项，增加相互制约。

（2）限制检索词出现的可检字段。

（3）用位置符控制检索词的词间顺序与位置。

（4）利用限制符、前缀符等限制输出文献的外部特征，加强针对性。

（5）利用 NOT 限制与情报提问不相关文献的输出，减少检索噪声。

（6）进行加权检索，从定量角度加以控制。

采用上述种种调节方法时，要针对所检课题的具体情况和所用检索系统的客观实际综合分析，灵活运用，这就要求用户和检索人员能准确利用反馈信息，善于分析检索式失误的原因，从而选择有效的调整方法。在这方面，一定的专业知识和丰富的检索经验将有助于提高调整工作的效率。

用户可以根据需要决定检索的深度和广度，构造相应的检索式。通过人机对话，提问得到即时处理，根据输出的结果，用户便可一边判别命中文献的相关性，一边修改检索式。如用户在浏览初步的检索结果后，可根据命中文献量的多少、命中文献的切题情况等来决定扩大还是缩小检索范围、是否增加新的检索词和新的检索途径、是否修改检索词的逻辑组配关系等。

3. 语义重复的处理

主题词标引中，语义重复现象非常普遍。这里所说的“语义重复”，是指同样的语义元素（主题词中的字或词）在同一篇文章的不同主题词中重复出现。因此除了上述一般性的调整措施外，用户还应注意以下几个方面，以提高检索的有效性。

（1）利用主题词字段查找同义词的有效性。高比率的主题词语义重复标引现象说明，在同一篇记录的主题词字段中存在同义词的可能性极大，因此，主题词字段提供了一条查找同义词的有效性途径，可以在数据库记录的主题词字段中去查找同义词和相关词，包括同素同义词、一般同义词和蕴含同义词。

（2）组配检索的非逻辑化。按照概念的逻辑关系构造检索式，在检索式中，同义词之间的关系必须是逻辑“加”（逻辑“或”）的关系。但是，这种逻辑思维与主题词语义重复标引的普遍事实不相符合。作者在给出主题词时并不考虑检索方面所要求的逻辑规则，造成了高比率的主题词语义重复标引现象。主题词语义重复标引现象为构造检索式提供了一个新的认识，即在检索式中，同义词之间可以是逻辑“乘”关系，这不符合逻辑，却能取得好的效果（在查准率方面）。

4. 检索工具的调整

检索工具主要集中在数据库，不同的数据库学科范围不同，检索指令不同，收费标准也不同。所以，应在检索之前阅读有关数据库的使用介绍，以便选择数据库时做到心中有数。

选择数据库，我们一般遵循以下几条原则。

（1）按照课题的检索要求和目的，选择收录文献种类、专业覆盖面、年代跨度对口的数据库。

（2）当需要查找最新文献信息时，选择数据更新周期短的数据库。

（3）当需要获取原文时，选取原文获取较容易的数据库。

5. 网络信息检索工具的检索调节

目前，网络成为一个重要而普遍的信息源，不同的搜索引擎为用户提供了丰富的信息服务。网络信息检索工具的关键词检索，其基础是对网页信息进行自动索引所建立的数据库，其基本检索方法是输入若干表达检索要求的关键词，检索工具默认关键词间的关系是逻辑“或”（OR）关系，即每个关键词都可独立命中网页，在排列检索结果时则把被全部关键词命中的网页排在最前面。

可以说没有一种网络信息检索工具仅仅使用这种简单的关键词检索方法，都是辅以各种各样增强关键词检索功能的措施。现将增强关键词检索功能的诸多措施综述如下。

（1）布尔检索。如果说，使用多个关键词进行检索可改善关键词的检索性能，那么，布尔检索是保证多关键词检索正确操作的基本规则。布尔检索对关键词检索效率的改进是多功能的，即它既可用于提高查准率的目的（使用 AND 和 NOT 算符，实质是提高专指度和缩小检索范围），也可用于提高查全率的目的（使用 OR 算符，实质是扩大检索范围）。不过，两者之间存在着互逆相关性，即使用 AND 和 NOT 算符会影响查全率，使用 OR 算符会影响查准率。

有的搜索引擎还可以在结果内再次检索，这实际上是一种修改检索提问的方法（对检索提问作进一步的限定），可提高查准率。

（2）加权检索。它是对布尔检索的改进，可在既保障查全率又保障查准率的前提下，按相关性排序输出检索结果，即相关度最高的信息资源排在最前，相关度最低的信息资源排在最后。加权检索方法在网络信息检索工具中使用时，大多是采用简化的方式，即使用“+”号或选择“must contain”表示某个关键词“一定要出现”在检索结果中或某项内容“必须包含”在检索结果中；使用“-”号或选择“must not contain”表示某个关键词“一定不能出现”在检索结果中或某项内容“一定不能包含”在检索结果中；不加符号或选择“should contain”表示某个关键词“可以出现”在检索结果中或某项内容“可以包含”在检索结果中。

（3）限定检索。这是在网络信息检索工具中使用得相当广泛的检索方法，一般可缩小检索范围，从而减少不需要信息的输出。限定检索均属选项，限定条件多种多样，包括：

①限定字段，也称字段检索，即限定关键词必须处于页面中的某个位置，如限定在标题、统一资源定位地址（URL）、链点文字、网页文字、特定站点等部分。

②限定两个关键词在文本中的距离，也称相邻度检索或邻近检索，这是文本检索所需要的。

③限定网页深度（即网页层次）。

④限定在某一专题内检索。如果网络信息检索工具设有某些检索专题，则关键词可限定必须出现在某个专题内，如新闻组、黄页、白页、电子邮件地址、广告、道路地图、股票行情，热点商业新闻等。

⑤限定首先在经专门选择的网页内（即限定在某一分类类目内）检索，并

把检索所得排列在检索结果的前面，可提高关键词检索质量。

⑥限定首先在5%最优站点范围内检索，并把检索所得排列在检索结果的前面，可提高关键词检索质量。

⑦限定检索对象（站点类型），如新闻站点、个人网页、商业站点、站点、教育站点、军事站点、政府站点等（根据域名后缀）。

⑧限定网络资源类型，如公司信息、指南和名录、活动公告信息、拍卖信息、学习信息、新闻发布信息等。

⑨限定数据类型，如文件、声音、图像、音像、HTML的成分、内含编程语句等。

⑩限定日期、地区或域名。如特定日期之前或之后的网页、最近某段时间内建立或修改的网页等。

可以看出，某些限定条件检索对减少不需要信息的输出具有重要意义。特别是家庭音像资料过滤功能，即系统自动删除那些包含毒品、赌博、种族歧视、色情、暴力等内容的网页，这实际上也是一种限定检索。某些网络信息检索工具提供这种检索功能。这种功能的实现是通过收集与上述内容有关的词汇，构成一个词汇表，在检索过程中用它来进行过滤。另一种实现方法是对众多站点预先进行自动筛选，将那些不含有上述内容的站点命名为绿色站点，用户可专门检索这些站点。过滤检索不可能过滤得很彻底。

（4）截词检索。截词检索有字面成族的作用，而字面成族的词中有一部分或大部分甚至全部又是概念成族的，所以利用截词检索可提高查全率，但会带出一些误检的网络资源。绝大部分网络信息检索工具都具有截词检索功能。截词检索使用截词符（通配符“*”）表示作为检索用词的关键词的某一部分，允许有词形变化。截词检索包括右截词（后端截词、前方一致）、左截词（前端截词、后方一致）、中间截词（前后方一致）和左右截词（中间一致）。在网络信息检索工具中使用的主要是右截词，部分支持中间截词，左截词极为罕见。截词必须适可而止，截去部分过多会大大增加误检率。

与截词检索基本相同的是自动添加语法变化词，这种方法没有带出误检资源的副作用，但必须有一个词形变化对应表作为条件。

（5）词组检索和短语检索。词组检索和短语检索是把组成词组或短语的若干词加上引号作为一个关键词进行检索，可提高查准率（但有时会漏检一些相关资源），在这种检索方式里，不同的检索工具在功能上也进行了不同的扩展。例如有的可以使用自然语言语句检索，有这一功能的网络信息检索工具允许用户以自然语言语句表达检索要求，检索工具利用非用词表排除非关键词，然后把剩余的词作为关键词进行检索；有的使用概念检索，有这一功能的网络信息检索工具可借助于一个同义词表对用户输入的关键词自动添加同义词，这样的做法有助于提高查全率，但不会降低查准率。

在用户友好方面，许多检索工具还具有容错检索的功能。容错检索主要指用户在输入提问关键词时输入错误，检索工具可自动纠错，这一功能在一些文字处理软件中也有。所谓的“模糊检索”，与我国对该词的用法是有差异的。

（6）相关信息反馈检索。相关信息可以有两个来源：其一是来自于其他使用相同检索词的用户，即利用输入相同关键词的其他用户在检索结果中选中相关网页的信息来帮助选择网页（至少把其他用户认为与检索要求真正相关的网页排在前面）；其二是客观的相关信息，即既定的文献相关度。

每个网络信息检索工具都有按相关度排列检索结果的功能，这一功能可以认为是对检索结果作自动甄别。用户通常只有时间阅读那些排在最前面的网络资源，甚至只可能阅读那些排在最前面的网络资源的一部分或一小部分。相关度的选择标准可以有多种方式，一般把全部包含所输入的若干个关键词的网页排在最前面，把只包含一个关键词的网页排在最后面。有的检索工具则提供多种检索结果排列方案，如：是否所有关键词都出现在页面中；按照关键词在页面中的密集程度（出现频率）排序；按照关键词是否出现在页面开头部分排序；按照关键词是否出现在页面标题中排序等。用户可选择若干种排序方案，每种分级打分，然后计算总分，这实际上是按用户最希望的排序方案（或者说筛选方案）排列检索结果。此外也有按站点名称或域名、按网页建立或修改时间的反顺序等排列方法。按相关度排列检索结果实际上是对检索结果再次进行加权检索，但不一定是对关键词加权。

在对检索结果进行排序时，信息资源本身的价值也应是重要因素。如果有大量网页链接到某一网页，该网页的重要性会增加。有的网络信息检索工具综合考虑了网页的被链接程度、关键词出现频率及出现位置等，作为检索结果的排序依据，这是一种可取的方法。

（7）检索结果的预处理。面对繁多的检索结果，用户往往无法一一阅读，因此，不少检索工具对于检索结果也进行了预处理。处理的方法有以下几种。

首先是相似检索，即当用户发现一个网页非常符合检索要求时，可点击相似检索按钮，检索工具会将该网页的关键词作为检索用词，检出与该网页内容相似的网页，即具有相同关键词的网页，并把最初选定的网页作为检索结果中的第一个网页。

其次是自动链接分类类目，对于关键词检索而言，这是一种扩检的方法，通过分类类目的聚类作用，可检出更多相关的但与关键词字面不能匹配的网页，其作用类似于概念检索。

最后是对检索结果粗分类，即将一次检索结果的全部网页按关键词分布和站点分布情况进行聚类，形成若干类别，用户可选择某个或某几个类别进行浏览阅读，而不必遍览整个检索结果列表，这实际上也是一种检索结果排序方法。还有的是在检索结果中将新闻报道单列，这是因为新闻报道不同于其他信息资源，它属于网络资源的一种特殊类型，很容易识别，而且其信息价值也与其他网络资源有差别，有的网络信息检索工具在检索结果中将新闻报道单列，这对用户选择利用检索结果是一种方便措施。

（8）多语种检索和检索结果翻译。某些网络信息检索工具提供多语种检索功能，其实现方法有：①提供不同语种的检索界面，有的建立不同语种的版本，对相应语种的网页进行检索；②将用任何一种语言输入的关键词自动翻译成所选语言的对应关键词，增加到检索提问中进行检索，其检索结果并不翻译。检索结果翻译则是通过自动翻译以选定的语种输出检索结果，可极大地方便网络用户。

（9）一次检索的后续功能。检索任务往往不是一次就可以完成的，需要不断地反馈和调整。网络检索工具也提供了在一次检索的基础上，利用一次检索的结果或检索式进行进一步的调整功能。例如可以从结果网页转到其他检索工具检索，有的网络信息检索工具的检索结果网页提供转到其他检索工具去用相同关键词进行再次检索的功能，以扩大检索范围，提高查全率。此外，用户还可以针对检索结果的情况，对原来的检索提问作进一步完善，排除检索结果中不需要的网络资源，相当于在检索结果中再次检索。与在检索结果中再次检索不同的是，检索提问修改功能也可以进行扩检，弥补第一次检索的不足。

（10）关于提高检索效率的建议。关键词检索看似简单，其实也有许多规则和技巧。为提高关键词检索效率，有的网络信息检索工具向用户提供了一系列正确使用关键词检索方法的建议，这也是提高关键词检索效率的一种措施。综合各种增强关键词检索功能的措施，可以看出：

①关键词检索基本原理十分简单，原始模式的关键词检索方法容易操作，但命中过多，查准率很低，往往达到使用户无法容忍的地步，而且，命中过多并不意味着极少漏检，所以，它应用于网络环境时，面对浩如烟海的信息资源，是难以使网络用户满意的。目前，所有的网络信息检索工具在应用关键词检索方法时，无一例外地都或多或少采用了上述增强其检索功能的措施。越是要求检索效率高的检索工具，采用上述措施越多，关键词检索易用性的优点丧失也越多。实际上，目前网络信息检索工具中的所谓高级检索方法，即采用增强措施的关键词检索方法，甚至比分类浏览检索方法更为复杂。关键词检索方法之所以在网络信息检索工具中被广泛应用，是主题检索途径不可缺少，更主要的原因是利用它能使建立索引数据库的过程完全自动化。

②在上述增强关键词检索功能的各种措施中，起主要作用的是布尔检索、加权检索、限制检索和按相关度排列检索结果四种措施。

③网络资源的建库前筛选对关键词查准率的保障有重大意义。例如，限定首先在经过选择的网页内（即限定在某一分类类目内）进行关键词检索，并将检索所得排在检索结果的前面；限定首先在5%最优站点范围内检索，并将检索所得排在检索结果的前面。这类方法对提高关键词的查准率，减少不需要信息的输出，无疑会起很好的作用，但网络资源建库前筛选的覆盖面有限，且时效性也较差，尤其是完全自动化所不可能实现的。

④对中文网络信息检索工具而言，主题检索途径不可缺少，而对浩如烟海的网络信息资源，不可能完全采用人工主题标引，关键词检索方法是必然选择。采用各种增强关键词检索功能的措施，也成为必由之路。但上述各种增强关键词检索功能的措施，必须有选择地进行吸取，不应完全照搬，有些好方法的采用尚需创造条件。

⑤采用上述各种增强关键词检索功能的措施还不可能彻底消除关键词检索的缺陷，甚至不可能基本消除关键词检索的缺陷，因而也不可能否定网络信息的人工标引在现阶段的必要性和合理性。也就是说，网络信息的全自动标引虽然很理想，也有必要采用，但要达到完善程度还有很大距离，这一距离估计不可能在较短的时期内克服。

6　因特网信息检索

6.1　因特网信息资源

6.1.1　因特网信息资源的特点及价值

6.1.1.1　因特网信息资源的特点

因特网信息的特点可以概括如下。

1. 无限性和广泛性

信息资源极为丰富，覆盖面广，涵盖了各学科领域，且种类繁多，几乎无所不包，因特网连接了数以亿计的承载了各种信息的主机，信息容量几乎是无限大。

2. 多样性

超文本、超媒体、集成式地提供信息，除文本信息外，还有图表、图形、图像、声音、动画等。

3. 廉价性

因特网信息资源大多是免费提供的，用户仅需要付出一定的通信费用。低费用的网络信息资源有效地刺激了用户的信息需求，使得因特网信息的普及率和利用率不断提升。

4. 共享性

由于信息存储形式及数据结构具有通用性、开放性和标准化的特点，它在网络环境下，时间和空间范围得到了最大程度的延伸和扩展。一份信息资源上网后，不仅可以及时地提供给本地用户，而且可以发散到全球各个角落，用户不需排队等候就可以共享同一份信息资源。

5. 新颖性

与传统的印刷型信息资源不同，因特网信息资源具有出版周期短，实效性强等特点，即使是同一个网页，也常常会随着时间的推移而不断更新。另外，因特网提供了获取非出版信息的丰富机会，例如大量的“边缘文献”，即在主流出版渠道之外的文献，也能够通过因特网传播和普及。比如现在很多文学作品都是先在网上连载，然后才结集正式出书。

6. 无序性

信息来源分散、无序，没有统一的管理机构，也没有统一的发布标准；且变化、更迭、新生、消亡等时有发生，难以控制。

总之，因特网提供了一种全新的交流信息、查找信息的渠道，它具有方便、及时、快速和交互性等特点。

6.1.1.2 因特网信息资源的价值

因特网信息在以下一些方面更具有优越性。

1. 价廉

它是一种比印刷品便宜的信息提供方式。不仅提供信息线索和著录信息，还提供有关信息的全文和原稿。

2. 新颖、深入

因特网提供了获取非出版信息的丰富机会。如网上大量的灰色文献或边缘文献（grey or fringe literature），即在主流出版物渠道之外的文献。包括：研究报告、调查采访、研讨会发言、笔记、项目计划报告、政策方针等，它们反映了许多研究成果背后的原始数据或第一手资料，或是因为其内容太新或太专而未被纳入正式文献交流渠道。

3. 广泛、直接交流

因特网扩大了人际交流的范围，提供了更多的直接交流机会。如参加讨论组（discussion group）、加入邮件列表（mailing list）等的讨论。还可在许多学者、研究人员、咨询专家的个人网页上发现其研究心得、教学演讲用的资料、演示、指南性的工具等，这是一种颇具个人特长的知识库，其参考价值应被重视。

4. 非正式、自由

因特网提供了正式出版、发表渠道之外的发表个人见解的空间，有较大的自由度，因而为新观点、不成熟的观点、未成定论的理论、假说、概念等提供了发表的园地。

总之，因特网信息资源不是传统信息资源的复制，因特网也不能取代传统的信息媒体、交流渠道，它是对传统信息资源和信息交流渠道的最令人振奋、最有力的补充。可以断言，对科研工作者来说，不掌握因特网这一信息工具，不利用因特网信息资源，就很难达到相关领域的前沿，很难取得具有国际先进水平的各种成果。

6.1.2 因特网信息资源的类型

因特网信息资源包罗万象，广泛分布在整个网络之中，没有统一的组织管理机构，也没有统一的目录。但按照其所采用的网络传输协议的不同，可将其划分为以下几种类型：

6.1.2.1 Web信息资源

WWW是World Wide Web的缩写，也可以简称为Web，中文名字为“万维网”。它起源于1989年3月，由欧洲粒子物理实验室CERN（the European Laboratory for Particle Physics）所发展出来的主从结构分布式超媒体系统。通过万维网，人们只要通过使用简单的方法，就可以迅速方便地取得丰富的信息资料。由于用户在通过Web浏览器访问信息资源的过程中，无需再关心一些技术性的细节，而且界面非常友好，因而Web在因特网上一推出就受到了热烈的欢迎，走红全球，并迅速得到了发展。万维网成为因特网上最为流行的信息传播方式。现在，Web服务器成为因特网上最大的计算机群，Web文档之多、链接的网络之广，令人难以想象。可以说，Web为因特网的普及迈出了开创性的一步，是因特网发展史上的一座丰碑。据调查，从1993年6月到2004年7月，美国的WWW网址的数量从130个增加到126 987万个，增加了1 000万倍。以下介绍几个与WWW相关的重要概念。

1. 超文本传输协议HTTP

HTTP是浏览器与Web服务器之间相互通信的协议。即WWW客户机和服务器用于在网上传输、响应用户请求的协议。

2. 超文本标记语言HTML

HTML是一种专门编程语言，具体规定和描述了文件显示的格式。也即Web的描述语言，用于编制通过WWW显示的超文本文件。

3. 通用资源定位程序URL

URI又称信息资源的统一定位格式或统一资源定位器。实际上就是一个用以标识文档类型及其所在网络地址的字符串，它的用途是用统一的方式指明因特网上信息资源的位置。URL包括3部分：所使用的传输协议、服务器名称、该服务器上定位文档的全路径名。URI不仅用于HTTP协议，还可用于FTP、Gopher、Telnet等协议。

4. 主页（home page）

主页是在与任何一个WWW服务器连接后所见到第一页（起始页）。它是该服务器入口处的HTML文件，是进入该服务器、访问其所提供的各类信息资源的导引页。

5. 链接（link）

链接是web页的元素，它是指向其他信息资源的指针。

6. 浏览器

浏览器是一种应用于 WWW 的网络软件，它是运行在用户计算机上的客户程序。它不仅可用于与其他 WWW 服务器的连接，更主要的用途是帮助用户浏览、阅读和查找 WWW 信息资源。浏览器可分为 3 大类：行式浏览器、文本浏览器（以 UNIX 平台上的 Lynx 为代表）和使用图形界面的浏览器。目前，广为网络用户熟悉和使用的是使用图形界面的浏览器，它们在 Windows 用户的界面下运行，不仅可以浏览文本信息，还可显示与文本内容相配合的图片、图形和声音等；这类浏览器有：Internet Explorer（IE）、Mozilla、Opera、Netscape 以及最近风头强劲的 Firefox 等。WWW 服务器的另一优势是可使用多种协议进行工作，因此通过一个功能较强的浏览器就可访问 Gopher、Wais、FTP、News 等许多其他类型的网络资源。某些网络用户甚至只要会使用 IE（因特网资源浏览器），就可满足大多数网络应用的需求。总之，万维网信息资源是因特网信息资源的最主要、最常见的形式。

6.1.2.2 远程登录（Telnet）

指借助远程登录（Remote Login），在 Telnet（telecommunication network protocol，远程登录协议）的支持下，在远程计算机上登录，使自己的计算机暂时成为远程计算机的终端，进而可以实时访问、使用远程计算机中对外开放的相应资源。简言之，就是通过远程登录后，可以访问、共享远程系统中的资源。这些资源既包括硬件资源，如超级计算机、精密绘图仪、高速打印机、高档多媒体输入/输出设备等；也包括软件资源，如大型的计算程序、图形处理程序，以及大型数据库等信息资源。

访问 Telnet 信息资源的一般步骤或过程是，在 Telnet 命令中给出远程计算机的域名或 IP 地址，在远程呼叫成功后键入自己的用户名和口令，有时还要回答自己所用的终端类型（如 VT100）；而某些提供开放式远程登录服务的计算机不需事先取得用户名及口令，在登录成功、建立连接后，就可按给定的访问权限，访问权限允许的相关资源——远程计算机上的软硬件、数据库等，或使用该远程计算机提供的因特网其他信息服务，如：Email、FTP、Archie、Gopher、WWW、WAIS 等。可见，Telnet 是一个强有力的资源共享工具，通过 Telnet 方式提供的信息资源主要有一些政府部门、研究机构对外开放的数据库；主要商用联机检索系统，如 Dialog、DataStar、Lexis-Nexis、OCLC、UMI 等也提供 Telnet 形式的连接方式，进而检索其数据库，不过需事先付费取得账号及口令。也有一些免费的系统，如常见的由许多大、中型图书馆通过 Telnet 方式提供的联机图书馆公共检索目录可以使用户在远程登录后，联机检索该图书馆的馆藏目录，了解其馆藏图书的书目信息。

事实上，目前因特网上最具知名度，用户最多的一种 Telnet 类型的信息资源莫过于 BBS（Bulletin Board System，电子布告栏系统），BBS 是 Internet 上的一种电子信息服务系统。它的历史比 World Wide Web 要悠久很多。BBS 提供一块公共电子黑板，每个用户都可以在上面书写，可发布信息或提出看法。像日常生活中的黑板报一样，电子公告牌按不同的主题分成很多个布告栏（版面），布告栏设立的依据是按大多数 BBS 使用者的要求和喜好，使用者可以阅读他人关于某个主题的最新看法（几秒钟前刚发布的观点），也可以将自己的观点毫无保留地贴到布告栏中。同样，别人对自己的观点的回应也是很快的（有时候几秒钟后就可以看到别人对你的观点的看法）。如果需要单独的交流，也可以直接发信到某个人的 BBS 站内电子信箱中，还可以启动聊天程序和对方交谈。由于 BBS 的参与人数众多，因此各方面的话题都不乏热心者。可以说，在 BBS 上任何人都可以找到自己感兴趣的话题。

目前 BBS 信息资源也同时在向着采用 Web 和 Telnet 两种方向发展，Web 类型的 BBS 可展示包括图像和声音、视频在内的多种信息，视觉表现方面更加丰富，用户操作也更加简便；而 Telnet 类型的 BBS 虽然只能展示文本信息，并且需要用户记忆不少键盘操作，但它也有着速度快捷、功能完善等优点，而受到上网历史较长的老用户青睐。

6.1.2.3 FTP 信息资源

FTP（file transfer protocol）是因特网使用的文件传输协议。该协议的主要功能是完成从一个系统到另一个系统完整的文件拷贝，即在因特网的联网计算机之间传输文件。前面所述的 Telnet 可以使用户在远程登录后的联机状态下浏览、检索、利用远程计算机的资源，但如想获取、拥有远程计算机中某些文件的拷贝则要利用文件传输服务 FTP。FTP 不仅允许从远程计算机上获取、下载文件（download），也可将文件从本地机上传（upload）到远程计算机。FTP 是获取免费软件、共享软件资源不可缺少的工具。

通过 FTP 可能获得的信息资源类型很广泛。广义地说任何以计算机方式存储的信息均可保存在 FTP 服务器中。以 FTP 形式获得的信息资源有：一些书籍的电子版，如《圣经》《莎士比亚全集》等；电子期刊与杂志；某些政府机构发布的信息，如美国国家统计局（U. S. Bureau of the Census）的统计数字；美国航空航天局各种实验的信息、最新图像文件、太空探测照片等。另外就是大量的免费软件和共享软件（可先试用，再注册交纳一定费用后就可获得软件的使用权），包括 DOS、Windows、Macintosh、Unix 下的软件以及 Apple、Novell 软件及其他主要厂商产品的最新资料，涉及各类应用程序、专用计算软件、汉字平台、文件压缩工具、代码转换工具、游戏软件、反病毒程序、通信软件等许多种类型。

通过 FTP 获取文件的步骤一般如下。

1. 登录

旨在为 FTP 客户软件提供 FTP 服务器的地址，通过 FTP 与远程主机连接后，需输入用户名和口令。若访问的是匿名 FTP，则不需要账号和口令，以“anonymous”做用户名，Email 地址或“guest”作为口令；一般这种访问被限制在公共目录（public 或 pub）下。

2. 浏览目录，找到所需文件

3. 设置文件传输参数，选择文件的传输模式

如 ASCII 模式——用于传输文本文件；二进制（Binary）模式——用于传输非文本文件。

4. 下载所需文件

提供 FTP 信息资源的服务器遍布全世界，且数量不断增加，信息量日益扩大。若想有目的地查找到所需要的文件，了解该文件可从哪个匿名 FTP 服务器的哪一个目录中获得，无异于大海捞针，必须借助相应的检索工具。

6.1.2.4 用户组信息资源

网上各种各样的用户通信、服务组是因特网上最受欢迎的信息交流形式，包括新闻组（Usenet Newsgroup）、邮件列表（Mailing List）、专题讨论组（Discussion group）、兴趣组（interest group）、辩论会（Conference）等。虽名称各异，但实质上都是由一组对某一特定主题有共同兴趣的网络用户组成的电子论坛。在这个论坛中所交流的文章即是一封封的 E-mail，因此其本质就是电子邮件功能的进一步扩展，使人们能更便捷地进行多向交流。迄今为止，你所能想到的任何一个主题均有与之相对应的讨论组，参与者为全世界数以百万计的网络用户。

而以上述各种电子通信组形式传递、交流的信息就构成了因特网上最流行的一种信息资源。主要包括某个学科领域的新闻、研究动向、最新成果发布；交谈、质疑解惑、讨论、评论等，它是一种最丰富、最自由、最具有开放性的资源。其信息交流的广泛性、直接性是其他信息资源类型所不能比拟的。在这里你既可以与遍及世界各地的各领域的专家直接交流、讨论，更新知识，澄清、发表自己的观点，也可以就生活中的一些问题、小窍门等求教于一些热心助人的朋友。对于研究人员来讲，应该将其视为获取出版渠道以外研究性信息的一个重要渠道。可以用于了解学术动态，还可参与讨论活跃自己的创新思路，或就某些疑难问题、技术环节求助于同行的提示、参考意见，分享有益的经验，其直接、方便、快捷、非正式等特点都对学术研究大有裨益。

而 mailing list、listservs 则可使用任何一种电子邮件系统来阅读新闻和邮件，并允许你向能够作出响应的其他人发送邮件。它实际为参加者的一份，每个参加者均可向这个群组发送邮件，mailing list 再转发给组内所有的参加者，实现一对多的交互。日常生活中，任何有某种共同需要的人群都可组成一个 mailing list，如校友联谊会或学习某课程的班级、学生均可创办一个 mailing list，作为教师与学生、学生与学生之间日常交流、答疑、讨论的园地，是应用网络辅助教学的一种重要形式。

上述用户服务组通常都具有以下几种功能：①订阅该组；②取消订阅该组；③读取组中文章；④发布文章至该组；⑤跟随文章（在读取文章中加入心得或建议）；⑥回信；⑦转信（将所读取的文章转发给其他人）。

6.1.3 因特网信息资源评价

6.1.3.1 评价的作用

与传统的信息资源相比，因特网信息资源的首要特点即广泛的可存取性（accessibility）。网络信息的自由存取和易用性，导致了网络信息资源的繁盛。任何可想象到的学科、主题领域均有大量的网络信息产生。网上信息广泛、丰富，却缺乏组织和质量控制，呈现着无限、无序、优劣混杂的发展状态。正如国外学者指出的那样："网络的最大优势，同时也是其最薄弱之处，即任何人、任何机构随时都可以在因特网上发布信息，生产出一个数字化的知识数据单元 DLO，即类似文献的电子文件（document-like-object）"。网络环境下信息的发布具有很大的自由性和任意性，信息质量缺乏必要的控制和管理机制，网络用户均明显地感觉到由信息过载（information overloaded）所引起的焦虑和无所适从。用户对获取高质量网络信息的期望值日益提高，他们希望所获取的网络信息是有效的、可靠的、权威的、相关的和适用的。面对着网络信息资源的质量不均衡状态，发展网络信息资源的评价方法及相关标准和工具是至关重要的。进行网络信息资源评价，从信息海洋中经过甄别，挑选出有学术价值或利用价值的精华部分，推荐给网络用户使用，可以较好地屏蔽一些信息污染或检索噪声，大大地提高用户利用因特网信息资源的效率。

另外，因特网改变了传统的信息发布和评价程序。在印刷型文献时代，信息的评价和过滤是由编辑、出版者、评论人员或权威部门（如政府机构等）、学科专家等来完成的。而在因特网时代，发表自由使信息的生产跳过了编辑出版这一至关重要的质量控制环节，这样一来，对网络信息的评价更多地要由网络用户自己承担。因此网络用户必须了解、掌握一些对网络信息资源的评价标准和评价方法，以使自己的上网"冲浪"是建立在某种分析、判断基础上的"智能性"的访问，同时还能对自己所搜集、获取到的信息资源的价值有所判断。而网络用户同时也会成为网络信息的编辑、生产者，掌握有关的评价标准，也能够使其在编辑、生产网络信息的过程中有所规范，以便在几个关键的方面注意按照标准的要求去做，进而提高、改善网络信息的质量。

6.1.3.2 评价的标准

近年来，因特网信息资源评价工作受到了一定重视，在国外已经成为一个较热门的研究话题。一些机构和研究人员在有关研究工作的基础上，提出过若干系列的评价标准。

对因特网信息资源的评价一般以网页（Web page）或网站（Web site）为评价单位，评价标准是在借鉴传统的对印刷型文献的评价标准的基础上，结合网络信息的特点，主要着眼于网页所提供的信息内容质量和信息存取方式等综合而成。一般分为以下几个方面。

1. 目的（purpose）

该网站的目的是什么？是报道、教学、销售、说教，还是娱乐？有否明确说明？该网站的内容是否符合其目的、要求？与此直接相关的还应考虑其用户对象，即该网站面向什么层次、水平的用户：是该领域的专业人员、一般人员、外行或学校学生？你是否属于该用户层？该网站信息内容是否适用于它所面向的用户层？

2. 范围（scope）

即该网站所覆盖的主题领域，所提供信息的广度、深度、时间范围以及所包括的网络资源类型范围（如 Telnet、FTP 等）。

3. 内容（content）

该网站所提供的信息是事实性的，还是评论性的？该网站包括原始信息，还是仅提供链接？评价主要围绕该网站内容的如下方面。

（1）准确性（accuracy）。该网站是否提供信息的来源、出处以备用户进一步核查？其页面语言是否准确、严谨、无拼写、语法错误？是否明确列出该网站信息的编辑、提供者等责任人？其语气是客观性的还是广告性的？有否政治或意识形态因素的影响？

（2）权威性（authority）。该网站的主办者是谁？主办者是否为有声誉的组织、机构、专家、学者？是否提供了可进一步联系、核实、交流信息的可能，如电话号码、通信地址及 E-mail 地址？其内容是否有版权保护、其版权的拥有者是否有明确说明？

（3）新颖性（currency）。主要看该网站信息的提供时间、更新周期及最近一次的修改日期。

（4）独特性（uniqueness）。该网站的信息内容是否还有其他的提供形式，如其他的Web网站、印刷品或光盘版？该网站信息提供的优势，有否特别的服务功能？

（5）可靠性（reliability）。该网站是否稳定、可靠，即能否较稳定、连续地接受访问？其连接及检索的速度是否正常？

（6）链接（links）。向其他资源的链接是否明确、清楚且维护良好，无空链、死链？是否有潜在的版权限制？

（7）图形和多媒体设计（graphic and multimedia design）。指该网站的感官效果是否良好。其所采用的各种图形、图像、声音或虚拟现实等手段是否符合该网页的宗旨、目标，并增强了该网站的信息提供功能。

（8）信息的展示与设计（information presentation and design）。该网站信息的组织、提供、展示的方式如何？是否易于浏览、查找？该网站是否有其自己的搜索引擎？

（9）可操作性（workability）。即衡量该网站是否方便、有效、易用。具体包括：①用户友好性（user friendliness）：有无特别的命令、帮助信息？用户界面有无菜单？屏幕内容是否清楚、易读？②检索性能（searching）：该网站的内容怎样被有效地检索到？其组织信息的方式是逻辑分类、按年代或按地理分区？是否提供搜索引擎？检索界面如何？支持哪种检索算法和检索结果排序？③交互性（interactivity）：该网站是否提供与用户的交互功能，这些功能是否增强了该站点的使用价值？④连通性（connectivity）：该网站能否用标准设备和软件访问？是否需要特别的软件、口令或网络设备？该站点能否稳定地被访问，是否常常阻塞或掉线？有无本地镜像站点？

（10）费用（cost）。一般人们多认为因特网上的信息是免费的，但实际上是有费用问题的，且在获取信息中的成本费用因素日益为人们所重视。费用可分为两部分：一是连通费用，即为接受上网服务、连通时间或传送流量的计费；二是为访问、获取、使用网页中的知识内容所必须付出的费用，如某些电子期刊的订购费、数据库的检索使用费等。应该注意到某些付费服务会以有限功能版、一段时间试用期等形式免费提供。

（11）评论（review）。即关注有关的评价服务工具，如印刷型评价期刊及网上较著名的资源评价站点和信息资源门户等。

6.1.3.3 评价的方法

定性评价：即按照一定的评价标准对被评站点的各方面特征、质量作出主观判断。一般有问卷调查、专家评议等方式。

定量评价：即利用数量分析方法，对调查统计数据进行分析，进而做出较系统、客观的评判。目前对网络信息进行定量评价一般是以统计访问次数、登录情况、链接数量等进行统计分析，进而对用户兴趣、网站影响力、站点所提供信息的水平和可信度等做出评判。

对于用户个人来说，全面掌握上述一系列标准并据此对某一网页或网站做出综合评判是很不容易的。日常使用过程中，用户可以通过以下一些途径搜集有关信息，并进而做出初步的评价。

1. 从网页的 URL 中得到信息

从一个网页的 URL 中可以看出它所在的服务器网域（domain），一般来说，来自教育（. edu）、政府部门（. gov）、非营利性机构（. org）的网页的学术价值和权威性较高，同时，如果通过链接找到的网页其 URL 表明位于某权威网站，如来自 www. cctv. corn 的节目预告表，来自 www. w3c. org 的网络协议白皮书等，其质量往往是有保证的；有时网页的 URL 中也会包含一些个人信息，如一些大学教师的个人主页往往是在学校院系网站上添加的/name/目录，还有很多 blog 的 URL 也体现出这样的特点，从个人主页上有时可以得到一些非常有价值的收获，但必须注意个人主页上的信息质量并不像教育、政府和非营利性机构网站那么有保证。

2. 查看网站首页描述

网站的首页通常有"关于我们"（about us）、"联系方式"（contact us）、"版权声明"（copyright）、"常见问题解答"（FAQ）等链接。通过查看这些链接的内容，能够了解到有关网站所有者的名称、机构、联系方式、简介等一些情况。信息资源的质量与它的提供者的素质是密不可分的，通过了解网站主办者的信息，能够对网站的质量做一个初步的判断。网站上一般都可以找到作者的电子邮件联系方式，如果对网站的信息有疑问，通过发邮件联系网站主办者，还可以获取更多的有用信息，即使是电子邮件地址本身，也能暗示一些信息。比如一个网站宣称自己是一家多么有实力的公司，但留下的却是一个像 hotmail 那样的免费电子邮箱的话，就很让人生疑。另外，网站上一般还能找到最近更新日期的信息，通过这个日期可以判断网站内容的新颖性和时效性，长期没有更新的站点，其信息价值可能下降了。当然，如果有的用户的信息需求本身就带有一定的历史特征，那么一些很古老的网页可能更符合他的需要。最后需要指出的是，从网站本身的描述来判断网站信息资源质量的方法并不是百分之百的可靠，因为这些描述也有可能是虚假的，用户必须结合其他方法共同来做网站信息质量的评估。

3. 从超级链接中获取信息

和一个网页有关的超级链接有两种：一种超级链接是看得见的，即网页上以"友情链接""相关链接"等方式推荐其他站点、页面或指出本网页内容所参考的来源。如果网页作者能够列出一定数量的超级链接来支持和印证自己在网页中阐述的观点（类似于写论文在最后列出参考文献），那么就能为网页读者扩展浏览内容提供途径。而一个网页所提供的超级链接质量的优劣也能够在一定程度上反映这个网页本身的质量。如果某网页上的超级链接多为空链、死链、错链，或者为一些无聊的站点甚至色情站点提供链接，那么该网页的质量就很值得怀疑。

另一种超级链接是看不见的，即指向该网页的链接（反向链接）。一般来说，如果在因特网上有大量的链接指向某个网页，就说明这个网页的知名度高，那么信息质量也应该不错，这也是搜索引擎判断一个网页重要性的基本方法。那么，用户如何知道自己有多少个链接指向自己正在浏览的网页呢？可以通过Google的“link:”语法来实现：在Google的检索框中自己正在浏览的网页的URI，进行搜索，就可以从返回结果的数量知道有多少个网页提供了指向该网页的超级链接（虽然这个数字并不是非常准确，但还是有一定的参考价值）。

4. 参考他人的评价

有一些书刊和网站提供对各专题因特网信息资源的评价和介绍、综述、热门站点推荐等，例如许多网络站点推出的“站点精选”“最佳站点”“信息资源荟萃”等栏目。这些虽不能称之为对网上资源的全面评价，只是对一些优秀站点的简单罗列和描述；但其简单易行，且对一般网民有一定的参考价值。另外Google等搜索引擎公司提供集成在浏览器中的搜索工具条，当用户访问某个网页时将显示该网页的Page rank值，这个值也可以帮助用户评估网页的质量。

6.2 因特网的基本信息服务

因特网提供了丰富的信息资源和最先进的信息交流手段，这些资源涉及人们从事的各个领域、行业以及社会公共服务等方面，包括自然科学、社会科学、技术科学、农业、气象、医学、军事等。因特网的信息资源是分布在整个网络中的，没有统一的组织和管理，也没有统一的目录，但对于用户来说，因特网提供了以下一些基本信息服务：电子邮件（E-mail）、文件传输（FTP）、电子公告（BBS）、信息查询等。

6.2.1 电子邮件服务（E-mail）

因特网的电子邮件服务（E-mail，Electronic Mail）是一种通过计算机网络与其他用户进行联系的快速、简便、高效、价廉的现代化通信手段，用户可以即刻将信件发送到收信人的电子信箱中。

E-mail是因特网最早提供的服务之一，是1972年由Ray Tomlinson发明的。

现在的 E-mail 仍然是因特网上使用最广泛的信息服务，主要用于传递信件。绝大部分因特网用户，都是从使用 E-mail 开始熟悉因特网的。现在，人们除了使用电子邮件传递文字信息外，还在电子邮件中附加传送其他类型的信息，如图像、声音甚至录像片段。

如果仅仅需要使用因特网的电子邮件服务，用户的计算机实际上并不一定要直接接入因特网，只要找到一个提供因特网电子邮件服务的机构，就可以通过它接入因特网的计算机收发电子邮件。计算机与提供电子邮件服务机构的计算机连通可以通过电话线，也可以通过网络来实现。

使用因特网电子邮件服务的前提是必须拥有一个电子邮箱。电子邮箱（E-mail Address）是由提供电子邮件服务的机构建立的，实质上是在该机构与因特网联网的计算机上为用户分配的一个专门用于存放往来邮件的磁盘存储区域。这个区域的信息是由专门的电子邮件收发管理软件操作的。这个提供因特网电子邮箱和邮件发送服务的计算机被称为因特网邮件服务器。

供用户使用电子邮件服务的程序有许多，大致可以分为两类：一类是运行在邮件服务器上的程序，这一类程序通常是基于命令或菜单操作的，如 UNIX 操作系统下的邮件程序 Mail 和 Elm 等，用户在使用前常常要首先登录到提供邮件服务的计算机上，然后再通过命令调用这些程序来收发电子邮件；另一类是运行在 Windows 操作系统环境下的邮件收发应用程序，如被广泛使用的 Eudora 等，它们是基于鼠标器、菜单、按钮和窗口操作的，不需要记忆命令，使用简便容易。

电子邮件系统有如下优点：①方便，它有些像使用留言电话，可以在自己方便的时候处理记录下来的请求，发信人知道你在下次打开电子邮箱时，一定能看到他们留下的信息。②范围大，由于电子邮件系统的开放性，使得许多非因特网网络的用户可以通过一些称为网关（Gateway）的计算机与因特网网上的用户交换电子邮件。目前，因特网电子邮件提供服务的地理范围，远远超出了正式加入因特网的国家和地区。③廉价与快捷，通过因特网发一页邮件的费用比发一页国际航空信要便宜得多，而且传递速度很快，几分钟。

电子邮件系统是采用“存储—转发”方式为用户传递信件的。通过在一些接入因特网的计算机上运行相应的软件，可以使这些计算机充当“邮局”的角色，用户使用的“电子信箱”就是建立在这类计算机上的。当用户希望通过因特网给某人发送信息时，先要同提供电子邮件服务的邮件服务器计算机连通，然后将要发送的信件与收信人的电子邮件地址送入自己的电子邮箱。电子邮件系统会自动将用户的信件通过网络一站一站地送到目的地。

若在传递过程中某一个通信站点发现用户给出的收信人电子邮箱地址有误而无法继续传递时，系统会将原信逐站退回并通知不能送达的原因。当信件送达目的地计算机后，该计算机的电子邮件系统就将它存在收件人的电子邮箱中，等候用户读取。用户要查阅有没有自己的电子邮件，只要将自己的计算机连通存放自己电子邮箱的邮件服务器计算机，便可以查阅邮件。与普通信件类似，因特网的电子邮件也有自己的“信封”和“信文”，分别被称为邮件头（Mail Header）和邮件体（Mail Body）。邮件头由3部分组成：收信人电子邮箱地址（To:）、发信人电子邮箱地址（From:）和信件标题（Subject:）。邮件体为实际要传送的信件内容。

在发送电子邮件时，系统会根据用户输入的收信人电子邮箱地址和信件标题，自动构造邮件头并生成发信人地址，用户只需键入信件内容即可。

因特网电子邮箱地址的基本组成格式如下：

用户名@计算机域名

这里的用户名常为收信人姓名的某种缩写形式，但用户可选任意字符串作为用户名。计算机域名是收信人使用的邮件服务器计算机的域名。符号@的含义为“在”（At Sign），表示以用户名命名的信箱是建立在符号@后说明的计算机上，该计算机就是向用户提供电子邮件服务的“邮局”机。

6.2.2 远程登录服务（Telnet）

远程登录服务（Telnet）是因特网提供的最基本的信息服务之一。因特网用户的远程登录是在网络通信协议Telnet的支持下使自己的计算机暂时成为远程计算机仿真终端的过程。要在远程计算机上登录必须事先成为该计算机系统的合法用户并拥有相应的账号和口令。一旦登录成功，用户便可以实时使用远程计算机对外开放的功能和资源。例如，共享该远程计算机上的软硬件资源和数据库，使用该计算机提供的因特网的其他信息服务，如电子邮件、FTP、Archie、Gopher、WWW、WAIS等等。由此可见，Telnet是一个强有力的资源共享工具。许多大学图书馆都通过Telnet对外提供联机检索服务，一些政府部门、研究机构也将它们的数据库对外开放，便于用户通过Telnet进行查询。

6.2.3 文件传输服务（FTP）

一般情况下，用户不希望在远程联机的情况下浏览存放在因特网网络上的某一台计算机上的文件，而可能更乐意先将这些文件取回到自己在本地联网的计算机中，这样不但能为用户节省时间和费用，还可以让用户从容地阅读和处理这些取下来的文件。因特网的文件传输服务FTP正好能满足用户的这一需求。

FTP服务是以它所用的文件传输协议（File Transfer Protocol）命名的，无论两台加入因特网的计算机在地理位置上相距多远，只要两者都支持FTP协议，网上的用户就能将一台计算机上的文件传送到另一台计算机。

FTP 与 Telnet 类似，也是一种实时的联机服务。在进行工作时，用户首先要登录到对方的计算机上，与远程登录不同的是，登录后，用户只能进行与文件搜索和文件传送等有关的操作。使用 FTP 几乎可以传送任何类型的文件，如文本文件、二进制文件、图像文件、声音文件、数据压缩文件等。

普通的 FTP 服务要求用户在登录到远程计算机时提供相应的用户名和口令，也就是说，如果你没有在某个主机上注册，就没有用户名和口令，你就不能与该主机进行文件传送。为此，许多信息服务机构为了方便用户通过网络获取他们所发布的信息，提供了一种称为匿名 FTP 的服务（Anonymous FTP）。用户在登录到这些 FTP 信息服务器时无需事先注册和建立用户名和口令，而是以 Anonymous 作为用户名，一般用自己的电子邮箱地址作为口令。

匿名 FTP 是最重要的因特网服务之一。实际上，各种类型的数据可能存放在某地的某台计算机上，而且还可能免费提供给大家使用。例如，因特网上使用的许多程序都是由个人创建和维护的，然后通过匿名 FTP 服务分布到全球。用户也可以通过匿名 FTP 找到电子杂志及许多技术文档。匿名 FTP 对用户使用权限有一定的限制：通常仅允许用户获取文件，而不允许用户修改现有文件和向它传送文件，另外，对于用户可以获取的文件范围也有一定限制。

为了便于用户获取超长的文件或成组的文件，在匿名 FTP 服务器中，常常将这类文件预先进行压缩或打包处理。因此，用户在传送或使用这类文件时应具备一定的文件压缩与还原、文件打包与解包等处理能力。

6.2.4 网络新闻服务（Network News）

网络新闻服务（Network News）通常又称作 Net News，它是具有共同爱好的因特网用户相互交换意见的一种无形的用户交流网络，它相当于一个全球范围的电子公告牌系统。网络新闻按照不同的专题组织，志趣相同的用户借助网络上一些被称为新闻服务器的计算机展开各种类型的专题讨论。

网络新闻不同于邮件用户服务。虽然通过加入邮件用户组你也可以订阅消息，参加讨论，但用户必须付出一定的代价：定期阅读处理从用户组收到的大批邮件，而这些以电子邮件发来的消息不见得都是用户所感兴趣的。当用户加入多个邮件用户组时，每日阅读和处理这些邮件可成为用户的一种沉重负担。网络新闻组（Newsgroup）是一种供用户自由参加的活动，用户要参加时不必事先申请，不感兴趣时又不必申明退出。只要用户的计算机具备一种称为“新闻阅览器”的程序，就可以通过因特网随时阅读新闻服务器提供的分门别类的消息，并可以将用户的见解提供给新闻服务器作为一条消息发送出去。

因特网提供了多种新闻阅读器供用户选用。无论何种新闻阅读器软件，一般应具有选用新闻服务器的功能。当用户阅读消息时，它提供友好的导读界面、基于菜单的专题选择功能、基于索引的消息检索功能和用于避免阅读已读过消息的阅读记忆功能等。当用户发表讨论意见时，它应具有完善的文字编辑处理功能、消息构造功能和发表方式的选择功能等。

网络新闻是按专题分类的，每一类为一个分组，目前有 8 个大的专题：计算机科学、网络新闻、娱乐、科技、社会科学、专题辩论、杂类及候补组。每一个专题组又分为若干个子专题，子专题下还可以有更小的子专题。到目前为止已经有 15 000 多个新闻组，每天发表的文章超过几百兆字节，故许多站点由于存储空间和信息流量的限制，对新闻组不得不限制接收。

一个用户所能读到的新闻的专题种类取决于用户使用的新闻阅读程序能访问的新闻服务器。每个新闻服务器在收集和发布网络消息时都是各自为政的。

用户交流网 Usenet 是网络新闻服务器的主要消息来源。Usenet 完全是一个民间自发建立的用户交流网络，它使用因特网交流信息但又不完全依赖因特网进行通信。为了使信息的交流得以顺利进行，Usenet 的参与者需要共同遵守一些约定的网络使用规则。

对于因特网来说，最脍炙人口的要算 Usenet，这种说法一点也不过分。对于科学家、教育工作者和工程技术人员而言，Usenet 是一种十分有用的工具，它对你的工作可能大有帮助。

6.2.5 网上交谈服务

这是人们利用因特网开展的一种实时、交互式的文字通信服务。这种服务可以分为两类：一对一的实时交谈（Talk）和多人之间的实时交互式会谈（Chat）。

网上交谈 Talk 只能在两个事先约好的用户间进行，双方要使用相同的 Talk 软件。交谈开始前，首先要使用 Talk 程序进行呼叫并建立起交谈连接，连接成功后，计算机屏幕就被一分为二，对方键入的信息传过来后出现在屏幕的上半部分，而你自己键入的信息在屏幕的下半部分。这是一种两个人之间的“笔谈”服务。

网上会谈 IRC（Internet Relay Chat）也是一种“笔谈”服务，但是它的参加者可以同时为多人。参加 IRC 不需要事先约好，因为这些服务是由一些专门的称为 IRC 服务器的计算机提供的。参加 IRC 的用户要使用专门的 IRC 客户程序，连接到 IRC 服务器上。每个 IRC 服务器好比一个供人们自由进出的会议中心，根据讨论题目的不同设立了若干会议室，被称为 IRC 通道（Channel）。每个连接到 IRC 的参加者要根据计算机屏幕上的提示列表，选择一个自己感兴趣的内容通道，就可以加入会谈。这时计算机屏幕上通常出现一个动态列表窗口，每个参加者一行，显示出其键入的信息。你自己键入的信息通常出现在屏幕的最底行，当你按 Enter 键后，它就被发送出去。通常 IRC 服务器提供 24 小时服务，世界各地的参加者可以随时自由加入或退出任何通道的会谈。

6.2.6 菜单式信息检索工具 Gopher

Gopher 是基于菜单驱动的因特网信息查询工具，它可以依据服务器的目录结构逐级访问，在一级一级的菜单指引下，用户通过对因特网网上远程联机信息系统进行实时访问，选取自己感兴趣的信息资源。这对于不熟悉网络资源、网络地址和网络查询命令的用户是十分方便的。另外，Gopher 设有工具转换接口，直接调用其他信息检索工具或转入其他服务器。正因为如此，Gopher 是一个深受用户欢迎的因特网信息查询工具。

通过 Gopher 可以进行以下类型的信息查询：①远程登录（Telnet）信息查询。②文本文件信息查询。③电话簿信息查询。④多媒体信息查询。⑤专有格式的文件查询。

Gopher 最初起源于美国 Minnesota 大学，是该大学校园网的名称。Gopher 校园信息服务器的主要功能是查询各大校园网中的信息，提供菜单式信息检索界面。目前全球共有几千个 Gopher 服务器，遍布各大学校园。由于 WWW 技术的发展，逐步取代了 Gopher，所以 Gopher 服务器正处于下降趋势，已有一些 Gopher 服务器关闭。

Gopher 是一个分布式的文件管理、查询、传输系统，采用客户机/服务器结构（C/S 结构），使用 TCP/IP 协议。Gopher 可以提供如下信息：①各校、各系的情况介绍。②校园信息公告。③生活信息（火车时刻、天气、旅游、文艺活动等）。④网络资源与信息（网络地址、文献资源信息、电子出版物、文学名著、学位论文）。⑤与其他 Gopher 系统连接信息。

使用 Gopher 软件必须拥有一个 Gopher 客户机软件，Gopher 软件可以适用于各种类型的操作系统，免费软件可从 FTP：boombox. unicro. umn. edu 下载。

6.2.7 BBS（Bulletin Board System）电子公告牌

BBS 可以说是一种电子化的公告牌。它具有普通公告牌的功能，人们可以在 BBS 上粘贴自己需要向他人提供的信息，也可以获得他人贴在上面的信息。除此之外，BBS 还能提供许多其他的服务，BBS 上通常有大量的信息，使用 BBS 可以很好地实现信息的共享，BBS 还可以帮助人们实现非面对面的交流，以快速解决实际问题。

BBS按主题组织信息，它通常提供多种服务，如分类讨论区、精华区、信件区、聊天区及软件共享区等。分类讨论区包括各类学术讨论区、各类话题讨论区，用户可以根据自己的兴趣以及具体的需要选择讨论区，可以进行浏览，也可以发表自己的看法；精华区将最引人注目的主题集中在一起供人们浏览；在信件区人们可以处理他人发过来的信件，也可以发信件给他人；聊天区提供了一个聊天广场，人们可以进入某一个主题的聊天室，也可以直接给某一个特定的人发信息，直接与其聊天；软件下载区往往有许多软件，人们可以通过FTP等形式实现共享。

6.2.8 World Wide Web服务

虽然World Wide Web（简称为Web或WWW）是在1992年左右才出现的，它在因特网上的增长速度十分惊人。对于因特网Internet来说，20世纪90年代最重大的发展是World Wide Web的出现。1990年11月，欧洲核子物理研究中心CERN的Tim Berner Lee建立起第一个Web服务器原型系统。Web真正投入实际服务是在1992年。1993年美国国家超级计算中心NCSA发布第一个图形界面Web浏览器Mosaic的时候，因特网上仅有130个Web服务器在运行。仅仅三年多的时间，到1996年7月，全世界在运行的Web服务器已经发展到27万个。因此，Web获得了“地球上的公共电话亭”的雅号。

World Wide Web是一种基于超级文本的多媒体信息服务。

所谓超级文本（Hypertext）是一种人机界面友好的计算机文本显示技术。通过事先对文本中的有关词汇进行索引链接，使得这些带链的词汇或词语可以指向文本中其他有关段落、有关注解或其他文本文件中的内容。用户在通过计算机读取这样的文本时，可以发现一些带下划线的或加亮显示的词语，这表明这些内容是经过链接的。当用户对其中的一个有兴趣时，只要用光标点击这个词汇，超级文本就能立即显示该词汇链接的内容。在这新显示出的文本中，用户可能又发现更感兴趣的内容，可以继续沿着超级文本中的索引链跳转阅读，也可以在任何时候返回原来的阅读之处。超级文本的出现，使得计算机中的文本呈现出崭新的面目。

近年来发展起来的多媒体（Multimedia）技术，使得计算机所处理的信息从传统的数值和文字扩展到声音、图形、图像、影视和动画等，在相应硬件设备的支持下，计算机已经演变成展示丰富多彩的大千世界的窗口。

Web服务是通过将全球的因特网上不同地点的相关信息有机地编织在一起，创造出世界范围的超级文本和多媒体服务。只要操纵计算机的鼠标器，用户就可以通过因特网从全世界任何地方来自己所希望得到的文本、图像、活动影像和声音等信息。有了 Web 服务，一个不熟悉网络使用的人可以很快成为使用 Internet 查询信息的行家。Web 服务的出现对于因特网的贡献，就好像 Microsoft 公司的 Windows 系统对微型计算机的贡献一样，它为系统的使用界面带来了根本性的革命。这也就不难理解为什么 Web 服务在短短时间内就获得了世界范围的飞速发展。

Web 服务是以客户/服务器（Client/Sever）的模式进行工作的。在因特网上的一些被称为 Web 服务器的机器上运行着的 Web 服务器程序，它们是信息的提供者；同时，在用户的计算机上运行着各式各样的 Web 客户浏览器程序，它们是信息的读取者，用来帮助用户完成信息查询。当然，在同一台计算机上也允许两者并存。Web 客户浏览程序主要提供两种基本功能：向用户提供风格统一、使用方便的因特网信息查询界面，将用户的信息查询请求转换成因特网查询命令传送给网上相应的 Web 服务器进行处理。当 Web 服务器接到来自网络上某一客户浏览程序的请求后，便进行查询，并将查到的信息通过因特网送回该客户浏览程序，该 Web 客户程序再将这些信息转换成相应的表达格式显示给用户。目前，针对不同的计算机硬件平台和软件平台，已经有许多种类和版本的 Web 客户浏览程序，其中最著名的有 Netscape 及 Internet Explorer。

6.3　网络信息检索的特点、方法及过程

在网络信息世界这个浩瀚的信息海洋中，准确、及时、有效地找到并获取与自身信息需求相关、切题、适用的信息对所有网络用户来说都是十分重要。

6.3.1　网络信息检索的特点

6.3.1.1　检索范围大

因特网是一个全球性的网络，信息资源分布在世界各地的服务器上，可供检索的资源包括大量的 Web 页面、电子文档、影音图像以及其他各种类型的文件，内容包罗万象，涵盖新闻、期刊信息、商业信息、娱乐信息等，并且这些信息还处在不断的生长、更新过程中。这一优势是任何其他信息检索系统（图书馆、商业联机检索系统等）所不具备的，因特网信息资源检索的广度远远超过了传统信息检索。

6.3.1.2　检索效率高

因特网信息检索的工具往往就是基于 Web 的搜索引擎和网络资源目录等，而检索结果又通常是完全可以直接阅读和利用的 Web 页面文献全文。这样，通过超链接技术，检索过程和信息的浏览利用过程都在同一界面内进行，只需要简

单地用鼠标点击，即可随意浏览。在多媒体的超文本中，不但有文字、图片，还可以有声音、动画、影视等形式的信息内容。这种快捷高效的检索方式是传统的先查目录卡片再上架找书的方式所无法比拟的。

6.3.1.3 检索工具强大

网络信息资源检索工具通常都采用图形化界面，各项操作通俗易懂。在使用检索工具的同时，用户如果遇到使用上的问题，可以随时启动在线帮助功能，得到有关指导，使检索相当方便，十分易于操作。只要在检索窗口按一定规则输入检索式，发出检索指令后即可获得检索结果。检索结果包括题目、摘要、URL地址等，并且用户还可通过超链接获得更多超文本页面。

网络信息资源检索工具还具备良好的反馈能力和快速反应能力。基于Robot的自动检索工具通常采用全文索引的方式，将网上的Web页面进行全文关键词的自动倒排，建立庞大的索引数据库。这些索引数据库保存在检索工具的本地服务器，更新很快，因而具有良好的信息反馈功能和快速响应功能。

6.3.1.4 信息冗余大

网络信息纷乱繁杂，其中许多信息是半正式的或非正式的，其准确性、完整性和权威性难以保证，而且网络是不断变化和发展的，网上信息又有一定的时效性。因此，在用网络信息检索工具检索信息时，会发现找到的信息虽然数量很大，其中却有许多是无用的、过时的，甚至是垃圾信息。而另一方面，检索得到的信息太多，也容易使用户产生迷航现象，即在海量信息中迷失检索方向。这就需要用户掌握熟练的检索技巧，熟悉各种专门的检索工具，找到最佳的信息源。

6.3.2 网络信息检索的方法

要在网上获取信息，用户先要找到提供信息源的服务器。所以。首先以找到各个服务器在网上的地址（URL）为目标，然后通过该地址去访问服务器提供的信息。一般检索方法可有以下几种。

6.3.2.1 基于浏览的检索

1. 自然阅读、顺“链”而行中的偶然发现

这是在因特网上发现、检索信息的原始方法，指用户在阅读超文本文档时，利用文档中的链接从一个网页转向另一相关网页，在这个自然阅读、顺“链”而行的过程中意外发现一些有用信息。这种方式可能目的性不是很强，发现信息具有不可预见性和偶然性，也许充满乐趣，也许一无所获。有时的顺“链”而行有些类似于传统文献检索中的“追溯检索”，即根据某一网页中所附的链接追溯相关网页，一轮一轮地不断扩大检索范围。这种方式可以在很短的时间内获得大量相关信息，也有可能在“顺链而行”中偏离了检索目标，或迷失于网络信息

空间中。此外，找到合适的检索起点也并不容易。

个人用户在网络浏览的过程中常常通过创建书签（Bookmark）或利用 IE 的“加入收藏夹”功能，来将一些常用的、优秀的站点地址记录下来，组织成目录以备今后之需。但这种做法只能满足个别、一时之需，相对于整个网络信息的发展，其检索功能似乎是微不足道的。

2. 通过浏览分类目录、网络资源指南（Resource Guide）来查找信息

为了对互联网这个无序的信息世界加以组织、管理，使大量有价值的信息纳入一个有序的组织体系，专业人员做了许多努力和开发。他们基于自身对网络信息资源的产生、传递与利用机制的广泛了解和对网络信息资源分布状况的熟悉，以及对各种网络信息资源的采集、组织、评价、过滤、控制、检索等手段的全面把握而开发出了可供浏览和检索的分类目录式网络资源主题指南。综合性的分类树体系的网络资源指南，如 Yahoo 等已广为人知，还有 Galaxy，Open Directory Project 等也有广泛影响，受到普遍欢迎。而专业性的网络资源指南就更多了，几乎每一个学科专业、重要课题、研究领域的网络资源指南都可在互联网上找到。使用此类工具的检索过程就是在该目录分类体系的指引下，逐级浏览其根目录、二级目录、三级目录及目录下链接的相关网络资源，从中发现、选取有用的信息。通过浏览这种“自上而下、逐级细分”的检索体系，用户可以在某种逻辑分类的导航、指引下进行有目的、有方向的检索，还可以引导、拓展检索思路。

这类网络信息检索工具的优点是检索质量较高，因为目录通常由专业人员在对网络信息资源进行鉴别、筛选、分类、组织的基础上编制而成，对于有目的的网络信息查找具有重要的指导、导引作用。其局限性在于：检索到的信息数量有限，因为人工编制的目录只能收录到比较少的网络资源，可能会遗漏不少有价值的信息；另外新颖性不够，因为依靠人工维护的目录其更新速度不会很快；且用户要受编制者分类思想的控制。

6.3.2.2 基于关键词的检索

这是普遍采用的网络信息检索方式。即用户利用流行的网络检索工具——搜索引擎，以输入关键词（或词组等）的方式提出检索要求，由搜索引擎代替用户在数据库中进行检索，并将检索结果反馈给用户。它一般支持布尔逻辑检索、词组检索、截词检索、字段检索等功能。利用搜索引擎进行检索的优点是：省时省力，简单方便，检索速度快、范围广，能及时获取新增信息。其缺点在于：由于采用计算机软件自动进行信息的加工、处理，且检索软件的智能性不是很高，造成检索的准确性不是很理想，与人们的检索需求及对检索效率的期望有一定差距。

6.3.3 网络信息检索的过程

与传统的信息检索，如手工检索、联机检索等相比，网络信息检索有其自身的特点，主要表现在：

6.3.3.1 必须借助网络检索工具

Internet 上的信息极其丰富，包括各个学科专业，涉及社会生活的方方面面，而且这些信息分布在全世界不同的计算机主机上。要在如此众多的信息中寻找所需信息，依靠手工是不可的，也是不可能的，网络信息检索必须借助 WWW 搜索引擎等网络检索工具。

6.3.3.2 基于超文本结构

在 Internet 上，基于 WWW 的信息组织采用了超文本方式。网络信息的检索结果多以超文本方式显示，对于感兴趣的内容，用户只要点击其链接，即可直接得到所需信息，省却了用户寻找其他途径查找该信息的麻烦。但是，这种超文本结构会分散用户的注意力，使得检索结果失去整体性和全局性。

6.3.3.3 检索方法的多样性

网络信息检索必须利用网络检索工具，不同的检索工具有不同的检索方法，但是它们也有相似的地方。如各种 WWW 搜索引擎，都能提供多种检索方法：主题目录浏览、关键词检索、布尔逻辑检索、位置逻辑检索、字段检索、截词检索等。

以下是搜索引擎的工作过程。

(1) 搜索引擎通过巡视软件自动搜集各种网络信息或者由人工搜集信息，然后由专门的标引软件或专业人员对所搜集到的信息进行分类标引等处理，并把结果存入索引数据库，这是网络信息检索的前提条件。

(2) 搜索引擎通过 WWW 服务器软件为用户提供浏览器界面下的信息查询。用户根据需要，按照搜索引擎的检索规则，构造合适的检索表达式，并把检索要求输入检索界面中的检索输入框（通常是 Form 的形式）。检索界面为用户与搜索引擎的交互提供了条件。

(3) 搜索引擎对用户的检索提问进行适当的处理，如发现语法错误就返回用户进行更改，有的搜索引擎还能对检索提问进行智能化处理，如加入一些同义词等，然后搜索引擎将提问式与索引数据库进行匹配，并进行必要的逻辑运算。

(4) 搜索引擎将符合用户需要的信息以超文本链接的方式返回，并以 Web 页的形式显示给用户。用户浏览 Web 页，查找感兴趣的相关信息，然后通过搜索引擎提供的链接直接访问相关信息。

6.4 网络信息检索工具

6.4.1 网络信息检索工具

信息检索工具是影响信息检索效率的关键因素。自从计算机应用于信息处理以来，信息检索工具在其类型、功能等方面获得了较大的发展。20 世纪 70 年代，当联机信息检索系统开始投入使用以来，研究开发人员已经研究开发出了许多种信息检索软件。此时，尽管这些信息检索软件的检索功能与日俱增，技术水平不断提高，但是这些软件的运行环境基本上还是单机或局部网络。虽然 20 世纪 80 年代出现了分布式的信息检索系统，但其主机台数十分有限，只是分布在几个点上。

随着 Internet 的不断扩张，传统的信息检索手段变得越来越困难，而且要求使用这些检索工具的运行环境已经不再是连接主机数不多的局部网络，而是覆盖 100 多个国家和地区的互联网，因此，传统的信息检索工具已不能适应新的网络的需要了。这种局面促使许多联网机构和个人纷纷开发能在 Internet 环境下运行的信息检索工具，即网络检索工具。

在 Internet 上进行信息的浏览和检索，就好比进入了世界上最大的图书馆，而图书馆里的书刊和杂志全都没有规律地排放着，没有一个中心目录将这些信息组织起来。尽管如此，要检索网络并非无章可循，Internet 提供了许多种不同的检索工具，它们各自有各自的数据库、语言、检索功能和显示方式。因此，对于 Internet 的检索者来说，最重要的就是熟悉这些工具的性能，并且运用有效的检索策略，只有这样才能避免淹没在大量的无效信息中。

网络检索工具大致可分为字典型、索引型和交互式三大类型。

6.4.1.1 字典型查询工具

它用于查询网上用户名、E-mail、服务器地址、URL 等。这类工具有 White Pages Directory，Internet Yellow Pages，Whois，DejaNews，FAQ Archive 等。

6.4.1.2 索引型查询工具

它为网上信息资源建立索引，这类工具有 FTP 资源的索引 Archie，Gopher 资源的索引 Verroniea、Jughead，网上服务器的索引 Wais 等。

Archie 是 Internet 上用来查找其标题满足特定条件的所有文档的自动搜索服务工具。为了从匿名 FTP 服务器上下载一个文件，必须知道这个文件的所在地，即必须知道这个匿名 FTP 服务器的地址及文件所在的目录名，Arehie 就是帮助用户在遍及全世界的千余个 FTP 服务器中寻找文件的工具。用户只要给出所要查找文件的全名或部分名字，文档查询服务器就会指出在哪些 FTP 服务器上存放着这样的文件。

Wais（Wide Area Information Service）称为广域信息服务，是一种数据库索引查询服务。Archie 处理的是文件名，不涉及具体的内容；而 Wais 则是通过文件内容，而不是文件名进行查询。因此，如果打算寻找包含在某个或某些文件中的信息，Wais 就是一个较好的选择。Wais 是一种基于 Z39.50 标准的分布式文本搜索系统，用户通过给定索引关键词查询到所需的文件信息，如文章或图书等。

6.4.1.3　交互式查询工具

它提供类似商用联机检索的网络信息查询服务，这类工具基本可分为 Gopher 和 WWW 两类。

Gopher 是一种嵌套菜单式查询工具，它把 Internet 上分散和各自独立的信息源联成一体，以简单的菜单选择方式提供遍布全球的 Gopher 信息资源的查询。Gopher 是较早期的网络检索工具，现在随着 WWW 的发展，它不能传送声音、图像等多媒体信息的缺点使它几乎面临被淘汰的境地，不过 WWW 中仍将它作为一种功能保留下来并与 WWW 集成一体。

WWW 是 Internet 上发展最快、信息最丰富的一种检索服务程序。它基于 http 协议，用 HTML 语言将多媒体信息组织成文本，并通过这种方式把全世界 Internet 上的不同地点的相关信息有机地结合起来，具有联网简单、格式标准、多媒体信息浏览、界面友好等诸多优点。WWW 检索工具在短短几年时间经历了从无到有、从少到多、从功能单一到功能多元化的过程，其发展的速度和数量是其他检索工具所无法比拟的。目前大多数 WWW 检索工具可检索 FTP、Gopher 等信息，大有成为 Internet 标准检索工具的趋势。

WWW 检索工具按其性质可分为两大类——搜索索引和搜索目录。

搜索索引又称为搜索引擎，它利用一种被称为“蜘蛛（Spider）”的软件工具在 Web 上搜索，采集必要的信息并将其编入自己的数据库中。用户检索时直接输入关键词，搜索引擎根据一定的规则将检索式与其数据库中的文献进行匹配，从而生成结果清单。

搜索目录又称主题指南或主题目录，它将各站点按主题内容组织成等级结构。检索者依照这个目录逐层深入，直到找到所需文献。

值得注意的是，目前许多网站上流行的检索工具都不是单纯的搜索引擎或搜索目录，而是这两者的结合，它们不仅可以按关键词查询，还可以按目录查询，因此搜索引擎的含义也变得更加宽泛，很多情况下，搜索索引和搜索目录统称为搜索引擎。

另外还有一种被称为元搜索引擎（Meta Search Engine）的检索工具。它可以同时检索多个搜索引擎的数据库，并将结果列在一份清单上。现在，检索引擎可以将结果按站点、信息类型、域名等特征分类，可以选择检索哪些引擎的数据库，这些功能极大地提高了它们的有效性和实用价值。

6.4.2 Web 页面浏览技术

由于 Web 的发明，使得在 Internet 中搜索信息变得轻而易举。任何掌握 Windows 操作的人，在 Web 浏览器的帮助下，可以很容易地在 Internet 世界中畅游。因此在 Internet 中搜索信息，目前主要是依靠像 Netscape、Explorer 这样的 Web 浏览器进行的。

Web 世界的信息虽然浩如烟海，但仍然是由一页页的 Web 页面组成的。这里的一页（Page）指的是一个 Web 超级文本，与计算机屏幕显示的一屏信息不同。在基于字符的 Web 浏览器用户界面下，一个 Web 文本可以显示为多屏信息；在基于图形的 Web 浏览器用户界面下，Web 文本在浏览器显示窗口中是一个长页面，用户通过使用显示窗口的滚动条来控制出现在窗口的文本显示部分。Web 世界中超级文本间的链接，就是 Web 页面间的链接。因此，掌握 Web 世界中搜索信息的第一步，首先要掌握 Web 页面的浏览技术。

在浏览 Web 页面时，要注意以下几点。

6.4.2.1 页面中的每一个信息链接词组的指向

在浏览 Web 超级文本时，应该注意页面中的每个链接词组的指向。操纵鼠标器控制光标移过每个链接词组，在 Web 浏览器的工作状态栏就可以看到该链接词组指向文本的 URL 地址，从而可以判断出该文本的一些重要特征。

（1）当前正在浏览的文本和它包含的多个链接指向的文本是否在同一台 Web 信息服务器上。

如果是在同一台 Web 服务器上，可以判断出当前用户进入了由一整套 Web 文本组成的信息资源，这批信息资源很有可能是由同一个机构或个人提供的。如果不在同一台 Web 服务器上，说明正在浏览的当前文本是通过引用他人的文本来作为自己内容补充的。这个信息对我们搜索成套信息很有用。

（2）被指向的文本属于什么媒体类型的文件。

判断被指向的是属于什么媒体类型的文件，是文本、图像、声音还是视频，可以注意 URL 地址文件路径说明部分的文件类型。

6.4.2.2 文本对进一步搜索信息的价值

在 Web 世界中，并不是每个用 HTML 语言制作的文本都具有进一步链接的特性。有的文本不但提供了大量的信息，还包含着许多引用其他信息资源的链接，这样的文本对进一步搜索信息就很有价值；还有的文本则只起到提供信息的功能，它不再包含任何链接，是信息搜索树上的“树叶”。

6.4.2.3　利用文本提供的各种信息查询功能

一些篇幅较长的Web文本和提供大批量信息的成套Web文本，常常在页面中提供信息查询跳转功能，如按顺序查询、按索引查询、按关键词查询、返回上一页、返回Web站点主页等等。虽然使用Web浏览器提供的返回（Back）功能或Web页面访问历史记录功能也可以进行相应的跳转操作，但有时Web文本中提供的功能更加有效实用。

6.4.2.4　Web页面访问历史记录提供的功能

各类Web浏览器都提供了功能类似的Web页面访问历史记录功能，利用这个功能可以使用户在浏览Web页面时，沿着信息调用的链接途径返回原来的出发点。但是一些Web浏览器提供的历史记录功能具有自动剪裁处理，即当用户在查询后沿着链接返回原来的出发点页面，又从这个页面选择了另一个链接进行信息查询后，从前一个链接出发的查询历史就被整枝剪掉了。因此，为了使用户在浏览Web页面时，顺利地沿着信息链接行进，可在信息查询时采用深度优先搜索策略，即一旦从一个选中的链接进行向下搜寻，就沿着该链接将有关的信息尽量搜索穷尽，直到顺着一级级链接查询到不再含链接的Web页面为止，然后再沿原路返回出发点，选择下一个链接继续搜索。当然这种方法并不总是可行或实用的，因为Web是一种网状的信息链接，而不仅仅是树状链接。

6.4.2.5　查询信息时尽可能使用Web页面提供的索引功能

在Web世界查询信息时，完全使用穷尽式搜索方法是不可能的，因此，要尽可能使用Web页面提供的信息索引和其他基于关键词查询的信息搜索功能。

6.4.2.6　仔细阅读Web页面的文字信息

一些用户在使用网络查询信息时，常常跳过大量的文字信息，而只注意那些引人注目的图像和链接词组。在Web页面中，文字信息中常常包含着重要的内容，不要忽视了它们。

6.4.2.7　提供建设性的反馈意见

目前，许多Web页面都提供了站点管理员（Webmaster）或页面开发者的姓名和电子邮箱地址。当用户在使用这些Web页面遇到问题时，诸如链接不通等，如果能够确定问题原因不是暂时的通信故障，可以通过发送电子邮件及时向站点管理员反映。

6.4.3　搜索引擎的原理与使用

搜索引擎是最重要的网络信息检索工具之一，使用它可以快速地从铺天盖地的网络信息中检索到自己所需要的信息。为了更好地使用搜索引擎，必须充分了解搜索引擎的构成和原理。

6.4.3.1 搜索引擎的类型

目前 Internet 上的搜索引擎很多，按不同的分类标准，可以将它们分为不同的类型。按搜索引擎的内容分，可以分为综合类搜索引擎和专业类搜索引擎；按其信息的组织方式分，可以分为目录式搜索引擎、索引式搜索引擎和元搜索引擎。

1. 按内容分

（1）综合类搜索引擎。目前 Internet 上使用的搜索引擎大多数是综合类搜索引擎。这类搜索引擎涉及的内容极其广泛，涵盖了各学科各专业的各种各样的信息，因此这类搜索引擎的规模通常比较大，适合于各个主题的信息查询，能满足各类用户的检索要求，尤其是对于查询跨学科主题，有较好的查全率，但是，在检索某一特定领域、特定专业的信息时，效率比较低，查准率不太理想。如著名的 Yahoo、Excite、Infoseek 以及国内的搜狐、新浪、常青藤等都是综合类搜索引擎。

（2）专业类搜索引擎。专业类搜索引擎只涉及本领域、本学科专业的信息，因此规模通常比较小。由于这类搜索引擎通常由专业人员编制而成，而且某一学科专业的信息相对集中，因此它具有“小而精”的特点。在查询特定领域的信息时，使用专业类搜索引擎不但可以提高检索速度，还可以提高专指度，加大检索深度和力度，最终提高查全率和查准率。

2. 按信息的组织方式分

（1）目录式搜索引擎。目录式搜索引擎主要通过人工发现信息，并依靠标引人员的知识进行甄别和分类，由专业人员手工建立关键字索引，建立目录分类体系。用户在利用目录式搜索引擎时，可进行浏览查询，从最高层目录开始，逐层深入，直到找到所需的信息为止，也可以进行关键词检索。由于这类搜索引擎主要依靠人工编制，所以通常数据库的规模比较小，也正因为人工编制，这类搜索引擎的质量通常比较高，检索效率较好。如果用户不能详细确定查询的关键词或者用户只想全面了解某一方面的信息，使用目录式搜索引擎的效果比较理想。著名的目录式搜索引擎如下。

Yahoo：http：//www. yahoo. com/

Galaxy：http：//www. galaxy. com/

搜狐：http：//www. sohu. com/

Yahoo 中国：http：//www. cnyahoo. org/

（2）索引式搜索引擎。索引式搜索引擎主要依靠一种被称为“蜘蛛”“机器人”等的计算机程序有规律地遍历整个网络空间，根据网络协议和程序自身的有关约定，记录网上的信息，并对其进行加工、整理，将信息加入索引数据库。根据一定的规则，及时地对数据库进行补充与修改。用户在使用索引式搜索引擎时，只需输入检索主题的关键词，该搜索引擎就自动将用户输入的关键词与索引数据库进行匹配，然后将符合用户需要的信息以用户希望的方式显示出来。这类搜索引擎主要依靠计算机程序，所以在信息的采集上比较及时，采集信息的范围也比较广泛，但是由于其中的人工干预很少，所以信息的质量不如目录式搜索引擎。著名的索引式搜索引擎如下。

Google：http：//www. google. com/

Excite：http：//www. excite. com/

值得注意的是，目录式搜索引擎和索引式搜索引擎之间的界限越来越模糊，大多数网络检索工具同时提供两种方式的检索，从而使目录式搜索引擎的组织、引导功能与索引式搜索引擎的检索功能很好地结合起来，如著名的目录式搜索引擎 Yahoo 曾经与索引式搜索引擎 Excite 挂接，而 Excite、Lycos、WebCrawler 等索引式搜索引擎也分别增设了各种形式的分类目录。这种担负了网络资源主题指南和索引双重责任的混合型搜索引擎代表了搜索引擎的发展趋势。

（3）元搜索引擎。元搜索引擎又称集合式搜索引擎，它将多个搜索引擎集成在一起，并提供一个统一的检索界面。这样省去了用户记忆多个搜索引擎的不便，使用户的检索要求能同时通过多个搜索引擎来实现，从而获得全面的检索效果。元搜索引擎又可分为并行式元搜索引擎和串行式元搜索引擎。

并行式元搜索引擎将多个搜索引擎集成在一起，提供统一的检索界面。当用户输入一个检索提问时，它会自动地对该提问进行处理，并同时发送给多个搜索引擎，同时检索多个数据库，将最后结果经过聚合、去重后输出给用户。使用这类搜索引擎时，由于同时运用多个不同的搜索引擎进行检索，而不同的搜索引擎的搜索方式、数据库规模等都各不一样，每个搜索引擎所用的检索时间不同，所以用户通常在输入检索式之后，还要对检索时间进行限制。这是一种集中式检索方式，与 Dialog 联机检索中的跨文档检索 OneSearch 非常类似。其最大的优势在于，用户不用就同一提问一次次地访问不同的搜索引擎，不用多次输入检索式，而且因为同时使用多个搜索引擎，同时检索多个数据库，检索的综合性、全面性也有所提高。

串行式元搜索引擎则是将主要的搜索引擎集中起来，并按类型等编排成目录，帮助、导引用户根据检索需要来选择合适的搜索引擎。它虽然能集中罗列多种搜索引擎，并将用户引导到相应的工具去检索，但是用户每次检索都只能使用某一种搜索引擎，这与使用普通的搜索引擎是一样的。串行式搜索引擎可以说是一种“搜索引擎的搜索引擎”，它克服了用户面对众多搜索工具的无所适从，省去了记忆多个搜索引擎地址的不便。

常用的元搜索引擎如下。

Dogpile：http：//www. dogpile. com/

Profusion：http：//www. profusion. com/

6.4.3.2 索引式搜索引擎的原理与使用

索引式搜索引擎一般由 4 个部分组成：信息搜集模块［也称“蜘蛛”（Spider）、“蠕虫”（Worm）、“爬虫”（Crawler）或巡视软件］、索引模块、查询模块和用户界面模块。

每次蜘蛛访问一个 Web 页时扫描该 Web 页的标题和所有文本，将该 URL 和在其中找到的文字列表按目录归类在一个巨大的数据库中，然后由索引程序对蜘蛛所采集的这些数据按照一定的规则进行标引，并将标引后的数据存入相应的数据库以供检索时使用。索引程序使用有效的算法和数据库技术使冗余减小到最低限度。

当用户提交关键词进行搜索时，搜索引擎将在索引后的数据库中查找与其提供的关键词匹配的记录，并将找到的与此关键词有联系的每个 URL 显示在结果页中。不同的搜索引擎能力是有差别的，有些搜索引擎允许使用关键词组合使得查询更准确，而另一些搜索引擎则假定它与 URL 匹配一个关键词即可。

使用一个或多个索引式搜索引擎是查找 Web 页面的一种方法。Web 上不同组织提供的搜索引擎采用不同的软件和技术，搜索结果的质量也各不相同，但它们仍然存在相同的基本概念。

当用户希望查询的是一些专题目标明确的信息时，采用由 Web 或 Gopher 构成的专题信息链接树的方法，或逐一搜索地区信息链接树的方法，都是低速低效的。对于查询目标明确的信息，采用按关键词搜索的方法是最佳选择。在 Internet 中，目前已有不少这类工具软件。由于目前 Internet 上的大部分信息服务都是以 Web 服务的形式提供的，而 Web 的含义是“蜘蛛网”，人们通常把这类工具戏称为“蜘蛛”（Spider）。它们可以按照用户给出的关键词，在 Web 上到处“爬”，为用户搜索符合条件的信息资源。一些“蜘蛛”在工作时，会将“爬”过的“蜘蛛网”上的节点信息记录下来，建立起一个可以供用户进一步按关键词查询的 Web 资源数据库，这些节点信息就是 Web 超级文本的内容索引和 URL 地址等。还有一些“蜘蛛”一边“爬”，一边用携带的关键词，在找到的 HTML 超级文本的文本标题或文本的其他部分进行搜索，并将那些符合条件的 Web 文本的 URL 地址记录下来。“蜘蛛”类的 Web 信息查询工具的最大优点，在于它们是自动化的搜索工具。当用户将它们“唤醒”，将关键词“喂”给它们后，它们就会立即“出发”，不知疲倦地为用户在网络上搜索和记录信息，并存入自己的数据库中。

1. 搜索引擎进行信息搜索的步骤

使用“蜘蛛”类信息搜索工具的基本步骤如下。

(1) 根据URL地址，调用该查询工具的主页。

(2) 在计算机屏幕上的信息检索输入框中，键入关键词或查询短语。

不同的工具提供的按关键词搜索的功能是不同的。一般而言，这些工具大多使用Web文本的表格（Form）输入功能来接受用户给出的查询关键词。有的“蜘蛛”类工具仅允许用户输入关键词；有的除可以接受关键词外，还允许用户给出在使用多个关键词联合查询时的逻辑表达条件。在给出查询的关键词的同时可以选择的查询模式还有：是否搜索文本标题（Title）；是否搜索文本的参考文献（References）以及是否在文本中进行全文检索。

(3) 查询提交。用户按下“Submit”或“Search”等键后，“蜘蛛”立即开始进行实时交互式的信息查询。

(4) 显示搜索结果。搜索结果是以Web页的方式提供给用户的，它是本次“蜘蛛”搜索中动态生成的结果，出现在Web浏览器的信息显示窗口中。结果页面通常包含一系列资源标题、相应的资源描述以及指向这些资源的链接。通过资源的标题或资源的URL地址，可以进一步搜索希望查询的信息。

2. “蜘蛛”搜索结果的判断

“蜘蛛”类信息搜索工具虽然使用方便. 但是对于工作结果的判断的确有一定难度。“蜘蛛”类搜索工具的运行结果与下列问题相关：

(1)“蜘蛛”是如何使用URL的？在Internet上，Web网页的“编织”速度越来越快，新资源及其URL地址不断增加。“蜘蛛”是否能找到这些新的URL？“蜘蛛”是使用同一套Web信息搜索树，还是经常进行更新？

(2)“蜘蛛”间隔多长时间进行一次Web空间搜索？间隔时间的长短决定着搜索结果的及时性。

(3)“蜘蛛”是否只在有限的Web资源空间搜索？“蜘蛛”在搜索信息时是否只局限于访问一批固定的Web服务器或URL？是否只搜索类型有限的Web文件？

(4)“蜘蛛”能否“爬出”Web资源空间？大部分“蜘蛛”类信息搜索工具只能在Web资源空间活动，但也有少量“蜘蛛”可以对Web资源空间以外的世界进行浏览，如搜索FTP服务器上的文本。

(5)“蜘蛛”是否有良好的工作习惯？“蜘蛛”在运行时是否会造成被访问的Web服务器超载？一个设计良好的“蜘蛛”类搜索工具应该具备这样的特点：它不应强行搜索不对外开放的Web站点或相关文件；它在访问Web站点的服务

器时应采用断续式工作模式，使其不会超载；它在访问一个 Web 服务器时具有自动避开该服务器负载高峰时间的能力。

（6）“蜘蛛”在搜索时都记载哪些信息？是否仅仅记录符合搜索条件的 Web 文本的 URL？是否记录文本中的其他内容？

（7）“蜘蛛”在接受用户的关键词时提供哪些功能？是否接受多个关键词联合查询？是否可以构造布尔表达式？

以上这些问题虽然有助于我们理解“蜘蛛”类搜索工具的工作过程，但要回答它们往往有些困难。新的“蜘蛛”类搜索工具的不断涌现，其提供的功能也在日趋完善。好在现在已有许多现成的“蜘蛛”类搜索工具可以选用，建议用户在按关键词搜索 Web 资源空间时多选用几个工具进行比较，用事实作出自己的判断。

3. 使用搜索引擎应注意的事项

使用搜索引擎进行信息搜索，最重要的技巧是关键词的选择。在 Web 世界中，不存在可以满足任何要求的搜索引擎，每一类搜索引擎都有自己的强项和弱点，因此，在使用搜索引擎时应注意以下几点。

（1）查询要具体明确。一个特定的查询产生的结果较少，使得查找相关内容更容易，即能使用下位词时，就不要使用上位词。例如，如果用户想找到有关 Yorkshire Terriers（英国约克郡的一种狗）的信息，就不要搜索关键词 dog。

（2）不要使用常用词，即不要使用太泛的词。例如，that、the、program 或 Internet 这样的词，这些单词是如此的一般，以至于搜索工具搜索到数以万计与之匹配的 Web 页。

（3）调整查询。如果查询返回太多的结果，就要使它更具体；如果查询没有产生足够多的结果，就要使它更一般。不要认为第一次选择的关键词是最好的。

（4）使用单词的词尾变化。例如，如果要查找包括 running 的 Web 页，则使用 run、runs 和 running。

（5）使用同义词。例如同时使用单词 run 和 jog，如果用户正在使用的是支持关键词组配的搜索工具，一定要使用关键词 OR 将每个同义词分开。

（6）使用带引号的短语，即词组。如果用户想准确地匹配一个短语或标题，一定要用引号将它括起来。例如，如果想在 Internet 上查找 information retrieval，在搜索表格中应键入“information retrieval”。

（7）使用大写字母指定查询。大多数搜索目录和索引在查询中是区分大小写的，也就是使用大写字母指定查询。如果用户的查询全部用小写，搜索工具既匹配小写也匹配大写字符；但是，如果用户使用大写字符，搜索工具认为用户确实指定了大写，就会查找那些与用户的输入项完全相符的结果。

(8) 理解正在使用的搜索工具。一些搜索工具有特殊的功能，使得查找相关内容更加容易。

(9) 任何信息搜索工具都有局限性。当用户使用某种工具的搜索效果不好时，尝试使用另外的搜索工具。一些工具在查询某类信息时的搜索领域宽于查询另一类信息的搜索领域。

(10) 当获得的搜索结果十分有价值时，将它作为 HTML 文本存储在本计算机中，以便下次使用。

(11) 在搜索信息时，不要拘泥于一种搜索方法。

6.4.3.3 目录式搜索引擎的原理与使用

目录式搜索引擎不是通过 Internet 来查找 Web 页的，它们依靠用户提交 URL 及其简介，将其按目录分类，并放在分级结构中的某个位置。用户可以搜索目录，也可以通过单击分级结构中的类别，查看它们下面的内容，来浏览目录。

目前，搜索索引和目录之间的界限越来越模糊，大多数流行的搜索索引也提供可以浏览的分级结构。在某些情况下，编辑器检查分级结构中的 Web 页，以便用户可以在访问 Web 页前，客观地了解 Web 页包含的内容。

Web 分类目录是一种 Web 站点，它们提供 Internet 上其他站点的列表，这些列表通常按主题目录和子目录方式组织，不同于图书馆采用的卡片目录分类。使用 web 分类目录时，首先访问分类目录站点，然后从顶层逐步向下查询子目录，当用户定位到一个有兴趣的分类目录时，只要点击它就可以了，此时分类目录或者进入选定的下一级子目录，或者进入一组站点列表，当发现自己需要的站点时，用户只要点击站点的名字，此时就可以按正常的方式链接到该站点了。

许多分类目录提供了所列出的每个站点的简单介绍，另外一些分类目录还提供了其他一些特性，如新站点列表、最常访问的站点及推荐站点等。许多大站点还提供搜索功能，可根据用户在搜索表格中输入的单字搜索 Web 分类目录中的站点。这些功能的组合使 Web 分类目录成为商务调查的有力辅助手段，也帮助客户搜索企业的产品和服务。

一些用户在进入 Internet 时事先并无特定的信息搜索目标，他们仅仅希望对某一专业或专题进行全面的了解。在这种情形下，可以按领域类别利用 Web 分类目录到 Internet 中搜索信息。

若从信息组织结构的角度观察以 Web 页组成的 Internet 信息资源，处处都可看到由信息链组成的树状结构。这些以信息资源目录为主干构成的信息树，使用户在浏览过程中可以从树根（Home Page）经过树干（专题领域目录）直至每一片树叶（专题文献）。目前在 Web 世界中，有许多按专题领域介绍和指引 Web

信息资源的超级文本，这些超级文本各有千秋，但都不可能包罗万象。因此，在按专题领域搜索信息时，应该尽量访问那些提供较多的专题信息链接的 Web 站点，并利用 Web 信息的快速浏览技术不断充实自己在这方面的积累。

按专题领域组织的 Web 信息超级文本在构造信息链接时，很少将提供的信息资源局限在 Web 资源空间的范围以内，而是力图包含 Internet 的多种资源信息。因此，通过按专题领域搜索查询，用户不但可以浏览 Web 的超级文本，还可以访问传统的 Internet 信息资源。

目前，Internet 上已经有许多供用户按专题领域进行信息资源查询的服务，在使用这些大量采取树状结构的信息链接服务查询专题信息时，应注意以下几点。

(1) 采用广度优先搜索方法。当用户没有掌握希望查询的某一专题信息的 URL 地址时，建议从 Internet 上提供信息总目的 Web 页面开始浏览，在浏览时沿着专题链接分支直到找到感兴趣的超级文本为止。将这个页面的 URLWeb 浏览器的书签中保存，然后转向另一个分支。用这种广度优先搜索方法遍游信息树，可以在短时间中获得大量我们感兴趣的 URL 地址，然后再决定如何进一步读取。一般而言，那些提供专题领域资源索引的 Web 页面都应优先读取。

(2) 优先考虑权威性机构提供的专题信息服务。

(3) 多浏览一些不同的服务器以获取广泛的信息。

(4) 使用专题信息查询服务提供的检索工具。许多专题信息查询服务都提供了诸如关键词查找资源的检索工具，使用这些工具可以明显加快浏览速度。

(5) 多向有经验的用户请教。

(6) 遇到问题时保持冷静。

Web 世界是一个松散的世界。由于网络的原因、提供信息服务的设备上的原因以及提供服务的管理者的原因等，在访问某个 Web 服务器时遇到暂时连接不通的情况时有发生。在这种情况下应保持冷静，过一些时间再试。注意，在终止 Web 浏览器运行之前，不要忘记将自己希望再次访问的 Web 页面的 URL 地址保存起来。

6.4.4 综合性网络检索工具

目前的网络信息检索工具可以分为两类：一类是综合性网络检索工具，信息收录全面，但是收集过程中人工干预较少，信息质量差，标引层次浅，检索结果的准确率差，此类工具以各种搜索引擎为代表，适合用于满足用户的普通信息检索需求；另一类是专业性网络检索工具，主要针对某一专业领域收集信息，收集过程中人工控制较多，信息的专指度高，标引层次深，检索结果的准确率好，此类工具以各种专业信息服务网站为代表，适合用于满足用户的专业信息检索需求。

下面将结合几个实例来说明综合性网络信息检索工具的使用。

6.4.4.1 目录式搜索引擎 Yahoo

Yahoo 是最早开发的 WWW 搜索引擎之一，其服务包括搜索引擎、电邮、新闻等，业务遍及 24 个国家和地区，为全球超过 5 亿的独立用户提供多元化的网络服务。Yahoo 是第一个也是目前 WWW 中最著名的分类主题目录，质量非常高。目前，它收录了 50 多万个站点信息，分散在约 25 000 个主题当中，可分类浏览，也可主题查询或两者结合，每天访问人次超过 4 万（图 6-1）。

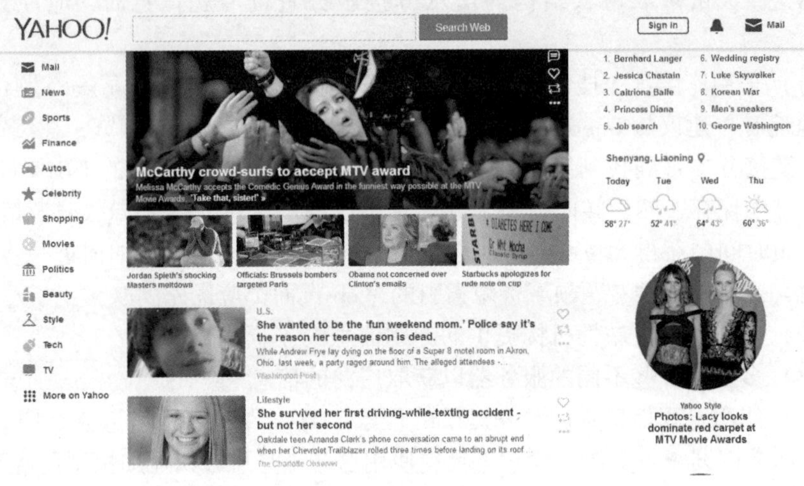

图 6-1 Yahoo 的主页

Yahoo 是由美国斯坦福大学电机工程系的 David Filo 以及 Jerry Yang 博士在 1994 年 4 月开始研究开发的搜索工具。原本早期只是因为个人兴趣，最后发现不敷需求而致力于 Yahoo 的开发。在 1995 年，Yahoo 的赞助者之一，也是 WWW 浏览器最大商家的 Netscape 邀请 Filo 和 Yang 两人将其程序转移到 Netscape 里更大的电脑机房，也因此使 Yahoo 成为最受欢迎的搜索引擎之一。

Yahoo 是一个 Web 站点的分类目录，而不是索引，在 Internet 上有组织良好的分级结构。它不是通过遍历 Internet 查找 Web 页增加到其数据库中，而是由专门的人员对用户提交的 URL 及其简介进行加工、整理，动态地补充和维护其数据库，所以用户搜索 Yahoo 目录时非常方便，因为是在较小的数据库内查找 Web 站点的说明，所以结果也就更集中。

1. 目录查询

Yahoo 将网络资源按内容分为 14 个总类，包括艺术人文、商业经济、计算机与 Internet、娱乐、教育、政府、健康、休闲和运动、参考消息、区域、科学和社会科学、新闻媒体等，每个总类下又链接多个子类，逐级链接，最后与其他Web页、新闻组、FTP站等相连。

如果查找的主题不够明确，用户可以浏览Yahoo的类别分级结构，逐级查找，直到找到所需信息。当打开Yahoo的主页时，用户看到的是最高级类别（Category），在每个最高级目录下有一些子类别。单击一个类别，在Web浏览器中打开它，每个浏览器的Web页都是3部分的任意组合：服务、子类别和Web站点。服务部分总是在Web页的顶端，包含与主题相关的特殊的Yahoo服务；子类别部分包含到另外子类别的链接；Web站点部分包含到实际站点的链接，单击任何Web站点的链接，都可在Web浏览器中打开它。一些类别在它们的名字旁的圆括号内有一个号码，表示该类别下Web站点的数目。其他子类别在它们的名字右边还有一个"@"，这表示该子类别包含在Yahoo分级结构的其他部分中，是为了方便起见而在那儿加以重复。

用户可以搜索一个特定的子类别。如前所述，浏览Yahoo的一个特定的子类别，在每个子类别的Web页的顶端，会看到一个与Yahoo常规搜索相似的搜索表格，选择"Search only in"，这样Yahoo就将搜索仅限制在该子类别上。

2. 关键词查询

使用Yahoo的第二种方法是搜索，当用户的查询主题非常明确时，使用这种方法比较有效。用户可以使用"+"和"-"来包含或不包含一个关键词，也可以搜索一个带引号的短语。Yahoo也支持截词检索，它所用的截词符号是"*"，在关键词末尾添加一个通配符"*"，Yahoo将查找到所有包含以关键词打头的单词的Web页，例如，run*匹配runs，running。

3. 提供的主要服务

Yahoo提供的主要服务为www目录索引与网页搜索引擎，经过几年的发展，目前也提供其他的网络服务。在主页中，我们可以看到主要有下列几种服务。

（1）WWW目录索引。用户可以以阶梯浏览的方式，在感兴趣的各分类上漫游。

（2）网页搜索引擎。利用关键词查询其所收集的网页地址，在其搜索策略中，主要提供两种搜索方法。①布尔逻辑：在进入各搜索窗VI中，可以选择"All Keys"或"At least one of the keys"，就如同布尔逻辑的AND和OR的关系。②字串选择：用户可以利用"Complete Words"与"Substrings"来选择关键字在搜索"必须要完全符合整个英文字"或允许"只是某字的一部分"。

（3）生活与商业信息。在主页面中间，用户可以看到一个菜单，在各菜单中，用户可以用鼠标直接选择自己所需要的服务，说明如下。①Yellow Pages：用户可以通过输入某地名或城市名称，查询该地的相关商业服务。②People

Search：通过输入某人的名字，可查询该人的 E-mail 地址。③Maps：通过输入某地的地址，Yahoo 便能为用户找出该地址相关的地图。④News Headings：进入界面，可以看到 Yahoo 每日为用户分类整理的头条新闻，通过各主题选择，就像在看报纸一般，全球最新消息就在用户的弹指之间。⑤Stock Quotes：是商业信息中相当重要的信息来源，进入界面，用户可以看到股票的最新动态。⑥Sports：体育运动是许多人所关心的话题之一，在这里，可以看到各种各样的体育信息。

除上面简单介绍的功能外，Yahoo 还提供许多其他的信息服务，在主页的下方，还可以连接到同样属于 Yahoo 的其他节点，可以看到它所提供的各式各样的信息服务功能。

6.4.4.2 索引式搜索引擎 Google

作为新一代搜索引擎代表的 Google 是由斯坦福大学的两位博士生 Larry Page 和 Sergey Brin 在 1998 年创立的，它也是目前最大的搜索引擎，在 Google 的数据库中，存储着超过 3 亿个网页和超过 10 亿个网址。

1. 关键词检索

Google 提供对 Web 页信息、图像、新闻组和网页目录的关键词检索，其检索页面十分简洁明朗（图 6-2），在文本框中输入关键词点击“Google 搜索”即可得到检索结果。

在“高级搜索”页面（图 6-3）中，Google 提供多种控制检索结果的手段：

①布尔检索，用户可以实现 AND、OR、NOT 三种布尔逻辑检索功能。②词组检索，用户可以实现对某个词组或某个句子的检索。③限制检索语言，指定返回的网页必须是何种语言。④限定日期，限定只返回指定更新日期的网页。⑤位置检索，指定关键词必须位于网页中的某一位置。⑥网域检索，用户指定一个网站（google. com）或者某一网域（org、corn 等），Google 将只在指定网域内进行检索。⑦相似网页检索，检索与用户指定网页相似的网页。⑧链接检索，检索指向用户指定网址的网页。

Google 的关键词检索所返回的结果准确度极高，这是由于 Google 采用了很有特色的搜索算法，其核心是 PageRank™ 软件，这是一套用于评定网页级别的软件。作为组织管理工具，网页级别利用了互联网独特的民主特性及其巨大的链接结构。实质上，当从网页 A 链接到网页 B 时，Google 就认为“网页 A 投了网页 B 一票”，Google 根据网页的得票数评定其重要性。除了考虑网页得票数（即链接）的纯数量之外，Google 还要分析投票的网页，重要的网页所投出的票就会有更高的权重，并且有助于提高其他网页的重要性。重要的、高质量的网页会获得较高的网页级别，Google 在排列其搜索结果时，都会考虑每个网页的级别。

图 6-2　Google 的主页面

图 6-3　Google 高级检索页面

此外，Google 将网页级别与完善的文本匹配技术结合在一起，从而找到最重要、最有用的网页。Google 所关注的远不只是关键词在网页上出现的次数，它还对该网页的内容以及该网页所链接的内容进行全面检查，从而确定该网页是否满足查询要求。

Google 不仅能搜索出包含所有关键词的结果，并且还对网页关键词的接近度进行分析。与其他大多数搜索引擎的一个区别是：Google 按照关键词的接近度确定搜索结果的先后次序，优先考虑关键词较为接近的结果，这样可以节省时间，而无须在无关的结果中徘徊。

2. 网页目录检索

Google 的网页目录检索采用的分类标准来自于 Open Directory Proieet，这是网景公司所主持的一项大型公共网页目录，由全世界各地的义务编辑人员来审核挑选网页，并依照网页的性质及内容来分门别类。目前 Google 的网页目录中收录了来自于大约 150 万个网站的网页。

在 Google 对某一网页的简介中，有一条绿色的横线，这是网页重要程度的指标，绿线的长短表示了对这个网页的评价。Google 不以人工评估网页，而是通过分析网页的引用频率和在其他网站内的链接质量，来判定这个网页的重要程度。

3. 使用说明

在 Google 主界面的文本框中输入关键词，点击“Google 搜索”按钮，将会返回搜索结果页面。

（1）高级搜索。链接到一个高级搜索页面。

（2）使用偏好。使用它可以设置搜索偏好，包括每个网页上默认的搜索结果数量、界面语言以及查询语言。

（3）搜索建议。可以链接到帮助信息页面，说明 Google 与其他搜索引擎的区别，这些信息使用户能更有效地查询资料。

（4）输入框。在此输入说明性的关键词，敲击 Enter 键或单击 Google 搜索按钮，即可得到相关资料的列表。

（5）Google 搜索按钮。单击此按钮可以提交另一个搜索请求，也可以通过敲击 Enter 键来提交查询。

（6）统计行。这里是有关查询结果及搜索时间的统计数字。

（7）类别。如果搜索关键词还出现在网页目录中，这些推荐的类别能找到更多的相关信息，单击这些类别可以浏览其他链接。

（8）网页标题。第一行是查询到的网页的标题，有时会显示为网址，这表明 Google 还未将此页编入索引或此页作者还没给它定标题，但并不影响该网页的质量。之所以会查询到该页是因为其他网页和它之间具有链接，而 Google 已为那些网页建立了索引，与这些链接相关联的文本如果同查询内容相匹配，该网页就会作为查询结果返回，即使其完整文本尚未建立索引。

(9) 标题下文本。该文本是网页摘要，搜索关键词以粗体显示。单击查询结果之前，可以通过这些网页摘要浏览一下关键词在该网页中的上下文。

(10) 说明。如果搜索查询列在网页目录中，将会显示目录作者撰写的说明。

(11) 类别。如果查询到的网站列在网页目录中，在网站说明的下方将显示该网站所属的类别。

(12) 网址。该网页的网址，点击将会进入该网页。

(13) 文本大小。这个数字是这一网页文本部分的大小，未被 Google 编入索引的网站不会有此项资料。

(14) 网页快照。单击“网页快照”可以查看 Google 已编入索引的网页的内容，这也是 Google 的一个特色。Google 在访问网站时，会将看过的网页复制一份网页快照，当存有网页的服务器暂时出现故障时仍可浏览该网页的内容。如果找不到服务器，Google 储存的网页快照也可救急。虽然网页快照中的信息可能不是最新的，但在网页快照中查找资料要比在实际网页中快得多。搜索词在网页快照中突出显示。

(15) 类似网页。单击“类似网页”时，Google 开始寻找与这一网页相关的网页。例如对某一网站的内容很感兴趣，但又嫌资料不够，Google 会帮助找到其他有类似资料的网站；如果在寻找产品信息，Google 会提供相关信息，以供比较。

4. Google 的其他特色

(1) 查找 PDF 文件。除一般网页外，Google 现在还可以查找 Adobe 的可移植文档格式（PDF）文件。虽然 PDF 文件不像 HTML 文件那样多，但这些文件通常会包含一些别处没有的重要资料。

如果某个搜索结果是 PDF 文件而不是网页，它的标题前面会出现以蓝色字体标明的［PDF］，这样，用户就知道需要启动 Acrobat Reader 程序才能浏览该文件。单击［PDF］右侧的标题链接就可以访问这个 PDF 文档。如果用户计算机上没有 Adobe Acrobat，Google 将自动进入一个可以免费下载该程序的网页。

对于 PDF 文件，常见的“网页快照”将被“文本文件”所替代。文本文件是 PDF 文档中的纯文本内容，不带任何格式。

(2)“手气不错”检索。在关键词输入框的旁边，除了“Google 搜索”按钮外，通常还有一个“手气不错”按钮。按下“手气不错”按钮将自动进入

Google 查询到的第一个网页，用户将完全看不到其他的搜索结果。使用“手气不错”进行搜索表示用于搜索网页的时间较少而用于检查网页的时间较多。

例如，要查找北京大学的主页，只需在输入框中输入“北京大学”，然后单击“手气不错”按钮，Google 将直接进入北京大学的官方主页 http：//www.pku.edu.cn。

6.5 专业性网络信息检索

6.5.1 概念、术语、单位等的网络检索

许多传统的和现代的参考工具书都进入了互联网，这些网络版参考工具书使用起来非常方便，用户只需键入待查的词或词组，就可以对相关的词语、概念、人名、地名等进行查询。

6.5.1.1 概念、术语及人物查询

如《中国大百科全书》（http：//www. ecph. com. cn）网络版（图 6-4），免费注册成功后，可进入百科术语、中国大百科全书（简明版）、百科全书、人名库等 4 个数据库，进行概念、术语、人物的网上查询。此外，有许多搜索引擎可提供在线电子字典、词典的检索服务，还可以进行英语互查。

图 6-4 《中国大百科全书》网络版首页

6.5.1.2 黄页查询

网上黄页是标准的企事业单位查询工具。黄页是一种按企业性质、产品（商

品）类别编排的具有产品目录和单位户籍功能的招商性广告媒体，是为社会提供公共信息查询的大型网络工具书。如中华大黄（http：//www.chinabig.com.cn）号称中国最大的在线黄页，可按地区、单位、地址、电话号码进行关键词和分类查询，还可进行网上找人及全球区号、各省天气情况、网址查询等。

6.5.2 期刊论文的网络检索

6.5.2.1 维普资源整合服务平台

维普资源整合服务平台首页（http：//lib.cqvip.com）（图 6-5）。它是科技部西南信息中心和重庆维普资讯公司联合推出的中文期刊咨询网站，累计收录从 1989 年至今全文文献 400 余万篇，各种期刊达 12 000 种。它把所收录的期刊分为社会科学、数理化、农业科学、工业技术 4 类，提供 4 种搜索途径：关键词、ZZ 作者名、KM 期刊名、DW 作者单位，进行自动搜索，免费检索结果为目录和文摘，索取原文需付费。

图 6-5 维普资源整合服务平台首页

6.5.2.2 中国知网

中国知网（http：//www. cnki. net）（图 6-6）。由中国学术期刊电子杂志社开办的学术期刊数据库，共收录国内 6 600 余种期刊的题录、摘要以及 3 500 种期刊的全文，每日更新，现在还提供对重要报纸、优秀博硕士论文、专利等的检索。中国知网提供三种类型的数据库：题录数据库、题录摘要数据库和全文数据库。其中前两者属参考数据库类型，只提供目次和摘要，可在网上免费检索，全文数据库需付费。检索的途径有篇名、作者、机构、关键词、中文刊名等。

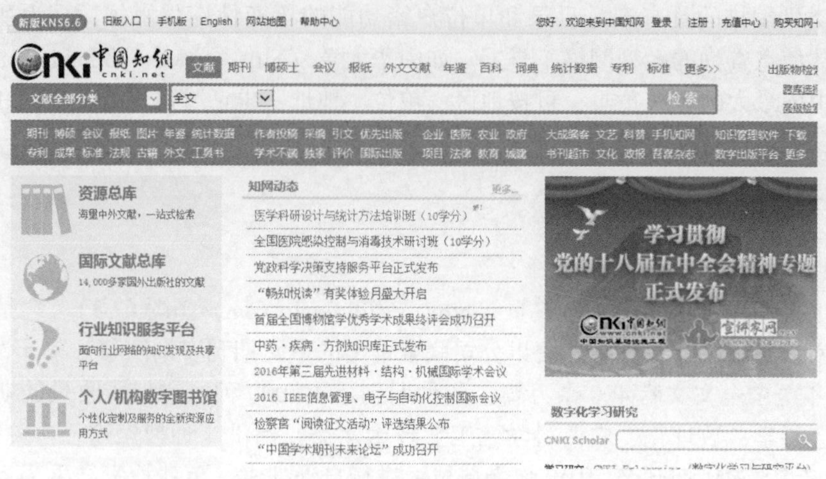

图 6-6　中国知网首页

6.5.2.3　*万方数据知识服务平台*

万方数据知识服务平台（http：//www. wanfangdata. com. cn/）（图 6-7）。万方数据知识服务平台是万方数据资源系统的子系统之一，集纳了理、工、农、医、哲学、人文、社会科学、经济管理与教科文艺等 8 大类 100 多个类目的近

图 6-7　万方数据知识服务平台首页

6 800 余种各学科领域核心期刊，实现全文上网，论文引文关联检索和指标统计。每年约增加 200 多万篇，每周两次更新。其期刊全文采用国际通用的 PDF 格式

或 HTML 格式制作及传播，可直接浏览、检索、打印及下载，检索全文需付费。检索的途径有全文、刊名、标题、作者、作者单位、关键词、文摘等。

6.5.3　其他学术信息的网络检索

6.5.3.1　学位论文网络检索

有代表性的是 CALIS 学位论文中心服务系统（http://etd.calis.edu.cn/）(图 6-8)，该系统面向全国高校师生提供中外文学位论文检索和获取服务。目前博硕士学位论文数据逾 384 万条，其中中文数据约 172 万条，外文数据约 212 万条，数据持续增长中。该系统采用 e 读搜索引擎，检索功能便捷灵活，提供简单检索和高级检索功能，可进行多字段组配检索，也可从资源类型、检索范围、时间、语种、论文来源等多角度进行限定检索。系统能够根据用户登录身份显示适合用户的检索结果，检索结果通过多种途径的分面和排序方式进行过滤、聚合与导引，并与其他类型资源关联，方便读者快速定位所需信息。此外，万方数据库有“中国学位论文数据库（CDDB）”，可从题名、作者、分类号、专业、导师姓名等进行检索，并能进行逻辑组配，检索灵活、方便，而且可以在网上联机申请原文复制服务。

图 6-8　CALIS 学位论文中心服务系统首页

检索国外学位论文可到 UMI 学位论文检索网站（http://www.lib.umi.com/dissertations/search），该网站提供世界范围内学位论文的检索服务。普通用户可以免费检索 1998 年和 1999 年出版的所有学位论文的索引和文摘，而机构订户则可以访问全部数据库，获得全文。目前，该数据库能提供 10 万篇以上的学位论文，论文主要来自北美和欧洲的 1 000 多所大学。其检索页中有著者姓名、关键词、文献号等多项检索选择。

6.5.3.2 会议信息网络检索

国际学术会议查询可上国际会议查询网站（http：//conferences. calendar. com），该网站收录世界范围内各学科领域的学术会议、研讨会、展览会、培训课程等信息，可提供用户免费检索。检索途径较多，可按会议名称、时间、地点、学科或关键词等浏览或检索。国内有关学术会议可到万方数据知识服务平台（http：//g. wanfangdata. com. cn/）查询，该网站有“中国学术会议文献数据库（CCPD）”，收录了自 1983 年以来我国的全国性学术会议论文，每月更新，每年增加约 20 万篇全文，涉及近 3 000 个重要的学术会议。学科范围主要以自然科学为主，数据内容包括论文名称、作者及单位、会议名称、时间、地点、主办单位、会议录书名、关键词及出版情况等。

6.5.3.3 专利及标准信息网络检索

中国专利信息网（http：//www. patent. com. cn）（图 6-9）收集了截至 1999 年 12 月的 50 多万条专利信息，可供用户免费检索。检索途径有发明名称、关键

图 6-9 中国专利信息网首页

词、分类号、发明人、申请人等。国外专利检索的网站有：世界知识产权组织的

IPDL（http：//ipdl.wipo.int）、PCT国际专利（http：//pctgazette.wipo.int）、美国专利数据库（http：//www.uspto.gov/patft/index.html）等。

提供标准信息网络检索的网站有：国际标准化组织（ISO）的网站（http：//www.iso.ch）（图6-10）和中国标准与质量认证信息网（http：//www.chinaiso.com）及国家标准文献共享服务平台（http：//www.cssn.net.cn）等。上述标准信息检索网站大部分可供免费检索，有的要先经过注册。一般免费检索所获得的只是标准的书目著录信息，要获得标准文件全文或复制件，则需要订购。

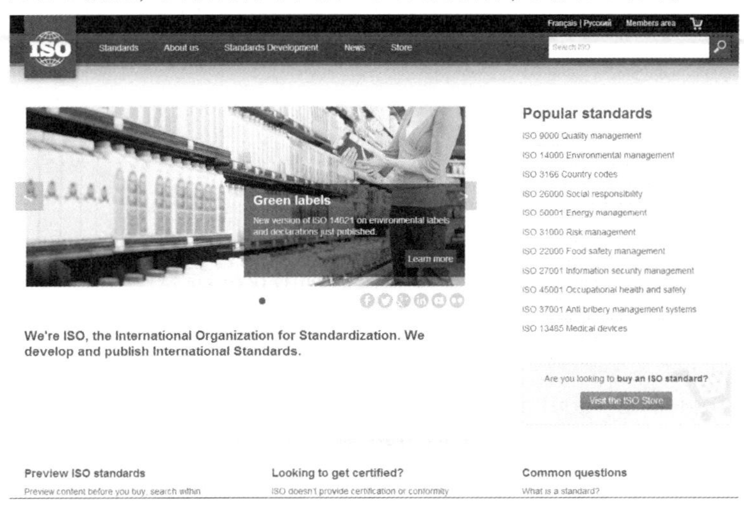

图6-10　国际标准化组织网站首页

6.5.3.4　地图的网络检索

目前一些搜索引擎提供地图的查询功能，如首都在线163等，查询国内城市地图；还有专门的网站，如搜狗地图（http：//www.go2map.com），是检索中国全国地图信息的检索工具，可在地图上查询中国各大城市的信息，在每个具体的城市，还可以查询具体单位的地图以及周边环境、公交信息等。检索世界主要城市地图的网站有：Mapblast（http：//www.mapblast.com）和Mapquest（http：//www.mapquest.com）等，它们都可为用户提供美国、欧洲及包括北京在内的世界知名城市的地图和通行指南。

6.5.3.5　图像、图片的网络检索

如果需要图像、图片，可用“图像词典——图像图片搜索引擎”（http：//gograph.com）查询，该网站设有动态图像、艺术剪辑图、图标、照片、壁纸、界面、背景、成套图像等栏目，可通过关键词和分类进行检索，得到检索结果后，可下载。

6.5.4 网络信息检索采用的标准

网络信息浩如烟海，包罗万象，如果没有一个标准化的网络信息检索途径，人们面对网络就会无从下手。反之，标准的网络语言、网络符号和网络输出显示方式，会使网络信息的传播更加方便、快捷，有利于被用户接受与利用，实现信息资源共享。可以说，规范化和标准化是网络信息资源共享的必要前提，没有规范的接口和统一的技术标准，资源共享将成为空谈。现代基于互联网的信息资源检索已基本实现标准化，共同遵守 TCP/IP 协议，目前被广泛采用的标准有以下几种。

6.5.4.1 Z39.50

Z39.50 是严格基于 ISO 的 OSI（开放系统互联）参考模型的应用层协议，是一个美国国家标准，其全称是 American National Standard Information Retrieval Application Service Definition and Protocol Specification for Open System Interconnection。提出 Z39.50 的起因是为了在美国国会图书馆、OCLC、美国研究图书馆集团（RLG）等机构之间交换数据。其第一版于 1988 年推出，并于 1992 年和 1995 年推出了第 2 版和第 3 版，内容有了很大的充实，第 3 版还于 1998 年成为 ISO 23950 国际标准。2001 年和 2003 年又修订了两个版本，目前最新的是 2003 年的第 5 版：Z39.50：2003。同时 Z39.50 一直在进行一些试验性计划，把 Z39.50 的标准进行拆分，提出“下一代 Z30.50”的新框架。

Z39.50 是一种基于网络的信思检索标准。该标准通过制定规范和编码来构筑与不同的信息系统之间的连接与通信，是完全独立于下层数据结构的信息检索服务，无须用户具备或掌握远程系统的语法、检索策略以及数据内容等相关知识，用户只要使用其本身所熟知的一个计算机系统的界面就可检索基于不同软硬件平台的远程系统的信息资源，从而实现网上透明的信息检索与传递。简而言之，它允许用户检索远程异地数据库，且不仅仅局限于检索书目数据，在理论上可适用于检索各种类型的数据资源。

Z39.50 标准主要包括两部分：一部分是检索服务的定义，定义了信息检索服务的机制，包括 Z39.50 协议支持的服务功能说明和服务参数说明；另一部分是 Z39.50 协议的规范，包括协议控制信息定义、信息交换规则和实现协议必备的条件。

Z39.50 是国际通用的信息检索协议，是一个相当成熟的标准，自从公布以后就逐渐被美国和一些发达国家的计算机厂商、数据库中心和图书馆等有关单位接受。目前市场上推出的新系统一般都遵循该协议，已开发出有关的实用系统和商用软件，并进入互联网使用。对于缺乏一个信息组织与检索标准的互联网上的大量信息资源而言，Z39.50的大量应用在一定程度上帮助解决了网上信息的无序和难以检索的问题，为网络中的异构平台和异构系统之间的信息检索和传输提供了条件，实现了与其他具有标准接口的系统之间的数据访问，为信息资源共享提供新的途径。

6.5.4.2 X.500

X.500是由国际电报电话咨询委员会（CCITT）制定的基于ISO/OSI开放系统互联标准的名录服务通信协议，包括目录服务器的目录结构、命名方法、搜索机制以及用于客户机与服务器通信的协议DAP（Directory Access Protocol）。此标准被ISO组织引用，编号为ISO 9594，其目标是向用户提供分布式（Distributed）名录服务，它提出了一个将分布在各地的名录服务器连接成为一个全球性的分布式名录服务的体系结构。每个名录服务器都拥有一部分数据库，并通过称为名录系统代理（Directory System Agent，DSA）的服务器对用户提供服务，数据库的维护工作是由各DSA在本地完成的。全球性的名录服务对用户来说是透明的，似乎就是在本地提供的。

X.500是一种带有更有效检索功能组件的目录服务。X.500目录结构不同于其他信息的存储和检索方式，它的信息与属性相关联。生成一个基于属性的查询，并被发送到LDAP服务器，而服务器则返回各自的值。一个X.500目录由条目组成，每个条目又由属性组成。这些条目根据Object Class属性分类，Object Class属性标识了条目类型（如个人或组织），而这些条目则确定了哪些属性是必需的，哪些属性是可选的。

X.500中的信息是依据DIT（Directory Information Tree）体系结构来组织的，排列在此结构中的条目可以在地理和组织分发的服务器中分配，它们按照在分发层中的位置通过专有名称（DN）来命名，从根目录（世界）开始逐层向下：世界—国家—机构—个人（或资源）。X.500不仅提供有关个人和机构的信息，还可以用来提供有关网络资源、应用系统或硬件等方面的信息。目前已有几个这方面的项目正在进行之中（如RFC目录）。X.500是一种标准化的名录服务，有很好的发展前景，但由于建立和维护X.500的费用较高，目前实施的范围还有限，而且大部分都是用于提供“白页服务”，至于“黄页服务”的应用则更是滞后了。

6.5.4.3 LDAP

LDAP的全称是轻量级目录访问协议（Light Weight Directory Access Protoc01）。它基于X.500标准，但是比较简单并且可以根据需要定制。与X.500不同，LDAP支持TCP/IP，这对访问互联网是必需的。LDAP的核心规范在RFC中都有定义，所有与LDAP相关的RFC都可以在LDAPman RFC网页中找到。

LDAP 协议是跨平台的、标准的，因此应用程序就不用为 LDAP 目录放在什么样的服务器上操心了。实际上，LDAP 得到了业界的广泛认可，因为它是因特网的标准。厂商都很愿意在产品中加入对 LDAP 的支持，原因是他们根本不用考虑另一端（客户端或服务端）是怎么样的。LDAP 服务器可以是任何一个开放源代码或商用的 LDAP 目录服务器，或者还可能是具有 LDAP 界面的关系型数据库，因为可以用同样的协议、客户端连接软件包和查询命令与 LDAP 服务器进行交互。客户不必为 LDAP 的每一个客户端连接或许可协议付费。大多数的 LDAP 服务器安装起来很简单，也容易维护和优化。LDAP 服务器可以用“推”或“拉”的方法复制部分或全部数据，例如可以把数据“推”到远程的办公室，以增加数据的安全性。复制技术是内置在 LDAP 服务器中的，而且很容易配置。如果要在 DBMS 中使用相同的复制功能，数据库厂商就会要你支付额外的费用，而且也很难管理。LDAP 允许根据需要使用。同时，LDAP 是一个信息目录，在该目录中只可一次定义用户和组，并跨多个应用程序甚至跨多台计算机共享。IBM HTTP Server LDAP 插件允许目录执行认证和授权（当访问受保护资源时是必需的），从而大大减少为维护每个 Web 服务器的本地用户和组信息的管理开销。

LDAP 通过使用可读的字符串来访问 X. 500 目录，当这些查询字符串被传送到 LDAP 服务器时，该服务器将返回条目的专有名称。LDAP 条目由 Object Class 属性进行分类或归类以简化搜索。LDAP 是 DAP 的一个子集，它能够实现 DAP 的大部分功能，它不是基于客户的服务，客户的许多处理工作转移到了支持 LDAP 服务的服务器上，所以它对客户设备的要求很低，掌上型电脑能够对目录进行远程服务就是得益于此。LDAP 客户软件包能够访问多家厂商提供的目录信息。由于以上优点，大多数目录技术都将 LDAP 服务作为基本功能的一部分，ADS 也采用它作为其基本功能。LDAP 实际上是一种机制，用来与 Active Directory 通信，完成基本的读写和修改操作。

6.6 网络信息检索研究

6.6.1 网络信息检索工具的研究

随着人们对互联网信息资源查找、开发和利用的需求日益迫切，各类网络检索工具层出不穷。众多的网络检索工具各自收录不同类型的网络资源，面向不同类型的信息查找需求，各有不同的检索特点、功能和方法。特别是对于为用户提供信息咨询等信息服务的专业人员来说，需要对其所应用的日常检索工具箱中新增加的这类新式武器有较全面的认识，掌握各网络检索工具的特点及性能，进而能够根据实际的检索需求选择适用的工具。另一方面，研究网络检索工具还能够从检索理论和检索实践应用的角度对检索工具的性能作出评价，从而对检索工具的开发、提供者提出参考建议，以改进检索工具，提高其检索效率。

但此类研究也是颇为艰辛的，要全面调研各种流行的搜索引擎，做有关的实验性检索，从中搜集大量的有关检索数据，如提问式输入形式、反应时间、检索界面、用户感受等。更为麻烦的是此类研究的对象是不断变化的，而这个变化又是十分频繁的，在经过一系列调研及比较、评价后得出的某些结果往往已落后于网络检索工具的变化和发展。因而信息检索服务专业人员要经常注意搜集某些检索专家在网络上及有关学术期刊上发表的文章，注意搜集各种网络检索工具的最新动态及有关评价意见。分析、研究网络检索工具主要着眼于以下几个方面。

6.6.1.1 数据库的范围、规模及更新周期

即研究某一网络检索工具数据库的收选原则、标引方式，收录网络资源的类型（Web、FTP、Usenet 等）、数量、范围（地域、文种等）、时间、更新周期，等等。

6.6.1.2 检索性能

即研究该检索工具提供检索服务的性能优劣和检索具体要求。包括：所提供检索的层次、级别（如：简单和高级检索，可检索题名、摘要或全文）；所支持的检索运算：布尔逻辑运算或其他运算，有否截词检索、相邻度检索、词组、短语或自然语言检索等功能；其检索标识、符号、缺省状态的处理等；检索的时间、反应速度；检索结果的提供方式等。

6.6.2 网络信息检索技巧

网络环境下的信息检索与传统信息环境下的检索有很大不同。虽然网络信息资源的范围、数量均很巨大，网络检索工具及检索方法也是纷繁众多，但用任何单一的方式去迅速、准确并相对全面、完整地找到相应资源仍不是很容易。表面看来似乎任何人都可进行检索并能得到一些检索结果，但多数人仍会对检索结果感到不满意或是感觉与自己最初的检索目标不相符合或差距太远，或完全迷失于检索过程，不知身在何处，更找不到自己所需的信息。特别是那些对检索结果持较高标准的用户更会对网络检索感到受挫和失望。

网络信息检索所具有的多样性、灵活性远远超出了传统的信息检索，而许多我们在传统信息检索中业已形成习惯的某些检索思维模式及一些已成定势的检索方法在网络信息空间往往行不通，或不能使检索结果达到最优。如：选择、利用某学科的核心检索工具及数据库；使用规范的检索词（如叙词）等；就连查全

率这一衡量检索效率的重要指标在网络信息检索中似乎也失去了定义的基础。因此，在从事网络信息检索时有必要树立一些有别于传统信息检索的观念和认识。如某些检索专家指出：不要完全相信任何一个搜索引擎，没有任何一个搜索引擎能提供绝对完整、全面的检索。每个搜索引擎的应用对象均有其一定的收录范围和规模、数量，索引方式也不相同。要想获得较全面的检索结果，必须尽可能多地采用若干搜索引擎。再如：对于网络信息检索来说，不存在完善的检索策略。某些可能使某类网络检索更有效、更精确地检索措施或安排在应用于另一类检索时可能完全不奏效。

确实，网络信息检索即使对专业检索人员来说也是一项挑战，但也并非无法控制。近年来，许多网络检索专家已在丰富的检索实践中总结出了一些网络信息检索技巧（searching tips）。这些检索技巧有望减少检索过程中的挫折和增加获取到有用资源的可能性，应注意搜集、采纳、运用，并将其视为提高检索技能的一个重要方面。

6.6.2.1 明确检索目的和要求，确定查询策略

不同目的的检索应使用不同的查询策略，不同的查询策略会产生不同的检索结果。尽可能多地了解检索目标，不仅能帮助我们确定所需要的信息类型、查询方式、查询范围、查询时间及采用何种限制条件，而且能使我们更好地理解查询结果，并准确地捕捉到它。

6.6.2.2 选择合适的网络检索工具

通过网络检索工具来查询网络资源是最方便、快捷的途径。网络检索工具数量众多，各有千秋，选择合适的网络检索工具是取得检索成功的关键一步。选择正确，事半功倍，否则，徒劳无功，白白花费大量时间、精力而一无所获。选择合适的网络检索工具主要从网络检索工具的类型、收录范围、检索问题的类型、检索具体要求等方面综合考虑。必须熟悉各类网络检索工具的特点、功能，明确所需查找信息可能的存在形式是 Web、FTP 或 Usenet，是文本或是软件，从而选择相应类型的检索工具。不同的搜索引擎在查询范围、检索功能及检索方法上各有差异，熟悉和掌握一些常用的搜索引擎的性能、特点和一般使用方法是必要的，大多数网络检索工具对自身的操作、符号及检索规则等都给予了说明和解释，应在使用前查看并在检索中不断学习和积累。下面信息可供选择检索工具时参考。

（1）一般性的浏览查询或比较强调获取较为综合、准确的信息时，一般应使用像 Yahoo！这样的目录型检索工具，用户可按思维的逻辑顺序或按照其主题目录体系的导引去浏览、追踪、查找信息。

（2）细节查询或较强调获取较为具体、特定的信息时，一般应使用

AltaVista这类索引式搜索引擎，用户可利用关键词等进行大范围的快速检索，方便、快捷地查询到针对性较强的检索结果，包括一些比较冷僻的站点。而对于查找较为稀缺的或线索不明的信息，又可考虑使用多元搜索引擎。

6.6.2.3 提高检索的精度、准确性

搜索引擎靠Robot自动索引软件建立其数据库，使检索空间拓宽、深入了，但Robot的智能化程度不高，导致网络检索的噪音比较大，准确性不高。因此在网络信息检索中要解决的主要矛盾应该是提高检索的精度、准确性。这一方面要靠完善Robot的标引机制和搜索引擎的检索机制，另一方面则要讲求一些检索方法和技巧。具体包括如下。

1. 选择合适的检索词

应尽量选专指词、特定概念或非常用词，避免普通词、泛指概念；某些综合概念或范围较广的检索词如计算机、互联网、中国等，会得到数以万计的检索结果反馈，这样的信息提供对用户来讲毫无意义。

2. 构造恰当的检索提问

要阅读该检索工具的检索句法规则，了解其所支持的检索运算，其所允许使用的检索标识、符号等，这是进行有效查询的基础。如许多搜索引擎均支持短语检索，即用双引号将表达检索需求的词组或短语标出，并将其作为一个整体进行查询，要求必须与引号中的内容完全匹配才算检索命中；这种短语（词组）检索可非常有效地提高检索的精度。另外还应组合运用布尔逻辑运算中的“与（AND，+）”、“非（NOT，-）”，使检索结果反馈能控制在一个可接受的范围内。

3. 使用限定条件、限定词

即利用某些检索工具的检索界面上提供的检索条件、范围选择、参数设定等功能键，通过对资源类型、时间、语种、数量等的限定，使检索结果逼近用户需求。

4. 利用进阶、精练检索功能

即利用某些检索工具提供的“Refine”键，在前一次检索产生的检索结果的基础上作进一步检索，如可在“Refine”检索框内继续增补检索词或修改原有的检索策略，使检索范围缩小，检索策略更精细化，逐步提炼出更符合检索需求的检索结果。

6.6.2.4 扩大检索范围

如某项检索需尽可能全面地检索到有关信息，或初步检索得到的结果为零或数量太少，需扩大检索范围，可以有以下一些做法。

1. 使用同义词、近义词

目前，检索软件的智能化程度较低，一般执行的是与关键词简单的字面匹配，因而会漏检与关键词相关或一致的概念。使用同义词和近义词，可尽可能全面地检索出有关信息。

2. 使用多个搜索引擎

即就同一检索提问访问多个数据库，以弥补单个搜索引擎数据库在覆盖面和容量、规模上的限制；或直接使用多元搜索引擎，将检索提问同时提交给多个搜索引擎，同时访问多个数据库，从而扩大了检索范围。

3. 利用某些搜索引擎所具备的自动扩检功能进行相关检索

如：某些搜索引擎在检索结果页上有一“More like this”键，在此可获得与检索策略内容相关的一些推荐性的网络资源站点，这些站点可能是用上述检索策略不能直接检索出来的结果，以此来扩大、丰富检索的范围。

6.6.2.5 加快检索速度

在检索上所花费的时间也是一项重要的用户负担，特别对于面临着较重的通信费用、有限的带宽、过低的传输速度等多重困扰的国内网络用户来说，提高检索速度就显得尤为重要。具体的做法有：

1. 直接去利用相关的站点

不一定每次检索都要从搜索引擎等网络门户入手，可以利用平时积累的关于网络资源的分布知识和热链表等，按照检索的具体需要，直接利用相关的站点。即使手头没有确切的网址，还可以按照有关网络域名的规律去推测。如：想查找IBM公司信息，可推测用：www.ibm.com；要了解一个新的搜索引擎品牌Google的检索功能，可试试：www. google. com；要查找联合国机构的信息，不妨用：www.un.org。

2. 利用特殊型网络检索工具和一些特色服务站点

在日常使用网络资源时，要注意观察、记录、积累一些有特色的检索工具或信息服务站点的线索和知识，如：新闻、天气、旅游、交通、黄页、白页、地图、股票、统计等。在遇有相关信息需求时，就可直接利用上述特种检索工具或特色站点的有关信息源非常便捷地获得有用的信息。

3. 多窗口检索

国内网络用户常常遇到由于带宽的限制而导致的网络“塞车”、传输速度较慢的情形，此时可以多打开几个浏览器窗口同时浏览或检索，可相对缩短等候时间。

4. 文本方式传输

一般可将浏览器的传输方式设置成只传送文字信息而不传送图片，这样可大大减少传输流量，明显加快传输速度。

6.6.3　网络信息检索的发展

6.6.3.1　继续加强浏览与检索功能的整合

20 世纪 90 年代中期，网络信息检索工具可以分成两大类：目录型检索工具与检索型检索工具，目录型检索工具通过浏览查找信息，如 Yahoo!，当用户想要得到关于某个主题的信息，或关于某个主题的新信息时，使用这种工具很适合。检索型检索工具通过输入检索式查找信息，如早期的 AltaVista，当用户需要的信息很明确，采用这种工具能迅速检索到所需要的信息。在实际使用过程中，只具备一种检索功能的不足逐渐显现出来，因而出现了两种功能的整合。浏览与检索功能的整合，不仅使用户可以在一个网站同时使用两种检索功能，而且可以在某个类目下实施检索，提高了检索的准确率，今后的检索工具必将在这方面继续加强和完善。

6.6.3.2　搜索引擎集成化

最先出现的搜索引擎大多为独立搜索引擎，只能在自己搜集的信息或数据库中查找信息，如 AltaVista，Yahoo！等就属于这一类：集成化搜索引擎能同时调用多个独立搜索引擎，并能将检索到的结果进行去重等处理。因此，用户通过集成化搜索引擎可以同时对几个搜索引擎进行检索，避免重复劳动，节省了检索时间和精力：这是网络信息检索工具深受用户欢迎的一个发展方向。

6.6.3.3　研究新型排序算法

传统的检索结果排序算法主要依据检索词的词频、位置、邻近度以及文献长度、更新日期等指标。目前，Google 采用了 Backlink 方法，根据其他网站指向某个网站链接的数量多少，决定该网站的重要性，链接数量越多，越重要。这种方法类似于对学术出版物进行评价的引文分析方法。DirectHit 根据用户点击某网站的数量对网站进行排序；点击的数量越多，表示该网站越受欢迎：这是依据用户的选择进行排序的一种方法：新的排序算法还处于发展阶段，需要进一步补充，完善。

6.6.3.4　综合型专题型两极分化

今后网络信息检索工具将向综合型和专题型两极分化。

综合型网络信息检索工具力求全面满足用户学习、工作、生活和娱乐多方面的要求，如提供每日新闻、电子报刊、旅游景点介绍、交通时刻表、地图查寻、天气预报，电话和电子邮件地址簿、各类广告、网上购物信息、网上培训信息等等。这种以信息检索工具为主的综合型网站，可以从更多方面为用户提供服务。

在一些检索工具向综合型发展的同时，有一些检索工具则会向专题型方向发展。专题型网络信息检索工具提供专业电子报刊、图书馆名录、文献目录、虚拟图书馆资源、参考资源、软件目录、研究成果和研究项目信息、学术动态、相关学术站点等等，为相关专业的用户提供深层次的专业服务，有良好的发展前景。

6.6.3.5 检索语言一体化

检索语言一体化指分类语言与主题语言一体化、自然语言与受控语言一体化、各语种检索语言一体化等。

目录型检索工具与检索型检索工具的整合，实际上就是分类语言与主题语言的兼容和结合：实现分类语言与主题语言完全兼容，发挥最佳的整体效应，是网络信息检索工具发展的必由之路。

自然语言与人工语言一体化已见雏形。概念检索实际上就含有自然语言与人工语言一体化的因素。更为理想的是浏览检索、关键词检索、概念检索一体化。

随着自动翻译软件水平的提高，检索工具使用的不同文种的语言将可以互相转换，这有助于帮助用户克服使用检索工具遇到的语言障碍。现在已有一些网络信息检索工具部分实现了这个功能。

6.6.3.6 多媒体信息检索

随着信息技术的发展，网络信息类型不断增加，除了传统的文字信息外，图像、音频、视频等媒体信息越来越多。因此，多媒体信息检索是一个重要的发展方向，多媒体信息检索技术研究必将得到加强。虽然真正完全实现多媒体信息检索功能还存在很多困难，但已有越来越多的网络信息检索工具开始涉足这一领域。

6.6.3.7 智能化检索

智能检索是基于自然语言的检索形式。检索工具根据用户提供的以自然语言表达的检索要求进行分析，形成检索策略进行检索，它包括智能搜索引擎、智能浏览器、智能化自动索引软件。检索工具智能化的内涵在于检索工具具有学习、分析、辨别、推理的能力。它能按照用户的要求，对信息进行更深一步的分析，然后交给用户。智能化检索工具考虑到了用户心理因素和决策需要，考虑到了用户方便和高效的检索要求，体现了以人为本的思想，必将受到用户的广泛欢迎。

6.6.3.8 服务区域全球化

因特网上的信息检索工具最初主要是针对美国国内用户以及使用英语的用户而设计的。随着互联网向全世界迅速延伸，互联网上其他语种的站点和信息越来越多，其他国家和地区的上网人数也大幅度增加，必将促进网络信息检索工具全球化发展的趋势。现在，Infoseek 除了在美国设有站点外，又在巴西、丹麦、德国、意大利、日本、英国、墨西哥等 11 个国家分别设立了 Infoseek 的国际站点。Yahoo! 除了英文版外，在五大洲都设有相应的子站点。随着网上中文信息的增加、影响力的增强，很多检索工具，如 Infoseek，Yahoo 以及 AltaVista，Globepage 等都推出了中文版本。

6.6.3.9 用户友好度继续增强

因特网是一个开放的网络，网络信息检索工具越过了传统的检索中介书管理员）面向所有终端用户。在这种情况下，用户界面的易用性成为一个重要的指标。一个友好的用户界面要能支持用户从多种语言、多种逻辑方式、多种角度等方面进行检索，并使用户不需要经过太多的学习就能掌握检索工具的使用方法。

7 中国文献信息检索

7.1 中国文献信息检索发展概述

信息检索工具可以使人们从广泛的信息文献中快捷、精准地获取所需要的信息，是人们打开知识宝库的金钥匙，是利用科学文献、前人成果进行读书治学、开拓思维、启迪创新、科学研究、发明创造的指南针。

各个国家都根据本国国情和实际需要建立文献检索体系，编制各种类型的检索工具，以便有选择、有重点地搜集、整理、报道国内外的文献信息，以此启迪人们利用前人成果开发创新，推进社会文明的进步和经济的发展。

文献信息检索在中国有着悠久历史，中国历代编制的成千上万的检索工具，是人们信息检索的重要工具和重要手段。从汉代的《别录》《七略》，清代《四库全书总目》，民国时期的《全国出版物目录汇编》，到现在的《全国总书目》(印刷版、光盘版和网络版)，中国的科技文献检索体系经历了从无到有、从翻译到自编的漫长的发展过程。

7.1.1 1956—1966 年

1956 年，中国科技情报研究所（1992 年更名为“中国科技信息研究所”）成立，展开了我国信息发展新的一页。当年，该所翻译出版了前苏联的《机械制造文摘》和《冶金文摘》。1957 年，开始编辑出版《国外期刊论文索引》。

1961 年，我国翻译出版的苏联文摘增加到 50 种（分册），约占苏联文摘杂志的 1/2，自编的《国外期刊论文索引》达 20 多个分册。铁道科学院翻译了英、美、德、日、荷等国的文摘，出版了《铁道文摘》。

翻译国外的检索刊物，存在一定的缺陷。首先，其内容不完全适合我国国情；其次，时间滞后。1961 年，国家科委成立的“中国国外科学技术文献编译委员会”（简称全国编委会）作出了决定，立即改变以翻译为主的检索刊物编制状况，“由全部翻译苏联文摘逐步过渡为自编世界各国的文摘”。自此，我国的检索刊物编辑出版工作走上了有组织、有领导、有计划的发展道路。检索刊物从以翻译为主向“混编本”“自编本”过渡，先后出版了《中国机械文摘》《中国化学化工文摘》。

1962 年，出版了《科技文献索引》（期刊部分,原名《国外期刊论文索引》）30 个分册；《科技文献索引》（特种文献部分）18 个分册。

科技文献出版社以文摘卡片和缩微卡片两种形式发行出版了一套“科技文献卡片”，共分 85 类，总计 8 000 条文摘。

1963 年出版了 27 种文摘，共 76 个分册，其中一部分编有年度分类索引。

1964 年《科技文献索引》（特种文献部分）增至 30 个分册；出版的文摘刊物 30 种，共 101 个分册。其中有 26 个分册编有年度索引。

1965 年《科技文献索引》“期刊部分”和“特种文献部分”合并，分 30 个分册出版，每个分册中期刊论文与特种文献分开编排，30 个分册以题录为主，有少量的简介，有的还附有年度主题索引。

1966 年 6 月，前中国科技情报所（包括重庆分所）和全国各地区、各专业部委情报单位共同出版了检索刊物 59 种，112 个分册，其中文摘刊物 30 种 83 个分册，每年报道量为 35 万条；题录有 29 种 29 个分册，年报道量为 40 多万条。此外，还出版了许多专题性、单卷本的文摘、题录等检索工具，至此，我国科技文献检索刊物体系初步形成。

7.1.2　1967—1976 年

10 年“文革”期间，检索刊物几乎全部停刊。1971 年以后，少数检索刊物开始编辑出版，但自发性很大，缺乏组织领导和统一规划。

7.1.3　1977—1990 年

1977 年，召开了“全国科技情报检索刊物协作会议”，提出了“全面规划、统筹安排、专业归口、多方协作”的方针，强调要切实加强检索刊物的编辑出版工作，提高检索刊物的质量，尽早建立我国检索刊物体系。同时筹建了“全国科技情报检索刊物编辑出版工作协调小组”，临时负责全国检索刊物的组织、协调和出版工作。为便于检索刊物的统一规范，前中国科技情报所根据会议要求提出了我国检索刊物的标准著录格式、编号制度、版面设计等。

1978 年，中国国外科技文献编译委员会恢复工作，召开了第五届中国科技情报学会筹委扩大会议；讨论了《关于建立健全我国科技情报检索刊物体系的意见》和《1977—1985 年全国科技文献编辑出版规划》（草案）；“中国国外科技文献编译委员会”更名为“中国科学技术情报编译出版委员会”。

1979 年，全国编委会下设检索类出版物分组委员会（简称检索分委会），专门负责全国检索类出版物的组织、规划和协调等工作。

1980年，检索分委会提出了《关于建立健全我国科技文献检索刊物体系的方案（草案）》，同年在全国编委会第七届年会上讨论并通过了这一方案。截至1980年，国内公开发行的书目、索引、目录和文摘等检索刊物达80多种。

1983年，我国检索刊物体系中，国外文献检索刊物90种，国内文献检索刊物32种，专利检索刊物25种，检索刊物共计147种，年总报道量为95万条。

1985年，通过全国邮局公开发行的检索刊物为106种。

1987年，是我国检索刊物体系呈现良好发展态势的一年，截至1987年底，经过全国编委会协调的各种检索刊物已达229种（册），年报道总量在120万条以上。

1987年以后，由于办刊经费不足，很多检索刊物被迫停刊、休刊或合刊。其中，《国外科技资料馆藏目录》十多个分册停刊；《专利文献通报》45个分册也先后停刊或休刊。

7.1.4　1991年以来

1991年，我国出版了科技文摘刊物129种（册），其中59种（册）是报道国内中文科技文献的刊物；22种是专门报道国外科技文献的刊物；48种是报道国内外科技文献的刊物。

根据“中国检索刊物一览表”中2000年出版的检索刊物部分统计，2000年我国通过全国邮局发行的检索刊物共87种。其中，综合类14种（册）、专门类9种（册）、专业类63种（册）。《中国文摘》分册计36个分册中，中国医学文摘16个分册占44%，报道外国文献的只有2个分册。

1992年，中国科技信息研究所重庆分所首次推出了中文科技期刊篇名数据库只读光盘，建立了各种中文数据库，得到了各文献信息单位的重视，并进行开发研制工作。很多编辑出版检索刊物的单位，采取刊库一体化的办法，既用计算机编辑出版检索刊物，又建立和扩充相应的数据库。

几年时间里，我国出版了《中国国家书目光盘数据库》《中国学术期刊光盘数据库》《中文社科报刊篇名数据库》等上百种中文数据库检索工具，其中，既有光盘版，也有网络版，这为我国建立手工检索、光盘检索和计算机网络检索各种功能同时实现奠定了良好的基础，我国检索刊物体系开始蓬勃发展。

随着我国科技文献检索刊物体系的逐步发展与健全，文献检索刊物在收录的文献内容形式、报道的学科专业范围、检索的手段方式和检索工具、文献著录、标引规范化等方面有了长足进步，能够满足各类检索需要。

7.2 中国文献信息检索工具及其利用

7.2.1 中国文献信息检索工具发展历程

我国从最早翻译外国的检索工具到自编检索工具，经历了一个艰难的发展过程。20 世纪 80 年代检索工具有了一定的规模，对科研生产的影响也逐渐增加。目前，我国自主编辑的检索工具主要以报道国内文献为主，兼顾报道部分国外文献，内容涉及几乎所有的学科，收录的文献类型也由传统的图书和期刊论文扩展到会议论文、学位论文、专利、标准、地图、视听资料、缩微胶卷（片）、计算机文档等多种类型。

检索工具按著录格式分为目录型检索工具、题录型检索工具、文摘型检索工具和索引型检索工具 4 种。

我国现有主要的检索工具为题录类、文摘类和目录类 3 类。

3 类检索工具的结构基本相同，一般由使用说明、目次、正文、辅助索引、附录 5 部分组成。使用说明一般向读者介绍该工具的编制目的、收录范围、著录格式、代号说明及注意事项等；目次指明类目所在的页码；正文一般按分类编排，便于读者利用分类途径进行检索，正文是检索工具的核心部分，存储的不是原始文献，而是描述原始文献特征信息的条目，包括了原始文献的题名、著者、出处、内容摘要、主题词、分类号、索取号等，每个条目都有一个编号，称为文摘号或顺序号，用于组织各种索引；辅助索引是检索工具的一部分，必须与正文一起使用，它是检索工具中最关键的部分，只有掌握了辅助索引的使用，才能真正掌握检索工具的使用，辅助索引可以提供更多的检索途径，一般有主题索引和作者索引；附录部分是对检索工具内容的补充，一般包括收录原始文献的目录、正文中使用的缩略语、原始文献收藏单位。

我国检索体系中信息检索工具类目较多，应用于各行各业的刊物检索。下面介绍一些主要目录、索引及文摘，其中重点介绍涉及农业检索的检索工具。

7.2.2 中国图书检索工具

与农业有关的图书检索工具主要有《全国总书目》《全国新书目》《中国国家书目》等。

7.2.2.1 《全国总书目》

1. 出版发行

《全国总书目》于 1949 年创刊，年刊，原由中国版本图书馆编辑，中华书局出版，现由新闻出版署信息中心编辑出版。该书目除1949—1954年合订为一册外，从1955年到1965年期间，每年出版一本，1966—1969年中断（后又补编1册），1970年起每年出版1本。

2. 内容编排

《全国总书目》是根据全国出版单位缴送的样书编成的，收录的是公开出版发行或具有正式书号（ISBN）的图书，比较全面、系统地反映了我国历年图书出版的概貌，是具有年鉴性质的综合性、系列性的《中国国家书目》。其编制体例为3部分：分类目次、专题目录和附录，其中，附录包括全国报刊杂志目录、出版社一览表、丛书索引等。

7.2.2.2 《全国新书目》

1. 出版发行

《全国新书目》于1950年创刊，月刊。原由国家版本图书馆编辑，中华书局出版。现由国家新闻出版总署主管，中国版本图书馆主办。1958年第9期以前为月刊，后改为旬刊。“文革”期间停刊，1972年5月恢复，试刊5期。1973年起正式出版，为月刊。目前为半月刊，将书目内容与非书目内容分开，上、下半月各出一本专刊，上半月的叫《新书导读》，全彩印刷，主要面向社会读者，追求可读性；下半月的称《数据大全》，全面介绍当月的新书出版信息。《全国新书目》分印刷版、电子版，可通过相关网站进行检索。中国知网、维普资讯网等全文收录期刊。每期发布图书在版编目数据5 000条以上，成为国内重要的书目信息渠道。

2. 内容编排

《全国新书目》职能是及时报道全国每月新出版的图书。1996年、1998年、1999年栏目设置和版面处理方面作了重大调整，增设了新栏目，并将各出版社图书在版编目（CIP）和新书发排预报情况汇编成“新书发排预报”，对多种新书作简要评价。目前，主要设有“书业观察”“特别推荐”“新书评介”“书评文摘”“畅销书摘”“精品书廊”和“新书书目”等栏目。

7.2.2.3 《中国国家书目》

《中国国家书目》是全面、系统地揭示与报道中国出版物的大型书目，是检索我国出版物的重要工具，在全国起着一个书目中心的作用，能够反映一定历史时期国家科学文化发展状况。

1. 出版发行

《中国国家书目》为年刊。1985年起开始编辑，1987年首次出版，计正文1册、索引1册。1987—1994年由北京图书馆《中国国家书目》编委会主编，书目文献出版社出版。1995—1998年版由华艺出版社出版。

《中国国家书目》从1988年起建立了计算机中文文献数据库，1992年起采用计算机编制年度累积本，同时开始编辑回溯本。例如：《中国国家书目回溯光盘（1949—1974）》《中国国家书日回湖光盘（1975—1987）》《中国国家书日光盘（1988—1997）》等。光盘版的数据半年更新一次。年报道出版物的数量约3万条。印刷版与光盘版内容相辅相成。

2. 内容编排

《中国国家书目》报道文献范围包括了汉语普通图书、连续出版物、地图、乐谱、博士论文、技术标准、非书资料、书目索引、少数民族文字图书、盲文读物和在中国出版的外语文献等。

3. 著录与检索

《中国国家书目》正文按分类编排，遵循《中国图书馆图书分类法》《中国科学院图书分类法》《汉语主题词表》进行分类标引；按《国际标准书目著录》和《中华人民共和国文献著录标准》进行著录，附有题名汉语拼音索引和著者汉语拼音索引。其中，光盘版的主要检索点包括题名、作者、主题、关键词、分类号、出版社等，检索方式分为精确检索、模糊检索、单项检索和组配检索。

7.2.2.4　《新华书目报》

《新华书目报》分为社科新书目版、科技新书目版、标准新书目版。均为旬刊，由中国新闻出版署主管，新华书店总店主办，每月预告、介绍初版和重版新书种。每年发布图书信息3.5万条以上。

7.2.3　中国报刊检索工具

7.2.3.1　《全国报刊索引》

《全国主要报刊重要资料索引》，山东省图书馆编印，1951年4月创刊，1955年6月停刊，季刊，收录该图书馆所藏的期刊。1955年起，上海图书馆（上海报刊图书馆）接替编印，1956年改名为《全国主要报刊资料索引》。1966年10月至1973年9月停刊，1973年10月复刊后，改名为《全国报刊索引》。月刊，分哲社版和自科版两种。报道上海市图书馆当月入藏的中央和各省、直辖市、自治区出版的报纸、杂志资料，是题录形式的检索工具。包括中文报纸、中文期刊。

《全国报刊索引数据库》原名为《中文报刊篇名数据库》，1993年由文化部立项，上海图书馆承建。该库建设基于印刷版《全国报刊索引》，但文献数量、收录报刊品种更加丰富。从2000年起，数据库更名为《全国报刊索引数据库——社科版》，同时推出《全国报刊索引数据库——科技版》。从2003年起，该库按季度推出网络版。收录期刊9 000余种，报纸200余种，基本覆盖了全国公开发行的所有报刊。是国内大型文献数据库之一，数据总量大，时间跨度长。提供检索途径包括分类、题名、著者、单位、刊名、年份、主题、文摘等。

7.2.3.2 《中国学术期刊文摘》

1. 出版发行

《中国学术期刊文摘》是由中国科学技术协会学会部主办，国家科委批准的全国性检索刊物。报道我国最新的科学技术领域研究成果与进展等，为促进科学技术的交流、信息的沟通发挥了重要的作用。

2. 内容编排

该文摘学科范围包括数理科学和化学；天文学、地球科学；生物科学；医药、卫生；农业科学；工业技术；交通运输；航空、航天；环境科学、劳动保护科学（安全科学）以及交叉学科、边缘学科和新兴学科等。文献类型包括国内公开出版的学术期刊中重要的论文、会议论文、科技报告等。论文分类采用《中国图书馆图书分类法)。有报道性文摘和指示性文摘两种方式。该文摘现已出版电子版——计算机检索系统。

3. 著录与检索

该文摘内容由说明、目次、正文、索引、附录等组成。说明不是每期必有，一般在第1期，或在最后1页中出现。附录主要是《中国学术期刊文摘》所引用期刊的刊名目录。正文按《中图法》分类编排，著录内容包含论文的题名、英文题名；作者；第一作者单位；刊名；年卷期；论文摘要；资助项目说明等，在对著者项进行著录时，只著录前两位著者，两位著者之间用“,”分隔，其余著者用“…”表示。第一位著者后“（）”内为著者工作单位。该刊还出版少量原始学术论文。整个条目按国家著录标准著录。年终出版年度索引。年度索引包含分类索引和关键词索引。检索途径有分类途径、关键词途径。

7.2.3.3 《中国农业文摘》

1. 出版发行

1981年创刊，双月刊。由中国农业科学院科技文献信息中心编辑出版。该刊是检索我国农业科技文献的重要文摘型检索工具。报道我国公开发行的多种农业及与农业相关的科技期刊（包括农业院校学报）上选出的重要文献。

从1985年起，该刊按学科分成7个分册，分别为《中国农业文摘——粮食与经济作物》《中国农业文摘——植物保护》《中国农业文摘——园艺》《中国农业文摘——土壤肥料》《中国农业文摘——畜牧》《中国农业文摘——兽医》《中国农业文摘——水产》（1991年更名为《中国水产文摘》），1989年增加了《中国农业文摘——农业工程》。2003年，《中国农业文摘——粮食与经济作物》改名为《中国粮食经济作物文摘》，《中国农业文摘——植物保护》改名为《中国农业综合开发文摘》，《中国农业文摘——园艺》改名为《中国园艺文摘》，《中国农业文摘——土壤肥料》改名为《中国农业资源环境文摘》，《中国农业文摘——兽医》和《中国农业文摘——畜牧》改为《中国畜牧兽医文摘》。

2. 内容编排

收录的内容范围包括农业工程、农业机械、农业经济、遗传育种、畜牧、水产、土壤肥料、环境保护、农业气象、植物生理、植物保护、园艺、林学、渔业、农学等方面的文献。涉及有关农业的期刊数百种。收录的文献类型包括期刊、会议论文、科技报告、汇编论文、学位论文、专利、标准等。

3. 著录与检索

该刊各分册编排格式大体相同，每期内容由目次和正文组成。每年的最后一期附有年度主题索引、作者索引和文献来源一览表。

正文条目著录格式采用国家标准。辅助索引有主题索引和第一著者索引，主题索引由一、二级标题词和文摘号组成，标题词按汉语拼音字顺编排，著录规则和格式遵循国家 GB 3793—1983《检索期刊条目著录规则》。检索途径包括分类检索、主题检索、著者检索。

7.2.3.4 《中国生物学文摘》

1. 出版发行

1987 年创刊，月刊，由中国科学院文献情报中心、中国科学院上海生命科学研究院和中国科学院生物文献情报网主办，中国科学院上海生命科学研究院出版，是国家科委批准的国家一级检索刊物。

2. 内容编排

该刊报道我国生物科学研究领域的研究成果与进展，内容涉及普通生物学、细胞学、遗传学、生理学、生物化学、生物物理学、分子生物学、生态学、古生物学、病毒学、微生物学、免疫学、植物学、动物学、昆虫学、人类学、生物工程学、药物学及与生物学交叉的学科及其相关领域。

该刊收录了我国科技人员在国内公开出版发行的有关生物学方面的期刊论文、专著、会议录，以及在国外发表的论著等。

3. 著录与检索

印刷版《中国生物学文摘》内容编排包括刊物的中英文简介、综述与评述、论文转载、文摘、专利题录、中国生物学文摘数据库引用期刊一览表等。每年第 1 期附有“引用期刊一览表”，12 期附有著者索引和年度主题索引。每期有主题索引。

《中国生物学文摘》分类采用《中国图书资料分类法》进行分类。检索途径包括分类检索、主题检索和著者检索。

7.2.3.5 《环境科学文摘》

1. 出版发行

1982年创刊，双月刊。由中国环境科学研究院情报研究所编辑，中国环境科学出版社出版。

2. 内容编排

该刊采用文摘、简介和题录形式报道国内外400多种期刊中有关环境科学的科技成果、研究报告、论文及综述等。从1991年起增加了中国环境专利文献，提供环境科学发展的新动向。报道内容涉及该领域中的化学、气象、生物、生态、医学及环境保护的规划、管理、卫生、自然灾害及其防治、各种污染及防治、三废处理、综合利用、质量评价与监测等。

3. 著录与检索

《环境科学文摘》按《环境科学叙词表》进行主题标引，年终设有年度主题索引。按其他要求增加检索途径。

7.2.3.6 《食品文摘》

1. 出版发行

《食品文摘》于1983年创刊，双月刊。1988年起改为月刊。该刊由中国食品科技情报中心站和北京市食品研究所联合主办。

2. 内容编排

该刊是文摘型检索刊物。收录国内外有关食品的期刊、专著、专利文献、会议文献、学位论文等。选用了中、英、日、法、德、俄等文种的期刊近100种。报道食品科学领域的新技术、新动向、新成果等。收录内容范围包括基础科学、工艺技术、包装运输、机械设备、卫生检测、畜禽肉蛋、水产制品、乳类制品、粮谷豆类、油脂糖果、水果蔬菜、饮料冷食、调味剂、添加剂和其他食品等信息。

3. 著录与检索

该刊每期有分类目录，文摘部分按目录次序编排。年终设有年度总目录。该刊没有主题索引，只有分类检索。

7.2.3.7 《中国林业文摘》

1. 出版与发行

《中国林业文摘》于1985年创刊，双月刊，是由林业部科技情报中心联合各省林业科研院校编辑出版的国内林业科技文献检索期刊。该刊收集文献覆盖率达80%以上，是国内林业科技文献检索刊物。

2. 内容编排

该刊收录国内林业及相关学科有关文献。报道营林、管理、森保、绿化、资源开发利用、林副产品及多种经营、林勘设计、木材采运、木材加工、木材综合利用、林产化学、林业教育、林业经济、标准化和林业方针政策等全部专业与科学。报道方式有文摘、题录、简介混合报道。年报道量近 7 000 条。

3. 著录与检索

《中国林业文摘》的类目依《中国图书资料分类法》进行设置。每年出 6 期。第 6 期为年度索引，包括分类索引、主题索引、著者索引、拉丁学名索引。

7.2.3.8 《中文核心期刊要目总览》

1. 出版发行

由北京大学图书馆和北京高校期刊工作研究会主持出版，收录除军事学以外的其他学科。收录文献范围为期刊。

2. 内容编排

《中文核心期刊要目总览》按《中图法》第四版将学科分成 7 个部分，分别是：哲学、社会学、政治、法律；经济；文化、教育；自然科学；医药、卫生；农业科学；工业技术。这 7 个部分共收录了 75 个学科的 1 571 种核心期刊。该书目录随各学科核心期刊的动态发展而相应变化调整。

《中文核心期刊要目总览》主要由序言、目次、正文、索引、附录等组成。序言部分简单介绍了该刊的编辑人员、顾问人员、文献计量方法、学科鉴定专家名单及使用方法等。正文是核心期刊表。附录包括专业期刊一览表、检索期刊一览表、中文版外文期刊一览表、核心期刊的刊名索引、刊名索引共 5 个部分，其中，后 2 个部分为辅助索引。

农业核心期刊表包括综合性农业科学类、肥料学与土壤学类、农业工程类、农学与农作物类、植物保护类、园艺类、林业类、畜牧与动物医学类、水产与渔业类等。

3. 检索途径

分类和刊名检索。

7.2.3.9 《中国文摘》

《中国文摘》系列主要提供分类检索和主题词检索，多数同时出版印刷版、光盘版和网络版。是中国检索刊物体系中的主体。根据 2000 年《全国报刊目录》提供的信息统计，2000 年，国内检索刊物总数 87 种，《中国文摘》通过全国邮局发行的有 36 个分册，占检索刊物总数的 41%，主要是中国医学文摘系列和中国农业文摘系列。

7.2.3.10 《中国社会科学学术论文文摘》

1996 年创刊，年刊，王义盛主编，社会科学文献出版社出版。每年分 4 卷册，近 20 000 篇学术文摘，120 万字，按《中国图书馆图书分类法》分类编排。

该刊囊括了全国社会科学院系统学术刊物的精华。学术思想新颖，内容短小精悍，论据条理明晰，从中可以获得大量的社会科学研究的最新信息和成果。

7.2.3.11　《全国高等院校社会科学学报（年度）总目录》

《全国高等院校社会科学学报（年度）总目录》收录了全国高等院校200多家社会科学学报发表的论文索引，按学科分类，附有学报名称及通信地址索引等，能够及时报道、揭示各高等院校学术研究成果与学科发展动态。

该目录由吉林大学社会科学学报编辑部编辑，吉林大学出版社出版，1981年为首版，出版了《全国高等院校社会科学学报1906—1949年总目录》《全国高等院校社会科学学报1950—1966年总目录》《全国高等院校社会科学学报1973—1976年总目录》《全国高等院校社会科学学报1977—1979年总目录》。从1980年起，每年出版一本。

7.2.3.12　《中国社会科学文献题录》

《中国社会科学文献题录》由中国社会科学院文献情报中心编辑，社会科学文献出版社出版，1985年创刊。按照学科内容，共分为《马克思主义哲学》（双月刊）、《社会科学总论》（季刊）、《政治法律》（双月刊）、《文化、科学、教育》（双月刊）、《经济》（月刊）、《文学、艺术》（月刊）、《历史·考古》（双月刊）和《语言》（季刊）8个分册，每个分册每期收录题录约2 000条。从1986年起，不再出版分册，每期分学科收录文献，双月刊。

该题录收录全国社会科学报刊内容，包括省、市、地区级公开发表和内部发行刊物上新发表的具有学术性、理论性和信息性的期刊论文及对社会科学有参考价值的资料。提供分类索引和主题索引。

7.2.3.13　《中国科学引文索引》

1995年创刊，中国科学院文献情报中心编辑出版。收录我国出版的中英文核心期刊。内容包括数学、力学、物理、化学、地理、天文、地球科学、生物、医药卫生、农林、工程技术、航空航天、环境科学以及综合科学等。

除了上述中国报刊检索工具外，国内报刊资料检索还可利用《人大复印报刊资料》（印刷版、光盘版、网络版）、《中国学术期刊全文数据库》（光盘版）、《中文科技期刊篇名数据库》《中文社会科学报刊篇名数据库》《人民日报索引》（印刷版、光盘版）《中国报刊信息》《精选报刊资料》等工具，还可通过《中国报刊联机服务中心》等检索系统查阅。

7.2.3.14　《全国西文连续出版物联合目录》

《全国西文连续出版物联合目录》是为了全国不同单位收藏的西文连续出版物能够被广大读者共享而编辑，它的目的是能让读者找到本单位没有收藏的原始文献。它收录了涉及全世界 100 多个国家和地区的 2 万多种连续出版物，涉及国内 700 多个收藏单位。文献类型有报纸、期刊、会议录等十几种文献。

《全国西文连续出版物联合目录》内容包括使用说明、目次、正文、辅助索引、附表等。使用说明包括正文排列顺序、著录项目与顺序、正文及年度等索引及附索引以外与本工具书相关的索引等内容。目录和正文按标题名字顺排列，辅助索引包括分类索引、缩略题名索引、题名关键词索引、中国图书进出口总公司的刊号等。附录部分的内容包括著录常用语表、著录用标点符号表、不排列顺序的首冠词表、几种文字的词表、文种代码表、世界各国和地区名称代码表、地区名称缩写表、文献类型代码表等。详细介绍了目录中涉及的各种符号的意义。

7.2.4　国内出版的外国文献检索工具

7.2.4.1　《外国学术名著精华辞典》

该辞典由林骧华主编，上海人民出版社 1989 年出版。共分 4 卷，选收了国外以人文科学和社会科学为主的学术名著，兼顾部分与自然科学互相渗透的名著共 1 500 种，提供学科分类和书名检索途径。

7.2.4.2　《国外经济文献索引》

1978 年创刊，半年刊。由中国社会科学院世界经济与政治研究所世界经济资料中心编辑，中国人民大学书报资料社出版，收录了美、法、德、日、俄、西班牙 6 国经济刊物中的有关各国经济研究资料。

7.2.4.3　《国外科技文摘》和《国外科技资料目录》

这 2 套检索工具是由各个部委的信息研究所根据本单位的外文资料的馆藏情况编辑、报道、出版的工具。例如由中国商业部信息所主编的《国外粮油科技文摘》，由电子工业部科技信息研究所主编的《国外电子科技文摘》等。国内出版的检索国外文献的工具主要提供分类检索和主题检索途径。

检索国内出版的国外文献的工具还有：中国社会科学院情报研究所编、中国社会科学出版社出版的《国外社会科学论文索引》；中国科学院图书馆编的《外文新书通报》和北京图书馆编的《外文新书通报》等。

7.2.5　农业科学检索工具

农业科学的检索工具很多，下面按照涉农综合类检索工具、农业类检索工具、农业机械与工程类检索工具、林业类检索工具、生物类检索工具、食品科学和工程类检索工具、农业经济与管理类检索工具、其他检索工具等分类。

7.2.5.1 涉农综合类检索工具（表 7-1）

表 7-1 涉农综合类检索工具

工具名称	出版发行情况	收录文献范围及类型	检索途径
中国学术会议文献通报	月刊，中国科技信息研究所等主办	所有学科 会议论文	分类途径
中国学位论文通报	双月刊，中国科技信息研究所主办	所有学科 学位论文	分类途径
科学技术研究成果公报	月刊，国家科委成果管理办公室	国内外各学科的科研成果 科技报告	分类途径
中国学术期刊文摘	月刊，中国科学技术协会主办	国内所有学科 科技论文、会议论文	分类途径 主题途径
全国报刊索引	月刊，上海图书馆主办	国内所有学科 报纸、期刊	分类途径 主题途径 题中人名途径
全国总书目	月刊，新闻出版署主办	国内所有学科 图书	分类途径

7.2.5.2 农业科技类检索工具（表 7-2）

表 7-2 农业科技类检索工具

工具名称	出版发行情况	收录文献范围及类型	检索途径
中文科技资料目录——农业	双月刊，中国农科院文献信息中心主办	国内外农学各科 期刊、专著、专利等	分类途径
国外科技资料目录——农业	月刊，中国农科院文献信息中心主办	国外农业科学文献 期刊、专著、专利等	分类途径
中国农业文摘	季刊，中国农科院文献信息中心主办	园艺、植保、土壤肥料、畜牧、兽医、粮食与经济作物 期刊、专著、专利等	主题途径 分类途径
国外农业文摘	双月刊，中国农科院文献信息中心主办	农业科学 期刊、专著、专利等	主题途径 分类途径
水稻文摘	双月刊，中国水稻研究所主办，1995 年停刊	国内外水稻科学文献 期刊、专著、会议论文、论文汇编、专利等	主题途径 分类途径
麦类文摘	双月刊，河南省农业科学院主办	国内外有关大小麦、黑麦、燕麦文献 期刊、会议论文、汇编论文、科技报告、技术标准、专利、学位论文、科技图书、未发表的论文	主题途径 分类途径
茶叶文摘	双月刊，中国农业科学院茶叶研究所主办	国内外茶叶文献 期刊、专著、会议论文、专利、科技报告等	分类途径 主题途径
蚕业文摘	季刊，中国农科院蚕业研究所主办	国内外蚕业学科文献 期刊、专著、会议论文、科技报告等	分类途径

（续表）

工具名称	出版发行情况	收录文献范围及类型	检索途径
食用菌文摘	季刊，上海农科院情报所主办	国内外信用菌文献 期刊、专著、会议论文、科技报告等	分类途径
水产文摘	月刊，中国水产科学院南海研究所主办	国内外水产资源、养殖、加工、环保设备等文献 期刊、专著、会议论文、科技报告等	分类途径
中国水产文摘	季刊，中国水产科学院信息所主办	国内水产资源、养殖、加工、利用、设备、经济、环保等文献 期刊、专著、会议论文、科技报告等	分类途径

7.2.5.3 农业机械工程类检索工具（表 7–3）

表 7–3 农业机械工程类检索工具

工具名称	出版发行情况	收录文献范围及类型	检索途径
农业机械文摘	双月刊，中国农业机械化科学研究院主办	国内外有关农业机械文献 期刊、专著、汇编论文、会议录、科技报告、技术标准和专利等	分类途径 主题途径
中国农业文摘——农业工程	季刊，中国农业大学主办	国内农业工程领域文献 期刊、专著、会议论文、科技报告、专利等	分类途径
中国机械工程文摘	月刊，机械工业信息研究院主办	收录机械工程学会、电子技术学会、自动化学会等十余个专业学会发表的论文，内容涉及机电产品的各个方面以及市场信息和企业管理等 研究报告、专题汇编论文、科技报告、会议论文、技术标准、专利	分类途径 主题途径
机械工程文摘	双月刊，中国科学技术情报编译委员会主办	国内外近期发表的有关工程机械文献 期刊、专著、标准、会议论文、专利、科技报告，语种包括中、英、日、俄、德、法、意等	分类途径 主题途径
纺织文献	双月刊，上海市纺织工业研究院主办	国内外有关纺织科学与技术文献 期刊、专著、会议论文、专利、科技报告等	分类途径 主题途径

7.2.5.4 林业科技类检索工具（表 7-4）

表 7-4 林业科技类检索工具

工具名称	出版发行情况	收录文献范围及类型	检索途径
中国林业文摘	双月刊，中国林业科学研究院主办	国内有关林业科学和技术文献 期刊、科技专著、汇编论文、科技报告、学位论文、会议论文、专利、会议资料等	分类途径
国外林业文摘	双月刊，中国林业科学研究院主办	国外有关林业科学文献 期刊、专著、会议论文、专利、科技报告等	分类途径
竹类文摘	半年刊，中国林业科学研究院主办	国内外有关竹子科学和技术文献 期刊、专著、会议论文、专利、科技报告、论文汇编等	分类途径
国外林产工业文摘	双月刊，中国林业科学研究院主办	国外林产工业文献 期刊、专著、会议论文、专利、科技报告等	分类途径

7.2.5.5 生物科技类检索工具（表 7-5）

表 7-5 生物科技类检索工具

工具名称	出版发行情况	收录文献范围及类型	检索途径
中国生物学文摘	月刊，中国科学院文献情报中心等联合主办	中国科技人员在国内外公开出版发行的有关生物学及相关学科的文献 期刊、专著、会议录等	分类途径 作者途径 主题途径
生物技术通报	月刊，中国农科院文献信息中心主办	国内外生物技术文献 期刊、专著、会议论文、专利、科技报告等	分类途径
古生物文摘	季刊，中国科学院文献情报中心等单位主办	国内外有关生物学文献 期刊、专著、汇编论文、科技报告、论文等	分类途径

7.2.5.6 食品科学类检索工具（表 7-6）

表 7-6 食品科学类检索工具

工具名称	出版发行情况	收录文献范围及类型	检索途径
食品文摘	月刊，北京市食品研究所主办	国内外有关食品行业法规、食品加工工艺及设备、行业动态、行业信息等文献内容 期刊、会议论文、科技报告、专利、标准、论文汇编	分类途径
中国科技资料目录——商业、粮油、供销	双月刊，商业部主办	国内食品科学与技术文献 期刊、会议论文、科技报告等	分类途径
国外科技资料目录——商业、粮油、供销	双月刊，商业部主办	国外食品科学与技术文献 期刊、会议论文、科技报告等	分类途径

7.2.5.7 农业经济类检索工具（表 7-7）

表 7-7 农业经济类检索工具

工具名称	出版发行情况	收录文献范围及类型	检索途径
经济管理文摘	半月刊，国家经济体制改革委员会主办	国家经济管理文献 期刊、会议论文、专著、科技报告、论文汇编等	分类途径
经济学文摘	月刊，国家经济学术团体联合会主办	国内经济学文献 期刊、会议论文、专著、科技报告、论文汇编等	分类途径
中国国土资源文摘	季刊，中国科学院主办	国内有关国土资源管理文献 期刊、科技报告、论文汇编等	分类途径 作者途径 地区途径 著者途径

7.2.5.8 涉农的其他类检索工具（表 7-8）

表 7-8 涉农的其他类检索工具

工具名称	出版发行情况	收录文献范围及类型	检索途径
环境科学文摘	双月刊，中国环境科学研究院主办	国内外有关环境科学与技术文献 期刊、专著、会议论文、专利、科技报告、政府出版物、论文汇编等	分类途径 主题途径
中国化工文摘	双月刊，化工部情报所主办	国内化工文献 期刊、专著、会议论文、专利、科技报告等	分类途径
中国无机分析化学文摘	季刊，北京矿冶研究院主办	国内各种化学分析方法等文献 会议论文、期刊、科技报告等	分类途径 分类途径
分析化学文摘	月刊，科技部西南信息中心主办	国内外有机无机化学、食品、药物、农业、环境等文献 会议论文、期刊、科技报告等	分类途径 主题途径
中国科技资料目录	季刊，中国农业科学院主办	国内食品科学与技术文献 会议论文、期刊、科技报告等	分类途径
国外科技资料目录	月刊，中国农业科学院主办	国外食品科学与技术文献 会议论文、期刊、科技报告等	分类途径
国外农药文摘	季刊，沈阳化工研究所主办	国外有关农药文献 期刊、会议论文、科技报告、专著、专利等	分类途径
中国药学文摘	月刊，国家药品监督管理局信息中心主办	国内有关药物文献 期刊、会议论文、科技报告、专著等	分类途径 主题途径 外文药名途径
国外地理文摘	季刊，中国科学院情报中心和地理科学情报网主办	国外有关地理科学文献 期刊、专著、会议录、论文集、科技报告等	分类途径 主题途径
中国物理文摘	双月刊，中国科学院情报中心和物理情报网主办	国外有关物理科学文献 期刊、会议论文、专著、科技报告等	分类途径 作者途径 主题途径

7.3 国内主要信息网络系统

在网络环境下，农业科技人员尤其农业信息服务人员，应了解国际、国内主要信息网络系统，熟悉涉农相关网站，并应用于工作、科研中。下面介绍几个国内主要的经济、科技和农业信息网络系统。

7.3.1 中国经济信息网（CEInet）

中国经济信息网（http：//www.cei.gov.cn），简称中经网，1996 年 12 月 3 日正式开通，是以提供经济信息为主要业务的专业性信息服务网站，由国家信息中心组建，主要提供宏观经济、行业经济、区域经济、法律法规等动态信息、统计数据和研究报告，为政府部门、金融机构、企业、研究机构及投资者把握经济发展动向、了解市场变化和政策导向、把握投资环境提供信息支持。网站数据日更新量达几百万汉字，覆盖宏观、金融、行业、区域、企业、国际、视频等多个频道，是国内互联网上最大的中文经济信息库，是监测和研究中国经济的权威网站群。中国经济信息网新主页如图 7-1，中国经济信息网旧版主页如图7-2。

图 7-1 中国经济信息网新版主页（http：//www.cei.gov.cn）

2005 年 1 月，中经网推出新主页，增补了全文检索功能。同年 5 月，中经

图 7-2 中国经济信息网旧版主页（http：//www. cei. gov. cn）

网与全球最大的经济信息公司 Global Insight（全球观察信息公司）达成合作协议，标志着中经网公司的信息服务业务开始全面走向国际市场。2006 年 10 月，中经网研发并推出了集数据库、模型库和工具库于一体的开放性决策支持平台——《宏观经济监测预测系统》。

中经网通过卫星广播、专线传送、在线浏览、E-mail、光（软）盘、信息定制、纸介期刊、纸介报告等方式为用户提供高质量的信息产品与服务。其中信息产品主要包括以下几种。

7. 3. 1. 1 基础数据库类

1. 文献与信息集成数据库

中经专网；中经网金融专版；中国权威经济论文库；中国环境保护数据库。

2. 经济统计数据库

中经网统计数据库；中经网产业数据库；世界经济月度库。

7. 3. 1. 2 经济研究报告

1. 行业经济

中国行业发展报告；行业监测月报；行业周报。

2. 区域经济

中国区域经济分析报告。

3. 金融、宏观经济

固定资产投资季报；宏观、金融专题研究报告；上市银行竞争力分析报告(季报)；宏观经济形势分析预测报告。

7.3.1.3　经济分析平台

包括宏观经济监测预测系统；中国区域经济监测评价系统；信贷评审支持平台；经济情报预警平台。

此外，中经网还有财经视频、移动互联网信息服务、电子期刊、财经指数、大型会议、客户定制服务等产品。

7.3.2　国务院发展研究中心信息网

国务院发展研究中心信息网（http：//www.drcnet.com.cn），简称“国研网”（图 7-3），由国务院发展研究中心主管、北京国研网信息有限公司承办，创建于 1998 年 3 月，是中国著名的专业性经济信息服务平台。

图 7-3　国研网主页

国研网以国务院发展研究中心丰富的信息资源和强大的专家阵容为依托，与海内外众多著名的经济研究机构和经济资讯提供商紧密合作，以“专业性、权威性、前瞻性、指导性和包容性”为原则，全面汇集、整合国内外经济金融领域的经济信息和研究成果，本着建设“精品数据库”的理念，以先进的网络技术和独到的专业视角，全力打造中国权威的经济研究、决策支持平台，为中国各级政府部门、研究机构和企业准确把握国内外宏观环境、经济金融运行特征、发展趋势、政策走向及进行管理决策、理论研究、微观操作提供有价值的参考。

国研网是大型经济信息数据库集群，内容丰富、检索便捷、功能齐全。信息数据库内容涵盖：①国务院发展研究中心 1985 年以来的研究成果；②国研网自主研发报告；③文献数据库：《国研视点》《宏观经济》《金融中国》《行业经济》《区域经济》《企业胜经》《高校参考》《基础教育》等六十几个文献类数据库；④统计数据库：《宏观经济》《对外贸易》《工业统计》《金融统计》《财政税收》《固定资产投资》《国有资产管理》等四十多个统计类数据库。

国研网针对党政、高校、金融、企业用户的需求特点开发了《党政版》《教育版》《金融版》《企业版》四个专版产品，并应市场需求变化推出了《世经版》以及《经济·管理案例库》《战略性新兴产业数据库》《文化产业数据库》《国务院发展研究中心行业景气监测平台》《中国电子商务数据库》等专业化产品。

国研网的数据库及信息产品赢得了政府、高校、金融机构、企业等社会各界的广泛赞誉，是这些用户在经济研究、管理决策过程中的重要辅助工具。

另外，国研网具有强大的检索中心，如图 7-4。网站提供 DRCNET 搜索和高级搜索两种检索途径，并设置了标题、关键词、作者、全文四种检索内容控制。

图 7-4 国研网检索平台

7.3.3 中国宏观经济信息网

中国宏观经济信息网（http：//www.macrochina.com.cn），简称中宏网，是

由国家发改委所属的中国宏观经济学会、中宏基金等机构共同发起的宏观经济信息专业网站，如图 7–5。中宏数据库包括 19 大类，分别是中国宏观经济形势库、中国经济发展战略与规划数据库、金融数据库、财政税收数据库、投资数据库、消费数据库、物价数据库、商业与物流数据库、对外经济与合作数据库、中国外资数据库、中国产业发展数据库、中国区域经济数据库、世界经济研析库、中国国家统计数据库、中国体制改革数据库、焦点数据库、中宏学术成果数据库、企业管理及经营战略数据库。19 个大数据库下分 74 个小类数据库。

图 7–5　中国宏观经济信息网首页

7.3.4 国家农业科学数据共享中心

7.3.4.1 国家农业科学数据共享中心简介

国家农业科学数据共享中心（http：//www.agridata.cn）是科技部首批认定的23个国家级科技平台之一。中心建设由中国农业科学院农业信息研究所主持，中国农业科学院部分专业研究所、中国水产科学研究院、中国热带农业科学院等单位参加。

该中心建设以满足国家和社会对农业科学数据共享服务需求为目的，依托于农业部门、数据源单位，通过集成、整合、引进、交换等方式汇集了国内外农业科技数据资源，并进行规范化加工处理，分类存储，形成了覆盖全国、联络世界、可提供快速共享服务的网络体系。

在该平台中，农业科学数据是指从事农业科技活动所产生的基本数据，以及按照不同需求而系统加工整理的数据产品和相关信息，是农业科技创新的重要基础资源。目前，国家农业科学数据共享中心已成为国内农业科学数据领域最大的资源中心，拥有500个数据库（集），覆盖了作物、动物、水产、热作、草地与草业、农业区划、农业资源与环境、农业微生物、农业生物技术与生物安全、食品工程与农业质量标准、农业信息与科技发展、农业科技基础等12大学科领域，并创造出作物遗传资源数据库、动物营养数据库、养殖与育种技术数据库、草地科学观测数据库、全国农业区划数据库等一批精品数据库。

该共享中心资源面向全国提供公益性服务，用户可以通过共享中心网站浏览、查询并免费下载所需数据（部分数据库需免费注册后使用）。截至2014年10月，共享中心资源总量达3 217.95 GB，总下载量达698.27GB，总访问量达1 448 632次，科研团体1 302个，专家学者36名，中外联盟18个，注册用户已达25 590人。

国家农业科学数据共享中心主页如图7-6。

7.3.4.2 国家农业科学数据共享中心数据资源

国家农业科学数据共享中心农业数据资源丰富，按照数据学科分为12大类，下分若干子类，按照中国图书分类法分为13大类，下分若干子类。具体数据资源情况如表7-9。

国家农业科学数据中心以中国农业科学院农业信息所为主中心，下设数据分中心，主要有作物科学数据分中心、动物科学和动物医学科技数据共享分中心、热带作物科学数据分中心、农业区划数据分中心、渔业与水产业科学数据分中心、农业科技基础数据分中心等，如图7-7。同时还设置了省级分中心，目前有广东省、湖南省、辽宁省、山西省、四川省、山东省、北京市、河北省、福建省、宁夏回族自治区和新疆维吾尔自治区数据服务中心。

图 7-6　国家农业科学数据共享中心主页

图 7-7　国家农业科学数据共享平台数据分中心

表 7-9 国家农业科学数据共享中心数据库分类统计表

序号	按学科分类		序号	中图数据分类	
	大类	子类		大类	子类
1	作物科学（31）	作物遗传资源数据库（12）作物育种数据库（6）作物栽培数据库（3）作物生理生化数据库（3）作物分子生物学数据库（3）作物生产数据库（4）	1	农业科学（546）	农学（农艺学）（28）农作物（39）植物保护（54）园艺（9）畜牧、动物医学、狩猎、蚕、蜂（224）农业科学研究、试验（0）农业科学技术现状与发展（17）水产、渔业（132）农业基础科学（29）农业工程（2）林业（12）
2	动物科学与动物医学（203）	动物资源与遗传育种数据库（30）中国饲料养分数据库（129）国际饲料养分数据库（0）动物营养需要数据库（19）动物医学数据库（10）动物科学基础数据库（15）	2	综合性图书（1）	百科全书、类书（1）
3	农业科技基础（27）	农业科技统计数据库（6）农业科技管理数据库（5）农业科技动态与发展数据库（3）农业科技专题数据库（8）农业科技信息资源导航库（5）	3	经济（37）	农业经济（36）经济计划与管理（0）世界各国经济概况、经济史、经济地理（1）
4	渔业与水产科学（132）	水域资源与生态特征数据库（6）渔业物种资源与生物基础数据库（19）渔业生产与经济管理数据库（62）渔业生物资源野外调查数据库（16）渔业生态环境野外调查数据库（29）	4	环境科学、安全科学（1）	灾害及其防治（1）
5	热带作物科学（36）	热带作物遗传资源数据库（6）热带作物育种数据库（3）热带作物栽培数据库（7）热带作物生物学数据库（3）热带作物基础数据库（17）	5	文化、科学、教育、体育（2）	信息与知识传播（2）
6	草地与草业科学（73）	草地数据库（17）牧草数据库（20）草地生产与经济数据库（14）草原区生态背景数据库（13）草业监测与管理数据库（9）	6	综合性图书（12）	图书目录、文摘、索引（12）
7	农业资源与环境科学（28）	全国灌溉试验数据库（4）全国数字土壤数据库（3）全国土壤肥料数据库（3）全国农田生态环境数据库（8）全国农业昆虫数据库（10）	7	生物科学（16）	动物学（4）普通生物学（0）植物学（9）生物工程学（生物技术）（3）
8	农业区划科学（39）	全国农业区划数据库（8）农业资源调查与评价数据库（10）农业土地利用数据库（9）农业区域规划与生产布局数据库（5）农业遥感监测数据库（7）	8	自然科学总论（1）	自然科学现状及发展（1）

（续表）

序号	按学科分类		序号	中图数据分类	
	大类	子类		大类	子类
9	农业微生物科学（24）	农作物病原真菌数据库（8）农作物病原细菌数据库（2）农作物病毒数据库（9）植物检疫性微生物数据库（3）生物防治微生物数据库（2）	9	历史、地理（2）	地理（2）
10	农业生物技术与生物安全（25）	植物基因组数据库（3）微生物基因组数据库（6）农作物转基因数据库（5）植物生物反应器数据库（3）生物安全数据库（8）	10	交通运输（1）	水路运输（1）
11	食品工程与农业质量标准（21）	农产品质量标准数据库（4）农产品质量检测数据库（4）农作物加工品质数据库（9）农产品加工工艺与设备数据库（1）农产品加工质量安全控制数据库（3）	11	政治、法律（1）	中国政治（1）
12	农业信息与科技发展（7）	全国粮食生产数据库（1）全国畜牧业生产数据库（1）全国农业信息基础设施数据库（1）全国农业经济统计数据库（2）国外农业生产统计数据库（2）	12	天文学、地球科学（7）	自然地理学（6）测绘学（1）
			13	工业技术（19）	水利工程（1）轻工业、手工业（18）

7.3.4.3　国家农业科学数据共享中心相关链接

国家农业科学数据共享平台网站提供了涉农的一些重要网站的链接，例如，国家微生物资源平台、国家农作物种质资源平台、国家林木种质资源平台、国家实验细胞资源共享平台、林业科学数据平台、国家科技图书文献中心、国家标准文献共享服务平台等，这些链接形成了一个知识系统，用户可以挖掘数据，为科研、生产提供智力支持。相关链接如图 7-8。

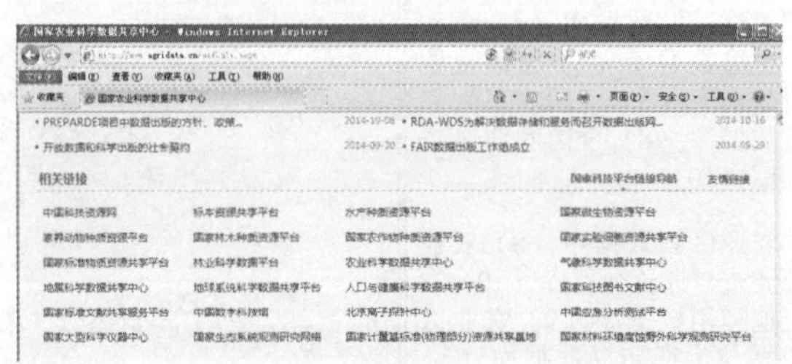

图 7-8　国家农业科学数据共享平台网站的相关链接

7.3.5　中国农业科技信息网

中国农业科技信息网（http：//www.cast.net.cn）是由中国农业科学院农业信息研究所主办的以提供农业科技文献资源为主的农业综合性网站。该网站主要有农业科技新闻、农业科学技术、科技信息资源、成果与专利数据库等。该网站还链接了一些农业网站，是用户了解、深入农业的门户（图 7-9）。

图 7-9　中国农业科技信息网主页

7.4 国内常用联机检索系统

科技人员和信息服务人员除就熟悉一些网络信息系统外，还应熟悉一些常用的可实现联机服务的检索系统，农业检索中常用的联机检索系统主要有中国高等教育文献保障系统（CALIS）和国家科技图书文献中心（NSTL）。

7.4.1 中国高等教育文献保障系统（CALIS）

7.4.1.1 CALIS 简介

中国高等教育文献保障系统（China Academic Library & Information System，简称 CALIS），是经国务院批准的我国高等教育“211 工程”“九五”“十五”总体规划中三个公共服务体系之一。其宗旨是在教育部的领导下，把国家的投资、现代图书馆理念、先进的技术手段、高校丰富的文献资源和人力资源整合起来，建设以中国高等教育数字图书馆为核心的教育文献联合保障体系，实现信息资源共建、共知、共享，以发挥最大的社会效益和经济效益，为中国的高等教育服务。

CALIS 主页网址：http：//www. calis. edu. cn，如图 7-10。

图 7-10 CALIS 的主页

CALIS 管理中心设在北京大学，下设了文理、工程、农学、医学 4 个全国文献信息服务中心，华东北、华东南、华中、华南、西北、西南、东北 7 个地区文献信息服务中心和一个东北地区国防文献信息服务中心。

从 1998 年开始建设以来，CALIS 管理中心引进和共建了一系列国内外文献数据库，包括大量的二次文献库和全文数据库；走独立开发与引用消化相结合的道路，主持研发了联机合作编目系统、文献传递与馆际互借系统、统一检索平台、资源注册与调度系统，形成了较为完整的 CALIS 文献信息服务网络。迄今参加 CALIS 项目建设和获取 CALIS 服务的成员馆已超过 500 家。

“十五”期间，国家继续支持“中国高等教育文献保障系统”公共服务体系二期建设。并将“中英文图书数字化国际合作计划”（简称 CADAL）列入该公共服务体系建设的重要组成部分，项目名称定为“中国高等教育文献保障体系——中国高等教育数字化图书馆（China Academic Digital Library & Information System，简称 CADLIS）”，由 CALIS 和 CADAL 两个专题项目组成。项目和总体目标明确为：在完善“九五”期间中国高等教育文献保障系统（CALIS）建设的基础上，到 2005 年底，初步建成具有国际先进水平的开放式中国高等教育数字图书馆。它将以系统化、数字化的学术信息资源为基础，以先进的数字图书馆技术为手段，建立包括文献获取环境、参考咨询环境、教学辅助环境、科研环境、培训环境和个性化服务环境在内的 6 大数字服务环境，为高等院校教学、科研和重点学科建设提供高效率、全方位的文献信息保障与服务，成为中国经济和社会发展的重要基础设施。

7.4.1.2　CALIS 联合目录公共检索系统（CALIS OPAC）

CALIS 联合目录公共检索系统（以下简称 OPAC）是教育部高等教育文献保障中心提供的全国高校系统的联机目录查询，数据范围为中外文普通图书、中外文期刊以及古籍图书。所有数据均采用 WEB 方式提供查询与浏览。OPAC 中的数据，按照语种分为中文、英文、日文、俄文 4 个数据库；按照文献类型划分，可分为图书、连续出版物、古籍。采用多库分类检索。默认的排序优先次序是：题名、相关度。该系统检索历史可保留用户发出的最后 10 个检索请求，用户关闭浏览器后，检索历史将清空。

该系统设置了多种显示格式，即检索结果可显示为详细文本格式、MARC 显示格式等多种格式。其中，详细文本格式对所有用户免费开放，MARC 显示格式只对 CALIS 联合目录成员馆开放，查看或下载 MARC 记录，均按照 CALIS 联合目录下载费用标准收取。

该系统有多种输出格式。对所有用户提供记录引文格式、简单文本格式、详细文本格式的输出。此外，对 CALIS 联合目录成员馆还提供 ISO 2709、

MARCXML、CALIS bookXML、MARC 列表的输出。提供 E-mail 与直接下载到本地两种输出方式。输出字符集提供常用的“GBK”“UTF-8”“UCS2”“MARC8”4 种。用户可根据自己的需要进行选择。另外，系统提供馆际互借功能。即 OPAC 系统提供用户直接发送请求到本馆的馆际互借网内，用户无需填写书目信息。该系统的收藏夹功能只对有权限的用户提供保存用户的检索式与记录列表、标注书签、添加和维护用户评论的功能，目前这些功能不对普通用户开放。另外，系统提供了对古籍数据提供四库分类的树型列表浏览的功能。

CALIS OPAC 的网址为：http：//opac. calis. edu. cn，如图 7-11 所示。

图 7-11　CALIS OPAC 主页

7. 4. 1. 3　CALIS 的数据检索

CALIS OPAC 的检索方式包括简单检索、高级检索、浏览检索。

1. 简单检索

如图 7-11，CALIS OPAC 的首页即简单检索界面。简单检索为用户提供了题名、责任者、主题、全文检索、分类号、所有标准号码、ISBN 和 ISSN 8 个检索字段，如图 7-12 所示。

在检索结果显示页（图 7-13），显示了文献的题名、作者、出版信息、馆藏

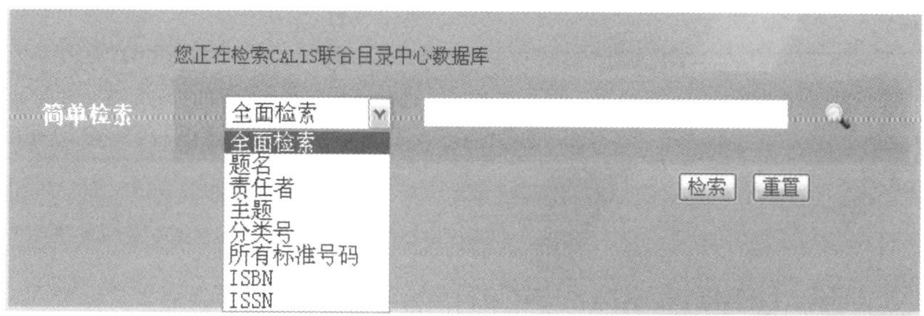

图 7-12 CALISOPAC 简单检索及其字段设置

信息等（图 7-13）。单击任一文献题名，都可进入该文献书目信息界面（图 7-14）。

图 7-13 CALIS OPAC 简单检索结果页面显示内容

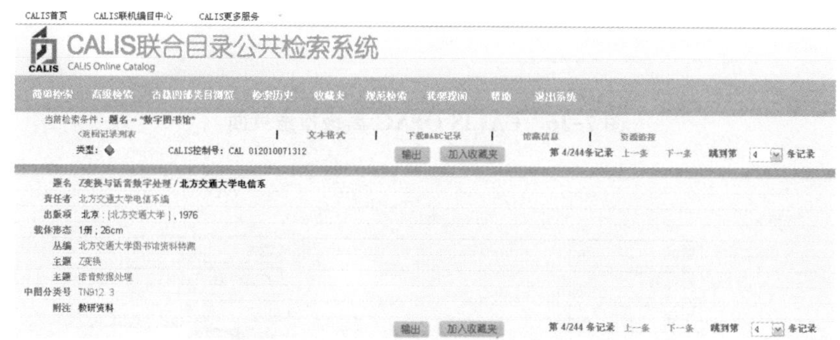

图 7-14 CALIS OPAC 提供的书目信息

用户可单击馆藏列中的“Y”按键查看馆藏地，馆藏信息界面，显示了“馆际互借信息”及“馆际互借申请提交流程”，用户可根据实际情况选择，如

图7-15。

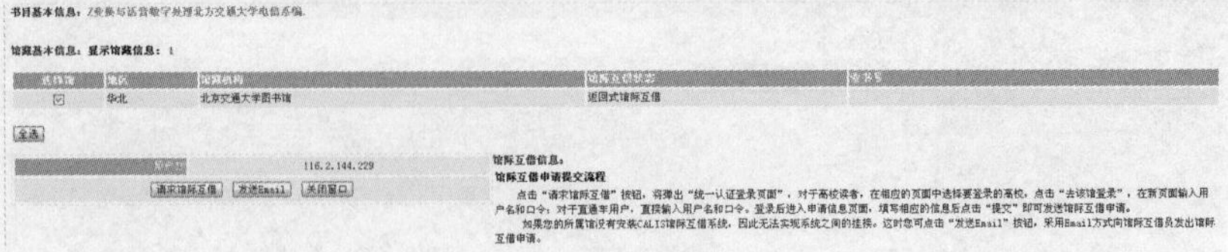

图 7-15　CALIS OPAC 具体书目的馆藏信息及馆际互借相关信息

2. 高级检索

CALIS OPAC 提供了高级检索途径，检索界面如图 7-16 所示。其中，检索内容控制项提供了题名、作者、主题等 16 个检索字段，允许检索词之间逻辑组配（与、或、非）。检索结果与检索词的匹配方式有前方一致、精确匹配、包含 3 种选项，如图 7-17。检索条件控制项包括内容特征（全部、统计资料、字典、词典、百科全书）、语种、出版时间、资源类型等。用户可根据需要设置调整。

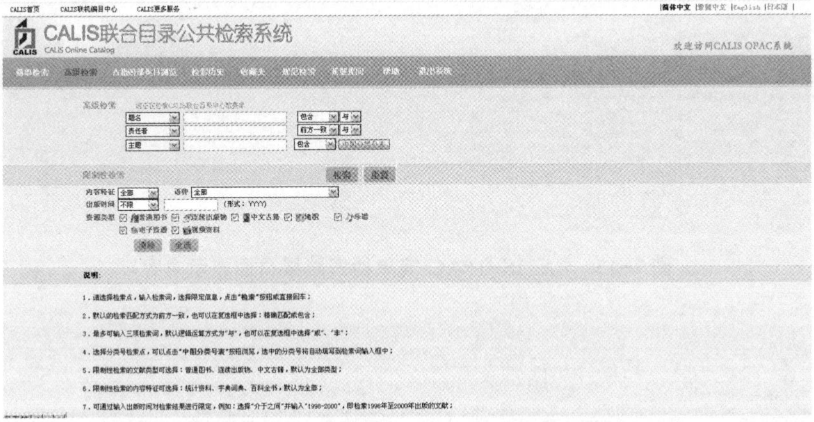

图 7-16　CALIS OPAC 高级检索页面

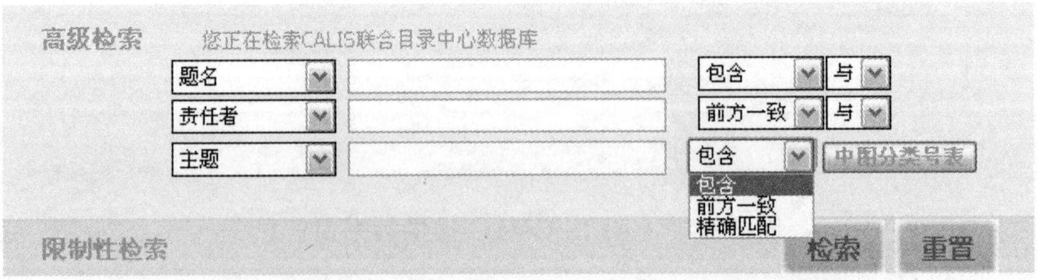

图 7-17　CALIS OPAC 高级检索——检索结果与检索词的匹配方式

3. 浏览检索

在 CALIS OPAC 首页点击“古籍四部类目浏览”标签，即可进入浏览检索界面，如图 7-18 所示。该检索方式为用户提供了 CALIS 联合目录中古籍数据列表浏览。浏览检索结果页面信息如图 7-19 所示。

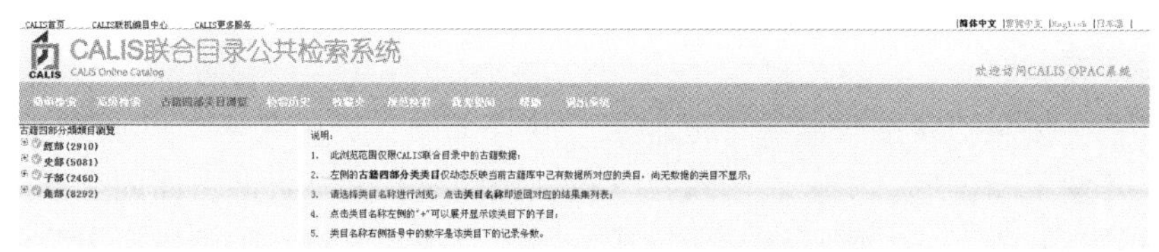

图 7-18　CALIS OPAC 浏览检索页面

图 7-19　CALIS OPAC 浏览检索结果页面

7.4.1.4　CALIS 的馆际互借与文献传递

CALIS 依托众多成员馆及其丰富馆藏，为用户提供馆际互借与文献传递。其中，CALIS 文献传递网提供以下服务：

（1）馆际借阅。提供本馆收藏的中文书和部分外文书的馆际互借服务，是返还式服务。

（2）文献传递。提供本馆收藏的期刊论文、学位论文、会议论文、科技报告、专利文献、电子全文库的相关内容等，此项服务为非返还式服务。

（3）特种文献、古籍、缩微品的服务。

（4）代查代借。由用户发出请求委托，帮助查询并索取国内外文献信息。

7.4.2　国家科技图书文献中心（NSTL）

7.4.2.1　NSTL 简介

国家科技图书文献中心（National Science and Technology Library，NSTL）于

2000年6月12日组建，是一个虚拟的科技文献信息服务机构，成员单位包括中国科学院文献情报中心、工程技术图书馆（中国科学技术信息研究所、机械工业信息研究院、冶金工业信息标准研究院、中国化工信息中心）、中国农业科学院图书馆、中国医学科学院图书馆。网上共建单位包括中国标准化研究院和中国计量科学研究院。中心设办公室，负责科技文献信息资源共建共享工作的组织、协调与管理。

该中心按照“统一采购、规范加工、联合上网、资源共享”的原则，采集、收藏、开发了涵盖理、工、农、医各学科领域的科技文献资源，面向全国开展科技文献信息服务。其发展目标是建设成为国内权威的科技文献信息资源收藏和服务中心；现代信息技术应用的示范区；同世界各国著名科技图书馆交流的窗口。

2000年12月26日，该中心开通了网络服务系统（网址为 http：//www.nstl.gov.cn）；2002年，中心对系统进行了改造升级。目前，该系统的网管中心与各成员单位之间已建成1 000 Mbps宽带光纤网，实现了与国家图书馆、中国教育网（CERNET）、中国科技网（CSTNET）、总装备部情报所的100Mbps光纤连接。系统功能在原有文献检索与原文提供的基础上，增加了联机公共目录查询、期刊目次浏览和专家咨询等新的服务。

国家科技图书文献中心主页如图7-20。

图7-20 国家科技图书文献中心主页

7.4.2.2 NSTL 文献资源

NSTL 文献资源主要包括印刷版文献资源和网络版文献资源两大类。

1. 印刷版文献资源

目前，NSTL 拥有印本外文文献 25 000 多种，其中，外文期刊 17 000 多种，外文会议录等 8 000 多种，居国内首位。NSTL 是我国收集外文印本科技文献资源最多并且面向全国提供服务的科技文献信息机构。NSTL 所订购和收集的文献信息资源绝大部分以文摘的方式，或者以其他方式在 NSTL 网络服务系统上加以报道，供用户通过检索或浏览的方式获取文献线索，进而获取文献全文加以利用。

2. 网络版全文文献资源

NSTL 网络版全文文献资源包括：NSTL 订购并面向中国大陆学术界用户开放的国外网络版期刊；NSTL 与中国科学院及 CALIS 等单位联合购买、面向中国大陆部分学术机构用户开放的国外网络版期刊和中文电子图书；网上开放获取期刊；NSTL 拟订购网络版期刊的试用；NSTL 研究报告等。

NSTL 文摘数据库资源情况如表 7-10。

表 7-10 NSTL 文献资源——文摘数据库（可请求原文）

文献类型	起始年	收录范围	更新周期
西文期刊	1995	13 000 多种学术期刊，年增论文百万余篇	每周更新
外文会议	1985	世界各地出版的学术会议论文，年增论文 20 余万篇	每周更新
国外科技报告	1978	主要收录美国政府研究报告，年增报告 2 万余篇	每月更新
日俄文期刊	2000	收录日俄文重要学术期刊分别为 1 266 种、479 种	
外文学位论文	2001	收录美国 ProQuest 公司博硕士论文资料库中的优秀博士论文	每年更新
国外标准	无	包含 ISO、IEC、英国（BS）、德国（DIN）、法国（NF）、日本（JIS）标准	
中文期刊	1989	收录国内出版的 4350 余种期刊	
中文会议	1980	国内召开的全国性学术会议论文，年增论文 4 万余篇	每月更新
中文学位论文	1984	我国高等院校的博士和硕士学位论文，年增论文 6 万余篇	每季更新
中国国家标准	无	包括强制性标准和推荐性标准	
计量检定规程	1972	计量检定规程、计量检定系统、技术规范及计量基准、副基准操作技术规范	
专 利	无	收录北京恒和顿创新科技有限公司提供的中国、美国、英国、法国、德国、瑞士、日本、欧洲专利局、世界知识产权组织等七国两组织专利文献	

7.4.2.3　NSTL 资源开通方式

1. 全国开通文献

NSTL 单独购买的国外网络版期刊，面向中国大陆学术界用户开放。用户为了科研、教学和学习目的，可少量下载和临时保存这些网络版期刊文章的书目、文摘或全文数据。

2. 部分单位开通文献

包括 NSTL 与其他单位合作购买的国外网络版期刊和北大方正中文电子图书两大类。

3. 开放获取期刊

NSTL 整理的可通过互联网免费获取全文的期刊资源，全国各界用户都可使用。

4. 试用期刊

NSTL 拟订购的国外网络版期刊，面向中国大陆学术界用户开放。

5. NSTL 研究报告

NSTL 针对一些部门的需求，组织有关单位开展情报调研，形成的研究报告供全国各界用户使用。

7.4.2.4　NSTL 服务

NSTL 的服务包括文献检索服务、引文检索、期刊浏览、全文获取、代查代借、参考咨询和预印本服务等。其中文献检索服务包括普通检索、高级检索、期刊检索、分类检索、非英语语种文献检索（图 7-21）。

图 7-21　NSTL 文献检索页面

1. 文献检索服务

（1）普通检索。普通检索适合大部分用户使用。直接在查询框中输入单个检索词或词组后按检索按钮即可在所选数据库的全部字段中检索。注意事项：

①NSTL 数据库的字段不完全相同，多库查询时所列出的字段是所选数据库共有的字段。查询框之间的逻辑关系可选择“与”“或”“非”和“异或”，也可以使用逻辑运算符 and、or、not 构造检索式。

②系统可在多个数据库中同时检索文献。数据库可以单选，也可以多选。NSTL 系统提供 3 大类共 21 个数据库供选择。

③查询条件设置包括查询范围、时间范围、查询方式和馆藏范围及全部，用户根据需要选择。

④查询方式包括模糊查询和精确查询两种，可根据检索目的进行选择。

⑤如果查询到的文献过多，可以在“文献查询结果”页面进行二次查询，提高查准率。

（2）高级检索。高级检索是为专业检索人员或熟悉检索技术的人员执行更为复杂的检索提供的一种检索方法。高级检索可以使用字段限定符、布尔运算符和截词符。

NSTL 高级检索提供了直接书写表达式检索和导航式检索，如图 7-22。

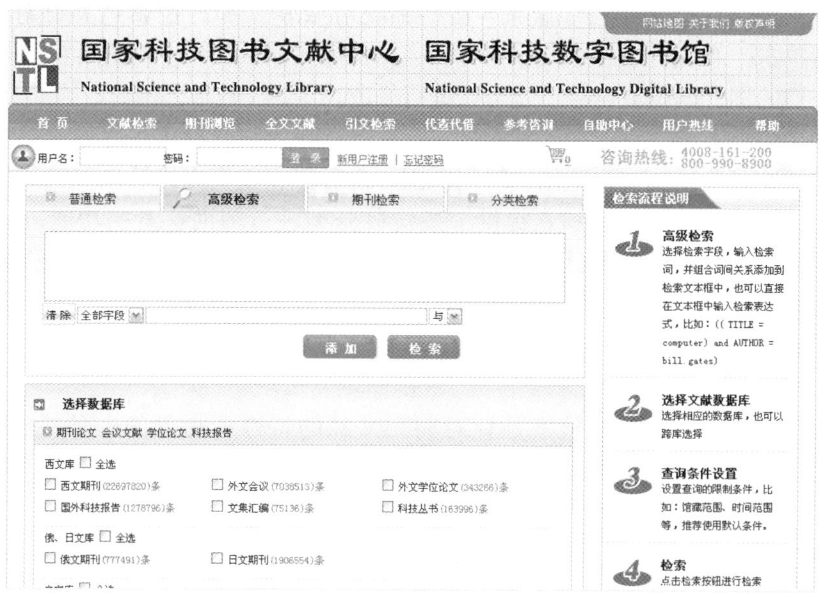

图 7-22 NSTL 文献高级检索页面

①数据库选择和查询条件设置。NSTL 高级检索中的数据库选择与查询条件设置同普通检索，如图 7-23。

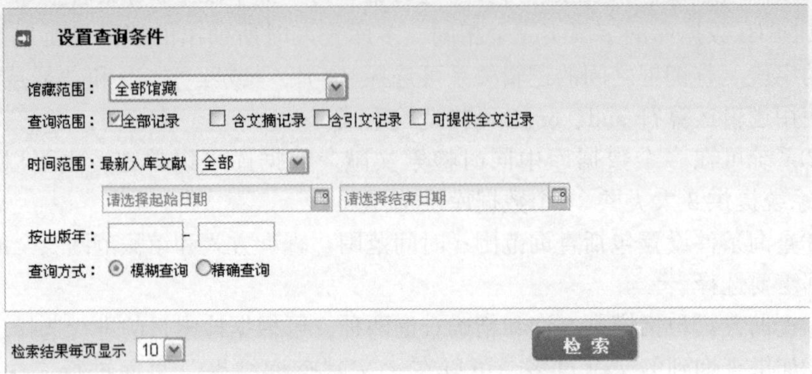

图 7-23　NSTL 导航式高级检索的检索条件设置

②构造查询表达式。如果用户能够熟练书写检索表达式，那么就选择直接在高级检索文本框内输入表达式，然后点击检索即可。查询表达式的编制可以利用系统提供的数据库、字段对照表和逻辑运算符对照表，再通过输入查询词和小括号“()”(半角符号)的限定，若不用“字段对照表”选择字段而直接输入查询内容，表示在全部字段中查询。在“字段对照表”和“逻辑运算符对照表”选中后单击，系统自动将字段标识符和运算符加入输入框中。用户可在“=”后输入查询的词、词组或符号，也可以进行修改。

如果用户不能熟练应用检索表达式，则可选择导航式检索，逐项设置查询条件，包括馆藏范围、查询范围、时间范围、出版年、查询方式等。

(3) 分类检索。分类检索提供了按学科分类进行辅助检索的功能。可以在系统提供的分类中选择类目，在选定的学科范围内检索文献。在一个学科类目下最多选择不超过 5 个子类别，若超过 5 个，查询时按大类查询。

检索界面提供的数据库选择、查询条件设置等检索方法与“普通检索”相同。

(4) 期刊检索。期刊检索是针对期刊文献的特性所提供的一种检索方法，提供对单一期刊的文献进行检索，同时也提供浏览所选期刊的目次信息。对于中文期刊，目前不提供此种检索方法。

选择期刊类型：外文期刊分为西文期刊、日文期刊、俄文期刊三类，可选择其中之一。

刊名选择：在当前选择的类型下通过浏览或查询的方法准确找到所需期刊。除了浏览方式外，还允许直接输入准确的刊名或 ISSN 号。

期刊检索的查询条件设置及检索方法同普通检索功能。

（5）非英语语种文献检索。非英语语种文献的查询方式与西文相同，可通过单个词、词组或布尔逻辑式进行查询。用户可选择日文或俄文库检索日文及俄文期刊论文，德、法文文献直接在西文库中检索。

2. 引文检索服务

国际科学引文数据库（Database of International Science Citation，简称 DISC）是国家科技图书文献中心投入建设的集文献发现、引文链接、原文传递为一体的服务系统。

DISC 以全球出版的 2 500 余种核心期刊作为来源期刊，覆盖自然科学、医学、工程技术各领域，在全国范围内为用户提供引文检索、原文传递服务。DISC 自 2006 年开始建设至 2014 年，引文数据已累积 4 800 余万条，并不断更新数据。

3. 代查代借服务

NSTL 面向注册用户提供各类型文献全文的委托复制服务，需收取少量服务费，用户填写“代查代借请求订单表”后，NSTL 的工作人员将根据申请表提供的文献线索及用户所限定的地域、时间与费用，依次在 NSTL 成员单位、国内其他文献信息机构和国外文献信息机构查找用户所需文献，并将查阅结果按用户需求反馈、传递给用户。

4. 参考咨询

NSTL 负责回答用户在查询利用科技文献过程中遇到的问题，包括图书馆馆藏、服务、规则、文献检索与利用等。

5. 重点领域信息门户

重点领域信息门户是 NSTL 组织建设的一个网络信息资源服务栏目。其目的是针对当前国内外普遍关注的重点领域或科技热点问题，搜集、遴选、描述和揭示互联网上与之相关的文献资源、新闻动态、重要机构、资助资金、科研项目、研究团队和科研活动等学术信息，提供内容浏览、专题定制和邮件自动推送等服务。帮助用户及时了解和掌握相关领域研究热点的科研发展态势。目前，提供服务的重点领域包括：食物与营养、水资源可持续利用、艾滋病预防与控制、纳米科技、认知科学、海洋生物技术、可再生能源、节水农业、农业立体污染防治。

6. 预印本服务

预印本（Preprint）是指科研工作者的研究成果还未在正式刊物发表，出于和同行交流的目的自愿通过邮寄或网络等方式传播的科研论文、科技报告等文献。与刊物发表的论文相比，预印本具有交流速度快、利于学术争鸣的特点。

预印本服务包括中国预印本中心和国外预印本门户（SINDAP）两个服务

栏目。

中国预印本中心主要向国内广大科技工作者提供预印本文献全文的上载、修改、检索、浏览等服务。同时，还提供他人对现有文献的评论功能。系统主要收录国内科研工作者自由提交的学术性论著，科技新闻和政策性文章等，非学术性内容不在收录范围之内。学科涉及自然科学、农业科学、医药卫生、工程技术、图书情报等。

国外预印本门户是 NSTL 建立的一个国际预印本门户网站，汇聚了世界知名的 17 个预印本系统，实现了国外预印本文献资源的一站式检索。用户输入的检索式，可同时在汇聚的所有预印本系统中进行检索，并可获得相应系统提供的预印本全文。目前，系统已累积约 70 万条预印本文献记录。

7.5 中国常用搜索引擎

7.5.1 搜索引擎概述

搜索引擎起源于 1990 年的 Archie。1994 年，华盛顿大学的学生 Brium Pinkerton 推出了互联网上第一个支持搜索文件全部文字的全文搜索引擎。同年，卡内基·梅隆大学的 Michacel Mauldin 创建了 Lycos，这是现代意义上最早的搜索引擎。

搜索引擎（Search Engine）是指根据一定的策略、运用特定的计算机程序搜集互联网上的信息，对信息组织和处理后，存储于一个可供查询的大型数据库中，最后为用户提供检索服务的系统。其实，搜索引擎就是一种用户检索网上资源时使用的工具，就是一种接受用户的检索命令，并向用户提供符合要求的网址链接的网站。

7.5.2 搜索引擎分类

随着搜索引擎技术和市场的不断发展，出现了多种不同类型的搜索引擎，如交互式搜索引擎、第三代搜索引擎、第四代搜索引擎、桌面搜索引擎、地址栏搜索引擎、个性化搜索引擎、专家型搜索引擎、购物搜索引擎、自然语言搜索引擎、新闻搜索引擎、MP3 搜索引擎、图片搜索引擎等等，种类繁多。

从搜索引擎的工作原理区分，搜索引擎可分以下 4 类。

7.5.2.1 目录搜索引擎

目录搜索引擎虽然有搜索功能，但严格意义上讲不能称为真正意义上的搜索引擎，只是按目录分类的网站列表而已。最具代表性的就是 Yahoo，国内的搜狐、新浪、网易分类目录搜索。该类搜索引擎是把互联网上资料服务器的地址收集起来，按其提供的不同资源类型分成不同的大类。每一个大类下又分若干二级目录、三级目录、四级目录等。每个目录下面列出属于这一目录的网站名称和网址链接。用户完全可以按照分类目录一层一层进入，最后找到所需要的信息，不需依靠关键词进行查询。

目录搜索引擎因为加入人工智能后，优点：信息准确、导航质量高，不会出现大量无关内容；缺点：需要人工介入、维护量大、信息量少、信息更新不及时，而目录之间的交叉又导致许多内容的重复。

7.5.2.2 全文搜索引擎

全文搜索引擎是名副其实的搜索引擎，是搜索引擎的主流，也是互联网上使用最广泛的搜索引擎。国外具有代表性的有 AltaVista、Lycos、Inktomi、Google，国内的有百度、天网。这种搜索引擎首先从互联网上提取各个网站的所有信息，根据搜索的信息建立网页数据库，然后在数据库中搜索与用户查询条件相匹配的记录，最后按一定的排列顺序返回结果。其搜索到的结果，通常是一个个网址和网址相关的一段文字，里面也许并没有用户在检索框中输入的检索词，但在反馈回来的内容中一定有输入的词组或与之相关的内容。

7.5.2.3 综合搜索引擎

综合搜索引擎是目录搜索引擎与全文搜索引擎相互融合渗透的一种搜索引擎形式。如 Google 原来是纯粹的全文搜索引擎，现在也提供目录搜索，而 Yahoo 这样的目录搜索引擎则通过与 Google 等搜索引擎合作扩大搜索范围。现在国内大多也是综合搜索引擎，如搜狐、网易、新浪、天网、北极星、搜索客、悠游、中国搜索、263 在线搜索引擎、21cn 搜索引擎、TOM 中文搜索、常青藤、焦点搜索引擎、看中国、中国导航等。

7.5.2.4 元搜索引擎

元搜索引擎（Meta Search Engine）并不像全文搜索引擎那样拥有自己的数据库。当用户提交搜索申请时，它通过对多个独立搜索引擎的整合和调用，按照元搜索引擎自己设定的规则将搜索结果进行取舍和排序并反馈给用户。从用户角度来看，利用元搜索引擎的优点在于可以同时获得多个源搜索引擎（Source Engine 即被元搜索引擎用来获取搜索结果的搜索引擎）的结果，但由于元搜索引擎在信息来源和技术方面都存在一定的限制，搜索结果并不理想，目前尽管有数以百计的搜索引擎，还没有一个能像 Google 等独立搜索引擎那样受到广泛认可的。这类搜索引擎的代表是 WebCrawler、InfoMarket 等。

7.5.3 几个常用的搜索引擎

目前，搜索引擎很多，但我们常用的搜索引擎主要有百度和谷歌等，各搜索引擎功能略有不同，但应用都大同小异。因谷歌于2010年退出中国大陆，所以下面重点介绍百度的功能及应用，同时简单介绍谷歌的功能，以便于了解。

7.5.3.1 百度（Baidu）

百度（http：//www. baidu. com，图7-24），2000年1月创立于北京中关村，是全球最大的中文搜索引擎。自进入中国互联网市场以来，百度依靠自身实力为主要中文门户提供先进的搜索引擎技术服务，为网民提供优秀的搜索引擎，目前已有新浪、搜狐、腾讯等多家大型网站采用百度引擎，并已有多家网站与百度搜索结合，使用户不必访问百度主页，也可以搜索信息。百度还提供WAP与PDA搜索服务，即使身边没有计算机，用户也可以通过手机或掌上电脑等无线平台进行百度搜索。

图7-24 百度主页

页面及检索功能介绍

百度首页界面友好，清晰，简单。页面中央是百度检索框，检索框上方是检索内容控制选项，包括“新闻”“网页”“贴吧”“知道”“音乐”“图片”“视频”等，用户可根据自己的需要选择。系统默认“网页”检索，是范围最广的检索。

（1）网页检索。网页检索是百度的主要检索服务，为百度默认的检索途径。网页检索分为一般检索和高级检索，与Google搜索引擎的网页检索方式相似。

百度在网页检索的检索结果页面中提供两个特色功能，即百度快照和相关搜索。

①百度快照功能。每个未被禁止搜索的网页，在百度上都会自动生成临时缓存页面，称之为“百度快照”。当用户遇到网站服务器故障或网络传输堵塞时，可以通过“百度快照”快速浏览页面内容。由于百度快照只会临时缓存网页的文本内容，所以一些图片、音乐等非文本信息和存储于原网页的信息，当原网页进行修改、删除、屏蔽时，百度搜索引擎会根据技术安排自动修改、删除、屏蔽相应的网页快照。

②相关搜索功能。百度系统提供了对检索结果的相关搜索功能，如图 7-25。提供与用户的搜索相似的一系列检索词和短语，标注在搜索结果页下方，并按搜索热门程度排序。如果搜索结果不能满足用户的需要，则可通过参考系统提供的“相关搜索”的搜索词获得启发，进一步检索以获得满意的信息。

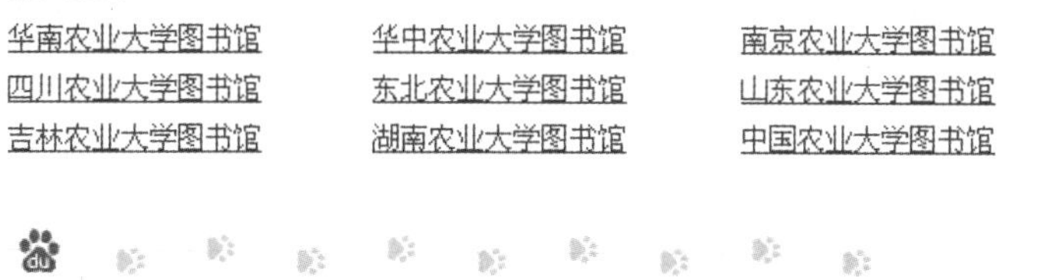

图 7-25 百度相关搜索页

（2）百度新闻。百度是最大的新闻搜索平台，时时发布新闻，日发布量 13 万条以上。百度新闻没有人工编辑因素，能够客观、完整地为用户推出新闻，真实地反映每时每刻的新闻热点。

百度新闻搜索页分为百家、互联网、国内、国际、财经、体育、房产、汽车等不同新闻板块，如图 7-26。

百度新闻系统能够自动计算每条新闻被转载、引用的次数，以此来体现每条新闻的关注度，并将转载和引用次数多的放入“焦点新闻”板块。

图 7-26　百度新闻搜索页

百度新闻检索分为一般检索和高级检索。一般检索的检索内容控制项分为新闻标题和新闻全文。用户根据需要选择即可。

百度新闻高级搜索有搜索内容控制项和搜索条件（主要是“时间”）控制项，并按照高级检索技术设计了关键词的逻辑关系控制项，用户可根据需要应用逻辑关系“与”“或”“非”来控制搜索。如图 7-27。其中“时间”搜索控制项是用来限定输出内容上传到网站的时间或日期，有两种时间限定方式。即全部时间和具体时间段。全部时间包括“全部时间”“最近 1 小时”“最近一天”“最近一周”“最近一月”“最近一年”等；具体时间段则需要设置起止时间。

另外，百度新闻高级搜索还有“搜索结果排序方式”“搜索结果显示条数”“新闻分类”“新闻源”等控制项。

（3）百度知道。百度知道是基于搜索的互动式的问答分享平台。即，用户可根据自身的需求，有针对性地提出问题，通过积分制鼓励其他用户提供问题答案；同时将答案作为搜索结果提供给其他有相关或者类似疑问的人，形成一个互动式的经验、知识与智慧分享平台。“百度知道”功能是百度搜索功能的补充。

7.5.3.2　谷歌（Google）

Google 是互联网上最大的搜索引擎。据统计，2003 年谷歌搜索占据了全球搜索引擎查询市场的 29.2%，成为名副其实的世界第一搜索引擎。谷歌有 100 多

图 7-27 百度新闻高级搜索条件控制

种语言的检索界面，支持35种语言的网络信息。2010年3月，谷歌公司宣布停止对谷歌中国搜索服务的过滤审查，并将搜索服务由中国大陆转到中国香港，网址为：http：//www. google. com. hk。

谷歌提供的搜索服务有：网页搜索、图片搜索、视频搜索、地图搜索、新闻搜索、购物搜索、博客搜索、学术搜索、财经搜索等等。其中的各项搜索服务均为用户提供了一般搜索和高级搜索路径。一般搜索只需在搜索框内输入要搜索的内容，然后点击“Google 搜索”即可。在各项检索页面，都提供了高级搜索入口，用户按照高级搜索控制条件进行搜索会更高效、准确。谷歌搜索主页上方，列出了搜索服务项目，单击即可进入该项搜索的检索页面（图 7-28）。

1. 网页搜索

谷歌默认的搜索是“网页搜索”。谷歌采用全文检索技术，关键词均来源于网页正文或链接的其他相关网页，查全率高。在搜索结果中，每个网址链接下面都提供有“网页快照”选项。谷歌将检索的网页都做了一番快照后放在自己的服务器上，即加快下载速度，又可使用户获得互联网上已经删除的网页。当搜索内容站点或网页不存在时，用户可以调用谷歌事先储存的大量应急网页，经谷歌处理后，用标题信息说明其存档日期时间，并提醒用户这只是存档资料。

2. 新闻搜索

谷歌提供了自动化的新闻服务。“Google 新闻”有多国家的版本，包括美国版、英国版、德国版、法国版、西班牙版、意大利版、新西兰版、印度版、澳洲版、韩国版、日本版、中国大陆版、中国台湾版、中国香港版等。谷歌新闻完全

图 7-28 谷歌（Google）搜索主页

由计算机算法决定，没有人工编辑参与，任何新闻都是公正客观没有偏见地报道。

谷歌新闻提供的搜索服务包含了过去 30 天内新闻网站上出现的新闻的存档。其输出结果可按新闻发生日期、新闻相关性分类排列。英语版中，有可以选择对应国家的选项。

自 2005 年 3 月开始，谷歌进行了网络新闻提供方式的重大革新，在“Google 新闻”中增加了“个性化设置 Google 新闻”功能，用户可以根据自己的喜好随意定义新闻，还可添加喜欢的新闻主题，更改页面新闻显示方式，更改偏好国家或地区的新闻设置等。将设置保存后，谷歌新闻会按用户需求提供新闻资讯。

3. 图片搜索

谷歌自称图片搜索是“互联网上最好的图片搜索工具”。系统会按用户提供的搜索词自动分析图片，包括图片内容及图片附带的文字、标题等，保证了输出图片与用户需求的匹配性。

4. 地图搜索

谷歌地图搜索功能提供各种地图服务，包括查询地址、搜索周边和规划路线等。谷歌地图已覆盖全球，是一款很好的导游工具，只要用户提供地址，谷歌就能找到，除了精确找到地址外，谷歌地图还提供如何到该处以及该处周边环境情况等。

5. 图书搜索

Google Book Search（图书搜索）工具可在搜索页面提供同图书内容出版商提供的书本内容的搜索结果、购买书本的网页和相关内容广告。对搜索到的图书，用户可以获得该图书的出版信息，还可根据授权情况，浏览、下载或者找到图书所在图书馆的链接等。

6. 翻译

Google 翻译提供文字翻译和网页翻译两项服务。需要强调的是，Google 网页翻译的功能是将一种语言的网站翻译成另一种语言的网站，但不对网站的内容和形式等进行修改。

7. 学术搜索

Google 学术搜索是目前影响最大的免费学术搜索引擎之一。搜索文献类型包括论文、书籍、技术报告等。所有学术资料来源于万方数据资源系统、维普资讯等数据库以及发表的学术期刊等。

Google 学术搜索提供三种检索方式，即标题检索、作者检索、关键词检索。其检索结果可提供标题、论文作者、出处、摘要、被引用次数、相关文章、网页搜索、图书馆搜索等相关信息。

用户若从检索结果中搜索寻找到感兴趣的论文信息，可直接点击其标题。虽然 Google 学术搜索承诺提供免费资料搜索，但它目前只能提供相关的学术文献数据库的检索服务。与其合作的万方数据资源系统、维普资讯等多种数据库并不提供免费的资源浏览和下载。用户只能从 Google 学术搜索的检索结果中进入相关数据库浏览某文献的名称、作者、摘要、关键词、参考文献等免费内容，无法浏览及下载全文。

8. 谷歌浏览器

Google Chrome，中文名为谷歌浏览器，是一个由 Google 公司开发的开放源代码网页浏览器。至 2012 年，谷歌 Chrome 全球市场份额达到 33.8%，位居市场第一。

7.5.3.3 雅虎（Yahoo）搜索引擎

雅虎（Yahoo）也是全球认知度较高的互联网品牌之一，有英、中、日、韩、法、德等 10 余种语言版本，是较有影响力的搜索引擎和门户网站，拥有 2.94 亿有效注册用户，每天 12 亿访问人次，覆盖全球网民的 61%；全球有 1 840 万业务采购决策者访问 Yahoo。

Yahoo 搜索引擎的应用与百度、谷歌相类似，在此不做详细介绍。

7.6 中国主要网络数据库及其检索方法

7.6.1 中国知网（CNKI）

7.6.1.1 中国知网简介

中国知识基础设施工程（China National Knowledge Infrastructure，CNKI 工程），是以实现全社会知识传播共享与增值利用为目标的国家信息化重点工程，被国家科技部等五部委确定为“国家级重点新产品重中之重”项目。1999 年 6 月，清华大学、清华同方发起建设。

CNKI 工程的具体目标：一是大规模集成整合知识信息资源，整体提高资源的综合和增值利用价值；二是建设知识资源互联网传播扩散与增值服务平台，为全社会提供资源共享、数字化学习、知识创新信息化条件；三是建设知识资源的深度开发利用平台，为社会各方面提供知识管理与知识服务的信息化手段；四是为知识资源生产出版部门创造互联网出版发行的市场环境与商业机制，大力促进文化出版事业、产业的现代化建设与跨越式发展。

在党和国家领导以及教育部、中宣部、科技部、新闻出版总署、国家版权局、国家计委的大力支持下，在全国学术界、教育界、出版界、图书情报界等社会各界的密切配合和清华大学的直接领导下，CNKI 工程集团经过多年努力，自主开发了数字图书馆技术，建成了世界上全文信息量规模最大的“CNKI 数字图书馆”，开发了《中国知识资源总库》及 CNKI 网络资源共享平台。中国知网成为集博士论文、硕士论文、会议论文、报纸、工具书、年鉴、专利、标准、国学、海外文献资源为一体的、具有国际领先水平的网络出版平台。中心网站的日更新文献量达 5 万篇以上。

中国知网主页（http：//www. cnki. net）如图 7-29 所示。

7.6.1.2 中国知网资源

中国知网数据资源丰富，资源类型包括期刊、报纸、博硕论文、会议、标准、成果、专利文献、工具书、年鉴等。资源全面，内容权威。建设有源数据库、特色资源库、行业知识库、国外资源库以及作品欣赏、指标索引等数据库群。其中，源数据库包括期刊、学位论文、会议、报纸等相关数据库；特色资源库包括年鉴统计类、工具书、专利、标准、古籍（国学宝典）、职业技能等相关数据库群等；行业知识库包括医药、农业、教育、城建、法律、党和国家大事等。中国知网资源总库情况、国内数据资源分类统计情况、知网数据资源情况见表 7-11、表 7-12、表 7-13。

学习贯彻习近平总书记系列讲话精神
学好用好《习近平总书记系列重要讲话读本》
坚定不移实施知网为创新型国家建设服务的发展战略
旧版入口 | 手机版 | English | 网站地图 | 帮助中心
您好，欢迎来到中国知网！ 登录 | 注册 | 充值中心 | 购买知网卡 | 首页
中国知网 cnki.net
文献 期刊 博硕士 会议 报纸 外文文献 年鉴 百科 词典 统计数据 专利 标准 更多>>
出版物检索
文献全部分类 全文 检索
资源总库
海量中外文献，一站式检索
国际文献总库
14,000多家国外出版社的文献
行业知识服务平台
面向行业网络的知识发现及共享平台
个人/机构数字图书馆
个性化定制及服务的全新资源应用方式
特色导航
期刊大全 | 会议 | 年鉴 | 工具书 | 报纸
博士学位授予单位 | 硕士学位授予单位
机构导航 | 基金 | 学科专业图书馆
学术网站大全
电子期刊
《基层农技推广》电子期刊
作者投稿服务
数字出版与合作
评价中心
作品欣赏
软件产品与服务
知识管理软件平台
腾云数字出版平台
知网动态
《商业特许经营管理条例》网上有奖调查问卷！
全国汽车工业从业人员免费体验活动！
MDPI加入CNKI，实现强强联手！
中国知网Pad客户端----个性彰显，全新体验！
全国中职院校教师免费数字阅读有奖征文！
全国律师数字阅读竞赛活动开始啦！
CNKI&数学，全国高校教师征文大赛！
中国党政系列专业期刊
公共管理 经济管理 法治政府 政党建设
马克思主义 政治学 社会管理 文化建设
中国高校系列专业期刊
政治 经济 马克思主义
法学 文学 教育·心理
历史 哲学 民族·人类
社会 传播 艺术
儒学研究 三农问题研究
网络出版合作单位服务
期刊协同采编系统 引文数据库
中国研究生网 中国学术会议网
期刊合作出版服务园地 中国工具书出版合作网
学术统计评价研究平台
中国科协学术文献数字图书馆
《中国博士学位论文全文数据库》出版预报
《中国优秀硕士学位论文全文数据库》出版预报
国家创新团队
专家学者 中国科学院院士 中国工程院院士
博士研究生导师 硕士研究生导师
全国专家学者
2014'
免费读好文 免费赢大奖！
8月15日 — 11月15日
全国律师数字阅读竞赛活动
数字化学习研究
CNKI Scholar
学习研究 CNKI E-learning（数字化学习与研究平台）
学者成果库 学者圈 科研项目
学术趋势搜索 互联网学术资源
学术研究热点 科研助手
全国高职高专院校招生计划分析系统
知识元 查工具书 规范术语 翻译助手
数字搜索 表格搜索 图形搜索
概念搜索 汉语大词典
中国林业科学数据检索
专题数字图书馆
“三新农”视频库 社区书屋
科普网络书屋 农业科技网络书屋
畜牧与动物医学网 中华预防医学会数字...
中国城建数字图书馆 企业研发项目服务平台
军营电子阅览室 国防科技知识服务平台
党的群众路线专题文库 清华干部培训课程视频
党政领导决策参考平台 党政系统文献资源网
中国党建期刊文献总库 高等职业院校知识
公众文化服务平台 公共特色文化建设平台
开发区创新知识服务... 山西省科普强企数字...
石油石化科技创新知... 中国企业经营管理知...
煤炭科技生产信息服... 中国电厂标准及技术...
电力科技创新知识服... 中国化工科技资源文...

图 7-29 中国知网主页

表 7-11 中国知网资源总库概览

大类	子类	数据库名称
源数据库	期刊	中国学术期刊网络出版总库
		中国学术辑刊全文数据库
	世纪期刊	商业评论数据库
		中国学术期刊网络出版总库_ 特刊
	学位论文	中国博士学位论文全文数据库
		中国优秀硕士学位论文全文数据库
	报纸	中国重要报纸全文数据库
	会议	中国重要会议论文全文数据库
		国际会议论文全文数据库
特色资源库	年鉴统计类	中国年鉴网络出版总库；中国经济社会发展统计数据库；中国经济信息文献数据库；中国法律知识资源总库法律法规库；中国科技项目创新成果鉴定意见数据库（知网版）
	工具书	中国工具书网络出版总库；汉语大词典 & 康熙字典（知网版）；商务印书馆·精品工具书数据库；智叟助教辅学平台新；中国工具书网络出版总库（中小学版）；中国工具书网络出版总库（少儿版）；公元集成教学图片数据库；建筑工程造价预算与规范数据库；“文革”期间中草药实用手册全文数据库；中国规范术语：全国科学技术名词审定委员会公布名词（免费）
	专利	中国专利全文数据库（知网版）
		海外专利摘要数据库（知网版）
	标准	国家标准全文数据库；国内外标准题录数据库；中国行业标准全文数据库
	古籍（国学宝典）	CNK 学术图片知识库；CNK 外观专利检索分析系统
行业知识库	职业技能	国家职业标准网络出版总库；职业技能视频资源总库；职业技能图书资源总库
	医药	人民军医出版社系列
	农业	“三新农”图书库；“三新农”视频库；“三新农”期刊库；现代农业产业技术一万个为什么；科普挂图资源库
	教育	中国高等教育期刊文献总库；中国基础教育文献资源总库
	城建	中国城市规划知识仓库；中国建筑知识仓库
	法律	中国法律知识资源总库；中国政报公报期刊文献总库
	党和国家大事	中国党建期刊文献总库；党政领导决策参考信息库
	国外资源	EBSCO ASRD-学术研发情报分析库；EBSCO BSC-全球产业（企业）案例分析库；EBSCO EPS-国际能源情报分析库；EBSCO MGC-军事政治情报分析库；DynaMed-循证医学数据库；Springer 期刊数据库；Taylor & Francis 期刊数据库；Wiley（期刊/图书）；Emerald 期刊；IOS 期刊数据库（知网版）；ProQuest 期刊；PubMed 期刊；IOP 期刊；美国数学学会期刊；英国皇家学会期刊；汉斯期刊；剑桥大学出版社期刊；Frontiers 系列期刊数据库；Academy 期刊；Annual Reviews 期刊；Bentham 期刊；伯克利电子期刊；Earthscan 期刊；Hart 出版社期刊

（续表）

大类	子类	数据库名称
行业知识库	作品欣赏	作品欣赏中国精品文化期刊文献库；中国精品文艺作品期刊文献库；中国精品科普期刊文献库
	指标索引	全国专家学者 机构 指数 概念知识元数据库 中国引文数据库 CNKI 翻译助手

表 7-12　中国知网国内数据资源分类统计

资源种类	各类文献数据库名称	文献出版来源	文献时间跨度
期刊	中国学术期刊网络出版总库	正式出版的 8 000 多种学术期刊	1915
	中国学术辑刊全文数据库	正式出版的 448 种学术辑刊	1979
博硕士学位论文	中国博士学位论文全文数据库	400 多 家博士培养单位	1984
	中国优秀硕士学位论文全文数据库	650 家硕士培养单位	1984
会议论文	中国重要会议论文全文数据库	全国 8564 家单位主办国际、国内学术会议	1953
报纸	中国重要报纸全文数据库	500 多种地市级以上报纸	2000
专利	中国专利全文数据库	国家知识产权局知识产权出版社	1985
标准	国家标准全文数据库	中国标准出版社	1950
	中国行业标准全文数据库	9 家行业版权单位	1950
	中国标准数据库	中国标准化研究院国家标准馆	1957
科技成果	中国科技项目创新成果鉴定意见数据库（知网版）	中国化工信息中心	1978
年鉴	中国年鉴网络出版总库	中国国内的中央、地方、行业和企业等各类年鉴	1912
	中国经济社会发展统计数据库	正式出版的 1 144 种 7 146 本统计年鉴	1949
图书	中国图书书目数据库	新中国成立以来最全的图书书目库	1949
工具书	中国工具书网络出版总库	5 000 多种百科词典、图谱、手册等工具书，1 500 万词条	1973
其他	国学宝典数据库	北京国学时代文化传播有限公司	先秦
	人民军医出版社系列数字出版产品	人民军医出版社	1985
	中国大百科全书全文数据库	中国大百科全书出版社	1978

表 7－13　中国知网数据资源情况一览表（来源于 2014 年 11 月 7 日网站数据）

序号	数据库名称	资源内容	资源数量	专辑（专题）	收录年限	特点	资源服务形式	出版情况
1	中国学术期刊网络出版总库平台	以学术、技术、政策指导、科普及教育类期刊为主，内容覆盖自然科学、工程技术、农业、哲学、医学、人文社会科学等各个领域	收录国内学术期刊 7 984 种，全文文献总量 42 042 233 篇	产品分为十大专辑：基础科学、工程科技Ⅰ、工程科技Ⅱ、农业科技、医药卫生科技、哲学与人文科学、社会科学Ⅰ、社会科学Ⅱ、信息科技、经济与管理科学。十大专辑下分 168 个专题	自 1915 年至今出版的期刊，部分期刊回溯至创刊	1. 提供了快速检索、标准检索、专业检索、作者发文检索、科研基金检索、句子检索、来源期刊检索； 2. 平台首页和检索结果页均提供“文献检索”与“期刊导航”菜单，方便用户检索； 3. 提供以节点文献为中心的知网节功能		
2	中国优秀硕士学位论文全文数据库	覆盖基础科学、工程技术、农业、哲学、医学、哲学、人文、社会科学等各个领域	收录来自 654 家培养单位的优秀硕士学位论文2 133 779 篇	产品分为十大专辑：基础科学、工程科技Ⅰ、工程科技Ⅱ、农业科技、医药卫生科技、哲学与人文科学、社会科学Ⅰ、社会科学Ⅱ、信息科技、经济与管理科学。十大专辑下分为 168 个专题	从 1984 年至今的硕士学位论文	收录 985、211 高校、中国科学院、社会科学院等重点院校高校和重要特色学科的优秀硕士论文		
3	中国博士学位论文全文数据库（简称 CDFD）	覆盖基础科学、工程技术、农业、医学、哲学、人文、社会科学等各个领域	收录来自 418 家培养单位的博士学位论文 241 870篇	产品分为十大专辑：基础科学、工程科技Ⅰ、工程科技Ⅱ、农业科技、医药卫生科技、哲学与人文科学、社会科学Ⅰ、社会科学Ⅱ、信息科技、经济与管理科学。十大专辑下分为 168 个专题	从 1984 年至今的博士学位论文	收录全国 985、211 工程等重点高校，中国科学院、社会科学院等研究院所的博士学位论文		
4	中国重要会议论文全文数据库	重点收录 1999 年以来，中国科协、社科联系统及省级以上的学会、协会，高校、科研机构，政府机关等举办的重要会议上发表的文献。其中，全国性会议文献超过总量的 80%，部分连续召开的重要会议论文回溯至 1953 年	已收录出版 14 439 次国内重要会议投稿的论文，累积文献总量 1 727 514 篇	专辑专题：产品分为十大专辑：基础科学、工程科技Ⅰ、工程科技Ⅱ、农业科技、医药卫生科技、哲学与人文科学、社会科学Ⅰ、社会科学Ⅱ、信息科技、经济与管理科学。十大专辑下分为 168 个专题	自 1953 年至今的会议论文集	1. 提供了快速检索、标准检索、专业检索、作者发文检索、科研基金检索、句子检索、来源会议检索； 2. 自行编制了会议论文行业分类和党政分类； 3. 平台首页和检索结果页都提供了“文献检索”“会议导航”和“主办单位导航”三个通用菜单，方便用户检索； 4. 提供以节点文献为中心的知网节功能		

（续表）

序号	数据库名称	资源内容	资源数量	专辑（专题）	收录年限	特点	资源服务形式	出版情况
5	国际会议论文全文数据库	1999 年以来中国科协系统及其他重要会议主办单位举办的在国内召开的国际会议上发表的文献	目前，已收录出版国际学术会议论文集 4 478 本，累积文献总量 505 533篇	产品分为十大专辑：基础科学、工程科技Ⅰ、工程科技Ⅱ、农业科技、医药卫生科技、哲学与人文科学、社会科学Ⅰ、社会科学Ⅱ、信息科技、经济与管理科学。十大专辑下分为 168 个专题	自 1981 年至今的国际会议论文集	重点收录 1999 年以来，中国科协系统及其他重要会议主办单位举办的在国内召开的国际会议上发表的文献，部分重点会议文献回溯至 1981 年		
6	国内重要报纸全文数据库	国内公开发行的 500 多种重要报纸。	至 2012 年 10 月，累积报纸全文文献 1 000 多万篇	产品分为十大专辑：基础科学、工程科技Ⅰ、工程科技Ⅱ、农业科技、医药卫生科技、哲学与人文科学、社会科学Ⅰ、社会科学Ⅱ、信息科技、经济与管理科学。十大专辑下分为 168 个专题文献数据库和近3 600个子栏目	2000 年至今	收录 2000 年以来中国国内重要报纸刊载的学术性、资料性文献的连续动态更新的数据库	WEB 版（网上包库）、镜像站版、光盘版、流量计费	1. 日出版：中心网站版、网络镜像版，每个工作日出版，法定节假日除外。2. 月出版：网络镜像版、光盘版，每月 10 日出版。由《中国学术期刊（光盘版）》电子杂志社有限公司
7	中国学术辑刊全文数据库	高等院校和科研院所的期刊	《中国学术辑刊全文数据库》共收录国内出版的重要学术辑刊 463 种，累积文献总量 156 808篇	产品分为十大专辑：基础科学、工程科技Ⅰ、工程科技Ⅱ、农业科技、医药卫生科技、哲学与人文科学、社会科学Ⅰ、社会科学Ⅱ、信息科技、经济与管理科学。十大专辑下分为 168 个专题	自 1979 年至今出版的论文集	辑刊的编辑单位多为高等院校和科研院所。编者的学术素养高，论文质量好、专业特色强。辑刊具有较强的学术辐射力和带动效应		

中国知网出版的学术资源覆盖自然科学、工程技术、哲学与人文社会科学各学科领域。涵盖了基础研究、应用基础研究、技术研究、技术开发、高级科普、科研政策研究等。资源类型包括了学术期刊、学位论文、会议论文、报纸文献、工具书、专利说明书、标准、年鉴、图书、古籍、网络出版物、开放存取资源和科技报告；并提供了成果、科研项目、会议、学术机构、学者、科学数据、出土文物、第一手研究材料等相关信息；提供了丰富的视频、动画、图片、音频等多媒体类资源库，如表 7-14。

表 7-14 中国知网学术资源出版情况统计表

文献类别	资源内容
文献出版物	学术期刊、学位论文、会议论文、报纸文献、工具书、专利说明书、标准、年鉴、图书、古籍、网络出版物、开放存取资源、科技报告
信息类	成果信息、科研项目、会议信息 、学术机构、学者信息、科学数据、出土文物、第一手研究材料
知识元	新概念 、学术趋势、学术定义、数字搜索、图形搜索、表格搜索、大众主题
多媒体类	视频资源库　动画资源库　图片资源库　音频资源库

1. 中国学术期刊网络出版总库

中国学术期刊网络出版总库是世界上最大的连续动态更新的中国学术期刊全文数据库，是“十一五”国家重大网络出版工程的子项目，是《国家“十一五”时期文化发展规划纲要》中国家“知识资源数据库”出版工程的重要组成部分。

中国学术期刊网络出版总库系统平台如图 7-30。

（1）出版内容。以学术、技术、政策指导、高等科普及教育类期刊为主，内容覆盖自然科学、工程技术、农业、哲学、医学、人文社会科学等各个领域。收录国内学术期刊 7 984 种，全文文献总量 42 042 233 篇。

（2）专辑专题。产品分为十大专辑：基础科学、工程科技Ⅰ、工程科技Ⅱ、农业科技、医药卫生科技、哲学与人文科学、社会科学Ⅰ、社会科学Ⅱ、信息科技、经济与管理科学。十大专辑下分为 168 个专题。

（3）收录年限。自 1915 年至今出版的期刊，部分期刊回溯至创刊。

（4）产品形式。WEB 版（网上包库）、镜像站版、光盘版、流量计费。

（5）出版。网络镜像版和光盘版，每月 10 日出版。由《中国学术期刊（光盘版）》电子杂志社有限公司出版。

（6）特点。

①提供了快速检索、标准检索、专业检索、作者发文检索、科研基金检索、句子检索、来源期刊检索七种面向不同需要的检索方式。

②提供了输入检索控制条件→检索内容条件→检索结果分组筛选“三步骤”

图 7-30 中国知网资源总库

的标准检索模式。

③平台首页和检索结果页均提供“文献检索”与“期刊导航”菜单，方便用户检索。

④通过知网节功能，提供以节点文献为中心的知识网络，可以看到所引用参考文献的记录、被引用情况及相关文献的记录。

2. 中国优秀硕士学位论文全文数据库

《中国优秀硕士学位论文全文数据库》简称 CMFD，是国内内容全、质量高、出版周期短、数据规范、实用的硕士学位论文全文数据库。

（1）出版内容。覆盖基础科学、工程技术、农业、哲学、医学、哲学、人文、社会科学等各个领域。目前，收录来自 654 家培养单位的优秀硕士学位论文

2 133 779 篇。

（2）资源特色。重点收录 985、211 高校、中国科学院、社会科学院等重点院校的优秀硕士论文、重要特色学科如通信、军事学、中医药等专业的优秀硕士论文。

（3）专辑专题。产品分为十大专辑：基础科学、工程科技Ⅰ、工程科技Ⅱ、农业科技、医药卫生科技、哲学与人文科学、社会科学Ⅰ、社会科学Ⅱ、信息科技、经济与管理科学。十大专辑下分为 168 个专题。

（4）收录年限。从 1984 年至今的硕士学位论文。

（5）产品形式。WEB 版（网上包库）、镜像站版、光盘版、流量计费。

（6）出版。中心网站版、网络镜像版每工作日出版；镜像版、光盘版每月 10 日出版。由《中国学术期刊（光盘版）》电子杂志社有限公司出版。

3. 中国博士学位论文全文数据库（简称 CDFD）

（1）出版内容。覆盖基础科学、工程技术、农业、医学、哲学、人文、社会科学等各个领域。目前，收录来自 418 家培养单位的博士学位论文 241 870 篇。

（2）资源特色。收录全国 985、211 工程等重点高校，中国科学院、社会科学院等研究院所的博士学位论文。

（3）专辑专题。产品分为十大专辑：基础科学、工程科技Ⅰ、工程科技Ⅱ、农业科技、医药卫生科技、哲学与人文科学、社会科学Ⅰ、社会科学Ⅱ、信息科技、经济与管理科学。十大专辑下分为 168 个专题。

（4）收录年限。从 1984 年至今的博士学位论文。

（5）产品形式。WEB 版（网上包库）、镜像站版、光盘版、流量计费。

（6）出版时间。中心网站版、网络镜像版每个工作日出版；网络镜像版、光盘版每月 10 日出版。

4. 中国重要会议论文全文数据库

《中国重要会议论文全文数据库》收录了国内重要会议主办单位或论文汇编单位书面授权，投稿到“中国知网”进行数字出版的会议论文，是《中国学术期刊（光盘版）》电子杂志社编辑出版的国家级连续电子出版物。

（1）资源特色。重点收录 1999 年以来，中国科协、社科联系统及省级以上的学会、协会，高校、科研机构，政府机关等举办的重要会议上发表的文献。其中，全国性会议文献超过总量的 80%，部分连续召开的重要会议论文回溯至 1953 年。

（2）出版内容。目前，已收录出版 14 439 次国内重要会议投稿的论文，累积文献总量 1 727 514 篇。

专辑专题：产品分为十大专辑：基础科学、工程科技Ⅰ、工程科技Ⅱ、农业科技、医药卫生科技、哲学与人文科学、社会科学Ⅰ、社会科学Ⅱ、信息科技、经济与管理科学。十大专辑下分为168个专题。

（3）收录年限。自1953年至今的会议论文集。

（4）产品形式。WEB版（网上包库）、镜像站版、流量计费。

（5）出版时间。中心网站版、网络镜像版，每个工作日出版；网络镜像版、光盘版，每月10日出版。

（6）特点。

①根据会议论文检索的需求，提供了快速检索、标准检索、专业检索、作者发文检索、科研基金检索、句子检索、来源会议检索七种面向不同需要的检索方式。

②提供了输入检索控制条件→检索内容条件→检索结果分组筛选“三步骤”的标准检索模式。

③根据会议论文的特点，在168个专题文献分类的基础上，又参照《国民经济行业分类与代码 GB/T 4754—2002》，自行编制了行业分类和党政分类，用户可以根据不同需求选择相应分类进行检索。另外，还在平台首页和检索结果页都提供了“文献检索”“会议导航”和“主办单位导航”三个通用菜单，方便用户检索。

④通过知网节功能，提供以节点文献为中心的知识网络，可以看到所引用参考文献的记录、被引用情况及相关文献的记录。

5. 国际会议论文全文数据库

《国际会议论文全文数据库》的文献是由国内外会议主办单位或论文汇编单位书面授权并推荐出版的重要国际会议论文，是由《中国学术期刊（光盘版）》电子杂志社编辑出版的国家级连续电子出版物专辑。

（1）资源特色。重点收录1999年以来，中国科协系统及其他重要会议主办单位举办的在国内召开的国际会议上发表的文献，部分重点会议文献回溯至1981年。

（2）出版内容。目前，已收录出版国际学术会议论文集4 478本，累积文献总量505 533篇。

（3）专辑专题。产品分为十大专辑：基础科学、工程科技Ⅰ、工程科技Ⅱ、农业科技、医药卫生科技、哲学与人文科学、社会科学Ⅰ、社会科学Ⅱ、信息科技、经济与管理科学。十大专辑下分为168个专题。

（4）收录年限。自1981年至今的国际会议论文集。

（5）产品形式。WEB版（网上包库）、镜像站版、光盘版、流量计费。

（6）出版时间。中心网站版、网络镜像版，每个工作日出版；网络镜像版、光盘版每月 10 日出版。

6. 国内重要报纸全文数据库

（1）收录范围。收录 2000 年以来中国国内重要报纸刊载的学术性、资料性文献的连续动态更新的数据库。至 2012 年 10 月，累积报纸全文文献 1 000 多万篇。

（2）文献来源。国内公开发行的 500 多种重要报纸。

（3）专辑专题。产品分为十大专辑：基础科学、工程科技Ⅰ、工程科技Ⅱ、农业科技、医药卫生科技、哲学与人文科学、社会科学Ⅰ、社会科学Ⅱ、信息科技、经济与管理科学。十大专辑下分为 168 个专题文献数据库和近 3 600 个子栏目。

（4）收录年限。2000 年至今。

（5）产品形式。WEB 版（网上包库）、镜像站版、光盘版、流量计费。

（6）出版时间。中心网站版、网络镜像版每工作日出版；镜像版、光盘版每月 10 日出版。由《中国学术期刊（光盘版）》电子杂志社有限公司出版。

7. 中国学术辑刊全文数据库

辑刊是指由学术机构定期或不定期出版的成套论文集。《中国学术辑刊全文数据库》是目前国内唯一的学术辑刊全文数据库。

（1）资源特色。辑刊的编辑单位多为高等院校和科研院所。编者的学术素养高，论文质量好、专业特色强。辑刊具有较强的学术辐射力和带动效应。

（2）出版内容。《中国学术辑刊全文数据库》共收录国内出版的重要学术辑刊 463 种，累积文献总量 156 808 篇。

（3）专辑专题。产品分为十大专辑：基础科学、工程科技Ⅰ、工程科技Ⅱ、农业科技、医药卫生科技、哲学与人文科学、社会科学Ⅰ、社会科学Ⅱ、信息科技、经济与管理科学。十大专辑下分为 168 个专题。

（4）收录年限。自 1979 年至今出版的论文集。

（5）产品形式。WEB 版（网上包库）、镜像站版、流量计费。

（6）出版时间。中心网站版、网络镜像版每工作日出版；镜像版、光盘版每月 10 日出版。由《中国学术期刊（光盘版）》电子杂志社有限公司出版。

此外，还有世纪期刊、商业评论数据库等。

7.6.1.3 中国知网服务

中国知网实行一站式知识服务：即在同一地点或同一门户网站，通过有效的技术支持和知识共享服务对知识进行全面获取、收集、分析、重组、定制、挖掘和传递，为用户提供科学、系统、全面、高效的问题解决方案。如图 7-31。

另外，中国知网在目标文献的挖掘与增值利用方面独具特色，即“知网节”

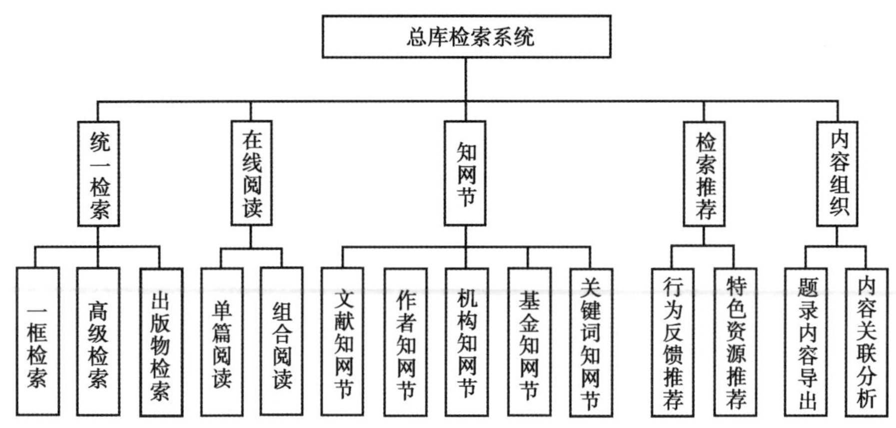

图 7-31 中国知网一站式知识服务

服务。

在检索结果页面上点击每一文献题名，可进入当前篇名文献的知网节。提供单篇文献的详细信息和扩展信息浏览的页面被称为“知网节”。其贡献表现为：既包含单篇文献的详细信息（题名、作者、机构、来源、时间、摘要等），也包括各种扩展信息的入口汇集点引用文献、相关文献、共引文献等。这些扩展信息通过概念相关、事实相关等方法提示知识之间的关联关系，达到知识扩展的目的，有助于新知识的学习和发现，有利于打破数据库限制，获得跨库检索效果；有利于挖掘资源内在联系，体现知识发展脉络；有利于整合文献资源，实现信息增值利用。

1. CNKI 服务系统与平台

（1）CNKI 数字图书馆。CNKI 数字图书馆（图 7-32）是清华同方数据的特色产品和特色服务，推进了我国个人数字图书馆建设和机构数字图书馆建设，开创了数字图书馆的先河。CNKI 数字图书馆的重要贡献是其知识服务和产品增值服务，其个人馆个人读者 1 200 万，机构馆用户 2 400 个，服务栏目 120 个。

①个人数字图书馆。个人数字图书馆开创了个人使用数字资源的新局面。个人用户可按需订制数据资源、服务平台，按需进行功能选择，按需配置显示模板和显示方式，为用户提供个性化、交互式学习研究的空间。

在资源方面，平台支持对数据库专辑、学科专业、整刊资源以及各种类型单篇文献的定制，使用户可以按不同需要定制网络出版总库的资源，在个人数字图书馆中建构个性化资源馆。

个人馆可以帮助用户做到：a. 按文献检索式跟踪研究主题的最新发文学者

图 7-32　CNKI 数字图书馆

成果库；b. 自动整理本人中外文发文；c. 跟踪同行学者最新发文动态，与学者在线交流科研项目；d. 及时获取申报中项目，跟踪已立项项目成果进展情况及其互联网学术资源；e. 跟踪互联网学术信息，订阅 RSS、收藏网址和网文学术趋势；f. 了解某个研究领域的学术研究发展趋势。

②机构数字图书馆。机构数字图书馆（以下简称机构馆）是为机构提供全新的管理组织资源的方式，机构可以按需定制检索系统、组织各类自建资源、定制机构相关的文献、信息、情报，直接满足机构的管理、生产、经营需要。

机构馆中提供了一系列情报服务栏目，包括国家科研项目申报服务、本单位科研项目进展评价、本单位科研人员成果评价服务、学科学术热点等学术情报服务，一方面，帮助机构内用户了解科研相关的各类信息，另一方面，促进机构内部科研交流及信息流动。

数字图书馆增值服务产品包括：个人数字图书馆，机构数字图书馆，学术趋势搜索，CNKI E-Learning，开放式账号服务系统，翻译助手，学位中心学科评估论文查询，CNKI Scholar（学术搜索）。

③数字图书馆文献资源产品。

a. 学术研究。

学术文献总库：包括学术文献总库、中国重要会议论文全文数据库、国外专利数据库、中国学术期刊网络出版总库、中国学术辑刊全文数据库、国学宝典、中国博士学位论文全文数据库、中国重要报纸全文数据库、哈佛商业评论、中国优秀硕士学位论文全文数据库、中国专利全文数据库、麻省理工科技创业数据库。

工具书检索库：包括中国工具书网络出版总库、中国年鉴网络出版总库、国家标准全文数据库、国内外标准题录数据库、中国统计年鉴数据库（挖掘版）和中国行业标准全文数据库。

b. 党和国家大事：包括中国政府公报期刊全文数据库、中国经济信息期刊文献总库、党政领导决策参考信息库。

c. 学习教育：中国高等教育文献总库。

d. 文化与生活：中国精品科普期刊文献库、中国精品文艺作品期刊文献库、中国精品文化期刊文献库。

e. 行业知识仓库：医院知识仓库、中国建筑知识仓库、法律知识仓库、中国城市规划知识仓库。

（2）数字化学习与研究平台（CNKI E-Learning）。CNKI E-Learning——数字化学习与研究平台（图 7-33），基于全球学术成果，为读者提供面向研究领域或

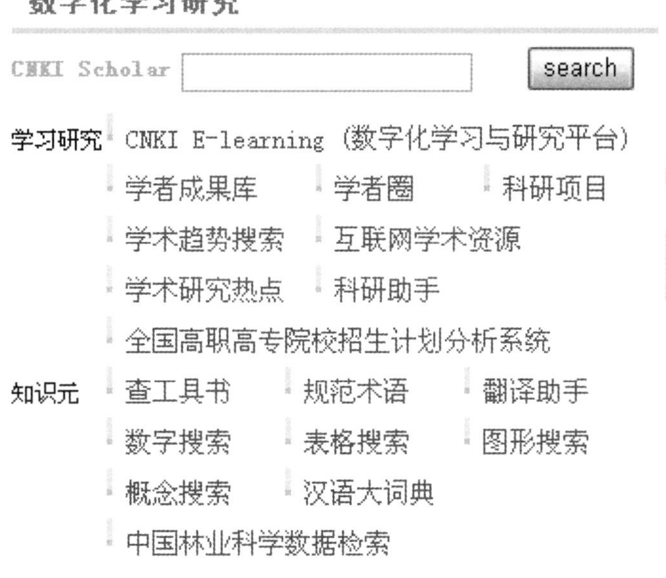

图 7-33 CNKI 数字化学习与研究平台

课题，收集、管理学术资料，深入研读文献，记录数字笔记，实现面向研究主题的文献管理和知识管理；实现在线写作，求证引用，格式排版，选刊投稿等与

CNKI 数据库紧密结合的全新数字化学习体验。

数字化学习与研究平台六大功能。

①一站式阅读和管理平台。支持目前全球主要学术成果文件格式，包括：CAJ、KDH、NH、PDF、TEB，以及 WORD、PPT、EXCEL、TXT 等格式将自动转化为 PDF 文件进行管理和阅读。

②文献检索和下载。支持 CNKI 学术总库检索、CNKI Scholar 检索等，将检索到的文献信息直接导入到学习单元中；根据用户设置的账号信息，自动下载全文，不需要相应的数据库系统。

③深入研读。支持对学习过程中的划词检索和标注，包括检索工具书、检索文献、词组翻译、检索定义、Google Scholar 检索等；支持将两篇文献在同一个窗口内进行对比研读。

④记录数字笔记，实现知识管理。支持将文献内的有用信息记录笔记，并可随手记录读者的想法、问题和评论等；支持笔记的多种管理方式：包括时间段、标签、笔记星标；支持将网页内容添加为笔记。

⑤写作和排版。基于 WORD 的通用写作功能，提供了面向学术等论文写作工具，包括插入引文、编辑引文、编辑著录格式及布局格式等；提供了数千种期刊模板和参考文献样式编辑。

⑥在线投稿。撰写排版后的论文，作者可以直接选刊投稿，即可进入期刊的作者投稿系统。

(3) 开放式账号服务系统。CNKI 镜像站点管理员管理系统，是管理“CNKI 电子商务平台”系统中的用户管理、用户密码、使用情况等账号相关信息的系统。

(4) 翻译助手。CNKI 翻译助手汇集从 CNKI 系列数据库中挖掘整理出的 120 余万常用词汇、专业术语、成语、俚语、固定用法、词组等中英文词条以及 1000 余万例句，形成海量中英在线词典和双语平行语料库。它以 CNKI 总库所有文献数据为依据，提供英汉词语、短语的翻译检索。

(5) 学位中心学科评估论文查询系统。《学科评估论文查询系统》收录了 2007—2011 年的 1 911 种（78 979 本）期刊发表的文献。计算了这些期刊之间互引的总引频次、他引频次，并提供了知网节、评价节等以供参考。该数据库于 2012 年 2 月 20 日正式提供查询服务。

(6) CNKI 学术搜索。CNKI scholar（即 CNKI 学术搜索）是 CNKI 为国内外学者提供的知识发现平台，集成了多种中外文学术资源，包括期刊、学位论文、会议论文、报纸、专利、标准、图书等。在此基础上，利用智能标引和知识挖掘技术，实现文献和知识链接，形成了基于知识发现的统一的学术资源搜索引擎。

（7）知网百科（Cnkipedia）桌面版。知网百科（Cnkipedia）是百科知识库，目前已有近 1 500 多万词条，内容来源于正规出版的 2 000 余部字典、辞典、百科全书、图录表谱等，每个条目都有明确的来源和出处。可用来查阅专业术语、人名、地名、事件、英汉—汉英对照、成语、方言、歇后语、俗语等。年更新条目将达 100 万以上。

（8）手机知网。手机知网是移动知识服务平台，提供全国上万种期刊、报纸等内容个性订阅，以及各类专题知识定制、行业情报推送、文档阅读管理等知识服务，是阅读学习和创新研究的工具。

（9）辞书大典。辞书大典是中国知网专为移动设备设计的手机辞典应用程序，提供正规出版社出版的 6 000 部权威工具书查阅服务，包括汉语字/词典、双语词典、专科辞典、百科全书、图录、表谱、传记、语录、手册等，2 300 多万词条均由专业人士撰写，随时随地解答问题。

（10）CNKI 电子日历。CNKI 电子日历是一款知识型电子日历，支持日期、天气、空气质量等日历信息查询，同时内嵌 KDN 知识发现平台，保证用户方便快捷地查阅知识文献。

2. CNKI 服务方式

CNKI 数据服务模式有三种，分别是包库模式、镜像模式和流量模式。这三种模式各有特点，适合不同的对象。

（1）包库模式。用户通过互联网访问安装运行在 CNKI 中心网站的数据库产品，用户在限定 IP 范围内不限次数使用，按使用时间、订购内容、并发用户数支付数据库使用费的使用模式。

①适用对象。适合内部网建设、互联网接入条件较好的团体和无专职技术维护人员和数据存储设备不足的团体。

②馆藏数据提供与使用。该模式一次性向包库用户提供在其包库期间出版的新数据光盘，可永久保存。

③日志查询。CNKI 中心网站为用户提供包库期间读者的访问日志统计查询入口。

④账号服务。为用户提供账号开通通知、账号查询与修改、账号到期提醒等服务。

⑤技术支持。通过热线电话、邮件和网络为用户提供有关问题的咨询解答和技术支持服务。

（2）镜像模式。将数据库管理系统和用户订购的文献数据安装在机构用户的内部网网站上，在限定 IP 地址范围内，机构用户的读者可以不限次数使用，机构用户按所购数据库产品及其并发用户数支付数据库使用费的使用模式。公司每月定期为用户寄送数据更新光盘，通过更新程序进行数据更新。

(3) 流量模式（个人）。用户通过互联网访问安装运行在CNKI中心网站的数据库产品，不限IP地址，根据用户所使用资源的类型与下载文献的流量，按页、计次收费的模式。

①适用对象。主要适合个人读者或小型团体读者。

②账号管理。CNKI中心网站提供个人账号的访问日志查询入口、续费充值、账号管理、密码查询等服务功能。

③技术支持。通过电话、邮件和网络方式为用户提供产品使用的技术咨询。

7.6.1.4 中国知网检索

1. 检索入口

浏览和使用CNKI资源的途径有三种：购买CNKI数据库的机构局域网内可直接浏览、检索、下载；通过购买充值卡的正式注册用户，身份验证登录后方可以付费的方式下载文献资源；访客，非注册用户，直接单击页面数据库链接进入各数据库页面，但访客只能查看和下载所需文献的题录信息，无法下载文献全文。

登录中国知网首页（http：//www.cnki.net），首页检索服务区主要提供普通检索、高级检索途径。普通检索与其他数据库或者网站检索类同，提供了类似搜索引擎的检索方式，用户只需要输入所要找的关键词，点击“检索”就查到相关的文献。但检出文献范围广泛，难以准确获取目标文献。专业检索人员多选用高级检索方式。

在知网首页点击“高级检索”，进入高级检索页，如图7-34所示。高级检索页包含文献资源区（图7-35）、文献类目选择区（图7-35）、检索平台区（图7-36）、文献结果统计区和文献展示区（图7-37）。

下面以机构局域网CNKI镜像站“中国学术文献网络出版总库”为平台介绍中国知网的文献检索与利用。中国知网学术文献网络出版总库镜像站点检索首页如图7-38。

2. 检索途径

文献检索平台区设有高级检索、专业检索、作者发文检索、科研基金检索、句子检索、文献来源检索等7个检索方式选择。

用户从不同的检索入口进入知网的检索页面，会发现知网提供的检索方式不完全一致，但都大同小异。例如，学术检索页面提供了快速检索、标准检索、专业检索、作者发文检索、科研基金检索、句子检索、文献来源检索7种不同的检索方式（图7-39）。与检索首页的高级检索页稍有不同，能够满足不同人群的检索需要。

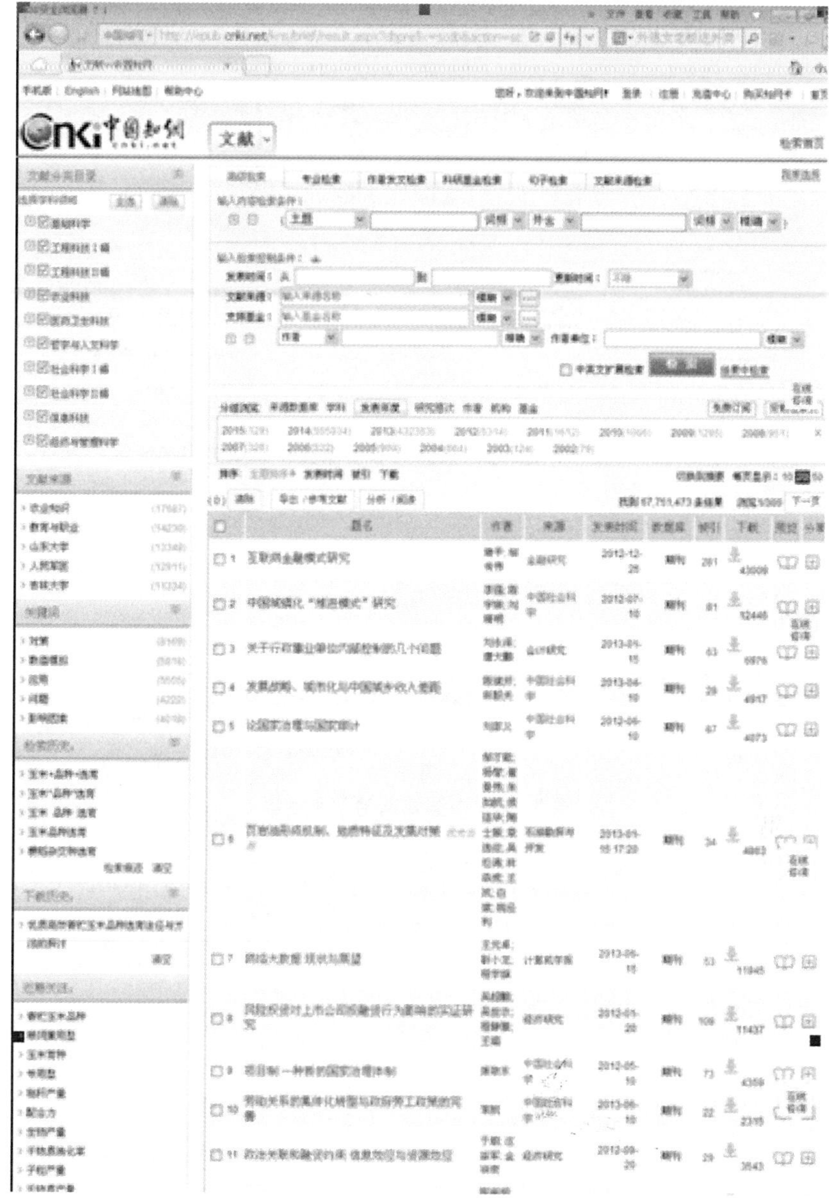

图 7-34　中国知网高级检索页

（1）快速检索。快速检索提供了类似搜索引擎的快捷检索方式，用户只需要输入关键词，点击“检索”即可。

（2）标准检索。标准检索（高级检索）设置了检索控制条件和内容检索条

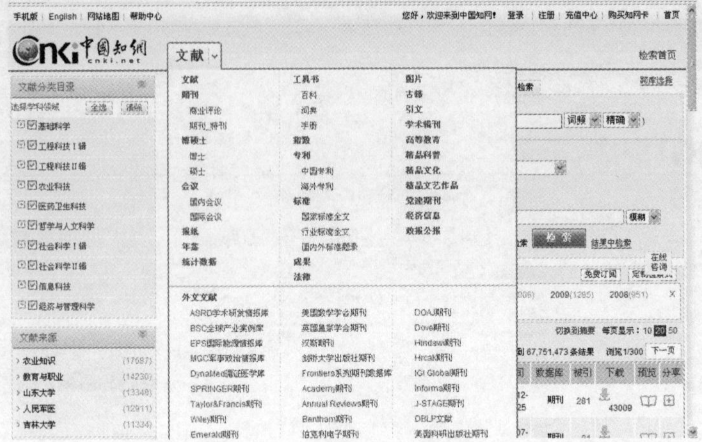

图 7-35　中国知网高级检索页文献资源区和文献类目选择区

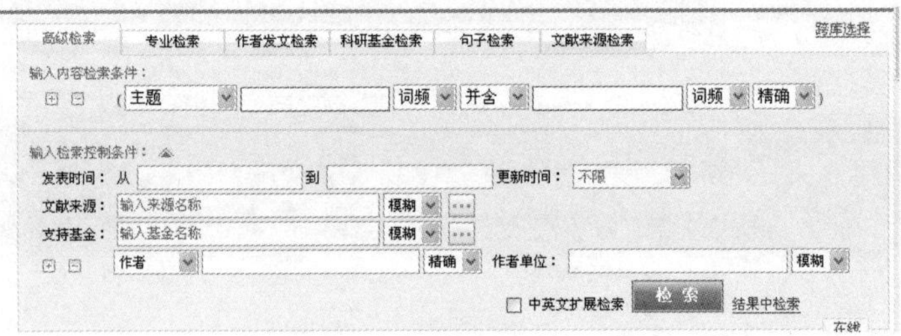

图 7-36　中国知网检索平台区

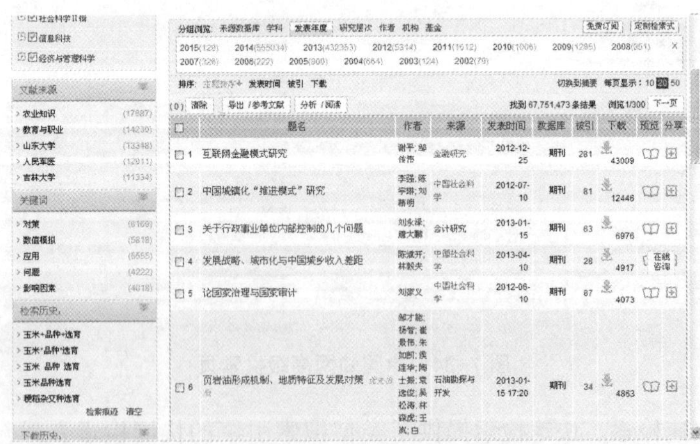

图 7-37　中国知网文献检索结果显示与统计区

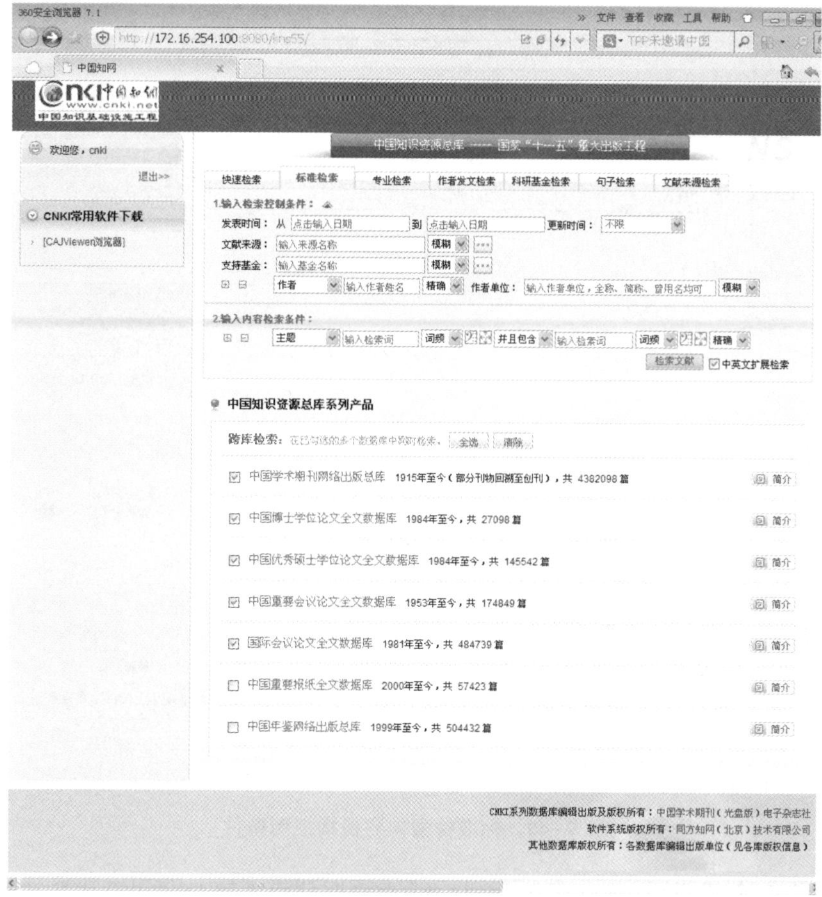

图 7-38　中国知网学术文献网络出版总库镜像站点检索首页

件输入区。检索控制条件包括发表时间、文献来源、支持基金、逻辑关系（并且、或者、不包含等）、作者、第一作者、作者单位等。内容检索条件控制包括主题、篇名、关键词、摘要、全文、参考文献、中图分类号、词频及词语逻辑关系（与、或、非）所有检索条件均需设置模糊检索或者精确检索。如图 7-39、图 7-40 所示。

标准检索过程规范为三个步骤：第一步，输入时间、支持基金、文献来源、作者等检索控制条件；第二步，输入篇名、主题、关键词等内容检索条件；第三步，对检索结果的分组排序，反复筛选修正检索式得到最终结果。

①检索控制条件。包括输入发表时间、来源期刊、来源类别、支持基金、作者、作者单位等，通过对检索范围的限定，便于准确控制检索的目标结果。也可以根据期刊所属专辑、收录来源和是否核心期刊进行检索。其中，期刊所属类别

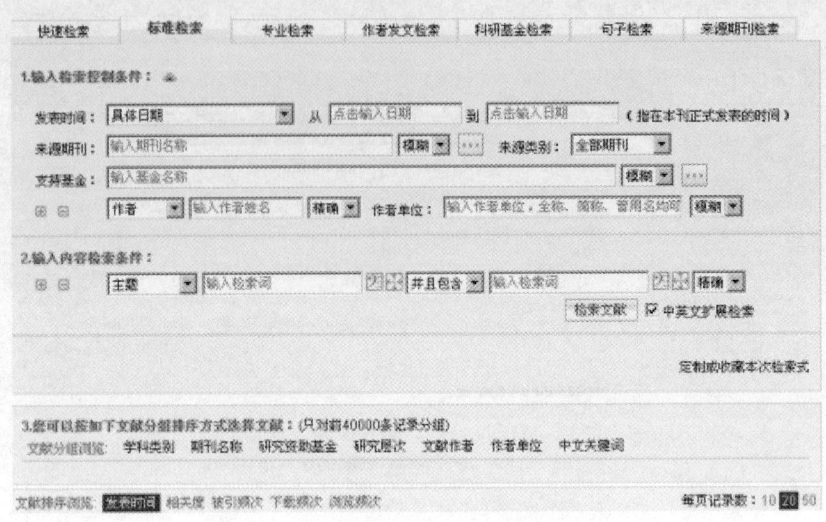

图 7-39　检索方式及标准检索控制条件

图 7-40　标准检索内容检索控制条件

下拉框中有全部期刊、SCI 来源期刊、EI 来源期刊或者核心期刊供选择，默认为“全部期刊”，如图 7-41。

图 7-41　专辑、收录来源、核心期刊检索控制条件

②内容检索条件。内容检索条件包括基于文献内容特征的主题、篇名、关键词、摘要、全文、参考文献、中图分类号。

系统还提供了最相近词、扩展词推荐、中英文扩展检索、在结果中检索、定制和收藏本次检索式以及精确或模糊检索等以控制该检索项的关键词的匹配方式。

例如，检索 1995—2010 年间作者是刘志新的玉米品种选育的相关文献，检索结果如图 7–42 所示。

图 7–42　标准检索结果示例

（3）专业检索。它是指使用逻辑运算符和关键词构造检索式进行检索。如图 7–43 所示。

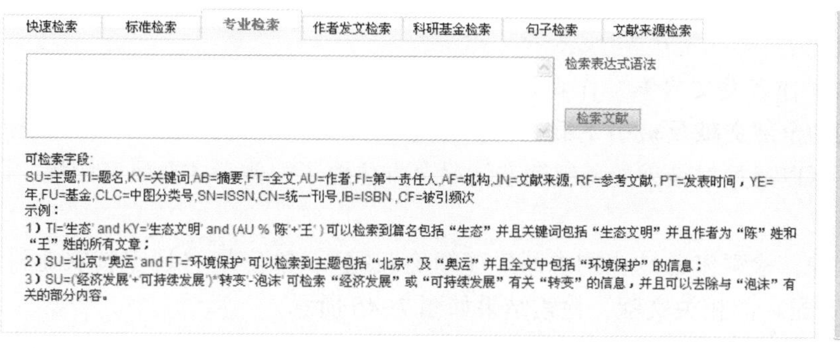

图 7–43　专业检索页

其中“专业检索项”可用 18 个检索字段构造检索表达式，包括主题、题名（篇名）、关键词、摘要、全文、作者、第一责任人（第一作者）、机构（单位）、刊名（中文刊名、英文刊名）、引文（参考文献）、发表时间、年、基金、中图分类号、ISSN、统一刊号、ISBN 和被引频次。多个检索项的检索表达式可使用 AND、OR、NOT 逻辑运算符进行组合构造表达式。

例如，检索题名包含“玉米”、关键词包含“品种选育”、作者是刘志新的文献，其检索式表达为：TI=‘玉米’ and KY=‘品种选育’ and AU=‘刘志新’。检索结果如图 7-44 所示。

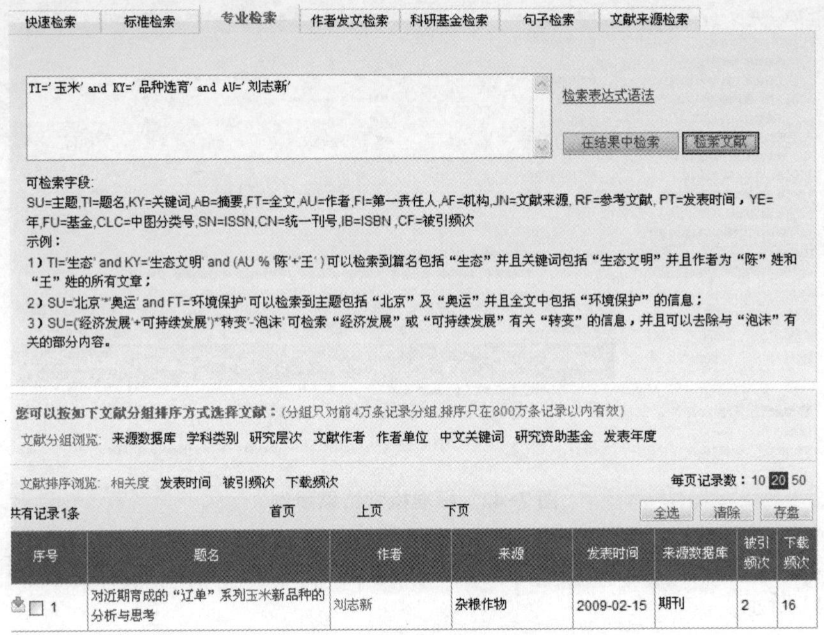

图 7-44 专业检索结果示例

（4）作者发文检索。作者发文检索是通过作者姓名、单位等信息，查找作者发表的全部文献及被引下载情况。该检索方式除能找到某一作者发表的文献外，还可以通过对结果的分组筛选情况全方位地了解作者主要研究领域，研究成果等情况。

例如，检索作者是“刘志新”（精确匹配）、单位是“辽宁省农业科学院”（模糊匹配）的相关文献，检索结果如图 7-45 所示。

（5）科研基金检索。科研基金检索是通过科研基金名称，查找科研基金资助的文献。通过对检索结果的分组筛选，还可全面了解科研基金资助学科范围，科研主题领域等信息。在检索中，可直接在检索框中输入基金名称的关键词，也可以点击检索框后的 ... 按钮，选择支持基金输入检索框中，如图 7-46、图7-47 所示。

（6）句子检索。句子检索是通过用户输入的两个关键词，查找同时也包含这两个词的句子。由于句子中包含了大量的事实信息，通过检索句子可以为用户

快速检索 标准检索 专业检索 作者发文检索 科研基金检索 句子检索 文献来源检索

作者姓名：刘志新 精确

第一作者姓名：输入作者姓名 精确

作者单位：辽宁省农业科学院 模糊

在结果中检索 检索文献

您可以按如下文献分组排序方式选择文献：(分组只对前4万条记录分组,排序只在800万条记录以内有效)

文献分组浏览：来源数据库 学科类别 研究层次 文献作者 作者单位 中文关键词 研究资助基金 发表年度

文献排序浏览：相关度 发表时间 被引频次 下载频次 每页记录数：10 20 50

共有记录35条 首页 上页 下页 全选 清除 存盘

序号	题名	作者	来源	发表时间	来源数据库	被引频次↓	下载频次
1	国内几个主要玉米群体材料配合力分析及利用价值评价	刘志新	杂粮作物	2005-06-25	期刊	22	79
2	种植密度对不同基因型玉米品种效应研究 Ⅱ密度对不同基因型玉米品种主要农艺性状效应研究	刘志新	杂粮作物	2009-04-15	期刊	10	64
3	CIMMYT玉米群体材料在东北春玉米区利用价值评价	刘志新	杂粮作物	2005-04-25	期刊	9	41
4	密植型玉米新品种辽单565的选育及其对玉米育种的启示	刘志新	杂粮作物	2007-06-15	期刊	6	52
5	高赖氨酸玉米的发展前景	张丽颖	杂粮作物	2004-12-25	期刊	5	51
6	提高辽宁省玉米生产水平的探讨	刘志新	玉米科学	2008-02-15	期刊	4	86

图 7-45 作者发文检索结果示例

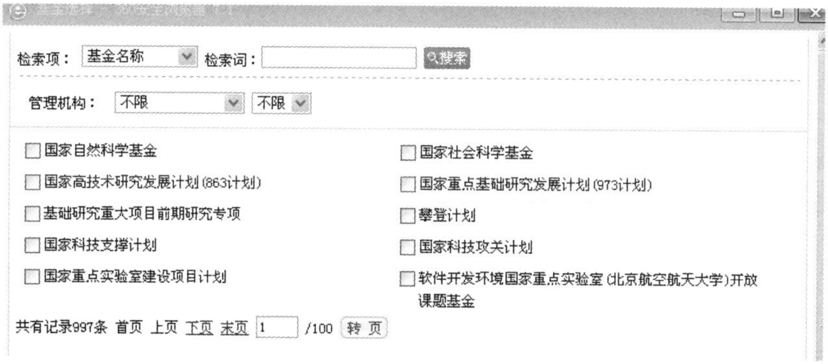

检索项：基金名称 检索词： 搜索

管理机构：不限 不限

- 国家自然科学基金
- 国家社会科学基金
- 国家高技术研究发展计划(863计划)
- 国家重点基础研究发展计划(973计划)
- 基础研究重大项目前期研究专项
- 攀登计划
- 国家科技支撑计划
- 国家科技攻关计划
- 国家重点实验室建设项目计划
- 软件开发环境国家重点实验室(北京航空航天大学)开放课题基金

共有记录997条 首页 上页 下页 末页 1 /100 转 页

图 7-46 科研基金检索基金名称选项

提供有关事实的问题的答案。如图 7-48 所示。

例如，检索同一段话中包含“农业数字图书馆”和“延伸服务”的句子的相关文献，如图 7-49 所示。

（7）来源期刊检索。来源期刊检索是通过输入来源期刊的名称、类别和年期等信息，来查找包含相关信息的期刊。如图 7-50、图 7-51 所示。

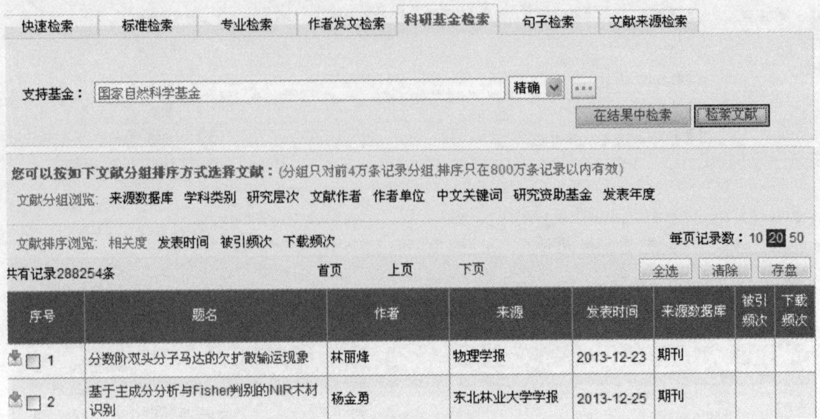

图 7-47　科研基金检索示例

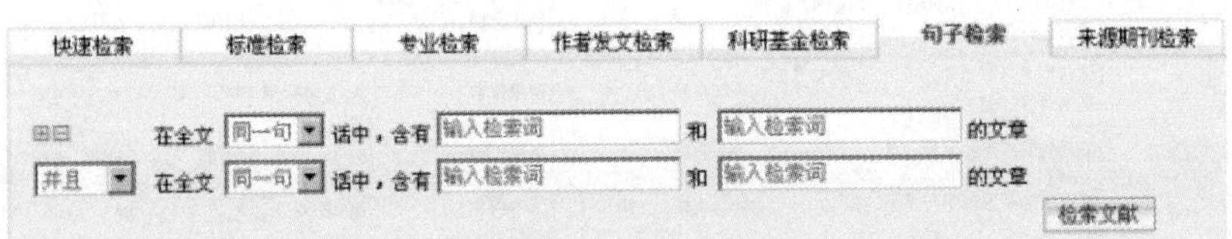

图 7-48　句子检索页

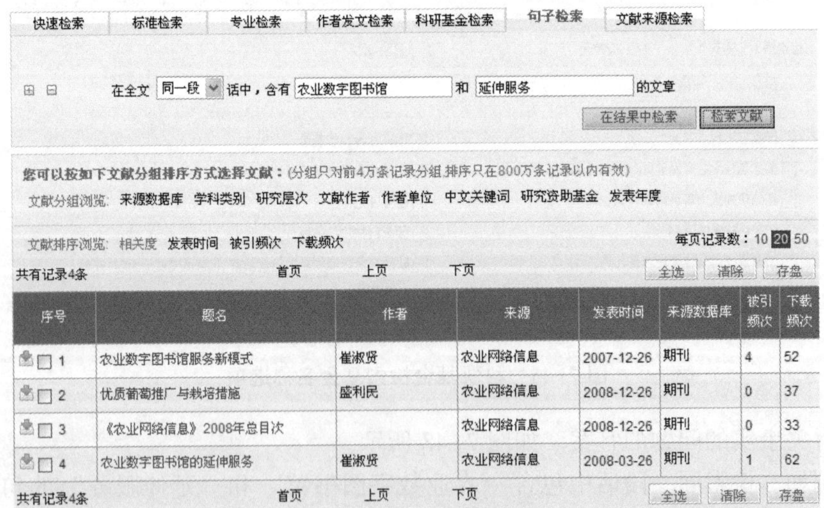

图 7-49　句子检索示例

图 7-50　来源期刊检索页

图 7-51　来源期刊检索期刊来源页

3. 检索结果

（1）检索结果显示。文献检索结果页，除显示检索的相关文献外，还有文献记录条数、每页显示记录数、文献分组浏览、文献排序浏览、记录导出选项等。如图 7-52 所示。

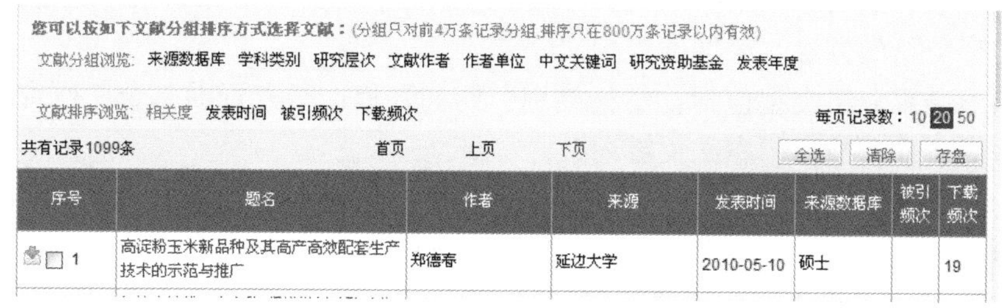

图 7-52　文献检索结果显示

（2）检索文献导出。系统提供两种文献导出方式，即：①层层点击类目名称，可层层展开显示各层类目名称和类级，并直接导出末级类目下的全部文献；②点击类目后的图标，可直接导出该类目下的全部文献，如图 7-53 所示。

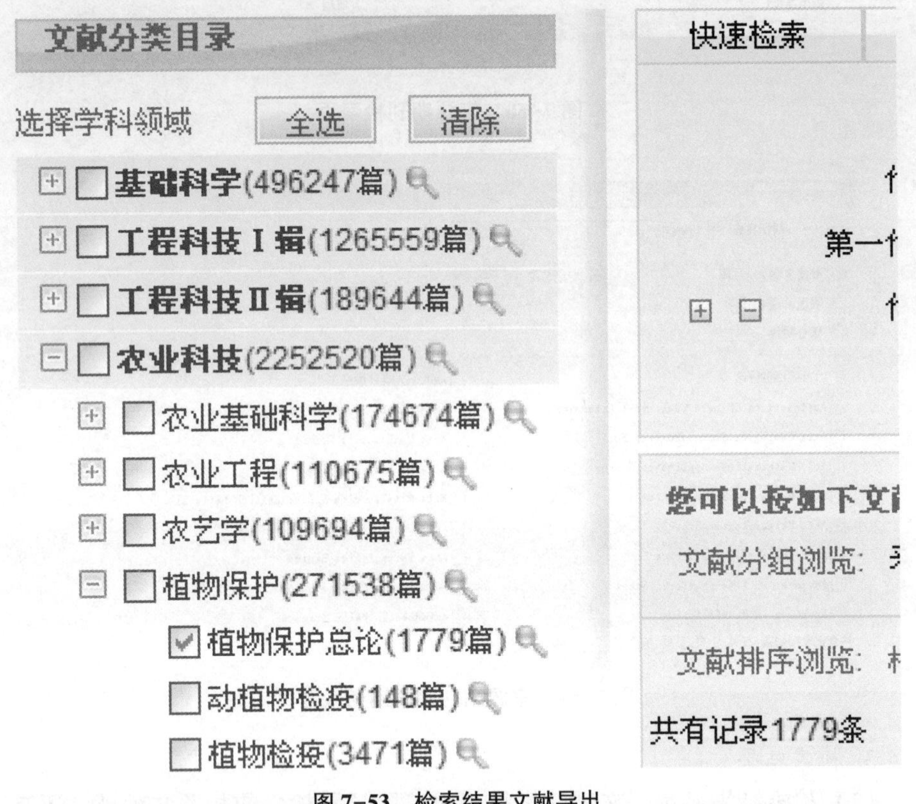

图 7-53 检索结果文献导出

(3) 检索结果分组。《中国学术期刊网络出版总库》检索结果页面将通过检索平台检索得到的检索结果以列表形式展示出来，并提供对检索结果进行分组分析、排序分析的方法，来准确查找文献。

检索结果分组类型包括：学科类别、期刊名称、研究资助基金、研究层次、文献作者、作者单位、中文关键词。

(4) 检索结果排序方式。除了分组筛选，系统为检索结果提供了发表时间、相关度、被引频次、下载频次、浏览频次等排序方式。

(5) 检索结果查看与选择。

①检索结果页所要显示的记录条数，提供 3 种直供选择：10、20、50；

②导出文献可以按照摘要显示，也可以按照列表显示；

③翻页功能提供到首页、末页、指定页号的跳转功能，以及上页、下页的逐

页跳转功能；

④对检索结果选择包括全部、清除已选、存盘或定制；

⑤点击文献前的□选择题录，点击 可保存题录；

⑥点击页面篇名，则可查看当前篇名详细内容及相关内容；

⑦点击作者名、期刊名、刊期信息等，均可直接链接到相关信息网页。

另外，检索结果页还显示了检索历史、词条在工具书中的解释、当前检索词的相似词、相关词等。

（6）检索结果处理。用户可以按自己的需求查看文献的题录或者全文，也可选择下载全文或者文献相关信息。系统提供 CAJ 下载和 PDF 下载两种下载格式，推荐使用 CAJ 下载。

选中目标文献，点击存盘，系统会提供记录导出模式选择框，包括简单、详细、引文、自定义、RefWorks、EndNote、NoteExpress、查新、同方知网 pdl 模式，选中输出模式，再选择“输出到本地文件”或者打印即可，如图 7-54、图 7-55所示。

文献排序浏览：相关度　发表时间　被引频次　下载频次　　每页记录数：10 20 50

共有记录1099条　首页　上页　下页　全选　清除　存盘

序号	题名	作者	来源	发表时间	来源数据库	被引频次	下载频次
1	高淀粉玉米新品种及其高产高效配套生产技术的示范与推广	郑德春	延边大学	2010-05-10	硕士		19
2	加快高淀粉玉米育种 促进燃料乙醇工业发展	陈殿元	吉林农业科学	2005-10-25	期刊	5	93
3	我国饲用玉米品种的研究与育种战略	孙发明	玉米科学	2005-12-25	期刊	13	139

图 7-54　检索结果选择页

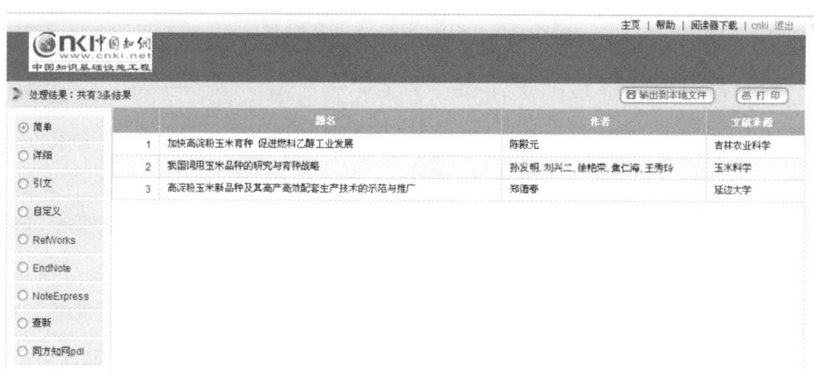

图 7-55　检索结果导出模式选择页

用户也可按照需要对所检索文献作者、刊名等进行深度数据挖掘。

7.6.1.5 文献知网节

中国知网系统提供单篇文献的详细信息和扩展信息浏览的页面被称为“知网节”。包含了单篇文献的详细信息，是各种扩展信息的入口汇集点。这些扩展信息通过概念相关、事实相关等方法提示知识之间的关联关系，达到知识扩展的目的，有助于新知识的学习和发现，帮助实现知识获取、知识发现。

节点文献信息包括：篇名（中文/英文）、作者、作者单位、摘要（中文/英文）、关键词（中文/英文）、基金、文献出处、DOI、节点文献全文搜索、知网节下载，其中文献出处显示内容为：刊名（中文/英文）、编辑部邮箱、年期。节点文献如图 7-56 所示。

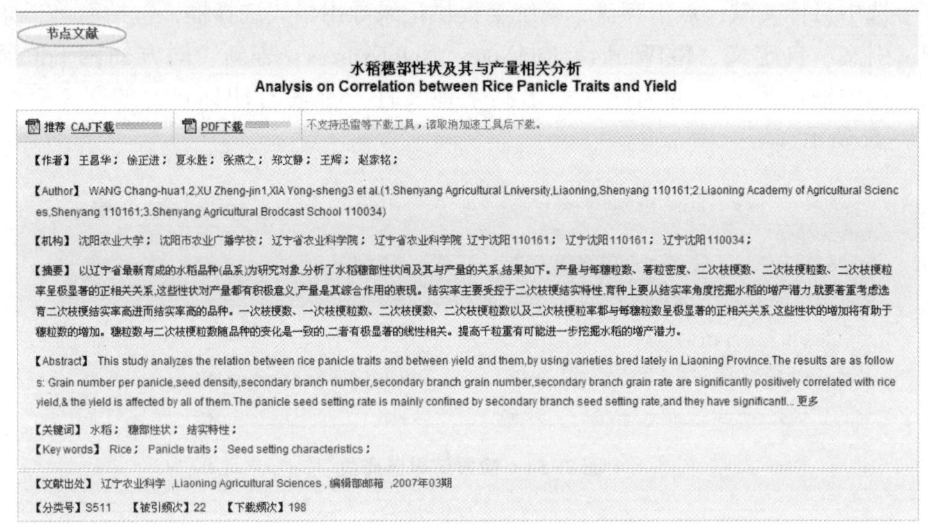

节点文献

水稻穗部性状及其与产量相关分析

Analysis on Correlation between Rice Panicle Traits and Yield

推荐 CAJ下载　PDF下载　不支持迅雷等下载工具，请取消加速工具后下载。

【作者】 王昌华； 徐正进； 夏永胜； 张燕之； 郑文静； 王辉； 赵家铭；

【Author】 WANG Chang-hua1,2,XU Zheng-jin1,XIA Yong-sheng3 et al.(1.Shenyang Agricultural Lniversity,Liaoning,Shenyang 110161;2.Liaoning Academy of Agricultural Sciences,Shenyang 110161;3.Shenyang Agricultural Brodcast School 110034)

【机构】 沈阳农业大学； 沈阳市农业广播学校； 辽宁省农业科学院； 辽宁省农业科学院 辽宁沈阳110161； 辽宁沈阳110161； 辽宁沈阳110034；

【摘要】 以辽宁省最新育成的水稻品种(品系)为研究对象,分析了水稻穗部性状间及其与产量的关系,结果如下。产量与每穗粒数、着粒密度、二次枝梗数、二次枝梗粒数、二次枝梗粒率呈极显著的正相关关系,这些性状对产量都有积极意义,产量是其综合作用的表现。结实率主要受控于二次枝梗结实特性,育种上要从结实率角度挖掘水稻的增产潜力,就要着重考虑选育二次枝梗结实率高进而结实率高的品种。一次枝梗数、一次枝梗粒数、二次枝梗数、二次枝梗粒数以及二次枝梗粒率都与每穗粒数呈极显著的正相关关系,这些性状的增加将有助于穗粒数的增加。穗粒数与二次枝梗粒数随品种的变化是一致的,二者有极显著的线性相关。提高千粒重有可能进一步挖掘水稻的增产潜力。

【Abstract】 This study analyzes the relation between rice panicle traits and between yield and them,by using varieties bred lately in Liaoning Province.The results are as follows: Grain number per panicle,seed density,secondary branch number,secondary branch grain number,secondary branch grain rate are significantly positively correlated with rice yield,& the yield is affected by all of them.The panicle seed setting rate is mainly confined by secondary branch seed setting rate,and they have significantl... 更多

【关键词】 水稻； 穗部性状； 结实特性；

【Key words】 Rice； Panicle traits； Seed setting characteristics；

【文献出处】 辽宁农业科学 ,Liaoning Agricultural Sciences , 编辑部邮箱 ,2007年03期

【分类号】S511　【被引频次】22　【下载频次】198

图 7-56 中国知网节点文献页

知网节提供了知识网络中心功能。点击知网节中作者、导师、作者单位、关键词和网络投稿人中的某一字段，可以直接链接到点击字段在中国学术期刊网络出版总库、中国博士学位论文全文数据库、中国优秀硕士学位论文全文数据库、中国重要会议论文全文数据库、国家科技成果数据库、中国专利数据库等数据库中包含的相关信息。

另外，还可查看本文的其他相关文献、文献出处、本文的引文网络、相关机构文献等，同时，知网节提供了全文快照搜索功能，即在节点文献中输入关键词，点击“全文搜索快照”按钮，在作者单位的下方即显示出在节点文献中含有相关关键词的内容，如图 7-57、图 7-58、图 7-59 所示。

节点文献

水稻穗部性状及其与产量相关分析

Analysis on Correlation between Rice Panicle Traits and Yield

图 7-57 中国知网知网节

节点文献中：请输入检索词 全文快照搜索 >知网节下载

图 7-58 中国知网知网节全文快照搜索功能

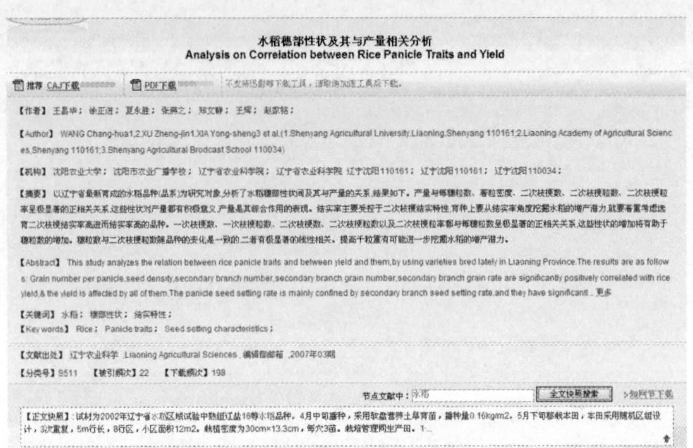

水稻穗部性状及其与产量相关分析

Analysis on Correlation between Rice Panicle Traits and Yield

推荐 CAJ下载 PDF下载 不支持迅雷等下载工具，请取消加速工具后下载。

【作者】王昌华；徐正进；夏永胜；张满之；郑文静；王辉；赵家铭；

【Author】WANG Chang-hua1,2,XU Zheng-jin1,XIA Yong-sheng3 et al.(1.Shenyang Agricultural University,Liaoning,Shenyang 110161;2.Liaoning Academy of Agricultural Sciences,Shenyang 110161;3.Shenyang Agricultural Brodcast School 110034)

【机构】沈阳农业大学；沈阳市农业广播学校；辽宁省农业科学院；辽宁省农业科学院 辽宁沈阳110161；辽宁沈阳110161；辽宁沈阳110034；

【摘要】以辽宁省最新育成的水稻品种(品系)为研究对象,分析了水稻穗部性状间及其与产量的关系.结果如下。产量与每穗粒数、着粒密度、二次枝梗数、二次枝梗粒数、二次枝梗粒率呈极显著的正相关关系.这些性状对产量都有积极意义,产量是其综合作用的表现。结实率主要受控于二次枝梗结实特性,育种上要从结实率角度挖掘水稻的增产潜力,就要着重考虑选育二次枝梗结实率高进而结实率高的品种。一次枝梗数、一次枝梗粒数、二次枝梗数、二次枝梗粒数以及二次枝梗粒率都与每穗粒数呈极显著的正相关关系,这些性状的增加将有助于穗粒数的增加。穗粒数与二次枝梗粒数随品种的变化是一致的,二者有极显著的线性相关。提高千粒重有可能进一步挖掘水稻的增产潜力。

【Abstract】This study analyzes the relation between rice panicle traits and between yield and them,by using varieties bred lately in Liaoning Province.The results are as follows: Grain number per panicle,seed density,secondary branch number,secondary branch grain number,secondary branch grain rate are significantly positively correlated with rice yield,& the yield is affected by all of them.The panicle seed setting rate is mainly confined by secondary branch seed setting rate,and they have significantl... 更多

【关键词】水稻；穗部性状；结实特性；

【Key words】Rice；Panicle traits；Seed setting characteristics；

【文献出处】辽宁农业科学 Liaoning Agricultural Sciences，编辑部邮箱，2007年03期

【分类号】S511 【被引频次】22 【下载频次】198

节点文献中：水稻 全文快照搜索 >知网节下载

【正文快照】：试材为2002年辽宁省水稻区域试验中熟组辽盐16等水稻品种。4月中旬播种，采用软盘营养土旱育苗，播种量0.16kg/m2。5月下旬移栽本田，本田采用随机区组设计，3次重复，5m行长，8行区，小区面积12m2。栽植密度为30cm×13.3cm，每穴3苗。栽培管理同生产田。1…

图 7-59 中国知网知网节全文快照

7.6.2 维普中文科技期刊数据库

7.6.2.1 维普简介

重庆维普资讯有限公司的前身为中国科技情报研究所重庆分所数据库研究中心，是中国第一家进行中文期刊数据库研究的机构，自主研发并推出了《中文科技期刊篇名数据库》，成为中国第一个中文期刊文献数据库，也是中国最大的自建中文文献数据库。标志着我国中文期刊检索跃上了一个新台阶。

重庆维普数据库是中国数据库产业的开拓者，经历了几个重要发展阶段。1989 年，中国科技情报研究所重庆分所数据库研究中心成立，同年《中文科技期刊篇名数据库》机读产品（软盘版）正式诞生并发行；1992 年，《中文科技期刊篇名数据库》只读光盘版正式发行，是我国大陆第一张中文数据光盘，同年，《中国科技经济新闻数据库》正式发行；1994 年《中文科技期刊数据库（文摘版）》正式研发推出，1995 年维普资讯有限公司成立，成为《中文科技期刊数据库》运营机构；2000 年，维普资讯网 www. cqvip. com 上线并向用户提供服务；2001 年《中文科技期刊数据库（全文版、文摘版、引文版）》获得国家新闻出版总署连续型电子出版物出版许可，推出石油石化、电力能源、环保产业、建筑科学、电子电器、信息产业、航空航天、交通运输、农林牧渔等 10 个

行业信息资源系统，并推出异构资源统一检索平台（跨库检索）和 PDF 全文格式，同年，维普资讯与 CBMdisc（《中国生物文献数据库》）合作，共同推出 CBMWEB 版全文数据库；2006 年，与全球最大搜索服务提供商谷歌公司达成合作，成为谷歌学术搜索频道（GOOGLE SCHOLAR）最大的中文合作伙伴，后来又陆续与百度文库、百度百科建立了战略合作关系；2007 年，维普资讯网 www.cqvip.com 改版上线；2010 年维普资讯推出维普期刊资源整合服务平台，至此，维普资讯有限公司从信息内容服务提供商发展成了以提供信息资源产品为主，同时，提供信息内容管理与服务的一体化的综合信息服务提供商。

重庆维普资讯有限公司陆续推出了《中文科技期刊数据库》《中国科技经济新闻数据库》《中文科技期刊数据库（引文版）》《外文科技期刊数据库》《中国科学指标数据库》和智立方文献资源发现平台、中文科技期刊评价平台、中国基础教育信息服务平台、维普-google 学术搜索平台、维普考试资源系统、图书馆学科服务平台、文献共享平台及文献共享服务平台、维普期刊资源整合服务平台、维普机构知识服务管理系统、维普论文检测系统等系列产品，受到了用户的广泛赞誉。

重庆维普网主页（http：//cpvip. com）如图 7-60。维普专业版首页和传统检索页面如图 7-61、图 7-62 所示。

图 7-60 维普网主页

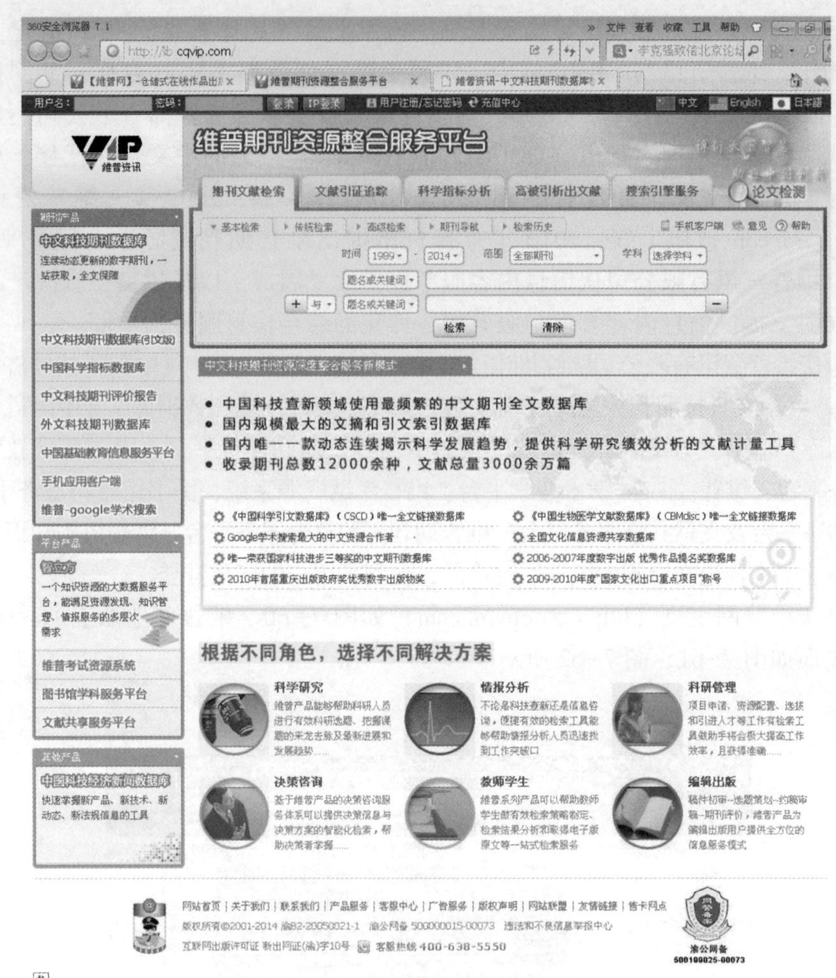

图 7-61　维普专业版首页

7.6.2.2　维普资源

维普知识资源系统包括中文科技期刊数据库（CSTJ）、中文科技期刊数据库（引文版，CCD）、中国科学指标数据库（CSI）、中文科技期刊评价报告、外文科技期刊数据库等数据资源。

1. CSTJ 中文科技期刊数据库

《中文科技期刊数据库》是我国最大的数字期刊数据库，该库受到国内图书情报界的广泛关注和普遍赞誉，目前，已拥有包括港澳台地区在内 6 000 余家大型机构用户，是我国数字图书馆建设的核心资源之一，是高校图书馆文献保障系统的重要组成部分，也是科研工作者进行科技查证和科技查新的必备数据库。

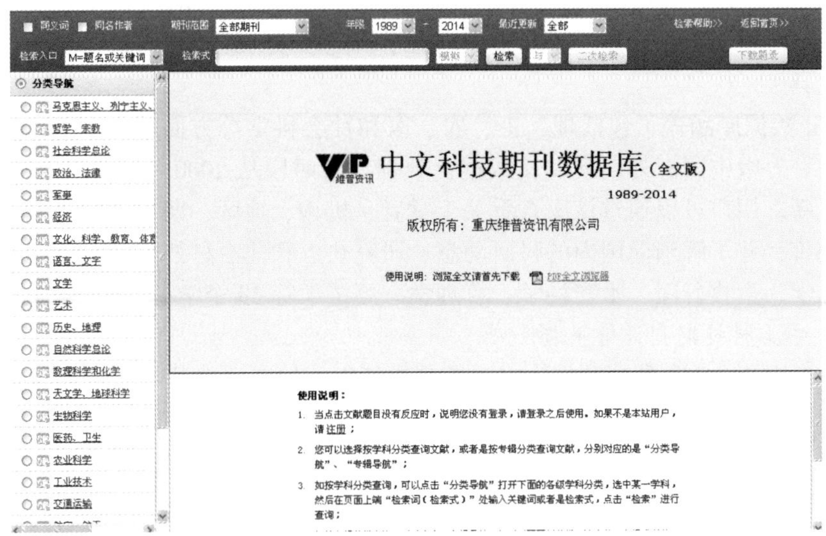

图 7-62　维普传统检索页面

该数据库共有期刊 12 000 余种，其中，核心期刊 1957 种，文献总量达 4 000 余万篇，收录 1989 年以来的期刊，部分期刊已回溯至 1955 年。中心网站日更新，文献采用 PDF 全文数据格式。该库涵盖了社会科学、自然科学、工程技术、农业科学、医药卫生、经济与管理、教育科学和图书情报等多个学科。该库可采用基本检索、传统检索、高级检索、期刊导航、检索历史等途径进行检索。

2. CCD 中文科技期刊数据库（引文版）

《中文科技期刊数据库（引文版）》（Chinese Citation Database），简称 CCD，是维普在 2010 年全新推出的期刊资源整合服务平台的重要组成部分，是目前国内规模最大的文摘和引文索引型数据库。该产品采用科学计量学中的引文分析方法，对文献之间的引证关系进行深度数据挖掘，除提供基本的引文检索功能外，还提供基于作者、机构、期刊的引用统计分析功能，可广泛用于课题调研、科技查新、项目评估、成果申报、人才选拔、科研管理、期刊投稿等用途。

《中文科技期刊数据库（引文版）》收录文摘覆盖 8 000 多种中文科技期刊，引文数据加工追自 2000 年，是全新的引文索引型数据库，能帮助用户实现引文分析功能。该库集信息查询、引文分析、数据统计三重功能于一体，支持图书、学位论文、标准、专利等文献的被引统计等。适用于教学、科研、情报分析等领域。该库提供了基本检索、作者索引、机构索引、期刊索引等检索途径。

3. 中国科学指标数据库 CSI

《中国科学指标数据库》（China Science Indicators System）（CSI）是维普公

司于2009年6月正式推出的一款全新资讯类产品，是目前国内规模最大的基于引文评价的事实型数据库，是衡量国内科学研究绩效、跟踪国内科学发展趋势的有力工具。

CSI数据库涵盖了包括理、工、农、医和社会科学等方面的4 000余种中文期刊和百万级中国海外期刊发文数据，数据评价时段从2000年跨度至当前，每双月更新。用户可以通过该库查看关于学者、机构、地区、期刊的科研水平及影响力评价，并了解当前国内的科研动态、研究热点和前沿科技等。该库涵盖了农学、林学、畜牧兽医、水产科学、管理学、经济学等39个学科。

4. 中文科技期刊评价报告

该库以8 000余种期刊作为来源期刊进行引文加工，涉及学科领域包括工业技术、医药卫生、农业科学、数理化及生物、天文地球、环境科学、交通运输、航空航天、经济管理、文教体育、图书情报、政治法律、人文社科等。报告包括总被引频次、影响因子、立即指数、被引用半衰期、引用半衰期、期刊他引率、平均引文率等指标的评价分析。

5. 外文科技期刊数据库

《外文科技期刊数据库》提供1992年以来30余个国家的11 300余种期刊，800余万条外文期刊文摘题录信息。对题录字段中刊名和关键词进行汉化，帮助检索者充分利用外文文献资源。并联合国内20余个图书情报机构提供方便快捷的原文传递服务。

期刊（总数：11 300余种）按国别收录情况如下：美国（3 224）、英国（2 415）、荷兰（1 023）、德国（753）、日本（238）、瑞士（209）、法国（214）、印度（176）、加拿大（138）、澳大利亚（104）、新加坡（75）、丹麦（57）、爱尔兰（46）、波兰（63）、意大利（71）。

该库每周更新，数据增量约100余万条，收录1992年至今的文献，学科范围涵盖了自然科学、工程技术、农业科学、医药卫生、经济管理、教育科学和图书情报等7大专辑，其中农业科学包括农业、林业、农业科学综论、农业基础科学、农业工程与机械、农艺学、农作物、植物保护、园艺、林业、畜牧、狩猎、蚕、蜂、兽医、水产、渔业等。

7.6.2.3 维普服务

维普依赖海量数据资源为客户提供立体服务，其服务系统平台主要有：中国基础教育信息服务平台、手机应用客户端、维普-google学术搜索、智立方、维普论文检测系统VPCS、维普考试资源系统VERS、图书馆学科服务平台LDSP、文献共享服务平台LSSP、中国科技经济新闻数据库等服务平台系统。这里重点介绍其中的服务平台系统。

1. 移动互联网中文科技期刊（手机客户终端）

“中文科技期刊”源于维普资讯的《中文科技期刊数据库》，该数据库是国家新闻出版总署批准出版的中文期刊数据库，它收录了中国境内历年出版的中文期刊 12 000 余种，文章 3 000 余万篇，内容涵盖医药卫生、工程技术、自然科学、农林牧渔、人文社科等学科门类，是目前最权威的中文期刊论文检索和阅读平台。

2. 维普-Google 学术搜索

维普-Google Scholar 期刊数据库产品平台（简称 VGSD）是维普中文期刊数据库基于谷歌和百度搜索引擎面向机构用户提供的远程网络服务，既是灵活的资源使用模式，也是情报咨询服务的有力交互推广渠道，通过开通该服务可以使咨询服务延伸到客户中去，实现“客户在哪里，资源和服务就在哪里”的便捷服务，如图 7-63 所示。

图 7-63 维普——Google 学术搜索平台

3. 智立方·知识发现系统

智立方·知识发现系统是维普推出的一个知识资源的大数据服务平台，如图 7-64。该平台能满足资源发现、知识管理、情报服务的多层次需求，为图书馆、科研单位和个人用户提供全方位、基于云平台架构的一体化解决方案。

智立方·知识发现系统整合了期刊、学位论文、会议论文、专利、专著、标准、科技成果、产品样本、科技报告、政策法规等中外文文献元数据 3 亿余条，资源覆盖了近 20 年来国内产出中外文文献资源的 95%。支持对用户特色资源的个性化整合，云服务周更新。

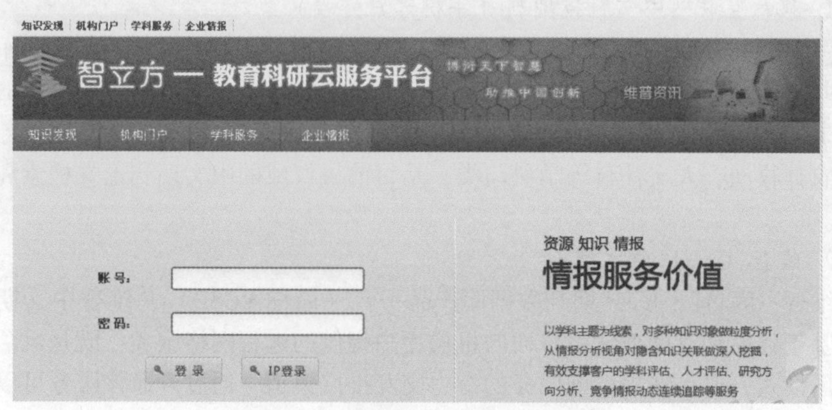

图 7-64 维普智立方·知识发现系统

4. 图书馆学科服务平台

图书馆学科服务平台（LDSP）是一个学科馆员的网络服务平台。它整合利用了图书馆电子资源、集成了各种服务工具来提供各种人性化功能，主要包括学科体系设置、个人作品仓储、异构资源收割、学科资源推送、学科参考咨询、学科定题服务、短信/邮件服务、问卷调查、学科馆员工作分析等。

除些外，维普还提供了文献共享服务平台（LSSP）、维普论文检测系统（VPCS）、维普考试资源系统（简称 VERS）、中国基础教育信息服务平台（CEIS）等，以满足不同用户的不同需求。

7.6.2.4 维普检索

维普数据库提供基本检索、二次检索、逻辑组配检索、分类导航检索等多种检索方式，其中，维普期刊资源整合服务平台提供了期刊文献检索、文献引证追踪、科学指标分析、高被引析出文献、搜索引擎服务等多种检索服务，如图 7-65，下面仅以期刊文献检索为例介绍维普数据库的检索应用。

图 7-65 维普期刊文献检索模式页

1. 期刊文献检索模式

(1) 检索模式。维普数据库期刊文献检索共有 5 种检索模式，如图 7-66 所示。

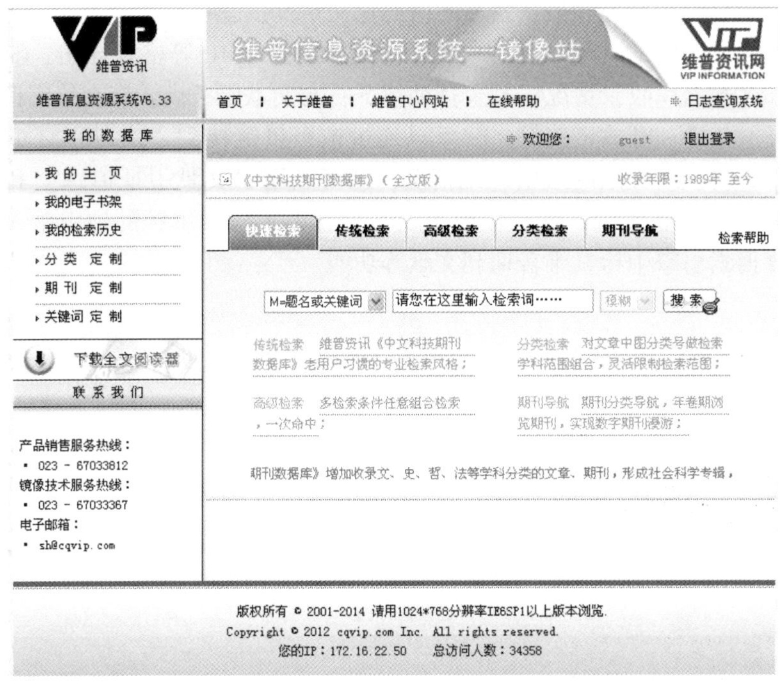

图 7-66 维普镜像站检索页

①基本检索：简单快捷的中文期刊文献检索方式，可以增加多个检索框输入检索条件做由上至下的组配检索。

②传统检索：《中文科技期刊数据库》老用户查新检索风格。

③高级检索：多个检索条件逻辑组配检索，更支持一次输入复杂检索式查看命中结果。

④期刊导航：多渠道快速定位期刊，可以做年卷期的内容浏览及相关期刊或文献的漫游。

⑤检索历史：系统对用户检索历史做自动保存，可对检索式进行重新检索或逻辑组配检索。

(2) 检索条件控制。在检索条件控制上，对根据需要做时间、期刊、学科范围限制；检索内容控制上，系统设置了任意字段、题名或关键词、题名、关键词、文摘、作者、第一作者、机构、刊名、分类号、参考文献、作者简介、基金资助、栏目信息等 14 个检索入口。遵循“与、或、非”的逻辑组配检索。

（3）检索结果。期刊文献检索结果网页为用户提供了较为全面的信息内容，如图 7-67，包括：①针对检索结果的再检索功能；②查看检索条件下获得的文献规模、学科分布情况和最新发表的研究论文情况；③可以选择查看最近的新数据情况；④将选中的文献题录以文本、参考文献、XML 等格式导出；⑤期刊被国内外知名数据库收录情况、基金资助情况；⑥文献服务模式有在线阅读、全文下载、原文传递、开放链接等；⑦可以通过被引量链接到“文献引证追踪”功能模块下查看该篇文献的被引详细情况；⑧可利用“文献引证追踪”和“搜索引擎服务”等功能模块，获取各种文献类型有关于检索主题的被引情况、在谷歌或百度搜索引擎中检索维普期刊文献等功能。

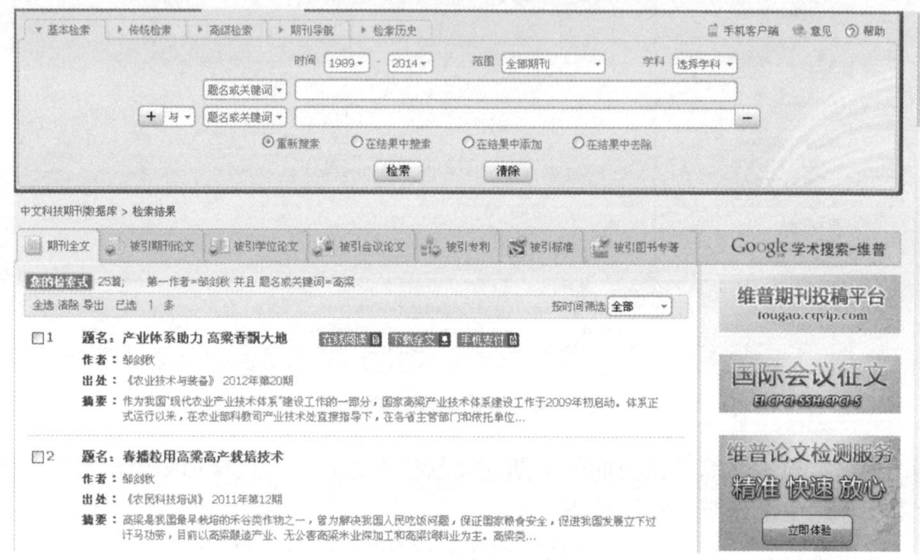

图 7-67　期刊检索结果网页

（4）目标文献信息内容。打开一篇目标期刊文献，网页具体提供了以下信息（图 7-68）：

①利用文献方式（图 7-69），包括在线阅读、下载全文、收藏本页、导出题录、分享等选项；②文献的内容特征、知识点链接等；③检出文献的参考文献；④与该文献主题相似的其他文献；⑤被引量、查看高影响力机构等相关链接，用户可以查看感兴趣的相关信息。

2. 期刊检索模式

期刊检索模式（图 7-70）下，可直接输入检索条件筛选期刊或按字顺浏览

图 7-68 目标期刊文献网页信息

期刊列表。期刊导航有 4 种方式，包括期刊学科分类导航、核心期刊导航、国内外数据库导航、期刊地区分布导航，用户可以根据需要通过切换标签选择。

图 7-69 目标文献利用方式

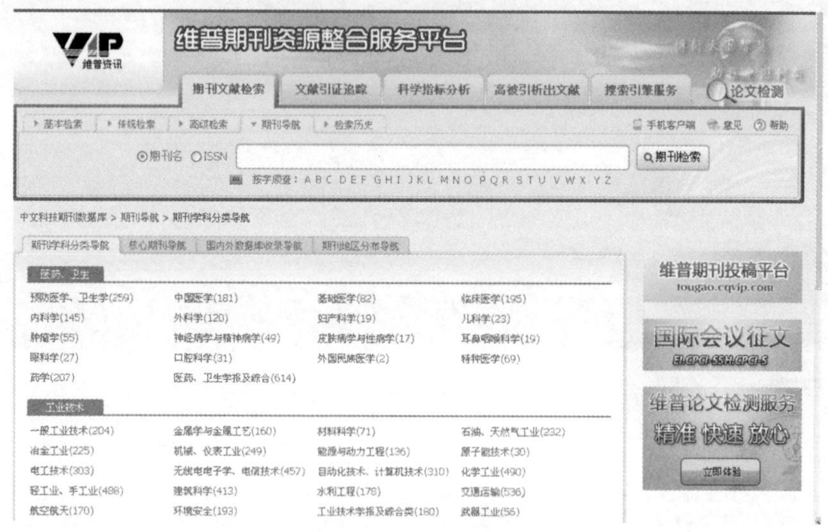

图 7-70 期刊检索模式

该检索模式下，检出具体期刊表现形式如图 7-71，从该网页可以：①链向《中文科技期刊评价报告》，了解该刊历年的影响因子、立即指数等引用分析评价报告参数；②链向“文献引证追踪”模块，查看该刊发文量、被引量的年代分布情况；③链向“科学指标分析”模块，查看该刊所在学科近 10 年来的高影响力期刊；④详细了解该刊的期次信息。

3. 传统检索

传统检索是维普资讯老用户习惯的专业检索风格，在《中文科技期刊数据库》检索主页面或其他检索界面中单击“传统检索”标签，即进入传统检索界面，如图 7-72。

(1) 限定检索范围。检索范围限定包括导航树范围、期刊范围、年限、同

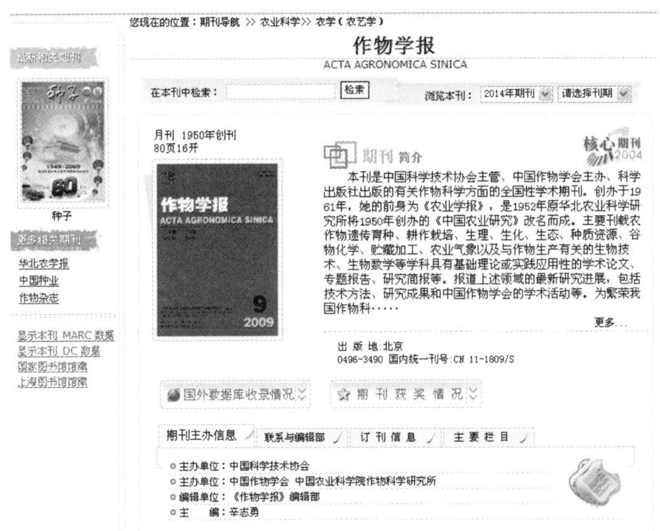

图 7-71 期刊导航检索模式下检出目标期刊网页

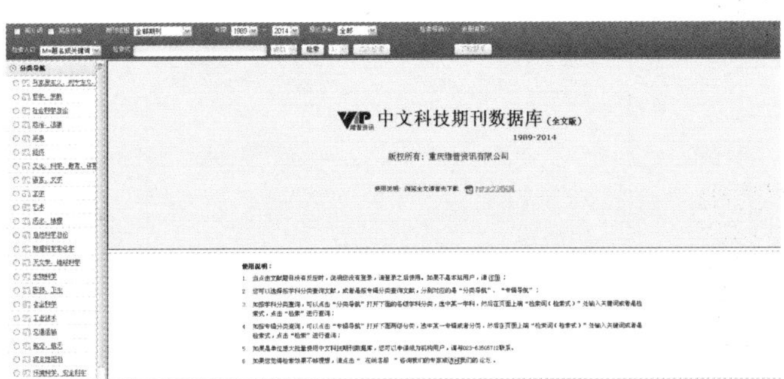

图 7-72 维普传统检索界面

义词库和同名作者库的选择与限定。

①导航树。专辑导航是以数据库八大专辑为树形结构展开，而分类导航是以《中国图书馆分类法》（第 4 版）为依据，覆盖《中国图书馆分类法》中的所有学科范围，每一个学科分类也都可以按树形结构展开，因此用户可根据需要将检索范围限定在某一特定专辑或学科分类。利用导航树，可缩小检索范围，进而提高查准率和查询速度。

②同义词。同义词库功能默认关闭，选中即打开。

③同名作者。

（2）选择检索入口。

（3）输入检索词。

（4）检索。单击“检索”按钮，系统将结果返回至右侧上部的窗口中。

（5）检索结果处理。

①二次检索。打开“检索”按钮后下拉列表框，进行逻辑关系“与”“或”“非”的选择，然后单击“二次检索”按钮，即可以在当前检索结果的基础上或者说当前检索结果的范围内再进行相应设置的检索。

②全文。检索结果显示了文献检出数量、具体文献以题录形式显示相关信息。此页面下，单击文献的题名链接，即可在细览区显示其详细信息。单击细览区右侧的 PDF 全文下载链接，即可进行全文下载。

③题录保存。首先要选择目标文献，然后单击“下载题录”按钮，即可进行题录保存。

4. 高级检索

高级检索是布尔逻辑式检索的直观表现形式，提供多重检索方式，可以设计多个检索条件限制和同时检索多个字段，使检索变得更准确快捷。维普期刊文献高级检索提供两种方式供用户选择使用：向导式检索和直接输入检索式检索，如图 7-73 所示。

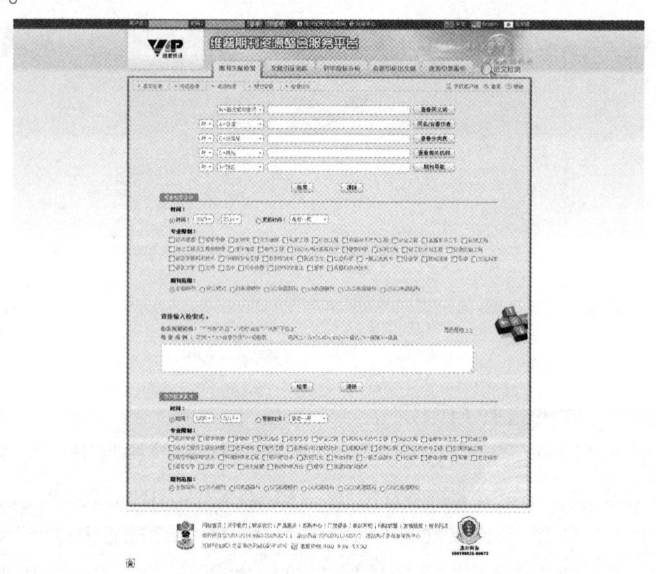

图 7-73　维普高级检索页

（1）向导式检索。向导式检索（图 7-74）为用户提供分栏式检索词输入方法。用户除了可以选择逻辑运算、检索项、匹配度外，还可以进行相应字段扩展信息的限定，提高了查准率。一次最多可进行 5 个字段的逻辑组配，同时在匹配度一栏选择“模糊”或“精确”选项。

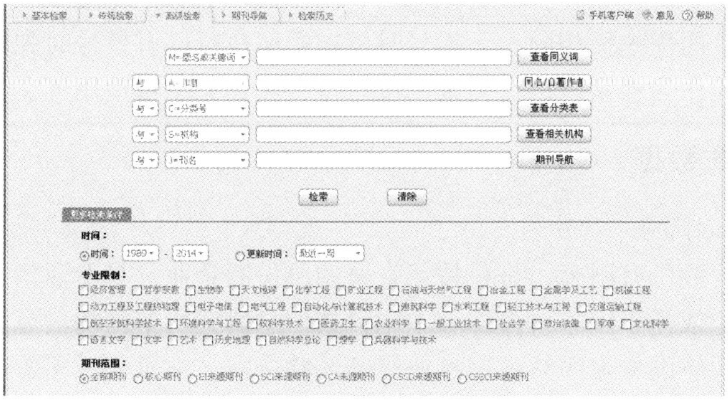

图 7-74　维普向导式高级检索

在向导式检索中，文本框后有相应的扩展功能，可进行同义词、同名作者、分类表、相关机构和期刊的扩展功能查询。单击“查看同义词”按钮，即可显示不同单位同名作者，用户可以选择作者单位来限制同名作者范围，勾选数据最多不超过 5 个。“查看分类表”按钮，会弹出分类表页，操作方法同分类检索。单击“查看相关机构”按钮，即可显示以该机构为主办（管）机构的所属期刊社列表，勾选数据最多不超过 5 个。单击“期刊导航”按钮，可以查看该期刊的详细信息（如曾用名等），使用户可获得更多信息。在进行这些信息的查询时，必须在前面输入相应的检索词，否则不能进行操作。按钮为灰色时，表示该功能不可用。用户还可以单击“扩展检索条件”按钮，以进一步缩小搜索范围，获得符合检索需求的检索结果。

（2）直接输入检索式检索。直接输入式检索，如图 7-75，用户可在检索条件框中直接输入由逻辑运算符、字段标识等组成的检索式，单击“扩展检索条

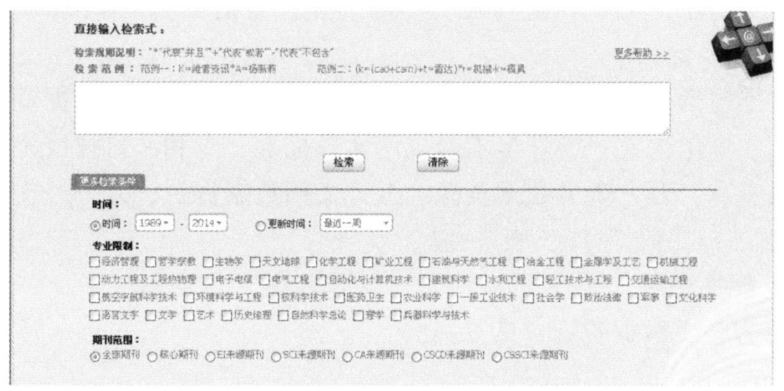

图 7-75　维普直接输入式高级检索

件”按钮并对相关检索条件进行限制后，再单击“检索”按钮即可。系统默认3种逻辑运算符的优先级相同，无括号时依次顺序执行，有括号时先括号内后括号外。括号不能作为检索词进行检索，所有符号和英文字母使用英文半角字符。

7.6.3 万方数据

7.6.3.1 万方简介

万方数据股份有限公司是科技部直属的股份制企业，是专业信息资源建设生产商，该企业依托于国家科技部和中国科技信息研究所丰富的信息资源和经验丰富的信息资源建设专家团队，信息业服务经验丰富。学科领域覆盖面广，文献回溯年代久远，拥有自主版权及共建数据库上百个。形成了数据庞大的中文科技信息数据库集群，自主研发了数据库检索和镜像系统平台，高效、稳定、可靠、易维护，系统界面清晰友好，简单易用，得到国内广大学者的认同。万方数据用户群体广泛，包括企业、政府机构、科研机构等科研、管理、生产等各个领域。

万方数据由万方数据知识服务平台和海量的电子数据资源组成。拥有ISO 9000国际质量管理体系认证、中华人民共和国互联网出版许可证、中华人民共和国电信与信息服务业务经营许可证（ICP）、中华人民共和国增值电信业务经营许可证（ISP）、中华人民共和国出版物经营许可证、软件企业认定证书、高新技术企业认定证书、信息网络传播视听节目许可证、中国质检出版社（中国标准出版社）授权书等。

万方数据公司于2003年成立版权中心后，已与超过近1 000家学位论文授予单位签订了相应的版权协议，2014年签约覆盖率达到95%以上，211院校覆盖率达到100%。另外，版权中心也与目前加入万方数字化期刊群的所有出版单位、学术会议论文出版单位、国家质检总局（标准文献）等签订了相应的版权协议。与国家知识产权局签署了资源合作协议，专利服务范围囊括了11国两组织。

7.6.3.2 万方资源

万方数据包括万方全文数据资源、文摘型数据资源和事实数据资源。海纳中外学术期刊、学位论文、中外学术会议论文、标准、专利、科技成果、特种图书等各类信息资源。万方全文数据资源、万方文摘数据资源、万方外文全文数据资源情况如表7-15、表7-16、表7-17。

1. 万方数据资源

（1）万方全文数据资源（表7-15）。

表 7－15 万方全文数据资源一览表

序号	数据库名	资源总量	统计截止时间	年代跨度	年增量	更新情况	收录范围	涵盖学科	服务与检索	产品特点
1	中国学术期刊数据库	共 7 676 种整刊，其中农业基础科学、农业工程、农学、植物保护、农作物、园艺、林业、畜牧兽医、水产渔业、大学学报（农业）、农业科学总论、生物科学、农业经济共计 661 种	2014 年 7 月	1998 年至今	200 万篇	每周两次	覆盖理、工、农、医、人文社科等各个专业，核心刊收齐率达到 98%	理、工、农、医、人文社科等各个专业	可以单刊浏览，也可以单篇检索； 全文存取采用国际通用 PDF 存储格式	以整刊为单位上网，保持原刊风貌；同时提供文章检索，是国际公认的真正的电子化期刊
2	中国学位论文全文数据库	210 万余篇	2014 年 7 月	1999 年至今，少量回溯到 1987 年	20 万本		千余家单位，主要以全国 211 重点高校和重点科研机构为主（占 70% 以上）	覆盖自然科学总论、数理化、天文、地球、生物、医药、卫生、农林、工业技术交通、航空、环境等专业		
	中国学术会议论文全文数据库	180 万余篇	2014 年 7 月	1998 年至今，少量回溯到 1993 年	10 万篇	每月一次	全国性学术会议 24 322 个	覆盖自然科学、工程技术、农林、医学等领域		学术性强，代表当今最新的科技发展水平
4	外文学术会议论文全文数据库	32 万余篇	2014 年 7 月	2000 年至今			国内组织的国际会议的论文 2 497 个	覆盖自然科学、工程技术、农林、医学等领域		

（续表）

序号	数据库名	资源总量	统计截止时间	年代跨度	年增量	更新情况	收录范围	涵盖学科	服务与检索	产品特点
5	中国国家标准全文数据库	至今为止已达37万余个各类标准文摘，全文12万余条	2014年7月				国家标准、行业标准	覆盖天文、地球、生物、医药、卫生、农林、工业技术交通、航空、环境等专业	镜像用户：统一检索后，下载全文时，行业标准跳转到行标镜像平台下载，国家标准跳转到国标镜像平台下载；网络用户：检索后，国家标准和行业标准在统一平台下载	可以实现国家标准和行业标准的统一检索、统一的全文使用
6	中外专利数据库	1 058万余项中国专利全文信息，3 354万余项十国二组织的国外专利文摘，可以直接链接到国外专利全文	2014年7月	1985年至今		每两周更新一次	收录十国二组织的国外专利文摘3 354万项，可直接链接到国外专利全文	收录从1985年至今受理的全部发明专利、实用新型专利、外观设计专利数据信息		
7	中国法律法规全文数据库	63余万篇	2014年7月	1949年至今			全国人大、国务院、最高人民法院和最高人民检察院等单位颁布的法律法规、司法解释、各部门规章等；各地地方性法规和地方政府规章，以及我国参与的国际条约和公约等	覆盖自然科学、工程技术、农林、医学等领域		国家法律全文、行政法规全文、司法解释全文、人民法院公报案例全文、仲裁裁决案例全文、人民法院仲裁全文、法律文书样式全文、港澳台法律法规全文、外国法律全文、国际条约全文

（续表）

序号	数据库名	资源总量	统计截止时间	年代跨度	年增量	更新情况	收录范围	涵盖学科	服务与检索	产品特点
8	特种图书数据库	11 018种图书	2013 年 12 月	1980 年至今			包括工具书、科技类图书、人文社科类图书、医学类图书以及综合性图书等	覆盖自然科学、工程技术、农林、医学等领域		包括百科全书、字典辞典、史书、年鉴、图案、教材教辅、科普类读物等
9	新方志数据库	提供全文服务的文献为 26 406 册，约7 707 566 篇全文文献		1949 年至今	每年增量约 5 000 册左右		全面系统地记述各行政区域的自然、政治、经济、文化和社会的历史与现状的资料性文献	包括综合志、部门志、地名志、企业志、学科志、特殊志及地情书等		涵盖范围广、时间跨度大、资料全
10	事实型文献—机构类数据库	20 多万家国内外企业机构、科研机构、教育机构、信息机构各类机构详细信息		企业机构信息库，始建于 1988 年；科研机构信息库始建于 1990 年		不定期更新	收录了国内外企业机构、科研机构、教育机构、信息机构各类信息	收录了各机构的基本信息、经营信息、机构面积、馆藏数量、馆藏电子资源、学科分类、研究范围、拥有专利成果、推广的项目、产品信息、重点学科、机构设置、专家名人等相关信息		分别针对各类机构的特点进行分类导航，并整合了各类机构的科研产出（包括发表论文、承担科技成果、申请专利、起草标准）和媒体报道情况
11	事实型文献—科技专家数据库	1.2 万余条国内自然科学技术领域的专家名人信息	2014 年 7 月			不定期更新	收录了国内自然科学技术领域的专家名人信息	详细介绍各专家的基本信息、受教育情况及其在相关研究领域内的研究内容及其所取得的进展等		为国内外相关研究人员提供检索服务，有助于用户掌握相关研究领域的前沿信息

（2）万方文摘型数据资源（表 7–16）。

（3）万方外文全文数据资源（表 7–17）。

表 7–16　万方文摘型数据资源情况一览表

资源类别	数据库名称	资源简介
科技成果类数据库	中国科技成果数据库	我国权威的科技成果宝库，数据主要来源于历年各省、市、部委鉴定后上报国家科技部的科技成果及星火科技成果。目前收录成果达近 81 万余项，每年新增 2 万项
学位论文类数据库	中国学位论文文摘数据库	包括硕士、博士和博士后论文总计约 292 万余篇，年增 20 万篇，收录年代为 1980 年至今
会议论文类数据库	中国学术会议论文文摘数据库	由国家级学会、协会、研究会以及各省、部委集团公司组织召开的全国性学术会议论文，总计 213 万余篇，收录年代为 1985 年至今
论文统计类数据库	中国科技论文统计分析数据库 中国科技论文引文分析数据库	自 1989 年始建以来，已收录论文 338 万多条，引文 638 万多条
专利技术类数据库	中国发明专利数据库 中国实用新型专利数据库 中国外观设计专利数据库	总记录数为 1 058 万余条国内专利，3 354 万余条国外专利。该数据库内容涉及化工、生物、医药、机电等专业的专利文献
科技文献类数据库	中国科技文献系列数据库；农业科学文献；环境文摘数据库；化工文献数据库；中国生态农业文献数据库（网络）；中国计算机文献数据库；中国林业科技文献数据库；中国水利期刊文献数据库；中国畜牧文献数据库；粮油食品科技文献数据库；中国可再生能源开发利用文献数据库（网络）；绿色农用生物产品和制造工艺数据库（网络）；农产品无害化生产关键文献数据库（网络）；中国食品安全与检验检疫文献数据库（网络）等共计 40 个数据库	
中外标准类数据库	中国国家标准；中国行业标准；中国建材标准；中国建设标准；国际标准化组织标准；国际电工委员会；德国国家标准；英国国家标准；法国国家标准；美国国家标准；日本工业标准；欧洲标准；美国材料试验协会标准；美国保险上试验所标准；美国电气电子工业标准；美国机械工程师协会标准	

表 7-17 万方外文全文数据资源一览表

数据库	类型	学科领域
施普林格在线回溯数据库（Springer）	全文回溯期刊	综合
牛津期刊过刊回溯库（OUP）	全文回溯期刊	生命科学、社会科学、人文科学、法律等
英国物理学会网络版期刊回溯文档数据库（IOP）	全文回溯期刊	环境科学与工程，计算机科学与技术，生物医学工程等
Turpion 网络版期刊回溯文档数据库（Turpion）	全文回溯期刊	物理学，数学，化学等
Nature 周刊回溯文档数据库（Nature）	全文回溯期刊	自然科学、农学、医学、物理、化学、数学、生物学
英国皇家化学学会回溯期刊库（RSC）	全文回溯期刊	化学
英国工程技术学会回溯库（IDL）	全文回溯期刊	计算机、信息、材料、机械制造、生命科学等
加拿大国家研究委员会期刊（NRC Online Journals）	全文现刊	综合
英国皇家学会期刊（The Royal Society Online Jurnals）	全文现刊	综合
地球科学世界出版社期刊［Geo Science World（GSW）Journals］	全文现刊	地学
多科学出版有限公司电子期刊（Multi－Science Publishing Co. Ltd. Journals）	全文现刊	工程技术
加拿大林业学会电子期刊［The Canadian Institute of Forestry（CIF）Journal］	全文现刊	林业
美国农业生物工程师学会电子期刊（ASABE Journals）	全文现刊+技术文库	农学
英国白马出版社电子期刊（White Horse Press Journals）	全文现刊	环境
ASA-CSSA-SSSA 学会网络版期刊（ASA-CSSA-SSSA Journals）	全文现刊	农学
伯克利电子出版社电子期刊（The Berkeley Electronic Press Journal）	全文现刊	化学反应、电力技术、食品工程、护理学、生物统计和计量经济
美国 IGI Global 出版社网络版期刊、数据库及词典（IGI Global Journal & Database）	全文现刊+电子图书+专业词典	信息学、公共管理、社会科学、教育、图书馆学和保健学
美国 Mary Ann Liebert 出版公司网络版期刊（Mary Ann Liebert, Inc. Journal）	全文现刊	生物工程、生物医学研究、生命科学、临床医学、外科、法律
英国 Rapra Technology Limited 出版公司网络版期刊（Rapra Technology Limited-journals）	全文现刊	塑胶和橡胶研究
多伦多大学出版社网络版期刊（University of Toronto Press Journal）	全文现刊	制图学、学术出版、兽医学
英国 Maney 出版公司期刊（Maney Publishing Online Journals）	全文现刊	材料、工程

（续表）

数据库	类型	学科领域
美国运筹学和管理学研究协会期刊（INFORMS Online Journals）	全文现刊	管理科学
澳大利亚科学院（CSIRO）出版社网络版期刊（CSIRO PUBLISHING Journals）	全文现刊	生物学、生态学、医学、农业、化学、天文学
荷兰国际化科技与医学学术出版社网络版期刊（IOS Press Journals）	全文现刊	计算机科学、环境学、生命科学、工程技术等
IOPP 合作出版社期刊	全文现刊	物理学、化学、医学、生物学

2. 万方数据更新

万方数据资源丰富，更新快，其中，学术期刊、学位论文等数据库均为日更新。2014 年 11 月 6 日网站数据资源更新情况如图 7-76 所示。

7.6.3.3　万方服务

1. 服务平台简介

万方数据依托万方企业知识服务平台为用户提供服务，如图 7-77 所示。

万方数据企业知识服务平台是一款为企业、政府、科研院所等单位生产研发、科研管理、市场开拓、战略布局等各环节提供信息服务的综合性服务平台。它以海量的数据资源为基础，利用先进的信息处理技术，进行专业化的行业精细分类，提供个性化的知识服务和情报分析评价工具。

万方企业知识服务平台集成了国家工程技术图书馆的全部资源及引进的数据资源，采用一框式检索技术，方便快捷。目前，万方元数据的仓储量已经达到了 6 亿条，为知识发现以及原文定位提供数据支撑和保障。

2. 服务平台主要产品

（1）行业知识服务平台 。万方数据推出了针对行业的信息服务产品——行业知识服务平台，如图 7-78、图 7-79。该平台为特定行业的管理、生产、技术、研发、市场等提供专业、权威、实用的全方位知识资源服务，包括：①将相关行业资源深度分类，形成行业匹配的知识体系，并引入三级“知识树”导航方式，使用户快捷、方便地找到资源；②在行业某个领域内，提供知识链深度挖掘、产学研相关性展示与资源相关性分析；③平台可根据企业不同的流程体系进行深度定制，打造企业自己的知识服务平台。

（2）科研分析服务平台。万方数据提供了科研分析服务平台，即科研分析工具，包括：科技创新统计、机构科研创新能力分析、科技知识发现系统和科技辅助决策支持系统，如图 7-80 所示。

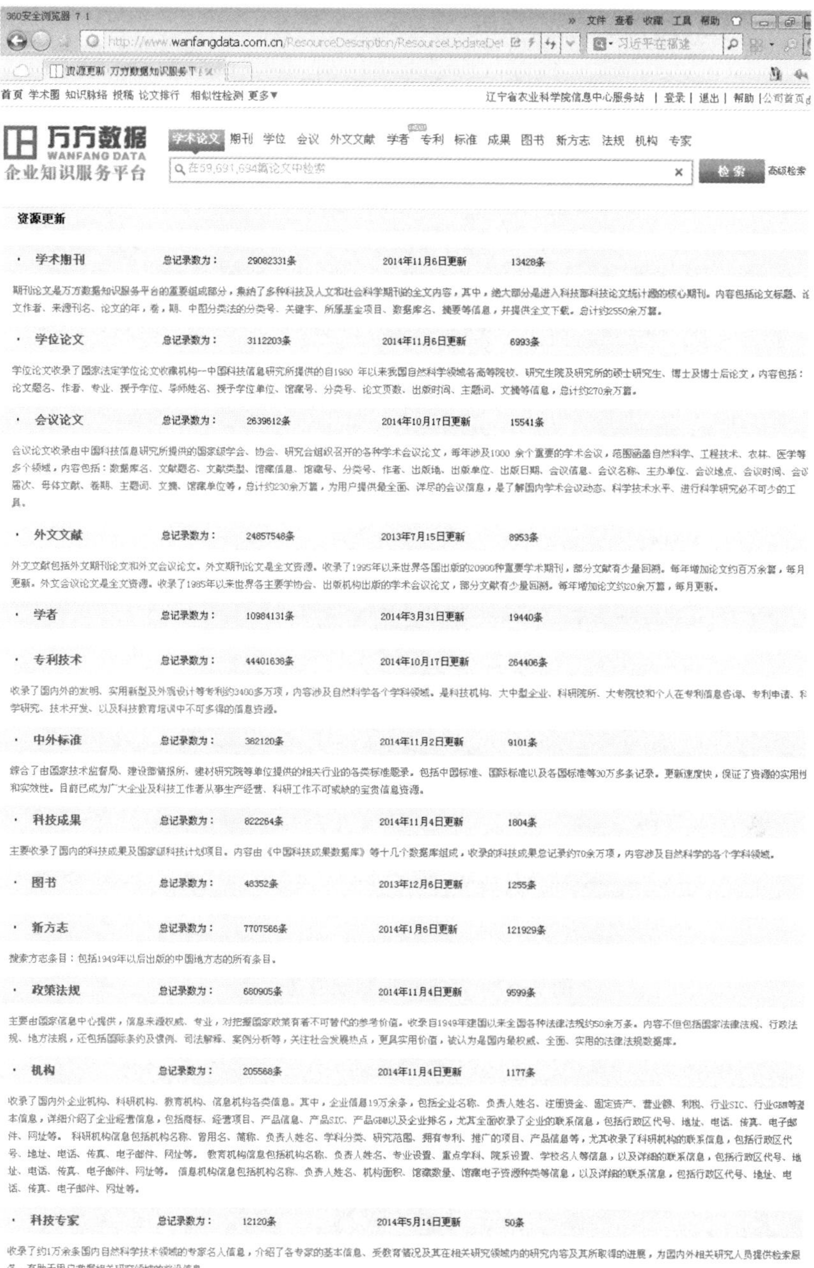

图 7-76　2014 年 11 月 6 日万方数据资源更新情况

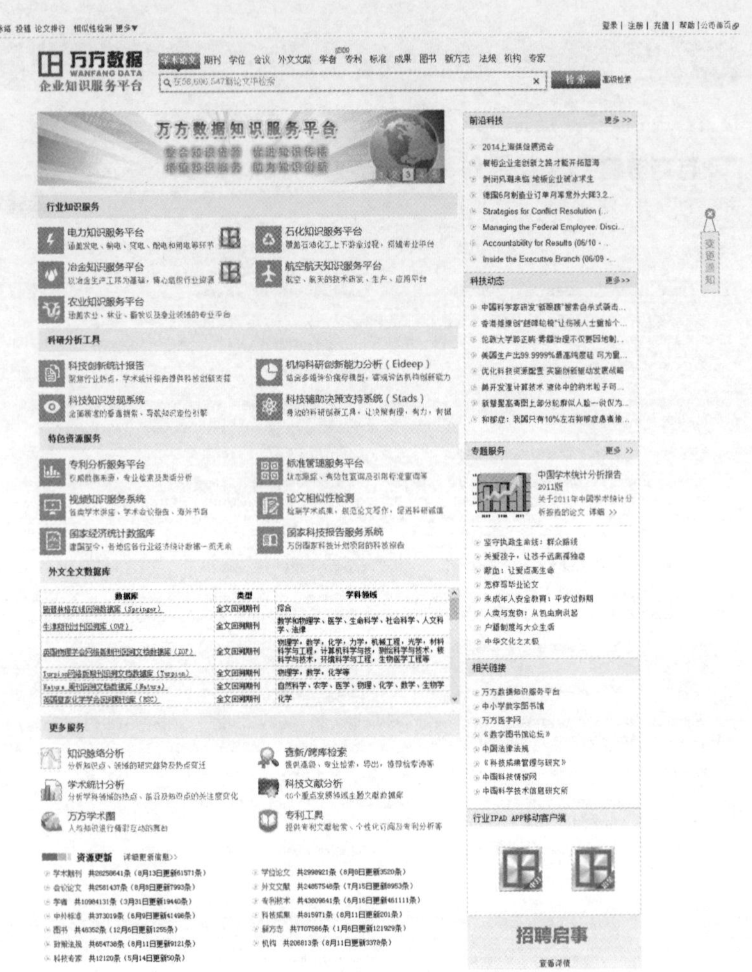

图 7-77　万方数据知识服务平台

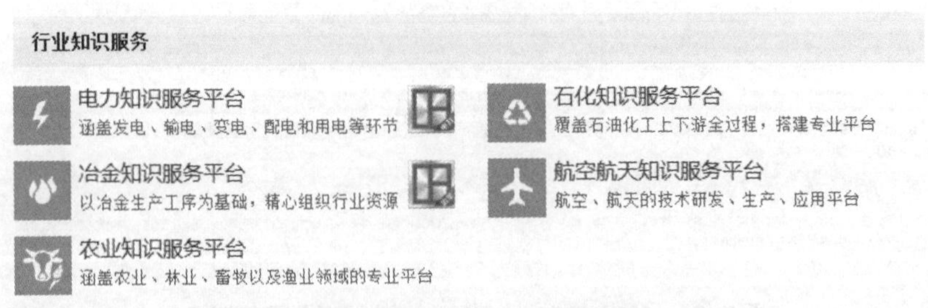

图 7-78　万方数据——行业知识服务平台

图 7-79 万方数据——农业知识服务平台

图 7-80 万方数据——科研分析服务平台

①科技辅助决策支撑系统、科研创新统计报告。创新助手是万方数据公司推出的面向政府、科研院所、企业等单位的科研一线及管理部门，协助科研人员和科技管理人员进行科技信息挖掘、分析的工具。利用该工具，可轻松了解所关注主题的研究状况、学科领域专家与研究机构、科研项目课题成果与进展、科研机构科研能力统计与分析，为科研决策提供数据的支持与服务，如图 7-81、图7-82。

②科技知识发现系统。万方科技知识发现系统，基于 6 亿条元数据和云服务架构，实现公有云和私有云的集成。以学科、主题、任务、机构、基金等知识获取五要素进行数据规范和深度标引，提供用户通用与个性化定制完美结合的学术

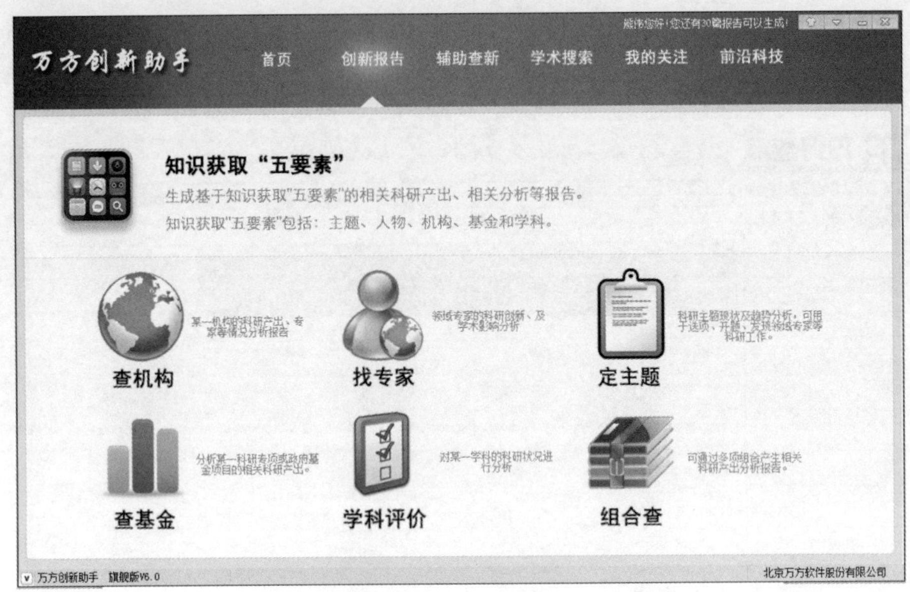

图 7-81 万方创新助手

图 7-82 万方创新报告服务系统

搜索引擎，实现一站式的知识发现以及多元的资源定位（图 7-83）。

图 7-83 万方知识发现系统

③机构科研创新能力分析。万方数据提供了机构科研创新能力分析服务(图 7-84)，建立了科技创新能力的指标体系，对机构科技创新力进行多角度、多层次的信息挖掘及揭示，从而进行完整、准确、可追溯的量化统计。

图 7-84 万方数据——机构科研创新能力分析平台

(3) 特色资源服务。万方数据提供了特色资源服务，如图 7-85 所示。

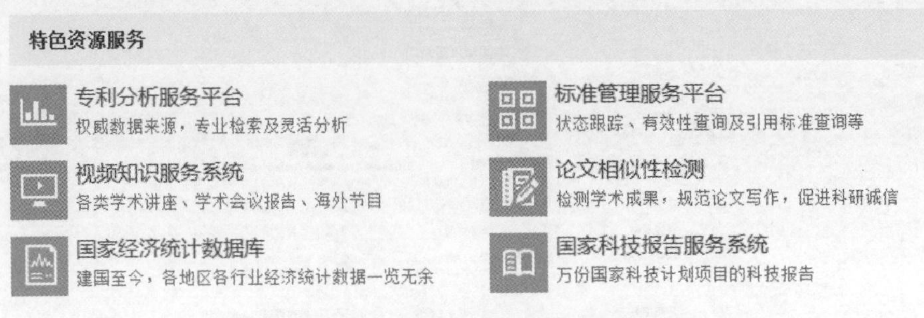

图 7-85　万方数据——特色资源服务平台

①专利分析服务。“专利分析服务平台”是万方数据品牌旗下重点产品之一，通过整合我国权威的专利信息资源并加以规范处理，面向政府、企事业单位、科研院所打造的专利检索、专利分析及个性化服务系统，图 7-86 所示。

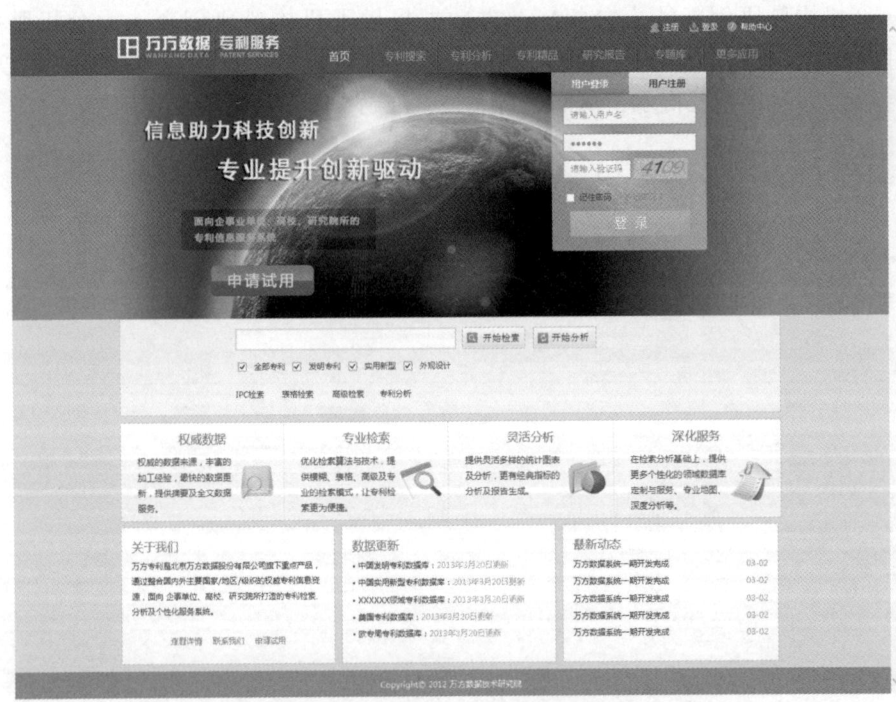

图 7-86　万方专利分析服务平台

万方数据专利资源收录了国内从 1985 年至今受理的全部发明专利、实用新型专利、外观设计专利数据信息全文共 1 026 万余项，包含专利公开（公告）

日、公开（公告）号、主分类号、分类号、申请（专利）号、申请日、优先权等数据项。此外还收录 3 354 万余项 10 国 2 个组织的国外专利文摘，可以直接链接到国外专利全文。

平台提供模糊检索、IPC 检索、表格检索、高级检索、二次检索五种专业检索模式；提供基本分析、组合分析、对比分析和万方研发的特色分析四大类专利分析模式。

②标准管理服务平台。标准管理服务平台是万方数据于 2014 年推出的基于标准文献、面向企业用户服务的一个多视角、全方位功能型平台。目前可提供包括标准文献检索、标准有效性查询、标准收藏及账户管理在内的四大项功能，图 7-87。平台提供的标准资源数量极为庞大，《中国国家标准全文数据库》收录国家标准 44 000 余篇，数据来源权威，行业标准涉及 20 余个行业共 77 000 余篇，皆可提供全文服务。同时收录了国内外国标、行标等文摘信息达 132 万余条。

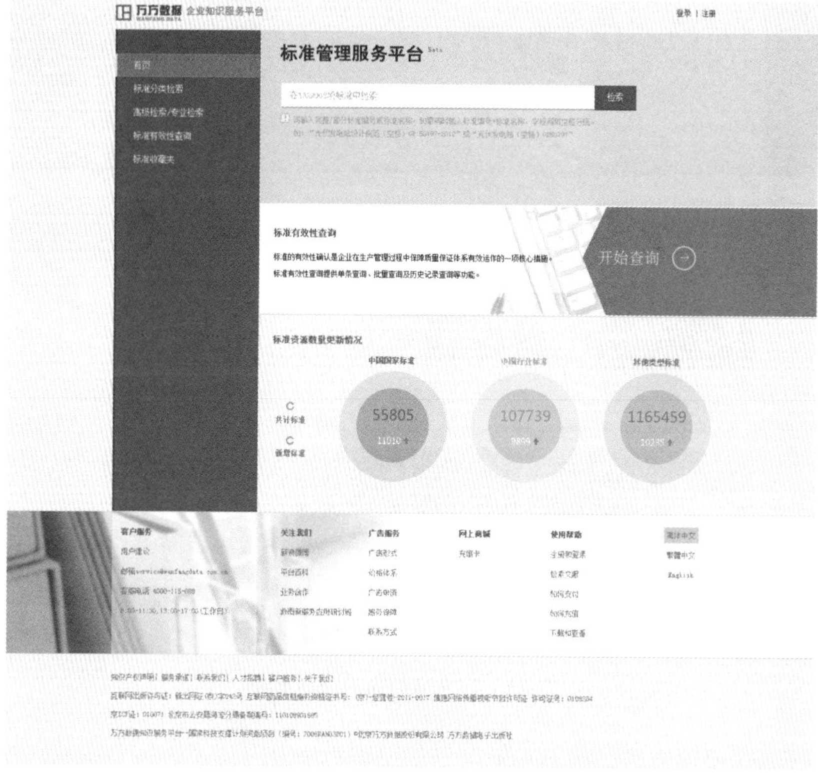

图 7-87 万方标准管理服务平台

标准检索在保留了万方数据原有的检索优势基础上，进一步针对标准文献资源的检索需求做出了优化。在检索原理上支持精准检索和模糊检索；同时，在检索形式上提供三类不同的检索方法，以便满足用户不同的检索需求。

③视频知识服务系统。万方视频是以科技、教育、文化为主要内容的学术视频知识服务系统，与教育部、中央电视台、凤凰卫视、中国科技信息研究所、中华医学会、北大光华等国内外著名专业制作机构进行广泛的战略合作。现已推出高校课程、学术讲座、学术会议报告、考试辅导、就业指导、医学实践、管理讲座、科普视频等适合各层次人群使用的精品视频和更专业的学术视频资源，如图 7-88所示。

图 7-88　万方视频知识服务系统

④论文相似性检测。论文相似性检测系统是由万方数据股份有限公司自主研发的文献检测系统，能够对新论文、已发表论文进行精准、快速的相似性检测，同时，提供客观的检测报告及其他咨询服务，图 7-89 所示。

图 7-89　万方论文相似性检测系统

⑤国家经济统计数据库。万方数据在 2014 年推出了《国家经济统计数据库》，数据源自中国国家统计局，可靠、准确。数据覆盖面广，覆盖了国民生产总值、人口数等国民经济 1 万多个指标的数据，最早可追溯到 1949 年新中国成立初期，如图 7-90 所示。

⑥国家科技报告服务。科技部在国家科技计划中启动了科技报告试点，开展“十一五”以来科技计划立项项目（课题）的科技报告回溯与呈交工作。国家科技投入形成的科技报告将通过“国家科技报告服务系统”对广大科研人员和社会公众实行开放共享，如图 7-91 所示。

2014 年 3 月 1 日，国家科技报告服务系统正式上线，展示了 1 万份国家科技计划项目的科技报告。系统开通了针对社会公众、专业人员和管理人员三类用户的服务。向社会公众无偿提供科技报告摘要浏览服务，无须注册；向专业人员提供在线全文浏览服务，专业人员需要实名注册，通过身份认证后方可检索并在线浏览科技报告全文，不能下载保存全文；科技报告作者实名注册后，将按提供报告页数的 15 倍享有获取原文推送服务的阅点；管理人员通过科研管理部门批准注册，免费享有批准范围内的检索、查询、浏览、全文推送以及相应统计分析

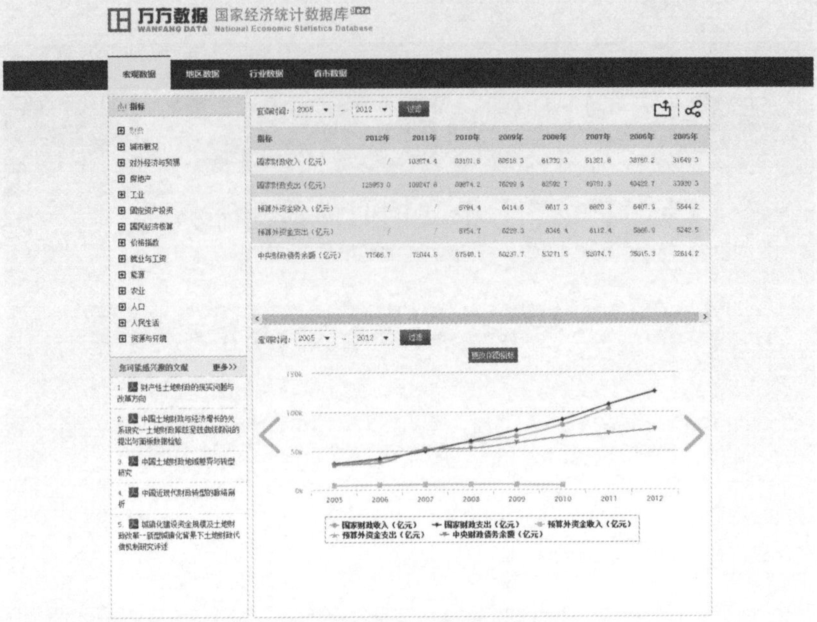

图 7-90 国家经济统计数据平台

图 7-91 国家科技报告服务平台

等服务，向各级科研管理人员提供面向科研管理的统计分析服务。

3. 外文全文数据库

外文全文数据库提供包括英国皇家学会期刊、加拿大国家研究委员会期刊等20余个权威数据库的链接，并可协助客户申请外文数据库的使用权，申请成功后，客户可以免费使用外文数据库资源。此服务只针对公益性单位，即政府、科研院所等学术性机构，不对企业客户、个人客户开放，如图7-92所示。

外文全文数据库

英国工程技术学会回溯库(IDL)	全文回溯期刊	电子、电气、通讯、计算机、信息、控制、材料、机械制造、生命科学
加拿大国家研究委员会期刊(NRC Online Journals)	全文现刊	综合
英国皇家学会期刊(The Royal Society Online Jurnals)	全文现刊	综合
地球科学世界出版社期刊(GeoScienceWorld (GSW) Journals)	全文现刊	地学
多科学出版有限公司电子期刊(Multi-Science Publishing Co. Ltd. Journals)	全文现刊	工程技术
加拿大林业学会电子期刊(The Canadian Institute of Forestry (CIF) Journal)	全文现刊	林业

图7-92 万方外文全文数据库服务平台

4. 服务方式

万方数据产品有多种服务方式，包括网络服务、镜像服务、云仓储服务等。并承诺在服务年度内，每月提供DVD更新光盘或技术工程师上门进行数据更新；服务年度内，由万方技术人员对用户端技术人员提供免费培训，对用户端使用者提供两次免费培训（200人以内）。

（1）网络服务。通过网络访问万方数据资源系统站点（et.wanfangdata.com.cn），单位内部或个人使用万方数据资源，通过万方提供的用户名口令或者用户提供的IP开放在万方的网站上享受万方数据的服务。此种方式较镜像方式不受地域限制，拥有上网条件的企业或个人用户可随时随地使用。

（2）镜像方式。利用万方数据资源镜像系统，客户能够在本地局域网上提供万方数据资源系统的全部或部分本地化快速服务。万方数据资源镜像系统主要包括资源系统和软件系统两个部分。

（3）云仓储服务。文摘库在用户本地镜像安装，全文采用链接到万方服务器。此种服务方式个性化强，节省本地空间以及硬件投入，检索速度快，更新迅速。

7.6.3.4 万方检索

1. 进入服务平台主页

键入网址进入“万方数据知识服务平台”主页（http：//www.wanfangdata.

com.cn，如图 7-93 所示。

图 7-93　万方数据知识服务平台主页

2. 找到检索区域，选择服务

检索中心页面主要由资源选择区、检索功能区、数据库选择列表、分类选择列表和工具栏区组成。一般情况下，用户可在主页上选择数据库资源及文献类型，选择检索方式，然后进行检索。

万方数据系统提供了简单检索、高级检索和专业检索，还提供了单库检索和跨库检索，用户可根据自己的习惯、需要及检索要求选择检索方式和检索结果处理方式。

（1）简单检索。

①进入万方首页。

②在资源选择区选择资源，可供选择的资源有：学术论文、期刊、学位、会议、外文文献、学者、专利、标准、成果、图书、新方志、法规、机构、专家。

③输入检索词，点击“检索”；检索词为多个时，可以空格或者＊间隔，例如玉米品种选育的文献，可以用“玉米 品种 选育”，还可输入“玉米＊品种＊选育”。如果多个并列词不用分隔符分开，则将几个词按照一个词进行检索，其检索结果大不相同，两种检索结果如下：

“玉米 品种 选育”或者“玉米＊品种＊选育”检索结果显示有 4 819 篇学术论文，而“玉米品种选育”检索结果则显示有 1 196 篇论文，如图 7-94、图 7-95所示。

④检索结果显示，如图 7-95 所示。

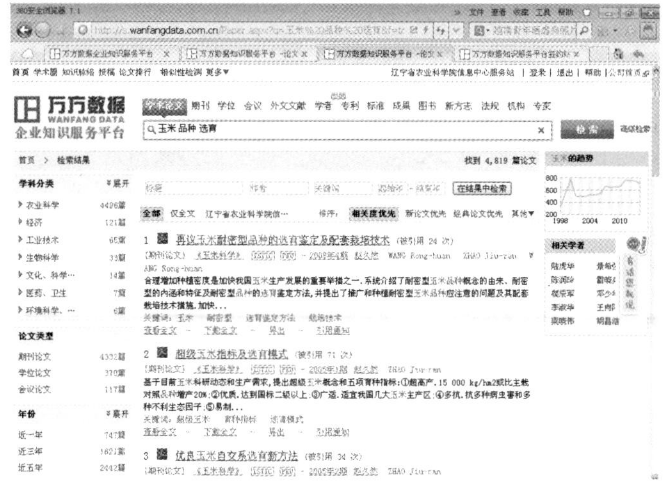

图 7-94 “玉米 品种 选育”检索结果显示网页

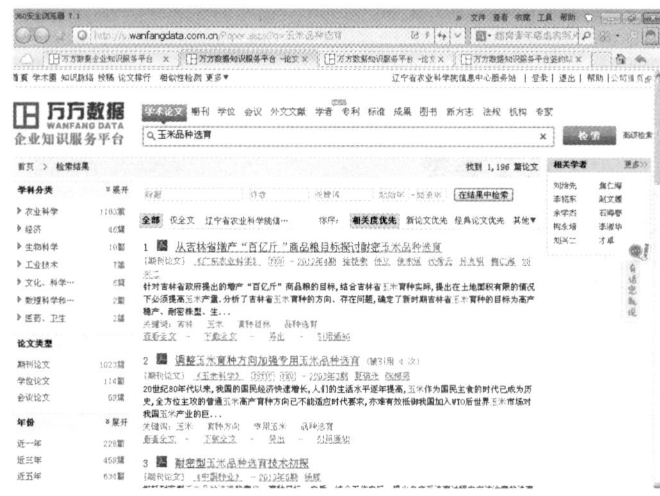

图 7-95 “玉米品种选育”检索结果显示

a. 检出文献数量显示，如图 7-96 所示。

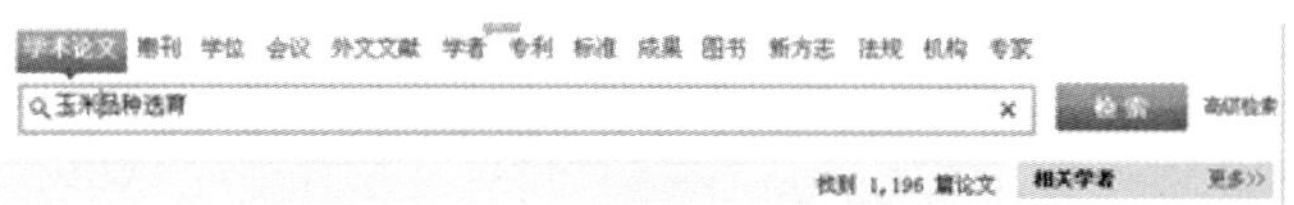

图 7-96 检出文献数量显示

b. 检出文献按学科、文献类型和年份进行分类统计并分别显示，如图7-97 所示。

首页 > 检索结果

学科分类 ¥展开

▶ 农业科学	1103篇
▶ 经济	46篇
▶ 生物科学	10篇
▶ 工业技术	7篇
▶ 文化、科学…	6篇
▶ 数理科学和…	2篇
▶ 医药、卫生	2篇

论文类型

期刊论文	1023篇
学位论文	114篇
会议论文	59篇

年份 ¥展开

近一年	228篇
近三年	459篇
近五年	634篇

图 7–97 检索文献学科分类、文献类型分类、年份分类结果

c. 检索文献页面显示排列的顺序，系统提供了相关度优先、新论文优先、

经典论文优先、仅相关度、仅出版时间、仅被引次数等选项。用户可根据需要选择，如图 7-98 所示。

图 7-98　检索文献排列顺序选择

d. 检索文献是否为全文、文献来源显示。

e. 检索文献被引用情况。

f. 文献题名、类型、刊名、年份、卷期、作者（中、英文名）、文摘、关键词。

g. 文献输出形式，包括查看、下载、导出等，可根据需要选择。

⑤二次检索。根据需要，可以进行更深层次的检索，即二次检索。可从题名、作者、关键词、检索年限进行限制，缩小文献目标范围，减少文献数量，突出重点文献。例如，要在“玉米 品种 选育”的文献中检索出涉及作者“张喜华”、年限在 1995—2010 年之间的文献，则在作者框中输入“张喜华”、在起止年限中分别输入“1995”“2010”，点击“在结果中检索”按钮，系统则马上显示出二次检索结果，如图 7-99 所示。

⑥三次检索。用户还可在二次检索基础上，进行更深层次的检索或者扩展检索，如在图 7-99 网页中，点作者“张喜华”，结果显示出该人的学术成果、合作关系、被引情况等详细内容。如图 7-100。用户还可在此基础上再次进行数据深入挖掘，如了解其合作者情况等。

⑦检索结果筛选与输出。根据用户个人的需要，选择目标文献，进行在线阅览或者下载保存。保存方式。

a. 点击文献名称进入文摘页面，浏览文摘后决定是否下载或者在线阅读，点击相应按钮即可。

b. 点击文献名称左侧的 图标进行全文阅读或者下载。

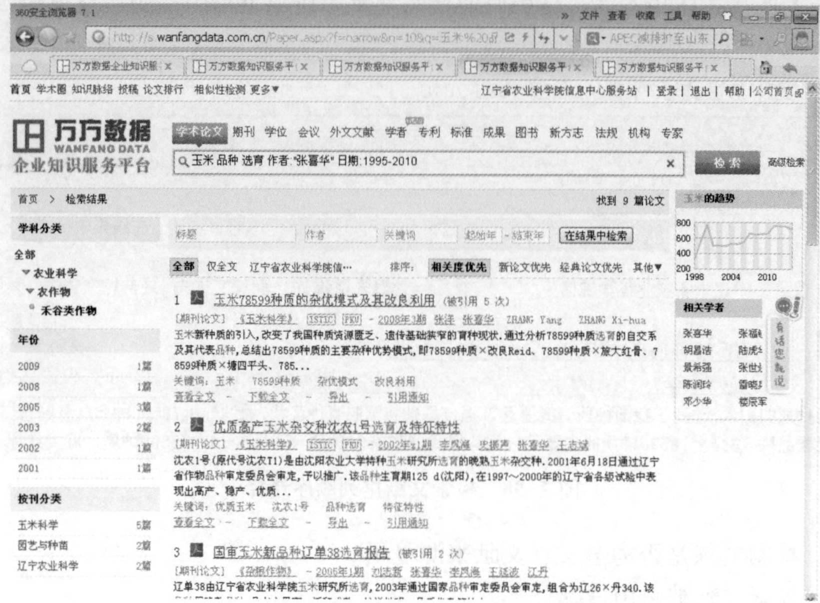

图 7-99 “玉米 品种 选育”进行二次检索后的结果

图 7-100 作者相关成果、学术研究情况显示

（2）高级检索。一般情况下，信息检索专业人员会利用数据库的“高级检索”功能，以便更快捷、更有针对性、更准确地检出所需文献。其检索步骤与一般检索大体相同，只是在检索限制上更加细化一些。

在万方数据知识服务平台首页，选择“高级检索”，系统会直接进入万方数据企业知识平台——查新/跨库检索页面。或者在万方首页，直接选择所需服务，再选择高级检索，系统也会进万方数据企业知识平台——查新/跨库检索页面，如在首页选择“农业知识服务平台”，然后再选择高级检索，如图 7-101 所示。

图 7-101　万方数据知识服务平台——查新跨库检索页面显示

高级检索：

①提供了全部、主题、题名或关键词、题名、创作者、作者单位、关键词、摘要、日期、期刊刊名、期刊刊期、学位专业、学位授予单位、学位导师、学位、会议名称、会议主办单位、会议 ID、外文期刊刊名、外文期刊刊期、外文会议名称、专利申请号（专利号）、专利权人、专利公开号、专利主权项、专利优先权、专利代理人、成果省市、成果类别、成果水平、成果密级、成果获奖情况、成果行业、成果鉴定单位、成果申报单位、成果登记部门、成果联系单位、成果联系人等选项供用户选择，如图 7-102、图 7-103 所示。

②提供了“模糊”“精确”检索选择，如图 7-104 所示。

③提供了“与”“或”“非”的逻辑选择，如图 7-105 所示。

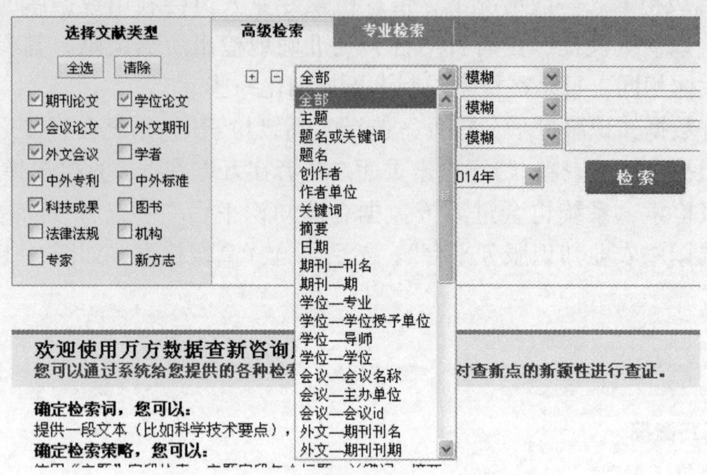

图 7-102　高级检索提供的选项（一）

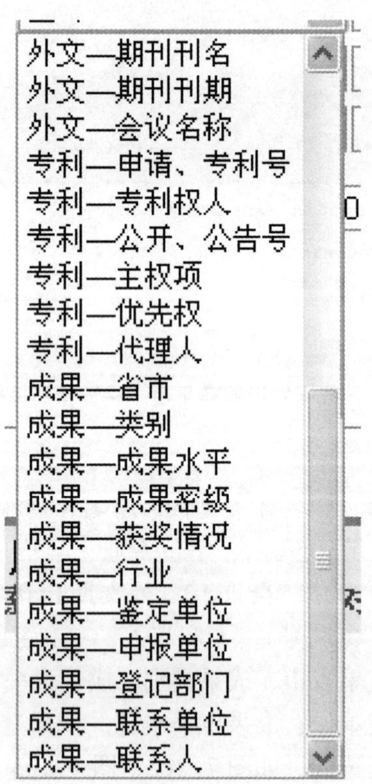

图 7-103　高级检索提供的选项（二）

图 7-104 高级检索中模糊与精确检索选择

图 7-105 高级检索与、或、非选项

④提供了起止年限选择，如图 7-106 所示。

图 7-106 高级检索起止年限选择

例如，检索 1995—2010 年玉米品种选育的相关文献，并要求玉米、品种、选育三个词均出现在题名或关键词中，精确匹配。

①依次输入检索词玉米、品种、选育，选择“题名或关键词”“精确”“与”，起止年限输入 1995 和 2010，文献类型选项选择期刊论文、会议论文、外文会议、中外专利、科技成果、学位论文和外文期刊，如图 7-107。然后点击检索，结果如图 7-108 所示。

②检索结果显示：检索结果页显示了文献检出总数量；按年限和文献类型分别统计的文献数量情况，用户可根据需要选择某年或者某种文献类型的文献；两种文献显示模式，精简模式和详细模式用户可根据需要选择；检索结果页面每页显示的文献数量（10、20、50），用户根据需要选择；检索表达式；文献选择

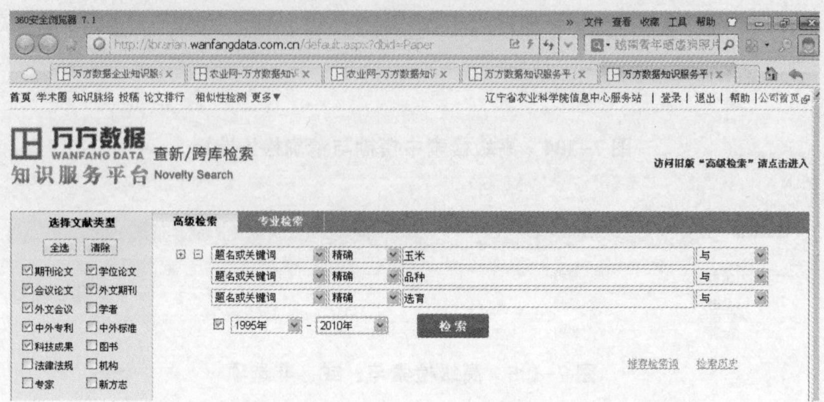

图 7-107　检索 1995—2010 年玉米品种选育的相关文献

图 7-108　玉米品种选育检索结果显示

框，用户可根据需要选择，或者输入序号选择。

③文献浏览与筛选。选中文献：用户根据需要，选择浏览目标文献，如果需要选中，可在文献题名前的方框内勾选，也可在检索表达式上方的文献选择框中输入要选中的文献序号范围或都选择“全选”选项选择当前页显示的所有文献。如图 7-109 所示。

图 7-109　文献浏览与筛选

④文献导出：如果需要将选中文献按照一定格式输出，则可点击导出，如图7-110所示。导出结果页如图 7-111 所示。

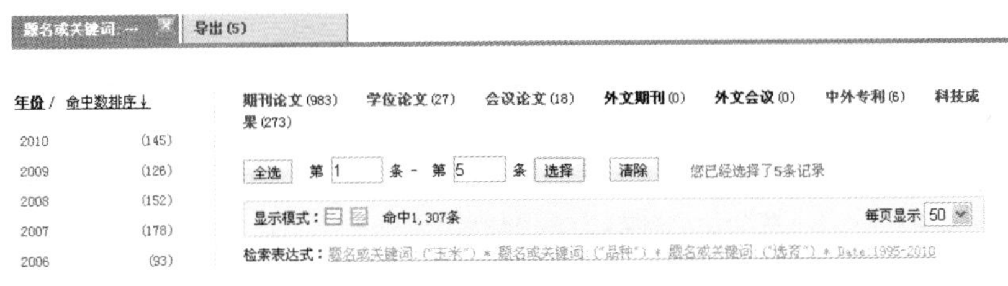

图 7-110　检索结果导出选项

导出结果页面，提供了导出格式选项：导出文献列表、参考文献格式、NoteExpress、RefWorks、NoteFirst、EndNote、自定义格式、查新格式。用户可根据需要选择。另外，用户还可根据自己的需要定制输出格式。

上面的文献导出是指篇名、作者、作者单位、出处、ISSN、页码、摘要等相关内容的导出，非全文输出。文献全文输出可在检索结果页直接点击下载。

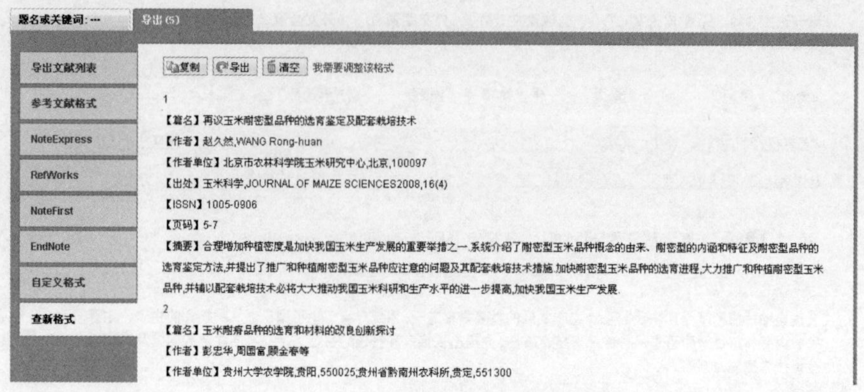

图 7-111　检索结果导出页面显示

输入检索词，例如玉米品种选育，则显示：

⑤二次检索。如果用户对一次检索结果不满意，可增加检索控制项，缩小文献范围，提高命中文献的精准度。例如，在图 7-111 所示的检索结果中，继续检索作者是“张喜华”的文献，如图 7-112 所示。

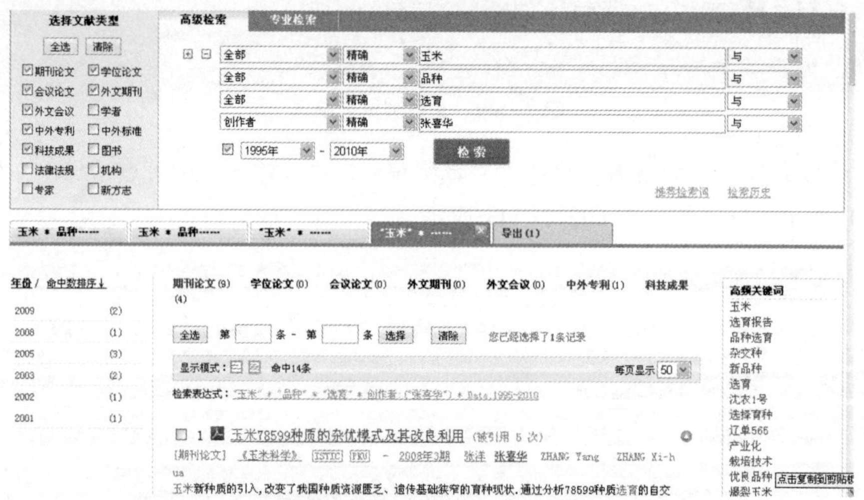

图 7-112　作者是张喜华的玉米品种选育的文献检索结果显示

(3) 专业检索。专业检索主要是为专业检索人员提供的高级检索入口。涉及逻辑符号的运用等。逻辑符号的运用在其他章节详细介绍。检索人员可在检索式表达框中直接输入检索表达式，点击检索即可。此种检索方式对于专业人员来说更加方便快捷。

图 7-112 的专业检索页面如图 7-113 所示。

图 7-113 作者是张喜华的玉米品种选育的文献专业检索页面

通常，在实际检索中，检索表达式可以不必写得那么复杂。例如，图 7-113 中的检索表达式改成：玉米 * 品种 * 选育 * 张喜华，检索结果与图 7-113 的结果相同，如图 7-114。但这不适用于所有情况，检索人员可根据具体情况做出具体选择，正确书写表达式。

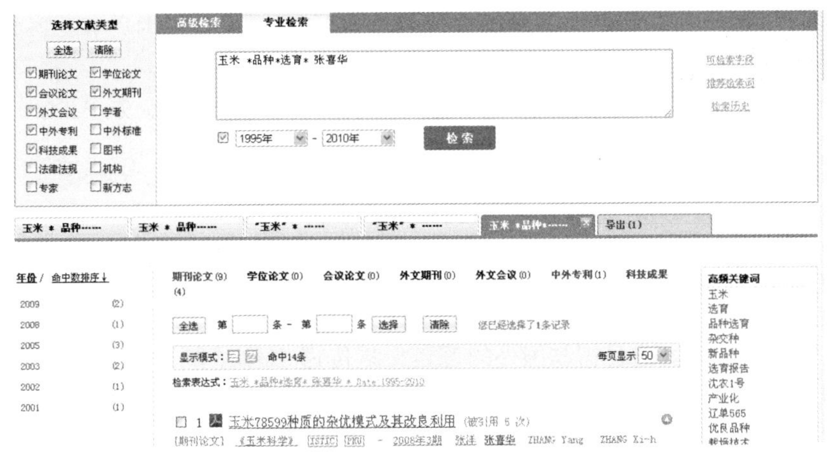

图 7-114 不同检索表达式的检索结果（与图 7-113 比较）

7.7 国内外文献传递服务

通过手工检索工具、二次文献数据库和一些电子期刊网站，有些文献用户只能检索到文献的线索，如题目、著者、出处和文摘等。如果用户需要原始文献，必须通过文献传递这种服务形式获取原文。

所谓文献传递，又称原文传递，是指把用户需求的原始文献从文献源中提取出来，通过一定的途径提供给用户的一种服务。

文献传递起源于19世纪西方一些国家的图书馆之间的馆际互借服务。到20世纪60年代，以英国国家图书馆文献提供中心为典型馆际互借代表的文献传递服务在欧美国家已十分普及，服务项目包括图书借阅、资料复印等，一般采用邮寄方式开展服务。当时的馆际互借并不直接为读者服务，仅限于图书馆之间彼此利用各自馆藏，作为弥补和延伸本馆藏书的一种手段。

后来，文献价格上涨，出版物及文献数量与日俱增，用户索取文献困难和图书情报部门收集文献困难催生了文献资源共享工程，出现了商业性的文献传递服务。初期的文献传递服务是局限的，例如，当时的Dialog、OCLC与RLIN主要以提供书目索引信息为主，很少提供全文信息。

20世纪90年代，随着计算机技术、网络技术及数据库技术的迅猛发展和全文数据库、电子邮件与电子书刊的大量涌现，文献可用资源范围扩大，传递方式更加简便。

目前，馆际互借和商业性文献传递服务在全球的文献传递服务中正发挥着十分重要的作用。

7.7.1 CALIS馆际互借及文献传递

为充分利用各分中心和成员馆的文献资源，实现资源共享，CALIS建立了统一的制度、协议和办法，在CALIS成员馆之间开展馆际互借和文献传递服务。

CALIS还协助其成员馆与国外的著名文献传递中心（如OCLC和美国CARL公司等）建立联系，为成员馆的教育科研提供有力的文献保障。

2004年6月，由国内60多个高校图书馆利用CALIS-ILL系统组建了CALIS文献传递网，成员馆间开展提供和获取双向服务。

7.7.2 国家科技图书文献中心（NSTL）网络信息服务系统

该系统是2000年6月组建的一个虚拟的科技文献信息服务机构，由中国科学院图书馆、工程技术图书馆（中国科学技术信息研究所、机械工业信息研究院、冶金工业信息标准研究院、中国化工信息中心、中国农业科学院图书馆、中国医学科学院图书馆组成。2000 年 12 月 26 日开通了网络信息资源服务系统（http：//www. nstl. gov. cn），以一种全新的方式为广大用户提供科技文献检索与全文提供服务。

该系统可为用户提供多种类型文献信息服务，包括文献检索与原文提供、网络版全文数据库、期刊分类上次浏览、联机公共目录查询、文献数据库检索、网络信息导航、专家咨询服务和专题信息服务等。其中，文献检索和原文提供服务包括提供文献检索和原文请求两种服务。非注册用户可以免费进行文献检索，注册用户可以在文献检索的基础上请求文献原文服务。文献题录数据库可提供多种中外文文献文摘或题录的检索服务，用户可免费检索，如需获取原文，可与相应的文献收藏单位联系。

NSTL 拥有丰富的科技资源，2012 年 3 月，NSTL 与 CALIS 合作，开通了 NSTL 文献传递服务（高校版）。

7.7.3　国家图书馆文献提供中心

国家图书馆文献提供中心成立于 1997 年。具有收藏、检索、咨询、传播信息等功能。该中心通过提供原文、图片、馆际互借等为读者提供多层次、全方位服务。

7.7.4　国外文献传递服务机构

为更深入了解文献传递服务，下面简单介绍美、英 3 家比较典型的文献传递服务机构。

7.7.4.1　美国 CARL 公司的 UnCover 系统

Uncover 是 CARL 公司（Colorado Alliance of Research Libraries）的一个主要产品，是世界上规模最大、内容更新最快的期刊数据库之一。该库建于 1988 年，内容涉及自然科学和社会科学的多个领域。期刊文献进入数据库的时间与期刊递送到当地图书馆或期刊发售点的时间只迟 2 天，基本保持同步。

CALIS 会同文理文献信息中心组织 71 家 CALIS 成员馆，以集团购买的方式订购了 UnCover 数据库，用户可以通过 UnCover 为 CALIS 设计的网关界面免费检索，用户如果需要原文，可通过图书馆馆际互借获取，或以优惠价格向 UnCover 订购。

7.7.4.2　美国联机计算机图书馆中心

美国联机计算机图书馆中心（Online Computer Library Center，OCLC）是世界上最大的提供文献信息服务的机构之一，OCLC 馆际互借服务（OCLC

Interlibrary Loan（ILL）service，PRISM ILL）可帮助其成员馆实现文献传送和馆际互借服务。

7.7.4.3　英国图书馆文献提供中心

英国图书馆文献提供中心（The Britisb Library Document Supply Center，BLDSC）是目前世界上最大的文献提供中心。文献传递与服务范围十分广泛，包括期刊、图书、会议文献、缩微资料、报纸、政府出版物、专利文献、科技报告、学位论文、影像资料以及未通过正常渠道出版的灰色文献等。其服务的主要内容有：标准拷贝服务、支付版权费拷贝服务、租借服务、加急服务、文献直接传递等。

8 电子图书及特种文献检索

本章主要介绍超星、书生、方正 Apabi 三大数字电子图书系统的资源、服务及应用；介绍国内特种文献包括专利、标准、会议论文、学位论文、科技报告等特种文献相关内容及其检索。

8.1 电子图书检索

电子图书作为一种新的知识载体，延伸和拓展了纸质图书的功能，人们阅读和利用图书的方式发生了转变。我国电子图书系统自 20 世纪 90 年代开始发展起来，具有代表性的是超星数字图书系统、书生之家数字图书系统和北大方正数字图书系统。数字图书系统的发展让人们享受到了电子图书给学习和生活带来的便捷，同时电子图书检索也成为科技工作者和信息咨询服务人员的必修课。

8.1.1 电子图书概述

8.1.1.1 电子图书发展

电子图书（Electronic Book，简称 E-Book），也称数字图书，是将文字、图片、声音、影像等信息以数码方式记录在以光、电、磁为介质的设备中，并借助于电子设备和阅读软件出版、读取、复制、传输的图书，是纸质图书的数字化形式。电子图书是多媒体技术和超文本技术发展的产物。

电子图书产生于 20 世纪 80 年代。1981 年，世界上第一本用于商业目的的电子图书《兰登书屋电子词库》问世；1995 年，最大的网上书店 Amanzon 开始通过互联网销售可本地打印的图书；1998 年，E-Book 作为电子热点产品受到了广泛关注。

早期的电子图书主要以百科全书、词典一类的参考工具书为主。随着网络的发展和数字化产品的迅猛兴起，20 世纪 90 年代末期，电子图书市场日趋活跃，电子图书平台系统应运而生，国内出现了超星、书生之家、方正等多家大型数字图书馆，国外著名的电子图书平台 Sringerlink、ScienceDirect 等引进国内。随着互联网的迅猛发展，电子图书数据库或数字图书馆已成为电子图书的主要获取来源。

电子图书一般有两种类型：第一类是将各种印刷型的书籍利用计算机、扫描仪等设备将其转换成数字格式，以电子的形式存储、发行、阅读和使用。早期的电子图书多属此类；第二类是完全数字出版物，即以电子文本形式出版发行的电子图书。现在，有的纸质图书与电子图书同时发行，有的只出版电子图书。

8.1.1.2　电子图书的特点

电子图书与纸质图书相比，具有以下特点。

1. 获取方便

无论是购买的电子图书，还是网上免费的电子图书，只需下载到本地或者存储介质上即可获取，可按需阅读和利用。

2. 携带方便

电子图书可以直接在网上阅读、传输、使用，如果网络环境允许，无须携带，随时随地可以按需利用；也可利用存储介质（如U盘、移动硬盘等）存储和携带；还可与移动设备相结合，随身携带大量电子图书，走到哪里看到哪里。

3. 检索方便

电子图书检索功能强大，灵活性高。可实现多途径检索和组配检索。除了可按图书的著录项进行检索外，还可按文献检索规则对其中包括字、词、句的任何信息单元进行检索，只要书中出现了符合条件的内容，都可检索出来，无一遗漏。电子图书可实现在众多的书籍中便捷地查找特定的资料内容，这是传统图书无法比拟的。

4. 传输方便

电子图书的传输既可在网上实现，也可通过介质实现；既可选择性的输出，也可整本输出；既可输出到本地或存储介质，也可直接打印输出；既可按排序输出，也可重组输出。

5. 阅读编辑方便

读者只需借助阅读器即可随意阅读电子书籍，各电子书的阅读器都提供了图书的编辑功能，读者可根据需要在书上标记，还可拷贝利用其中的文字和段落。

6. 可同时共享

电子图书可存储，可传输，可复制，因此可多人同时共享，实现真正意义的资源共享。这是传统图书无法达到的。

7. 性价比高

电子图书以电子的形式出版，并利用网络传输，无须纸张、印刷、发行等费用，不受量的限制，且购买价格低廉，因此，电子图书性价比较高。

8.1.1.3 电子图书的类型

电子图书可根据载体形式和文件存储格式分为不同的类型。

1. 根据载体形式划分

根据载体形式不同，电子图书可划分为光盘电子图书、网络电子图书等。其中，光盘电子图书只能在计算机上单机阅读，网络电子图书可通过互联网阅读。

2. 根据文件存储格式划分

根据文件存储格式不同，电子图书可划分为图像格式和文本格式。

（1）图像格式。这类电子图书是将传统纸质图书扫描到计算机中，以图像格式存储。早期的中文电子图书多数是以图像格式存储制作的，如超星、书生的数字图书和中国数字图书馆的图书。该种格式图书制作简单，内容翔实、准确，但检索不便，显示效果不理想，且速度慢。

（2）文本格式。文本格式的电子图书基于文本的，即将书的内容做成文本，借助相应的应用程序提供显示界面，并提供检索。

3. 按阅读格式划分

按照阅读格式的不同，电子图书可分为 PDF、HTML、TXT 等多种类型。

8.1.1.4 电子图书的阅读方式

电子图书必须借助阅读器来阅读，阅读器是目前阅读电子图书的唯一工具。阅读器有两种。

电脑阅读器软件，通过电脑阅读。这是电子图书最主要的阅读方式。在电脑上运行相应的阅读器软件后，就可以阅读相应的电子图书。大多数阅读器软件都是从网上免费下载或者在购买电子图书时免费获取。一些大的电子图书系统会自带阅读器。

专用阅读器阅读。随着电子图书的产生，商家也推出了不同的电子阅读器，这种阅读器在显示、操作、功能设置方面进行了优化，相比于阅读软件，这种阅读方式更接近于印本图书的阅读方式。

随着网络的发展和电子产品的更新换代，如今的手机、iPad 等都可用来阅读电子图书。

电子图书阅读器产品越来越多，其阅读格式也不尽相同。其中 Adobe 公司的 PBF 格式是全世界通用的格式。另外，北大方正 Apabi 的 CEB 格式应用较多。

8.1.2 超星数字图书馆

8.1.2.1 超星数字图书馆简介

超星数字图书馆是北京超星电子技术有限公司于 1997 年开始研发的数字图书馆。是目前世界最大的中文在线数字图书馆，数据每日更新。网站上的图书既可在线阅读，也可下载、打印。超星数字资源的用户包括包库用户、镜像单位用户和网站普通会员用户。包库或镜像用户可在本单位使用超星数字资源，个人用户可通过超星网访问超星电子图书，通过免费注册成为超星网普通会员，也可购买超星读书卡成为充值会员后，下载或阅读更多图书与视频资源。

超星主页（http：//www. chaxing. com，图 8-1）的资源主要有图书、视频、资料等栏目，其资源可实现与读秀学术搜索的链接。

图 8-1 超星数字图书馆首页

超星电子图书包含中图法 22 个大类，每年增加图书数万种，提供简单检索、分类检索、高级检索。

超星电子图书系统提供超星阅读器（SSReader），图 8-2。该阅读器是针对 PDG 格式数字图书提供的阅读、下载、打印、版权保护和下载计费等功能的专业阅读器。读者从超星网站免费下载并安装超星阅读器后即可浏览超星数字图书馆的全文资源，并可进行电子图书的文字识别、标注、添加书签等各种操作。

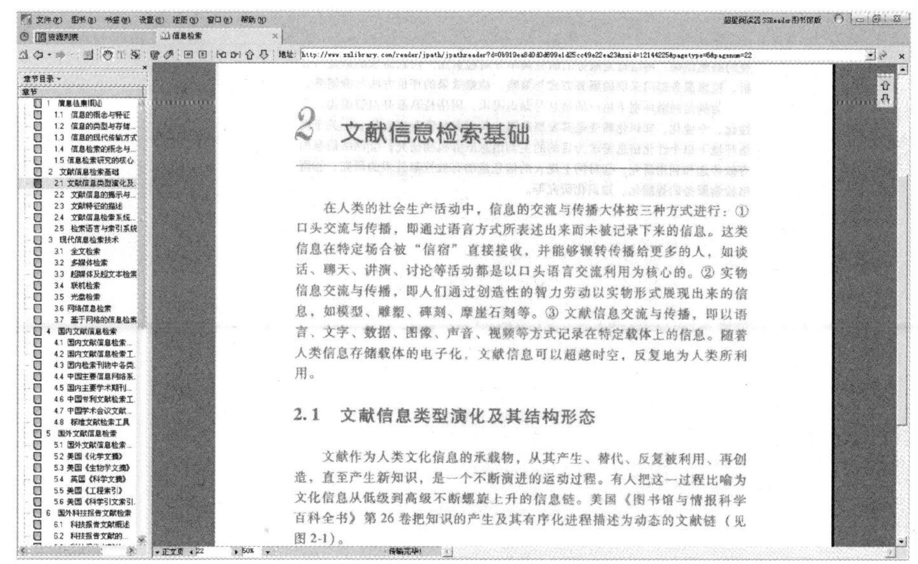

图 8-2　超星阅读器

8.1.2.2　读秀中文学术搜索

超星数字图书馆的搜索引擎以中文全文检索系统为平台，提供图书、期刊、学位论文、会议论文、报纸等内容检索，并提供了书名、作者、分类、主题等多种检索方式。该数字图书馆的读秀中文学术搜索功能强大，是由海量全文数据及元数据组成的超大型数据库，以 330 万种图书书目、240 万种图书原文、10 亿页全文资料为基础，为用户提供庞大的数字图书资源和深入章节内容的全文检索，以 6 700 多万种期刊元数据及突破空间限制的获取方式，为用户提供最全面的期刊文章。通过读秀中文学术搜索，读者能一站式搜索馆藏纸质图书、电子图书、随书光盘等学术资源，如图 8-3。

在此重点介绍读秀中文学术搜索的图书搜索、知识搜索、多检索途径和系统提供的引用分析报告等功能。

1. 图书搜索

以搜索书名中含有“高粱”“育种”的图书为例介绍读秀中文学术搜索的检索过程。

第一步：进入读秀中文学术搜索首页（http：//www. duxiu. com）；

第二步：选择图书频道，在搜索栏中输入关键词“高粱 育种”，点击“中文搜索”，图 8-4；

第三步：浏览搜索结果，筛选需要的图书；

第四步：点击所选择图书的书名，进入图书的详细页，查看图书详细信息，

图 8-3 读秀中文学术搜索页

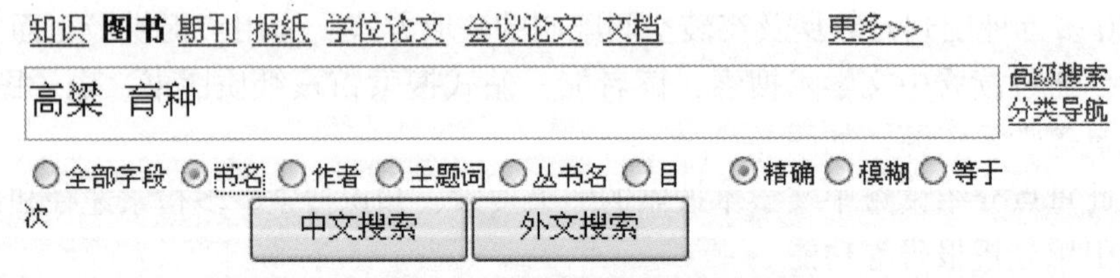

图 8-4 读秀图书中文搜索

包括作者、出版社、出版日期、分类号、内容提要等。因各机构购买数据库内容不同，检出结果页提供了图书的部分阅读或包库全文阅读功能和图书馆文献传递功能，图 8-5、图 8-6。

部分阅读或试读图书，可看见所选图书的封面页、书名页、版权页、前言页、目录页、正文部分页。

此外，读秀还提供了借阅馆藏纸书、查阅本馆电子书全文、随书光盘、其他

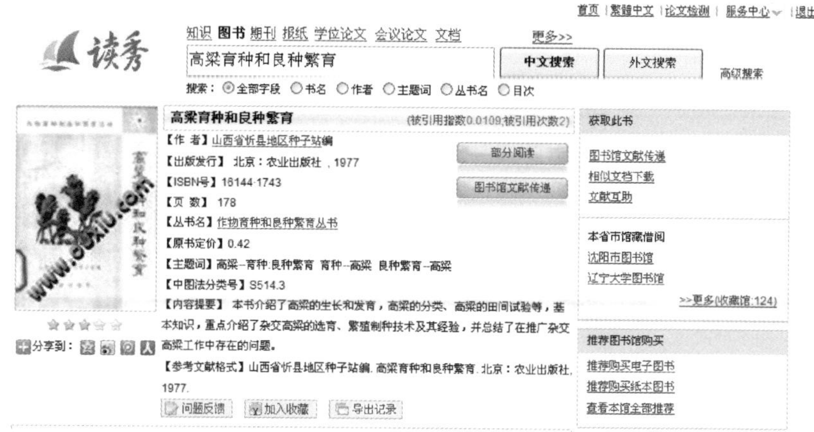

图 8-5　读秀中文学术搜索——图书详细信息-1

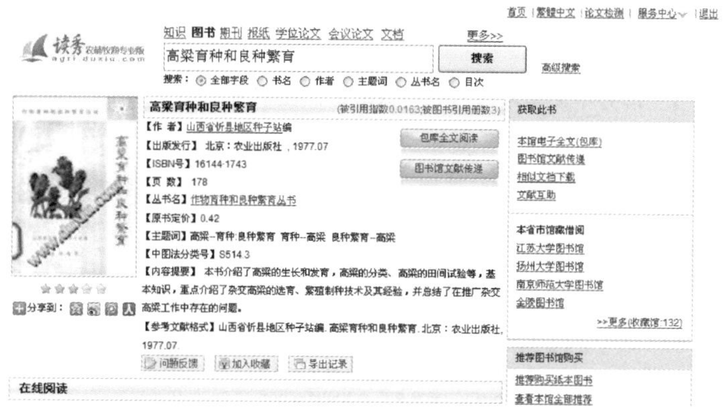

图 8-6　读秀中文学术搜索——图书详细信息-2

文献服务机构馆藏信息以及网上全文链接、网上书店购买等多种获取本书的方式，图 8-7。

第五步：点击阅读图书，图 8-8。

点击“辽宁大学图书馆”，进入文献服务机构馆藏书目查询系统，查看该本纸质图书的借阅情况、收藏情况和流通状态，图 8-9。

点击“图书馆文献传递”，申请该本图书的文献传递。填写各项信息后，用户会收到系统传递的文献，图 8-10。

2. 知识搜索

知识频道将 240 万种图书等学术文献原文打散为 10 亿页资料，当您输入一个搜索词时，读秀将在 10 亿页资料中寻找包含搜索词的章节、内容和知识点，

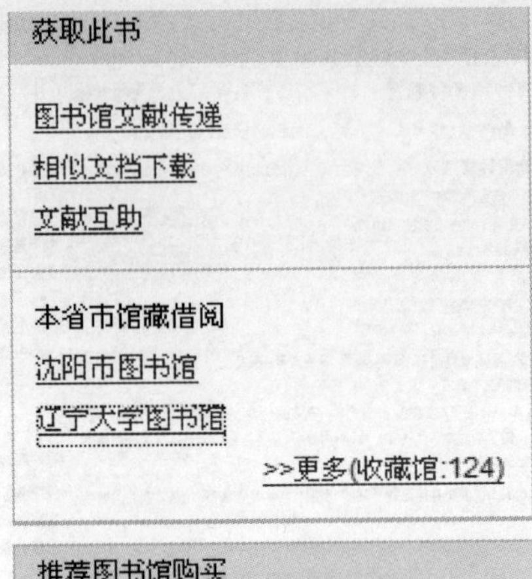

图 8-7　读秀中文学术搜索——获取检出图书方式

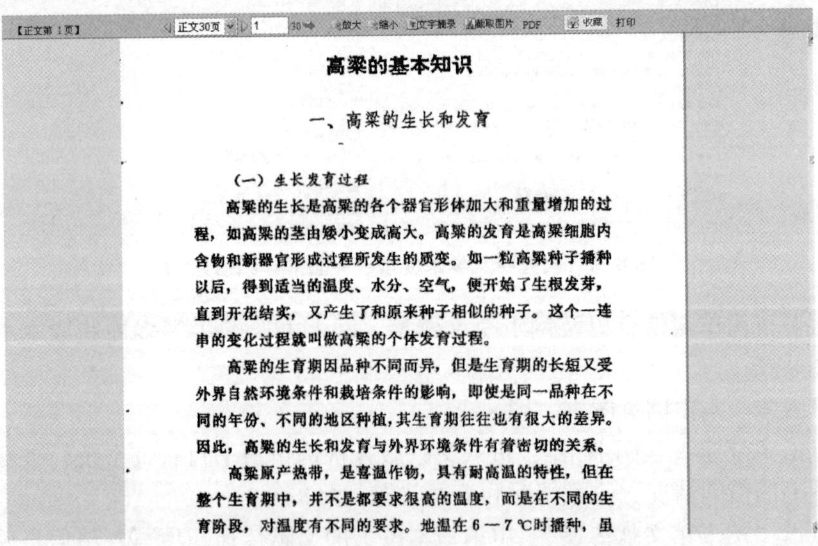

高粱的基本知识

一、高粱的生长和发育

（一）生长发育过程

高粱的生长是高粱的各个器官形体加大和重量增加的过程，如高粱的茎由矮小变成高大。高粱的发育是高粱细胞内含物和新器官形成过程所发生的质变。如一粒高粱种子播种以后，得到适当的温度、水分、空气，便开始了生根发芽，直到开花结实，又产生了和原来种子相似的种子。这个一连串的变化过程就叫做高粱的个体发育过程。

高粱的生育期因品种不同而异，但是生育期的长短又受外界自然环境条件和栽培条件的影响，即使是同一品种在不同的年份、不同的地区种植，其生育期往往也有很大的差异。因此，高粱的生长和发育与外界环境条件有着密切的关系。

高粱原产热带，是喜温作物，具有耐高温的特性，但在整个生育期中，并不是都要求很高的温度，而是在不同的生育阶段，对温度有不同的要求。地温在 6—7 ℃时播种，虽

图 8-8　读秀中文学术搜索——打开图书阅读

为读者提供突破原有一本本图书翻找知识点的新的搜索体验，更有利于资料的收集和查找。

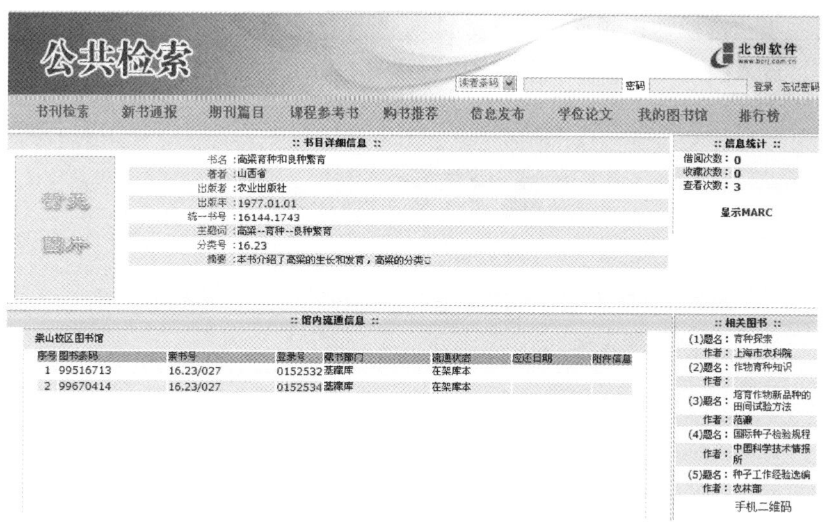

图 8-9 检索图书《高粱育种与良种繁育》在辽宁大学图书馆的借阅收藏情况和流通状态

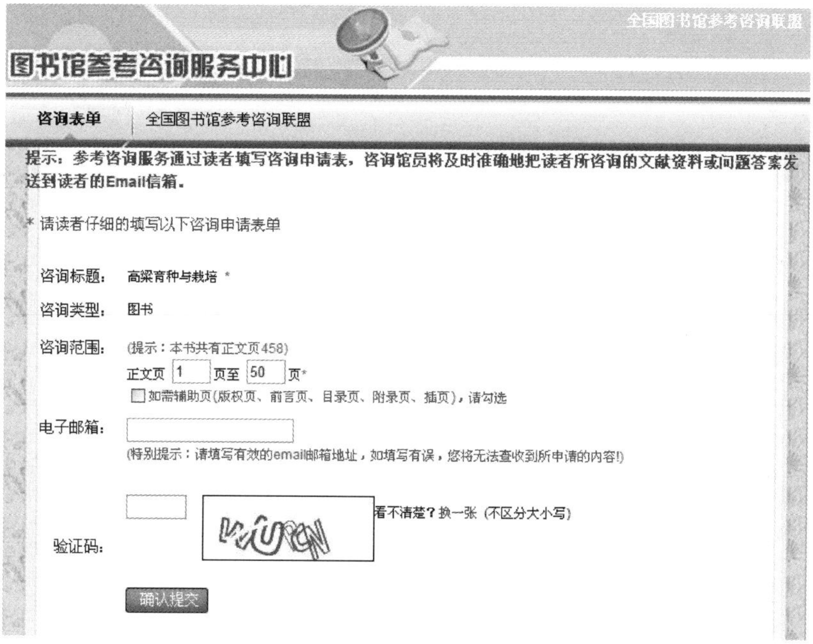

全国图书馆参考咨询联盟

图书馆参考咨询服务中心

咨询表单　全国图书馆参考咨询联盟

提示：参考咨询服务通过读者填写咨询申请表，咨询馆员将及时准确地把读者所咨询的文献资料或问题答案发送到读者的Email信箱。

* 请读者仔细的填写以下咨询申请表单

咨询标题：高粱育种与栽培 *

咨询类型：图书

咨询范围：(提示：本书共有正文页458)

正文页 1 页至 50 页*

如需辅助页(版权页、前言页、目录页、附录页、插页)，请勾选

电子邮箱：

(特别提示：请填写有效的email邮箱地址，如填写有误，您将无法查收到所申请的内容!)

验证码：　看不清楚？换一张 (不区分大小写)

确认提交

图 8-10 申请文献传递

例如，搜索玉米分子育种的知识点。

第一步：选择知识频道，输入关键词“玉米 分子育种”（图 8-11），点击搜索按钮，进入搜索结果页面（图 8-12）。

图 8-11　玉米分子育种知识搜索

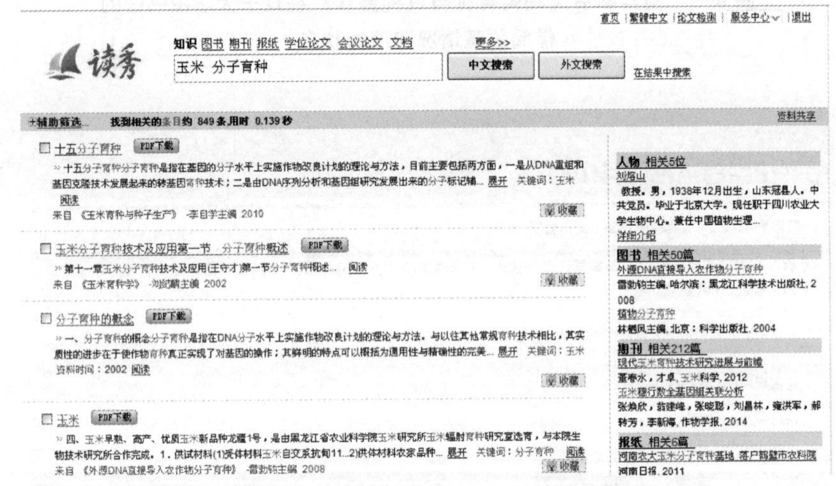

图 8-12　玉米分子育种知识搜索结果页

第二步：浏览搜索结果页面，选择需要的章节、知识点和文章。点击章节名、知识点进行阅读，图 8-13。

第三步：保存和收集需要的章节、知识点和文章。读秀提供文字摘录、截取图片、本页来源等工具，帮助读者保存和收集需要的资料。

3. 一站式搜索

读秀集图书、期刊、学位论文、会议论文、报纸、电子书等各种学术资源于同一平台，用户在搜索任何词、词组、句子时，可以同时得到相关的各种学术资料，显示在页面的右侧，如图 8-14。这样可以避免反复登录、反复查找的烦琐

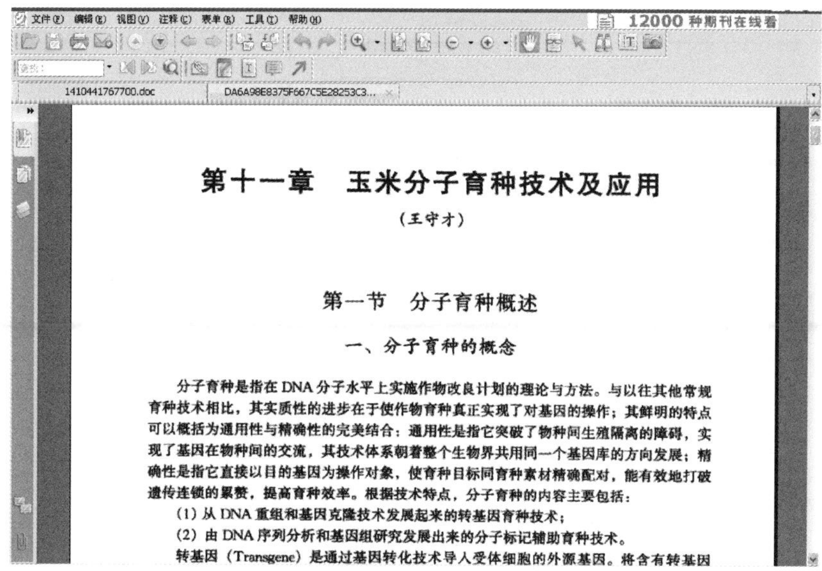

第十一章　玉米分子育种技术及应用

（王守才）

第一节　分子育种概述

一、分子育种的概念

分子育种是指在 DNA 分子水平上实施作物改良计划的理论与方法。与以往其他常规育种技术相比，其实质性的进步在于使作物育种真正实现了对基因的操作；其鲜明的特点可以概括为通用性与精确性的完美结合：通用性是指它突破了物种间生殖隔离的障碍，实现了基因在物种间的交流，其技术体系朝着整个生物界共用同一个基因库的方向发展；精确性是指它直接以目的基因为操作对象，使育种目标同育种素材精确配对，能有效地打破遗传连锁的累赘，提高育种效率。根据技术特点，分子育种的内容主要包括：

（1）从 DNA 重组和基因克隆技术发展起来的转基因育种技术；

（2）由 DNA 序列分析和基因组研究发展出来的分子标记辅助育种技术。

转基因（Transgene）是通过基因转化技术导入受体细胞的外源基因。将含有转基因

图 8-13　玉米分子育种目标文献章节、知识点阅读页面

过程，一次搜索即可获得文献服务机构内所有的资料，为读者提供全面的学术信息。

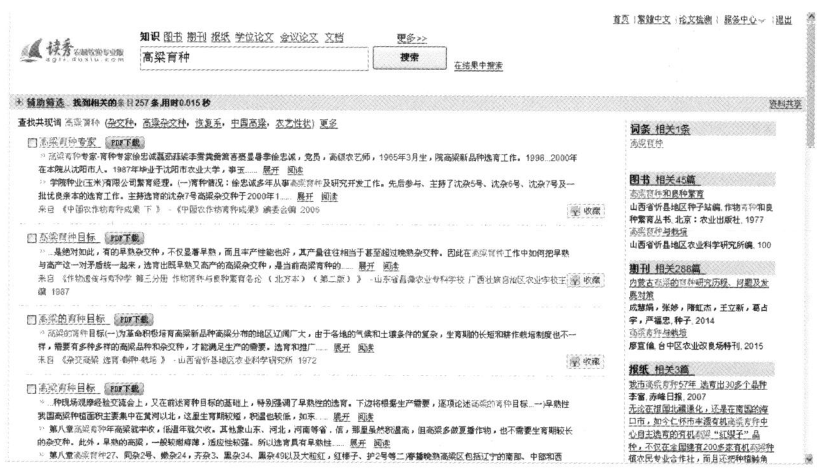

图 8-14　读秀学术一站式搜索

4. 查看图书被引用情况报告

点击图 8-3（读秀中文学术搜索首页）检索框下方的“图书被引用情况报告”，如图 8-15。

当前位置：首页 > 图书被引用情况索引页　公告 此功能模块本单位暂为试用

图书被引用情况报告(2013)

2013 北京世纪读秀技术有限公司发布

本报告的目的是便于大家观察和了解图书的被引用情况，为图书和作者的权威性评价提供必不可少的重要依据。

基本结论：被引用图书共计1303609种，占全部被考察图书的28.23%。

数据基础：被考察图书包括自1900年1月1日至2013年6月21日发行且书目数据符合分析条件的4618221种中文图书，引用图书包括自1900年1月1日至2013年6月21日发行且全文数据符合分析条件的2338948种中文图书。

概念说明：A图书引用了B图书，则A图书为引用图书，B图书为被引用图书。

统计方法：在引用图书中仔细核对被引用图书的书名、作者、出版年信息，核对正确则计入统计中。有被引用种数和引用次数两种指标，前者主要用于评价作者的权威性和用于考察年代、学科的分布，后者主要用于评价某种具体图书的权威性。

- 被引用图书的出版年分布
- 被引用图书的类别分布
- 部分被引图书最多的作者
- 部分被引次数最多的图书
- 图书被引用情况报告补充说明

关于读秀 | 用户评价 | 常见问题 | 使用帮助 | 联系我们 | 使用感受　客服电话：010-51667449
读秀 Copyright ©2013· powered by duxiu

图 8-15　图书被引用情况报告详细信息

5. 查看搜索词的趋势分析图

读秀中文学术搜索为用户提供了查看搜索词的趋势年代分析及趋势曲线图功能，图 8-16、图 8-17。

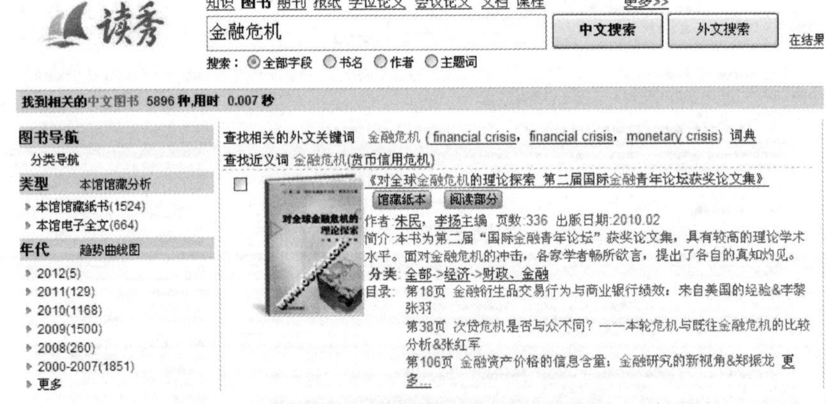

图 8-16　读秀中文学术搜索——搜索词趋势年代分析

6. 查看搜索报告和本馆馆藏结构分析

读秀中文学术搜索提供了查新搜索报告和本馆馆藏分析功能，图 8-18。

7. 多种检索入口

读秀中文学术搜索系统提供了快速检索、高级检索、专业检索和分类导航检

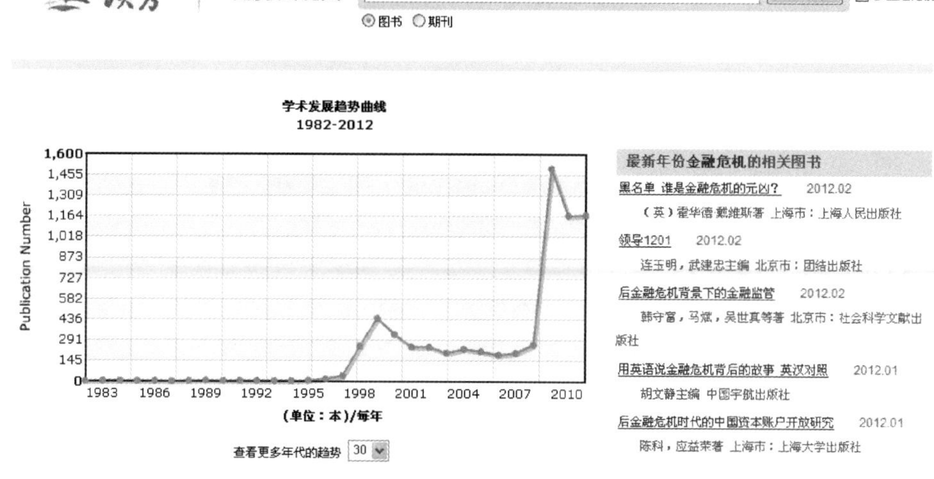

图 8-17 读秀中文学术搜索——搜索词的趋势曲线图

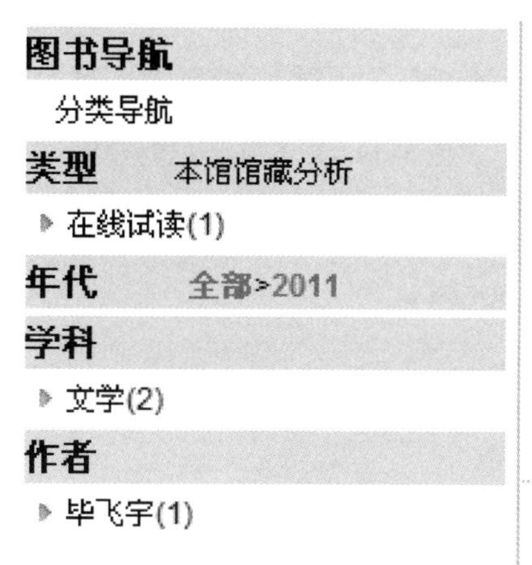

图 8-18 读秀中文学术搜索搜索报告及馆藏分析功能

索途径。

（1）快速检索。读秀学术搜索同其他检索系统一样，在检索首页提供了快速检索。只要输入要搜索的关键词、词组或句子，点击搜索即可实现，图 8-19。

（2）高级检索。读秀高级检索页如图 8-20。

（3）专业检索。读秀专业检索如图 8-21。

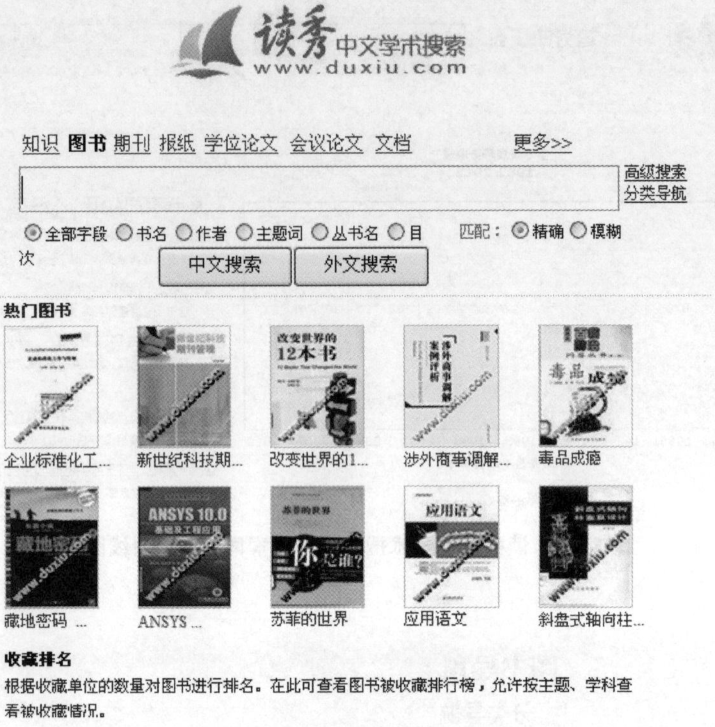

读秀中文学术搜索
www.duxiu.com
知识 图书 期刊 报纸 学位论文 会议论文 文档 更多>>
高级搜索
分类导航
全部字段 书名 作者 主题词 丛书名 目次
匹配： 精确 模糊
中文搜索
外文搜索
热门图书
企业标准化工...
新世纪科技期...
改变世界的1...
涉外商事调解...
毒品成瘾
藏地密码 ...
ANSYS ...
苏菲的世界
应用语文
斜盘式轴向柱...
收藏排名
根据收藏单位的数量对图书进行排名。在此可查看图书被收藏排行榜，允许按主题、学科查看被收藏情况。

图 8-19　读秀提供快速检索

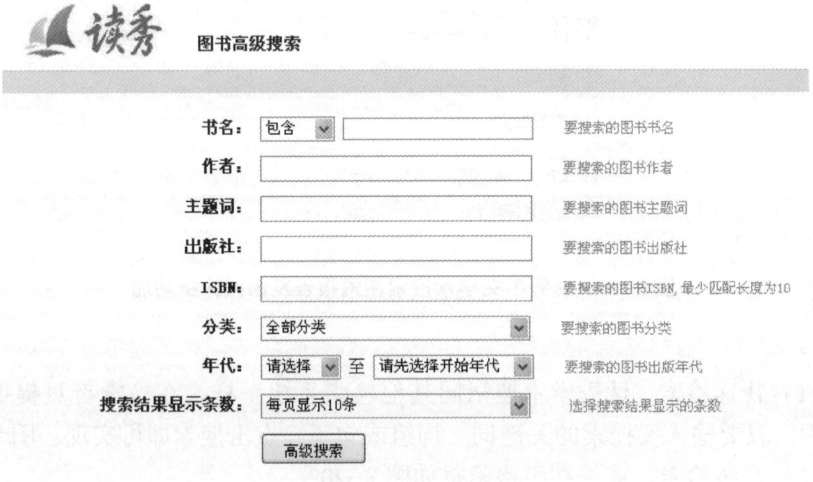

读秀
图书高级搜索
书名： 包含
要搜索的图书书名
作者：
要搜索的图书作者
主题词：
要搜索的图书主题词
出版社：
要搜索的图书出版社
ISBN：
要搜索的图书ISBN，最少匹配长度为10
分类： 全部分类
要搜索的图书分类
年代： 请选择 至 请先选择开始年代
要搜索的图书出版年代
搜索结果显示条数： 每页显示10条
选择搜索结果显示的条数
高级搜索

图 8-20　读秀高级检索

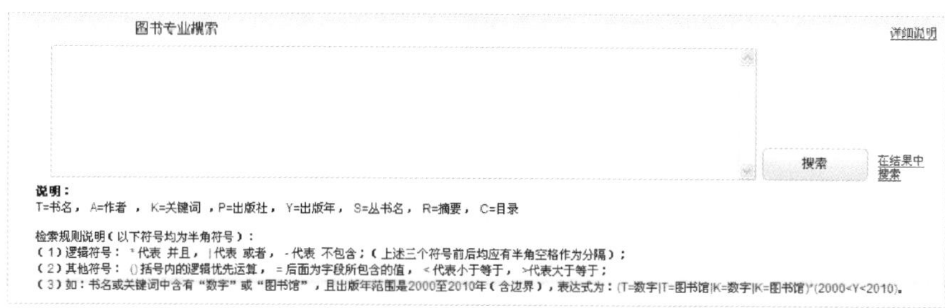

图 8-21 读秀专业检索

8. 图书分类导航

读秀图书频道首页，在检索框后方设置有图书“分类导航”链接，点击“分类导航”进入图书导航页面，图 8-22。

图 8-22 读秀图书分类导航页面

点击一级分类或二级分类的链接，可以看到属于相应类别的图书，及其子分类的链接。

9. 期刊导航

读秀中文学术搜索提供了期刊导航，图 8-23、图 8-24、图 8-25。

读秀提供了二次搜索功能 。支持多个词的同时使用（中间用半角空格分开）。

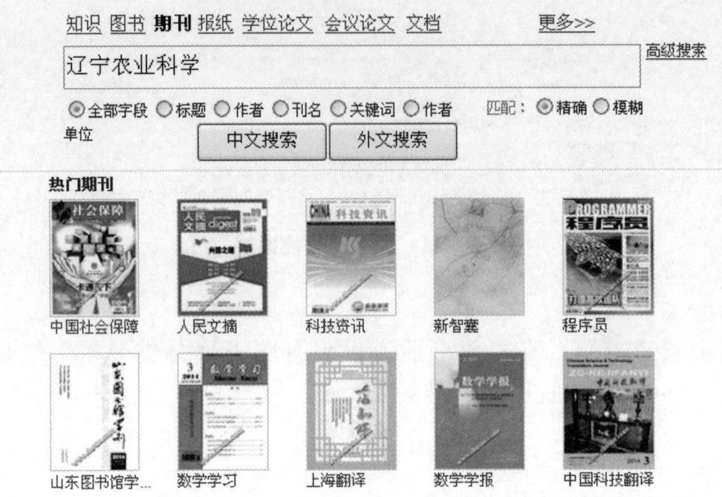

图 8-23 读秀期刊导航（一）

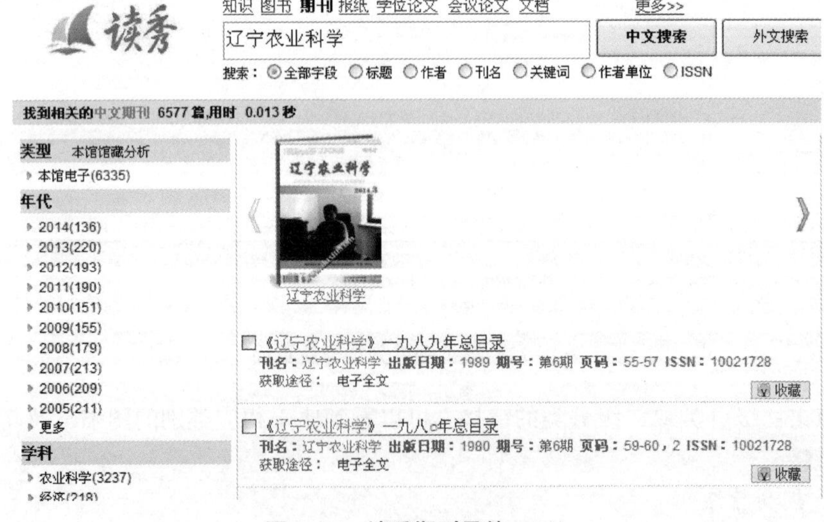

图 8-24 读秀期刊导航（二）

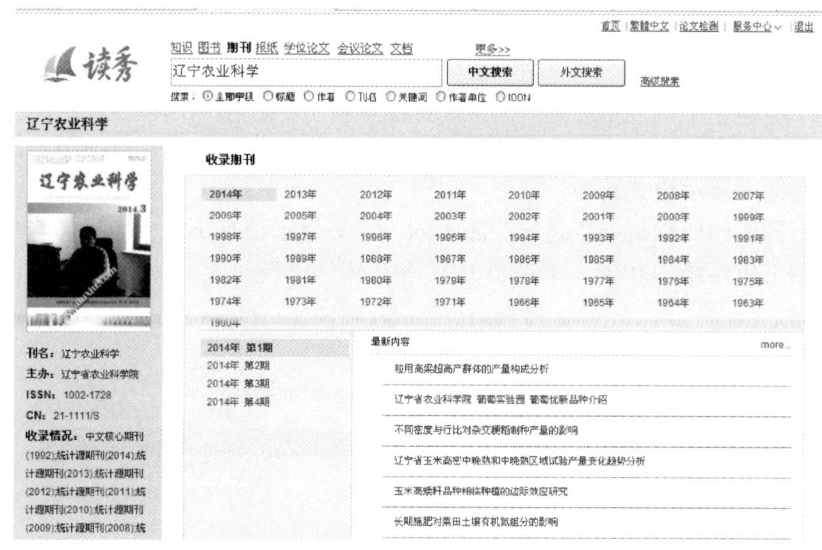

图 8-25 读秀期刊导航（三）

8.1.3 书生之家

8.1.3.1 书生之家简介

书生之家数字图书馆，简称“书生”，现代数字图书馆之一，2000 年由北京书生科技有限公司创办，是一个全球性的中文书报刊网上开架交易平台，支持普遍存取、分布式管理和集成服务，可提供几十万图书全文在线阅读及下载服务，授权用户可在授权 IP 范围内直接登录，普通用户可在注册获取用户名和密码后登录书生之家网站利用其资源。

该数字图书馆主要提供 1999 年以来中国出版的新书的全文电子版，集成了图书、期刊、报纸、论文、CD 等各种出版物的书目、内容提要、全文等内容，涵盖文学、医学、农业、科技、经济、计算机等领域，其中，有大量知名作家及权威出版机构的优秀作品，且大部分为文本的全息电子图书。其收录入网的出版社达 500 多家、期刊 7 000 多家、报纸 1 000 多家。每年收录新出版的图书 30 000 本，期刊论文 60 万篇，报纸文献 90 万篇，各专题均按月更新。书生公司根据年度纸本图书的发行情况按季度持续追加新书，每年新增数量超过 7 万册。

该数字图书馆下设中华图书网、中华期刊网、中华报纸网、中华 CD 网等子网，是著书、出书、售书、购书、读书、评书的网上交流园地。

书生数字图书馆首页，一般有四个区域，即检索区、图书分类区、新书上架区、我的图书区。用户可以按照图书名称、作者、出版机构、关键词、ISBN 号在检索区进行检索；可以按照图书的类别在图书分类区查找图书资料；“新书上架”和“我的图书”区分别提供最近上架的书目和用户最近浏览过的书目。

书生之家数字图书馆系统提供了书生阅读器下载，该阅读器可以帮助用户实现拾取文本、下载图片、打印功能和自动滚屏、添加书签、进行批注等功能，同时可实现图书显示模式转换。

因不同机构所购买书生之家产品不同，主页显示稍有不同，但不影响书生之家数字图书馆系统的功能。本节以北京市农林科学院书生之家主页（图 8-26）为例介绍。

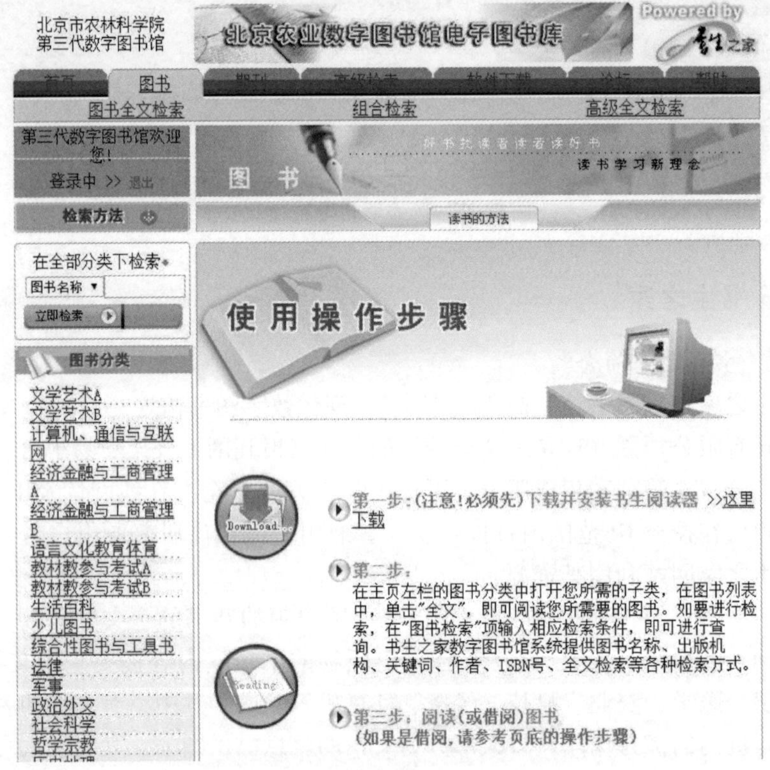

图 8-26 书生之家数字图书馆主页

8.1.3.2 书生之家数字图书馆检索

书生之家数字图书馆系统的图书全部按照中国图书分类法分类，提供了简单检索、高级检索（图 8-27）、分类检索等检索途径，并可进行二次检索。针对图书检索，书生设计提供了图书全文检索、组合检索、高级全文检索，图 8-28、图 8-29、图 8-30。

北京市农林科学院
第三代数字图书馆
北京农业数字图书馆电子图书库
Powered by 书生之家
首页 图书 期刊 高级检索 软件下载 论坛 帮助
第三代数字图书馆欢迎您！
登录中 >> 退出
第一时间 了解 书生
一站式检索 全文检索
精确匹配 搜搜看
首页 | 图书 | 期刊 | 高级检索 | 软件下载 | 论坛 | 帮助

图 8-27　书生之家数字图书馆高级检索页

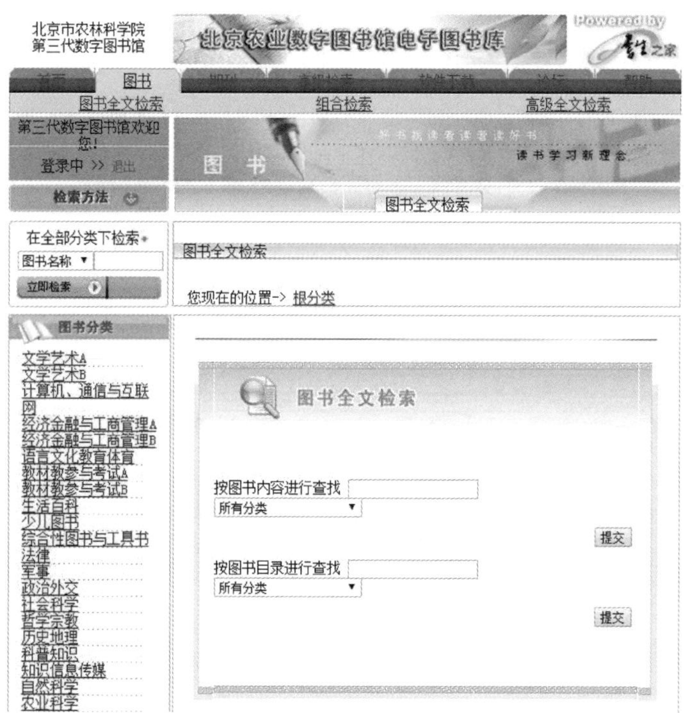

图 8-28　书生之家数字图书馆图书全文检索页

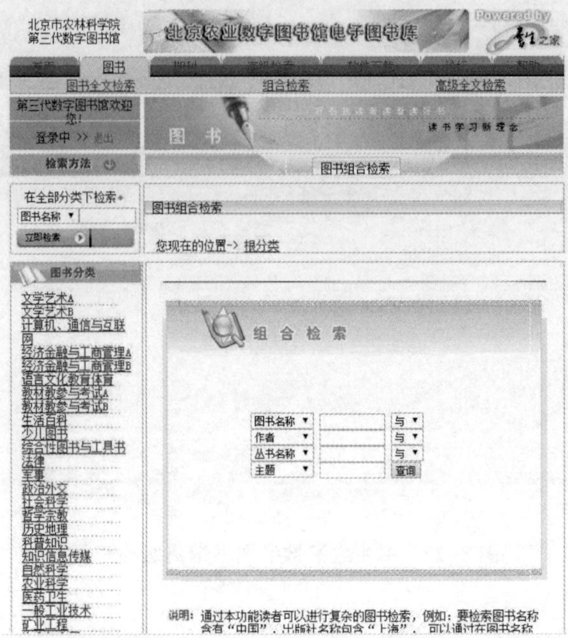

图 8-29　书生之家数字图书馆图书组合检索页

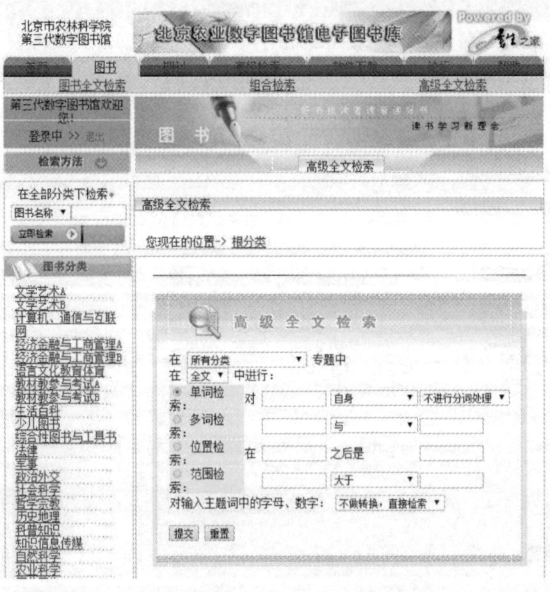

图 8-30　书生之家数字图书馆图书高级全文检索页

1. 简单检索

书生简单检索区，提供了图书名称、出版机构、作者、丛书名称、ISBN、主题、内容提要等7个检索字段。

2. 分类检索

书生之家主页设有分类导航栏，提供有“书生法显示”“中图法显示”两种分类显示方式，每一大类下细分为一级子类、二级子类等，最多有4级类目。用户可根据检索或阅读目的，选择相应分类名称点击即可。

3. 全文检索

系统设有图书全文检索、组合检索和高级全文检索。要进行全文检索，可从图书内容和图书目录两个检索入口进行检索。

（1）组合检索。此检索的每个检索入口都提供图书名称、作者、丛书名称、主题、摘要等检索项，并支持逻辑“与”“或”关系，可最多进行4个检索入口同时检索的逻辑组配检索。

（2）高级全文检索。首先，是图书分类选项，系统默认“所有分类”。其次是目录与全文控制选项。

①“单词检索”提供对单个检索词的检索。“自身”检索条件项包含自身、上位词、下位词、等同词、同义词、反义词、替代词、外文等同词等；“不进行分词处理”检索条件项还包括“进行分词处理”。

②“多词检索”提供两个检索词的组配检索，支持词语间“与” “或”“非”的逻辑组配。

③“位置检索”用来确定两个检索词的位置先后顺序，只有符合这一顺序的结果才能被检到。

④“范围检索”用来确定两个词的隶属关系，包括大于、小于、等于、不小于、不大于、不等于等。

4. 检索结果处理

检索结果列表中显示了图书的“名称”“作者”“出版机构”“开本”“翻看”信息，若已经安装了书生阅读器，则可通过点击“翻看”字段下的“全文”链接打开图书，或点击相应图书名称进入图书内容介绍界面，点击图书图片下方的“全文”链接打开图书。

8.1.4 方正 Apabi

8.1.4.1 方正 Apabi 简介

方正 Apabi 数字资源平台是用于构建数字图书馆资源整合服务的技术支撑平台，实现对方正 Apabi 所有资源（包括电子图书资源、数字报、年鉴、工具书和艺术博物馆）以及各种本地自建数据库资源、文档多媒体资源、各种下载互联网信息资源的资源整合和统一检索服务。该平台实行统一的用户管理机制，主要通过 IP 地址控制或者用户账户和密码控制实现。平台主页设有数字资源分类导航、好书导读等栏目，如图 8-31。

图 8-31 方正 Apabi 主页

方正 Apabi 数字资源需要应用“方正 Apabi Reader”阅读软件实现电子书阅读、下载、收藏等功能，该软件可用于阅读 CEBX、CEB、PDF、EPUB、HTML、TXT 格式的电子图书及文件。

8.1.4.2 方正 Apabi 数字资源

方正 Apabi 拥有丰富的数字资源，不仅涵盖电子图书资源，还涵盖了工具书、年鉴等全文数据库资源。

1. 方正电子图书资源库

方正 Apabi 自 2000 年开始电子书的应用开发，在数字出版技术的研究与推广方面，自主研发了世界领先的 DRM 数字版权保护技术，可有效保护数字出版产业发展中作者、出版机构等的版权利益。目前，方正 Apabi 已与超过 500 家的出版社建立全面合作关系，在销电子图书达 180 多万种，每年增加 12 万种。

2011 年年初，方正阿帕比正式推出了云出版服务平台，电子书质量、数量、种类等更加快速增长，给用户带来更新鲜更丰富的资源服务。

平台界面按中图法进行书目分类，具有深度检索功能，方便查找书目，支持在线和下载两种阅读方式，通过 Apabi Reader 下载阅读。

方正电子图书资源库资源情况如表 8-1。

表 8-1 方正电子图书资源库资源情况一览表

大类	学科	数量
理学	数学、物理学、化学、生物科学、天文学、地质学、地理科学、地球物理学、大气科学、海洋科学、力学、电子信息科学、材料科学、环境科学、心理学、统计学	约 10 000 种
工学	地矿、轻工纺织、化工与制药、能源动力、工业通用技术、金属学冶金及金属工业、电工技术、建设科学、水利工程、机械仪表、交通运输、航空航天	约 30 000 种
农学	农业基础科学、农学、植物保护、农作物、园艺、林业、畜牧业、动物医学、水产渔业	约 15 000 种
医学	基础医学、预防医学、临床医学与医学技术、口腔医学、中医学、外科学、内科学、法医学、护理学、药学	约 8 000 种
文史哲	哲学、历史学、中国语言文字、外国语言文字、新闻传播学、艺术	约 25 000 种
政法	政治学、公安学、法学、军事	约 20 000 种
经济	马克思主义政治经济学、西方经济学	约 20 000 种
教育学	教育学、体育学	约 8 000 种

2. 教参全文数据库

教参全文数据库是 2003 年 5 月，方正 Apabi 与 CALIS 管理中心合作，收集、整理和收录的高校经典教材的数据库。覆盖文、理、工、医、农、林、管等重点学科，着重发展计算机、经济管理、外语、通信、生物等学科。

该库书目包括 51 所大学重点大学、670 个重点学科的由专业任课教师直接推荐的教材书目和高等教育出版社、北京大学出版社、清华大学出版社、中国人民大学出版社、机械工业出版社直接供书。具有权威性。

另外，方正的电子资源还有企鹅英文原版书库、阅读中国——当代文学精品库等。

3. 方正对外经济贸易数据库

中国对外经济贸易数据库是方正 Apabi 自主研发的对外经贸数据在线查询、

挖掘分析系统。该系统收录商务部权威对外经济贸易统计数据以及相关法律法规等内容，并经过专业数据加工，制作成方便呈现、检索、查考、分析挖掘的数据库系统，并通过互联网方式为高校、涉外企业、政府等机构用户及个人提供高效的在线数据服务及相关增值服务。

该库覆盖外贸、外经、外资 3 个类别。内容包含对外经贸各个领域，如《中国进出口统计》(月报和年报)、《中国利用外资统计》《中国对外直接投资统计》《中国对外经济合作统计》《中国对外经济贸易法律法规》《中国经济技术开发区统计》《中国高新技术产品进出口统计数据库》等。

用户可按指标、时间、地区、贸易方式、企业性质、SITC 分类、HS 商品分类、运输方式、经营单位等多个维度对数据进行精确查找。

4. 中国工具书资源全文数据库

中国工具书资源全文数据库由北京大学图书馆、复旦大学图书馆、芝加哥大学图书馆、哈佛大学燕京图书馆、普林斯顿大学图书馆五个著名图书馆共同发起，中国大百科全书出版社、上海世纪出版集团、中华书局、中州古籍出版社、天津古籍出版社等出版社全力参与，方正 Apabi 实施建设的。该数据库以中国国内专业、权威工具书资源为收录主体，所有工具书提供全文检索、原版原式。不仅适用于各类专业人员对专业知识的检索与引证，同时也适用于普通用户的学习与参考。

该数据库收录了国内各大出版社出版的精品工具书资源 2 000 种，包括百科全书、辞典、图录、表谱、手册、名录、目录、汇要、索引等 14 个体裁种类，涵盖了政治、哲学等诸多学科领域，并按照工具书特点，设置了字词、人物、知识等 13 个专业方向的查找功能。

该库可采用互联网远程访问或者本地局域网访问。

5. 中国年鉴资源全文数据库

该库由方正 Apabi 与中国出版协会年鉴工作委员会共同发起建设。收录的年鉴资源覆盖我国国民经济及社会发展的各个领域和地区，内容客观真实，有较高的参考和利用价值。

《中国年鉴资源全文数据库》收录年鉴近 2 000 种，10 000 卷。涉及的学科包括国情地情综合、国民经济和社会统计等 19 个类别，表 8-2。其中，国民经济和社会统计库，收录各类国家级统计年鉴、全部省级综合统计年鉴、各类地方综合及专业统计年鉴；并收录各类分地区或分行业普查资料，囊括经济普查、人口普查、工业普查、第三产业普查、农业普查、基本单位普查、统计资料汇编等 14 个大类。在所有收录年鉴中，各类统计年鉴 750 种，共 3 000 多卷。国家级、省级年鉴占 76%。

表 8-2 方正中国年鉴资源全文数据库资源情况一览表

年鉴类别	年鉴举例
国情地情综合	中华人民共和国年鉴、北京年鉴、浙江年鉴、河南年鉴、兵团年鉴等
国民经济和社会统计	中国统计年鉴、中国人口统计年鉴、北京统计年鉴等
政治民族军事	中国民族年鉴、国际形势年鉴、世界军事年鉴等
法律综合	中国法律年鉴、中国知识产权年鉴、中国律师年鉴等
自然资源和环境保护	中国气象年鉴、中国海洋年鉴、黄河年鉴、长江年鉴等
经济综合和经济管理	世界经济年鉴、中国发展报告、港澳经济年鉴等
财政金融	中国财政年鉴、中国保险年鉴、中国会计年鉴等
农业科学和农业经济	中国农业年鉴、中国畜牧业年鉴、中国渔业年鉴等
工业技术和工业经济	中国轻工业年鉴、中国建筑业年鉴、中国印刷年鉴等
交通经济和旅游经济	中国交通年鉴、中国铁道年鉴等
邮政通信和信息产业	中国信息产业年鉴、中国电子商务年鉴等
贸易经济与市场流通	中国商业年鉴、中国物价年鉴、中国房地产市场年鉴等
企业管理与企业经济	中国企业家年鉴、中国铁道建筑总公司年鉴等
科学研究与技术成果	中国高技术产业发展年鉴、北京科技年鉴等
哲学与社会科学研究	中国哲学年鉴、中国人口年鉴、中国文学年鉴等
教育事业	中国教育年鉴、中国教育经费统计年鉴等
社会文化体育生活	中国精神文明年鉴、中国电影年鉴、世界汉诗年鉴等
传媒出版与知识传播	世界华文传媒年鉴、中国出版年鉴、中国广播电视年鉴等
医学医药卫生	中国外科年鉴、中国药学年鉴、中国中医药年鉴等

8.1.4.3 方正 Apabi 数字资源检索

方正 Apabi 拥有完善的全文检索机制，检索来源打破了各个资源形成的界限，可从多方位、多角度全面了解信息，实现全方位、可定制的检索功能。用户也可根据自己的检索目标制定个性化的检索方案，只在特定的条件下和资源来源中进行检索。系统提供了资源关联功能，即当用户浏览某个资源的时候，系统会自动展示图书、文章、图片等其他与该资源相关的内容。针对不同的资源，系统提供了快速检索、分类检索、高级检索和专业检索途径。

8.2 中国专利文献检索

专利是从法律上授予创造发明者的一种权利，具有三方面含义；专利权、获得专利权的发明创造和专利文献。专利具有时限性、地域性、专有性的特点，即专利权人只能在一段有限的时期内享有排他性的专利权；专利权人只能在批准授予其专利权的国家的管辖范围内受到保护；专利权被授予后，任何单位和个人未经专利权人许可，都不得实施其专利，不得以生产经营为目的制造、销售其专利产品或使用其专利方法，专有性是专利权人最基本的权利。同一项发明，专利权只能授予一次。

8.2.1 专利文献特点和分类

8.2.1.1 专利文献的特点

专利文献集技术、法律、经济信息于一体，是一种难得的综合信息资源。与其他科技文献相比，专利具有以下显著特点。

（1）数量巨大，所报道内容广泛，从日常生活用品到尖端科技，几乎无所不包。

（2）出版迅速，传递信息快，反映新技术迅速及时。

（3）描述技术细节详尽，内容实用可靠。

（4）出版连续、系统便于进行技术跟踪和预测。

（5）编排结构一致，著录事项统一，分类体系统一，便于检索、阅读和计算机处理。

8.2.1.2 专利文献分类

专利文献按内容可分为两大类：专利文件和专利检索工具。

专利文件是指按专利制度在专利申办过程中形成的文件资料，包括专利申请书、专利文摘、专利说明书以及与专利有关的法律文件。其中，专利说明书是专利申请人与使用者关注的核心，是专利检索的主要对象。专利说明书记录了创造的目的、内容、用途、实施方案和手段、所属技术领域的发展水平和专利权范围等。

专利检索工具是指专利公报、专利分类表、专利文摘及各种查阅专利的目录和索引。

8.2.2 专利文献检索类型

就检索的目的而言，专利文献检索可以分为以下几种类型。

8.2.2.1 专利性检索或查新

专利性检索是判断已经提出专利申请的发明创造或拟提出专利申请的发明创造是否具有新颖性和创造性的一种检索，从而对专利申请提出异议、对有效专利请求无效宣告或对已有发明作出是否申请的决定。

8.2.2.2 侵权检索

一项新技术或新产品投放之前，或者处理专利纠纷时，应调查相关专利的权利情况，判断是否侵权，所以侵权检索有避免侵权检索和被动侵权检索两种。

8.2.2.3 专利有效性检索

通过专利有效性检索，查明引进技术的专利有效期及其内容，避免引进失效专利，造成不必要的损失。

8.2.2.4 情报检索

情报检索，也称资料检索 即科研人员为获得有关技术信息而查找专利文献的一种检索。这种检索可使科研人员从中找到解决问题的方法，或从中得到启迪，减少研究开发时间，降低研究开发费用，提高研究开发水平。

8.2.2.5 专利族检索

专利族检索包括相同专利检索和相关专利检索。相同专利检索主要是判断某一发明在哪些国家取得了专利保护以及在不同国家的保护范围，据此可间接地判断发明的价值。

8.2.3 中国专利检索工具

1985 年 9 月 10 日起，中国专利局开始向国内外发行中国专利文献，文献可分为 3 类。

8.2.3.1 公报

中国专利公报有:《发明专利公报》《实用新型专利公报》和《外观设计专利公报》，每周出版 1 次。

8.2.3.2 说明书

中国专利说明书有:《发明专利申请公开说明书》《发明专利说明书》和《实用新型专利说明书》。

8.2.3.3 检索工具

中国专利检索工具有《专利年度索引》《专利分类文摘》《国际专利分类表》(中文版)。其中年度索引分为分类年度索引、申请人专利权人年度索引和申请人/公开（告）号对照表。

对于中国专利文献检索，可分手工检索和网上检索。

常规的手工检索，主要是利用《中国专利索引》(年度本）和 3 种中国专利公报，采用分类、申请人（专利权人）和申请号 3 种方法进行检索。

随着网络的飞速发展，一些专利机构和专利组织通过网络免费发布专利信息。也有一些机构建立了专门的专利数据库供用户检索利用。

通过网络获取专利途径主要两个，一是通过各产权局网站免费获取，二是通过商业数据库网站获取。

国内专利信息网上检索途径有多个，下面介绍几个专利检索网站。

1. 中华人民共和国国家知识产权局网站

中华人民共和国国家知识产权局网站（http://www.sipo.gov.cn，图 8-32）收录了 1985 年 9 月 10 日以来的全部中国专利信息，包括发明、实用新型、外观设计专利。面向公众提供免费的专利检索服务，用户可浏览各种说明书全文及外观设计图形。网站提供常规检索、表格检索、药物专题检索等，其中，表格检索设置了申请号、申请日、公开（公告）号、公开（公告）日、发明名称、IPC 分类号、查询分类号信息、申请（专利权）人、发明人、优先权号、查询国别代码、优先权日、摘要、权利要求 说明书和关键词等字段，如图 8-33、图8-34。

图 8-32　中华人民共和国国家知识产权局网站主页

2. 中国专利信息网

中国专利信息网（http://www.patent.com.cn）是中国较早提供专利信息的网站（图 8-35），始建于 1997 年，是由国家知识产权局专利检索咨询中心提供专利信息及相关服务的综合性网络平台。国家知识产权局专利检索咨询中心是目前国内科技知识产权领域提供专利信息检索、专利事务咨询、专利及科技文献翻译、非专利文献加工等服务的权威机构。

图 8-33 中华人民共和国国家知识产权局网站专利常规检索

图 8-34 中华人民共和国国家知识产权局网站专利表格检索

该网站提供简单检索、逻辑组配检索（高级检索）、菜单检索。免费会员只能检索中国专利文摘数据库，浏览专利说明书首页，付费则可下载专利说明书全文。

3. 中国专利信息中心

中国专利信息中心（http：//www. cnpat. com. cn）是国家知识产权局直属单位，国家级专利信息服务机构，成立于 1993 年，业务范围有信息化系统运行维

图 8-35　中国专利信息网首页

护、研发、专利信息加工及专利信息服务等。该中心的中国专利数据库系统有表格检索和高级检索两种检索方式，图 8-36。

图 8-36　中国专利信息中心主页

4. 中国知识产权网

中国知识产权网（http：//www. cnipr. com）创建于 1999 年 6 月，是知识产权综合性服务网站。该网站提供基本检索（免费）和高级检索（收费）两种检索方式，可下载说明书和外观设计专利（图 8-37）。

图 8-37　中国知识产权网主页

5. 中国知网专利数据库

中国知网的《中国专利全文数据库》收录了 1985 年 9 月以来的所有专利，其专利内容来源于国家知识产权局，有发明专利、实用新型专利、外观设计专利三个子库，免费检索，下载专利全文需注册付费。

6. 万方数据中外专利数据库

万方中外专利数据库收录了国内外的发明、实用新型、外观设计等专利，涉及各个学科领域。其中，收录了我国从 1985 年至今受理的全部发明专利、实用新型专利、外观设计专利数据信息，包含专利公开（公告）日、公开（公告）号、主分类号、分类号、申请（专利）号、申请日、优先权等数据项，中国专利全文量共计 1 058 万余篇。

该库提供简单检索、高级检索、经典检索和专业检索 4 种检索方式。

7. 国家科技图书文献中心（NSTL）

国家科技图书文献中心（http://www.nstl.gov.cn）提供中外专利检索服务，其中，中国专利数据库提供普通检索、高级检索2种途径。

8.2.4 中国专利检索方法

8.2.4.1 分类检索

分类检索是检索专利文献的主要途径之一。可按以下步骤检索。

（1）根据所查内容，确定所需专利文献的技术主题范围，然后根据所使用工具书的特点，找出恰当的分类号（如使用《国际专利分类法》可以查到相应的国际专利分类号，即IPC号）。

（2）找到分类号后，如果是使用印刷版检索工具，可以再通过相应工具书的分类索引或专利公报中的文献和附图进行鉴别，然后再查找专利说明书。如果是使用网上专利数据库，则可在相应检索入口直接输入分类号进行检索。

8.2.4.2 名称检索

名称检索主要指通过专利发明人、专利申请人、专利权人或其权利受让人的名称进行检索。

8.2.4.3 号码检索

号码检索指通过专利申请号、公告号、公开号或收到专利文献时的入藏号等进行检索。

8.2.4.4 优先权项检索

在查找专利文献时，通过优先权项可以帮助读者了解某发明的最早完成年月，最早申请国和最早申请号，及谋求多国保护的情况。同时，也可依靠优先权项去检索同族专利。优先权由10位字母数字组成，格式为AA××××××××，其中，××××××××为（8位字母数字）专利号/申请号，AA为国别代码（2位字母）。优先权项检索可以使用前方一致，但必须用“$”标记，使用前方一致进行检索时，用户至少须输入2位有效国家代码，例如JP$。

8.2.4.5 其他检索方法

专利文献检索有多种方法，除上述几种方法外，还可利用其他的检索工具，如利用报刊或从商品上查找专利号等；利用网上专利数据库进行检索，都可检索到相关专利文献。

8.3 标准文献检索

8.3.1 中国标准化发展概述

8.3.1.1 发展历程

1. 1949 年以前

我国的标准化历史可以追溯至春秋战国时代的《考工记》。《考工记》中记载了关于战车车轮部件的技术标准有 10 件。这是一部较早的含有标准内容的科技书。

秦始皇时期，对全国的计量器具、文字、货币、道路、兵器等进行了全国规模的统一化，同时，颁布了各种律令，推行“标准化”。如《工律》规定了手工业生产产品的标准，《田律》规定了农业方面的标准等。

清朝末年，随着民族工业的兴起，一些标准化工作渗透进来，但多数标准都是外国的。民国时期，国际上掀起了“合理化”“标准化”的浪潮，民国政府实业部也开展了部分标准化活动，编写了标准草案达 1 500 多个，但经审定公布的标准只有 79 个，多数是为满足资本主义国家需要的出口资源标准。

2. 1949—1966 年

1949 年 10 月，国家成立了中央技术管理局，内设标准化规格化处，归口管理全国标准化工作，审批、颁发了一些国家标准和专业标准。

1955 年，在我国发展国民经济的第一个五年计划中，提出要设立国家管理技术标准机构和逐步制定国家统一的技术标准的任务。

1957 年，在国家技术委员会内设标准局，开始对全国的标准化工作实行统一领导。

1958 年，我国颁布了第一批共 120 个国家标准。

1962 年，国务院发布了《工农业产品和工程建设技术管理办法》，这是我国开展标准化工作的政策依据。

1963 年 9 月，国家科委指定 60 个研究设计单位为国家标准化核心机构，到 1966 年，已颁布国家标准 1 000 个。

3. 1967—1990 年

1973 年，中国标准化协会成立，其职责是负责全国标准化工作的组织和活动，制定标准以及和国际的标准化组织进行接触与交流。

1975 年 5 月，成立国家标准总局，直属国务院，由国家经委代管，1978 年 9 月，我国参加了国际标准化组织（ISO）。这一举动推进了我国标准化的发展。

1979年，国务院批准颁发了《中华人民共和国标准化管理条例》。

1982年，国家标准总局改称国家标准局，国务院有关部委（局）都设立了标准处，建立了20多个专业标准化研究所。

1988年7月，国务院决定将国家标准局、国家计量局和国家经委的质量局合并，成立国家技术监督局。同年，颁发了《中华人民共和国标准化法》，并于1989年4月1日起实施。1990年4月6日，国务院发布了《中华人民共和国标准化法实施条例》，1990年8月起又先后发布了一系列有关标准化管理的部门规章，从此，我国标准化工作正式进入了法制管理阶段。

4. 1991年以来

1991年5月7日，国务院发布了《中华人民共和国产品质量认证管理条例》，为我国的认证制度奠定了基础。

到1999年年底，我国法定的现行国家标准有19 118项，备案的行业标准28 000项，地方标准8 650多项，企业标准约40万项，已基本建立了一个以国家标准为主，行业标准、地方标准和企业标准为辅，各种标准相互衔接、配套和补充的标准体系。在国家标准中采用国际标准和国外先进标准达8 237个，占总数的43.1%，国家质量技术监督局已公布采标标志4 300余项。

我国标准化工作取得了辉煌的成就，主要包括：①在国际标准化活动中，我国担任了ISO和IEC技术委员会、分技术委员会秘书处的工作，承担了一些国际标准的起草工作，现已成为ISO理事国。②我国已与30多个国家建立了标准化双边合作关系。③标准化法律法规已形成系列。建立全国标准化技术委员会240多个，分技术委员会420多个，各省市、自治区和国务院有关部门也组建了一些本地区、本部门的标准化技术委员会或分技术委员会。这些标准化技术委员会的建立，在宣传标准化，制定、修订标准和实施标准监督方面发挥了巨大作用。

目前，我国标准化专业队伍已经形成，遍布各行各业。尤其是农业标准化工作得到了加强，已颁布农业国家标准1 000余项，各地建立了农业标准化示范区，推动了成果转化，促进了现代高效农业、优质农业的发展。

8.3.1.2 标准文献信息利用价值

标准是标准化的产物，是对重复性事物和概念所做的同一规定，它以科学、技术和实践经验的综合成果为基础，经有关方面协商一致，由主管机构批准，以特定形式发布，作为共同遵守的准则和依据。

标准文献主要是指与技术标准、生产组织标准和管理标准有关的文献，也包括国家颁布的环境保护法、森林法、消费品安全保障法、药典、政府标准化管理机构的有关文件以及与标准化工作有关的其他文献。

标准文献除了以标准命名外，还常以规范、规程、建议等名称出现。国外标准文献常以 Standar（标准）、Specification（规格、规范）、Rules、Instruction（规则）、Practice（工艺）、Bulletin（公报）等命名。

标准文献是以文献形式表现的标准化成果，是科研、生产和应用的桥梁。标准化通过标准文献对客体对象进行干预，通过标准的制定、发布、实施、监督，标准化才能得以体现，进而推动社会向前发展。标准化是协调技术、经济、经营生产的重要管理手段，是经济持续、稳定、协调发展的保证。

8.3.2 标准文献信息类型

标准文献是标准的文字载体和表现形式，按照不同的划分标准划分为不同的类型。

8.3.2.1 按标准内容分类

1. 基础标准

基础标准是指在现代工业生产和技术活动中，对那些最基本的、具有广泛指导意义或作为统一依据的技术规定。它涉及名词术语、符号、代号、计量单位、机械制图、命名标志、结构要素等。此类标准的有效期限较长。

2. 产品标准

产品标准是对产品的质量和规格所作的统一规定，是衡量产品质量的依据。如产品的形状、尺寸、质量、性能、检验、维修乃至包装、运输、存储等方面制定的各项标准。

3. 方法标准

方法标准是为试验、分析、检验、抽样、测定等操作方法和程序间制定的标准。

4. 安全与环境保护标准

以保护人、物、环境的安全或利用而制定的标准。

5. 原材料标准

规定产品分类、规格、牌号、化学成分、理化性能、使用范围及验收标准等。

6. 辅助产品标准

如标准件、专用设备（如油罐、高压容器）标准。

8.3.2.2 按标准使用范围分类

1. 国际标准

它是由国际标准化团体批准的标准，或经国际标准组织认可的各种国际专业学会、协会等组织制定的标准。如国际标准委员会的 ISO 标准、国际电信联盟的 ITU 标准、国际电工委员会的国际电工标准（IEC 标准）、国际计量局的 BIMP

标准等。

2. 区域标准

它又称地区标准，泛指世界某一区域标准化团体或国家集团为其共同利益而制定发布的标准。如欧洲标准化委员会的 CEN 标准。

3. 国家标准

它是指由合法的国家标准化组织经过法定程序制定发布的标准，在本国范围内适用。

4. 行业标准

它又称专业标准或团体标准。由行业主管部门、行业标准化组织制定和发布的一些通用于本行业、本专业的标准。专业标准代号“ZB”，林业标准代号“LY”，农业标准代号“NY”，机械标准代号“JB”，化工标准代号“HB”。

5. 企业标准

企业标准是由企业或其行业主管部门批准并适用于某企业（系统）的一种标准。我国的企业标准代号为“QB”。

6. 地方标准

地方标准是由地方各级行政机构批准并适用于该行政区域的一种标准。我国地方标准代号为“DB”。

8.3.2.3 按标准约束性分类

1. 强制性标准

它是指在一定范围内通过法律、行政法规等强制手段加以实施的标准。其内容范围包括：有关国家安全的技术要求；产品与人体健康、人身财产安全的要求；工程建设质量、安全、卫生、环境保护要求及国家需要控制的工程建设的其他要求；污染物排放限值、环境质量要求；保护动植物生命安全和健康的要求等。

2. 推荐性标准

它又称自愿标准或非强制性标准，是指在生产、交换、使用等方面，通过经济手段或市场调节的方法，鼓励当事人自愿采用的一类标准。

8.3.2.4 按标准对象分类

1. 技术标准

技术标准是指对标准化领域中需要协调统一的技术事项所制定的标准，是指从事生产、建设及商品流通的一种共同遵守的技术依据。例如，产品标准、工艺标准、卫生标准等。

2. 管理标准

管理标准是指对标准化领域中需要协调统一的管理事项所制定的标准，包括管理目标、管理项目、管理程序、管理方法和管理组织方面的标准。管理标准按对象又可分为管理基础标准、技术管理标准、生产经营标准、经济管理标准、行政管理标准五类。

3. 工作标准

它是指对工作的责任、权力、范围、质量要求、程序、效果、检查方法、考核办法等制定的标准。

8.3.2.5 中国标准分类

我国依据《中华人民共和国标准化法》规定了四级标准，即国家标准、行业标准、地方标准和企业标准。

1. 国家标准

国家标准由国务院标准化行政主管部门制定发布。是指对全国技术经济发展有重大意义而必须在全国范围内统一的标准。国家标准一般为基础性、通用性较强的标准。

强制性国家标准号由国别（GB）+标准顺序号+制定或修改年份组成。

推荐性国家标准号由国别（GB）+推荐性标准字母（T）/T+标准顺序号+制定或修改年份组成。

2. 行业标准

行业标准是指在全国性的各个行业范围内统一的标准。

行业标准号的表示：行业标准代号+标准顺序号+制定或修改年份。例如，NY/T 390—2000 水稻育苗塑料钵体软盘（农业部推荐标准）。

3. 地方标准

地方标准是指在某个省、自治区、直辖市范围内需要统一的标准。其标准号表示为：地方标准代号+地方行政区域代号+标准顺序号+制定或修改年份。

4. 企业标准

企业标准是指由企业制定的产品标准和为企业内需要协调统一的技术要求和管理以及工作要求所制定的标准。企业标准号表示为：企业标准代号（Q/）+标准顺序号+标准类型代号+制定或修改年份。

8.3.3 标准文献信息检索途径与方法

国内外标准文献信息检索途径主要有分类、标准号和主题词 3 种。

分类途径是依据《国际标准分类法》（ISC）和各国标准分类法，将标准文献按学科、专业分类体系编排的分类目录，置于检索工具正文之前或之后，多以分类上次形式出现。

标准号途径多根据某一标准号找到标准分类号，再找到目录正文，然后获取该标准的有关信息，标准号多附在正文之后的辅助索引中，分为现行标准号索引、作废标准号索引、新代替标准号索引等。

主题途径。国内外标准文献检索工具中的主题索引，提供主题词检索途径。其主题词多为关键词。

8.3.4 中国标准文献信息检索

8.3.4.1 中国标准信息网络系统

随着信息技术的发展，中国标准化网络系统发展迅速，目前主要有中国标准化信息网、中国标准服务网、中国标准咨询网等。

1. 中国标准化协会（http：//www.china-cas.org）

中国标准化协会网站于1999年3月开通。该网站除了履行一些协会职能外，还提供国家强制性标准查询、标准样品查询，以及相关标准和标准化的宣传，图8-38、图8-39。

图 8-38 中国标准信息网主页

2. 中国标准服务网（http：//www.cssn.net.cn）

中国标准服务网1998年6月25日开通，由中国技术监督情报研究所、国家信息中心系统集成中心联合主办，设有标准查询、标准服务、标准出版物、标准化与质量论坛、中国技术法规、合格评定、标准与企业、站点转接等栏目。提供标准检索、代译、有效性确认、标准查新及多种标准数据库产品。该网站提供了大量有关标准的期刊论文，标准信息及时，检索功能强大。提供了标准号、中文

中华人民共和国强制性国家标准查询

阅读帮助 联系我们

普通检索 高级检索 全文检索

提交检索

检索结果

序号	标准号	中文标准名称	发布日期	实施日期	
1	GB 31276-2014	普通照明用卤钨灯能效限定值及节能评价值	2014-10-10	2015-09-01	全文阅读
2	GB 12676-2014	商用车辆和挂车制动系统技术要求及试验方法	2014-10-10	2015-07-01	全文阅读
3	GB 13057-2014	客车座椅及其车辆固定件的强度	2014-10-10	2015-07-01	全文阅读
4	GB 19725.1-2014	农林机械　便携式割灌机和割草机安全要求和试验　第1部分...	2014-09-03	2015-10-01	全文阅读
5	GB 19725.2-2014	农林机械　便携式割灌机和割草机安全要求和试验　第2部分...	2014-09-03	2015-10-01	全文阅读
6	GB 31144-2014	木工机床安全　手动式摇臂锯	2014-09-03	2015-10-01	全文阅读
7	GB 16915.1-2014	家用和类似用途固定式电气装置的开关　第1部分：通用要求	2014-09-03	2015-08-03	全文阅读
8	GB 20840.2-2014	互感器　第2部分：电流互感器的补充技术要求	2014-09-03	2015-08-03	全文阅读
9	GB 12731-2014	阻燃V带	2014-09-03	2015-07-01	全文阅读
10	GB 20178-2014	土方机械　机器安全标签　通则	2014-09-03	2015-07-01	全文阅读

共 3715 条满足条件的数据　首页 上一页 下一页 尾页　转到第 1 页 Go

图 8-39　中国标准化协会网标准检索

标题、英文标题、中文主题词、英文主题词、中标分类号、国际分类号等检索途径，图 8-40。

图 8-40　中国标准服务网主页

3. 中国标准咨询网（http：//www. chinastandard. com. cn）

中国标准咨询网由北京中工技术开发公司、北京世纪超星电子有限公司和新标方圆在线软件技术有限公司等单位联合建立。可提供国内外标准信息、质量认证信息等咨询服务，内容有标准数据库、标准信息、法规信息、国家监督质量抽查信息、质量认证信息、WTO 咨询台等。其中，标准数据库可免费查询国家标准和国际标准，购买阅读卡后目前只能查询行业标准并阅读部分行业标准全文。

4. 中国标准网（http：//www. zgbzw. com）

中国标准网由北京北标科技发展有限公司和浩瀚角雅典书屋共同建立。主要提供重点标准图书的介绍与订购服务，图书标准信息全面、及时，可进行标准图书在线查询，提供图书分类索引。

5. ChinaGB 国家标准频道（http：//www. chinagb. org）

ChinaGB 国家标准频道（图 8-41）是我国最大的标准专业网站，提供中国国家标准、行业标准、地方标准、外国标准等的免费在线查询、标准有效性确认、标准文献翻译等相关服务。

图 8-41 中国国家标准频道主页

该网站提供丰富的标准新闻资讯和标准查询数据库——《国家标准频道标准数据库》。其中，数据库包括国内标准和国际国外标准。提供分类号、标准编号、中文标题、英文标题等 18 个检索项。

8.3.4.2 中国标准检索方法

1.《中华人民共和国国家标准目录总汇》

该目录总汇由国家质量技术监督局编，中国标准出版社出版，年刊。从 1999 年起，每年上半年出版新版，载入截止到上一年度批准的全部现行国家标准信息，同时，补充载入国家标准经清理整理、复审、补充、修改和更正后的相关信息。例如，1999年版目录总汇载入了截至1998年年底批准发布的现行国家标准信息、条目共18 684项。

该目录总汇由分类目次、题录正文和辅助索引组成。分类目次和题录正文是按中国标准文献分类法（CCS）进行分类，提供分类检索途径。

分类包括：A. 综合；B. 农业、林业；C. 医学、卫生、劳动保护；D. 矿业；E. 石油；F. 能源、核技术；G. 化工；H. 冶金；J. 机械；K. 电工；L. 电子元器件与信息技术；M. 通信、广播；N. 仪器、仪表；P. 工程建设；Q. 建材；R. 公路、水路运输；S. 铁路；T. 车辆；U. 船舶；V. 航空航天；W. 纺织；X. 食品；Y. 轻工、文化与生活用品；Z. 环境保护。

目录正文按照类目—标准号，同类下按标准号大小顺序排列的编排次序。著录项目包括CCS三级分类号、标准号、标准中文名称、标准英文名称、采标情况等。

分类目次的检索一般按照课题的大小类号、类目所在正文页码、课题相关标准的标准号、标准名称及采标情况、标准号、标准全文的顺序进行检索。

辅助索引为国家标准顺序号索引，其检索一般按照已知标准号、所在《目录总汇》正文页码、该件标准的信息、标准号、标准全文的顺序检索。

目前，国家标准目录已建立了计算机数据库，并进行实时维护与更新，其计算机检索与其他文献类型数据库检索类同。

2.《中华人民共和国强制性国家标准目录》

该目录由国家质量技术监督局标准化司编制，中国标准出版社出版，年刊。全书由分类目次、目录正文和标准号索引三部分组成。

分类目次，按《中国标准分类法》（CCS）分类编排。检索时，先确定课题大小类目，然后找到类目所在目录正文的页码，再找到有关的强制性标准。

目录正文按CCS分类编排，同一类目下，再按标准号排列。其著录项目包括所采用的标准号、标准发布日期、标准修订日期、标准实施日期、被代替的标准号等。

标准号索引的检索一般按照标准号→所在目录正文的页码→标准部分信息→标准号→获取全文的步骤进行检索。

3.《国家标准代替、废止目录》

该目录由国家质量技术监督局编制，中国标准出版社出版。全书由国家标准代替目录、国家标准废止目录和索引三部分组成。

国家标准代替目录按被代替标准号顺序排列。其著录项包括被代替的标准号、历次修订标准情况、现行标准号、现行标准名称。

国家标准废止目录，按废止的标准号排列。其著录项目包括废止的国家标准号、被废止的标准名称、废止时间。

辅助索引，包括“现行标准编号与被代替标准编号对照表”和“历次修订情况中非同号被代替标准编号与现行标准编号对照表”。

现行标准编号与被代替标准编号对照表，按现行标准号排列。其著录项包括现行标准编号、被代替标准编号、标准所在目录正文页码。

其检索步骤按照现行标准号→标准所在目录正文页码→有关标准信息→标准号→相关单位获取原文顺序进行。

历次修订情况中非同号被代替标准编号与现行标准编号对照表，按非同号被代替标准号顺序排列。其著录项包括非同号被代替标准号、现行标准号、标准所在目录正文的页码。

4.《中国标准化年鉴》

1992 年创刊，年刊，由中华人民共和国国家质量技术监督局编制，中国标准出版社出版。有 16 个部分：中国标准化发展概况；标准化管理机构；标准化法规建设；标准化技术委员会工作；国际标准化活动：行业标准管理范围及其代号；产品质量监督和标准检验工作；农业标准化工作；地方标准化工作；标准化科学研究工作；标准化成果的奖励；标准化情报与咨询工作；标准化人员的教育培训工作；中国标准化协会（CAS）及其主要活动；标准的编辑、出版和发行工作；国家标准目录等。全书有中、英文对照目录、提供分类途径。

5. 中国《国家标准全集系统光盘》

全套光盘共 8 卷，包括现行国家标准的全部内容。8 卷分别是：

第一卷《中国国家标准目录与科技标准术语词典》；

第二卷《黑色冶金工业标准》；

第三卷《机械工业标准》；

第四卷《电工标准》；

第五卷《食品卫生标准》；

第六卷《电子与信息技术标准》；

第七卷《石油、化工标准》；

第八卷《综合环境保护标准》。

该光盘提供了标准号、分类号、标准名称、发布日期、实施日期、代替标准等检索途径。

检索国内标准文献书本式的工具还有《国家标准修改更正勘误总汇》《机械标准目录总览》《林业标准目录》《农业标准目录》《电子工业国家标准及行业标准目录》《化工国家标准、行业标准和国际标准目录》《商业标准目录》《食品国家标准和行业标准目录》《卫生标准目录》《进出口商品检验目录》《煤炭工业标准目录》《烟草标准目录》等。可供参考。

8.3.4.3 中国标准检索工具

1. 检索工具分类

国家标准检索工具

主要有《中华人民共和国国家标准目录》《中华人民共和国强制性国家标准目录》。

行业标准检索工具

主要有《中华人民共和国行业标准目录》《卫生标准目录》《煤炭工业标准目录》等。

地方标准检索工具

主要有各省、自治区编制的地方标准检索工具，如《广东省地方标准目录》《辽宁省地方标准条目》等。

企业标准检索工具

各大、中型企业甚至部分小型企业都编制有本企业标准的检索工具。这类检索工具很多，如湖北省《武汉钢铁集团公司标准目录》等。

我国标准检索的书本式检索工具比较固定，光盘式工具主要是标准数据，目前，利用最多最广泛的是网络数据库检索。检索我国标准的光盘式数据库和网络系统的工具，自 1995 年以来推出了很多，如《中国国家标准目录》光盘版、《中国标准化信息网》《万方标准化数据库》《中国知网标准化数据库》等。

检索我国新颁布和修改的标准信息以及标准化活动信息可利用《中国标准化》（月刊），此刊每月会及时公布我国国家标准、行业标准、地方标准的制定和修改信息。另外，每年的《中国标准化年鉴》也可用来了解标准进展情况等。

另外，标准文献信息检索工具还可按出版类型划分为书本式（印刷型）、光盘版、网络版三种。

2. 中国标准文献书本式检索工具

这类标准文献信息检索工具以印刷型载体——书本为主。书本式检索工具多为目录式的工具，一般只提供标准的名称、标准号、标准制定和修改情况等内容，不能了解标准的主要内容，需通过标准号进一步到标准馆藏单位获取全文。

（1）《中国国家标准汇编》。该书收集了公开发行的全部现行国家标准，由中国标准出版社出版。从 1983 年起，每年出版数分册。各卷及正文均按国家标准号顺序排列。在已知标准号的情况下，可直接查到标准全文。

(2)《中华人民共和国国家标准目录》。该目录由国家技术标准局编撰，中国标准出版社出版。该目录由顺序目录和分类目录两部分组成。

(3)《中国标准化年鉴》。该年鉴由国家技术标准局编撰，中国标准出版社出版，1985 年创刊，每年出版 1 册。主要为向国内外介绍中国标准化工作的体制、现状以及最新国家标准目录和行业标准目录。

(4)《最新国家标准和国际标准目录》。该目录由国家标准情报中心编印，收录 1991 年以来颁布的标准信息。1993 年起，每季度出版一个补充本。

(5)《中国农业标准汇编》。该书由中国标准出版社出版。目前已出版的卷册有：植保与农药卷（上、下册)、土壤肥料卷、渔船卷、水产加工卷、种子苗木卷、农村能源卷、渔具与渔具材料卷、热带作物卷、粮油作物卷、天然生胶与浓缩胶乳卷、水产养殖卷、饲料卷、农牧机械卷（上、下册)、畜禽卷、土壤肥料卷（第 2 版)、果蔬卷（上、下册)、水产加工卷（第 2 版）等。

(6)《林业标准汇编》。该汇编由国家林业局科技司编，中国林业出版社出版。分成若干分册陆续出版。包括现行林业类国家标准、专业标准、部标准及有关的国际标准。中国标准出版社还出版了若干卷《中国林业标准汇编》。两部林业标准汇编构成了我国国家林业标准的主要检索工具。

另外，中国标准文献检索工具还有《中华人民共和国工农业产品工程建设国家标准和部标准目录》《中华人民共和国标准目录及信息总汇（1992）》《国家标准目录及信息总汇（2000)》《中华人民共和国标准和行业标准目录(1993）》《中国强制性国际标准》《机床标准汇编》等。

3. 中国标准文献光盘版检索工具

由于计算机技术的应用，20 世纪 90 年代，国内外出版了一些标准数据库光盘，例如，我国的《国家标准全集系统光盘》《工程建设标准全文光盘》等。光盘版检索工具有标准目录和标准全文两种，检索途径较多，可按分类、主题、标准号、标准名、作废标准号等检索。这类检索工具对检索和阅读环境有要求。

4. 中国标准文献网络版检索工具

检索标准文献，除了书本式和光盘式检索工具外，更快捷方便的检索方式是网络检索。

在国内，用于检索标准文献的网络数据库主要有中国知网和万方数据提供的标准数据库。

(1)《中华人民共和国强制性国家标准全文数据库》。该系统由中国标准情报中心、北京凯普计算机软件系统工程公司联合开发，1999 年 2 月试运行。该库包括全部正式出版的强制性国家标准、采用光盘数据库形式出版。系统由目录库、文献库和全文库组成。可通过标准号、分类号、发布日期、中文或英文标准名称、中文或英文主题词等进行检索。是各行业查找强制性国家标准最方便、最快捷的途径。

（2）万方数据《中国国家标准全文数据库》。该数据库收录了由国家技术监督局等单位提供的中国国家标准、行业标准和建设标准，标准内容覆盖了天文、地球、生物、医药、卫生、农林、工业技术、交通、航空、环境等专业。截至2014年，已收录37万余个各类标准文摘，12万余条全文标准。

另外，可利用前文介绍的几个标准网站进行标准文献的检索，例如，通过中国标准网（http://www.zgbzw.com）、中国标准计量信息网（http://www.stdcn.com）、万泰认证（hltp://www.wit-int.com）、中国标准研究中心（hltp://www.cnis.gov.cn）、中国标准出版社（http://www.bzcbs.com.cn）等网站均可检索有关标准信息。

8.3.5 注意事项

（1）注意标准号的制定与修改年份。

（2）标准文献随着技术的进步而不断修订，而标准的顺序号往往不变。这时应注意标准号的制定或修改年份，以最近制定或修改的标准号进行检索，才能保证其新颖性、先进性。可利用检索工具中作废标准、被代替标准与现行标准对照表等。

（3）注意标准类型与标准检索工具类型的对应。

标准文献信息检索时，需要将标准类型与标准检索工具类型相对应，如已知国际标准号，应利用国际标准检索工具中的标准号索引；已知某企业标准号，应利用相应的企业检索工具。

（4）注意检索标准号的完整性。

（5）标准号由机构代号+顺序号+制定或修改年份组成，利用标准号检索标准文献时，应注意以完整的标准号去检索。

（6）注意依据现行标准号索取全文。

（7）在标准目录中检索到有关标准的部分信息后，应再依据现行标准号到有关单位或标准全文数据库中获取全文，才能达到标准检索的目的。

8.4 会议文献检索

8.4.1 会议文献概述

会议文献是指在各种会议上的发言、论述、总结、产生的记录及宣读的论文等形成的文献，分为会前文献、会中文献和会后文献。学术会议文献是科技文化交流的产物，主题集中、专业性强、有针对性，能够反映科技技术的发展趋势及新发现、新成果，是科技人员了解前沿科技、学科发展动态的重要信息资源。

按照会议组织与规模，会议分为国际性会议、地区性会议、全国性会议、学会（协会）会议、行业联合会议等；按照会议内容性质，会议分为大会、专题讨论会、专题讲座等；根据出版形式，会议文献有图书、期刊等正式出版形式和会议录、会议纪要、会议论文集、会议报告等非正式出版形式。

8.4.2 会议文献特点

会议文献是指在各种学术会议上宣读的论文、产生的记录以及发言、论述、总结等形式的文献，包括会议前参会者预先提交的论文文摘、在会议上宣读或者散发的论文、会上讨论的问题、交流的经验和情况等经整理编辑加工而成的正式出版物。

会议文献是传递和获取科技信息的一种极为有效的途径，许多学科的新发现、新进展、新成就、新课题、新设想，都是以会议论文的形式向公众发布的。

会议文献具有内容新颖，及时，学术水平高，专业性强，数量较大等特点。按照组织形式和文献时间等将会议文献划分为不同的类型。

8.4.3 会议文献类型

8.4.3.1 按会议组织形式和规模分类

按照组织形式和规模，会议文献可分为国际性会议文献、地区性会议文献、全国性会议文献、学会或协会会议文献、同行业联合会议文献等。

8.4.3.2 按文献产生时间分类

按照会议文献产生时间，会议文献可分为会前文献、会中文献和会后文献。

1. 会前文献

会前文献一般是指在会议进行之前预先印发给与会代表的论文、论文摘要或论文目录。

会前文献具体有4种：会议论文预印本、会议论文摘要、议程和发言提要、会议近期通信或预告。

2. 会中文献

会中文献包括开幕词、讲演词、闭幕词、讨论记录、会议简报、决议等。

3. 会后文献

会后文献主要指会议结束后正式发表的会议论文集、会议录、学术讨论论文集、会议论文汇编、会议纪要、会议报告集、会议出版物、会议纪要等。

8.4.4 会议文献检索方法

随着科技的发展，会议文献检索不再局限于手工检索，还可通过数据库、网络进行检索。

8.4.4.1 手工检索

手工检索国内会议文献的检索工具主要有三类：一是会议文献通报类，如《中国学术会议文献通报》；二是以图书、期刊形式出版的会议录；三是索引类、年鉴类检索工具。下面主要介绍几种常用的手工检索工具。

1.《中国学术会议文献通报》

该通报由中国科技信息研究所、中国农业大学主办，科技文献出版社出版。1982 年创刊，原名为《国内学术会议文献通报》，季刊，1984 年改为双月刊，1986 年改为月刊，1987 年改为现刊名。

通报每期以题录、简介或文摘形式报道所收藏的国内学术会议论文。它是报道我国各类专业学术会议论文的一种检索刊物。内容涉及数理科学和化学、医药卫生、农业科学、工业技术、交通运输、航天航空、环境科学及管理科学。会议文献来自全国重点学会举办的各种专业会议。正文按《中国图书馆图书分类法》分类编排。1990 年起，将期末主题索引改为年度主题索引，在每年度的最后一期中报道。《中国学术会议文献通报》可通过分类和主题途径检索。

2.《西文科学技术会议录联合目录》

该目录是国内查找西文学术会议的主要工具，由国家图书馆联合目录编辑组编辑，书目文献出版社出版，收录了全国 94 个图书馆入藏的西文科技会议录 7 200 种。

该刊分正文和索引两部分，正文按《中国图书馆分类法》编排，同类号下按字顺排列，同一会议届次按时间先后排列，索引按会议名称和机构名称排列。

另外，《国际科学技术会议和国际展览预报》《全国报刊索引》等均可检索到会议信息。除此外，我国检索世界重要会议文献的检索工具主要有：①《世界会议》（WM），由美国世界会议情报中心公司出版；②《国际科技会议预报》，由英国专业图书馆协会（ASLIB）编辑出版；③《已出版的会议录指南》，由美国英特多克公司编辑出版；④《会议论文索引》，由美国数据快报公司编辑出版；⑤《科技会议录索引》（ISTP）由美国科学情报研究所（ISI）编辑出版。

8.4.4.2 利用数据库检索

随着信息技术的发展，数据库检索工具成为检索会议文献的重要渠道，方便快捷，查全率、查准率高，是目前最受欢迎的检索工具。

当前，我国检索会议文献的数据库主要有中国知网和万方数据推出的会议论文数据库。

1. 中国知网会议论文数据库

(1)《中国重要会议论文全文数据库》。该库重点收录1999年以来，中国科协、社科联系统及省级以上的学会、协会和高校、科研机构，政府机关等举办的重要会议上发表的文献。

(2)《国际会议论文全文数据库》。该库收录了1999年以来中国科协系统及其他重要会议主办单位举办的在国内召开的国际会议上发表的文献。

2. 万方数据会议论文数据库

(1)《中国学术会议论文全文数据库》。该库收录了1998至今的180万余篇全国性学术会议文献，覆盖自然科学、工程技术、农林、医学等学科领域，学术性强。

(2)《外文学术会议论文全文数据库》。该库收录了2000年至今的32万余篇国内组织的国际会议的论文，覆盖自然科学、工程技术、农林、医学等领域。

8.4.4.3 利用网络检索

利用搜索引擎是互联网网上资源利用查询的重要渠道。会议文献可通过综合搜索引擎、专业学科搜索引擎找到会议网站的链接，再通过网站找到会议的相关信息及其相关文献。

通过专业学会站点，也可获得学术会议的信息及其相关文献。专业学会网站往往是专业人士交流学术信息的场所，有的学会网站建立了自己的数据库，并提供检索服务，有的还提供文摘或者全文。

8.5 学位论文检索

8.5.1 学位论文概述

学位论文是表明作者从事科学研究取得创造性的结果或有了新的见解，并以此为内容撰写而成、作为提出申请授予相应的学位时评审用的学术论文。也就是说，学位论文是指高等学校或研究机构的学生为了获得所修学位，向学校或研究机构提交的在导师指导下完成的某一学术课题的科学研究、科学试验成果的书面报告。

学位论文是不同于期刊或图书的高水平的学术研究论文，是能够把握科技发展趋势、跟踪学科发展前沿的科技文献资料，具有很高的科研价值和文献价值，越来越受到科研人员的重视。

8.5.1.1 学位论文类型和特点

1. 学位论文分类

（1）按申请学校划分。根据《中华人民共和国学位条例》规定，依据所申请的学位不同，学位论文分为学士学位论文、硕士学位论文、博士学位论文 3 种。其中，博士学位论文具有较高的学术价值。

（2）按研究方法划分。按照研究方法不同，学位论文可分为理论型学位论文、实验型学位论文和描述型学位论文 3 类。其中，理论型论文是运用理论证明、理论分析和数学推理等研究方法获得科研成果；实验型论文是运用实验方法，通过实验研究获得科研成果；描述型论文是运用描述、比较、说明方法，对新发现的事物或现象进行研究而获得科研成果。

（3）按研究领域划分。按照研究领域不同，学位论文又可分人文科学学术论文、自然科学学术论文与工程技术学术论文两大类，这两类论文的文本结构具有共性，而且均具有长期使用和参考的价值。

（4）按研究内容划分。学位论文按内容分为两种类型：综论和理论研究类。综论是指作者参考大量的文献资料，通过系统地分析、综合后，依据充实的数据资料提出本人的独特见解的研究论文。理论研究与探讨类是作者根据前人的论点或结论，经过实验和研究，进一步提出新论点新方法的研究论文。

2. 学位论文的特点

凡经答辩通过的学位论文，一般都是具有独创性的研究成果，能显示论文作者的专业研究能力，同时，也反映了高校或科研单位的教学科研水平。从内容上看，学位论文具有以下特点：

（1）科学性。学位论文更具有科学性。研究内容上，学位论文要求概念严谨科学、数据可靠精确、材料翔实确凿。研究方法上，学位论文要求逻辑严密、方法有效、设计科学合理。

（2）学术性。学位论文以科学领域里的某一专业性问题为研究对象，是就某一专业领域的某一具体学术内容，如，技术、方法、理论等开展的系统性研究实践后形成的文献资料，针对性、学术性比较强，具有重要的学术参考价值。

（3）规范性。学位论文一般按照选题、定题、研究撰写、修改、完成、答辩的程序规范来完成，而且遵循论文撰写格式规范，因此，学位论文具有规范性。

（4）系统性。学位论文对于理论、实验、方法及研究成果等的阐述比较详细、全面，而且脉络清晰，具有系统性。

（5）独创性与新颖性。学位论文都是在查阅大量文献基础上，经过分析、综合而提出的学术性见解或结论，具有一定的独创性与新颖性。

8.5.1.2 学位论文收藏

为充分发挥学位论文的学术参考价值，一般由授予单位收藏，一些国家的大学图书馆将其制成缩微胶卷，编成目录、索引，并形成专门的学位论文数据库。我国也非常重视学位论文的收藏，国内学位论文除在本单位收藏外，硕士以上学位论文要在国家指定单位专门收藏。国务院学位委员会1984年文件规定，国内各学位授予单位在硕士、博士学位论文通过半年内，将自然科学学位论文送交中国科技信息研究所和国家图书馆收藏。

国务院学位办指定的全国学位论文收藏单位主要有：

1. 国家图书馆

收藏全国所有文理科硕士、博士学位论文及博士后科技报告。

2. 中国科技信息研究所

收藏全国的理工科的硕士、博士学位论文，并建有“中国学位论文数据库”。

3. 中国社科院文献中心

收藏全国社会科学的博士、硕士论文。

另外，中国科学技术信息研究所、国家图书馆等单位可部分索取国外学位论文。

8.5.2 中国学位论文检索

学位论文的检索工具主要有：①综合性检索工具，如SA、CA、MA等报道各自领域的学位论文。②专门的学位论文检索工具，如《中国学位论文通报》《国际学位论文文摘》等。

按照检索方式不同，学位论文检索分为手工检索和数据库检索。

8.5.2.1 手工检索

1.《中国学位论文通报》

出版发行：该刊物由中国科技信息研究所编辑，中国科学技术出版社出版，1985年创刊，季刊，1986年后改为双月刊。

（1）内容与收录。主要收录高等院校和科研机构的博士、硕士研究生论文，以文摘形式报道。

（2）著录与检索。每期《通报》由分类目次、文摘正文和辅助索引三部分组成。分类目次和文摘正文按《中国图书馆图书分类法》分类编排，提供分类检索途径。附有机构名称索引，可以论文作者所在大学或科研单位名称的汉语拼音字母进行检索。

每年第一期《通报》附有上一年的年度分类索引，按《中国图书馆图书分类法》的分类体系排列，提供学科、专业的分类检索途径。

2.《中国科学院博士学位论文文摘》

该文摘为年刊，从中可检索到中国科学院所属的研究机构和高等学校所培养的博士研究生的学位论文，整个文摘刊物由四部分组成：分类目次、文摘正文、辅助索引和附录。分类目次和文摘正文按《科学院图书分类法》分类体系编排，提供分类检索途径。辅助索引提供作者、导师和《科学院图书分类法》三种检索途径。附录为："博士学位授予学位单位"一览表。

8.5.2.2 数据库检索

随着网络的发展，通过数据库检索学位论文，效率大大提高。目前，学位论文数据库有学位论文文摘数据库和学位论文全文数据库两种。

1. 学位论文文摘数据库

包括高校学位论文文摘库（CALIS）、中文学位论文数据库（NSTL）（文摘免费）、中国学位论文文摘数据库（万方）。

（1）高校学位论文文摘库。该库以合作建设、资源共享为目的，建立为高校师生提供学位论文的文摘查询与浏览。收藏了北京大学、清华大学等 80 多所重点大学的硕士、博士学位论文文摘。

（2）中文学位论文数据库。该库主要收录了 1984 年以来我国高等院校、研究生院及研究所发布的硕士、博士、博士后的论文，涉及自然科学各专业，兼顾社会科学和人文科学。

（3）中国学位论文文摘数据库。中国学位论文文摘数据库由中国科技信息研究所北京万方数据股份有限公司研制。截至 2014 年 7 月，共收录 1980 年至今的包括硕士、博士和博士后论文总计约 292 万余篇，年增 20 万篇。

2. 学位论文全文数据库

包括中国学位论文全文数据库（万方）、博士学位论文全文数据库（中国知网）、优秀硕士学位论文全文数据库（中国知网）等。

（1）中国学位论文全文数据库。中国学位论文全文数据库由中国科技信息研究所北京万方数据股份有限公司研制，截至 2014 年 7 月，共收录了 1999 年至今（部分回溯到 1987 年）的博士、硕士论文 210 万篇，年增 20 万篇。

中国学位论文全文数据库和中国学位论文文摘数据库数据来源于全国各高等院校研究生院及研究所，主要以全国 211 重点高校和重点科研机构为主（占 70%以上）。学科范围覆盖了自然科学总论、数理化、天文、地球、生物、医药、卫生、农林、工业技术交通、航空、环境等专业。

提供分类、主题、作者、授予学位单位等检索途径。

（2）中国优秀硕士学位论文全文数据库和中国博士学位论文全文数据库。

两个数据库分别收录了从 1984 年至今的 985、211 高校、中国科学院、社会科学院等重点院校、重要特色学科的优秀硕士论文和博士学位论文。学科覆盖了基础科学、工程技术、农业、哲学、医学、哲学、人文、社会科学等各个领域。目前，收录来自 654 家培养单位的优秀硕士学位论文 2 133 779 篇和 418 家培养单位的博士学位论文 241 870 篇。提供分类、主题、作者、学位授予单位等检索途径。

8.6 科技报告检索

8.6.1 科技报告概念、类型、特点

8.6.1.1 科技报告概念

科技报告是对科学技术研究结果的报告或研究进展情况记录的一种技术文献，包括科研成果的总结、科研进展情况的详细记录等，大多涉及高、精、尖科学研究、技术设计、阶段进展情况、经验和教训，是重要的文献信息资源，是政府、科研机构、企业集团内部及相互之间交流的重要载体。

8.6.1.2 科技报告类型

科技报告按照内容、形式、研究进展、密级等可划分为不同的类型。

1. 按研究内容划分

科技报告按内容可分为基础理论研究和工程技术两大类。

2. 按形式划分

科技报告按形式可分为技术报告、技术札记、技术论文、技术备忘录、通报、技术译文、会议出版物、教学出版物、专利申请说明书、统计资料等。

(1) 技术报告。一般为公开出版物，内容比较详细，大部分是科研成果的技术总结。

(2) 技术札记。一般为公开出版物，是科技人员编写的专业技术文件，内容不完善，可作为编写报告的素材，可报道一些新科技成果、新工艺、新材料等。

(3) 技术论文。准备在会议上或期刊上发表的报告，一般单篇形式发表。

(4) 技术备忘录。一种内部使用、限制发行的出版物，内容包括原始试验报告、数据资料及一些保密文献、会议文献等。

3. 按研究进展划分

科技报告按研究进展程度可分为初期报告、进展报告、中间报告、终结报告。

(1) 初期报告。它是指项目研究前的计划性报告。

（2）进展报告。它是指某项研究课题或某研究机构的工作进展情况报告，包括定期、不定期两种。

（3）中间报告。它是指某一阶段的研究工作小结或下一阶段工作建议等报告。

（4）终结报告。它也叫总结报告或最终报告，是研究工作完成后写成的总体研究报告。

4. 按密级划分

科技报告按密级或流通范围可划分为保密报告、非密限制发行报告、非密公开报告和解密报告。

（1）保密报告。保密报告按技术内容又分为绝密报告、机密报告、秘密报告三级，只供少数相关人员参阅。涉密的科技报告多属于军事、国防工业和尖端技术成果。

（2）非密限制发行报告。它是指仅在规定范围内发行并限定数量的报告。

（3）非密公开报告。它是指公开发行的报告。

（4）解密报告。保密报告经一定期限后，通过审查解密后就成为公开发行的文件。

8.6.1.3 科技报告特点

1. 内容新颖、专业、深度、具体

科技报告的题目大都涉及尖端科学的最新研究进展及研究成果，包含了研究方案的选择和比较、有重要参考价值的数据和图表、宝贵的成功与失败的实践经验等。

2. 范围广、种类多、数量大、发行快

科技报告几乎涉及整个科学和技术领域，涉及各个行业，发行形式多种多样，不受篇幅和出版周期限制，独立成册，单独发行，出版迅速，数量巨大，种类繁多。

8.6.2 科技报告检索

8.6.2.1 手工检索

我国从 1963 年起正式开展科研成果的统一登记和报道工作。凡是取得科研成果的单位都要按照规定程序上报、登记，经国家科委调查核实后，出版《科学技术研究成果报告》。报告内容涉及机械、电机、计算机技术、冶金、化学化工、医药卫生、农林等领域。分为“内部”“秘密”和“绝密”3 个保密级别，由内部控制使用。

《科学技术研究成果公报》，简称《公报》，国家科委科学技术成果管理办公室编辑，科技文献出版社出版。是专门报道和检索《科学技术研究成果报告》的工具，于1963年创刊，1966年停刊，1981年5月复刊。其著录内容包括科技成果名称、登记号、分类号、部门或地方编号、基层编号、密级、完成单位和主要人员、工作起止时间、推荐部门、文摘内容。每期文摘款目按分类编排，分为5大类：①农业、林业；②工业、交通及环境科学；③医药、卫生；④基础科学；⑤其他。该检索工具编有“分类索引”和“完成单位索引”等。

此外，《科学技术译文通报》《对外科技交流报》《美国政府研究报告通报》(中译本)、《中国机械工业科技成果通报》等，都可作为科技报告手工检索工具。

8.6.2.2 网络检索

1.《中国科技成果数据库》(CSTAD)

1977年起，由中国科技信息所出版《中国科技成果数据库》(CSTAD)，1986年创建了网络版。该库收录了1964年以来的各省、市、部委鉴定后上报国家科技部的科技成果及星火科技成果，包括新技术、新产品、新工艺、新材料、新设计等技术成果项目，内容涉及自然科学各个学科领域及部分社会科学领域。该库为国家科技部指定的新技术、新成果查新数据库，是万方数据资源之一，目前收录成果达近81万余项，每年新增2万项。

另外，《中国科技项目创新成果鉴定意见数据库》为中国知网的特色资源，收录了1978年以来的科技新成果。

2. 国家科技成果网

国家科技成果网（NAST）是由国家科学技术部创建的以科技成果查询为主的大型权威性科技网站。旨在加快全国科技成果进入市场的步伐，促进科技成果的应用与转化，避免低水平的重复研究，提高科学研究的起点和技术创新能力。所拥有的全国科技成果数据库内容丰富、权威性高，已收录全国各地区、各行业经省、市、部委认定的科技成果约10万项，库容量以每年3万~5万项的数量增加，充分保证了成果的时效性。该网站提供方便、快捷的免费网上查询，还可进行全国科研单位、科技网站查询等。该站自1999年6月向社会开放，在全国各省市建有几十个科技成果信息服务中心。

国家科技成果网主页及科技成果检索页如图8-42、图8-43。

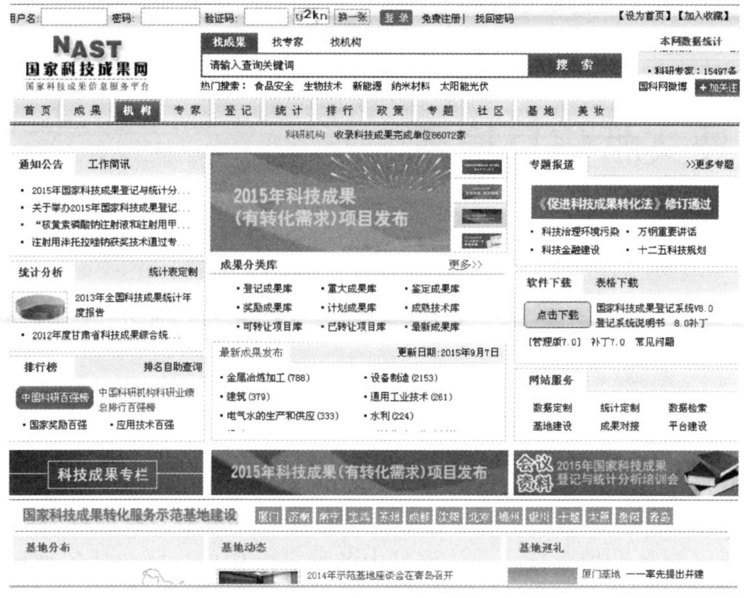

图 8-42　国家科技成果网主页

图 8-43　国家科技成果网科技成果检索页

9 国外文献信息检索

9.1 国外农业科学类和生命科学类文献检索工具概述

9.1.1 农业科学类信息检索工具

9.1.1.1 Agriscape（农业图景，http：//www. agriscape. com）

该网站由 Vorras 公司于 1999 年 4 月创建，目的在于为农业及其相关产业提供信息、市场服务和搜索技术。该网站由各种名录构成，既包括各种与农业有关的会议资料，也包括众多商业性、研究性和学术性网站，还有讨论组、电子黄页和新闻。和其他网站不同的是，Agriscape 完全手工采编数据，而非机器自动生成，这样就可以保证数据的质量。导航目录中的专题有农业旅游、公司、教育与研究、政府部门、期刊、园艺、名录与指南等。提供搜索引擎，有网站和会议选项，并可附加语种条件，如英、汉、法、西等语种。另外，该搜索引擎只支持逻辑“与”功能，这也是使用时必须注意的地方。

9.1.1.2 Agriculture World（农业界，http：//agriculture. tradeworlds. com）

该网站由 Trade world 公司创办，是面向农业的垂直门户网站，通过“一站式”服务解决用户的买卖交易及其相关问题。它提供以下服务：国际新闻、在线拍卖、产品搜索、用户搜索、职位搜索等。导航目录中的专题有：出版物、教育、组织机构、技术、一般设备、展销会展览会、渠道、农作物、网上资源等。该网站提供的搜索引擎专门用来查找产品和用户信息。

9.1.1.3 AgNIC Systerm Engine（AgNIC 系统引擎，http：//www. agnic. org）

AgNIC 全称 The Agriculture Network Information Center。是一个以国家农业图书馆为核心的自愿性联合组织，主要提供电子形式的农业信息。其目的是在食品、农业、可更新资源、林业等行业为用户提供各类信息，既包括基本的、专业的，也包括研究性的和教育性的；导航目录中列有 17 个专题，如动物科学与动物产品、生物科学、食品与营养、经济学、商业与产业、政府法律与规范、昆虫与昆虫学、植物学、农村与农业社会学等。搜索引擎功能全面，有简单搜索，也有高级搜索。可以以标题、作者、描述、关键词和主标目为检索入口。不仅支持逻辑“与”、逻辑“或”功能，还允许附加更多的限定，如截词、部分匹配和精确匹配。大小写为可选。对于检索结果可按相关度高低排序，也可按字母顺序排列。提供高级检索说明供用户参考。另外，用户还可以将自己的关键词与规范化的词表进行匹配，以提高检索效率，使检索结果更精确。

9.1.1.4 @griculture Online（农业在线，http://www.agriculture.com）

该网站由@griculture Online创办，该网站为出版商、组织、公司和个人提供了一个相互交流的平台，并开辟了讨论组、市场状况、先进经验等专栏。搜索引擎共有5项，分别为新闻、讨论、黄页、机密和其他，允许用引号进行精确检索。

9.1.1.5 CGIAR（国际农业研究咨询组，http://www.cgiar.org）

该网站是国际农业研究咨询组的机构网站，2001年5月创建，主要通过科研及其相关活动来为发展中国家提供食物安全和降低贫困。科研领域涉及农业、渔业、林业、政策和环境。主要栏目有新闻、研究项目、会议动态、研究中心、出版物和相关链接。搜索引擎功能较全，有三种：一是搜索CGIAR1971年以来的历史文献；二是搜索CGIAR以外的全部联合国粮农组织所有文献；三是包括全部CGIAR文献。第三种搜索引擎的功能较全，支持布尔逻辑检索，支持邻近检索（50个词之内），支持截词检索，用“*”做通配符，允许编写复杂的检索式。另外，该搜索引擎还用“**”表示一个词的不同形式：如：fly*表示fly，flew，flown，flying。

9.1.1.6 21世纪农业（http://www.fao.org/ag/zh/default.htm）

该网站是联合国粮农组织农业部的官方网站，同时也是一份杂志，主要栏目有新闻、焦点问题、网站链接等。有中文版。搜索引擎很简单，但是必须通过英文才能查找。

9.1.2 生命科学类信息检索工具

9.1.2.1 Bio Netbook（生物学链接可检索数据库，http://www.pasteur.fr/recherche/BNB/bnb-en.html）

这是一家生物学网页的目录，共有7 881个页面，它由法国巴斯特研究所主办，提供HTML和XML两种格式浏览数据库。检索功能比较全面。

Bio Netbook不仅可以按主题词检索，还可以按专题检索，专题包括资源类型、生物有机体、生物学领域。其中，资源类型包括数据库，索引、书目、分析工具、教程、会议文献，FTP资源和软件等。可以将主题词和专题结合起来，支持逻辑“与”、逻辑“或”功能；另外，还可以对国家或地区给予限定。每项检索功能后的（?）表示可以提供帮助，详细讲解此项检索功能的用法：Bio

Netbook 要求输入简单的主题词，不支持复杂的表达式：例如，用“image”进行检索，可获得 115 条关于图形、图片和图像的记录。

9.1.2.2　BiologyBrowser（生物学的免费信息源和链接，http：//www.Biology-browser.com/）

BiologyBrowser 由 BIOSIS 主办，提供生命科学免费信息源，由 BIOSIS 提供全部信息，例如，动物学命名术语、动物学标引词汇等，也包括其他网络信息源。可以从生物有机体、专题和地区三个角度提供检索，有点类似于 Bio Netbook，但检索界面比 Bio Netbook 简单得多。BiologyBrowser 的最大特色是强大的浏览功能，每个专题下又细分了子专题，每个子专题的信息量都非常多，这是 Bio Netbook 无法比的。此外，还提供生物有机体名称索引检索和会议资料检索。支持逻辑“与”、逻辑“或”功能。

9.1.2.3　BIOME（健康与生命科学信息免费检索工具，http：//biome.ac.uk）

BIOME 是 Remurce Discovery Network（RDN）（http：//www.rdn.ac.uk）的一个中心，由 Joint lnformation Systems Committee（JISC）（http://www.JIsc.ac.uk/）资助。该网站由英国 Nottingham 大学 Greenfield 医学图书馆创办，并联合了英国众多相关机构，为学生、教师和科研人员提供生命与健康科学领域经评估的高质量的网络信息源。

BIOME 将所有资源分为五大门户，即 OMNI，AgriFor，VetGate，Natural 和 BioRe，除 OMNI 涵盖全部资源外，其他四个门户分别负责农业食品林业、动物健康、自然界和生物医学研究四大专题。BIOME 提供通用检索，门户检索和高级检索。

对于简单搜索而言，如输入多个问题则默认为逻辑“与”，可以用引号输入词组，但引号与逻辑符号不能同时用。可以使用复杂的布尔逻辑表达式，支持“*”通配符功能。对于高级搜索，BIOME 提供了 17 类资源类型以供选择，如邮件列表、软件、书目数据库、非书目数据库、期刊全文、期刊文摘、指南，机构名录、植物园、学习材料等。另外，高级搜索还提供截词功能，并告诉用户如何优化检索结果，帮助解决检索结果过多或过少的问题。

9.1.2.4　BioMedNet（生物与医学研究人员网络信息库，http：//research.bmn.com）

这个网站由 Elsevier 公司创建，是专门访问生物医学研究性数据库的工具。有新闻、Medline，电子邮件服务、注册用户专项服务以及搜索引擎等功能。并提供学科分类门户、图书、期刊、研究新闻、研究工具、述评等栏目。搜索引擎很简单，分设 Medline，期刊、研究新闻、研究工具、会议报告和述评等几个可选项。

9.1.2.5　BioTech（生物医学技术资源，http：//biotech. icmb. utexas. edu/pages/scitools. html）

该网站由位于奥斯汀的得克萨斯大学的 Dr. Andrew Ellington lab 创建，向科学家、老师和学生们提供网上最新的生物医学信息资源。包括分子生物学/基因学、生物化学、微生物学、化学、生态学与进化、规范与方法、医学、纳米技术等。提供搜索引擎查询服务，但不易操作。

9.1.2.6　Biology Links（生物学链接，http：//mcb. harvard. edu/BioLinks. html）

该网站由哈佛大学分子与细胞生物学系制作，实质上是一个生物学的导航系统，主要内容有生物化学与分子生物学、生物分子与生物化学数据库、教育资源、进化论、免疫学，在线生物学杂志与论文、Zebrafish 链接等。另外，还提供了许多有用资料的链接，如本专业的搜索引擎、图表、部分数据库、软件等。

9.2　国外科技报告文献检索

9.2.1　科技报告概述

9.2.1.1　科技报告发展历程

科技报告（Scientific &Technical Reports）是研究单位向主管机构或资助单位提交的科学研究成果的总结或进展情况的技术文献。此类文献详细记载了科研活动的全部过程，包括成功的经验和失败的教训，是各国政府之间、国内各科研机构之间、政府和企业集团之间进行科技成果的公开交流和内部交流的重要媒介。

科技报告受到科技界和政府部门的广泛重视始于第二次世界大战期间。那时，各国为了战备的需要，对与国防有关的理论和技术非常重视，设立了专门机构对有关课题进行多方面的研究和试验、试制，这些研究成果都要写成报告向主管机构汇报或用来交流。于是便形成了为数众多的技术报告。第二次世界大战后，科学研究被当成是增强国力、促进经济发展的重要手段，各国政府都十分重视。同时，由于科技报告是科研活动的具体成果和实际过程的真实记录。出版速度快，专业性强，技术数据具体详尽，因而深受国家有关部门和科技人员的欢迎，科技报告得以迅速发展，并扩大到民用工程技术领域。尤其是经过国家和部级政府机构鉴定的成果，在一定程度上能代表一个国家的科学技术发展水平。因此，科技报告已成为一种重要的信息源。但是，由于科技报告往往涉及军事和科学技术的最新研究课题，为了国家安全和保护技术专有，其流通范围受到严格限制，多数报告属于保密和控制发行，外部不能查阅，因此有效利用科技报告有一定难度。

科技报告的编写者或提出者，主要是政府部门、军队系统的科研单位、高等院校和专门科研机构或一部分由军队、政府部门与之签订合同或给予资助的企业、咨询组织等。此外，不少研究单位也独立发行科技报告。

9.2.1.2 科技报告分类

科技报告的种类很多，可以按不同的要求进行分类。

(1) 科技报告内容进展情况划分。可分为初期报告（Primary Report）、进展报告（Progress Report）、中期报告（Interim Report）、总结报告或终结报告（Summary Report or Finish Report）。

(2) 按报告的出版类型划分。可分为技术报告（Technical Reports）、技术札记（Technical Notes）、技术备忘录（Technical Memorandum）、技术论文（Technical Papers）、技术译文（Technical Translations）和技术通报（Technical Bulletin）等。

(3) 按报告的载体划分。可分为印刷本（Printed Copy）、复印本（Xerox Copy）、缩微胶卷（Microfilm）、缩微胶片（Microfiche）、磁带（Tape）和光盘（CDROM）等。

(4) 按报告的发行密级划分。可分为保密报告（Classified），其中，绝密（TopSecret）和机密（Secret）报告只限少数政府工作人员参阅；非密限制发行（Restricted or Limited）；非密公开报告（Unclassified）和解密报告（Declassified）。

据报道，全世界每年产生的科技报告在100万件以上。

9.2.2 美国政府四大科技报告

美国政府四大科技报告，也称美国政府研究报告，是著名的“PB报告”“AD报告”“NASA报告”和“DOE报告”的统称。四大报告是美国科技文献中的一个重要组成部分。虽然四大报告隶属于美国政府不同部门，但其影响和价值及其相似的历史往往使人们将其视为一个整体。

四大报告历史较久，报道量较大，参考价值也较大，是由美国政府机构收集、整理、编辑出版的其所属科研单位和与之订有合同的工业、企业以及高等院校所发表的科研报告。报告内容十分广泛，涉及数学与计算机科学、物理与化学、天文与地球科学、生物与医学、工农业生产技术、交通运输、航空与航天技术、核子科学技术、军工技术、新老能源开发利用技术、环境科学以及行政管理、信息技术和经济分析等各个领域。

9.2.2.1　四大科技报告特点

1. 内容专深

四大报告比期刊论文和专利文献更专深具体，数据更详尽，往往一篇报告叙述一个题目，而且有的还带附篇。

2. 保密性强

四大报告每年发行10万余件，但绝大部分不公开发行。例如，AD报告每年4万余件，公开出售的则不超过2万件。DOE报告的保密与公开的比例为3：1。

3. 反映科技新成果快

美国许多科研成果，往往首先以报告形式发表，在期刊上发表的科技报告，大都是经过若干年后才刊登的。

4. 出版数量大

美国四大报告累计160万件。其中AD报告50多万件，PB报告20多万件，NASA报告30多万件，AEC/ERDA/DOE报告60多万件。

5. 以报道科技内容为主

美国四大报告以报道科技内容为主，社科方面的内容所占比例很小。

9.2.2.2　四大科技报告内容

1. PB报告

PB报告是美国政府四大报告中发行最早的一种。1945年6月，美国成立了商务部出版局（Office of the Publication Board，US Department of Commerce），PB是Publication Board的缩写。该局专门整理和报道第二次世界大战中美国从战败国夺取的秘密科技资料。据估计，仅从德国就得到资料1.5万吨。凡是经过该局整理和出版的报告，均依次编号，并在之前冠以PB代号，故这类报告称为PB报告。

PB报告编至10万号时，从战败国得来的资料就已编完。之后，PB开始汇集美国国内及国外部分科研机构的报告。因此，PB报告的来源大致可分为如下两个阶段：

第一阶段：1942—1949年。主要来源于德意日等战败国的科技资料，包括各个工厂及实验室在第二次世界大战期间的内部科技资料、设计图纸，1941—1944年德国的专利、标准、技术刊物及战败国的科技专家的审讯记录等。

第二阶段：1950年至今。主要为美国国内各研究机构的技术报告。由下列各机构生产的科技报告，均编入PB报告系列。

（1）美国政府科研机构、各科学研究和发展局。如美国国家标准局、美国农业部（USDA）等。美国农业部（USDA）林务局（Forest Service）下属10家林业科研单位，1 个林产品实验室，1 个热带林业研究所，以及地区性的林业研究实验站。

（2）美国军事科研部门及信息机构。如美国武装部队技术信息局、空军科研处、海军研究局等。

（3）公司企业和承包单位。如通用电气公司、波音飞机公司、马丁公司等。

（4）高等院校、实验室和科研所。如麻省理工学院、加州理工学院喷气推进实验室等。此外，PB 报告中还有部分国外科研机构的科技报告。例如，英国航空研究委员会、欧洲空间研究组织等。

PB 报告的内容涉及了自然科学和工程技术所有学科。近年来，PB 报告的内容主要侧重于民用工程技术，如土木建筑、城市规划、环境污染等。有关航空、电子、原子能、军械等类的文献资料相对地减少，PB 报告的内容已发生了较大的变化。

1979 年以前，PB 报告采用“PB4-号码”的编号系统。从 1980 年起，改用了新的编号系统，即“PB4-年代+号码”。

目前，PB 报告的年报道量为 1 万件左右。

2. AD 报告

1951 年，美国成立了“武装部队技术情报局”（Armed Services Technical Information Agency，ASTIA），负责美国军事系统科技信息的收集、整理和报道工作。AD 是 ASTIA Documents 的缩写，是被人们习惯称之为 AD 报告的由来。1963 年，ASTIA 改组为“国防文献中心”，1979 年又改名为国防技术情报中心（Defense Technical Information Center，DTCI）。AD 即为“入藏资料”之意（Accessioned Documents）。

（1）AD 报告的来源。AD 报告的来源有 1 万多个单位，其中，较重要的有 2 000 多个。报告内容主要来源于美国国防部所属陆、海、空三军的科研单位、公司、大专院校和外国研究机构及国际组织等。

凡美国国防部所属研究机构及其合同户提出的技术报告，都统一整理编入 AD 报告，对其中非保密的报告再加编一个 PB 号公布。因此，早期 PB 和 AD 的号有些是交叉的。自 AD-254980 号后，直接用 AD 号公布，不再加编 PB 号。自此，PB 报告每年的公布量大为减少，由军用转为侧重民用。现在，AD 报告每年约 4 万件，总累计已达 100 多万件。

（2）AD 报告的编号系统。AD 报告的编号系统与其他科技报告不同，它与本身的密级有着直接的关系。20 世纪 50 年代初期，AD 报告采取大流水的顺序编号。从 1958 年开始，一定号码范围内的 AD 编号是属于一定的密级和类型的报告。

AD 报告的密级共分 4 种：秘密（Secret）、机密（Confidential）、非密限制发行（Restricted or Limited）、非密公开发行（Unclassified）。

AD 报告密级的年代划分如下：

AD 编号	报告密级	起止日期
AD—000001~199999	公开、秘密、机密	1953. 3. 15~1960. 11
AD—200000~299999	公开	1958. 10. 1~1963. 7. 1
AD—300000~399999	秘密、机密	1958. 10. 1~1969. 4. 15
AD—400000~499999	公开	1963. 7. 1~1960. 11. 1 5
AD—500000	秘密、机密	1969. 5. 1
AD—600000~787897	公开	1964. 7. 15~1974. 12. 27
AD—800000~899999	非密限制发行	1966. 11. 15~1972. 7. 15
AD—900000~	非密限制发行	1972. 7. 15~1975. 1

为了在报告号中直接体现密级，从 1975 年起，根据不同密级并结合其他特征，AD 报告的编号制度作了变动，改为按以下几个系列进行编号：

AD—A000001~公开

AD—B000001~非密限制发行

AD—C000001~秘密、机密

AD—D00000l~申请专利或批准专利

AD—E000001~共享书目输入使用（这是暂时使用的编号，一旦文献正式编上某一种 AD 报告号之后，该编号即为“参见号”）。

AD—L000001~内部限制使用

3. NASA 报告

NASA 报告是美国国家航空与宇航局（National Aeronautics and Space Administration，NASA）出版的科技报告。NASA 的前身是美国国家航空咨询委员会（National Advisory Committee for Aeronautics，NACA），成立于 1915 年，1958 年 10 月改组为 NASA。

NASA 是专门研究宇宙航行和火箭技术的机构。在工作过程中，所属机构或合同户产生了大量的研究报告，这些科技报告的编号都分别冠有 NASA（或 NACA）字样，故称 NASA 报告。目前的 NASA 报告每年发行量约为 6 000 件。

NASA 报告内容包括：空气动力学、飞机、飞行器、辅助系统设备、生物学、生物技术、化学、通信、计算机、电子设备、电子学设备研究与地面设备、流体力学、地球物理学、食品、仪表与光学摄影、机械零件与加工技术、激光、金属材料、非金属材料、数学、气象学、导航、核工程、普通物理学、原子、分子核物理学、等离子体物理、固态物理、推进剂、推进剂系统、宇宙辐射、空间科学、空间飞行器、结构力学、热力学与燃烧和其他。

NASA 报告的主要来源是 NASA 的各个研究所和实验室、承包公司和企业等。例如，3 个研究宇宙空间飞行的“马歇尔宇宙飞行中心”“肯尼迪空间中心”“约翰逊空间中心”；3 个研究空间科学的“戈达德宇宙飞行中心”“喷气推进实验室”“瓦洛普斯试验站”；4 个研究航空与航天技术的“阿姆斯研究中心”“兰莱研究中心”“刘易斯研究中心”和“飞行研究中心”。除此之外，还有国外的一些科研机构。例如，北约组织航空空间研究与发展顾问团、皇家航空组织、法国国家航空研究院等。

NASA 报告侧重于航空和空间科学领域，但同时也广泛涉及许多基础学科和技术学科。NASA 报告的报告号采用“NASA—报告出版物类型+顺序号”的表示法，报告类型多数用简称，少数用全称。例如：

NASA-TN-R-	技术报告
NASA-TN-D-	技术札记
NASA-TM-X-	技术备忘录
N ASA-TP-	技术论文
N ASA-TT-	技术译文
NASA-CR-	合同户报告
NASA-SP-	特种出版物
N ASA-CP-	会议出版物
NASA-EP-	教学出版物
N ASA-RP-	参考出版物
NASA-NEWS-RELEASE	新闻简报
NASA-FACTS-	统计资料
NASA-CASE	专利说明书
NASA-TECH BRIEFS-	技术简讯

4. DOE 报告

DOE 报告即能源部（Department of Energy）报告。其前身是 AEC 报告，即美国原子能委员会（Atomic Energy Commission）出版的报告，AEC 成立于 1946 年，1974 年又改为 ERDA 报告，即能源研究与发展署（Energy Research and Development Administration）出版的报告，1977 年改称为现在的 DOE 报告。

AEC 报告主要是 AEC 所属单位及合同户编写的报告，内容主要涉及原子能及其使用，但也涉及其他各门学科。而 ERDA 和 DOE 报告的内容已由核能扩大到整个能源领域。

这套报告的报告号是由各研究机构名称的缩写字母加数字号码构成。如

“LA－3722－MS”表示洛斯阿拉莫斯科学实验所（LOS Alamos Scientific Laboratory）的研究报告。因此，在判断这类报告时，单从报告号是无法知道其类型的。为了解决这一难题，就需要借助于一些工具书或特种文献。例如，《科技报告代码词典》《能源研究与发展署技术情报中心报告编目用的报告号代码》等。

9.3 国外会议文献检索

9.3.1 会议文献概述

会议文献是指在各种学术会议上宣读的论文、产生的记录及发言、论述、总结等形式的文献，包括会议前参会者预先提交的论文文摘、在会议上宣读或散发的论文、会上讨论的问题、交流的经验和情况等经整理编辑加工而成的正式出版物。许多学科中的新发现、新进展、新成就以及所提出的新研究课题和新设想，都是以会议论文的形式向公众首次发布的。据美国科学情报研究所（ISI）统计，全世界每年召开的国际性学术会议约上万个，正式发行的各种专业会议文献5 000多种。会议文献数量的增长远大于图书、期刊的增长，且有逐年递增的趋势。因此，会议文献是传递和获取科技信息的一种极为有效的重要渠道。会议文献具有以下特点：内容新颖，及时性强；学术水平高，专业性强；数量庞大，内容丰富；可靠性高；出版形式多种多样。

9.3.2 会议文献检索

9.3.2.1 利用手工检索工具检索

1.《世界会议》（WM）

由美国世界会议情报中心公司（World Meetings Information Center Inc.）出版，季刊。主要预报2年内世界各地将要召开的科学技术方面的国际会议，涉及世界上100多个国家和地区的2 000多个专业会议。共有4个分册：①《世界会议：美国和加拿大》（World Meetings：United States & Canada），1963年创刊；②《世界会议：美国和加拿大以外》（World Meetings：Outside USA & Canada），1968年创刊；③《世界会议：社会和行为科学、教育和管理》（World Meetings：Social & Behavioral Science Education & Management），1971年创刊；④《世界会议：医学》（World Meetings：Medicine），1978年创刊。检索前，首先要选准符合需要的分册。

2.《国际科技会议预报》(Forthcoming International Scientific & Technical Conferences)

由英国专业图书馆协会(ASLIB)编辑出版，1971年创刊，季刊。主要预报本年内将要召开的国际科技会议和英国的全国性科技会议，按预定的会议日期排列，并附有主题索引、会议地址索引和主办机构索引。

3.《已出版的会议录指南》(Directory of Published Proceedings)

由美国英特多克公司(Inter Dok Corp)编辑出版。1964年创刊，是一种专门收录会议录出版情况的期刊。主要报道世界各国学术会议名称、日期、地点、主办单位、会议文献主题及出版形式(如预印本、会议录等)和定价。既收集单行本会议录，又收集研究报告、期刊、专论、丛书中的会议论文。该刊分3个分册：

(1)《工程、医学和技术分册》，月刊，有年度累积索引和累积索引补篇。

(2)《社会、人文科学分册》，季刊，有年度累积索引和累积索引补篇。

(3)《污染控制、生态学分册》，半年刊。它是从前2个分册中选出有关部分重编而成的。

各分册的正文部分按会议时间顺序摘录每次会议的日期、会议地址、会议名称、主办者、会议录出版者、订购号(ISBN号或报告号等)、价格、会议录名称、在期刊中发表的会议论文的出处等事项。

4.《会议论文索引》(CPI)

由美国数据快报公司编辑出版，1973年创刊，原名为《近期会议预报》(Current Programs)，1978年改为现刊名，为月刊。1981年改由美国坎布里奇科学文摘公司(Cambridge Scientific Abstracts Co.)编辑出版。从1987年起改为双月刊。另出版年度索引。本索引每年报道约72 000篇会议论文(不论出版与否)，及时提供有关科学、技术和医学方面的最新研究进展信息，是目前检索会议文献最常用的检索工具之一。

5.《科技会议录索引》(ISTP)

由美国科学情报研究所(ISI)编辑出版，1978年创刊，为月刊。ISTP是报道近期已出版的会议录的权威性刊物，除了反映会议录的出版情况外，还报道会议录中收录会议论文的题录。该刊收录的会议录是已出版的。ISTP报道的学科几乎包括了科学与工程方面的各个领域。ISTP有月刊本和年度累积本。月刊本每期由正文部分(会议录目录 Content for Proceeding)和索引部分组成。正文部分报道以图书或期刊形式出版的会议录，按会议录登记号顺序排列；索引部分共有6种索引。每期按照刊载的前后顺序依次为：类目索引、会议录目次(正文)、作者/编辑者索引、会议主办单位索引、会议地址索引、轮排主题索引、团体机构索引。

通过查找 ISTP 获得的结果，既可以了解某一次会议的所有召开信息，也可以了解此会议上发表的所有论文题目、作者及作者所在单位，还可以了解为此会议出版的会议录的所有出版信息，为读者获取某篇会议论文的原文提供了很大的便利。

9.3.2.2　利用 Internet 检索

1. 通过综合的大型搜索引擎检索

搜索引擎是互联网上网络资源查询的重要工具。利用搜索引擎的关键词查询，可以检索到许多会议网站的链接，通过这些网站就能得到一些会议的召开消息及相关信息。例如，著名的搜索引擎有 Yahoo（http：//www. yahoo. com）、ln-foseek（http：//www. infoseek. tom）、AltaVista（http：//www. altavista. corn）、搜狐（http：//www. sohu. corn）等都可检索到有关会议信息。

2. 通过专业学科搜索引擎检索

专业学科搜索引擎严格地选择适合专业学习和研究需要的网络资源，采用精细的标引方法，由专家撰写网页摘要。利用专业分类建立细致的目录，帮助人们在 Internet 上准确地查找专业信息资源。

如：WSRN（经济）（http：//www. wsrn. corn）

Education World（教育）（http：//www. education—world. com）

Biotech（生物）（http：//biotech. chem. indiana. edu/lib/search. html）

ChemCenter（化学）（http：//chemcenter. org/search. html）

EELS（工程）（http：//www. ub2. lu. se/eel/eelhome. html）

OMNI（医学）（http：//www. omni. ac. uk）

在以上这些专业学科搜索引擎的检索框中输入关键词“convention”“meeting”“symposium”“workshop”，就可以得到某一专业学科会议信息的链接。

3. 通过专业学会站点检索

专业学会站点是专业人士聚会的地方，是交流信息的场所。一些规模较大的学会还建立了自己的数据库，并提供检索服务，有些还提供文摘或全文。如：

（1）美国农业工程学会（ASAE）：http：//www. asae. org 站点下有“Meetings/Conferences”栏目，可以检索到有关会议召开和会议论文情况。

（2）美国植物病理学协会（APS）：http：/www. apsnet. org 站点下有“Meet-ings”，可检索有关会议召开和会议论文情况。

（3）美国农学会（ASA）：http：//www. agronomy. org 站点下有“Annual Meeting”，可检索有关会议召开和会议论文情况。

9.4 国外专利文献检索

9.4.1 专利文献概述

专利是指受法律保护的技术专有的权利，它是科学技术和经济贸易迅速发展的产物，代表了最新的科技生产力。专利类型主要有：发明专利、实用新型专利和外观设计专利。

专利文献（Patent Document）是专利制度的产物，是实行专利制度的国家专利局及国际性专利组织在审批专利过程中产生的官方文件及其出版物的总称。从广义上讲，专利文献包括申请说明书、专利说明书、专利公报、专利分类表、专利主题词表、专利文摘、专利法规定及专利诉讼文件等；从狭义上讲，专利文献指的是申请说明书和专利说明书，包括专利申请中拒绝审定、撤销、放弃或无效的专利申请。专利说明书是专利文献的核心部分，它是申请人向政府递交说明其发明创造的书面文件，上面记载了发明的实质性内容及付诸实施的具体方案，并提出了专利权范围。

9.4.1.1 专利文献的特点

专利文献集技术、法律、经济信息于一体，是一种难得的综合信息资源。与其他科技文献相比，它具有以下显著特点：

（1）数量巨大，所报道内容广泛，从日常生活用品到尖端科技，几乎无所不包。

（2）出版迅速。传递信息快，反映新技术迅速及时。

（3）描述技术细节详尽，内容实用可靠。

（4）出版连续，系统，便于进行技术跟踪和预测。

（5）编排结构一致，著录事项统一，分类体系统一，便于检索、阅读和计算机处理。

9.4.1.2 专利文献检索类型

就检索的目的而言，专利检索可以分为以下几种类型。

（1）专利性检索或查新，专利性检索是判断已经提出专利申请的发明创造或拟提出专利申请的发明创造是否具有新颖性和创造性的一种检索，从而对专利申请提出异议、对有效专利请求无效宣告或对已有发明作出是否申请的决定。

（2）侵权检索，一项新技术或新产品投放之前，或者处理专利纠纷时，应调查相关专利的权利情况，判断是否侵权，所以侵权检索有避免侵权检索和被动侵权检索两种。

（3）专利有效性检索，通过专利有效性检索，查明引进技术的专利有效期及其内容，避免引进失效专利，造成不必要的损失。

（4）情报检索，也称资料检索，即科研人员为获得有关技术信息而查找专利文献的一种检索。这种检索可使科研人员从中找到解决问题的方法，或从中得到启迪，减少研究开发时间，降低研究开发费用，提高研究开发水平。

（5）专利族检索，专利族检索包括相同专利检索和相关专利检索。相同专利检索主要是判断某一发明在哪些国家取得了专利保护以及在不同国家的保护范围，据此可间接地判断发明的价值。

9.4.1.3　专利文献检索方法

1. 分类检索

分类检索是检索专利文献的主要途径之一。其步骤如下。

（1）根据所查内容，确定所需专利文献的技术主题范围，然后根据所使用工具书的特点，找出恰当的分类号（如使用《国际专利分类法》可以查到相应的国际专利分类号，即 IPC 号）。

（2）找到分类号后，如果是使用印刷版检索工具，可以再通过相应工具书的分类索引或专利公报中的文献和附图进行鉴别，然后再查找专利说明书。如果是使用网上专利数据库，则可在相应检索入口直接输入分类号进行检索。

2. 名称检索

名称检索主要指通过专利发明人、专利申请人、专利权人或其权利受让人的名称进行检索。

3. 号码检索

号码检索指通过专利申请号、公告号或公开号或收到专利文献时的入藏号等进行检索。

4. 优先权项检索

在查找专利文献时，通过优先权项可以帮助读者了解某发明的最早完成年月，最早申请国和最早申请号。及谋求多国保护的情况。同时，也可依靠优先权项去检索同族专利。优先权由 10 位字母数字组成，格式为 AA××××××××，其中××××××××为（8 位字母数字）专利号/申请号，AA 为国别代码（2 位字母）。

5. 其他检索方法

检索专利文献，还可利用其他的检索工具，如利用报刊或从商品上查找专利号等，同时，有的网上专利数据库还提供了方便快捷的关键词检索，只要输入所查专利文献的关键词，限定它出现的字段，就可方便地检索到相关专利文献。

9.4.2 国外专利信息资源

9.4.2.1 Delphion 知识产权网站（http://www.delphion.com）

Delphion 的知识产权网站（IPN）是在原 IBM 公司的 IPN 基础上进行了扩大和发展，并联合了若干合作伙伴，诸如 Derwent，ISI，IP，COM 等公司，共同构成因特网上拥有丰富知识产权信息的网站之一。

该网站的专利收集范围包括：美国申请专利（2001 年 3 月至今）、美国授权专利（1971 年至今的文摘及全文；1790—1971 年的图像）、欧洲申请专利（EPA，包括 22 个国家，1979 年至今，其中，1987 年后有全文）、欧洲授权专利（EPB，包括 22 个国家，1980 年至今，其中，1991 年后有全文）、Derwent 公司的世界专利索引（包括世界上 42 个以上的国家或地区的专利文摘及图像，1963 年至今）、INPADOC 数据库（1968 年 1 月至今）、日本专利文摘（1976 年 10 月至今）、瑞士专利图像（1990 年 1 月至今）、世界知识产权组织出版物（1978 年至今）。

该网站提供了 3 种专利检索途径。

1. 快速检索和专利号检索

快速检索是一种简单检索，用于查找包含某一特定人名、单词或词组的专利，不需指定检索字段，系统在全部字段中查找符合检索要求的记录。在“Choose the patent collection（s）to search”栏目中选择准备检索的数据库，可同时选择多个数据库；在检索输入框中输入一个关键词或词组或人名即可，再在下拉菜单中选择检索文档和信息提供方式。使用专利号检索时，只需在检索式输入框输入专利号。快速检索项下可进行部分免费检索。

2. 布尔检索

布尔检索可进行较为复杂的检索，界面提供了四个检索输入框，也就是可同时检索 4 个字段，并能用三种逻辑运算符来组配四个检索符的关系，每一个检索符均可选择检索字段加以限制。字段有：Inventor（发明者），Assignee（专利权人），Title（题目），Abstract（文摘），Pb Number（公布号），Pub Kind（出版的种类），Pub Country（出版的国家），Appl Number（申请号），Priority Number（优先申请号），还设置了检索文档、信息提供方式、INPADOC 系统中的各个国家的目录，出版时间，以供选择，查准率较高：可以同时选多个数据库进行检索，也可以选择专利检索的内容范围（是“首页”还是“全文”）和时间范围。

3. 高级检索

高级检索用于进行最复杂的检索，设有一个对话框，检索词、短语可以进行布尔逻辑运算，并可结合检索界面所提供的字段检索，加以限定，字段间的运算符默认符是 AND，所设定的字段有：①通用字段：Inventor（发明人），Assignee（受让人），Title（发明题目），Abstract（摘要），Attorney（代理律师），Related lnfo（相关信息），International Class（国际专利分类号）等；②美国专利特有字段：美国专利分类号（US Class）、权项（Claims）、参考文献（美国）（US Reference）、受审查人（Examinees）、政府信息（Government lnfo）；③INPADOC 特有字段：其他文摘（Other Abstract）、ECLA 分类号（ECLA Class）。高级检索和上述布尔检索只服务于注册用户。

9.4.2.2 美国专利商标局(USPTO Patent Databases)(http://www.uspto.gov/)

美国商务部下属的美国专利商标局 USPTO（The US Patent and Trademark Office）目前通过 Internet 提供大量专利文献检索，称为美国专利商标局 USPTO 网上专利检索数据库（USPTO Web Patent Databases）。该数据库由美国专利商标局（USPTO）负责管理与维护，分为两部分：1790 年以来出版的所有授权的美国专利说明书扫描图形，其中，1976 年以后的说明书实现了全文代码化；2001 年 3 月 15 日以来所有公开（未授权）的美国专利申请说明书扫描图形。数据库数据每周公开日（周二）更新：1790—1975 年间的专利文献只能通过专利号和美国当前的专利分类系统检索。每条数据记录包括有专利号、国际专利分类号，美国专利分类号、申请日、申请号，参考专利、审查员及专利文摘等信息。该数据库由书目文献库（Bibliographic Database）和全文文献库（Full Text Database）组成。

该数据库的主页分为两个部分，左面部分是检索授权专利数据库的几种方式及有关项目的链接；右面部分是检索专利申请数据库的几种方式及有关项目的链接。

全文库中的美国专利分类与印刷出版的专利（printed patent）中的分类是一致的。书目文献库中的分类反映了最新分类的主分类（Master Classification File）。修订证书（Certificates Of Correction）和再审查证书（Re-examinations Certificates）的有关专利文档的修改内容没有包括在专利文本全文库中，但在专利全文扫描图像库中包括了这些内容。而专利权的变更没有包括在全文库及扫描图像库中。

检索 USPTO 的美国专利可分别在全文库和书目文献库中进行，每个库都有 3 种检索方式，即布尔逻辑检索、高级检索、专利号检索。文献库的可检索字段就是收录专利时的著录项目，全文库的可检索范围扩大到专利的权利要求（claims）和专利说明的正文（Description/Specification）。

在检索结果的专利文本全文页中，提供了专利扫描图像的链接，但需要在浏览器中安装特定的插件，方可浏览下载。值得注意的是，下载某篇专利的扫描图像只有一个入口，即只能在显示了该篇专利文本全文后才能进一步浏览扫描图像，每次只能下载一页图像，且有时间的限制，过时则需要重新检索、浏览并下载。

9.4.2.3 美国 QPAT 专利在线查询（QPAT—US）（http：//www.qpat.com）

Questel-Orbit 公司于 1996 年 4 月在因特网上推出的美国专利全文检索服务 QPAT-US。QPAT-US 拥有自 1974 年以来的美国专利原文，专利记录的数目超过 180 万篇，该数据库每周更新一次。目前 QPAT-US 能为付费的用户提供全部专利的全文数据库服务，每年只需交纳相应费用即可成为其用户，可不受限制地检索全部专利的全文数据库，不必再交纳其他费用。摘要数据库检索服务为免费服务，Internet 用户向 QPAT-US 注册后可获得一个账号和密码，成为一名注册用户，注册用户可任意检索所有专利的摘要库，显示检索结果中专利的首页信息（专利号、日期、发明人、摘要等）。此外，该站点还免费在线演示查询含 6 541 个专利的全文本专利库。

9.4.2.4 美国化学文摘社专利数据库（CAS Chemical Patents Plus）（http：//casweb.cas.rg/）

该系统的名称为“化学专利数据库”（Chemical Patent Plus），但它提供的专利并不局限于化学，而包括专利文献的各个方面，它包括了自 1974 年以来，由美国专利商标局发布的专利全文本及 1994 年以来发布专利的图形，对检索结果的浏览和输出方式有多重选择。在 Chemical Patent Plus 上查找、浏览专利题名及摘要等都是免费的，但需要预先注册，取得 CAS 的用户 ID 号。所有专利都著录有美国专利分类号和国际专利分类号，对化学专利则还包括 CA 文摘号和化学物质登记号。如果用户使用 Java，可以看到三维的化学结构式。专利原文的获取或下载需要付费。此网页提供的信息非常及时，美国专利每周二发布，周四早上就可在 Chemical Patent Plus 上获得这些专利的全文本信息。

9.4.2.5 Questel.Orbit 信息公司数据库（http：//www.questel.orbit.com/patents/patsrch.html）

该信息公司是一个具有 20 年历史的国际在线信息服务公司，着重于专利、商标、科学、因特网域名等信息。对数据库进行查询需要注册和付费。提供免费查询的数据库有美国专利书目信息、与艾滋病有关的专利、专利名及分类。从该主页可进入该公司收集的大量的与专利有关的网址及其介绍、协会与成员单位、教育机构、信息提供、各国专利商、知识产权网页等。

9.4.2.6 欧洲专利(Europe's Network"Patent Database)(http://gb.espacenet.com)

欧洲专利局（European Patent Offices，EPO）的esp@cenet是从1998年开始通过因特网提供免费的专利服务，具体内容包括最近两年内由欧洲专利局和欧洲专利组织成员方出版的专利信息，世界知识产权组织WIPO出版的PCT专利的著录信息及专利全文扫描图像。图像采用PDF格式。此外该站点还提供了Worldwide Patents数据库，包括63个国家或地区最近30年来的专利文献著录数据、20个国家1920年以来的专利扫描图像以及10个专利机构的专利的英文摘要和全文，欧洲主要国家的专利信息基本上都包含在该库中。

检索包括快速检索与分项检索。快速检索下有三个检索框，可分别输入关键词、专利号、专利权人，系统将在全部的专利数据库中查询。分项检索，包括欧洲专利局19个成员方的专利，专利合作条约（PCT）组织的世界专利文献检索，仅提供英文题目和文摘的各国专利检索和日本专利检索；各单项检索界面的检索字段有：专利题目、专利号、申请号、优先项、发明人、国际专利分类号等。

欧洲专利局的esp@cenet提供的检索字段包括专利出版号、申请号、标题或摘要等，其默认的逻辑关系是逻辑“与”，检索语言是英语，但检索结果则可能是原专利匹配的语种，如德语、法语等。

9.4.2.7 日本专利局（http://www.jpo.go.jp）

日本专利局（JPO）的工业产权数字图书馆（IPDL）是一个专利信息数据库检索系统，为公众提供免费的日本专利检索，它的主要服务项目有日文的工业产权住处数据库、英文的日本专利摘要，也可链接到日本专利局、日本发明与革新研究所等站点。日本专利早年采用自己的分类号，后来采用国际专利分类号。为了适应日本专利的特点，在IPC分类号的基础上，还添加了日本专利细分号。在主页上点击Industrial Property Digital Library Start，然后点击searching PAJ进入检索界面。该网站提供关键词检索框，每个框之间均为AND关系，每一个关键词框内可填写多个词，用空格分开，这些词之间是OR关系。还可以对检索的专利做时间限制。也可以直接输入发明人姓名或专利号检索。检索结果包括专利号和专利名称，点击之后可见专利文摘，如果原专利有图纸的话，还可阅读图纸。主要提供“FI/F-term Search（分类检索）”，“PAJ(专利文摘检索）”，“Patent Map Guidance（分类号指南）”三条途径。但要注意的是，该站点只提供专利号范围在一定区间内的专利文献信息的检索。

9.4.2.8 加拿大专利数据库（Canadian Patent Database）（http://patentsl.ic.gc.ca/intro-e.html）

该站点是加拿大知识产权局CIPO（The Canadian Intellectual Property Office）提供的专门为从Internet上检索加拿大专利信息而建立的Web站点。该库包括

1920年以来的加拿大专利文档，包括专利的著录项目数据、专利的文本信息、专利的扫描图像。从浏览器直接浏览到的专利扫描图像分辨率较低，可以下载图像的PDF文件，用Adobe公司的Acrobat Reader来浏览。

不过1978年8月15日之前批准的专利没有摘要和权利要求，因此，这些专利只能通过专利号、标题、发明人、专利分类号进行检索。加拿大专利可以用英语或法语撰写，该库中的专利的标题为英语和法语的双语种，但是1960—1978年间的专利的标题是单语种，可以是英语或法语。1991年7月1日之前的加拿大专利分类以加拿大专利分类法PTC（the Canadian Patent Classification system）为主，之后则以国际专利分类法IPC为主。在过渡期1978年8月15日至1996年1月26日之间，这两种分类都可能有。1978年8月15日之前的加拿大专利只有CPC分类。

加拿大专利库也提供了功能丰富的检索途径如专利号查询、基本文本查询、布尔文本查向、高级文本查询。

另外，欧洲专利局的esp@ cent世界专利库中加拿大专利著录数据的覆盖年代从1970年开始，因此，要系统地查询加拿大专利应以本文介绍的加拿大知识产权局CIPO的加拿大专利数据库作为首选。

9.5 国外标准检索

外国标准主要是指ISO标准和IEC标准，此外还包括国际标准组织认可的其他27个国际组织制定的标准，其数量仅有1 200多个。

9.5.1 ISO国际标准

ISO标准是指由国际标准化组织（International Organization for Standardization，ISO）制定的标准。国际标准化组织是一个由国家标准化机构组成的世界范围的联合会，现有140个成员方，下设18个技术委员会（TC），647个分委员会（SC），1 804个工作组（WG），是目前世界上最大的标准化组织。我国于1978年加入该组织。ISO主要活动是制定国际标准，协调世界范围内的标准化工作，组织各成员方和技术委员会进行情报交流，并与其他国际性组织进行合作，共同研究有关标准化问题。

ISO的主要功能是为人们制定国际标准达成一致意见提供一种机制。其主要机构及运作规则都在一本名为ISO/IEC技术工作导则的文件中予以规定，其技术结构在ISO是有800个技术委员会和分委员会，它们各有一个主席和一个秘书处，秘书处是由各成员方分别担任，承担秘书国工作的成员团体有30个，各秘书处与位于日内瓦的ISO中央秘书处保持直接联系。

通过这些工作机构，ISO已经发布了17 000多个国际标准，如ISO公制螺纹、ISO的A4纸张尺寸、ISO的集装箱系列（世界上95%的海运集装箱都符合ISO标准）、ISO的胶片速度代码、ISO的开放系统互联（OS2）系列（广泛用于信息技术领域）和有名的ISO 9000质量管理系列标准。此外，ISO还与450个国际和区域的组织在标准方面有联络关系，特别与国际电信联盟（ITU）有密切联系。在ISO/IEC系统之外的国际标准机构共有28个。每个机构都在某一领域制定一些国际标准，通常它们在联合国控制之下。一个典型的例子就是世界卫生组织（WHO）。ISO/IEC制定的85%的国际标准，剩下的15%由这28个其他国际标准机构制定。

ISO标准每5年修订1次，使用时应注意选择最新版本。

ISO标准主要通过《ISO国际标准》（ISO International Standard）进行发布。ISO标准的主要检索工具是《ISO标准目录》（ISO Catalogue）。该目录为年刊，用英法2种文字出版。此外，每年还出版3次目录补充本。

该目录由以下几个主要部分构成：分类索引、作废标准顺序号索引、现行标准顺序号索引、ISO出版物索引、ISO指南索引、ISO标准手册索引、ISO技术委员会顺序号索引、和主题索引等。

分类索引是该目录的主要部分。其著录项目包括：分类号、范围名称（英法文对照）、国际十进分类法分类号、标准号、标题（英法文）、TC号、标准版本、页数、价格代码等。款目按照自编分类体系编排，再按标准号顺序排列。

主题标引则是该目录提供的最重要的索引，按主题词子顺排列，其后列出分类号和页数。

9.5.2 IEC标准

IEC是国际电工委员会（International Electro Technical Commission）的简称，同样是一个国际标准化组织。该组织主要负责制定和批准电工、电子技术领域的各种国际标准。

IEC成立于1906年，是世界上最早的国际标准化机构。1947年并入ISO，但业务上仍保留原来的工作范围，并保留IEC名称。目前有近百个技术委员会（TC）负责标准的制定工作，另外还有其他一些小组委员会。已制定标准约2 000个。我国1957年加入该组织。

IEC标准号的构成：IEC+顺序号+制定（或修订）年份。如果标准分成若干部分出版，则在顺序号的后面加上部分代号。

IEC标准的主要检索工具是《IEC标准目录》（IEC Catalogue of

Publications)，年刊，以英、法 2 种文字出版。

《IEC 标准目录》由 IEC 标准序号目录和主题词索引两部分组成。

标准序号目录是其正文部分，按标准号顺序排列。著录项目包括：标准号、标准制（修）订年份、标准名称、页数、价格、版次等，有的还有文摘。

主题词索引按主题词字顺排列，其后列有相应标准号。

9.5.3 世界主要国家标准信息网络系统

9.5.3.1 美国标准

美国标准主要有 2 种：国家标准和专业标准。由于美国经济发达、科技水平高，所以，美国的许多国家标准和专业标准事实上成为了国际标准。

美国国家标准由“美国国家标准学会”（American National Standards Institute, ANSI）负责制定、审定和颁布。其产生的方式有两种：一是 ANSI 自己制定，其编号形式为：ANSI+分类号+顺序号+年份；二是将专业标准中对全国有重要意义者，经审核后提升为国家标准，而且这种方式产生的标准占了国家标准的绝大多数，其编号中含有原专业标准的标准代号。

美国国家标准的主要检索工具是《美国国家标准目录》（Catalog of American National Standards），年刊。

该目录由主题索引、分类索引、标准号索引三部分组成。

主题索引是该目录的正文部分，其著录项目包括：主题词、标准名称、标准号、价格等。按主题词字顺排列。

分类索引采用 ANSI 自己制定的专用分类体系进行编排。著录项目有分类号和标准号。

标准号索引按标准号顺序排列，著录项目包括：标准号、主题词、价格。该索引提供了一个从制定标准的专业机构名称（标准号前为其缩写）的途径进行标准检索。

美国专业标准由各专业标准机构制定、颁布，其中，最著名的为 ASTM 标准。

ASTM 是“美国材料与试验协会”（American Society for Testing and Materials）的缩写。它是一个大型民间学术团体，成立于 1898 年，专门从事各类工程材料性能、技术条件、标准化、质量检查方法、可靠性试验方法等方面的研究，并制定相应的标准，具有一定的国际影响。

ASTM 标准的编号是：ASTM+字母类号+序号+制定（或确认）年份。标准号前左上角注有“*”号的表示已提升为国家标准。年份后有“T”的为试行标准。年代号后有小写字母（a、b、c…）的，表示修订或补充的次数。

ASTM 标准的主要检索工具《美国材料与试验协会标准年鉴索引》（Index to Annual Book of ASTM Standards）。该年鉴每年出版一套，分若干卷出版，其中第 16 部分 00.01 卷是全书的总索引，其他各卷是各专业的标准。

9.5.3.2　英国标准

英国的国家标准称为“英国标准”（British Standard，BS），由英国标准学会（British Standard Institution，BSI）制定。BSI 的前身是创建于 1901 年的“英国工程标准委员会”和“英国工程标准协会”，1931 年改为现名。英国标准的标准号构成为：BS（+专业代号）+顺序号+制定或修订年份。如果没有专业代号，则表明为一般标准。

BS 标准一般系推荐性质，除少数由政府引用，具有法律性质外，一般无法律约束力。

检索英国标准的主要工具是《BSI 目录》（BSI Catalogue），年刊。由标准号目录、主题索引、ISO 标准和 IEC 标准同 BS 标准对照表 3 部分组成。其中，标准号目录是其正文部分，除航天专业标准按专业分类编排外，其余标准均按标准号字顺编排。

9.5.3.3　日本工业标准

日本的国家标准称为“日本工业标准”（Japanese Industrial Standard，JIS），由日本工业标准调查会（Japanese Industrial Standard Committee，JISC）制定。收录范围几乎包括了日本所有工业领域的标准，还包括药品、化肥、农药、畜牧业、水产品及农林产品的标准。

JIS 标准的标准号构成：JIS+分类号+顺序号+年份。其中，分类号来自本国的专用分类体系，共有 17 个大类、100 多个小类。大类类号用大写英文字母表示，小类类号用阿拉伯数字表示。

JIS 标准的主要检索工具为《JIS 总目录》。该目录由日本标准协会编撰，每年出版 1 次，有分类目录和主题索引。

9.5.3.4　德国国家标准（DIN）

德国标准是由德国标准化协会（DIN）制定的。其标准的编号方法：DIN-序号-年代。在标准号前面加注“V”字的为暂行标准，加注“E”字的为标准草案。其主要检索工具有《德国技术规程目录》及《德国标准目录》（中译本）。

9.5.3.5　法国国家标准（NF）

法国国家标准由各专业标准局或专业委员会按规定程序编制标准草案，经国家标准化协会审核后上报政府批准而制定的。标准的编号方法：NF-字母类号-顺序号-年代。其主要检索工具有《法国标准目录》（Catalogue des Normes Francaises）。

9.5.3.6　全俄国家标准

全俄国家标准是由全俄国家标准委员会审批和颁布的。其检索工具主要是《全俄国家标准目录》。该目录由分类目录、主题索引、标准序号索引 3 部分组成。

分类目录按专业分类编排，其下再按标准号的顺序排列。每件标准的著录项目有标准号、年代、标准名称及作废标准号等。

主题索引按俄文主题词的字母顺序编排，其后注有分类号。

标准序号索引按标准代号编排。

10 农业科技查新类目及其检索

10.1 信息检索服务与查新服务

10.1.1 信息检索服务

10.1.1.1 解答咨询服务

解答咨询服务是文献信息检索的日常服务。一般来说，咨询问题广泛、具体、随时随地、常带有个别性，很难预料。传统的咨询服务是通过手工检索，口头解答（或书面解答）完成的，而网络化的咨询服务是由网上专家咨询系统担当，不受时间、地点限制，可开展全天候咨询服务。

1. 咨询问题的类型

（1）专题性咨询。用户提出的某个专题的咨询，由解答人员为此提供该专题的文献线索。专题性咨询是向书目服务过渡的一种形式，但与书目服务又有所不同，前者是应个别用户要求而提供的服务，后者是主动为一个用户群提供服务。专题性咨询与定题服务也不同，前者通常是一种一次性服务，后者是一种连续反复服务。专题性咨询的特点是回溯性和系统性强，即用户常要求掌握关于某一专题的全部文献，至少是主要文献。因此，解答这一类咨询可使用分类与主题的方法，以及各种回溯性检索工具。

网络中的咨询服务与传统咨询服务有较大不同，一是网上信息资源丰富，变化大，用户很难驾驭。二是用户不必亲自到文献信息服务机构，可以在家里或办公室提出咨询。三是用户类型多，问题面广。这就要求解答人员要具备一定的专业知识，外语水平，以及熟于网络检索工具的使用方法和技巧，随时回答用户的各种咨询问题。

（2）普遍性咨询。这类问题通常是查询人物、事件、专业名词、术语、统计数字、资料，科研单位购买仪器设备的型号、性能、价格、生产商及技术参数等，五花八门，无所不包。对这类的一次性查询，用户常常要求即刻得到答案。

（3）方法性咨询。这类咨询问题一般是解答用户检索过程中遇到的难题。其特点是用户主动性强，而解答人员也可发挥自身的主动性，向用户介绍检索方法，或回答用户提出事实性咨询或专题咨询，或与用户一起查找，寻求答案。

2. 咨询服务方法

（1）受理咨询。咨询人员通过口头、电话、书面等方式了解用户要求。第一，该项目确属本单位咨询工作的服务范围。第二，咨询的目的和要求。第三，解答该咨询问题的繁简程度及所需人力和工时的估计。第四，完成解答该咨询问题的最适人选，并与用户建立直接联系。第五，填写咨询登记单，纳入工作日程，并开始工作。

（2）查找文献。首先，要搞清楚项目或课题的来龙去脉，如研究课题的进展情况，所要求的文献类型，以及用户的专业、课题计划、完成期限等。在调查了解课题情况的基础上，确定查找文献的初步方案和方法，如选择检索工具、参考书、数据库，确定检索标识、检索途径、检索方法等。然后，进入具体的文献查找。通过初步查寻，将获得的结果直接通报用户，检索其效果，听取反馈意见，以便修正检索方案，进行深入检索。从大量的检索工具中，再筛选出原始文献，并标明文献的收藏单位，或直接提供检索出的原始文献。

（3）答复咨询。通过文献调查、查找、鉴别之后，获得该课题所需要的文献或文献线索，应进行登记、汇总、整理、编排，以便向用户做出正式解答。答复咨询的方式，可根据课题的性质和用户要求来定，或直接提供答案，介绍有关参考工具书，或提供专题书目及二次文献资料，或直接提供原始书刊资料、文献复印件，或提供网址。

（4）建立咨询档案。对课题咨询解答后，应用登记簿或登记表记载用户单位名称、地址、电话及 E-mail 地址；记录咨询提出的日期、内容、解答的日期；提供资料的名称、形式、来源、文种、数量及采用的手段，用户对咨询的反映等。咨询档案以备以后查阅、统计和总结，还可作为衡量咨询服务质量好差的依据。

10.1.1.2 解答定题服务

定题服务（Selective Dissemination of Information，简称 SDI）是文献检索单位根据用户研究课题的需要，通过对文献信息的收集、整理和筛选，定期或不定期地提供给用户，直到协助课题完成为止的一种连续性服务。

1. 定题服务对象

定题服务主要面向较高专业层面的用户群，如科研人员、教学人员、工程人员、决策管理人员等。

2. 定题服务方法

定题服务方式、方法一般不拘泥于某种固定服务模式，手检、机检、代查、代译、代复制、代索取原文等都在服务范围之内，因此，灵活性、多样性是定题服务的一大特征。这种服务可以应用户要求，攻克科研难关，缩短科研时间，提升科研效率，可产生显著经济效益和社会效率。

在具体作法上，首先要作好选题和定题。选择重大（重点）、急需和可行性强的课题。①当前当地国民经济服务的重大课题，这些课题常有全局性或普遍性的意义。②对发展农业生产和提高生产效率见效快、收益大的科研项目。③农业生产上急需解决的技术难题。④课题研究计划（方案）完善，人员落实到位，有组织领导，措施得当。课题选定后，还应对课题的目的。内容、进度、要达到的目标（指标）等进一步了解和熟悉，然后根据轻重缓急、难易程度和所需时间进行人力调配。

其次，要广泛收集和筛选文献资料。定题服务的成功与否在很大程度上取决于对文献的选择。因此，要提供给课题的有关文献资料，必须利用多种检索途径，如分类、主题、外文索引、书末参考文献等，广泛征集文献资料，并从中去粗取精、去伪存真、选择针对性强、有参考价值的文献提供给用户。在收集文献时，通常采取由近及远的方法。在选择文献时，要特别关注文献的系统性、新颖性和准确性。并做到与用户配合、沟通，互相取长补短，才能收到最佳效果。

第三，要提供全方位服务。从时间上分，可定期或不定期提供检索文献。前者按规定时间定期集中提供，后者凡遇到与课题有关的文献资料随时提供给用户。如果按提供文献资料类型分，可提供文摘、索引，或提供原始文献，也可编写综述，或编制专题书目，以及代译、代复制等。按提供文献的内容分，可提供预测性资料、总结性资料、评价性资料、数据性资料等。

3. 定题服务检验

在定题服务中，要重视服务质量的检验和反馈。一能了解服务工作的成绩，可以进一步促进工作做得更好。二能帮助总结工作经验，搞清哪些服务内容、服务形式更切合社会的实际需要；总结存在的问题，帮助改进服务工作，提高服务质量。三是在检验服务效果和收集反馈意见的过程中，可以同时了解用户的新需求，有助于提高下一步工作的针对性。

服务效果检验的内容包括：①提供的文献是否符合课题内容的需要。②用户欢迎哪种文献类型。③哪些文献对课题攻关和启发思维有较大作用。④用户今后的文献需求是什么。

10.1.1.3 网络信息查新辅导服务

辅导用户网上信息查询是重要的服务内容之一。

1. 建立专业性信息资源指引库

收集引擎固然是网上的信息导引系统，但网络信息专业覆盖范围大，综合性强，对于需求某一专业信息的用户来说有一定难度，因此，建立专业指引库十分必要。所谓专业指导库是指通过数据库系统对 Internet 上与某一专业或某些主题相关的信息资源进行整理，即从逻辑上将国内外有关的信息联系起来，供用户自己查找，从而提高检索服务的质量。

2. 网络检索知识培训服务

目前，网络普及应用的面越来越广，每个人都可以上网，但真正熟悉和掌握网络知识的人员却为数不多，能自如运用网络查找需要信息的人就更少。因此，对网络知识的辅导和培训，使用户能在网络上查找信息就成为专职信息查新人员的一项重要任务，也是当前网络咨询信息服务工作必不可少的内容。

3. 定向专题信息服务

定向专题服务是对定题服务的一种补充。即由信息服务单位接受用户委托后，利用网络信息资源和自身拥有的查新信息的优势，开展定向专题综合信息服务，定期向用户提供相关信息和具有超前性、开拓性的专题综合信息，为科研立项服务。

10.1.2 科技查新服务

10.1.2.1 科技查新的简要回顾

最初的查新主要依据项目内容的要求检索出相关的文献资料，不对检出文献资料作比对分析，不提供查新结论和报告。20 世纪 80 年代中期，一些省、市、自治区科技情报部门通过全面、系统地查阅国内外科技文献，采用比对分析的方法对科技成果和新产品做出客观、科学、合理的查新结论。

20 世纪 90 年代，国家科委首次推荐、确定了全国第一批查新检索机构 11 个之后，农业部、卫生部、铁道部、冶金部、化工部和上海市相继成立了二级查新检索单位。1994 年 10 月，国家科委第十九号令发布了《科技成果鉴定办法》，并制定了《科技查新工作管理办法》，将科技查新工作纳入了规范化的管理轨道。至此，科技查新工作成为科技成果鉴定、科技立项、申报科技成果奖、申请专利、技术引进等工作不可缺少的重要一环。

10.1.2.2 科技查新的程序

科技查新通常按下列步骤进行。

1. 办理查新委托登记

由用户到查新咨询部门办理查新委托等手续，提出查新要求，填写查新登记表，与查新人员共同研究、分析项目的技术内容要点。

2. 确定查新点

在深入分析项目技术内容的基础上，明确查新方向，确定新查点，选择适当的检索标识、数据库，并设计检索策略。

3. 开展检索

按照确定的检索策略和检索词进行国内外文献检索，包括按用户要求提供二次文献或原始文献。对用户所要求解决的关键、核心问题与检索出来的相关文献进行分析、比对和综合。

4. 撰写查新报告和审核

查新报告内容包括：封面、项目主要技术内容、查新点，采用的检索手段和检索内容，检索结果和程度，查新结论。查新报告完成后，由审核人对查新报告进行全面审核、把关，提出审核意见，并对查新结论负责。

5. 查新报告文本交付用户和存档

查新报告正式文本一式三份，加盖查新机构公章后，两份交付用户，另一份由查新机构存档。

10.1.2.3　查新报告撰写

查新报告的核心内容查新结论，主要应从三个方面去思考，一是对检索出的文献作综合性分析、比对。二是在比对基础上，说明国内外有无同类或类似的研究成果。三是在分析比较的基础上，对项目的新颖性做出评价和结论。

查新报告的撰写方式有陈列式、分面比对分析式和条款式。

1. 陈列式查新报告的格式

国内：某某某作过……研究，或某某某探讨了……问题。

国外：有关人员提出过……观点，已经做出了……结论。

本项目研究……；其新颖性……；创新性……；应用性……

2. 分面对比分析式

这种撰写方式要求对项目中每一个查新点分别与检索出的文献进行比对分析，并在此基础上进行综合。分面比对分析是对撰写查新报告的高要求。

3. 条款式查新报告的格式

条款式报告一般比陈列式对有关查新点的分析比对要深入一些，强调将主题内容归纳成若干方面，要求条理清晰，结构紧凑，一目了然。

10.1.3　信息检索效果评价

10.1.3.1　检索效果评价

任何检索系统都具有存储和检索两个基本功能。从存储的角度讲，存储保证某一学科、专业存储量的广泛、全面不一定十分困难。而从检索的角度讲，从存储系统中检索出全部相关信息，排除全部无关信息则难以实现。因为大多数情况下，当检索出一批相关信息的同时，不可避免地会“带出”一些无关信息，而“漏掉”一些相关信息。这种情况在网络检索系统中是经常发生的。那么如何来评价检索效果呢？这里要特别关注信息检索的相关性问题。

从系统输入的相关性看，其表现为存储信息专业内容的相关性和信息与描述特征的相关性。从系统输出的相关性看，其表现为用户需求与系统信息内容的相关性，信息提问与检索策略的相关性等。由于相关性是伴随检索系统的一系列复杂特征的行为集成，因此，相关性的概念一直被国内外学者用来作为检验信息检索效果的可行性。

其实，相关性本身就带有一定的模糊性，用它测定检索效果，不同的人在不同条件下，甚至在相同的条件下也会产生不一致的结论，所以，相关性评价方法通常应限于一定范围之内。如手工检索的相关性判断依据是检索项目本身与检出信息在内容主题上相符合，其结论主要由用户完成。机检条件下相关性判断依据是检索提问标识与系统标识的相符性（检索策略），其结论由计算机完成。信息适用性的判断，即检出信息在相关前提下的使用价值，其结论由用户做出。

一些外国学者提出用“有效性”“实用性”的概念，取代“相关性”评价检索效果。其主要根据是，有效性用检索者所认定的相关文献数与其看过的文献总数之比来表示。实用性用检索出的相关文献与检索所用时间之比表示。前者适合评价手工条件下的检索效果，后者适合评价联机条件下的检索效果。然而，这些评价说法都未脱离检索的相关性特征。

10.1.3.2 检索效果评价的指标体系

查全率（recall factor）、查准率（pertinency factor）、漏检率（omission factor）、误检率（noise factor）是迄今为止普遍采用的量化评价指标。其中，查全率是对所需信息被检出程度的量度，用来表示信息系统能满足用户需求的完备程度。查准率是衡量信息系统拒绝非相关信息的能力。查全率的误差为漏检率，查准率的误差为误检率。其数学表达式如下。

$$查全率(R)=\frac{检出相关文献数}{系统中的相关文献总数}\times100\%$$

$$查准率(P)=\frac{检出相关文献数}{检出文献总数}\times100\%$$

表 10-1　这两个指标可以用下列 2×2 表加以推导

系统＼用户	相关文献	不相关文献	总计
被检出文献	a（命中）	b（噪声）	$a+b$
未检出文献	c（遗漏）	d（正确地拒绝）	$c+d$
合　计	$a+c$	$b+d$	$a+b+c+d$

按照此表，可将检索文献划分为若干组：检出文献（$a+b$）；未检出文献（$c+d$）；检出的相关文献 a；检出的不相关文献 b；未检出的相关文献 c；未检出的不相关文献 d。由此导出查全率与查准率公式。

$$\text{查全率}(R)=\frac{a}{a+c}\times 100\%$$

$$\text{查准率}(P)=\frac{a}{a+b}\times 100\%$$

除此以外，$\frac{c}{a+b}$为漏检率，是查全率补数；$\frac{b}{a+b}$为误检率，是查准率的补数。

一般来说，查全率与查准率之间存在互逆相关性（图 10-1）。即：当某一系统的查全率与查准率处于最佳比例关系时，继续提高查全率，检出的相关文献量增加，查全率提高，却导致不相关文献检出反而降低查准率；反之亦然。

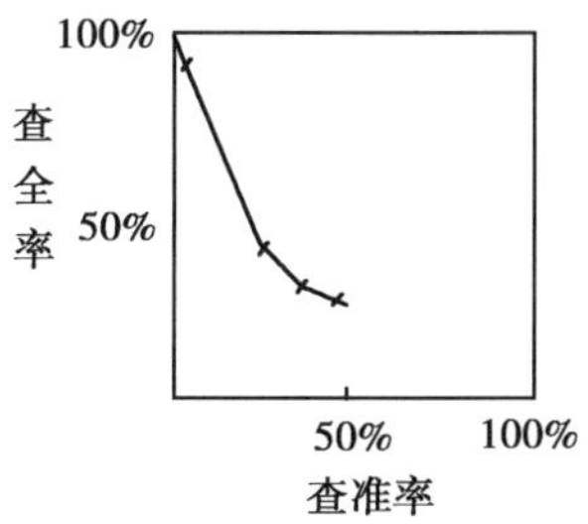

图 10-1 查全率与查准率互逆关系

在评价检索效果时，查全率的确定尤其困难，因为，检索系统中相关文献对不同用户的不同需求，其价值是不同的。要使评价合理化，必须在检出的文献中筛选出相关和不相关的文献，还必须在未检出的文献库存中计算被漏掉的相关文献和应该被拒绝输出的文献。这就是说，上述两个指标只能说在某种程度上反映检索效果及系统的功能。可以用它们来评价检索效果，但不能作为唯一可靠的评价标准。

10.1.3.3 网络信息检索系统评价标准

传统检索系统所采用的涵盖范围、查全率、查准率、响应时间、用户方便性等标准，应该说今天仍基本上适用于对网络搜索引擎的性能评价。但网络查询的超大规模数据库、多媒体表达和分布式体系结构等特点对检索性能的评价提出了新的课题，例如，查全率对网络空间的信息资源没有实际意义和价值，其他方面的标准也在发生不同程度的量变。随着搜索引擎的实际应用，国外关于搜索引擎性能评价的研究也非常活跃，对推动搜索引擎的研制和改进起到了积极的作用。

国外关于搜索引擎性能评价的指标主要包括下列内容。

1. 数据库规模和内容的评价指标

（1）覆盖范围。不同搜索引擎用不同单位计算索引的信息源单位，如 URL、Web 页、Hyperlinks、文件数、入口点，而且不是唯一性统计。一般以完全索引和可检索的 WWW 网页数作为信息资源的单位，即经过选择的、具有可检索价值的 WWW 网页。

（2）索引组成。全文、标题、小标题、前头数行等；是否有可检索的字段。

（3）更新周期。更新周期、查重、添加、删除等。

2. 索引方法的评价指标

（1）自动索引。是否有网络跟踪自动索引及其软件功能。

（2）人工索引。人工选材和加工。

（3）用户登录。提供网上自动登录功能。

3. 检索功能的评价指标

（1）布尔查找。

（2）复杂布尔操作（嵌套）。

（3）相邻查询。

（4）截词查找（自动或用户定义）。

（5）字段查找。

（6）大小写标志

（7）概念检索。

（8）词语限定。

（9）特定字段限定。

（10）缺省值。

（11）中断退出。

（12）重复辨别。

（13）上下文关键词。

（14）查询集操作。

4. 检索结果的评价指标

（1）相关性排序。单纯排序或注明排序分值。

（2）显示内容。注释或摘要。

（3）输出数量选择。限定或改变显示数量。

（4）显示格式选择。

5. 用户界面注释指标

（1）帮助文件。

（2）数据库和检索功能说明。

（3）查询举例。

6. 其他评价指标

（1）查准率。

（2）响应时间。

10.2 查新检索有关规定

10.2.1 查新检索范围

查新检索范围的确定应掌握全面性、系统性和连续性的原则。根据查新项目所属的学科和专业、项目性质、委托人的要求等，恰当选择相关的数据库和文献，查新检索范围以适当宽一点为好。查新检索应以机检为主，手检为辅。

10.2.2 检索途径及数据库选择

检索途径是指计算机检索或手工检索所采用的检索入口。其中，由文献的外表特征决定的检索途径有文献名称途径、文献作者途径和文献序号途径等。由文献的内容特征决定的检索途径有分类途径和主题途径，主题途径又分为主题词途径、关键词途径和叙词途径等。检索途径的选择应根据查新项目所属学科、专业性质、数据库专业分类和数据库标引的基本索引字段和辅助索引字段而定。一般来说，查新检索是从分类途径和主题途径去查检。

数据库是指最少由一个文档组成，并能满足某一特殊目的或某一特殊数据处理系统需要的一种数据集群。数据库选择正确与否是上机检索前必不可少的一个重要步骤，也是检索获得成功的基础。查新员应按照查新项目所属专业和项目性质以及确定的主题范围选择适合的数据库。选择时，应充分考虑到数据库的主题内容、专业范围、收录范围（如年限、文献量、覆盖地理范围等）、数据库类型（如全文型、文摘型、书目型、名录型、数值型等）以及价格等。进而通过数据目录，说明书（如 Dialog 系统蓝页）、数据库总索引文档（如 Dialog 系统 411 号文档）等数据库选择工具选择适合的数据库。

10.2.3 检索词选择

查新员应对检索项目进行概念分析，在分析查新检索项目的主题类型和结构的基础上，对具有检索价值的主题概念进行提炼和取舍，选择确定的检索词应具有全面性、专指性和一致性。检索词选择应考虑能够表达检索概念所有不同的词，如主题词、同义词、隐含词、替代词、广义词、狭义词、缩写词以及与主题词相应的化学物质登号，不同作者和机构，甚至于检索词的英式、美式不同拼法等。

对于选择的检索词是来自文章的题目、文摘及正文中的词，或者是用户提出的词作为自由词，但应注意自由词词组不能太长，更不能应用一些形容词，如好、很好、现代等，也不要用一些含义与检索概念都很泛的词，例如，方法、应用、研究等。能否选准表达相应主题概念的合适检索词，是检索查全、查准的关键，将直接影响查新检索的效果。

10.2.4 检索策略

10.2.4.1 检索策略制定的目的

检索策略的含义是指为实现检索目标而制定的检索计划和方案，是对查新检索的策划和指导。检索策略制定的基本要求是，尽可能准确表达检索项目的主题概念和特性特征，以期获得满意的检索结果；并尽可能地节省联机时间，降低检索费用。

10.2.4.2 检索策略制定的程序

（1）确定查新项目的主题内容。

（2）确定检索概念，并选择表示检索概念的检索词。

（3）使用逻辑运算符、位置运算符和各种限定方法组配检索概念，拟定出检索式。检索式编制需满足以下要求；能准确反映检索提问的主题内容；能适应检索数据库的索引体系，用词规范；符合检索系统的功能和限制条件之规定。为达到上述三项要求，应了解检索系统的特点和功能，熟悉所检数据库的标引规则及词表结构，掌握必要的检索技巧和组配方式，了解查新项目所属学科、专业知识。

（4）选择检索系统和适合的数据库。检索系统的选择应重点考察其功能，提供的数据库、价格、易用性等因素。

（5）上机检索。

10.2.4.3 检索结果的检验和调整

在实际检索中，常会发现查到的文献太多，或太少，甚至为零；或者检出的文献与查新项目不相关的情况。这就需要对每次检索结果进行检验和调整，修改或调整检索式，直至得到满意的检索结果。检验和调整有如下方式。

（1）增加新的相关数据库。

（2）从主题词途径检出的文献用分类检索途径来检验。

（3）从数据库设置的其他字段检验主题词检验结果。

（4）扩大或缩小检索范围。即当检出的文献量太少时，应扩大检索范围；

当检出的文献量太多时，应缩小检索范围。

10.2.5 检索结果为零的处理

除了发现新物种成新发明之外，农业科学技术的继承性使任何新技术和新成果的出现不可能离开前人的研究工作，检索结果通常不会产生“零”。一旦检索结果为“零”，则可采取下列应对措施。

10.2.5.1 调整检索数据库的范围

10.2.5.2 重新审核检索策略和检索词

搞清同类研究范围，调整检索式及包括主题在内的检索词。延长检索数据库年限和追溯期，或人工检索内部刊物、专辑、汇编、简报等。

10.2.5.3 检索扩大到上位领域或相关领域

10.2.5.4 向有关专家咨询，扩大检索间接可比文献

10.2.6 计算机检索与人工检索

10.2.6.1 计算机检索

计算机检索简称机检，是指利用计算机来获得文献信息的检索方法。计算机检索应根据查新项目的内容、性质和查新的要求，选择适合的检索系统和数据库。在机检情况下，为了正确确定检索途径，先搞清数据库采用的是规范化词表还是自由文本式词表。指示主题性质的代码是标准的还是任选的。提问单如何填写，再将表达检索提问的各概念按照数据库采用的词表转换成检索语言，即主题词、分类词、关键词等。

10.2.6.2 手工检索

手工检索简称手检，是指采用手工检索工具来获取文献信息的检索方法。在手检情况下，应按照专业对口，文种适合、收录完备、报道及时、编排合理、揭示准确的原则，选择检索工具书。在手检时，文献的检索途径就是检索工具书中的目次，正文和辅助索引提供的途径。检索工具书提供的检索途径有分类途径、主题途径、文献名称途径、著者途径、文献代码途径以及其他特殊途径。分类途径和主题途径是手检的主要途径。此外，还应考虑利用相关工具书，如手册、年鉴等，并查找与查新项目内容相关的现期刊，以防漏检。

查新检索过程中，主要检索策略均应留有记录。

10.2.7 检索年限的规定

文献检索的年限应依据查新项目所属学科、专业发展的情况和查新的目的，一般应从委托查新之日起向前推 10 年以上。对于农业较成熟的技术，可适当延

长前推的年限；对于新兴学科、高新技术项目，前推年限可适当缩短；对于查新项目合同中另有特殊约定的，应按约定的前推年限执行。

10.3 项目查新内容的编写

在《科技查新规范》中规定了查新报告总体编写格式，对每一个部分的内容和格式未作具体说明。从农业科技查新目的来看，有科技立项查新，科技成果鉴定查新，科技成果奖励查新，科技项目验收查新，技术引进查新，新产品、新品种、新技术查新等。在撰写科学技术要点时，应充分反映出查新项目的概况，简述项目技术背景，要解决的技术问题，主要技术特点、技术参数，技术经济指标，解决技术问题采取的方案、技术路线、成果应用的领域和范围等。但不同科技查新目的，其科学技术要点的著述形式和重点是不同的。

10.4 科技查新类目

10.4.1 科技立项查新

科技立项查新要概述项目的国内外背景、必要性，要研究的主要科学技术内容，要解决哪些关键技术问题，预期达到的经济、技术指标和水平，预期获得的专利和成果等。

10.4.1.1 案例1 农业购买性资源适量化投入关键技术集成与示范

1. 项目内容及技术要点

针对循环农业模式中N、P肥等购买性资源投入量大、利用率低等问题，在探明不同循环农业模式的N、P养分循环特征的基础上，通过N肥抑制剂调控、P素活化激活和化肥的有机替代等技术途径，重点研究作物种间配置、秸秆还田、畜牧废弃物利用等循环模式条件下N、P肥适量化投入的关键集成技术，提高肥料利用率，建立不同循环农业模式的购买性资源适量化投入技术体系。

(1) 拟研究内容。

①不同循环农业模式下农田N循环特征及氮肥适量化施用技术，研究农田N输入、转化及输出途径、量化表征及其组分特征；作物配置模式下化学N肥适量投入的抑制剂或组合调控技术；有机肥料N循环利用的硝化抑制剂调控技术。

②不同循环农业模式下农田P循环规律及P素活化技术，研究农田土壤有机、无机P数量及其组分特征；有机肥料循环模式下农田土壤有机P矿化和合

成特性；农田土壤无机P生物有效性的活化剂调节技术；农田土壤有机P水解的激活剂和酶学调节技术。

③不同循环农业模式下农田N、P肥适量化投入的关键技术，即不同循环农业模式下N、P肥适量投入的抑制剂与活化剂集成调控技术；N、P肥适量投入的有机替代技术集成。

(2) 创新点。在不同循环农业模式下。

①农田氮适量化投入关键技术。

②农田磷适量化投入关键技术。

2. 查新结论

经检索国内外近15年相关文献和数据库，与该课题研究的重点内容比较分析认定如下。

经检索，在检索到的文献中，文献15阐述硝化抑制剂DMPP、DCD和AM不仅能够有效延缓尿素的水解，显著抑制土壤中NH_4^+-N的氧化作用，而且能够较长时间保持较高的NH_4^+-N含量，使硝化作用延滞35~38天。各硝化抑制剂（TU除外）处理明显推迟了NO_3^--N的释放高峰期，对硝化过程均表现出明显的抑制作用。文献20阐述以等量氮、磷、钾肥料为前提条件，辅以不同的脲酶/硝化抑制剂，研究土壤中尿素氮的转化及对有效态氮释放速率的影响。试验结果表明：各抑制剂均能有效地降低NH_4^+-N的转化速率，使NH_4^+-N最大积累延后14天左右，并且延缓了NO_3^--N的释放高峰达60天以上。其作用效果顺序为：NBPT+DCD>NBPT>乙酰甲胺磷>甲胺。文献11阐述施用磷肥均可提高无机磷总量数值，并随着季节推移呈下降趋势，到成熟期无机磷总量值与基础肥力基本相近，增施土壤磷素活化剂可促进无机磷总量增加，幅度可达20%左右。文献12阐述以东北地区广泛栽植的露地花卉作为试材，选择北京圣吉奥生物肥料公司出品的土壤磷钾激活剂进行栽培试验。结果证明：土壤磷钾激活剂能够增加土壤肥力的利用率，有效激活土壤中的有效磷、有效钾，使其含量高达40%以上，使植株进行合理吸收；同时可以促使开花提前约7天、延长花期约10天；在加大花朵冠幅、增艳花卉色泽等方面也具有一定效果。综上所述，未见在不同循环农业模式下，氮肥、磷肥适量化投入关键技术集成与示范的研究报道。

10.4.1.2 案例2 优质高产抗逆瘦肉型种猪系统选育技术研究与应用

1. 项目内容及技术要点

本课题以沈阳正成原种猪场、沈阳树新畜牧有限公司基础母猪群为主自成育种核心群，进行大约克夏、长白猪、杜洛克猪三个品种高产抗逆优质瘦肉型种猪选育工作。

（1）拟研究内容。

①采用性能测定应用BLUP法进行高产抗逆瘦肉型种猪生长速度与胴体瘦肉率的选育。

②采用垂体特异性转录因子基因（PIT-1基因）与雌激素受体基因（ESR基因）标记进行提高优质抗逆瘦肉型种猪繁殖性能的选育。

③采用酸肉基因（RN基因）及脂肪酸结合蛋白基因标记进行提高优质高产抗逆瘦肉型肉质种猪的选育。

④应用应激敏感基因淘汰与CK活性及抗逆性实验相结合的方法，进行提高优质高产抗逆瘦肉型种猪抗逆性选育的研究。最终各项技术集成，形成优质高产抗逆瘦肉型种猪系统选育技术。

（2）创新点。

①应用CK活性与应激敏感基因诊断、淘汰相结合的方法，提高优质高产瘦肉型种猪的抗逆性。

②采用PIT-1基因、ESR基因、RN基因、脂肪酸结合蛋白基因标记综合评定的方法，提高优质高产抗逆瘦肉型种猪繁殖力与肉质。

2. 查新结论

经检索国内近10年相关文献和数据库，与该课题研究的重点内容比较分析认定如下。

（1）应用CK活性与应激敏感基因诊断、淘汰相结合的方法，提高优质高产瘦肉型种猪的抗逆性。经检索，在检索到的文献中，文献1阐述将常规育种选择指数法与现代分子育种应激敏感基因型选择法相结合，应用于军牧1号白猪四、五世代核心群的选种。其结果是应激敏感基因频率下降了12%，四、五世代生产性能差异不显著（$P>0.05$），证明了这两种方法的结果在猪育种实践中是有效的。文献11阐述白术多糖能提高仔猪平均日增重（ADG），降低饲料增重比（F/G）（$P<0.05$），提高血清总蛋白（TP）、白蛋白（ALB）和总胆固醇（TCHO）含量以及α-淀粉酶（AMY）、谷草转氨酶（GOT）、谷丙转氨酶（GPT）的活性，降低葡萄糖（GLU）和甘油三酯（TG）含量以及股酸磷酸激酶（CK）活性。结果提示，白术多糖能有效缓解仔猪断奶应激，增强机体抵抗力，促进生长。未见应用CK活性与应激敏感基因相结合的方法，提高优质高产瘦肉型种猪的抗逆性的报道。

（2）采用垂体特异性转录因子基因、雌激素受体基因、酸肉基因、脂肪酸结合蛋白基因标记综合评定的方法，提高优质高产瘦肉型种猪的繁殖力与肉质。经检索，在检索到的文献中，文献6阐述通过对几个主效基因和QTL对猪肉品质和胴体主要经济性状影响的研究，阐述了氟烷敏感基因、酸肉基因、肌肉含量基因、肌肉内脂肪基因、心脏脂肪酸结合蛋白基因、脂肪组织脂肪酸结合蛋白基因、肌纤维候选基因对猪的肌肉糖原、蛋白质含量、背膘厚度、腰肌面积、公猪膻味、肌肉内脂肪含量、肉品质、腹脂率、烹调损失率、PH1、PHu 值、屠宰率、胴体长、胴体瘦肉率、滴水损失、加工率、酸肉率、多法评分、嫩度评分、大理石状评分等经济性状影响。文献 14 阐述以促卵光素 B 亚基（FSHB）、雌激素受体（ESR）、促乳素受体（PRLR）和视黄醛结合蛋白 4（RBP4）等基因作为繁殖性状主要候选基因，测定 76 头藏猪的基因型，分析单基因和多基因合并对繁殖性状的影响效应。结果说明，在藏猪群体中，FSHB、ESR 和 PRLR 基因不同基因型繁殖性状差异显著，优良基因型分别为 BB、BB 和 AA。藏猪 RBP4 基因只有 2 种基因型，对繁殖性状影响不显著。FSHB-ESR-PRLR 基因的合并优良基因型为 BB-BB-AA，多基因聚合效应高于单基因效应。文献 15 阐述 Brunscu 选用欧洲野猪（W）X 皮特兰（P）杂交家系，对 F2 代个体的生长、肉质、胴体组成和应激敏感性的相关 50 个参数进行了评估，结果表明，14 个生长和胴体组成性状与 PIT-1 基因型有关。未见采用垂体特异性转录因子基因、雌激素受体基因、酸肉基因、脂肪酸结合蛋白基因标记综合评定的方法，提高优质高产瘦肉型种猪的繁殖力与肉质的报道。

10.4.2 科技成果鉴定与奖励查新

在农业科技查新中属于成果鉴定与奖励查新所占比率比较大。鉴定与奖励类查新应简要说明项目的研究背景，项目主要的科学技术特点，已完成项目的成果与现有同类研究、技术比较所具有的新颖性，主要创新性，能体现项目科学技术水平的试验数据和量化指标，以及成果已经应用的情况和未来应用前景。

10.4.2.1 案例 1 主要农田氮素面源污染调控技术与应用

1. 项目内容及技术要点

提高氮投入是作物增产的重要措施。但近年来研究表明，辽宁省玉米、水稻以及设施农田氮肥的增产效果不断降低，氮素面源污染日益严重，地下水硝酸盐 1/3 的监测点存在超标的情况。土壤硝态氮的淋溶是氮素损失的主要途径之一，是导致氮素面源污染的重要原因。因此，在稳定作物产量的同时兼顾过量施氮对环境的负荷问题对农业的可持续发展具有重要意义。

（1）主要研究内容。

①辽宁省不同农田地下水硝态氮负荷特征解析，普查了辽宁省农田地下水硝态氮现状，绘制了等级图。

②主要农田土壤氮素淋失规律及地下水硝态氮空间变化规律研究。确定了降水对氮流失特征的影响；下垫面差异对氮素输出的影响；不同土壤类型硝酸盐氮

淋失动态规律。建立了地下水硝态氮纵向定位监测点，明确了硝态氮空间变化规律。

③主要农田氮素面源污染调控技术研究在稳产前提下，确定了利于氮源合理减控的玉米、水稻品种；玉米、水稻、设施蔬菜（番茄、辣椒、芹菜）最佳施肥管理模式；稻蟹、稻鱼联合种养生态模式；下垫面构建一生态篱复合模式等。

④主要农田氮素面源污染调控技术集成对主要农田氮素面源污染调控技术进行筛选、集成、推广。

(2) 项目查新点。

①解析了辽宁省农田地下水硝态氮负荷现状，分别绘制了辽宁省不同类型农田（玉米田、水稻田和设施蔬菜田）地下水硝态氮含量等级图，确定了负荷因子。

②明确了辽宁省典型土壤（风沙土、草甸土、褐土、棕壤）和潮棕壤氮素淋失动态规律。

③研制了利于农田氮素面源污染削减的掺混型控释尿素 BB 肥料，建立了氮肥减量后移的关键施肥技术，形成了以等高生态篱技术为核心的坡耕地面源污染调控的下垫面构建技术，形成了玉米田氮素面源污染调控技术体系。

④建立了基于降雨携带氮素输入方式的水稻追肥关键技术，形成了在稻蟹联合种养、稻鱼联合种养生态模式下，基于蟹鱼代谢循环机制的节氮减排关键技术，构建了水稻氮素面源污染调控的集成技术。

2. 查新结论

经检索国内外相关文献和数据库，其中，文献 1 阐述对华北平原桓台县 584 个潜水水样的硝态氮含量进行了测定，应用地质统计学方法对数据进行了分析，结果表明潜水硝态氮含量符合对数正态分布。采用 Kriging 方法对未观测点进行了估值，并绘制了等值线图，按照国家地下水质量标准划分为 5 个等级。利用 GIS 空间分析方法分别统计了各个乡镇潜水中硝态氮各等级的面积。同时，把各乡镇单位面积化肥、人畜排泄、污水灌溉以及总的氮素年投入量与其潜水中硝态氮的平均含量分别进行了相关性分析，发现污水灌溉投入的氮素和各类氮素的总投入与潜水中硝态氮含量均有显著的相关关系。结果表明，污水灌溉对当地潜水硝态氮含量的影响很大，同时在对区域潜水硝态氮贡献的成因分析时必须考虑区域氮素的总投入。

文献 2 在总结农田氮肥淋失的一般性规律基础上，建立了农田氮肥淋失的理论模型，具体建立了以下 4 类模型并进行了实证：施肥量与地下水硝态氮含量关系模型、施肥量与土壤硝态氮淋失量关系模型、施肥量与土壤硝态氮淋失浓度关系模型、施肥量与土壤硝态氮残留量关系理论模型。上述 4 个理论模型和实际模型的比较说明，虽然氮的淋失总体上与施氮量正相关，但是，不同气候区和土壤条件，其开始淋失或积累的施肥量不同，并且随施肥量增加的趋势（快慢）也不同，因此，必须建立适合于不同区域的模型参数才能实现更准确的淋失预测。但是，从宏观上，也可以通过参数的平均而大体地预测氮的淋失等级或趋势。

文献 18 阐述稻蟹共生处理比常规模式处理排水中硝态氮的排放量少 23%。

文献 19 阐述稻蟹复养田土壤全氮、氨态氮分别高于单作水稻田的 21. 4%和 55. 2%，稻田水中的氨态氮高达 61. 3%，这些无机态氮是培育水生生物、高等植物的营养源，又是供应河蟹生长的饵料，而硝态氮则要低得多；河蟹的甲壳质及其排泄物经分解矿化后，是提高土壤有效养分，供应水稻生长的主要肥源。

文献 20 阐述采用野外调查采样与室内分析相结合的方法，对河北省环渤海地区地下水硝态氮的含量现状及影响因素进行研究，并分析了其成因。结果表明：河北省环渤海地区地下水硝态氮含量总体达到国家饮用水Ⅲ类标准，但地区空间变异较大，以秦皇岛地区形势最为严峻。在各种影响因素中，农田利用类型对环渤海地区地下水硝态氮含量影响较大，各类型用地的影响顺序为粮田>菜地>稻鱼>果园，其中，硝态氮含量高的样本主要集中在春玉米类农田利用类型上；地貌类型中丘陵对该地区地下水硝态氮含量影响较大；随着水体深度的增加，地下水硝态氮含量呈明显下降趋势。农田污染是导致环渤海地区地下水硝态氮含量升高的主要成因，需要有针对性地进行区域治理。

通过以上相关文献的对比分析，对本查新项目做出如下结论：

查新点 1 中绘制农田地下水硝态氮含量等级图在文献 1 中有相似报道，但以辽宁地区研究对象进行的农田地下水硝态氮负荷现状解析，农田地下水硝氮含量等级图的绘制，并确定了负荷因子，未见相同报道。

查新点 2 中土壤硝态氮淋失动态规律与文献 2 的研究内容相似，但以辽宁地区风沙土、草甸土、褐土、棕壤和潮棕壤氮素淋失动态规律为研究内容的未见报道。

查新点 3 中 BB 肥的研制及在水稻、玉米等农作物上的应用有报道，但本课题研制的新型 BB 肥取得了专利；氮肥减量后移技术在文献 3、文献 4、文献 5 中有报道；等高（固氮）植物篱技术在文献 8~14 中有报道，等高生态篱技术未见相同报道。综上，形成的玉米田氮素面源污染调控技术体系未见相同报道。

查新点 4 中的基于降雨携带氮素输入方式的水稻追肥技术未见相同报道；文献 18~20 阐述了稻蟹、稻鱼种养模式，蟹鱼代谢循环机制的节氮减排技术未见相同报道。构建的水稻氮素面源污染调控集成技术体系未见相同报道。

注：文献 3、文献 6、文献 7 为课题组成员发表。

10.4.2.2 案例2 全国李杏资源考察收集鉴定及开发利用的研究

1. 项目内容及技术要点

(1) 基本查清了我国李、杏种质资源的底数，明确了我国李杏种质资源的种类和数量。即李属植物有8个种3个变种800余个品种或类型；杏属植物有10个种11个变种2 000余个品种或类型。其中，2个新种和4个新变种为本次考察发现并鉴定命名的。在考察中对325份李和997份杏资源进行了初步调查描述，奠定了编写李和杏志书的基础。

(2) 修正了我国杏资源分布的地理分布界线，明确了我国李资源的分布范围，修正并完善了世界杏属植物生态群的划分。

(3) 首次发现欧洲李和樱桃李的野生群落，证明欧洲李起源于我国。

(4) 建成了被誉为世界之最的国家果树种质熊岳李杏圃。

(5) 考察中发现一批珍稀种质资源和农家（地方）优良品种。

(6) 撰写并出版了《中国果树志》的李卷和杏卷，积累了550余万字的科技文献和资料。是世界首部李和杏果树科技专著。

(7) 首次发现了杏和中国李中的多倍体资源，筛选出一批优良和抗逆性强的种质资源。

(8) 推广了一批优良品种，加速了生产品种的更新换代。截至1996年，面积为42.0万公顷，总产量为216.3万吨，纯收入49.3亿元。

2. 查新结论

经检索，国内外15年相关文献和数据库，与该课题提出的研究重点比较分析认定如下。

(1) 对全国李、杏种质资源进行了考察，基本摸清了底数（见技术要点），并对发现的2个新种和4个新变种进行了鉴定命名。经检索，在检索到的相关文献和数据库中，除南斯拉夫对杏种资源进行了调查外（见西文文献）和有某地区进行李资源调查，未见有同等规模的报道。

(2) 该课题重新修正我国杏资源分布的地域范围，重新标定分布的南北界线，首次明确了我国李的分布区界。经检索，在检索到的相关文献和数据库中未见报道。

(3) 发现欧洲李的野生群落，鉴定证明欧洲李原产于中国新疆，纠正了百余年关于欧洲李起源的假说，首次发现我国樱桃李的野生群落（见报告）。经检索，在检索到的相关文献和数据库中，未见有此项研究的报道。

(4) 该课题在考察中收集并建成国家李杏种质资源圃，保存李、杏资源1 100份，其中，李属8个种500份资源，杏属8个种600多份资源。经检索，在检索到的相关文献和数据库中，未见有超此保存数量的报道。

（5）在对资源的系统鉴定中，发现了杏的三倍体资源和中国李中的多倍体种质资源和嵌合体种质资源。经检索，在检索到的相关文献和数据库中，对杏三倍体的发现未见报道。《吉林农业科学》1997年3期“吉林省李属果树种质资源的研究”中曾报道过中国李中的矬李芽变染色体数量为 $2n=4x=32$ 和 $2n=2x=16$，但本课题于1991年在《中国果树》第二期发表的文章“李属植物染色体数目观察”中就已做了报道，除该两篇文章外，未见有同类报道。

（6）发现珍稀和特异种质资源，筛选出一批抗寒、抗旱、耐涝、抗盐及抗病等抗逆性强的种质资源。经检索，在检索到的相关文献和数据库中，国外文献未见报道，国内文献《江苏农业科学》1994年4期“南方李资源考察及其开发利用研究”中报道了，在福建古田发现了名贵品种一奈（油奈和花奈）和发现在南方特晚熟品种冬李。《作物品种资源》1998年1期“我国极抗寒李种质资源”中报道了在北纬47°极端最低气温-42.4℃，一月份平均气温-22.9℃，年均气温1.4℃在绥棱地区连续8年表现丰产稳产无冻害的品种，如巴彦黄李、巴彦红袍、方正大红李及孙吴红袍等。(上述两篇文献作者均是本课题组考察、协作成员)。

（7）开发了一批优良品种，并在生产上取得了显著的经济效益。截至1996年统计结果，其开发面积为42.0万公顷，产量为216.3万吨，纯效益为49.3亿元。经检索，在检索到的相关文献和数据库中，除《贵州农业科学》1996年3期“黔南山区李种属资源果实形态分类及开发利用”中报道了在黔中地区建基地1万亩，盛果期产量1 000万kg，创经济效益1 000万元以上，在黔北、黔南地区以加工为主，年加工100万kg李果，创收150万余元。

（8）《中国果树志》李卷和杏卷的编著出版。经检索国内外相关文献和数据库，未见有类似编著出版的报道。

10.4.2.3　案例3　高粱恢复系随机交配群体（LSRP）组成的理论与应用研究

1. 项目内容及技术要点

该课题组1981年从国际热带半干旱地区作物研究所（ICRISAT）引进了细胞核雄性不育基因材料，ms_3 和 ms_7。1982年开始了高粱群体改良的研究工作，经过10年20个世代核不育基因转育、细胞质转换和随机交配等一系列育种程序，于1992年组成了高粱恢复系随机交配群体——LSRP。随后，对该群体进行轮回选择，纯化，测配，鉴定，现已选育出优良恢复系，并组配成高粱杂交种，进入省和国家区域试验。

（1）主要内容。

①组成随机交配群体的理论研究。高粱杂交种系谱分析；亲本遗传距离研究；亲本聚类分析研究。

②随机交配群体组成的研究。亲本系选择；亲本系核不育基因 ms_3 转育和细胞质转换；随机交配群体组成及其技术。

(2) 研究成果。

①组成群体理论的创新。组成恢复系群体的亲本应以中国高粱亲缘为主，适当加入赫格瑞和卡佛尔等外国高粱，保持系群体新本则应由外国亲缘的保持系组成。这样可以保持两个群体之间相当的遗传距离（差异），以保证最终选育出强优势杂交种。

②群体细胞质的多样性创新。为避免在转育核不育基因（ms_3）过程中将形成的群体细胞质单一性，采取亲本反杂交方式进行细胞质转换，以保证群体内细胞质的多样性。

③群体随机交配技术的创新。为保证群体内充分地随机交配和遗传平衡，采取等数种子进入群体；调节播种；调节种植方式，即第一、第二次随机交配时，在隔离区内采取等行种植亲本方式，在第三次随机交配时采取等数种子混种的方式。

④创造了我国第一个高粱恢复系随机交配群体。本项目经过 10 年 20 个世代的研究实施，组成了我国第一个高粱恢复系随机交配群体——LSRP，填补了国内这一研究领域的空白，在高粱研究上具有开创意义。

2. 查新结论

检索国内外近 10 余年相关文献和数据库，国内外关于高粱方面的研究报道较多，高粱恢复系的选育、遗传系谱分析、聚类分析等也有报道（见前页相关文献）。与该课题研究内容比较分析认定如下。

(1) 组成随机交配群体，并同时进行组成群体的理论研究—杂交种系谱分析、亲本遗传距离研究、亲本聚类分析等。经检索，在检索到的相关文献中未见报道。

(2) 组成群体理论。恢复系群体的亲本应以中国高粱亲缘为主，适当加入外国高粱；保持系群体亲本则应由外国亲缘的保持系组成。这样可以保持两个群体之间相当的遗传距离（差异），以保证最终选育出强优势杂交种。经检索，在检索到的相关文献中未见报道。

(3) 群体细胞质的多样性。为避免在转育核不育基因（ms_3）过程中将形成的群体细胞质单一性，采取亲本反杂交方式进行细胞质转换，以保证群体内细胞的多样性。经检索，在检索到的相关文献中未见报道。

(4) 群体随机交配技术。为保证群体内充分地随机交配和遗传平衡，采取①等数种子进行群体；②调节播种；③调节种植方式，即第一、二次随机交配时，在隔离区内采取等行种植亲本方式，在第三次随机交配时采取等数种子混种的方式。经检索，在检索到的相关文献中未见报道。

(5) 创造了我国第一个高粱恢复系随机交配群体。本项目经过20年的研究实施，组成了我国第一个高粱恢复系随机交配群体——LSRP。经检索，在检索到的相关文献中未见报道。

10.4.2.4 案例4 百日草雄性不育遗传规律研究及利用

1. 项目内容及技术要点

(1) 项目主要研究内容。

①研究百日草雄性不育的性质，即核不育，质不育还是核质互作不育。

②研究其显隐性及遗传规律。

③培育优良的不育材料，高度纯合材料。

④通过配合力测定筛选新组合。

⑤选育出国内一流具有自主知识产权的品种3~5个。

(2) 项目主要技术难点和创新点。

①对百日草雄性不育性做出理论上的解释。并结合其规律提出相应的应用意见。

②利用组织培养手段，通过单倍体育种方法，选育高度纯和材料。

③充分利用本地资源，转育新的不育系，培育具有自主知识产权的材料。

(3) 项目实施及预期成果的经济、社会、环境效益分析。百日草花朵硕大，艳丽，花期长，适应性强，社会需求量很大，现已成为全球性的绿地主栽草花之一。但是，目前百日草的种子主要由美国泛美、戈德史密斯等公司生产销售，价格昂贵，千克价6万元左右。而且由于是杂交种子，生产用种必须年年购买。所以，价格相对稳定，市场前景看好。目前，国内百日草杂交种子还主要依靠进口。选育出高品位的杂交组合，还是很有市场的。百日草杂交制种的直接成本为人民币2 500元/千克。目前，市场报价怡农公司42元/克，合42 000元/千克。中国农科院51元/克。合51 000元/千克。效益是十分可观的。

从世界范围来看，花卉种业是决定花卉产业总体水平的关键，没有种质资源与新品种就没有花卉业的发展。花卉业先进国家无不竞相开发新品种，抢占花卉产业制高点。花卉种业水平已经成为衡量一个国家或地区花卉产业实力的重要指标。我国花卉产业之所以不能持续稳定发展和花卉产品走向世界，归根结底是由于对进口花卉种源的过分依赖以及民族花卉种业基础的薄弱。因此，培育具有自主知识产权的花卉品种，发展自己的民族花卉种业社会效益巨大。

2. 查新结论

检索国内近10余年相关文献和数据库，国内对百日草研究报道的不多（见前页相关文献），与该课题研究的重点比较分析认定如下。

(1) 对百日草雄性不育性做出理论上的解释。并结合其规律提出相应的应用意见。经检索，在检索到的同类研究的相关文献中未见报道。

(2) 利用组织培养手段，通过单倍体育种方法，选育高度纯和材料。经检索，在检索到的同类研究的相关文献中未见报道。

(3) 充分利用本地资源，转育新的不育系，培育具有自主知识产权的材料。经检索，在检索到的同类研究的相关文献中未见报道。

10.4.3 开发类项目查新

农业开发类项目包括新品种、新技术、新产品的开发和推广（应用)。这一类项目应概述其功能、用途。介绍能反映其技术水平的主要技术要点，成分，性能指标等数据，与国内外项目的参数比较，项目已达到的推广规模及取得的效益等。

10.4.3.1 案例1 特优质超级稻新品种辽星1号示范推广

1. 项目内容及技术要点（详见技术报告)

辽星1号是辽宁省稻作研究所在实施国家科技部转化基金、农业部跨越计划、辽宁省科技攻关等项目过程中选育的优质、高产、多抗、广适型超级粳稻新品种。该项研究成果涵盖了优质高产品种选育、节本增效配套技术研究推广、水稻无公害标准化生产和优质大米产业化等内容。

(1) 辽星1号特征特性。

①生育期适中。该品种在辽北地区种植生育期154天，与对照品种辽粳371相当；在沈阳地区种植生育期为156天；在京、津、唐地区种植生育期为158天。

②产量高。2003—2004年参加辽宁省水稻区域试验，亩产量分别为642.03千克和640.56千克，比对照品种分别增产13.25%和12.95%，达到农业部认定的广适型超级稻标准化；2004年参加辽宁省水稻生产试验，亩产量为614.44千克，比对照品种增产10.31%；生产田一般亩产为650千克左右，高产田亩产达750千克；2006年，该品种通过了农业部的超级稻品种认定，实际亩产达到801千克。

③米质优。米质优，适口性好。糙米率82%，精米率74.3%，整精米率72%，粒长5.0毫米，长宽比1.9，垩白粒率2%，垩白度0.7%，透明度1级，碱消值7.0级，胶稠度82毫米、直链淀粉17.3%，蛋白质8.5%等。经农业部稻米检测中心检测，米质各项指标达到国家优质米1级标准。

④抗逆性强。茎秆粗壮，抗倒性强，活秆成熟不早衰。抗稻瘟病为R级。抗稻曲病，抗白叶枯病。辽星1号对现阶段水稻生产中的其他主要病害如水稻纹

枯病、稻曲病和条纹叶枯病都有较强抗性。特别值得一提的是，2006年辽宁省东南沿海地区水稻条纹叶枯病大面积发生，发病严重的地块甚至可减产50%以上，而辽星1号在田间表现抗病性特强，基本没有病害发生，相比之下，其他品种病害发生率则普遍较高。

⑤株型理想。辽星1号株型好紧凑，叶片上冲，具有理想的受光态势。根系发达，生长旺盛。成株株高104厘米，叶色浓绿，主茎16片叶，分蘖力较强。半散穗，穗长18~20厘米，颖壳黄褐色，穗顶部有芒。平均每穗140粒左右，结实率89.0%，千粒重23.9克。

（2）辽星1号栽培要点。

①稀播种育壮秧：种子严格消毒以防恶苗病发生，一般4月上旬播种，播种量为每平方米150~200克，适时通风炼苗，培育带蘖壮秧。

②合理稀植：该品种分蘖力较强，中等肥力田块行株距以30厘米×13厘米，每穴3~4苗。

③科学施肥：根据地力情况，中等肥力田块一般亩施标氮（硫铵）60千克，磷酸二铵10千克，钾肥7~8千克，锌肥1~1.5千克。

④水层管理和病虫害防治：根据不同生育期，采用浅、湿、干相结合的灌溉原则，后期断水不宜过早，一般在收获前10天左右撤水为宜。6月末至7月初，注意防治二化螟，用药时间可根据当年的气候条件和田间调查的具体情况，把害虫消灭在三龄前。

（3）辽星1号适宜地区。

辽星1号已在辽宁省的铁岭、沈阳、辽阳、鞍山、营口、盘锦、锦州市等中熟、中晚熟稻区以及丹东、大连、葫芦岛等稻瘟病发生较重的晚熟稻区推广种植。省外在河北、山东、河南、天津、北京、新疆的南疆等适宜稻区均有种植。能够跨越6个纬度，是目前我国种植区域跨纬度最大的优质高产、多抗、广适型超级粳稻新品种。

（4）创新点。

①辽星1号是北方粳稻中唯一的米质达到国家一级优质米标准，年推广面积在300万亩以上的超级稻品种：辽宁省农委组织有关专家对辽星1号进行了现场验收测产：结果每亩为811.1千克，达到了超级稻的产量验收标准。米质经农业部稻业及制品质量监督检验测试中心化验分析，12项指标均达到部颁一级优质米标准。2007年，辽星1号仅在沈阳地区推广面积就在160万亩以上，据不完全统计，当年全省各地区总推广面积在300万亩以上，是沈阳地区乃至全省水稻生产的主栽品种。

②辽星1号具有高效利用光能的特性：成熟后仍然有3~4片功能叶，其叶

源量大，饱和光合速率、叶面积指数、SPAD指数、茎鞘转换率及收获指数等生理参数指标均明显高于对照。

③广适性强：辽星1号可从辽宁的昌图一直种植到京、津、唐、鲁、豫地区，纵跨辽宁省、河北省、山东省及河南省的6个纬度，在当地都表现优质、高产和抗逆性强的优势。属于对温度与光照钝感型品种。

④优优配组，优中选优。辽星1号选育以籼粳杂交、理想株型、优良性状配组理论为指导，采用优优组合、优中选优育种技术，运用桥梁亲本和主体亲本多元复交育种手段，聚合辽粳326、辽粳454、沈农9017等多个亲本的优良基因，实现了育种技术和新品种选育的创新。

⑤建立了辽星1号标准体系，实现了品种选育与产业开发的有效结合。在辽星1号配套技术研究中形成了栽培技术、种子繁育、稻米加工等三个技术规程(地方标准)，表现技术熟化快、成果转化率高、推广幅度大。

2. 查新结论

检索国内外近15年相关文献和数据库，关于水稻的选育及栽培的报道很多，与该品种的育种及性状比较分析认定如下。

(1) 辽星1号是北方粳稻中唯一的米质达到国家一级优质米标准、年推广面积在300万亩以上的超级稻品种。辽宁省农委组织有关专家对辽星1号进行了现场验收测产：结果每亩为811.1千克，达到了超级稻的产量验收标准。米质经农业部稻米及制品质量监督检验测试中心化验分析，12项指标均达到部颁一级优质米标准。2007年，辽星1号仅在沈阳地区推广面积就在160万亩以上，据不完全统计，当年全省各地区总推广面积在300万亩以上，是沈阳地区乃至全省水稻生产的主栽品种。经检索，在检索到同类研究的相关文献中，上述类型的品种未见报道。

(2) 辽星1号具有高效利用光能的特性。成熟后仍然有3~4片功能叶，其叶源量大，饱和光合速率、叶面积指数、SPAD指数、茎鞘转换率及收获指数等生理参数指标均明显高于对照。经检索，在检索到同类研究的相关文献中，未见各项指标均优于该品种的报道。

(3) 广适性强。辽星1号可从辽宁的昌图一直种植到京、津、唐、鲁、豫地区，纵跨辽宁省、河北省、山东省及河南省的6个纬度，在当地都表现优质、高产和抗逆性强的优势。属于对温度与光照钝感型品种。经检索，在检索到同类研究的相关文献中属于超前的品种。

(4) 优优配组，优中选优。辽星1号选育以籼粳杂交、理想株型、优良性状配组理论为指导，采用优优组合、优中选优育种技术，运用桥梁亲本和主体亲本多元复交育种手段，聚合辽粳326、辽粳454、沈农9017等多个亲本的优良基因，实现了育种技术和新品种选育的创新。经检索，在检索到同类研究的相关文献中，未见有相同文献的报道。

（5）建立了辽星1号标准体系，实现了品种选育与产业开发的有效结合。在辽星1号配套技术研究中形成了栽培技术、种子繁育、稻米加工等3个技术规程（地方标准），表现技术熟化快、成果转化率离、推广幅度大。经检索，在检索到同类研究的相关文献中，未见有相同文献的报道。

10.4.3.2 案例2 蔬菜种苗工厂化生产与开发推广

1. 项目内容及技术要点

（1）研究内容。工厂化蔬菜种苗繁育生产与开发主要以蔬菜及其种苗繁育为主，根据不同品种、不同季节、不同农事企业和菜农的需求，采用现代化育苗技术手段，按照不同的生产技术规程，培育出生产上需要的符合标准的壮苗。生产上应用了7项关键技术。

①选择优良品种。西兰花选择日本品种优秀，番茄选择美国品种欧盾、台湾碧娇等。

②选用优良育苗基质。主要原料为蚯蚓粪，配料为草炭、生物肥、植物生根剂、珍珠岩。

③基质无菌化处理。通过高温堆放及喷施生物杀菌剂达到基质无菌效果。

④控制水质水温。育苗用水随时检测，水质达到无菌无毒，水温达到18~25℃。

⑤调控育苗温度。为达到理想壮苗标准，不同品种要求不同温度。利用放风和遮阳网，随时调控种苗所需适温。

⑥按技术规程操作。统一使用生物农药，追有机肥，及时调整大小苗。移栽前及时练苗。

⑦适时出苗。不同品种苗龄不同，根据生产要求，严格遵守播种时间，达到壮苗标准及时出苗，避免秧苗老化，影响产量。

（2）创新点。

①西兰花育苗基质最佳配方。蚯蚓粪：草炭：园田土=3：1：1（体积比），搅拌均匀加0.1%生根粉。

②黄瓜育苗基质最佳配方。

③蚯蚓粪：园田土：草炭：有机肥=3：1：0.75：0.25（体积比）。

注：有机肥为高温腐熟的过筛鸡粪干。

2. 查新结论

经检索国内15年相关文献和数据库，与该课题研究的重点内容比较分析认定如下。

(1) 西兰花育苗基质最佳配方。

(2) 黄瓜育苗基质最佳配方。

(3) 番茄育苗基质配方。

文献5阐述以香菇渣为原料与草炭、珍珠岩、蛭石等配成复合基质，用于黄瓜穴盘育苗。

文献6阐述腐熟小麦秸秆：菇渣=3：1（体积比）是黄瓜育苗的最佳配比基质，不但出苗率高，植株生长健壮，而且成本低，整个苗期不用施肥，可用于育苗和绿色蔬菜生产。

文献14阐述鲁青苗基质和赛世泥炭处理下黄瓜幼苗的株高、茎粗、真叶长度宽度和鲜干质量、壮苗指数都比较高，可推荐为黄瓜穴盘育苗的理想基质。

文献16阐述采用草炭、蛭石等轻质无圭材料做番茄育苗基质。

文献17阐述以蚯蚓粪、蛭石、炭化稻壳（体积比2：1：1）作为番茄复合育苗基质。

文献19阐述以花生壳、牛粪和蛭石为基质（花生壳：牛粪：蛭石=3：3：2）进行番茄穴盘育苗。

文献24阐述樱桃番茄的育苗基质以泥炭、蛭石（3：1）配置，混合后其EC值低，疏松透气，保水性好，有利于种子发芽，种苗根系发达。

经检索，在检索到的文献中，未见与本课题研究的西兰花、黄瓜、番茄育苗基质相同的报道。

10.4.3.3 案例3 玉米杂交种郑单958引进与推广

1. 项目主要内容及技术要点

2004—2010年，课题组引进和推广了玉米杂交种郑单958，取得以下成果。

(1) 该项目的实施探索了密植型玉米品种研究推广和良种良法配套的新模式。采用“试验+展示+示范”的研究与生产结合模式，将科技成果迅速转化为生产力。结合试验开展展示，探索品种适宜地区，评价品种商品特性；展示带动示范，以展示点为依托进行品种生理、生态等基础研究，在示范区同步开展良种良法配套和多项高产栽培技术研究，并通过展示、示范向辐射地区推广。

(2) 该项目的实施使辽宁省玉米种植平均密度由3 000株/亩提高到3 500株/亩。

(3) 改变了辽宁中南部晚熟区不适宜种植密植品种的传统观念，在该地区实现了4 500株/亩密度比当地主栽品种增产8.9%的突破。

(4) 形成了适用于辽北平原丘陵区、辽西半干旱区、辽南晚（极）熟区、辽宁东部山区等不同生产条件的一系列高产栽培技术，使当地生产水平比当地主栽品种提高产量8%~10%。

（5）该项目的实施推动了精量点播、吸气式播种机、保护性耕作的发展，提高玉米生产机械化水平5%。

（6）截至2010年，省内累计推广1 800余万亩，可增收粮食7.87亿千克，促进农民增收5.3亿元，创造了巨大的社会效益、经济效益和生态效益。并且仍在继续应用当中。

2. 查新结论

经检索国内20余年相关文献和数据库，国内有较多玉米杂交种引进、栽培、推广应用的报道，也有郑单958栽培、引种与推广的报道。与该课题引进及推广的品种比较分析认定如下。

课题组引进和推广了玉米杂交种郑单958，探索了密植型品种研究推广和良种良法配套的新模式，采用"试验+展示+示范"的研究与生产结合模式，探索品种适宜地区，评价品种商品特性，形成了适用于辽北平原丘陵区、辽西半干旱区、辽南晚（极）熟区、辽宁东部山区等不同生产条件的一系列高产栽培技术，使生产水平比当地主栽品种提高8%~10%，改变了辽宁中南部晚熟区不适宜种植密植品种的传统观念，在该地区实现了4 500株/亩密度比当地主栽品种增产8.9%的突破，使辽宁省玉米种植平均密度由3 000株/亩提高到3 500株/亩。

经检索，在检索到的密植型玉米品种引进推广的相关文献中，未见与该课题相同的研究报道。

10.4.3.4 案例4 水稻盐粳47高产技术集成与推广

1. 项目内容及技术要点

（1）研究内容（详见技术报告）。

①根据光热资源分布，适地推广盐丰47品种。高产粳稻品种盐丰47是辽宁省盐碱地利用研究所以光敏核不育系AB005转育的若干个各种类型不育材料为母本，以丰锦、秋光、辽粳5号、辽盐2号和籼粳杂交的一些中间材料等上百个品种（系）混合播种、插秧、自然授粉，从目标不育株上收取天然结实种子，构建了首轮杂种群体，然后系谱选育所成。

②革新育苗方式，全面应用无纺布覆盖育苗。

③根据产量构成，合理配置移栽苗数。

a. 合理基本苗数的计算公式。

合理基本苗数(X)=单位面积适宜穗数(Y)/单株成穗数(ES)

b. 合理基本苗数的确定。

$$ES=1+(N-n-SN-bn-a)Cr$$

基本苗数公式为：$X=Y/[1+(N-n-SN-bn-a)Cr]$

c. 秧苗配置方式的确定。

④调控生长动态，科学施用化学肥料。

a. 氮、磷、钾施用比例的确定。

b. 氮肥施用数量的确定。

单位面积氮肥施用量=（单位面积目标产量的吸氮量-单位面积土壤供氮量）/氮肥当季利用率

c. 氮肥前后施用比例的确定。

d. 氮肥施用时期的确定。

⑤遵循发育规律，酌量调减灌溉定额。

a. 灌溉需水数量的确定。

b. 不同生育时期灌溉方式。

⑥抓住关键时机，综合防治病虫草害。

（2）创新点。

①完善了国际首创技术无纺布覆盖育苗体系。辽宁省于1994年国内外率先将无纺布作为水稻育苗的覆盖保温材料用于生产并开始推广，之后又首创了保温材料无骨架平铺的新型覆盖方式。该技术集实用性、先进性和普适性于一体，彻底解决了农膜保温育苗棚内外温度变化幅度较大、通风炼苗时机与程序难以明确掌握并费工耗力、易感立枯病等难题，并培育出显著优于农膜覆盖育苗的健壮无病秧苗，以及苗期预防条纹叶枯病等病害最佳办法，开辟了水稻旱育苗技术的全新途径。本项目紧紧抓住无纺布覆盖旱育苗技术的优势，将其整合在盐丰47高产栽培技术之中，并配套了园田或水田高台育苗，钵盘、软盘、塑编片等载体做隔离层，多功能壮秧配制育苗营养土，依据移栽形式稀播种，广谱除草剂封闭灭草，旱育旱管等技术，使无纺布覆盖育苗技术体系更丰富充实。

②形成了按照水稻单产指标量化管理技术体系。根据水稻叶龄模式和群体质量理论，通过播量、行穴距、氮磷钾平衡施肥、氮肥运筹、土壤水分胁迫等因素对水稻生长发育及产量影响等多年反复试验，创建了以合理配置移栽苗数、科学施用化学肥料、节省灌溉用水、综合防治病虫草害为主体的水稻量化栽培技术体系，绘制了水稻量化栽培模式图，模式化地描述了高产群体生长发育规律，指标化地确定了高产栽培主要生育指标和群体发展动态，规范化地运用了定量促控技术。通过采用准确的作业时间与定量的物化投入，获得最佳经济效益、社会效益和生态效益。

③促进了水稻生产资源节约与环境友好。辽宁省人均水资源占有量860米^3，居全国倒数第三位，水资源匮乏已成为制约水稻发展的重要因素。水稻量化节水栽培依据不同生育时期需水要求建立对应的水层，不仅促进了水稻植株和根系的协调均衡生长，构建最佳的田间生态环境，还节省了大量灌溉用水，使水稻每亩

灌溉定额降到500米^{3}以下，水分生产效率提高到1.45千克/米^3，比常规栽培每亩节水100米^{3}以上，水分生产效率提高25.0%以上。肥料施用按照水稻不同生育时期吸氮特性和调控群体结构要求，在平衡施用氮、磷、钾肥前提下，定量施用氮肥，并降低基蘖肥施用比例，增加穗肥施用比例，使氮肥利用率提高到40%以上，比常栽培提高3~5个百分点。由于水稻群体动态长消平缓，田间通风透光条件良好，植株抗性增强，还能减少农药的喷施次数和剂量。这样，既减少了化肥、农药等化工产品的投入，节省了灌溉用水，还优化了农田生态环境，确保了稻谷的无公害生产，进而实现环境友好与资源节约。

2. 查新结论

经检索国内近15年相关文献和数据库，与该课题研究的重点内容比较分析认定如下。

（1）完善了国际首创技术无纺布覆盖育苗体系。

（2）形成了按照水稻单位指标量化管理技术体系。

（3）促进了水稻生产资源节约与环境友好。

文献9阐述1994年金州区农业技术推广中心科技人员用无纺布代替塑料农膜作水稻育苗棚覆盖保温材料试验成功，并提出了适于当地具体情况的无纺布规格及措施之后，省农技术推广总站于1995—1997年连续3年在全省各稻区安排了多点试验，充分证明了该技术实用性强、适应范围广的特点。

文献25阐述依据“三合结构”模式二级结构层各因素间的关系，建立了“三合结构”定量表达式，并通过田间试验与模型模拟相结合的方法，对春玉米、夏玉米、水稻和冬小麦高产实例进行定量化分析，明确了限制产量进一步提高的关键因素，提出了高产突破的可能方向。结果表明，提高叶片平均净同化率(MNAR)，改善群体的物质生产能力，是水稻产量进一步提升的关键。

文献26阐述以苏香粳1号为研究材料，设置相关的密度、肥料、灌溉、病虫防治试验等，逐步形成稻渔共作水稻定量化栽培技术体系，包括品种选用、早播早栽、稀行大棵、前促后控、早发稳长、浅水分蘖、深水控蘖、综合治理病虫草害等关键技术。

综上所述，在检索到的文献中，关于水稻无纺布育苗、节水灌溉、平衡施肥等技术的文献较多，未见与本课题研究内容相同报道。

10.4.3.5　案例5　ZBSL-2系列播种机

1. 项目内容及技术要点

（1）研究内容。

2BSL-2型系列播种机为12~24马力四轮拖拉机配套使用，能够在翻耙压基础上一次性完成开沟、施肥、播种、镇压、覆土、镇压等多道工序，满足垄作播种区和平播区的播种需要，播种质量符合农艺要求。该机由传动系统、梁架、施肥开沟器、播种开沟器、播种器、地轮、镇压轮、覆土器等组成。

该机具在传统作业地表上，施肥开沟器和播种开沟器各自开出窄沟，同时施肥、播种。种和肥分开，肥在种下0~2毫米，侧向距55毫米，保持肥力长效，又不烧种子。播种后，紧接着有一镇压轮将种子压在湿润的种床上，保证种子有充裕的发芽、生长水分，随后由覆土器进行覆土，再进行二次镇压。采用舀勺式排种器可实现精量播种，一次完成2行作业。

(2) 创新点。

①双镇压装置。播种后覆土前镇压，覆土后再镇压。确保种子压在湿润的种床上。

②播种器单粒播种或双粒可调。根据田间作业要求及种子的出苗率，随时调整穴播量，确保播种出苗质量。

2. 查新结论

经检索国内近15年相关文献和数据库，与该课题研究的重点内容比较分析认定如下。

(1) 双镇压装置。

(2) 播种器单粒播种或双粒播种可调。

经检索，在检索到的文献中：

文献1阐述气吸式播种机具有投种点低、种子分布均匀、播种深度一致、出苗整齐、节省种子等优点，且可精量播种玉米、大豆、小豆等作物；可单行或双行作业，通用性强，并能一次完成施肥、开沟、播种、覆土、镇压作业，是目前国内较先进的播种机械。在近几年的作业实践中，研究了气吸式播种作业质量的影响因素，对播种机械存在的一些不足进行改进尝试，并提出几点建议。

文献2阐释变量施肥精密播种机是精准农业实施的一个重要机械设备。该文针对吉林省中部地区的玉米种植模式，设计了2BFJ-6型变量施肥播种精密播种机。该机一次可完成开沟、变量施肥、精量播种、覆土、镇压等作业。该机变量施肥装置采用GPS实时定位，根据各个地块的测土配方施肥结果，由田间计算机控制液压马达的转速实现实时变量施肥。该机采用勺式精密播种器和单体仿形机构确保了播量的精确和稳定的耕深。实验证实可有效保证变量施肥系统的稳定性和快速响应性及精密播种准确性。

综上，未见与本课题研究的关键技术相同的报道。

10.4.4 技术引进查新

技术引进是指从国内外先进的国家或地区引进先进的科学、技术。农业部的

“948”项目，就是从国外引进先进技术的项目。该项目包括从国外引进先进的农业技术、新品种、各类种质资源等。这类项目查新应重点叙述引进技术（品种等）的背景，先进性，新颖性及可行性，以及国内与国外同类技术、品种、种质资源的对比等。

10.4.4.1 案例1 小浆果种质资源及先进技术引进

1. 项目内容技术要点

蓝莓等小浆果是联合国粮农组织向世界推荐的“第三代水果”。果实中富含糖、有机酸、维生素C、维生素E、维生素A、B族维生素、花青苷、SOD、鞣花酸、类黄酮等保健物质。具有延缓脑神经衰老，增强记忆力，解除眼睛疲劳，改善视力，提高人体免疫力，抗癌等作用。因此，世界发达国家相继开展蓝莓等小浆果的研究与推广。美国、加拿大是蓝莓主要生产国，栽培面积占世界面积的85.5%，产量占世界总产量的79.9%；选育出100多个适宜各地气候条件的优良品种；形成了完整的栽培技术理念体系。2008年辽宁省果树科学研究所被农业部确定为“农业部小浆果遗传改良及高效栽培研究重点开放实验室”，旨在加强蓝莓、树莓等小浆果新品种选育、栽培技术、生理生化及果实采后处理及鲜果贮藏保鲜等领域研究。本项目围绕重点实验室研究方向开展蓝莓等小浆果育种、优质高效栽培、种苗繁育、果实采后处理及鲜果贮藏保鲜等技术合作，引进优良品种资源、先进技术及聘请专家讲学，选派人员到美国考察交流。

（1）拟研究内容（详见技术报告）。

①小浆果先进育种技术，例如，利用生物技术对杂交实生后代进行预先选择、缩短育种周期等现代化技术。

②优质高效栽培技术，土壤根际环境调控、配方平衡施肥、整形修剪等先进技术。

③蓝莓等小浆果种苗繁殖技术。

④小浆果种质资源引进。蓝莓Oneal、Misty、Chandler、Blue jay；树莓Royalty、Autumn Brtten、Dinkun。

（2）创新点。

①缩短小浆果蓝莓、树莓的育种周期，加快育种进程，培育实生苗10 000株，优系5~10个。

②优化品种结构，亩产量提高15%~20%，优质果率提高25%以上；制定蓝莓等小浆果优质高效栽培技术规程。

③实现工厂化育苗，制定小浆果蓝莓、树莓苗木繁育技术规程。

④筛选优异小浆果蓝莓、树莓种质资源2~3个。

2. 查新结论

经检索国内近10年相关文献和数据库，与该课题研究的重点内容比较分析认定如下。

(1) 缩短小浆果蓝莓、树莓的育种周期，加快育种进程，培育实生苗10 000株，优系5~10个。

(2) 筛选优异小浆果蓝莓、树莓种质资源2~3个，优化品种结构，亩产量提高15%~20%，优质果率提高25%以上，制定小浆果蓝莓、树莓优质高效栽培技术规程。

(3) 实现工厂化育苗，制定小浆果蓝莓、树莓苗木繁育技术规程。

经检索，在检索到的相关文献中，国内对小浆果蓝莓、树莓的研究报道较多，文献19论述了用孢粉学、细胞遗传学和分子生物学等方法对树莓属植物遗传多样性的研究概况、国外对树莓资源的利用与我国对树莓资源的引种和品种选育进展。文献21介绍了树莓的种质资源、植物学特征、生长结实习性及生态习性，对树莓栽培管理和采收、贮藏与加工进行了简述。文献11、文献13为委托单位发表。但未见适合辽宁地区的小浆果蓝莓、树莓优质高效栽培技术规程和苗木繁育技术规程并缩短育种周期的报道。

10.4.4.2　案例2　高粱优异种质资源引进、鉴定及应用

1. 引进项目内容及技术要点

为给国家高粱产业技术体系提供强有力的、更有效的科技支撑，需要加大科学研究的创新力度。鉴于目前我国缺少某些育种创新的高粱品种资源和育种试材，急需从国外引进一些优异的优质源和抗源种质。

(1) 抗螟虫资源引进18份。IS1044，IS1054，IS2122，IS2123，IS2205，IS2263，IS2269，IS2312，IS4646，IS4776，IS18551，PB15881－3，ICSV714，PB15220，ICSV700，ICSV708，ICSV717，ICSV93046。

(2) 高糖资源15份。Rox orange，Ellis，Hastings，Colman，Brawley，Kansas collier，Early sumac，Umbrella，Honey Drip，Rex，Williams，NorKan，Cilemans，Leoti。

(3) 抗倒伏甜高粱资源12份。MN4952，MN1230，MN1524，MN1562，MN1056，MN1500，N100，N110，N111，Japanese dwarf，Saccaline，Red amber。

(4) 优异亲本系10份。TX2921A，TX2921B，TX2923A，TX2923B，TX2925A，TX2925B，TX2926A，TX2926B，TX2927A，TX2927B。

(5) 高消化率饲草材料5份。Bmr－6A，bmr－6B，bmr－12A，bmr－12B，bmr-3。

合计60份。

2. 查新结论

经检索国内外近20年相关文献和数据库，国外有相关高粱种质资源的报道，国内有高粱种质资源引进的报道。与该课题拟引进、鉴定和应用的种质资源比较分析如下。

该课题拟引进、鉴定、应用以下国外高粱种质资源60份。

（1）抗螟虫资源：IS1044，IS1054，IS2122，IS2123，IS2205，IS2263，IS2269，IS2312，IS4646，IS4776，IS18551，PB15881 - 3，ICSV714，PB15220，ICSV700，ICSV708，ICSV93046。

（2）高糖资源：Rox orange，Ellis，Hastings，Colman，Brawley，Kansascollier，Early sumac，Umbrella，Honey Drip，Rex，Williams，Norkan，Mclean，Cilemans，Leoti。

（3）抗倒伏甜高粱资源：MN4952，MN1230，MN1524，MN1562，MN1056，MN1500，N100，N110，N111，Japanese dwarf，Saccaline，Red amber。

（4）优异亲本系：TX2921A，TX2921B，TX2923A，TX2923B，TX2925A，TX2925B，TX2926A，TX2926B，TX2927A，TX2927B。

（5）高消化率饲草材料：bmr-6A，bmr-6B，bmr-12A，bmr-12B，bmr-3。

经检索，在检索到的高粱种质资源引进与应用的相关文献中，国外有相关资源的研究报道，国内未见引进应用上述高粱种质资源的报道，只见相关材料的译文。

10.4.4.3 案例3 洋桔梗种质资源及育种栽培技术引进

1. 项目内容及技术要点

洋桔梗又名草原龙胆、丽钵花，原产于美国的科罗拉多州、内布拉斯加州和得克萨斯州等地。洋桔梗为一、二年生草本植物，钟状花冠，植物分类地位属于龙胆科草原龙胆（Eustoma）属，英文名：Eustoma 或 Prairie Gentian。草原龙胆属分为3大种群：E. grandiflorum、E. baekley 及 E. exaltatum，目前的栽培品种主要是 E. grandiflorum 种群。本项目旨在引进国外洋桔梗种质资源及适宜品种、引进先进的繁育与栽培技术，以解决我国洋桔梗资源贫乏，品种单一，栽培技术落后等制约洋桔梗产业发展的难题，对我国花卉产业的发展及增加农民收入有着极其重要的意义。

（1）拟研究内容（详见技术报告）。

①引进洋桔梗优异种质资源，解决我国洋桔梗种质资源匮乏问题。

②引进洋桔梗自交系选育和杂交种制种高产技术，提升我国育种水平，培育我国自主知识产权的新品种。

③引进洋桔梗窝眼式一次成苗育苗及苗期冷藏防“簇生”等栽培技术，解决我国洋桔梗生产上从种子发芽到成花过程中的一系列问题，提高切花的产量和

质量。

(2) 创新点。

①本项目引进并改进洋桔梗选育技术，包括：洋桔梗自交系选育技术；洋桔梗杂交种分离自交系选育技术；杂交种制种高产技术；种子精选及丸粒化技术。洋桔梗配套栽培技术，包括：微喷雾、全光照种子发芽技术、窝眼式一次成苗育苗技术、苗期冷藏防“簇生”技术、育苗基质及栽培基质配方技术、反季节长枝大花优质栽培技术、优质切花品种盆栽矮化技术。

②选育出单瓣单色、单瓣复色、重瓣单色、重瓣复色，卡丝丽及盆栽矮化高产优质新品种。

2. 查新结论

经检索国内近10年相关文献和数据库，与该课题研究的重点内容比较分析认定如下：

本项目引进吸收改进洋桔梗选育及配套栽培技术，选育出单瓣单色、单瓣复色、重瓣单色、重瓣复色，卡丝丽及盆栽矮化高产优质品种。

经检索，在检索到的相关文献中，国内有一些关于洋桔梗组织培养及繁殖栽培技术的研究报道，但未见运用改进的综合配套技术，选育出单瓣单色、复色，重瓣单色、复色，卡丝丽及盆栽矮化高产优质新品种的报道。

10.4.4.4 案例4 印度柞蚕种质资源及育种关键技术引进

1. 引进项目内容及技术要点

印度主要分布着热带柞蚕种质资源，印度野蚕（Antheraea roylei）是唯一生态型热带柞蚕，具有抗高温、抗病性较强的特点。本项目将对引进印度柞蚕种质资源进行生物学性状、经济性状、生化学性状鉴定与评价，获得较完整的、有价值的信息资源，服务于科研、教学和生产。与此同时，进一步深入研究柞蚕种质间的遗传差异、系统分类等，这不但是种质资源鉴定、保护和利用的依据，也是品种培育、推广和杂交亲本选配的基础。还将进一步完善柞蚕种质资源数据库及应用网络的建设，全面实现资源共享。

(1) 印度柞蚕（Antheraea roylei）的引进。引进具有耐高温、抗病性强的印度热带柞蚕种（Antheraea roylei）2 000粒茧。

(2) 印度引进种的分离纯化与鉴定评价。2012年2月下旬开始，对引进种进行暖种、制种及春秋两季继代分离与整理，详细记载各虫期的性状表现与分离状况，并建立不同品系。初步探明其分子生物学特点及与中国柞蚕品种的亲缘关系；完成引进种的染色体观察及其与中国柞蚕杂交的育性调查；通过稚蚕自然遗失率、5龄蚕趾钩数、幼虫发病率、死笼率的调查，综合评价其抗性。

(3) 资源节约型新品种选育（后续）。运用干量折合法和幼虫肠液pH值缓冲力分别评价、验证引进种的饲料效率，从表型性状和内部生理机制2个层面，确立印度野蚕的饲料效率特征；以Reed氏法测定其幼虫抗病力，结合过氧化氢酶等酶活性测定及卵、幼虫期高低温冲击试验，进一步评价引进种的抗性，为有目的地利用引进资源提供科学的理论依据。根据育种目标要求，采用杂交育种技术，通过系统选择和培育将引进资源的基础品种与已育成的抗病性、丰产性好的或饲料效率较高品种的优良基因集于一体，注重综合经济性状与全龄经过的选择，使即将育成的新品种具有广泛的地区适应性和丰产稳定好的特点。再与亲缘关系较远、遗传基础差异较大，而经济性状表现相近的品种组合成优良的杂交种应用于生产。

2. 查新结论

检索国内外近15年相关文献和数据库，关于印度柞蚕研究的文献报道较少，与该课题拟引进、研究的重点内容比较分析认定如下。

该课题拟引进耐高温、抗病性强的印度温带柞蚕种（Antheraearoylei），并对引进种进行分离纯化与鉴定评价，结合我国目前柞蚕生产和生态环境的现状，采用杂交育种技术进行资源节约型新品种选育。

经检索，在检索到柞蚕研究的相关文献中，文献1报道了该课题组于1998年1月从印度引进印度柞蚕（A. proylei）中一个品系的种茧2 000粒并进行相关研究，除此外未见其他引进印度柞蚕的报道。

10.4.4.5 案例5 花生优质特异种质资源育种及关键技术引进

1. 项目内容及技术要点

（1）拟研究内容。

①引进花生特异种质资源。

引进花生特异种质资源：总数58份，其中包括：特抗旱资源17份（ICGV86031、ICGV95278、ICGV94040、ICGV93269、ICGV93277、ICGV92120、ICGV94002、ICGV94037、ICGV95248、ICGV94106、ICGV93261、ICGV94104、ICGV95322、ICGV95299、ICGV94063、ICGV95353、ICGV99555）；高产早熟种质资源1份（ICGVSM995）；高抗叶斑病资源13份（ICGVSM998、ICGVSM935、ICGVSM957、ICGVSM953、ICGVSM99821、ICGVSM99841、ICGVSM99844、ICGVSM99543、ICGVSM99529、ICGVSM99557、ICGVSM93555、ICGVSM95714、ICGVSM95342）；野生种，抗寒、抗锈病、高油资源27份（ICG8123、ICG812、ICG1557、ICG4983、ICG8130、ICG8131、ICG8141、ICG8142、ICG8164、ICG8190、ICG8191、ICG8192、ICG8193、ICG8194、ICG8195、ICG8212、ICG8213、ICG8215、ICG8913、ICG8947、ICG8948、ICG8949、ICG8951、ICG8953、ICG8954、ICG8959、ICH14911）。

②引进的技术。

抗性育种技术包括抗旱育种技术和抗叶斑病育种技术。

(2) 创新点。

①资源引进创新。国际半干旱所（ICRISAT）所在地印度属热带半干旱地区，其气候生态条件与辽宁地区截然不同，因此，对引进的各种种质资源需创新以适应当地气候条件和生态条件，才能进一步在育种上或生产上利用。

②抗旱基因利用创新。针对辽宁花生产区及类似地区花生生产的瓶颈问题，对引进的花生抗干旱、抗叶斑病基因资源，通过分子标记、转基因技术，进行再创新，以便最大限度地应用这些引进资源。

2. 查新结论

经检索国内近15年相关文献和数据库，与该课题研究的重点内容比较分析认定如下。

引进国际半干旱所（ICRISAT）各种类型优质特异花生种质资源并根据辽宁地区环境特点，对所引优异种质资源进行创新，并通过分子标记、转基因技术等手段进行改良，以适应当地气候条件、生态条件，在今后的育种、生产上应用。

经检索，在检索到的文献中，文献1阐述为确定鉴定花生（Arachishypogaea）品种（系）抗旱性指标体系，综合评价花生品种（系）的抗旱性，在人工控水条件下，通过盆栽试验，测定了29个花生品种（系）苗期和花针期的株高、分枝数、生物累积量、叶片含水量和光合色素含量等与抗旱性有关的13个表现形态性状和生理性状的指标，采用抗旱系数法和隶属函数值法，对各指标性状进行了水分胁迫下的抗性评价和鉴定。文献3为委托单位人员发表，文献4~10报道了AFLP、MFIP、EST-SSR技术在花生遗传多样性、遗传图谱构建、遗传转导等方面的研究、应用。关于改良花生品种特征特性的文献报道较多，但未见对引进的大量花生特异种质资源在常规育种的基础上，运用分子标记、转基因等技术，对资源的抗旱、抗叶斑病基因进行研究的报道。

10.4.5 新品种、新产品、新技术查新

在农业科技查新中，新品种、新产品、新技术的查新是最多的一类。新品种查新包括粮油、棉麻、糖料、果蔬、花卉等作物新品种；牛、羊、猪、家禽等新品种；食用菌类新品种；树木新品种；牧草新品种；以及其他新品种等。新产品包括农用物资中化肥、农药、生物肥、生物药剂等。新技术包括各种作物栽培技术、施肥技术、灌溉技术、病虫草害防治技术、收获技术等；动物的饲养技术、繁殖技术等。这一类型的科技查新重点放在新品种、新产品、新技术与已有品种、产品、技术的对比上，以确定其新颖性。

10.4.5.1 案例1 高产耐密玉米新品种辽单565选育及应用研究

1. 项目内容及技术要点

该杂交种是1999年以来引系中106（含也门热带亲缘种质）为母本，自选系辽3162（以Reid-Lancaster亲缘种质在高密度并低代接种条件下连续自交6代而成）为父本杂交配制而成。试验结果表明该品种具有生育期适中、矮秆、耐密、高产、优质、抗病、抗倒、活秆成熟等优点。2004—2006年，辽单565在辽宁、吉林、黑龙江、内蒙古、山东、河南、河北、天津、四川等省区累计推广应用2 236万亩，创造了较大的经济、社会效益。

（1）品种选育与栽培。

①品种特征特性。

a. 形态特征。辽单565株高260厘米，穗位96厘米。幼苗叶鞘紫色，叶片深绿色，生长势强。花丝红色，花药黄色，花粉量大。果穗筒型，穗长19.08厘米，穗粗5.2厘米，穗行数14~16行，百粒重43.1克，出籽率88.2%。籽粒黄色，粒型楔型，穗轴红色。从植株形态指标评价，辽单565符合中大穗、中大粒、中矮秆、中高密和中晚熟等玉米育种发展目标要求。

b. 生物学特性。

生育期：辽单565在沈阳春播生育期120天左右，东北三省及内蒙古平均生育期126天，需有效积温2 700 ℃左右，可在华东、华北春播区及黄淮海夏播区、西南地区大面积推广应用，适应区域十分广泛。

抗病性：辽单565综合抗性好，适应性强。区域试验田间自然发病表现为抗大、小斑病，抗灰斑病、丝黑穗病、瘤黑粉病及青枯病，抗倒伏，抗旱性强，活秆成熟。几年的推广应用表明，该品种对不良气候条件也有较强的适应性。

耐密抗倒性：辽单565植株较矮，茎秆坚韧。2005年实施的肥密两因素试验表明其具有较高的耐密抗倒性。

脱水快：辽单565秋季脱水快，收获时水分可自然降至28%左右，有效地缓解了东北地区的“水玉米”问题，也降低了储藏过程中的损耗，从而实现了从高产向高产优质的转变。

c. 品质特性。辽单565籽料品质好，经农业部谷物及制品质量监督检验测试中心（哈尔滨）化验分析结果：籽粒含粗蛋白8.83%，粗脂肪4.28%，总淀粉74.91%，赖氨酸0.24%，容重748.0g/L。对比东北春玉米区的淀粉含量，辽单565的淀粉含量较高。

d. 产量表现。2000年院内测交产比试验亩产684.3千克，比对照种四单19号增产18.2%。2001年院内联合品比试验亩产753.8千克，比对照种农大108增产16.5%。2002年国家东北早熟春玉米区域试验，平均亩产740.4千克，比对照种四单19号增产9.1%；比本育九号增产9.7%；2003年国家东北早熟春玉米区域试验，平均亩产705.8千克，比对照种四单19号增产9.3%；比本育九号增产10.1%。2002—2003两年区试平均亩产比对照种四单19号增产9.2%，比本育九号增产9.8%；2003年国家东北早熟玉米生产试验，平均亩产687.2千克，比对照种四单19号增产11.0%。2003年以来，在辽宁、吉林、黑龙江、内蒙古、河北、河南、山东、天津、安徽等地试种结果表明，辽单565平均比当地主栽品种增产10.6%~20.8%，增产潜力较大。

②栽培技术。

a. 产量潜力研究。通过选择适宜地块、施肥技术、播期，配合合理密植、病虫害防治、适时收获等管理措施，2年试验结果都获得了较高的产量。2005年在辽宁省出现低温寡照等不利的自然条件下，仍然获得了800千克/亩的产量。2006年在阜新获得1 018.2千克/亩的产量，在建平获得1 211.6千克/亩的高产纪录。

b. 对角错位高密度栽培技术研究。将辽单565品种，通过大垄双行的栽培模式进行对角错位栽培，增加种植密度，调整该品种生长过程中的通风透光的生长结构，探索该品种在不同密度下合理的肥料施用量。大垄双行，对角错位，垄宽120厘米，双行行距40厘米。从试验结果看，辽单565在密度为5 000株/亩时的产量相对比较突出，肥料的施用量以45千克的尿素为宜，达到高产的目的。

c. 不同密度比空栽培研究。辽单565属于耐密型品种，低密度条件下无法表现出增产潜力，比空比例太大，土地利用率降低，单产也低。从试验结果来看，以种植密度为4 500株/亩，比空形式为3比空或4比空为最适宜栽培模式。

③繁种、制种技术要点。

a. 亲本繁殖。为保证纯度，隔离区要在500米以上。在苗期、抽雄散粉前要严格去杂，收获和脱粒要严格选穗，并防止机械混杂。

b. 制种技术。

选地：选择地势平坦、地力均匀、灌排水方便、旱涝保收地块种植，隔离区要达标。

播期：先播母本，待母本钻锥后播父本。

行比：父母本行比为1：6。

种植密度：母本种植密度4 500~5 000株/亩，父本种植密度3 500~4 000株/亩。

去杂保纯：在苗期、抽雄散粉前严格去杂，收获和脱粒时严格选穗，并防止机械混杂。

（2）项目创新点。

①创造了新的杂种优势模式，成功地实现了热带种质资源在寒温带的利用。

在种质资源的利用上，一般热带资源引入后会导致品种生育期延长，限制种植范围。辽单565不但利用了热带种质资源而且杂交种本身生育期适中，实现了热带种质资源在寒温带的早熟利用。另外，由于双亲的亲缘关系较远，使杂种优势更强，增产潜力更大。同时，由于热带种质资源抗性强，也使杂交种的抗性大大增强。

②采用高密度育种手段选育父本自交系，提升优良自交系的选择效率。

要选育出具有突破性品种必须先选育出具有突破性自交系。在辽单565父本自交系选育中突破了传统方法，采用S1-S2密植鉴定等方法加大自交后代群体容量，即在高密环境下低代系接种进行选系，以解决许多逆境压力问题，如抗倒性、株型结构、结实性、果穗大小、经济系数、耐旱耐寒性等。首先，加大了群体规模。将群体扩大到400行8 000株淘汰率达到95%以上，即增加了变异概率，又增加了选择效率。其次，增加试材的种植密度。国内外的试验都已表明，合理密植是获得高产的关键技术之一。因此，从选育之初我们就有意识地增加了试材的种植密度。将密度设置为7 500株/亩，是常规密度的2倍。这样有利于汰劣存优，保证最终选到的材料具有高耐密性。第三，低代系接种。在S1~S3代接种丝黑粉病菌、大小斑病菌等，保证了选育出的材料对生产上主要病害的高抗性。

③综合抗性好、脱水快、适应范围广。

辽单565综合抗性好，大面积种植可有效降低玉米病害的发生。抗旱、耐涝，在高温干旱或低温多雨年份，以及旱涝不同地块、不同地区均能表现出高产、稳产的突出特点，是一低风险的优良新品种。辽单565收获时脱水快，有效地缓解了东北地区的“水玉米”问题，也降低了储藏过程中的损耗。辽单565需有效积温2 700 ℃左右。因此，其种植区域受积温限制小，适应范围更加广泛。

2. 查新结论

检索国内外近15年相关文献和数据库，国内外关于玉米品种选育（育种）、栽培的报道较多，热带种质资源在温带利用、密植选育自交系、低代系接种等也有报道，与该品种的选育比较分析认定如下：

（1）杂种优势模式。辽单565母本含有也门热带亲缘种质，父本含有美国Reid-Lancaster亲缘种质，实现了热带种质资源在寒温带的早熟利用并丰富了现在杂种优势模式。经检索，在检索到同类研究的相关文献中，热带种质资源在我国玉米育种中有所应用，但该杂种优势模式未见相同报道。

（2）育种方法。该课题采用S1-S2密植选择同时结合低代系接种等方法选育父本自交系。经检索，在检索到同类研究的相关文献中，密植鉴定及低代系接种在育种应用中均有报道，但同时进行S1-S2代高密度选择并接种的育种方法未见报道。

(3) 耐密性。辽单565在东北春玉米区每亩可种植4 000~4 500株，属密植型品种，而在东北育成的其他品种中适宜高密度种植的并不多见。辽单565的选育及应用改变了北方玉米区种植高秆大穗型品种的习惯。

(4) 优质。辽单565粒大整齐、容量大，角质含量高、商品性好。籽粒脱水快，收获时含水量小于28%，该项指标在检索到同类研究的相关文献中未见相同报道。

10.4.5.2　案例2　优良玉米自交系丹340

1. 项目内容及技术要点

玉米自交系丹340是以旅9（白轴24行）为母本，有稃玉米为父本杂交，其S_1代种子经^{60}Co r-射线2万伦琴剂量处理（剂量率为264伦/分）后，再经多代自交选育而成的自交系。

自交系丹340自交系幼苗叶鞘短暗绿色，叶片黄绿，胚叶钝圆，呈倒卵形，叶片波状幼苗长势强；成株株高173~192厘米，穗位高67~71厘米，茎粗1.9厘米，植株穗下部叶片平展，开张角度大，穗上部叶片上冲，项叶立生，株型清秀；雄穗发达，散粉好，分枝数9~11个，绿颖，黄色花药，花丝白色兼有淡玫瑰色；果穗呈粗纺锤形，白轴空芯，轴顶呈鸭嘴式外突；穗长17.4厘米左右，穗粗4.6厘米左右，穗行数16或18行，排列不规则，行粒数23粒左右，千粒重377克，单穗重85.7克，籽粒出产率75.7%~82.0%，籽粒浅黄色，半马齿型；高抗玉米大、小斑病、丝黑穗病、茎腐病，茎秆坚硬抗倒伏。

自交系丹340具有配合力高、抗逆性强、适应性广的特点。自1987年开始应用以来，得到全国科研单位的广泛应用。据不完全统计，利用自交系丹340组配的玉米杂交种有41个，通过审定的杂交种26个，种植面积在300万亩以上的杂交种有10个，其中掖单13号、丹玉15号、吉单159等累计种植面积在几千万亩到上亿亩。自交系丹340已成为我国玉米杂交种的6大骨干自交系之一。此外，利用自交系丹340选育出的衍生自交系有12个，其组配的杂交种有18个。据统计，截至1998年年底，用自交系丹340组配的杂交种累计种植面积1.36亿亩，增产粮食53.9亿千克，增加社会经济效益43.1亿元。自交系丹340是我国应用面积最大、经济效益极其显著的玉米自交系之一。

2. 查新结论

经检索国内外10年相关文献和数据库，有关玉米自交系选育的报道较多，育出抗病性强、配合力高、适应性广的玉米自交系也有报道。与该课题提出检索重点比较分析如下。

（1）该课题选育出的自交系丹340，是通过栽培玉米与有稃玉米杂交育成的玉米自交系。经检索，在检索到的国内外相关文献和数据库中未见报道。

（2）该自交系选育，其 S_1 代种子经辐射处理，多代自交育成。经检索，在检索到的相关文献和数据库中，国外文献未见报道，国内文献除《云南农业科技》1998年第1期“玉米自交系‘西五211’的选育与利用”一文中报道了经r射线照射，连续进行6轮自交育成自交系外，未见其他文献报道。

（3）该自交系应用面积大，适应性强。到目前为止，利用该自交系组配玉米杂交种41个，通过审定的杂交种26个，种植面积达300万亩以上的杂交种10个。经检索，在检索到的国内外相关文献和数据库中未见有超过该自交系综合利用效果的报道。

10.4.5.3　案例3　复合微生态菌剂“百立丰”系列产品研制与开发

1. 项目主要内容及技术要点

（1）主要研究内容及成果。在我国畜禽养殖业飞跃发展的同时，也伴随着各种问题，制约着畜牧业的健康发展。例如，抗生素、添加剂的滥用误用，造成养殖动物微生态紊乱，自身抗病力低下，畜产品药物残留，动物疾病频发。因此探索环境友好、安全高效的微生态技术，从源头环节控制畜禽产品安全，保护生态环境，意义重大。

由沈阳科丰牧业科技有限公司主持的国家级星火计划重点项目（编号：2004EA650001）“复合微生物添加剂的研制及应用”。经过7年的研究开发，在微生态菌剂关键技术、微生物制剂—低聚糖复合技术方面取得突破性进展，研制出系列复合微生态产品，建立一整套生产和应用技术，并进行了大范围的推广应用。本项目的主要创新成果有：

①驯化筛选获得耐酸耐胆盐的菌株，分别为产朊假丝酵母（Candidautilis）、粪肠球菌（Entercococcus faecalis）、嗜酸乳杆菌（Lactobacillus acidophilus）和枯草芽孢杆菌（Bacillus subtillis），可以耐受pH值为3.0和0.3%的胆盐，为组成高效微生态菌剂奠定基础。

②研制建立了强酸态益生菌群共培养的培养基，通过正交试验明确产朊假丝酵母菌、粪肠球菌、嗜酸乳杆菌、枯草芽孢杆菌为组合菌种，接种量为3%，最佳配比为1∶1∶1∶1；最佳培养基为（克/升）培养基为蔗糖35.0克、牛肉膏1.0克、蛋白胨1.0克、酵母浸膏2.5克，pH值为6.0。

③创建了益生菌群共发酵技术。创立了生物膜厌氧培养技术，充分利用菌群中的好氧菌群对氧气的消耗作用，为厌氧菌群营造厌氧培养环境，生成多种生物酸，实现厌氧培养的低成本化工；研制出适时监控技术，使发酵过程的控制程序

化自动化；创建了益生菌群的休眠技术，通过在发酵终产品中添加0.5%~1.0%的黄原胶，在pH值为3.0~4.0，20℃条件下保存活性18个月以上。

④建立了微生物菌剂与低聚糖的复配技术，有利于保持微生物活力、促进益生菌的繁殖，提高微生态制剂功效。

⑤明确了微生态菌剂应用机理。微生态菌剂作为饲料添加剂在鸡、猪等动物养殖中应用，能够明显地抑制肠道内有害菌的生长，增加了有益菌的数量，维持肠道微生态平衡；促进鸡脾脏、法氏囊和胸腺的发育，显著提高新城疫抗体效价、溶菌酶活性和球蛋白含量，提高血液中健康免疫指标；分解饲料中霉菌毒素，提高肉鸡的粗蛋白、钙、磷的消化率；大幅降低猪感染蓝耳病的发病率，提高蓝耳病的治愈率。

⑥创新研制出微生态生物消毒剂，将微生态技术应用于畜舍环境的清洁消毒和废弃物的处理，将养殖环境中的臭气物质如氨气、硫化氢等降低80%以上，为畜禽创造清洁健康的生长环境。

多年来，在全国各省市大面积推广应用，完全替代饲料添加抗生素，提高养殖动物的免疫力，减少治疗用药，从而减少抗生素和药物残留，为社会提供绿色安全的畜禽产品，取得了重大的经济效益，同时具有重大的社会环境效益。

(2) 创新点。将原始菌株进行耐酸耐胆盐驯化，采用发酵过程动态监测、微生物休眠等技术，由枯草芽孢杆菌、嗜酸乳杆菌、粪肠球菌、产朊假丝酵母混菌接力发酵，经过强酸态共生培养得到的发酵产物构成微生态生物消毒剂，再与低聚壳聚糖复配获得微生态饲料添加剂。

2. 查新结论

检索国内外近20年相关文献和数据库，国内外均有较多饲料添加剂和消毒剂的研究报道，也有较多微生物制剂的研究报道。对照该课题研究的主要内容及取得的成果比较分析认定如下。

该课题将原始菌株进行耐酸耐胆盐驯化，采用发酵过程动态监测、微生物休眠等技术，由枯草芽孢杆菌、嗜酸乳杆菌、粪肠球菌、产朊假丝酵母混菌接力发酵，经过强酸态共生培养得到的发酵产物构成微生态生物消毒剂，再与低聚壳聚糖复配获得微生态饲料添加剂。

经检索，在检索到微生态制剂研究的相关文献中，未见国内外相同报道。

10.4.5.4 案例4 君子兰组织快繁技术研究

1. 项目内容及技术要点

(1) 研究内容。君子兰是我国名贵花卉，经济价值较高，君子兰基因型高度杂合，常规繁殖很难得到性状一致的后代，影响商品品质。

本研究以君子兰营养器官为外植体，以诱导君子兰胚状体为目标，利用体细胞胚状体具有两极结构、再生容易、增殖频率高、后代稳定性高等优点，进行体细胞胚的扩繁，可以显著提高君子兰繁殖速度和品质，得到诱导君子兰体细胞胚的最佳培养基和培养条件，建立君子兰组培快繁的高频再生体系，以提高君子兰繁殖速度和品质，特别是名优君子兰的品种保持与适量克隆生产，为君子兰资源保存和规模化生产提供技术基础。

（2）创新点。

①本研究项目以诱导君子兰体细胞胚为目标，进行培养基与培养条件的研究，确定最佳的培养基和培养条件，获得再生胚，再进行胚状体的扩繁。利用体细胞胚产生的胚状体具两极结构容易再生、繁殖系数高、后代稳定性高等优点，可以显著提高君子兰的繁殖速度和品质。

②以叶片、花瓣、种胚等营养器官为外植体进行快速繁殖，具有取材方便、不损伤母体植株、能保持母体优良性状的特点。

2. 查新结论

经检索国内近10年相关文献和数据库，关于君子兰组织培养、快速繁殖的报道较多，与该课题研究的重点内容比较分析认定如下：

（1）本研究项目以诱导君子兰体细胞胚为目标，进行培养基与培养条件的研究，确定最佳的培养基与培养条件。经检索，在检索到的相关文献中，文献1阐述君子兰组织培养的培养基和培养条件，但未见以君子兰体细胞胚为植物再生途径，确定其最佳培养基和培养条件的报道。

（2）以叶片、花瓣、种胚等营养器官为外植体进行快速繁殖，具有取材方便、实用、不损伤母体植株、能保持母体优良性状的特点。经检索，在检索到的相关文献中，文献2阐述利用君子兰的种子进行离体培养，文献10阐述采用多因素正交试验对君子兰叶片的组织培养进行了研究，文献11（本项目组成员发表）阐述以君子兰品种“油匠”的花瓣、花丝、胚珠等花器官为外植体进行离体培养，但未见利用叶片、花瓣、种胚等营养器官的体细胞获得胚状体进行快速繁殖的报道。

10.4.5.5 案例5 肉用绵羊高效饲养繁育关键技术

1. 项目内容及技术要点

经辽宁省财政厅立项，由辽宁省风沙地改良利用研究所组织实施了“辽西肉羊高效饲养繁育关键技术研究与推广”项目。该项目以辽宁省阜新市为核心区域，辐射朝阳、锦州等地区，目的是推动辽西地区肉羊产业向纵深发展。项目重点开展了以下几方面研究。

（1）研究内容。

①开展了优质肉羊胚胎移植试验研究，每只供体羊平均提供受精卵8.2枚，移植受胎率65.5%。为优质肉羊快繁提供技术支撑。

②开展了母羊发情调控技术研究。研究了不同饲喂方式、不同体况条件下应用“海绵栓+PMSG”对母羊进行同期发情的处理技术；研究初产和经产母羊不同部位注射 PG 进行同期发情处理技术。为实现肉羊高频高效饲养提供技术依据。

③开展了肉羊多元杂交试验研究工作，以小尾寒羊为母本，以无角道赛特、萨福克、德国肉用美利奴为父本。通过二元杂交试验，确定首选父本为无角道赛特；通过三元杂交试验，确定终端父本应选萨福克或德肉美。对从国外引进的优质种公羊的合理利用提出了技术方案。

④开展了羔羊早期断奶、强度育肥技术研究。羔羊 7~10 日龄诱导开食，2 月龄断奶后经过 4 个月的强度育肥效果最佳；同时，建立和完善了舍饲、半舍饲肉羊饲料均衡供应的保障体系。

⑤建立了三级肉羊产业发展体系，根据辽西地区基础母羊的特点，推行了适宜辽西地区杂交改良技术路线。即：细毛羊改良应用德肉美，小尾寒羊等粗毛羊改良应用纯种肉羊。建立人工授精站 102 个，输精点 343 个；重点在阜蒙县、彰武县建立了肉羊产业化基地；到 2009 年末阜新市肉用羊的饲养量已经达到 240 万只，年出栏 140 万只。项目核心区的肉羊产业得到了快速健康发展。

（2）创新点。

①开展了德国肉用美利奴羊胚胎移植试验研究，每只供体羊平均提供受精卵 8.2 枚，移植受胎率 65.5%，移植效果在国内处于领先水平。

②切合生产实际开展了母羊发情调控技术研究，其结论在辽西地区肉羊杂交改良生产中有较高的应用价值。

a. 模拟开展了在不同饲喂方式、不同体况条件下应用“海绵栓+PMSG ”法对母羊进行同期发情处理试验研究。

b. 对初、经产母羊选择不同部位注射氯前列烯醇（PG），进行同期发情处理试验研究。

③系统进行了肉羊“二元”和“三元”杂交组合筛选研究，提出了适宜辽西地区肉羊杂交生产最佳父本选择方案。

a. 在同一饲养水平下综合分析比较三个杂交组合（道×寒、萨×寒、特×寒）一代羔羊 0~6 月龄的生长发育状况、增重指标、产肉性能，道×寒组体尺指数最高（胸围指数 1.74，体躯指数 1.6）、平均日增重量大（237.8 克）、眼肌面积也大（14.72 厘米^2），由此得出，在辽西地区改良小尾寒羊的种公羊品种选择道赛特、萨福克、特克赛尔虽然都能收到良好效果，但首选品种应该为无角道赛特。无角道赛特羊早期增重效果好，其杂交改良效果也体现了这一点，用它做杂交改良父本利于肥羔生产。

b. 通过特×寒×萨、特×寒×道、道×寒×萨、道×寒×德四个三元杂交组合各组羔羊生长发育情况对比，用萨福克或德肉美作为终端杂交父本为佳。肉羊三元杂交组合筛选是肉羊产业化的必由之路，目前研究的不多，有一定超前效应，在国内处于领先地位。

④改变传统的养羊方式，探讨了现代养羊的关键技术。

a. 羔羊早期断奶与强度育肥试验研究得出，羔羊2月龄断奶在生产上是可行的，羔羊强度育肥宜早不宜晚，羔羊适时育肥当年出栏在生产上是值得大力推广的。

b. 日粮中添加铬元素试验研究。通过三种铬源对育肥肉用绵羊生产性能及免疫功能的影响，说明三种铬源均能在一定程度上提高育肥绵羊的生产性能，在热应激的饲养条件下（气温25℃），补充三种铬源能显著增加育肥绵羊的免疫功能，提高绵羊的抗应激能力。

c. 确定了疫病防制程序。羊的疫病防制工作，必须贯彻“预防为主，防重于治”的防疫方针，通过免疫接种、检疫、寄生虫驱治及定期消毒等多项综合性防治措施来保证羊的健康。

⑤提出并推广了适宜辽西地区羊杂交改良的技术路线

根据辽西地区基础母羊的特点，提出并推行了适宜辽西地区的羊杂交改良技术路线。即：纯细毛羊改良应用德国肉用美利奴，实现保毛增肉的目的；小尾寒羊等粗毛羊改良应用纯肉用种羊，实现了提高羊肉品质和产量的目的。

2. 查新结论

经检索国内近15年相关文献和数据库，与该课题研究的重点内容比较分析认定如下：

（1）胚胎移植。该课题开展了德国肉用美利奴羊胚胎移植试验研究，每只供体羊平均提供受精卵8.2枚，移植受胎率65.5%。经检索，文献2阐述对同一批德国肉用美利奴羊供体母羊采用输卵管法、子宫角法进行超排胚移，使用的FSH总剂量也不同，取得不同的效果：采用输卵管法，FSH总剂量为84单位/只，对17只供体母羊进行超排，采胚13只，平均每只供体采集胚胎11.77枚，其中可用胚胎10.92枚。移植受体142只，产羔61只，产羔率42.96%；采用子宫角法，FSH总剂量为120单位/只对上述17只供体母羊进行超排，采胚13只，平均每只供体采集胚胎6.23枚，其中可用胚胎6.07枚，移植受体78只，产羔51只，产羔率66.82%。结果显示：不同的采胚方法、不同的超排剂量、供体羊的年龄、体重对供体羊的超排效果有影响；而不同的孕激素材料、母羊的生理状态以及体膘对受体的同期发情和移植后的受胎率有影响。

（2）杂交组合筛选。该课题进行了肉羊“二元”和“三元”杂交组合筛选工作，提出了适宜辽西地区肉羊杂交生产最佳父本为无角道赛特。①在同一饲养水平下综合分析比较三个杂交组合（道×寒、萨×寒、特×寒）得出在辽西地区改良小尾寒羊的种公羊首选品种应该为无角道赛特。②通过特×寒×萨、特×寒×道、道×寒×萨、道×寒×德四个三元杂交组合各组羔羊生长发育情况对比，用萨福克或德国肉用美利奴羊作为终端杂交父本为佳。经检索，文献3阐述黑龙江省畜牧局从1994年起，相继从国外引进了德国肉用美利奴、特克塞尔、夏洛来、无角道赛特和萨福克等5个品种的纯种公、母羊共155只，集中在该省大山种羊场进行纯种扩繁，并在杂交改良和育肥试验的基础上，在绥化等地市的10个基地县进行杂交利用。

（3）杂交改良技术。该课题提出并推行了适宜辽西地区的羊杂交改良技术路线：纯细毛羊改良应用德国肉用美利奴，实现保毛增肉的目的；小尾寒羊等粗毛羊改良应用纯肉用种羊，实现了提高羊肉品质和产量的目的。经检索，利用杂交技术达到改良目的的报道较多，但未见与本课题研究的杂交改良技术路线相同的报道。

（4）饲喂方式。该课题改变传统的养羊方式，探讨了现代养羊的关键技术，并进行日粮中添加铬元素试验研究。经检索，文献5为委托单位人员发表。文献6、文献7阐述添加有机铬对杂种羊生产性能的影响。

（5）母羊发情调控技术。模拟开展了在不同饲喂方式、不同体况条件下应用“海绵栓+PMSG”法及对初、经产母羊选择不同部位注射氯前列烯醇（PG）进行同期发情处理试验研究。文献8阐述用CIDR和PMSG处理小尾寒羊、蒙古绵羊、小尾寒羊和东北绵羊的杂交品种，注射PMSG后24小时引入试情公羊，以便确定母羊是否发情。实验结果表明：在繁殖季节，不同品种绵羊的同期发情率无显著差异（$P>0.05$）：季节影响小尾寒羊的同期发情效果；阴道栓放置时间的长短影响同期发情率，以12～14天为宜；用450单位PMSG处理羊比400单位的每只平均排卵数稍高（1.545+0.741n=299，1.505+0.647n=88），但不存在统计学上的差异（$P>0.05$）。文献13阐述在羊胚胎移植工作中，经常应用PG，进行注射诱导母羊发情。据对初产6胎次母羊的发情统计，注射655只，发情373只，发情率分别为50.45%、62.88%、74.17%、37.5%、36.96%、50%、44.26%、56.95%。经T检验，初产和2胎差异极显著（$P<0.01$）。文献15为委托单位人员发表，阐述发情调控技术在肉羊杂交生产中的应用试验表明，中等及上等体况羊的同期发情率显著高于下等体况的羊；给母羊长期补饲胡萝卜或鲜草可明显提高同期发情率；臀部肌肉注射PG的同期发情效果要好于右侧阴唇注射。

综上，在检索到的文献中，未见与本课题研究相同的报道。

11 科技查新

20 世纪 80 年代中期，我国部分省市科技情报所通过查阅国内外的科技文献，采取对比分析等方法开始对委托单位的科技成果做出客观的、科学的查新结论。20 世纪 90 年代，原国家科委首次推荐了全国第一批查新检索机构 11 个，之后，陆续成立了一批二级查新检索单位。1994 年 10 月，国家科委发布了《科技成果鉴定办法》，制定了《科技查新工作管理办法》。2001 年，国家科学技术部实施了《科技查新规范》。在这些条例的规范下，科技查新人员更有秩序地开展查新工作。

查新是科技查新的简称，是指查新机构根据查新委托人提供的需要查证其新颖性的科学技术内容，按照《科技查新规范》操作，并作出结论。规范的查新流程有助于提高查新效率和质量，是促进查新工作正常进行的保障。

根据查新材料的不同，查新可以分为科研立项、科技成果鉴定及奖励、申请专利和技术引进等，不同的查新体系查新程序却基本相同，一般可分为查新委托受理、数据库检索、报告撰写、报告审核等。

11.1 查新简要程序

11.1.1 查新委托与受理

根据查新机构管理办法、科技查新规范及有关规定，所受理的科技查新项目，应在查新单位的受理范围内，否则，不可受理。受理途径有几种，可以通过网上受理、电话受理，也可以直接到查新咨询部门办理登记手续，一般由查新部门负责人受理。

受理人应初步判断委托人提交的材料是否符合查新要求，如不符合 ，则要求委托方修改材料，直到符合为止或不接受委托；如符合，则与委托单位就查新项目的内容、查新要求、完成时间、查新费用等签署查新合同，统一登记编号，以便存档备查。安排相关专业查新员承接。

11.1.2 检索实施

11.1.2.1 预检阶段

查新员在检索前应做好以下工作。

(1) 对查新课题的背景、研究内容、技术特点、查新点、检索关键词等进行深入了解，同时应充分考虑同一概念的不同表达方式、全称与缩写、与其相关的中英文同义词、近义词、上位类词、下位类词等。

(2) 明确查新目的和要求，掌握不同数据库的应用模式及相关规范等。

(3) 根据课题内容及检索要求，选择相应的检索工具，制定科学的检索策略。

11.1.2.2 初检阶段

初检的目的是以反映项目查新点的若干检索词为入口，通过反复尝试，筛选最佳的关键词及其组配方式，并摸索、检验所选用的中英文关键词及其组配是否得当。

11.1.2.3 正式检索

正式检索是在预检和初检的基础上，通过反复调整检索方法和检索途径，最终达到满意的检索效果的过程。在初检过程中经常会出现检索效果不理想，查到的相关文献很少，或已查到的文献与查新点可比性不强等情况。为此，要在初检的基础上以扩检或缩检的形式，对初检的结果进行检验和调整。通常应考虑采取以下处置措施。

(1) 重新进行检索定位：检查检索用词是否符合数据库的用词习惯，或用词是否偏窄。建议优化检索策略，考虑扩充检索用词范围，改用上位检索（从中进行筛选），以词根进行任意一致检索，由于选词困难，采用分类检索途径筛选。

(2) 更换或扩充检索资源：使用其他相关数据库进行检索，采用网络检索引擎，在网上耐心筛选有关线索。

(3) 请咨询专家从查新项目内容和查新点分析确认检索路径是否正确，请查新委托方协助检查相关文献过少的原因。

(4) 有时检出的国外相关文献难以理解，为保证对其内容进行较为准确、科学的描述，必要时，查新员应邀请咨询专家帮助，进行文献分析并与查新项目进行比较。

11.1.3 撰写查新报告

根据检索结果，下载相关文献，进行文献比对分析，拟写查新结论，按照查新报告撰写规范完成查新报告初稿。

11.1.4 报告审核与修改

查新报告初稿完成后，交由查新审核员审核，同时与客户沟通。审核员根据相关规范对报告格式与内容、检索策略、采用的文献、文献分析程度及结论等进行审核并提出质疑和修改意见，客户也会提出相应的质疑和意见，查新员结合审核员和客户的意见进行修改、调整，经反复沟通、调整、修改后，形成完整、规范的查新报告。

11.1.5 报告完成与交付

经与审核员和客户沟通、调整、修改后，形成了正式的查新报告。由查新员将查新报告及相关附件（包括相关原文、文摘复印件等）一起交付委托单位。

11.2 查新点及查新技术

11.2.1 查新点是技术要点中体现新颖性的全部技术创新点

查新点是科学技术要点要求查证新颖性的部分，一般从技术要点中提取，或者是技术要点中关键技术的全部。但应注意不能把查新项目中的一般性技术特征作为查新点。

查新点是查新人员拟定检索词和制定检索策略的依据，也是检索后进行比对分析和判定新颖性的依据。写法上要精练、准确，条理清晰。对委托单位（人）有多个新颖性查证要求的项目，要用 1. 2. 3. ……顺序标记查新点逐一列出，以便在查新结论中，分别就每一查新点作出新颖性结论。

11.2.2 查新点是科技查新的核心和关键

11.2.2.1 总结、归纳、提炼查新点

科技成果查新成功的关键是撰写出查新点，这里可以理解为成果创新点。科技成果的核心在于创新，一项科技成果一般是由若干创新性技术内容组成的。查新点是由成果科学技术要点内容总结、归纳、提炼出来的。因此，写好科学技术要点内容就显得十分重要。科学技术要点可以理解为项目成果的主题内容，包括项目所属技术领域、研究解决的技术问题、解决技术难题采取的技术方案（技术路线）、得到的技术结果、技术特征、技术效果及成果应用情况等。

科学技术要点要全面、科学、准确反映出项目成果的技术特征，在此基础上

总结、归纳、提炼出查新点（即创新点）。查新点应逐条列出，包括体现项目新颖性的全部技术创新点。在整个查新过程中，自始至终把握以查新点作为查新的主线，围绕查新点进行检索，针对查新点制定检索策略，确认检索的有效性和充分性；根据查新点进行对比文献的筛选及其与对比文献的分析比较，最终根据查新结果并结合项目成果的科学技术要点作出关于新颖性的查新结论。

11.2.2.2 准确列出检索词

准确列出检索词是查新成功的又一关键所在。查新员对检索项目进行概念分析，即在分析检索项目的主题类型、主体结构的基础上，对具有检索意义的主题概念进行提炼和取舍。确认的检索词应具有全面性、专一性。检索词选择应考虑能够表达检索概念全部不同的词，如主题词、同义词、隐含词、替代词、广义词、狭义词、缩写词，以及主题词相应的化学物质登记号，不同作者和机构；如果是英文，应写检索词英式、美式的不同拼法等。

如果检索词采用来自文章的题目、文摘及正文中的词，或者用户提出的词作为自由词，那么要注意自由词词组不可过长，更不能应用一些形容词，例如，很好（fine）、好（good）等；也不能用一些含义与检索概念都很泛的词，例如，方法（methool）、研究（research）、应用（application）等。能否准确列出表达主题概念的合适检索词，是查全、查准的关键，将直接影响检索结果。

检索词确定后，还要制定出检索策略。检索策略是为实现检索目标而制定的，对检索程序的周密计划，具体反映在查新报告中检索式关键词的选用及其逻辑组配。检索式必须真实地反映出查新报告中展示的相关文献的检出过程。检索式的逻辑组配布尔逻辑算符、位置算符应与所用数据库的检索要求相符合。检索式的最终检索结果不得为零。

文献检索是科技查新中关键一环，它为科技查新提供文献依据。查新检索始终是以查全、查准为唯一目标，因此要努力做到：①对查新检索范围和方法提出基本要求；②检索途径与数据库要适当；③检索结果的验证和调整。

11.2.3 查新点案例

11.2.3.1 案例1

（1）项目名称。甘蔗光合性能的遗传分析及高光效、高生物量多用途育种材料选用

（2）查新目的。科技成果鉴定。

（3）查新项目科学技术要点。

①甘蔗生物量和光和性能的遗传规律（遗传变异、配合力）的研究；通过F1代实生苗不同生育期的光和参数、叶绿素荧光参数及产量和品质形状分析，

建立高光效、高生物量多用途育种程序。

②甘蔗叶绿体基因组分子标记、高光效基因的克隆及其表达调控研究；提取不同光合性能甘蔗品种的叶绿体基因组 DNA，经 PCR 扩增、电泳分离和紫外线检测等，筛选与光和性能密切相关的 RAPD 分子标记，构建甘蔗光和性能叶绿体基因组的 RAPD 分子标记图谱；同时，开展甘蔗光和性能基因的表达调控研究，成功地克隆了甘蔗光合作用中的 rbcs 和 pepc 两个基因，利用这两个基因作为探针检测逆境胁迫下甘蔗光合基因的表达差异。这两个高光效基因还构建了适合于不同目的的表达载体。

③甘蔗光和性能变化的影响因素（光合午休及低温、干旱胁迫下光合荧光参数变化）研究，研究指出 C4 植物甘蔗品种基因型不同而存在“光合”午休差异，系统研究了逆境胁迫下甘蔗叶绿素荧光特性。

④甘蔗高光效、高生物量多用途（能源、饲料）品种（育种材料）选育。通过活体检测、叶片角度指数、叶宽和生物量测定，从实生苗、中间材料和高光效种质中以净光合速率、生物量、角度指数、分蘖力为指标筛选出福农 98—0402、Q70、Co8338/福农 93—3406、福农 95—1630 等 20 个生物量高、光和效率强、生长势好的高生物量多用途甘蔗育种材料。

（4）查新点

①甘蔗生物量和光和性能的遗传规律（遗传变异、配合力）的研究。

②甘蔗叶绿体基因组分子标记、高光效基因的克隆及其表达调控研究。

③甘蔗光和性能变化的影响因素（光合午休及低温、干旱胁迫下光合荧光参数变化）研究。

④甘蔗高光效、高生物量多用途（能源、饲料）品种（育种材料）选育。

（5）查新要求。要求检索国内外是否有相同研究内容的文献和成果报道；检索结果与查新点进行对比分析；对查新项目的新颖性作出判断。

11.2.3.2 案例 2

（1）项目名称。旱作区农田水分高效利用技术研究与应用。

（2）查新目的。科技成果鉴定。

（3）查新项目科学技术要点。

①针对辽宁旱作农业区农业生产存在的突出问题，制定了以县为单位的“辽宁省作物光合生产潜力分布图”和“辽宁省作物水分生产潜力分布图”，区划了 8 个农业类型区，针对不同旱作农业类型区确定了作物种植优先序和技术优先序；明确了辽西北地区降水和旱灾发生规律及合理耕层构建的技术途经，探清了坡耕地农田径流和土壤侵蚀规律，形成了坡耕地中耕深松护土蓄水和合理密植土壤防蚀技术途径。

②在农田用水关键技术攻关研究中，构建了作物抗旱品种筛选和评价体系，筛选出适宜区域种植的作物和林果品种，并创新了林粮复合条带种植、机械化坐水种、一次侧深施肥、水肥耦合与精量调控、作物水肥密度最优组合等关键技术；在农田蓄水关键技术攻关研究中，形成了完善的土壤深松扩蓄系列关键技术和适宜于辽西地区的垄膜沟植微集水关键技术，首创了适宜于辽宁旱作农业区的玉米活秆还田等土壤培肥增容关键技术；在农田保水关键技术攻关研究中，形成了土壤覆盖保墒系列关键技术，首创了玉米立秆越冬、比空种植和玉米贴茬少耕抗旱种植技术，并形成了作物条带残茬防风保水技术，增加了复合模式作物条带宽幅，解决了林粮复合模式机械化生产问题。

③构建了以防风保水和高效用水为目标的林粮复合防风护土高效用水模式和以提高作物产量和水分利用效率为目标的主要作物农田蓄水保墒高效用水模式。

（4）查新点。

①制定以县为单位的“辽宁省作物光合生产潜力分布图”和“辽宁省作物水分生产潜力分布图”，区划了 8 个农业类型区，针对不同旱作农业类型区确定了作物种植优先序和技术优先序；形成了辽西北地区坡耕地中耕深松护土蓄水和合理密植土壤防蚀技术途径。

②建立作物抗旱品种筛选和评价体系；形成适于辽西地区的垄膜沟植微集水关键技术，构建玉米活秆还田等土壤培肥增容关键技术；形成玉米立秆越冬、比空种植和玉米贴茬少耕抗旱种植技术。

③构建以防风保水和高效用水为目标的林粮复合防风护土高效用水模式和以提高作物产量和水分利用效率为目标的主要作物农田蓄水保墒高效用水模式。

（5）查新要求。要求检索国内外是否有相同的研究结果的文献和成果报道；相关检索结果与查新点进行比对分析；对查新项目的新颖性作出结论。

11.2.4 查新方式和文献检索范围

11.2.4.1 计算机检索和范围

计算机检索简称机检，是指利用计算机取得文献资料的检索方法。在机检前，应根据查新项目的内容、性质和查新的要求，选择适应的检索系统和数据库。在机检条件下，为了确定检索途径，应先搞清楚数据库采用的是规范化词表还是自由文本式词表，指示主题性质的代码是标准的还是任选的，提问如何填写等，再将表达检索提问的各概念依照数据库采用的词表转换成检索语言，即主题词、分类词、关键词等。

检索范围：凡在实施检索中涉及并从中检出的相关文献的国内外数据库、工具书等，均应列出其名称、起止年限。凡未检索的数据库不得在报告中列出；与查新项目无关、虽检索使用但未查出相关文献的数据库也不得在报告中列出。

11.2.4.2 手工检索和范围

手工检索简称手检，是指主要利用手工检索工具来取得文献信息的检索方法。手检前，应按照专业对口、文种适合、收录完备、报道及时、编排合理、揭示准确的原则，选择检索工具书。

在手检条件下，文献检索的范围应是相关的工具书，其检索途径就是检索工具书中的目录、正文和辅助索引等。检索工具书提供的检索途径主要有分类途径、主题途径、文献名称途径、著（作）者途径、文献代码途径以及其他特殊途径。分类途径和主题途径是手检的主要途径。此外，还应考虑利用相关的工具书，如年鉴、手册等，以及查找与查新项目内容相关的现期期刊等，以防漏检。

11.3 查新报告

查新报告是查新机构用书面形式就查新事务及其结论向查新委托人所做的正式陈述。查新机构应在查新合同约定的时间向查新委托人出具查新报告。农业查新报告的有效期一般为一年。

11.3.1 查新报告的格式

查新报告应当采用科技部规定的统一格式，内容符合查新合同的要求。主要包括以下内容：

11.3.1.1 查新目的

可分为立项查新、成果查新等。立项查新指的是申报各级、各类科研计划，属于拟议中的项目；成果查新指的是科技成果鉴定、申报奖励等。

11.3.1.2 项目科学技术要点

包括查新项目的主要科学技术特征、技术参数或者指标、应用范围等，要求委托单位进行简明扼要地阐述，不得出现修饰性以至广告性的语句、表述不清的语句、技术词汇不够规范等现象。应突出其技术含量，使用规范化术语和现行标准。

11.3.1.3 查新点与查新要求

查新点是指需要查证的内容要点。查新点是整个查新检索过程的灵魂。一般情况下，查新点提交之后不得修改。

查新要求是指查新委托人对查新提出的具体愿望，一般分为以下 4 种情况。

（1）希望查新机构通过查新，证明在所查范围内国内外有无相同或类似研究。

(2) 希望查新机构对查新项目分别或综合进行国内外对比分析。

(3) 希望查新机构对查新项目的新颖性作出判断。

(4) 查新委托人提出的其他愿望。

11.3.1.4 文献检索范围及其策略

1. 检索范围

凡在实施检索中涉及并从中检出相关文献的国内外数据库、工具书均应列出其(原文种)名称、起止年限;未检索的数据库不得在报告中列入;与查新项目无关、虽检索使用但未查出相关文献的数据库亦不得在报告中列入。

2. 检索策略

应详细列出检索过程中实际使用的字词、截词及其组配方式。必要时,应分别对所使用的数据库分步列出检索式、命中文献篇数及实际相关文献篇数。

11.3.1.5 检索结果

反映的是通过对所检数据库和工具书命中的相关文献情况及对相关文献的主要论点进行对比分析的客观情况。包括:

1. 检出文献概况

对检索范围(数据库和工具书)内的相关文献情况进行简单描述,如相关文献在检索数据库中的分布情况,检出文献所属文献类型、数量、国别、相关程度等。

2. 检出文献内容

按检出文献的相关程度分国内和国外两个部分分别依次列出;将相关文献的基本信息(作者,篇名,刊名,年代,卷,期,页或网址等)按规范格式(GB/T 7714—2005)顺序列出。

列举相关文献时,要有以下几点说明。

(1) 无密切相关文献时,一般列举主要相关文献。

(2) 一般相关文献过多时,可选用典型相关文献。

(3) 对所列出的密切相关文献或主要相关文献的总体研究内容与查新点相关的可比性内容加以引录、分析或简要综述。

(4) 查新点中涉及指标等需比对数据的查新报告,相关文献应提供必要的比对数据。

(5) 对文献进行概述时应注意修正数据库中的各种显而易见的文字错误,以及因镜像转换等造成的单位、上下角标、全角半角等缺陷。

(6) 英文文献应给出与查新项目内容及查新点相关的中文表述。

3. 文献对比分析

对所列相关文献与查新项目的可比性内容逐篇进行简要描述。对相关文献的引录应选择其内容中可与查新点相比较的内容，一般可用原文中的摘要或节录部分原文并提供原文的复印件作为附录。

11.3.1.6 查新结论

应逻辑清晰，表述准确，不得用修饰性、赞誉性词语，要客观、公正、真实地反映出下述内容。

一是简单阐述查新项目所属研究领域的现状、背景及发展趋势，检出的相关文献情况；二是对项目查新点与密切相关的文献报道进行比较分析；三是对查新项目的新颖性作出判断性结论。

查新结论是对查新点新颖性及其程度的精确表述，应当客观、公正、准确、简明。查新结论的文字表述应严谨（例如，在上述检索范围内，通过对检索到的相关文献进行分析对比）。

在查新结论中应对委托人提出的诸多查新点结合文献报道给予逐点分析说明，对确具新颖性的查新点亦应说明其与相关报道的区别，指出差异性。

查新结论中的所有表述均应以相关文献内容为据（用上角标注明相关文献的序号），不得有倾向性描述、水平性评价和赞誉之辞以及广告性等用语，重在体现客观性。

根据具体情况将查新点逐一列出并对比分析，不宜将诸多查新点不加分析地模糊比对，应使用1、2、3……分别叙述创新点。

在对查新点逐条对比分析的基础上可以给出客观、公正、总括性的结语。

对未能检出相关文献的查新点可使用“未见报道”加以表述。

国内查新报告如果只检索中文文献，应在查新结论中表述为“国内公开发表的中文文献中，未见××××报道。”

查新结论是查新工作和查新报告的最终目标，它对于评审专家及主管部门正确评价项目的新颖性、创新性起着决定性作用，直接影响评审专家及主管部门的决策。

一般来说，查新结论部分应针对每个查新点作新颖性判断，给出客观、准确、清晰的结论；如内容有交叉、重复也可给出综合性的结论。

由于国内外科技水平尚有较大差距，结论一般可按国内、国外分开来写。

若项目查新点已有密切相关文献，就应比较两者的内容差异、发表时间的先后等，作出相应的文字表述。

查新结论的表述一般要求：

1. 客观

完全以文献中的事实、数据为依据，不受各种主观、客观因素影响。

2. 准确

查新员在比较、分析、综合过程中要耐心仔细地阅读文献、反复比对分析，保证结论正确、可靠。

3. 清晰

文字要简明、扼要，不给人以含糊、不确定的感觉。有些查新点的内容过于具体或属于细节，无法检索到相应文献作对比，就该说明相关文献未提及相关内容，而不要简单地给出未见报道的结论。

11.3.1.7 查新员和审核员声明

该声明既表明了查新人员对履行合同的郑重承诺，又体现了对亲手完成的查新报告的自信心和所承担的法律责任。声明内容可以参考下列内容。

（1）报告中陈述的事实是真实和准确的。

（2）我们按照科技查新规范进行查新、文献分析和审核，并作出上述查新结论。

（3）我们获取的报酬与本报告中的分析、意见和结论无关，也与本报告的使用无关。

11.3.1.8 附件清单

给出国内国外文献检索结果清单，包括全部相关文献文摘，密切相关文献原文复印件及其他相关材料。

11.3.1.9 备注

在必要时，对报告相关事宜做出某些说明。

11.3.2 查新结论的著述

查新结论是查新报告的核心内容，通常被单独引用或宣读。因此，查新结论在体例上应该是一篇相对独立的，具有鉴证性的短文。查新人员将检索结果，根据项目的查新要求，与项目查新点进行对比分析，以综述的形式写成查新结论。这里要特别注重查新结论的完整性、科学性、逻辑性、客观性，为科研管理部门或评审专家提供科学的、真实可靠的依据。

查新人员在撰写查新结论时，应注意以下几点。

11.3.2.1 说明查新结论论点的依据

查新结论中的每个论点，包括相关研究的现状和背景，都应具有充分的可靠的文献依据，应分别注明与其相应的检索结果中所列相关文献的序号，也可用括号或脚注标明。

11.3.2.2 对项目的新颖性作出结论

对照项目的查新点逐条给出结论。对检索结果与项目查新点逐条比较后，对项目的新颖性给出结论。根据文献检索结果，对国内和国外分别作出结论。

11.3.2.3 对无新颖性项目的处理

对确实失去新颖性的项目，其查新结论可采取直接否定的写法。但对有的查新项目，其包含的查新点均已分别见诸报道，而未见具有查新项目综合特征的报道，亦可作出新颖性的结论（集成性新颖）。

11.3.2.4 专业性强项目的查新结论

对一些专业性很强的查新项目，有时可在查新结论中直接归纳检索结果的核心内容，并叙述项目的查新点，而对项目的新颖性与否不加评述。

11.3.2.5 产品类项目的查新结论

对产品类的查新项目，可在查新报告结论中进行性能参数比对，有时列表说明效果会更好。

11.3.2.6 补充相关文献的描述

如果在检索结果中只列出相关文献的题录，而未进行描述和分析，那么在查新结论部分要补充对相关文献的描述。

11.3.3 查新结论的写法

11.3.3.1 查新结论开篇的写法

查新结论首段可采用类似下列格式化起始语句。

根据上述检索结果对比、分析，……，对本项目查新点认定如下。

根据对以上××篇相关文献的分析、对比，……，对项目查新点认定如下。

上述检索结果的对比、分析表明，……，对项目查新点认定如下。

11.3.3.2 查新结论正文的写法

1. 三段式写法

第一段：①相关研究的现状或背景；

②检索结果与查新点对比、分析；

③新颖性判定的结论。

第二段：①总结检索结果中对相关文献的逐篇分析；

②简述项目的主要技术特点（查新点）；

③项目新颖性的判定结论。

第三段：①逐篇分析相关文献（在检索结果中未作分析的情况下）；

②简述项目的主要技术特点（查新点）；

③对比分析后作新颖性判定结论。

2. 两段式写法

第一段：①简述项目的主要技术特点（查新点）；

②总结检索结果中对相关文献的逐篇分析，作出项目新颖性判定结论。

第二段：①逐篇分析相关文献（在检索结果中未作分析的情况下）；

②作出新颖性判定结论。

3. 其他写法

(1) 总结检索结果中对相关文献的逐篇分析后直接作出项目新颖性判定结论。

(2) 在有多条查新点的情况下，结论可以分别针对每个查新点作出判定结论。

(3) 对产品类查新项目，可在查新结论中进行其性能参数比较。

11. 3. 4 查新结论案例

11. 3. 4. 1 “林木群体数量性状主基因检测的研究”

查新结论如下。

本项目拟利用混合分布理论和 EM 算法，结合群体遗传学理论，在借鉴现有的主基因-多基因的分析方法基础上，研究适合于植物异交群体——林木群体的数量性状主基因检测的统计分析方法和图形分析方法。

国内外文献检索结果表明，对许多数量性状来说，控制性状遗传的基因在效应大小上是有差异的，遗传效应较大的基因可以表现出主基因的特性，遗传效应相对较小的基因表现为微基因，性状的遗传表现为主基因加多基因的混合遗传模式。盖均镒、王建康等在前人基础上，对一对纯系亲本间杂种分离世代检测 QTL 体系的遗传试验方法作了全面研究，将混合分布理论与数量遗传学有机结合起来，使用了整个群体的信息，提出了一套完整的分析主基因与多基因的存在与效应的方法。戚存扣等应用植物数量性状主基因+多基因混合遗传模型对甘蓝型油菜 6 个家系世代群体芥酸含量进行了多世代联合分析。结果表明：该组合芥酸含量是由 2 对主基因+多基因相互配合控制遗传的。向道权等利用主基因-多基因遗传模型，以玉米杂交组合为材料，联合分析了玉米产量性状的遗传效应。总体来说，这些研究主要集中在农作物数量性状的主基因检测上，涉及水稻、小麦、玉米、大豆、油菜、DH 或 RIL 群体等多种作物的数量性状主基因分离分析方法。而林木数量性状主基因检测的研究主要是利用分子标记技术检测其数量性状位点（QTL）上。此外，还见人类和家畜数量性状主基因遗传效应的研究。

综合分析检索的国内外有关文献，并与本委托项目的查新点进行对比分析，得出以下结论：已有与本委托项目类似的理论及分析方法的报道，而这些研究主要在农作物、动物及人类数量性状主基因的检测中，还缺乏将这种分析方法应用于林木群体数量性状主基因检测的报道。本项目拟采用这些较为成熟的分析方法研究林木群体数量性状主基因的检测。

11.3.4.2　“半夏凝集素基因的克隆及其抗虫性研究”

查新结论如下。

经检索，在国内外范围内，查得文献10篇，其中，主要相关文献4篇，已经列于附件栏中。

文献1属于综述性的文章，概括地介绍了植物凝集素在基因工程中的应用。文中提到了半夏凝集素基因是一种有重要价值的抗虫基因，并且指出国内已有几个实验室正在进行PTA基因分离及其转化研究工作，期待能尽早应用于抗病虫基因工程。

文献2概述了植物凝集素的定义、分类、作为抗性蛋白质的证据，以及其杀虫机理，并对几个较为重要的植物凝集素及其对同翅目害虫防治方面作一阐述。指出他们通过提取半夏的总RNA，纯化出mRNA，构建cDNA文库，人工合成引物，利用PCR扩增出目的基因，以期克隆出我国特有的半夏外源凝集素基因。

文献3指出利用45%饱和硫酸铵沉淀，PHE Sepharose FF（26/26）疏水柱层析和Q Sepharose FF（26/13）离子交换柱层析，从掌叶半夏块茎中分离纯化到一种蛋白质（PPA）。PPA在刺吸口器害虫棉蚜或桃蚜的人工饲料中分别含0.12%或0.15%时即显示出明显的致死作用。PPA是一种热稳定性较强、亚基分子量12ku的非共价结合的四聚体凝集素。但文中没有提到半夏凝集素基因的克隆。

文献4指出从半夏块茎中分离出球蛋白粗提物。半夏块茎是著名的中药之一，常被用于止咳。利用凝胶过滤和层析柱法从半夏块茎球蛋白粗提物中分离出6ku P，6ku P是一个分子量为6ku（6 000道尔顿）的糖蛋白，6ku P的含量在5.75%~8.30%，分析证明，它与半夏同科的芋头的球蛋白粗提物有较低的交叉反应。6ku P是半夏块茎中的主要蛋白之一，因此，6ku P可作为对半夏块茎进行数量分析的一种参照标记。

综上所述，通过以上各种检索途径，国内国外尚未发现克隆出半夏凝集素基因并获得含半夏凝集素基因的转基因植株的报道。

11.3.4.3　“转基因抗虫棉育种技术创新及应用”

查新结论如下。

经检索结果分析，得出以下结论：

（1）在抗虫棉鉴定技术研究方面，国内已有用卡那霉素测定的文献报道，但相关文献的研究内容都为田间叶面涂抹卡那霉素鉴定，未提及本研究中的培养基卡那霉素测定技术、应用培养基卡那霉素测定技术对抗虫棉进行鉴定的文献，除本项目组成员发表的两篇论文外，未见其他文献报道。

（2）有关室内测虫技术的研究有文献报道。与相关文献述及内容相比，本项目测虫技术克服了田间发虫不均匀和年度间不稳定、网室鉴定面积有限等特点，以及将孵化的卵粒和以幼虫取食情况作主要观测指标，用幼虫龄期、幼虫重量和死亡率为参考指标，提出新的鉴定公式及分级标准，为衡量棉花群体抗虫性提供了一个量化的标准，可精确划分抗虫性程度。在检索范围内尚未发现采用本项目研究方法和鉴定公式的文献报道。

（3）将半配合特性应用到常规棉花育种的研究有文献报道，但将其应用到转基因抗虫棉新品种选育技术的研究除本项目组成员发表的论文外，未见其他文献报道。

综上所述，本项目在转基因抗虫棉育种中所采用的上述综合技术方法具有新颖性。

11.3.5 查新报告的表述

对于查新报告的文字表述应当采用描述性写法，要求语句通畅、译文准确、字体统一、结构明晰、无错别字等；使用专业化词汇、规范化术语、通用的国际单位及符号并符合国家现行标准和规范要求。报告表述应以查新报告的使用者能够正确理解为原则，不能使用产生歧义和表述不清的语言。

11.3.5.1 书写规范

查新报告是鉴证性和公正性的技术文件，不仅报告内容要客观公正，同时，报告的语言文字表述也应严肃慎重。查新人员应该杜绝查新报告中的原则性错误、常识性错误、数据错误，最大限度地减少文字、符号及标点的差错率。

查新员、审核员在整理或审核报告过程中首先应努力消除来自外界的错误（包括查新委托合同中的错误、数据库文献中的错误），更要避免自身在文献分析、翻译、录入过程中出现的错误。

查新报告应该采用规范化术语，查新员应借助词表、相应的术语标准复核查新委托合同中的中英文技术术语（尤其是关键词）是否规范，这样既可保证检索入口正确，又可使查新报告具有时代感。

11.3.5.2 数字用法

查新报告正文中的数字，包括物理量值、百分数、序号、年代等，一般应采用阿拉伯数字。

（1）多位数应分节，自小数点向左、向右每隔 3 位空格，如：23 456 789.123 45；5.236 11。

（2）年代、序号等为多位数时不分节，如 2009 年，选择 11 997 个样本，杂交组合 1 511/1 530，电话号 024-31027879。

（3）数值与物理量单位之间应空格。如单产 1 250 kg，恒温培养 24 h 等。表示角度的数值与单位之间不开空，如 27°35′12″。

（4）年代要用 4 位数表示，例如 2013 年，不能写作 13 年。

（5）百分号不能省略，如 1%～7%，不能写作 1～7%。

（6）一般表示数值范围的连接号用波浪线“～”，表示时间范围的连接号用一字线“—”，如1 150～1 155kg，1997—2009 年。

（7）表示数值范围时，将统一的单位置于全部数值之后，如（5±0. 1）g 不能写作 5±0. 1 g。

（8）注意区分冒号（：）与比例号（∶）不能相互替代，不能混淆。

（9）不能使用 ppm 等缩写。

①将 ppm 改为 10^{-6}。例如，“空气中 CO 浓度为 20 ppm”应改为“空气中 CO 的体积分数为 20×10^{-6}（或 2.0×10^{-5}）”；

②将 ppm 改为 2 个单位之比。这 2 个单位应是同类的，如 mg/kg，mL/m^3，μmol/mol。

③对 ppb 的换算，先要分清是哪个国家的，然后代入相应的数值。

（10）星期（周）、月没有标准化的国际符号；wk、mo 为非标准化符号，不宜使用。

11. 3. 5. 3　正斜体符号用法

1. 正斜体用法

查新报告中应注意正斜体符号的正确使用。

通常在多数情况下均使用正体符号，如表示计量单位、化学元素、数学常数（e，π，i）、数学运算符号（sin，exp，In）、人名等均采用正体书写。但在查新报告中经常遇到以下情况，其符号应采用斜体表示。

（1）物理量。

（2）生物学中属以下的拉丁文学名，如苏云金杆菌 *Bacillus thuringiensis*。

（3）表示变量的字母，如：x，y。

（4）视为常数的参数，如：a，b。

（5）有机化学中位的代号，如：o-（ortho）、m-（meta）、p-（para）。

（6）英文多作者标注不全，在其后加“等”：*et al*。

2. 区分正斜体的规则

下标为量符号，表示变动性数字的字母，坐标轴符号和表示几何图形中的点、线、面、体的字母时用斜体；其余用正体。

3. 区分大小写的规则

量符号、单位符号等作下标，大小写同原符号；来源于人名的缩写作下标用大写；一般情况用小写。

4. 区分大小写、正斜体的规则

一般单位符号小写，来源于人名的首字母大写；无例外采用正体。SI 单位无例外；法定单位的升（L）例外。

只有 pH 值例外，用正体字母。

11.3.5.4 计量单位用法

1985 年 9 月 6 日，全国人大常委会通过了《中华人民共和国计量法》，规定：我国采用 SI，使用法定单位，非法定单位应当废除。因此，在查新报告中出现的计量单位及符号必须正确使用，贯彻执行法定计量单位标准，且一律使用国际符号，不用中文名称表示。下面介绍在农业查新中须注意的情况。

（1）被废除（停止使用）的非法定单位应换算成 SI，如英制单位（英寸，磅，加仑，盎司，英热单位等）、我国市制单位（尺，寸，里，斤，两，亩，公尺，公分，公升，立升，浬，糎等）、各种旧杂制单位。

（2）对其他非国际单位制单位的换算：马力，大卡（千卡），毫米水柱，工程压力，千克力米，厘泊……

（3）年的单位是 a。

（4）注意易混淆词质量和重量是 2 个不同的量，前者的单位为 kg，后者为 N，如“鲜重 100g”可改为“鲜质量 100g”

（5）公顷在国际标准中定为暂时可与 SI 单位并用的非 SI 单位，是我国的法定计量单位，其法定符号为 hm^2，而不是国际上的 ha。

（6）亩　$1hm^2=15$ 亩，1 亩 $=666.7\ m^2$，亩产 500 kg，可改为面［积］产量 $7.5t/hm^2$ 或 $500\ kg/667\ m^2$。按计量单位新定义，“$667m^2$”可以作为单位使用。涉及小面积时最好使用 hm^2 的分数单位或 m^2 的倍数单位，如 500kg/亩写作 $75kg/dam^2$。

表 11-1　常见废弃量名称与标准量名称对照示例

废弃量名称	标准量名称
比重	体积质量，［质量］密度，相对体积质量，相对密度
绝对温度，开氏温度	热力学温度
比热	质量热容，比热容
电流强度	电流
电量	电荷［量］

（续表）

废弃量名称	标准量名称
分子量	相对分子质量，分子质量
重量百分数，重量百分浓度	质量分数
体积百分数，体积百分浓度	体积分数
摩尔浓度，当量浓度	物质的量浓度，浓度
粒子剂量	粒子注量
放射性强度，放射性	[放射性] 活度

表 11-2　非标准量符号与标准量符号对照示例

量名称	非标准量符号	标准量符号
质量	M，W，P，μ	m
摄氏温度	T	t，θ
磁感应强度	H	B
B 的浓度	CB	cB
质量分数	ω	w
体积分数	ψ	φ
元电荷	e	e

表 11-3　常见多字母构成的错误量符号及建议符号

量名称	不正确量符号	建议符号
体质量（体重）	BW	m，（mb）
临界高温	CHT	Tc，h
临界低温	CLT	Tc，l
干质量（干重）	DW	md
鲜质量（鲜重）	FW	mf

11.3.6　查新报告的封面与板式安排

查新报告一般采用科学技术部 2000 年制的格式。

11.3.6.1　幅面

查新报告应采用 A4 纸打印，其幅面尺寸为 297 毫米×210 毫米，左右边距为 28 毫米，上下页边距 30 毫米，每栏大小可随字数调整。

11.3.6.2 字体、字号

一般采用小四号宋体，当文字内容较多时，可在部分栏目中采用五号字，节省版面，外文字母、阿拉伯数字采用小四号新罗马字体（Times New Roman）。

11.3.6.3 行距

行距应得当，当采用小四号宋体字时，每页不宜超过35行，固定值在20磅左右；当采用五号宋体字时，每页不宜超过40行。

11.3.6.4 版式

要求布局得体，段落分明，以阿拉伯数字为标题序号，叙述性文字的段落采用首行缩进两个字符。

11.4 查新检索数据库

11.4.1 数据库资源

数据库资源是科技查新工作查全、查准的基础。数据库运用的随意性可能导致查新结论的偏差甚至失误。因此，应明确列出查新业务工作范围内的基本数据库和辅助数据库。

11.4.1.1 基本数据库

基本数据库是指涵盖某一学科或专业查新所需文献信息或文献内容，其针对性强、数据收集完整、更新快捷、及时、信息展示完整，或具可追溯性，被认定具有很高相关文献信息覆盖率与检出率的权威、骨干数据库。

各行业自行开发的具有很强的专业性特征，复合“基本数据库”条件的专业数据库，如行业科技成果库、专业科技报告库等。这种数据库针对性强，是体现专业查新单位优势的重要数据库。查新单位可根据各自的查新服务市场定位和优势，把以上专业数据库纳入本机构配置的基本数据库中，以利于提升本机构针对特定专业类别的查全率和查准率。

针对具体的查新项目，原则上应把本机构确定的基本数据库作为必查数据库。如果查新员能确认委托查新项目的属性决定了与该项目有关的文献信息或内容不可能出现在该数据库时，可不作为必查数据库。

11.4.1.2 辅助数据库

辅助数据库是与本学科或本专业领域相关的覆盖各类临近学科（专业）或相关领域文献信息或内容的骨干数据库或专业数据库。

考虑到现代科学技术学科或专业相互交叉和渗透，技术相互借鉴和交融，以及其成果综合性程度日益增强，因此，从提高查新检索的查全率、查准率出发，是否具有必要的辅助数据库，将直接影响查新工作质量。各查新单位可根据本机构查新的服务领域与查新项目的专业特点，自行决定应该配备的必要辅助数据库。

11.4.2 相关文献

相关文献是与查新项目主题相关的同类项目的文献。相关文献与查新项目应属于同类研究，其内容必须是可比的，否则不能作为相关文献。此外，还有密切相关文献，这类文献是指相关文献中那些在实质方面与查新项目的主题内容最为相近的文献。密切相关文献的漏检将会影响对查新的新颖性判断和结论。

11.5 农业领域数据库

农业领域的信息资源比较广泛，涉及农学、生物学、生态学、环境学、农产品加工学、畜牧学、兽医学、水产学、防疫学、机械制造学等。同时，农业与其他学科还有明显的交叉。因此，农业信息资源一般被置于各种综合数据库里，但也有专门农业数据库，例如，我国开发较早的“中国农业科技文献数据库”，以及国际上著名的三大农业数据库，是检索农业文献和进行农业科技查新的专业数据库。

11.5.1 中国农业领域主要数据库

11.5.1.1 中国农业科技文献数据库

中国农业科技文献数据库（CASDD）是中国农业科学院科技文献信息中心开发的中文题录文摘型数据库。该数据库始建于 1989 年，以1 000余种农业专业期刊作文献源，包括农学、土壤、肥料、植物保护、园艺、畜牧、兽医、林业、桑、蚕、蜂、水产、农业气象、农业经济学等，现已累计数据达 60 余万条。

中国农业科技文献数据库主要用于科技信息单位、科研院所、大专院校等部门的科学研究、技术开发、科技咨询、技术推广、园区建设等方面查新检索决策咨询。20 世纪 90 年代初，该数据库的部分数据转让给万方数据公司。目前，在万方数据系统中可检索到中国农业科技文献数据库。

11.5.1.2 中国生物学文献光盘数据库

中国生物学文献光盘数据库（Chinese Biological Abstracts Database—Compact Disc，CBA—CD）是目前我国有关生物学领域最全的综合性文献数据库，为汉英双语种数据库，由中国科学院上海文献情报中心编制出版。该数据库结构简单，操作方便，以功能齐全的检索软件提供主题词、著者、著者单位、出版刊物、中图分类号，中英文关键词等检索，并支持布尔逻辑检索。检索点多，从汉字、英/拼音的途径均能检索，是一个检索功能很强的文献数据库。

11.5.1.3　中国农业科技及其相关专业检索刊物

(1)《中国农业文摘——粮食与经济作物》，双月刊，1998年创刊，中国农业科学院文献中心主编。

(2)《中国农业文摘——园艺》，双月刊，1988年创刊，中国农业科学院文献中心主编。

(3)《中国农业文摘——土壤肥料》，双月刊，1985年创刊，中国农业科学院文献中心主编。

(4)《中国农业文摘——植物保护》，双月刊，1985年创刊，中国农业科学院文献中心主编。

(5)《中国农业文摘——农业工程》，双月刊，1988年创刊，北京农业工程大学主编。

(6)《中国农业文摘——畜牧》，双月刊，1988年创刊，中国农业科学院文献中心主编。

(7)《中国农业文摘——兽医》，双月刊，1988年创刊，中国农业科学院文献中心主编。

(8)《中国农业文摘——水产》，双月刊，1985年创刊，中国水产科学研究院情报所主编。

(9)《水稻文摘》，双月刊，1982年创刊，中国水稻研究所主编。

(10)《麦类文摘》，双月刊，1981年创刊，河南农业科学院主编。

(11)《棉花文摘》，双月刊，1985年创刊，中国农业科学院棉花研究所主编。

(12)《茶叶文摘》，双月刊，1987年创刊，中国农业科学院茶叶研究所主编。

(13)《蚕业文摘》，季刊，中国农业科学院蚕业研究所主编。

(14)《水产文摘》，月刊，1963年创刊，南海水产研究所主编。

(15)《中国水产文摘》，双月刊，1991年创刊，中国水产科学研究院情报所主编。

(16)《农业机械文摘》，双月刊，1963年创刊，机械工业部农机研究院主编。

(17)《农业昆虫学文摘》，1984年创刊，中国农业科学院文献中心主编。

(18)《中国科技资料目录：农业》，双月刊，1978年创刊，中国农业科学院文献中心主编。

（19）《食用菌文摘》，季刊，1984 年创刊，上海农业科学院情报所主编。

（20）《生物技术通报》，月刊，1985 年创刊，中国农业科学院文献中心主编。

（21）《中国林业文摘》，双月刊，1985 年创刊，林业部科技情报中心主编。

（22）《中国生物学文摘》，月刊，1987 年创刊，中国科学院文献情报中心等主编。

（23）《国外农学文摘》，双月刊，1962 年创刊，中国农业科学院文献中心主编。

（24）《国外土壤肥料文摘》，双月刊，1985 年创刊，中国农业科学院文献中心主编。

（25）《国外植物保护文摘》，双月刊，1984 年创刊，中国农业科学院文献中心主编。

（26）《国外园艺学文摘》，双月刊，1981 年创刊，中国农业科学院文献中心主编。

（27）《国外畜牧学文摘》，双月刊，1979 年创刊，中国农业科学院文献中心主编。

（28）《国外兽医学文摘》，双月刊，1979 年创刊，中国农业科学院文献中心主编。

（29）《国外科技资料目录：农业科学》，月刊，1979 年创刊，中国农业科学院文献中心主编。

（30）《国外林业文摘》，双月刊，1960 年创刊，中国林业科学院情报所主编。

11.5.2 国外农业领域主要数据库

目前，国际上最有名的农业综合数据库是国际农业生物科学数据库（CAB）、国际农业科技信息系统（AGRIS）和美国国家农业图书馆书目数据库（AGRICOLA），即所谓的国际三大农业综合数据库。除美国国家农业图书馆书目数据库有 100 余种全文电子期刊以外，其他二者均为目录、文摘型数据库。如果要全面了解国际农业科技的发展方向和动态，应检索三大数据库。该三大库数据库是农业科技人员必查的数据资源。

11.5.2.1 CAB-国际农业生物科学中心数据库

CAB 的全称是“Commonwealth Agricultural Bureaus International”。1913 年 6 月，该机构改称国际农业及生物科学中心（International Center for Agriculture and Biosciences）。该机构是全球最大的、最重要的农业情报机构。它是一个非营利

的国际性组织，目前由 36 个成员方共同管理。

该组织设总部，下设 10 个分局和 4 个研究所，其主要任务是提供世界范围的农业、林业以及应用生物学、经济学、社会学、工程学、医学等相关领域的情报服务。CAB 的出版物有 6 种，包括文摘杂志、注释书目、评论、书籍、参考工具以及病虫害防治的图表说明，其中，最著名的是文摘杂志。CAB 文摘创刊于 1928 年，是从 14 000 多种期刊和其他科学出版物中挑选的有关农业科学各学科的重要情报。这些出版物来自 100 多个国家 40 多种语言，包括期刊、研究报告、学位论文、专著、书籍等，主题内容涉及农作物的栽培、管理、遗传学、育种学；动物的饲养、管理、畜牧兽医学、医药学；林业栽培、管理、工程；人类营养学。

1973 年，CAB 的机读磁带出版，两年后 CAB 的磁带被投入 DIALOG、ESA/IRS、CAN/OLE、DIMDI 等系统，用户与 DIALOG 系统联机，就能查到 CAB 数据库中存储的农业文献信息。1980 年，中国农业科学院文献中心引进了 CAB 文摘磁带。CAB 文摘是目前国际上规模最大、收录文献最齐全的农业及其相关学科的文摘性检索工具，年报道量有 15 万条，现已有记录 300 余万条。报道时差一般为 8~9 个月。

美国银盘公司研制的 CAB 光盘提供了 1973 年至今的数据，并配有来自 73 种语言出版的原始论文的英文文摘，按季更新。CAB 可使用该公司的信息检索系统（Silver Platter Information Retrieval System，SPIRS），它可以在 Windows 环境的 WinSPIRS、WebSPIRS 下运行（CAB 的 WebSPIRS 只提供 1990 年至今的数据）。该系统操作简便，即使不具备任何电脑操作技术的检索者，也能通过屏幕的指导顺利检索。而且，其检索功能很强，可根据需要通过适当的检索词、检索运算符以及必要的检索指令或功能键完成检索过程。

11.5.2.2 AGRIS-国际农业科技信息系统

AGRIS 数据库是联合国粮农组织（FAO）根据各国农业科研和生产发展的需要，于 1975 年创建的国际农业科技信息系统，全称为 International Information System for the Agricultural Science and Technology，AGRIS。该数据库数据由 135 个国家和地区的 146 个 AGRIS 中心和 22 个国际组织提供，每一个中心负责提供本中心范围之内的符号 AGRIS 主题范畴的目录索引。自 1979 年以后，一部分数据增加了文摘。

该数据库收录的信息主题包括农业总论、教育推广和情报、农业经济、行政与方法、植物科学与生产、植物保护、收获技术、林业、动物科学、渔业与水产养殖、农产品加工、农业机械与工程、自然科学与环境、发展与农村社会学、地理和历史、人类营养、污染等。收录的文摘类型有期刊、连续出版物、专著、学位论文、地图、胶卷、计算机等，其中，连续出版物占70%左右，报告、学位论文占20%左右。

AGRIS光盘数据库始建于1975年，至今已有300多万条数据，每年递增更新量约13万条左右。与该数据库对应的纸质出版物为《AGRINDEX》。该出版物收录FAO编辑出版的全部出版物和180多个国家和地区的农业文献，报道世界各国，特别是第三世界国家的农业、林业、渔业、食品及相关学科的应用研究方面的文献，不收录纯理论性的基础研究文献，其文献类型有期刊论文、研究报告、会议录、专利等。

AGRIS也有OVID和WebSPRIS、WinSPRIS等几种检索系统。检索方法与CAB数据库的基本相同。但二者的检索字段和叙词表有所不同。

11.5.2.3 AGRICOLA-美国国家农业图书馆书目数据库

AGRICOLA（Agricultural Online Access）数据库是由美国国家农业图书馆编辑的书目型数据库。数据库文献的资料主要由美国国家农业图书馆（NAL）、食品和营养情报中心（FNIC）、美国农业经济中心（AAEDC）、加拿大农业部（AG-Canada）等机构提供。

AGRICOLA数据库早期以题录为主，近年部分加入了文摘，年报道量有13万条之多。该库建于1973年，其前身是1970年开始的CAJN机读检索系统，起始引用的刊物近6 000种，学科覆盖美国农业和生命科学等相关领域，数据库有期刊论文、专著、学位论文、计算机软件、学术报告、专利、声像资料等；主题内容有动物和畜牧科学、昆虫学、植物科学、林学、水产养殖与渔业、土地和环境科学、耕作和种植、农业经济学等。

近年，联合国粮农组织与美国国家农业图书馆进行分工，决定AGRICOLA数据库选用刊物约2 000种，引用文献类型除期刊、连续出版物外，还包括专著、学位论文、技术报告、专刊等，其主题范围包括农、林、牧、兽医、水产、园艺、土壤等农业科学领域及动物、植物、微生物、昆虫、生态等生命科学、环境科学及食品科学等。

目前，有两家公司生产AGRICOLA光盘数据库，一家是OCLC（美国联机计算机图书馆中心）生产AGRICOLA CD 450光盘，数据自1979年以来；另一家是Silver Platter International（国际银盘公司）生产的数据光盘，数据起始年份为1970年。到目前为止，文献量超过340万条，年增加文献量约12万条。与AGRICOLA数据库相对应的纸质出版物为《BIBLIOGRAPHY OF AGRICULTURE》，按季度更新。AGRICOLA数据库有OVID、WebSPRIS、WinSPRIS等检索系统。

11.5.3 农业全文数据库

农业全文数据库 ProQuest（ProQuest Agriculture Journals）是农业全文期刊数据库，是以美国国家农业图书馆的 AGRICOLA 文摘索引为基础，收录期刊 800 多种。目前，该数据库全文（带图像）期刊 225 种，涉及的领域包括水产业和渔业、动物科学、农业经济、作物管理、食品、营养学、地球及环境科学等。由 ProQuest 公司提供系统支持。

ProQuest 是美国 ProQuest Information and Learning 公司（原名 UMI 公司）通过 ProQuest 系统提供的网上全文检索系统进行检索。数据库将二次文献与一次文献“捆绑”在一起，可为最终用户提供检索→获取一体化服务。用户在检索文献索引时就能获取 Image 全文信息。

该公司收录的信息源遍及全世界，其出版物包括 2 万余种外文期刊、7 000 多种外文报纸、150 多万篇博士、硕士论文，20 多万种绝版书及研究专集，内容涵盖 1 000 多个专业和学科。ProQuest 按照文献的性质和使用范围，将收录的文献分别研制出 20 多个数据库，在 Web 界面，同时提供多文档检索，及其随时获取文献全文（HTML 和 PDF 格式）服务。

11.5.4 学位论文数据库

博士、硕士论文是高等院校和研究机构的研究生为获得学位资格进行研究，并撰写的研究论文，也称学位论文。学位论文是一种原始研究的结果，其中，一些论文具有一定的原始创新性和学术研究价值。由于学位论文具有独到见解，学术价值较高，对科学研究、生产发展具有相当的前瞻性，因而受到人们的重视。世界各国图书馆、情报机构都特别注重收录和利用学位论文。

11.5.4.1 我国学位论文数据库

我国自 1979 年恢复学位制度以来，逐渐建立起学位论文收录体系。目前，我国拥有博士、硕士授予单位 800 多家，博士点 2 000 多个，硕士点 8 300 多个，每年撰写博士、硕士论文 5 万多篇。为了方便用户的检索利用，国家一级图书、情报机构对学位论文进行收集、整理和开发利用，研制了一些数据库和检索系统。

中国学位论文通报　1984 年创刊，是一种检索我国自然科学类博士和硕士论文的权威性检索工具，采用题录为主、文摘为辅的形式进行报道。1993 年停刊，以“中国学位论文数据库（CDDB）”软盘，1996 年由万方数据公司出版光盘数据库（CDDB）。

中国博士学位论文提要　这是由北京图书馆学术学位论文收藏中心编制。

1992 年，书目文献出版社开始以图书形式出版。社会学部分 1 册，自然科学部分理学、工学和农学医学 3 册，文献从 1981 年开始。

中国学位论文全文数据库　该数据库由中国科技信息研究所万方数据公司研制，其前身为《中国学位论文通报》。共收录了自 1977 年以来文摘 38 万余篇，并首次推出近 3 年的论文全文 10 万多篇，全文年增量 3 万余篇。论文包括自然科学领域博士、博士后及硕士论文，也包括社会科学领域，如哲学、经济、管理、语言、文学等研究生论文，建成了中国学位论文全文数据库。

中国优秀博硕士学位论文题录数据库（CDMD）CDMD 数据库由中国学术期刊（光盘版）电子杂志社和清华同方光盘股份有限公司编制出版，是中国知识基础设施工程（China National Knowledge Infrastructure-CNKI）的系列产品之一，也是目前我国资源最完备、收录质量最高的博、硕士学位论文全文数据库。收录的论文来自全国高等院校、科研院所所属的博士、硕士学位论文，内容涉及农林、理工、医卫、社会科学等学科，共分成 9 大专辑 122 个专题数据库，每年收录优秀博、硕士论文 2 万余篇。数据库可提供全文，可在线浏览、下载、打印，或识别转换成文本格式进行编改。

CALIS 高校学位论文数据库　该数据库是由全国工程文摘中心负责组织，协调进入“211 工程”的 86 所高校共同合作建设。1999 年 3 月，经过调研、论证和规划后开始启动。在实施一年后，于 2000 年 4 月逐步向全国高校用户提供学位论文的查询，文摘索引的浏览，最新文献报道，论文全文传递等配套服务。

11.5.4.2　国外学位论文数据库

1. ProQuest 系统的博硕士论文数据库 PQDD

PQDD（ProQuest Digital Dissertations）是美国 UMI（现已改名为 Bell & Howell）公司研制、开发的博士、硕士论文数据库。该库收录了美国、加拿大等北美地区国家的 1 000 余所著名大学的理工科优秀博士、硕士论文 160 多万篇，也包括少量的欧洲和亚洲国家的学位论文（涉及我国的大学有浙江大学、华中理工大学、北方交通大学等），学科涉及农业、生物、经济、工程、数学、物理、化学、商业、计算机等，是目前国际上最广泛使用的学位论文数据库。

PQDD 数据库分 A、B 两卷，A 卷为人文社科卷，B 卷为理工农医卷。每篇论文都可以检索到从 1861 年开始的文献索引信息。1997 年以后的学位论文，还可以获得论文前 24 页原文，并可提供网上定购全文服务。该数据库所收录的学位论文 95%以上都可以得到缩微胶片、印刷版或电子版全文，每周更新。

2. 美国博士学位论文数据库

美国博士学位论文数据库（American Doctor Dissertation-ADD）于 1955 年创刊，年刊，由 UMI 公司编辑出版，从 1957 年起作为 DAI 的副刊出版。它是年度目录，报道美国和加拿大各大学授予的全部博士学位论文，其中有许多是 DAI 所未收录的。

3. 英国和爱尔兰学位论文索引数据库

该索引数据库由英国专门图书馆与情报机构学会于 1950 年创刊，报道英国和爱尔兰各大学的博士和硕士学位论文，年刊。索引先按授予学位的学校排列，再按学科编排，有著者索引。

11.5.5 免费数据库

11.5.5.1 国家农业科学数据中心免费数据库

国家农业科学数据中心（http：//www. agridata. cn/tbshomel/default. asp）是由国家科技部“科技基础条件平台”支持建设的数据中心之一，由中国农业科学院农业信息研究所主持，及其院属部分专业研究所，中国水产科学研究院，中国热带农业科学研究院等单位参加建设。农业科学数据中心的建设是以满足国家和社会对农业科学数据共享服务为目的，立足于农业部门，以数据源单位为主体，以数据中心为依托，通过集成、整合、引进、交换等途径，收集国内外农业科技数据资源，并进行规范化编制，分类存储，最终形成覆盖全国、联结世界，可提供共享服务的网络体系。

该数据库涉及作物科学、动物科学与动物医学、农业科技基础数据、农业资源与环境科学、食品工程、农业质量标准、农业微生物、农业生物技术、生物安全等学科的数据，并能提供农业科学元数据、数据共享法规与标准等，可以很好地完成数据发现、数据导航、浏览、检索和下载服务，内容丰富、翔实，是检索各类农业文献的重要数据库。

11.5.5.2 联合国粮农组织免费数据库

联合国粮农组织（FAO）网站可以获取有关农业、林业、渔业、乡村可持续发展、农业经济、粮食及营养方面的信息，是农业信息的综合来源，大约拥有 50 万张网页，100 多个数据库以及上千计的文件，每月访问达 200 万人次。

FAO 世界农业中心（http：//www. fao. org/waicent/idexzh. asp）门户网站是含有世界农业信息中心信息搜索引擎的导航及获取该网站丰富内容的工具之一。该网站大约有 50 个专业信息检索系统，主要包括粮农组织统计数据库（FAOSTAT，http：//apps. fao. org/default－c. htm），跨界动物病虫害、植物病虫害紧急预防系统（http：//www. fao. org/empres），全球信息及预警系统（http：//www. fao. org/giews/chinese/index_ zh. htm），粮食不安全和易受害信息及绘图系统（FIVIMS）（http：//www. fivims. org），联合国粮农组织国别简介及绘图信息系统（http：//www. fao. org/country－profiles/edfault. asp？ lang＝zh），国

际农业科学和技术信息系统（AGRIS）（http：//www.fao.org/AGRIS/Default_zh.htm），粮农组织共用文件库（http：//www.fao.org/documents）。

11.5.5.3 美国国家农业图书馆免费数据库

美国国家农业图书馆（http：//www.nal.usda.gov/）是美国农业部农业研究服务局的一个组成部分，主要为研究工作者、教育者、政策制定者、农产品消费者及大众提供服务。该馆是世界上较大的，也是较容易访问的农业图书馆，而且在支持农业研究、教育及应用技术推广上扮演着非常重要的角色，是农业信息及其相关信息的重要来源。

网站提供了国家农业图书馆的许多资源的检索入口，而且可以通过它直接访问相关的机构。世界著名的农业数据库 Agricola（本章 11.4.2.3）就是由美国国家农业图书馆制作的。在该网站上提供免费检索，并提供关键词、基本检索及高级检索，提供按字母排序的 Agricola 的期刊列表，可以查看本数据库中的主题词表。

11.5.5.4 美国农业与生物工程师协会免费数据库

美国农业与生物工程师协会（American Society of Agricultural and Biological Engineers，ASABE，http：//www.asabe.org）致力于农业、食品和生物工程发展，是教育和科研机构。该协会创建于 1907 年，由 14 个会员组成的理事委员领导，现有 9 000 多名会员，分布于世界 100 多个国家。

该协会专业研究领域包括信息与电工技术、食品与加工技术、生物工程、土壤与水、动力与机械、安全与健康、人机工程学、结构与环境、新研究领域。出版物涉及农业、食物、生物系统技术、环境与自然资源等。从该协会出版的数据库 Technical Library 中，可以检索该协会出版的所有文献。直接登录资源地址可免费使用文摘，会员可访问全文。该网于 2001 年启动，包括全年出版的技术文献，2001 年之前出版的文献资料提供 PDF 格式全文。

11.6 检索结果和著述

11.6.1 检索结果的归并

11.6.1.1 检出的相关文献数目

简述检出的国内国外文献总数及从中选出与项目查新点有可比性的相关文献数目。

11.6.1.2 相关文献与查新点的密切程度

根据选出的相关文献内容和与项目查新点的相关程度，分为密切相关文献和一般相关文献，分别指出其数目。密切相关文献是指其内容与项目查新点内容相比较，可使查新点部分或全部失去新颖性的文献。

11.6.1.3　相关文献的处理

如果检索的密切相关文献较多时，则不用引录一般相关文献，这时的密切相关文献在检索结果里可直接称作相关文献。

相反，如果无密切相关文献，而一般相关文献较多时，可从中引录出主要相关文献。

11.6.2　相关文献的著录

以上选出的密切相关文献和一般相关文献，可按下列方式之一逐篇列出文献的题录。

11.6.2.1　著录格式

相关文献的题录应按照标准和规范的格式著录。即完整的题录包括：作者(或单位名称)、题名、文献来源（如书名、刊名、网址等)、出版（刊）年、卷（期)、页码等。

11.6.2.2　著录报告

可将相关文献题录直接拷入或录入报告里，其中国外相关的文献，应采用原文种题录，并可在其后译出对应的中文题目。

11.6.2.3　标注及说明

对检出文献中属于查新项目委托人及项目组成员发表的文献，可加以标注或说明。

11.6.3　检索结果的叙述和分析

紧密结合项目的查新点对相关文献的内容进行描述和对比分析。密切相关文献可直接引用其文摘中与查新点可对比的核心内容、指标、数据，如果文献或文摘不能说明问题时，则应从原文中补充必要的内容；一般相关文献则可以逐篇对其主题内容作简要描述，或对同类文献作综合概述。密切相关文献和一般相关文献都不宜从数据库中拷贝全部文摘、罗列与查新点无关的内容。描述与分析的形式有以下几种。

11.6.3.1　文献的叙述和分析

密切相关文献可以文摘为基础，加以删减或补充，将其直接列于本文题录之后。

如果相关文献较多，则可将对相关文献的描述和与查新点的比对分析内容，集中于本报告的全部题录之后。

11.6.3.2 外文文献的叙述和分析

外文相关文献，可在外文题录之后直接译出中文内容摘要加以描述，而将其外文文摘列入查新报告的文件附录中。

11.6.3.3 与查新点的比对分析

在上述对每篇相关文献的文摘内容描述后，可进而与项目的查新点进行对比分析，找出项目的新颖性所在。

在某些情况下，也可将相关文献（或全部检索结果）的内容用表格形式归纳列出。这适用于新品种、新产品等需要进行其性能对比的查新项目。

11.6.4 检索结果著述案例

项目名称：植物耐盐基因的分离与鉴定。

检索结果：检出密切相关文献 2 篇，一般相关文献 8 篇，相关文献的篇名如下。

密切相关文献及其描述分析。

①Razak Abdul Wahab，AKA，*et al*. Spartina anglica osmotin-like protein mRNA，complete cds. GenBank 网址：http：//www. ncbi. nlm. nih. gov.

②Casas AM，Nelson DE，*et al*. Atripllex nummularia osmotin - like protein (pA9) mRNA，complete cds. GenBank 网址：http：//www. ncbi. nlm. nih. gov.

文献 1 报道了该项目分离出的盐胁迫 cDNA 基因在美国 GenBank 登记的情况。

文献 2 是从 GenBank 中检索到的盐生植物大洋洲滨藜（Atripllex nummularia L）的类调渗基因（osmotin-like gene）pA9 克隆的有关信息，其核苷酸序列如下。

1 attcttccac ccttccaaga tgaattcctc cttgatgaaa tccctcctca tctcaagcct
61 tctcttgatg atagcttccc ttatcaccac accgacccat gcaaccacct ttacagtcaa
121 aaacaactgc ggctacaccg tgtggggtgc cagacaccgg tgggcaaagg aattacccgc
181 caatgctcat ggactttcaa tgtccctgcc ggcacgtgct ggcgtttggg gacgtaccgg
241 atgcacctcc aacggtggca acaaccttca atgcaccaca ggaggatgtg gcacgctatt
301 cgactgcggc atgaactccg gtgcaccccc tctcaccata gctgagtaca ctctaacaaa
361 cacactcgac acaatcgata tatctttggt tgatgggttc aatgtaccca tgagttttgg
421 tggatgcccc aattccccct cttgcgccag taatattctc gattcgtgtc cttccgatct
481 taaggtaaat ggtgggtgtt taagtgcttg caataagtac agcactgatg aatattgttg
541 tagaggccaa tatgaaaaaa attgtccccc aaataagtac tcaatgattt ttaagggttt
601 atgcccacaa gcttatagtt atgctaagga tgaccagtct agcaccttta cttgcccttc

661 tggtaccaac tatgtagtta cattttgtcc ttgatatgtg tgtactccta agtttatcta

721 atatgttgta cttatgtgta gtatgaataa aaggaatgat attctattgt att

该查新项目的研究人员使用 GenBank 最新版本的 BLAST 程序，对 KD1 序列核苷酸序列与已知序列做了同源性比较。结果表明，KD1 的核苷酸序列与盐生植物大洋洲滨藜（Atripllex nummularia L）的类调渗基因（osmotin-like gene）pA9 克隆（GenBank 登记号 M84468）只有 63%是一致的，同源性小于 85%。

一般相关文献及其描述分析。

相关文献

①刘强，陈爱宜．干旱、高盐及低温诱导的植物蛋白激酶基因．科学通报，2000，45（6）：561-566.

②郭蓓，邱丽娟．植物盐诱导基因的研究进展．农业生物技术学报，1999，7（4）：401-408.

③李子银，张劲松．水稻盐胁迫应答基因的克隆、表达及染色体定位．中国科学：C 辑 生命科学，1999，29（6）：561-570.

④张平宇，等．大米草盐胁迫蛋白的表达及 cDNA 文库的构建．草业学报，1998（4）：67-73.

⑤Ginzberg Idit，*et al.* Isolation and characterization of two different cDNAs of Δ^1-pyrroline-5-carboxylate synthase in alfalfa，transcriptionally induced upon salt stress. Plant Mol. Biol.，1998，38（5），755-764（English）.

⑥Yamada Shigehiro，*et al.* Cloning of cDNA of salt stress-inducible gene Nps51 of Nicotiana paniculata. JP 11187877.

⑦Muramoto Yasunori，*et al.* Isolation of salt-induced cDNA clones in barley leaves using differential display. Photosynth.，11th，Volume 4，3043-3046. Edited by：Garab，Gyozo. Kluwer Academic Publishers：Dordrecht，Neth（English）1998.

⑧Lippuner Veronic；*et al.* Genes conferring salt tolerance and uses. US 5859337 1999.（1）12.

相关文献描述分析：

文献 1 的作者从模式植物菌芥（拟南芥）中克隆了一些同时受干旱、高盐及低温诱导的蛋白激酶编码基因，分别编码受体蛋白激酶、促分裂原活化蛋白激酶、核糖体蛋白激酶以及转录调控蛋白激酶。

文献 2 阐述了近几年有关植物盐诱导基因的研究进展，主要叙述与以下几个方面有关的分子克隆或基因：①渗透调节，包括对脯氨酸、甜菜碱、糖醇代谢的调节；②光合作用与代谢；③钙调蛋白；④通道蛋白；⑤胚相关蛋白等，并对该研究领域的发展趋势进行了讨论。

文献 3 报道了中国科学院遗传研究所植物生物技术开放实验室，利用差异显示 PCR（DDPCR）技术从水稻中克隆了 2 个受盐胁迫诱导和 1 个受盐胁迫抑制的 cDNA 片段，分别代表了水稻-S 苷蛋氨酸脱羧酸（SAMDC）基因，水稻翻译延伸因子 1A 蛋白（eEF1A）基因家族中的新成员（称为 REF1A）以及一功能未知的新基因（命名为 SRG1）。进一步利用 RT-PCR 技术克隆了 SAMDC 基因的全长 cDNA 序列（称为 SAMDC1）。

文献 4 以真盐生植物大米草为材料，发现经盐胁迫后，在 SDS-PAGE 谱带上，出现了分子量为 24ku 的特异性谱带，同时，分子量为 75ku 的蛋白质表达明显增强，在此基础上，构建了盐胁迫下大米草的 cDNA 文库，库容量为 3.25×10^6，可供进一步筛选与耐盐性有关的 cDNA 克隆（该篇文献系该项目研究人员所撰写）。

文献 5 介绍了从苜蓿 cDNA 文库中筛选出两个不同的盐胁迫基因 MsP5CS-1 和 MsP5CS-2 编码吡咯啉-5'羧酸合成酶（P5CS）。

文献 6 介绍了用 250mmol NaCl 处理烟草叶子后构建的 cDNA 文库中克隆出一个胁迫基因 Nps51。

文献 7 使用差异显示方法从大麦叶子中分离出盐诱导的 cDNA 克隆 BD24 和 BD9，后者与酵母的 SSF1 和 SSF2 蛋白是同源的。

文献 8 为美国专利，其发明人克隆了一个编码多态的核苷酸序列，它可以提高植物的耐盐性，使其能在盐碱地上生长。

11.7 查新管理

11.7.1 查新要求

11.7.1.1 检索年限

检索年限应以查新项目所属专业的发展情况和查新目的为依据，在委托方未提出特殊要求的前提下，一般查新项目的检索时限定为：

（1）申报科技成果奖励类查新自委托之日起前推 10 年。

（2）立项查新自委托之日起前推 10~15 年。

（3）申报发明项目自委托之日起前推 15 年。

（4）对较成熟的技术、产品、工艺的查新，应视文献的时间分布情况，酌情向前延长检索年限；对于新兴学科、高新技术项目的前推年限可酌情缩短。

11.7.1.2 查新项目安排

一般情况下，每个查新项目交由一名查新员独立完成。在遇到查新项目加急或其他特殊情况时，查新部门负责人可安排多名查新员或查新员、审核员以及咨询专家共同配合完成复杂项目的查新工作。

11.7.1.3　完成查新报告期限

查新员应在合同规定的时间内完成查新报告。完成时间一般为国内检索1周，国内国外文献检索2~3周。如遇特殊情况不能如期完成时，应提前主动与委托人联系，并协商延期事宜。

11.7.1.4　查新员资质

中级以下技术职称和从事查新工作不满两年的查新人员，按规定不具备单独出具查新报告的资格。他们应在高级职称人员的指导下积极参与查新事务，进行机检、翻译、文献资料整理等助理工作；部门负责人也应为他们提供适当的学习进修机会，不断提高他们的查新业务水平，壮大和更新本机构的科技查新队伍。

11.7.2　查新员、审核员的法律责任

查新、审核员应当遵守国家、地方的法律法规，遵守《科技查新机构管理办法》《科技查新规范》和所在机构的内部规章制度，接受所在查新机构的领导。对查新员送审的查新报告应恪尽职守、严格审查。

《科技查新规范》中规定了查新人员应当承担的法律责任。

11.7.2.1　查新人员违法处理

查新员出违反《科技查新机构管理办法》或《科技查新规范》行为时，由科技成果管理机构给予警告，同时责令改正；有违法所得时，依照有关法律、法规和规章处理。

查新员违法执业或因过错给查新委托人造成损失时，由其所在的查新机构承担赔偿责任。查新机构赔偿后，可以向有故意或重大过失的查新人员追偿。

查新员在查新活动中有犯罪行为时，依法追究其刑事责任。

查新员在处理查新事务过程中违法失职，徇私舞弊，篡改、假冒或者以其他方式侵害他人合法权益的，非法窃取科学技术秘密的，应当承担相应的法律责任。

11.7.2.2　无查新资格人员处理

未取得查新资格的人员，为牟取经济利益擅自从事查新活动的，由科技成果管理机构责令其停止非法执业；有违法所得的，依照有关法律、法规和规章处理。

11.7.3　查新审核的主要内容

11.7.3.1　审查查新程序、查新报告

从全局角度审查查新员的查新程序、查新报告是否符合规定，是否按查新流

程进行查新，并向查新员提出审查意见。

11.7.3.2 审查查新项目科学技术要点、查新点

根据查新要求及已经查出的相关文献内容，审定科学技术要点、查新点中的数据，保证可比数据完整，在数据有疑义时，可复核引用资料；在审查查新点时，要删除带有修饰性、广告性的词语以及累赘的词语。

11.7.3.3 审查查新范围、分类号、检索词、检索式

审查查新员确定的检索工具书、数据库选择是否合适；选择的检索词及分类号是否恰当，避免与查新项目无关的关键词、分类号、数据库出现；确定检索策略是否恰当，避免出现检索范围过宽或限制过窄的情况。

11.7.3.4 审查检索结果的相关文献

审查检出的文献是否为同类研究文献，可比文献是否恰当，是否存在冗余文献；查新员检索到的相关文献是否齐全，是否漏检；对提出的文献判断是否正确，对外文部分的译文及理解是否准确。

11.7.3.5 审核查新结论

审查查新结论是否客观、准确，是否做到查新点与相关文献的逐项分析对比；是否存在赞誉性、水平评价之类的词语；不宜过分强调查新项目的一般技术特征或非关键性技术内容，应突出是否存在决定新颖性的实质性区别。

11.7.4 查新报告管理

查新机构应做好查新档案的管理工作，这不仅是当前农业的发展需要，而且为农业的发展提供了参考数据。

11.7.4.1 文件保管

保存文件包括查新合同、查新报告、查新项目的主要科学技术资料、查新咨询专家的书面咨询意见、查新员的工作记录、审核员的终审稿等，其中，查新报告的正式文本以电子版 Word 形式保存，并以纸版和硬盘的形式备案，以备查询。

11.7.4.2 档案保管

每一个查新项目的相关材料应由该项目的查新员负责。查新完成之后，将以上材料收集、整理及时移交档案管理人员归档，按照档案的交接程序进行，须经双方签字确认。存档的备份文件必须与提交委托方的查新报告完全一致。项目档案应当立卷保管，存放在专用的档案柜中，专人管理。一般保管五年，逾期档案可销毁处理，销毁档案须经单位主管领导批准，并建立销毁档案。

11.7.4.3 补查档案的保管

对以前出具的查新报告（在有效期内）进行补查，补查报告可沿用原报告

编号并备份存档。但为避免将原报告备份覆盖，应在补查报告的编号后加“*”，作为原报告副本保存；也可按新查新项目执行，重新安排编号，视具体情况而定。

11.7.4.4 档案借阅

查新档案管理员应建立查新档案借阅登记表，注明档案使用情况，包括使用人、批准人、档案文号、使用目的、是否复印或拷贝、借出与归还日期等。查新部门人员查阅存档材料须经档案管理员的允许，查新部门以外的人员查阅须经查新部门负责人的允许；复制均须领导审批。档案管理员无视以上规定，造成档案泄密、损坏、遗失时，应视情节轻重给予处罚，以儆效尤。

11.7.4.5 查新项目明细表

查新部门应定期整理出查新项目明细表，主要包括报告编号、项目名称、委托单位、查新目的、查新范围、完成日期、查新员、查新费等内容，以备上级成果管理部门的年检、抽查以及本部门的日常查询之用。

11.7.5 保密制度

查新人员不但对查新项目的技术内容有义务和责任对其保密，而且应按照有关保密法令等的规定，对委托项目必须严格保密，在未经委托人同意的情况下，不得擅自将查新项目的技术内容向他人泄露。

11.8 提升科技查新质量和水平

11.8.1 准确理解和把握查新项目的内容和查新点

农业科技查新是以科技文献检索为基础，根据文献对比、分析和一定的判断原则，为评价科技成果或立项的新颖性，以及科技成果的鉴定、验收、转化、奖励等提出客观、公正的专题信息分析、咨询工作。它是一项对客观性、针对性、严谨性要求很高的鉴证工作。查新的总体质量取决于对查新全过程各个主要内容要素的理解和把握。首先，要正确理解和把握查新项目内容，即科学技术内容，查新点。对项目主题与查新点的分析和掌握是提高查新质量的关键，只有把科学技术要点内容归纳、提炼好，总结出核心查新点，做到准确、科学，不偏离项目主题，这样才能使查新质量大大提升。

11.8.2 正确确定文献检索的途径和范围，以及分析和把握检索策略的全面性和准确性

文献检索是农业科技查新过程中的关键一环，它为科技查新提供文献依据。查新检索历来以查全、查准为最终目标。为达此目的，要正确确定检索的范围和方法，检索的途径和选择的数据库，准确选择确定检索词，制定有效的检索策略和对检索结果的正确检验与调整等。

11.8.3 客观、公正、准确地分析、对比查新检索的结果

相关文献的分析、对比是提高查新质量的重要环节，分析、对比是将委托的查新点（创新点）与检索到的相关文献进行对比，对那些主题相似、关系密切的文献更要认真仔细地加以分析、对比。

根据对比文献的相关程度，逐篇分段，进行描述和对比分析。围绕项目科学技术要点和查新点，进行技术主题、内容分析、对比，找出异同点。查新人员要运用专业理解能力和文献判读能力，深入理解和把握委托查新项目与各对比文献的技术创新点，进行情报学分析和对比，一般应引用对比文献原文中提供的内容，对技术数据进行描述和分析，避免主观猜测或臆断。因为这是撰写查新报告的核心内容之一，也是查新结论的唯一依据。

11.8.4 查新结论应具备客观公正性、准确可靠性、逻辑系统性和决策参考性

科技查新的最终结果是要为委托单位（人）提供一个查新报告和结论，而查新结论是最关键的部分。根据《科技查新规范》的要求，查新结论应具备客观公正性、准确可靠性、逻辑系统性和决策参考性。应该说，这一目标是很难达到的，只能说经过不懈努力，接近这一目标。查新人员要树立求真务实、科学严谨的精神和作风，艰苦努力，不断提高科技查新的业务水平，增强查新、检索的技能和技巧，熟练掌握科技查新这门科学技术，才能不断提升农业科技查新的质量和水平。

12 全文查新报告案例

12.1 全文查新报告的选择

本章选择的10项农业科技全文查新报告，是辽宁省农业科学院自开展农业科技查新工作以来，从历年查新报告中精选出来的，其学科专业涉及粮油作物、园艺作物、土壤肥料、植物保护、畜牧兽医、农业机械、农业生态等。报告内容包括遗传、育种、生理、栽培、成果转化、推广等。

选择的原则是著录项目较完整，相应的文献检索和分析较为充实，查新结论的撰写和表述科学、合理，符合查新规范的基本要求。另外，考虑到随着农业科研水平的不断提高，以及农业科技查新水平的提升，尽量选择近年完成的查新报告。

12.2 全文查新报告案例

案例 1

编号：

查新项目报告书

项目名称：分子标记技术在水稻抗稻瘟病育种及品种推广中的应用研究
委托单位：
委　托　人：
联系电话：
通信地址：
查新单位：
委托日期：
完成日期：

农业部科技与质量标准司制

一、项目内容及技术要点

稻瘟病是对沈阳稻区水稻生产最具威胁的真菌病害，很多优良水稻品种都因抗性弱，导致稻瘟病严重发生，给水稻产量带来严重的损失。如辽粳 287、辽盐 241、辽粳 454 和辽星 1 号，都是因稻瘟病的暴发而退出品种市场。要提高品种对稻瘟病的抗性，仅靠常规育种手段是不够的，必须利用生物技术，使育成的品种携带主效抗稻瘟病基因，品种推广时要根据不同地区稻瘟病菌的无毒基因类型，选择具有相应抗稻瘟病基因的水稻品种布局，这样才能从育种和推广两种渠道同时减少稻瘟病的危害。

（一）主要技术内容

本研究首先发明了水稻品种中抗稻瘟病基因 Pi5 及稻瘟病菌中无毒基因 AVR-Pik-B 的分子检测方法，再利用相应的分子标记进行辅助选择，育成了 3 个携带主效抗稻瘟病基因的水稻品种（组合）；同时，根据田间流行稻瘟病菌所携带的无毒基因型选择具有相应抗稻瘟病基因的水稻品种进行合理布局，有效避免了该病的暴发，并减少了杀菌剂的使用。

1. 对水稻品种中抗稻瘟病基因及稻瘟病菌无毒基因的分子检测技术研究

编制并鉴定了辽宁省地方标准《稻瘟病菌无毒基因检测技术规程》和《水稻品种抗稻瘟病基因检测技术规程》；开发了 3 个抗稻瘟病基因和 1 个稻瘟病菌无毒基因的连锁标记，用于鉴定流行稻瘟病菌所携带的无毒基因及水稻品种具有的抗稻瘟病基因。2 个标准为国内国外首次发布，填补了同类型标准鉴定的空白。所开发的标记也获得国家发明专利。

2. 基于分子标记技术辅助选育抗稻瘟病水稻新品种（杂交组合）

根据 Pid2、Pid3 和 Pita 抗感等位基因序列的差异，利用自主开发的标记，从水稻恢复系资源中筛选到同时聚合 2 个主效抗稻瘟病基因 Pid2 和 Pid3 的恢复系 C198 及 C62，并分别与中 14A 和辽 73A 组配育成 2 个杂交粳稻新组合辽优 1498 和辽 7362；这是国内首次利用分子育种技术育成的杂交粳稻新组合。另外，利用鉴定获得的携带主效基因 Pita 的水稻资源辽粳 454 与沈农 9017 杂交，用 Pita 的连锁标记跟踪选择，也育成了携带该基因的抗稻瘟病水稻新品种辽星 21。

3. 分子标记技术在水稻品种合理布局中的应用

基于水稻品种抗稻瘟病基因及稻瘟病菌无毒基因鉴定结果的水稻品种布局及病情分子预警是本项目提出的创造性病害防控技术，在不同水稻种植区合理推广具可抵抗该地区稻瘟病菌的携带相应抗稻瘟病基因的水稻品种，从分子水平提出病情预警，避免了稻瘟病的大暴发。

（二）与当前国内国外同类先进技术的比较

（1）我国在抗稻瘟病基因的定位及克隆等基础研究在国际上处于领先地位，但所发掘的基因在育种中并未得到高效的应用。尤其在北方粳稻的育种中，利用分子标记辅助选择育成的携带主效抗稻瘟病基因的品种更是鲜有报道。本研究利用聚合抗稻瘟病基因 Pid2 和 Pid3 的 2 个恢复系 C198 和 C62 育成了杂交粳稻新组合辽优 1498 和辽 73 优 62，实现了分子育种技术和常规杂交粳稻育种技术的完美结合，在抗稻瘟病杂交粳稻品种选育的领域实现了技术突破。

（2）本研究制定的两个地方标准在国内尚属首次，均达到国内领先水平。标准中所使用的引物均根据基因的序列自主研发设计，未见报道。

（3）对稻瘟病菌无毒基因的鉴定，除日本学者 Yoshida 等发现的几种基因型以外，本研究还发现了 3 种分别来自于 AVR-Pik 和 AVR-Piz-t 的新基因类型，并通过接种鉴定验证了该无毒基因的功能。

（4）尚没有系统报道所有已知抗稻瘟病基因和稻瘟病菌无毒基因的检测，将两者结合起来研究应用报道尚未检索到。本研究将流行病原菌无毒基因型监测与水稻品种抗稻瘟病基因鉴定相结合，指导品种布局的精准性和可靠性突出。

（三）查新点

1. 发明了水稻品种抗稻瘟病基因及稻瘟病菌无毒基因的分子检测方法，所用引物均为自主设计

（1）开发了 3 个抗稻瘟病基因和 1 个稻瘟病菌无毒基因的连锁标记，均获得国家发明专利，专利号分别为 ZL201310164464.1、ZL201310164498.0、ZL201310164511.2 和 ZL201410030434.6（专利证书见附件）。

（2）编制并鉴定了辽宁省地方标准《稻瘟病菌无毒基因检测技术规程》（DB 21/2395-2015）和《水稻品种抗稻瘟病基因检测技术规程》（DB 21/2396-2015）；用于鉴定流行稻瘟病菌所携带的无毒基因及水稻品种具有的抗稻瘟病基因。2 个标准为国内国外首次发布，填补了同类型标准鉴定的空白。该标准在未实施前就已经有多家科研单位使用，如辽宁省农科院，吉林省农科院、黑龙江省农科院，沈阳农业大学及江西省农科院等，反映实用性强（标准内容见附录）。

2. 利用所开发的分子标记，育成 2 个高抗稻瘟病的杂交粳稻新组合和 1 个水稻新品种

（1）根据 Pid2、Pid3 和 Pita 抗感等位基因序列的差异，利用自主开发的标记，从水稻恢复系资源中筛选到同时聚合 2 个主效抗稻瘟病基因 Pid2 和 Pid3 的恢复系 C198 及 C62，并分别与中 14A 和辽 73A 组配育成 2 个杂交粳稻

新组合辽优1498和辽7362。这是国内首次利用分子育种技术育成的杂交粳稻新组合。

（2）利用鉴定获得的携带主效基因Pita的水稻资源辽粳454与沈农9017杂交，用Pita的连锁标记辅助选择，也育成了携带该基因的抗稻瘟病水稻新品种辽星21。

3. 将分子标记技术在水稻品种布局中加以应用

根据病原菌的无毒基因类型，侧重选择具有相应抗病基因的水稻品种推广，减少农药用量，避免稻瘟病的大暴发。

二、使用的手段和文献检索范围

中文数据库

1. CNKI 中国期刊全文数据库 2000—2016 年
2. CNKI 中国优秀硕士学位论文全文数据库 2000—2016 年
3. CNKI 中国博士学位论文全文数据库 2000—2016 年
4. CNKI 中国重要会议论文全文数据库 2000—2016 年
5. 重庆维普中文科技期刊数据库 1989—2016 年
6. 万方期刊全文数据库 1985—2016 年
7. 万方学位全文数据库 1985—2016 年
8. 万方会议全文数据库 1985—2016 年

英文数据库

1. 德国施普林格期刊数据库（生物医学和生命科学） 1997—2016 年
2. 国际农业和生物学中心（CABI）文摘数据库 1990—2016 年
3. 联合国粮农组织 AGRIS 数据库 1990—2016 年

填写要求：

1. 列出所用检索工具的名称、时间范围。
2. 列出所有数据库名称或文档名称、年限。
3. 文字不得小于 4 号字，纸面不够请加页。

三、检索结果

(一) 检索词

中文检索词：水稻、杂交粳稻、抗稻瘟病基因、Pi5、稻瘟病菌无毒基因、AVR-Pik、检测、鉴定、引物、标记、品种、选育、育种、分子标记、分子育种、布局、推广

中文检索式：(1) 水稻 * 抗稻瘟病基因 * Pi5 * (检测+鉴定+引物+标记)

(2) 水稻 * 稻瘟病菌无毒基因 * AVR-Pik * (检测+鉴定+引物+标记)

(3) (水稻+杂交粳稻) * 品种 * 选育 * 分子标记

(4) (水稻+杂交粳稻) * 育种 * 分子标记

(5) (水稻+杂交粳稻) * 分子育种

(6) (水稻+杂交粳稻) * 品种 * (布局+推广) * 分子标记

英文检索词：rice blast, *Magnaporthe grisea*, rice blast fungus, *Magnaporthe oryzae*, resistance gene, Pi5, identify, identification, test, primers, marker, avirulence gene, AVR genes, AVR-Pik, japonica hybrid rice, variety, selective breeding, breeding, molecular markers, molecular breeding, variety distribution, variety extension, molecular detection

英文检索式：(1) rice blast and resistance gene and Pi5 and (identify or identification or test or primers or marker)

(2) (rice blast fungus or *Magnaporthe oryzae*) and (avirulence gene or AVR genes) and AVR-Pik and (identify or identification or test or primers or marker)

(3) (rice or japonica hybrid rice) and variety and selective breeding and molecular markers

(4) (rice or japonica hybrid rice) and breeding and molecular markers

(5) (rice or japonica hybrid rice) and molecular breeding

(6) (rice or japonica hybrid rice) and (variety distribution or variety extension) and (molecular marker or molecular detection)

(二) 检出相关文献及简介

根据委托单位的要求，对“分子标记技术在水稻抗稻瘟病育种及品种推

广中的应用研究”项目进行了2000—2016年（部分数据库扩展到1985年）国内国外相关文献和数据库检索，检索到与本研究项目相关的文献250余篇，其中主要相关文献30篇。

［1］王妍，郑文静，王辉，等．辽宁省主栽水稻品种抗稻瘟病基因的鉴定及分析［J］．植物遗传资源学报，2015，16（3）：640-648.

机构：沈阳农业大学植物保护学院，沈阳110161；辽宁省农业科学院，沈阳110161；中国农业大学，北京，100193。

摘要：鉴定主栽水稻品种及育种骨干亲本的抗瘟基因型，有助于了解不同抗病基因在品种中的分布，为抗病品种选育及品种布局提供参考。本研究选取辽宁省24份水稻材料，根据7个抗稻瘟病基因的保守区设计引物，扩增各品种的编码区序列，对扩增的序列进行对比分析，鉴定各基因在24个品种中的分布情况。结果表明：辽宁省24个主栽水稻品种均不携带Pi21、Pi36、Pi37或其抗病等位基因，而Pid2、Pid3、Pita和Pik/Piks/Pikm/Pikp在24个品种中以不同突变类型及不同频率出现，其中，在2个品种中检测到Pid2抗病基因及Pid3的抗病等位基因；4个品种检测到Pita的抗病等位基因，Pita的等位基因中新发现的几处碱基突变并未影响抗病基因的功能；所有品种中均无与Pik及其复等位基因完全一致的序列，但利用携带AVR-pik的稻瘟病菌接种鉴定结果表明，辽粳454和沈农265携带的Pik等位基因可能仍具有抗病基因功能。

［2］郑文静，丛玲，王妍，等．抗稻瘟病基因pi5检测标签的设计及验证［J］．西南大学学报（自然科学版），2014，（9）：15-22.

机构：辽宁省农业科学院，沈阳110161；沈阳农业大学水稻研究所，沈阳110161；沈阳农业大学植物保护学院，沈阳，110161。

摘要：稻瘟病是在世界范围内广泛分布的水稻真菌病害，控制该病的为害必须有效利用抗稻瘟病基因。抗病基因pi5包含2个独立遗传的NBS-LRR类基因Pi5-1和Pi5-2，为了解该基因的抗谱并使其在抗病育种中得以有效利用，本研究利用辽宁地区分离出的6群15个生理小种对携带该基因的单基因系接种，结果表明单基因系对其中12个生理小种表现中抗或抗病，只对其中3个小种表现中感或感病，这说明pi5抗病基因抗谱较宽，是一个可在辽宁地区广为使用的广谱抗稻瘟病基因。为了提高该基因的选择效率，使其在抗病品种选育中发挥更大的作用，本研究根据pi5-1和pi5-2的CDS序列设计特异性引物，并通过基因扩增和测序比对，获得了6对用于育种亲本材料或杂交后代抗稻瘟病基因型检测的标记，为携带pi5抗病基因育种材料的分子标记辅助育种提供了参考。

[3] 辽宁省农业科学院，郑文静，陆晓春．一种携带抗稻瘟病基因 Pi65 (t) 水稻新品种的分子育种方法：中国，CN201510176722.7 [P]. 2015-7-15.

摘要：本发明属于分子生物学领域，具体涉及一种抗稻瘟病水稻新品种的分子标记辅助选育方法及其专用引物。所述分子标记是一种水稻抗稻瘟病基因 Pi65（t）的共显性分子标记 Indel-1，它是用引物对 SEQ ID NO：1 和 SEQ ID NO：2 从水稻总 DNA 中扩增出的核苷酸序列，可以应用于水稻稻瘟病抗性育种中 Pi65（t）的分子标记辅助选择，以提高抗病品种选育的效率，减少田间鉴定的工作量。

[4] 辽宁省农业科学院，郑文静，陆晓春．利用共分离标记 pi5-1-2 检测水稻育种材料中的抗稻瘟病基因 pi5：中国，CN201310164420.9 [P]. 2013：7-24.

摘要：本发明属于分子生物学领域，具体涉及一种检测水稻抗稻瘟病基因的分子标记及其专用引物。所述分子标记是一种抗稻瘟病基因 pi5 的显性分子标记 pi5-1-2，它是用引物对 SEQ ID NO：1 和 SEQ ID NO：2 从水稻总 DNA 中扩增出核苷酸序列，可以应用于水稻稻瘟病抗性育种中 pi5 的分子标记辅助选择，以提高抗病品种选育的效率，减少田间鉴定的工作量。

[5] 辽宁省农业科学院，郑文静，陆晓春．水稻抗稻瘟病基因 pi5 共显性标记及其专用引物：中国，CN201310164464.1 [P]. 2013-7-24.

摘要：本发明属于分子生物学领域，具体涉及一种检测水稻抗稻瘟病基因的分子标记及其专用引物。所述分子标记是一种水稻抗稻瘟病基因 pi5 的共显性分子标记 pi5-1-4，它是用引物对 SEQ ID NO：1 和 SEQ ID NO：2 从水稻总 DNA 中扩增出的核苷酸序列，可以应用于水稻稻瘟病抗性育种中 pi5 的分子标记辅助选择，以提高抗病品种选育的效率，减少田间鉴定的工作量。

[6] 辽宁省农业科学院，郑文静，陆晓春．一种水稻育种材料中抗稻瘟病基因 pi5 的检测方法：中国，CN201310164498.0 [P]. 2013-7-24.

摘要：本发明属于分子生物学领域，具体涉及一种水稻育种材料中抗稻瘟病基因 pi5 的检测方法。本发明公开了一种抗稻瘟病基因 pi5 的显性分子标记 pi5-2-2，它是用引物对 SEQ ID NO：1 和 SEQ ID NO：2 从水稻总 DNA 中扩增出的核苷酸序列，可以应用于水稻稻瘟病抗性育种中 pi5 的分子标记辅助选择，以提高抗病品种选育的效率，减少田间鉴定的工作量。

［7］辽宁省农业科学院，郑文静，陆晓春．抗稻瘟病基因 pi5 的检测方法：中国，CN201310164491.9［P］．2013-7-24.

摘要：本发明属于分子生物学领域，具体涉及抗稻瘟病基因 pi5 的检测方法。本发明公开了一种抗稻瘟病基因 pi5 的显性分子标记 pi5-2-3，它是用引物对 SEQ ID NO：1 和 SEQ ID NO：2 从水稻总 DNA 中扩增出的核苷酸序列，可以应用于水稻稻瘟病抗性育种中 pi5 的分子标记辅助选择，以提高抗病品种选育的效率，减少田间鉴定的工作量。

［8］辽宁省农业科学院，郑文静，陆晓春．利用共分离标记 pi5-2-4 检测抗稻瘟病基因 pi5 的方法：中国，CN201310164511.2［P］．2013-7-17.

摘要：本发明属于分子生物学领域，具体涉及利用共分离标记 pi5-2-4 检测水稻育种材料中的抗稻瘟病基因 pi5 的方法。本发明公开了一种抗稻瘟病基因 pi5 的显性分子标记 pi5-2-4，它是用引物对 SEQ ID NO：1 和 SEQ ID NO：2 从水稻总 DNA 中扩增出的核苷酸序列，可以应用于水稻稻瘟病抗性育种中 pi5 的分子标记辅助选择，以提高抗病品种选育的效率，减少田间鉴定的工作量。

［9］辽宁省农业科学院，郑文静，陆晓春．稻瘟病菌无毒基因 AVR-pik-B 的检测方法：中国，CN201410030434.6［P］．2014-7-2.

摘要：本发明属于分子生物学领域，具体涉及一种稻瘟病菌无毒基因的检测方法。所述方法是用引物对 SEQ ID NO：1 和 SEQ ID NO：2 从稻瘟病菌总 DNA 中扩增出一段核苷酸序列，再用 NlaIII 酶消化，获取特定长度的 DNA 片段，可以应用于稻瘟病菌中是否存在无毒基因 AVR-pik-B 的检测，以确定稻瘟病菌所携带的无毒基因类型，从而根据该结果进行水稻品种布局及抗病品种选育。

［10］王世维，郑文静，赵家铭，等．辽宁省稻瘟病菌无毒基因型鉴定及分析［J］．中国农业科学，2014，（3）：462-472.

机构：沈阳农业大学植物保护学院，沈阳 110161；辽宁省农业科学院创新中心，沈阳 110161。

摘要：【目的】鉴定稻瘟病菌（*Magnaporthe oryzae*）的无毒基因型，了解无毒基因在不同地区流行菌株中的分布情况，为品种布局提供参考。【方法】根据已经克隆且与稻瘟病菌致病性相关的 6 个无毒基因序列设计引物，选取辽宁省稻瘟病常发区的 26 株稻瘟病菌单孢菌株，提取各菌株 DNA 样本作为模板，进行 PCR 扩增。通过琼脂糖凝胶电泳及 PCR 产物测序，对 6 个无毒基因 PCR 产物进行碱基和氨基酸序列的分析比较。对琼脂糖凝胶电泳未出条带的，设计不同引物进行验证性试验。【结果】在 PCR 产物电泳检测中，Avr1-CO39、Avr-pia 和 Avr-pii 没有产物条带，对这 3 个无毒基因设计验证引物，其 PCR 产物电泳检测仍没有条带出现，其结果证明辽宁省各水稻主产区流行稻瘟病菌中多不携带 Avr1-CO39、Avr-pia 和 Avr-pii；对于其他 3 个无毒基因 AvrPiz-t、Avr-pik 和 Avr-pita 则有特异性扩增产物，说明这 3 个无毒基因在各稻区稻瘟病菌中以不同突变类型及不同频率出现。其中，与 Pi2、Pi9 和 Piz-t对应的 AvrPiz-t，分别在 22 个菌株中被检测到，且有 21 个菌株的序列与其序列一致，说明该基因遗传相对稳定，也间接证明携带 Pi2、Pi9 和 Piz-t 的水稻品种在辽宁地区的广谱抗性；与基因组序列不同的 16 号菌株，在 DNA 序列 192 bp 处发生一个单碱基 C 的缺失，从而导致移码突变，且碱基突变导致氨基酸序列至 72 位氨基酸时提前终止，而使该基因编码的蛋白质失去无毒基因的功能。与 Pik、Pik-p、Pik-m 和 pik-s 对应的 Avr-pik，电泳检测结果表明各菌株均有特异性条带出现，经测序验证等位基因序列分为 4 种类型（B、D、F、G），其中 12 个菌株携带可为 Pik 或其等位基因 Pik-m 和 pik-p 所识别的 D 类型；9 个菌株携带 B 类型，该等位基因曾被报道，但是否具有无毒基因的功能仍未验证；另有 2 个菌株携带 F 类型等位基因，该基因为首次发现，并分别出现在丹东和盘锦地区。其特点在于与 D 类型基因间存在 143（A/G）的碱基差异，氨基酸序列翻译结果显示其为错义突变，即 48（G/D）；而其余 3 个菌株携带 G 类型等位基因，该基因亦属首次发现，且仅出现在抚顺新宾地区，碱基序列与 D 类型存在 168（G/A）的差异，导致翻译提前终止，基因功能丧失。对于 Avr-pita，26 个菌株特异性扩增产物一致，但测序检测到 5 种等位基因类型，且均与 Avr-pita 有差异，碱基序列的变化多导致错义突变。这 5 种等位基因的氨基酸序列之间差异由 3 个氨基酸位点的差异所致，分别为 83（D/N）、192（Y/C）和 207（K/R），3 处突变均在基因结构域范围内，几种等位基因均已见报道。【结论】辽宁稻区流行稻瘟病菌中 Avr-pik、AvrPiz-t 和 Avr-pita 分布较为广泛，选育及推广携带相应抗病基因的水稻品种可减轻稻瘟病的危害。

［11］中国农业科学院作物科学研究所．稻瘟病菌无毒基因分子检测引物及其应用：中国，CN201210013527. 9［P］．2012-7-4.

摘要：本发明涉及稻瘟病菌无毒基因分子检测的引物及其用法，用于稻瘟病菌无毒基因 Avrpik 和 Avrpizt 的快速分子检测，属于农作物病害防治和抗病育种领域。设计了两对引物 Avrpik-F/R 和 Avrpizt-F/R，可以分别检测稻瘟病菌的无毒基因 Avrpik 和 Avrpizt，特异性扩增的 DNA 片段长度分别为 184bp 和

153bp。适用于稻瘟病菌纯培养物和发病部位稻瘟病菌群体无毒基因组成的分析。

［12］郝宪彬，华泽田，迟克生，等．杂交粳稻分子育种新组合辽优 5224 的选育［J］．作物研究，2007，21（3）：280-281.

机构：辽宁省稻作研究所，沈阳，110101。

摘要：利用回交导入技术构建了以优良恢复系 C418 为轮回亲本的近等基因导入系的选育材料平台。2004 选育出第一个粳稻分子育种强优恢复系 C124 并配组成功。分子育种杂交新组合辽优 5224 于 2005、2006 两年参加了辽宁省水稻区域试验，综合优势突出，2007 年 1 月获得辽宁省水稻品种审定。

［13］牛付安，程灿，周继华，等．分子标记在杂交粳稻育种上的应用现状及展望［J］．中国稻米，2015（1）：18-23.

机构：上海市农业科学院作物育种栽培研究所，上海，201106；上海市农科种子种苗有限公司，上海，201106。

摘要：本文综述了分子标记在杂交粳稻种质资源遗传多样性分析及核心种质构建、分子标记辅助选择育种、杂种优势预测以及 DNA 指纹图谱构建等方面的研究和应用现状，探讨了分子标记在杂交粳稻育种上应用存在的主要问题，并对其应用前景进行了展望。

[14] Genetic mapping and molecular marker development for*Pi65(t)*, a novel broad-spectrum resistance gene to rice blast using next-generation sequencing.

(Wenjing Zheng Yan Wang Lili Wang Zuobin Ma Jiaming Zhao Ping Wang, Lixia Zhang Zhiheng Liu Xiaochun Lu)

Theoretical and Applied Genetics May 2016, Volume 129, Issue 5, pp 1 035-1 044

Rice blast is a devastating fungal disease worldwide.The use of blast resistance (*R*) genes is the most important approach to control the disease in rice breeding.In the present study, we finely mapped a novel resistance gene *Pi65(t)*, conferring a broad-spectrum resistance to the fungus Magnaporthe oryzae, using bulked segregant analysis in combination with next-generation sequencing technology.Segregation in a doubled haploid(DH) population and a BC1F2 population suggested that resistance to blast in Gangyu129 was likely conferred by a single dominant gene, designated *Pi65(t)*; it was located on chromosome 11 from 30.20 to 31.20 Mb using next-generation sequencing. After screening recombinants with newly developed molecular markers, the region was narrowed down to 0.43 Mb, flanked by SNP-2 and SNP-8 at the physical location from

30. 42 to 30. 85 Mb based on the Nipponbare reference database in build 5. Using the software QTL IciMapping, *Pi65(t)* was further mapped to a locus between InDel-1 and SNP-4 with genetic distances of 0.11 and 0.98 cm, respectively. Within this region, 4 predicted *R* genes were found with nucleotide binding site and leucine-rich repeat(NBS-LRR) domains. We developed molecular markers to genotype 305 DH lines and found that InDel-1 was closely linked with *Pi65(t)*. Using InDel-1, a new rice variety Chuangxin1 containing *Pi65(t)* was developed, and it is highly resistant to rice blast and produces a high yield in Liaoning province of China. This indicated that *Pi65(t)* could play a key role in the improvement of rice blast resistance.

[15] Development of PCR-based allele-specific and InDel marker sets for nine rice blast resistance genes.

K. Hayashi H. Yoshida I. Ashikawa.

Theoretical and Applied Genetics, Volume 113, Issue 2, pp 251-260.

Blast resistance is one of the most important traits in rice breeding, and application of molecular markers for blast resistance breeding is likely to allow the rapid screening for the trait during early growth stages, without the need for inoculation of pathogen and phenotyping. Allele-specific PCR markers and insertion/deletion (InDel) markers, which genotype single-nucleotide polymorphisms and InDel polymorphisms, respectively, are useful tools for marker-assisted selections. We developed sets of allele-specific PCR and InDel markers for nine rice blast resistance genes—*Piz, Piz-t, Pit, Pik, Pik-m, Pik-p, Pita, Pita*-2, and *Pib*—which are commonly used in Japanese blast resistance rice breeding programs. For each resistance gene, we used the segregation information from thousands of progeny in several crosses or published gene locations to generate a marker that cosegregated with the gene and markers that closely flanked the gene on either side. The developed cosegregating markers uniquely discriminated among each of the lines with the individual resistance genes(except for *Pita* and *Pita*-2). Therefore, these markers will likely facilitate the development of multiline cultivars carrying one or a combination of these nine blast resistance genes. In addition, the systems we developed may be valuable tools in the quality control of seed production from blast-resistant multiline cultivars.

[16] Analysis of Korean japonica rice cultivars using molecular markers associated with blast resistance genes.

Suh JungPil Roh JaeHwan Cho YoungChan Han SeongSook Jeon YongHee Kang KyungHo Kim YeonGyu

Korean Journal of Breeding Science; 2008.40(3): 215-222.29 ref.

Fifty-two Korean japonica rice cultivars were analyzed for leaf blast resistance and genotyped with 4 STS and 26 SSR markers flanking the specific chromosome sites linked with blast resistance genes. In our analysis of resistance genes in 52 japonica cultivars using STS markers tightly linked to Pib, Pita, Pi5(t) and Pi9(t), the blast nursery reaction of the cultivars possessing the each four major genes were not identical to that of the differential lines. Eight of the 26 SSR markers were associated with resistant phenotypes against the isolates of blast nursery as well as the specific Korean blast isolates, 90-008(KI-1113), 03-177(KJ-105). These markers were linked to Pit, Pish, Pib, Pi5(t), Piz, Pia, Pik, Pi18, Pita and Pi25(t) resistance gene loci. Three of the eight SSR markers, MRG5836, RM224 and RM7102 only showed significantly associated with the phenotypes of blast nursery test for two consecutive years. These three SSR markers also could distinguish between resistant and susceptible japonica cultivars. These results demonstrate the usefulness of marker-assisted selection and genotypic monitoring for blast resistance of rice in blast breeding programs.

[17] Fine genetic mapping and physical delimitation of the rice blast resistance gene Pi5(t) to a 170-kb DNA segment of the rice genome.

Jeon, J.S. Chen, D. Yi, G.H. Wang, G.L. Kawasaki, S. Ronald, P.C.

Rice blast: interaction with rice and control. Proceedings of the 3rd International Rice Blast Conference, Tsukuba Science City, Ibaraki, Japan, 11 to 14 September 2002; 2004.: 87-106.49 ref.

Amplified fragment length polymorphism(AFLP)-derived markers linked to Pi5(t)-mediated resistance to blast(*Magnaporthe grisea*) were isolated using bulked segregant analysis of F2 populations generated by crossing 3 recombinant inbred lines (RILs), RIL125, RIL249 and RIL260 with the susceptible line CO39. The most tightly linked AFLP marker, S04G03, was positioned on chromosome 9 of the fingerprint-based physical map of Nipponbare, a well-characterized rice genotype. Flanking BAC-based Nipponbare markers were generated for saturation mapping using four populations, the 3 initial RILs and an additional one derived from a cross between M202 and RIL260. A BIBAC(binary BAC) library was constructed from RIL260.Using these resources Pi5(t) was mapped to a 170-kb interval, and a contiguous set of BIBAC clones spanning this region was constructed.It had previously been suggested that Pi3(t) and Pi5(t) might be allelic, due to their identical resistance spectrum and tight linkage. We therefore compared genomic regions for lines containing Pi3(t) using the Pi5(t)-linked markers.DNA gel-blot analyses indicated that the region around Pi3(t) is identical to that of Pi5(t), suggesting that Pi3(t) and Pi5(t) are the same resistance gene.

[18] Polymorphism analysis of genomic regions associated with broad-spectrum effective blast resistance genes for marker development in rice.

Tacconi, G.Baldassarre, V.Lanzanova, C.Faivre-Rampant, O.Cavigiolo, S.Urso, S.Lupotto, E.Vale, G.

Molecular Breeding; 2010.26(4): 595-617.43 ref.

Cultivated European rice germplasm is generally characterized by moderate to high sensitivity to blast, and blast resistance is therefore one of the most important traits to improve in rice breeding.We collected a panel of 25 rice genotypes containing 13 broad range rice resistance genes that are commonly used in breeding programs around the world: Pi1, Pi2, Pi5, Pi7, Pi9, Pi33, Pib, Pik, Pik-p, Pita, Pita2, Piz and Piz-t.The efficiency of the selected Pi genes towards Italian blast pathotypes was tested via artificial inoculation and under natural field infection conditions. To characterize haplotypes present in the chromosomal regions of the blast resistance genes, a polymorphism search was conducted in the sequence regions adjacent to the blast resistance by examining DNA from the Pi gene donors with a panel of 5-7 potential receivers(cultivated European rice genotypes).Seven InDel and 8 presence/absence polymorphisms were directly detected by gel analysis after DNA amplification, while sequencing of 12.870 bp through 32 loci in different genotypes revealed 85 SNP(one SNP every 151 bp).Seven SSRs were additionally tested revealing 5 polymorphic markers between donors and receivers.Polymorphisms were used to develop 35 PCR-based molecular markers suitable for introgressing of Pi genes into a set of the European rice germplasm. For this last purpose, allelic molecular marker variation was evaluated within a representative collection of about 95 rice genotypes. Polymorphic combinations allowing introgression of the broad spectrum resistance genes into a susceptible genetic background have been identified, thus confirming the potential of the identified markers for molecular-assisted breeding.

[19] Screening of the dominant rice blast resistance genes with PCR-based SNP and CAPS marker in aromatic rice germplasm.

Kim JeongSoon Ahn SangNag Hong SungJun Kwon JinHyeuk Kim YeongKi Jee HyeongJin Shim ChangKi

Korean Journal of Crop Science/Hanguk Jakmul Hakhoe Chi; 2011.56(4): 329-341.many ref.

The objective of this study was to determine the genetic diversities of major rice blast resistance genes among 84 accessions of aromatic rice germplasm. Eighty four accessions were characterized by a dominant 11 set of PCR-based SNP and CAPS marker, which showed the broad spectrum resistance and closest linkage to seven major rice blast resistance(R) genes, Pia, Pib, Pii, Pi5(Pi3), Pita(Pita-2), and Pi9(t). The allele specific PCR markers assay genotype of SCAR and STS markers was applied to estimate the presence or absence of PCR amplicons detected with a pair of PCR markers. One indica accession, Basmati (IT211194), showed the positive amplicons of five major rice blast resistance genes, Pia, Pi5 (Pi3), Pib, Pi-ta(Pi-ta2), and Pik-5(Pish). Among 48 accessions of the PCR amplicons detected with yca72 marker, only five accessions were identified to Pia gene on chromosome 11. The Pib gene was estimated with the NSb marker and was detected in 65 of 84 accessions. This study showed that nine of 84 accessions contained the Pii gene and owned Pi5(Pi3) in 42 of 84 accessions by JJ817 and JJ113-T markers, which is co-closest with Pii on chromosome 9. Only six accessions were detected two alleles of the Pita or Pita-2 genes. Three of accessions were identified as the Pi9(t) gene locus.

[20] Identification and validation of rice blast resistance genes in Indian rice germplasm.

Shikari, A.B.Rajashekara, H.Apurva Khanna Krishnan, S.G.Rathour, R.Singh, U.D.Sharma, T.R.Prabhu, K.V.Singh, A.K.

Indian Journal of Genetics and Plant Breeding; 2014.74(3): 286-299.41 ref.

Blast disease caused by *Magnaporthe oryzae* is a major constraint in rice production. Identification of new donors for blast resistance is a pre-requisite for effective utilization of diverse germplasm for marker assisted incorporation of blast resistance into improved varieties. Therefore, in the present study, a set of 100 diverse rice germplasm accessions were evaluated for 11 blast resistance genes namely Pikm, Pik, Pikh, Pi1, Pi5, Pi54, Pib, Piz5, Piz, Pi9 and Pish, both at genotypic and phenotypic level.Genotyping with gene based/gene linked markers could identify six genotypes from the germplasm possessing as many as six resistance specific alleles.A total of 34 and 67 germplasm lines were found to possess resistance alleles for two genes, Pikm and Pik, respectively. Phenotypic validation using artificial inoculation in the germplasm was carried out with 4 diverse isolates under controlled conditions. The congruence between marker genotype and disease phenotype on a set of monogenic lines for blast resistance in the LTH background was used to compute Disease Resistance Index(DRI) in the germplasm.Cumulative DRI for each genotype was computed over all the marker loci.The genotypes Heibao, Kalinga-I, Vijetha, Anjali, Bhaubhog, Sada Kaijam, Kala Jeera had high cumulative resistance score.Allelic Cumulative Disease Resistance Index(ACDRI) , a measure for comparing the effectiveness of markers was calculated and markers linked to Pikm, Pik, Piz5, Pi1 were found to possess higher accuracy and better correlation with expected patterns of resistance under artificial inoculation. Based on disease resistance index, 25 germplasm accessions were found carrying blast resistance specific alleles at different loci and were fully validated for disease phenotype, which are valuable in breeding for resistance, allele mining and functional genomics studies.

[21] Molecular identification and virulence analysis of AVR genes in rice blast pathogen, *Magnaporthe oryzae* from Eastern India.

Jahangir Imam　Shamshad Alam　Mandal, N.P.Pratyoosh Shukla　Sharma, T. R.Mukund Variar

Euphytica; 2015.206(1): 21-31.41 ref.

A set of 63 rice blast pathogen, *Magnaporthe oryzae* isolates from different cultivars in different rice growing regions of Eastern India was surveyed for the presence of nine known avirulence genes, Avr-Piz-t, Avr-Pita, ACE1, Avr-Pia, Avr-Pit, Avr1-CO39, Avr-Pi7, Avr-Pi15 and Avr-Pik with gene-specific molecular markers.These genes were detected with varying frequencies.Avr-Piz-t and Avr-Pik had the highest frequency(100%) while Avr1-CO39 had the lowest(2%). Frequencies of other Avr genes varied from 38% to 86%.Spatial distribution analysis revealed almost uniform distribution of Avr genes in Eastern India.Out of 63 isolates, seven possessed the maximum of eight Avr genes, while a minimum of only two Avr genes were detected in another set of five isolates. Virulence analyses of 47 isolates revealed that many isolates possessing alleles of Avr genes were able to infect monogenic lines harbouring cognate R genes suggesting that such isolates might possess alternate mechanisms to escape host surveillance.

[22] Association genetics reveals three novel avirulence genes from the rice blast fungal pathogen Magnaporthe oryzae.

Yoshida, K.Saitoh, H.Fujisawa, S.Kanzaki, H.Matsumura, H.Yoshida, K.Tosa, Y. Chuma, I.Takano, Y.Win, J.Kamoun, S.Terauchi, R.

Plant Cell; 2009.21(5): 1 573–1 591.many ref.

To subvert rice(*Oryza sativa*) host defenses, the devastating ascomycete fungus pathogen *Magnaporthe oryzae* produces a battery of effector molecules, including some with avirulence(AVR) activity, which are recognized by host resistance(R) proteins resulting in rapid and effective activation of innate immunity. To isolate novel avirulence genes from M.oryzae, we examined DNA polymorphisms of secreted protein genes predicted from the genome sequence of isolate 70–15 and looked for an association with AVR activity. This large–scale study found significantly more presence/absence polymorphisms than nucleotide polymorphisms among 1032 putative secreted protein genes. Nucleotide diversity of M.oryzae among 46 isolates of a worldwide collection was extremely low(theta =8.2x10–5), suggestive of recent pathogen dispersal. However, no association between DNA polymorphism and AVR was identified. Therefore, we used genome resequencing of Ina168, an M.oryzae isolate that contains nine AVR genes. Remarkably, a total of 1.68 Mb regions, comprising 316 candidate effector genes, were present in Ina168 but absent in the assembled sequence of isolate 70–15. Association analyses of these 316 genes revealed three novel AVR genes, AVR–Pia, AVR–Pii, and AVR–Pik/km/kp, corresponding to five previously known AVR genes, whose products are recognized inside rice cells possessing the cognate R genes. AVR–Pia and AVR–Pii have evolved by gene gain/loss processes, whereas AVR–Pik/km/kp has evolved by nucleotide substitutions and gene gain/loss.

[23] Arms race co–evolution of *Magnaporthe oryzae* AVR–Pik and rice Pik genes driven by their physical interactions.

Kanzaki, H.Yoshida, K.Saitoh, H.Fujisaki, K.Hirabuchi, A.Alaux, L.Fournier, E. Tharreau, D.Terauchi, R.

Plant Journal; 2012.72(6): 894-907.48 ref.

Attack and counter-attack impose strong reciprocal selection on pathogens and hosts, leading to development of arms race evolutionary dynamics. Here we show that *Magnaporthe oryzae* avirulence gene AVR-Pik and the cognate rice resistance(R) gene Pik are highly variable, with multiple alleles in which DNA replacements cause amino acid changes. There is tight recognition specificity of the AVR-Pik alleles by the various Pik alleles. We found that AVR-Pik physically binds the N-terminal coiled-coil domain of Pik in a yeast two-hybrid assay as well as in an in planta co-immunoprecipitation assay. This binding specificity correlates with the recognition specificity between AVR and R genes. We propose that AVR-Pik and Pik are locked into arms race co-evolution driven by their direct physical interactions.

[24] Identification of an avirulence gene in the fungus *Magnaporthe grisea* corresponding to a resistance gene at the Pik locus.

Yasuda, N. Noguchi, M.T. Fujita, Y.

Phytopathology; 2005.95(7): 768-772.34 ref.

A rice isolate of *Magnaporthe grisea* collected from China was avirulent on rice cvs. Hattan 3 and 13 other Japanese rice cultivars. The rice cv. Hattan 3 is susceptible to almost all Japanese blast fungus isolates from rice. The genetic basis of avirulence in the Chinese isolate on Japanese rice cultivars was studied using a cross between the Chinese isolate and a laboratory isolate. The segregation of avirulence or virulence was studied in 185 progeny from the cross, and monogenic control was demonstrated for avirulence to the 14 rice cultivars. The resistance gene that corresponds to the avirulence gene(Avr-Hattan 3) is thought to be located at the Pik locus. Resistance and susceptibility in response to the Chinese isolate in F3 lines of a cross of resistant and susceptible rice cultivars were very similar to the Pik tester isolate, Ken54-20. Random amplified polymorphic DNA markers and restriction fragment length polymorphism markers from genetic maps of the fungus were used to construct a partial genetic map of Avr-Hattan 3. We obtained several flanking markers and one co-segregated marker of Avr-Hattan 3 in the 144 mapping population.

[25] Identification of *Magnaporthe oryzae* avirulence gene corresponding to the rice blast resistance gene Pik-m.

Luo ChaoXi　Yasuda, N. Iwano, M. Tanaka, H. Kusaba, M. Yaegashi, H.

Bulletin of the Faculty of Agriculture, Saga University; 2005.(90): 15-21. 15 ref.

To identify a blast fungus avirulence(Avr) gene that corresponds to the rice blast resistance(R) gene Pik-m, the difference between the Avr gene in the parental isolate (84R-62B) and the Avr gene in the standard isolate(Ken54-20) harbouring known Avr genes was studied by using 187 lines of the F3 family from crosses between rice cultivars Norin 3(+) and Tsuyuake(Pik-m).The pathogenic reactions of the isolates 84R-62B and Ken54-20 were always identical on all the 187 lines without exception.This indicates that 84R-62B has the same Avr gene as Ken54-20.Moreover, it appears that the incompatibility between the Tsuyuake and Ken54-20 is determined only by the interaction of the R gene Pik-m and the Avr gene corresponding to Pik-m.The Avr gene of 84R-62B to Tsuyuake was identified as the AvrPik-m.The segregation ratio of avirulence/virulence in the progeny isolates was 72 : 43 on Tsuyuake, which does not fit a 1 : 1 or a 3 : 1 ratio expected from the involvement of one or 2 independent avirulence gene(s).On the other hand, the resistance reaction of F3 rice lines to 84R-62B was consistent with a 1 : 2 : 1 ratio, indicating that the blast resistance of Tsuyuake is due to monogenic control.A particular interaction of the R genes Pik-m and Pik with the corresponding Avr genes in the rice blast fungus is also discussed.

[26] Genetic and physical mapping of the avirulence gene Avr-Pikm in *Magnaporthe oryzae*.

Yan Jiye Zhang LianHong Zhao WenSheng Zhang GuoZhen Peng YouLiang

Annals of Microbiology; 2013.63(3):997-1004.38 ref.

The interaction between rice and the rice blast fungus *Magnaporthe oryzae* follows a gene-for-gene model.The pathotype of a strain is determined by its avirulence gene content.In this study, we crossed avirulent strain S1522 and virulent strain S159 to generate 108 progenies.We subsequently isolated the avirulence gene Avr-Pikm through classical genetic analysis. The segregation ratio in F1 population was 1 : 1 and confirmed the presence of a single locus in the genome of S1522.Two SCAR and five SSR markers linked to the avirulence gene were identified from the segregated population, and Avr-Pikm was mapped on the chromosome of M.oryzae.A genomic library of avirulence parental strain S1522 was then constructed; the library was screened using the markers SCE121406 and SSR47A18, which were linked to the AVR gene as probes. Using these procedures, a fine physical map was assembled to include five TAC clones. TAC clone 35C5 is 32 kb in length and contains the two above-mentioned SCE121406 and SSR47A18 probes, suggesting that the Avr-Pikm gene spans across the two markers located on the clone. These results provide support towards Avr-Pikm map-based cloning.

[27] Rice improvement through genome-based functional analysis and molecular breeding in India.

Pinky Agarwal Parida, S.K. Saurabh Raghuvanshi Sanjay Kapoor Paramjit Khurana Khurana, J.P. Tyagi, A.K.

Rice; 2016.9(1): (7 January 2016). 247 ref.

Rice is one of the main pillars of food security in India. Its improvement for higher yield in sustainable agriculture system is also vital to provide energy and nutritional needs of growing world population, expected to reach more than 9 billion by 2050. The high quality genome sequence of rice has provided a rich resource to mine information about diversity of genes and alleles which can contribute to improvement of useful agronomic traits. Defining the function of each gene and regulatory element of rice remains a challenge for the rice community in the coming years. Subsequent to participation in IRGSP, India has continued to contribute in the areas of diversity analysis, transcriptomics, functional genomics, marker development, QTL mapping and molecular breeding, through national and multi-national research programs. These efforts have helped generate resources for rice improvement, some of which have already been deployed to mitigate loss due to environmental stress and pathogens. With renewed efforts, Indian researchers are making new strides, along with the international scientific community, in both basic research and realization of its translational impact.

[28] Evaluation of SSR and SNP markers for molecular breeding in rice.

Gonzaga, Z.J. Kashif Aslam Septiningsih, E.M. Collard, B.C.Y.

Plant Breeding and Biotechnology; 2015.3(2): 139-152. 46 ref.

Simple sequence repeats (SSRs) have been the marker of choice for rice molecular breeding due to the high level of polymorphism, technical simplicity and low cost. Recent advances in rice genomics have led to the discovery of abundant single nucleotide polymorphism (SNPs) which have enormous potential for rice molecular breeding.To assess both marker systems for molecular breeding in rice, SSR and SNP markers were evaluated on a set of 23 genotypes representing indica germplasm for their usefulness in molecular research and breeding program.Seven hundred SSR and sequence tagged sites(STS) markers and 384 SNPs were screened for polymorphism.Highly polymorphic markers based on polymorphic information content(PIC) values were identified, which will be useful for molecular breeding.Data was used to identify an "indica genotyping set" based on high level of polymorphism, chromosome position and marker quality which will provide kits of markers for marker assisted selection(MAS) . Genetic diversity analysis using SSR data was more consistent with pedigrees compared to analysis with SNP data indicating that more than 384 SNPs are required when elite indica breeding material is used.The results also indicated that there were polymorphic "blind spots" for the fixed SNP set suggesting that SSRs could still be used to complement fixed－SNP genotyping platforms for some molecular breeding applications.

[29] Molecular breeding of rice for improved disease resistance, a review.

Mueen Alam Khan

Australasian Plant Pathology; 2015.44(3) : 273－282.139 ref.

Diseases are considered to be the major limiting factors in rice production around the globe.Considering rice as an important cereal crop, developing disease resistant cultivars is a prime objective of breeders. Compared to conventional breeding, molecular breeding especially using marker assisted selection appears to be more effective and precise.The best management of disease is to bring durable wide spectrum resistance in rice cultivars.This can be accomplished by accumulating both qualitative and quantitative resistance genes in to rice cultivars. Introducing these resistance genes from the wild relatives of rice in to commercial cultivars has greatly helped the breeders to accomplish this task.Marker assisted selection is extremely valuable in resolving the issues the breeders face with traditional breeding.A number of transgenic rice lines harboring the so called ‘ foreign’ resistant genes have been produced.However such promising lines must be extensively replicated in fields to evaluate stable integration and continued expression of genes.None the less identification of disease resistance genes and quantitative trait loci(QTLs) , use of marker assisted selection along with gene pyramiding and transgenic approaches all provide breeders a hope to build high yielding disease resistant cultivars.Based on such premises, we can truly envision broadening of our understanding the genetic and molecular basis of disease resistance in rice.

[30] A brown planthopper resistant and high grain quality rice variety 'Anmi' developed by molecular breeding method.[Korean]

Suh JungPil Jeung JiUng Kim YeonGyuJena, K. K. Cho YoungChan Lee JeomHo Kim MyeongKi Hong HaCheol Lee JongHee Kim JeongJu Choi ImSoo Jeong EungGi Hwang HungGoo Oh SeaKwan Yang ChangDin Shin MunSik

Korean Journal of Breeding Science; 2014.46(2): 152-159.10 ref.

"Anmi" is a new BPH(Brown planthopper) resistant japonica rice cultivar possessing the Bph18 gene derived from wild rice, Oryza australiensis and high yield potential with good grain quality. 'Anmi' was derived from a cross 'Junam' and 'IR65482-7-216-1-2' by a molecular marker assisted backcross breeding. The introgression line 'IR65482-7-216-1-2', the source of the Bph18 gene, was used as the donor parent for BPH resistance and 'Junam', a BPH-susceptible elite japonica cultivar with good grain quality, was used as the recurrent parent. 'Anmi' was developed by three times backcross the F1 plants with 'Junam'. The heading date of 'Anmi' is August 15 in central plain area, which is 5 days later than that of 'Hwaseong'. It has 77 cm in culm length, 21 cm in panicle length. The number of spikelets per panicle is more than that of 'Hwaseong' and 1 000 grain-weight of brown rice is 22.1 g which is less than 22.7 g of "Hwaseong". Milled rice kernel of 'Anmi' is clear in appearance, low in amylase content and excellent in palatability of cooked rice. "Anmi" shows resistance to BPH, leaf blast disease, bacterial blight, rice stripe disease but susceptible to other virus disease and insect pest. The milled rice yield performance of "Anmi" is about 5.76 MT/ha in local adaptability test for three years. This cultivar is adaptable to central plain area of Korea.

四、查新结论

检索国内国外 15 年相关文献和数据库，共检到重要相关文献 30 篇，其中，中文文献 13 篇，外文文献 17 篇，文献 1~10、文献 14 为该课题组的文献报道。国内外均已有水稻分子育种、稻瘟病基因研究的报道，其中，外文相关研究报道较多。与该课题选育的品种及其选育方法等比较分析认定如下。

查新点 1：水稻品种抗稻瘟病基因及稻瘟病菌无毒基因分子检测及引物

经检索，在检索到的相关文献中，国内外均有水稻品种抗稻瘟病基因及稻瘟病无毒基因检测的研究报道，其中文献 1、文献 2、文献 4~8 公开了水稻抗稻瘟病基因 Pi5 标记及其检测方法，文献 9、文献 10 公开了稻瘟病菌无毒基因 AVR-Pik-B 的检测方法，均为该课题组的研究报道和发明专利。除此外，未见其他关于水稻抗稻瘟病基因 Pi5 及其引物、稻瘟病菌无毒基因 AVR-Pik-B 及其检测标记相同的国内国外报道，未见抗稻瘟病基因及稻瘟病菌无毒基因分子检测技术规程的国内外报道。

查新点 2：杂交粳稻抗稻瘟病分子育种

经检索，在检索到的相关文献中，国内外已有较多水稻分子标记辅助育种研究的报道，杂交粳稻分子育种的报道较少。综合分析所检文献，未见与该课题完成的杂交粳稻组合抗稻瘟病分子标记辅助育种相同的国内外报道。

查新点 3：分子检测技术应用于品种布局和推广

经检索，在检索到的相关文献中，国内外已有较多关于分子标记技术应用于抗病品种选育的报道，但未见将该技术应用于品种布局和推广中的报道。

查新人（签字）： 技术职务： 研究员 副研究员 审核人（签字）： 研究员	查新单位：（签章） 年　月　日

案例 2

编号：

查新项目报告书

项目名称： 高粱雄性不育系 7050A 创造与应用
委托单位：
委　托　人：
联系电话：
通信地址：
查新单位：
委托日期：
完成日期：

农业部科技与质量标准司制

一、项目内容及技术要点

（一）7050A 选育背景

高粱是我国重要的旱地粮食作物，是我国最早栽培的禾谷类作物之一，曾为解决我国人民吃饭问题，保证国家粮食安全，促进我国发展立下过汗马功劳。目前，我国高粱生产仍处于较高水平，在高粱主产国中，单产水平仅次于美国排第二位，种植面积超过 100 万公顷，对我国农业生产和人民生活具有重要影响。

“七五”“八五”期间，由 Tx622A 所配制的我省主栽高粱杂交种“辽杂 1 号”“沈杂 5 号”等由于不抗叶斑病，不抗倒伏，不抗丝黑穗病，给生产造成困难与减产，而且，生产上使用的高粱杂交种全部为 A_1（milo，迈罗）细胞质，这种现象所导致的高粱在遗传上的单一性和脆弱性会对高粱生产产生极大的危害，极易使某一病虫害在短期内暴发和流行，20 世纪 70 年代美国 T 型细胞质玉米杂交种的小斑病大暴发就是一个例子。鉴于这种现状，培育非迈罗细胞质、多抗、高配合力不育系，并配制出相应的高粱杂交种已成为一项迫切的任务。

7050A 就是在这种形势下育成的。7050A 为 A_2 型细胞质雄性不育系，不育性稳定，一般配合力高，抗 2、3 号丝黑穗病、抗叶病、抗倒伏、籽粒大、品质优良。

目前，以 7050A 为母本配制的辽杂 10 号、辽杂 11 号、辽杂 12 号、辽杂 24 号、辽杂 25 号、锦杂 100 号、沈杂 8 号、辽草 1 号等高粱杂交种已在生产上广泛应用，为我省和我国高粱品种的更新换代和高粱生产的发展做出了巨大的贡献。

（二）7050A 选育经过

7050A 是辽宁省农科院高粱所于 1986 年利用抗丝黑穗病 3 号小种、抗倒、优势强、但晚熟、粒小的 421B（来自印度，原编号为 SPL-132）为母本，与对丝黑穗病为水平抗性、早熟、抗蚜、籽粒较大的 A_1 恢复系 TAM428 为父本进行去雄杂交，经南繁北育十多代选育、回交转育而成的 A_2 型细胞质雄性不育系。7050A 花药呈白色，瘦小干瘪，不育性稳定，一般配合力高，抗 2、3 号丝黑穗病，抗叶病、抗倒伏、籽粒大、品质优良。

（三）7050A 及其杂交种特点

1. 植物学性状

该不育系、保持生育期 125 天，属中晚熟不育系，芽鞘绿色，幼苗绿色，腊质叶脉，前期长势中等，分蘖力强。叶片数 20 片左右，较上冲，株高 125~

135 厘米，穗中紧，纺锤形，穗长 25~30 厘米，单穗粒重 75 克左右，紫红壳，白粒，千粒重 26 克左右，角质率 85%。籽粒成熟过熟时籽粒上会有不规则斑点。

2. 综合抗性强

7050A 经辽宁省农业科学院连续两年（1996 年、1997 年），以丝黑穗病菌 3 号生理小种，0.6%浓度菌土接种鉴定，发病率为 0，表现为免疫。7050A 还具有抗蚜虫、抗叶部病害、抗倒伏、抗旱、活秆成熟等多种抗性。

3. 品质性状优良

7050A 籽粒蛋白质含量为 11.93%，赖氨酸含量为 0.26%，单宁含量为 0.10%，总淀粉含量为 72.66%，出米率 80%~85%，适口性好，有饭香味。

4. 配合力高

以 7050A 为母本育成的辽杂 10 号，省区域试验两年平均比 CK1 增产 26.5%，比 CK2 增产 10.35%，居全部参试组合的第 1 位。省生产试验结果两年平均亩产 604.2 千克，比锦杂 93 增产 18.4%，比 CK2 辽杂 4 号增产 9.3%，两年均居参试组合第一位。以 7050A 为母本育成的其他杂交种如辽杂 11 号、辽杂 12 号、辽杂 24 号、辽杂 25 号、锦杂 100 号、沈杂 8 号、辽草 1 号等均表现出高产、多抗、优质的特性。

（四）创新点

1. 配合力高

以 7050A 为母本育成的辽杂 10 号，创下亩产 1 023 千克的全国高产纪录。

以 7050A 为母本育成的其他杂交种如辽杂 11 号、辽杂 12 号、辽杂 25 号、锦杂 100 号、沈杂 8 号、辽草 1 号等均表现出高产的特性。这说明 7050A 具有非常高粱的一般配合力。

2. 抗丝黑穗病

7050A 本身对丝黑穗病菌 3 号生理小种免疫。而且，7050A 对丝黑穗病的抗性可完整地遗传给以它为母本育成的杂交种中，如辽杂 11 号、辽杂 12 号、辽杂 24 号、辽杂 25 号、锦杂 100 号、沈杂 8 号、辽草 1 号均表现为高抗丝黑穗病。

3. 抗叶部病害

7050A 高抗叶斑病，青枝绿叶、活秆成熟，而且，以它为母本育成的杂交种如辽杂 11 号、辽杂 12 号、辽杂 24 号、辽杂 25 号、锦杂 100 号、沈杂 8 号、辽草 1 号均表现为高抗叶病。

4. 抗倒伏

7050A 茎秆粗壮、根系强大，抗倒伏能力非常强，其杂交种同样具有该特性。

5. 7050A 为 A_2细胞质不育系

以 7050A 为母本育成的辽杂 10 号，在 1997 年审定时，是当时第一个在生产上大面积推广自选的 A_2细胞质高粱杂交种，避免了遗传上的单一性和脆弱性。

6. 品质性状优良

7050A 籽粒蛋白质含量高达 11.93%，赖氨酸含量高达 0.26%，单宁含量为 0.10%，总淀粉含量为 72.66%，出米率 80%~85%，适口性好，有饭香味。

二、使用的手段和文献检索范围

（一）计算机检索

（1）重庆维普中文科技期刊数据库 1994—2004 年；

（2）农业科技文献数据库 1991—2000 年；

（3）辽宁省农业科技成果数据库 1991—2005 年；

（4）清华同方中文科技期刊数据库 1994—2006 年；

（5）CABI 农业文摘数据库 1995—2006 年；

（6）相关农业网站。

（二）手工检索

（1）中文科技资料目录—农业：1991—1998 年；

（2）全国报刊索引（科技版）：1991—2003 年农业部分；

（3）中国农业文摘——粮食与经济作物：1990—2004 年；

（4）科学技术研究成果公报：1991—1998 年农业部分。

填写要求：

1. 列入所用检索工具的名称、时间范围。
2. 列出所有数据库名称或文档名称、年限。
3. 文字不得小于 4 号字，纸面不够请加页。

三、检索结果

（一）检索词

中文检索词：高粱、不育系、A_2细胞质、高产、高配合力、多抗

中文检索式：高粱 * 不育系 * （A_2细胞质+高产+高配合力+多抗）

英文检索词：sorghum，variety，line，A line，sterile line，A_2，non-milo，combining ability，combination ability，high yield，resistance

英文检索式：sorghum and （variety or line） and （A line or sterile line or A_2 or non-milo or combining ability or combination ability or high yield or resistance）

（二）检出文献的相关程度及数量

根据委托单位的要求，对“高粱雄性不育系 7050A 创造与应用”项目进行了 1990—2006 年国内国外文献检索，查到与本研究项目相关的文献 200 余篇，其中国内主要相关文献 28 篇，国外 7 篇。

国内主要相关文献

[1] 李团银，柳青山，张福耀，等. 新型 A_2 细胞质高粱杂交种晋杂 12 号选育及利用研究 [J]. 中国农业科学，1999（1）.

[2] 陶凯元. 晋杂 12 号高粱 [J]. 山西农业，1995（4）.

[3] 李金梅，张福耀，赵威军，等. 高粱 A_2 型细胞质雄性不育系（CMS）在我国的研究进展 [J]. 作物杂志，2006（3）.

[4] 高士杰，刘晓辉，王鼐，等. 高粱 A_2 型细胞质在中国的研究与利用 [J]. 中国农学通报，2006（2）.

[5] 平俊爱，程庆军，杜志宏. 高粱新型细胞质雄性不育系 A_2V_4A [J]. 中国种业，2000（4）.

[6] 杜学武，杨华. 多抗高产优质高粱新杂交组合京农 2A/8385 选育报告 [J]. 甘肃农业科技，2001（9）.

[7] 白志良，王呈祥，王良群，等. 高粱体细胞克隆变异杂交种晋杂 18 [J]. 作物杂志，2000（4）.

[8] 贾恩吉，何文安，赵立华等. 中国高粱胞质雄性不育系“吉农 105”的研究 [J]. 吉林农业科学，1998（1）.

[9] 徐瑞洋，赵随堂，冯未娥，等. 抗 4、抗 7 高粱品种选育及对丝黑穗病抗性的遗传 [J]. 华北农学报，1997（4）.

[10] 王艳秋，卢峰，宋仁本，等. 优质、高产、多抗酿造型高粱杂交种辽杂 23 号选育报告 [J]. 杂粮作物，2006（5）.

[11] 王江红，马忠良，周紫阳，等. 高粱杂交种四杂 42 选育报告［J］. 吉林农业科学，2006（4）.
[12] 王鼐，刘红欣，苏颖，等. 高粱杂交种吉杂 203 号的选育［J］. 杂粮作物，2006（4）.
[13] 王江红，张淑君，马忠良，等. 高粱杂交种四杂 36 号选育报告［J］. 杂粮作物，2005（3）.
[14] 王颖，石太渊，杨立国. 高粱杂交种辽杂 17 号选育报告［J］. 杂粮作物，2004（5）.
[15] 成慧娟，马尚耀，严福忠，等. 国审高粱品种赤杂 16 号选育报告［J］. 杂粮作物，2004（5）.
[16] 何文安，贾恩吉，张治安，等. 高粱杂交种"吉粱 6 号"选育报告［J］. 吉林农业大学学报，2004（3）.
[17] 孔祥林，张东娟，冯文平，等. 高粱新品种锦杂 102 选育技术报告［J］. 杂粮作物，2004（4）.
[18] 邹剑秋，朱凯，杨晓光，等. 高产、抗旱、酿酒用高粱杂交种辽杂 18 号选育报告［J］. 杂粮作物，2004（3）.
[19] 周紫阳，赵雪梅，马忠良. 高粱杂交种四杂 25 号选育报告［J］. 杂粮作物，2004（1）.
[20] 王丽萍，王秀艳，徐晓艺，等. 高粱杂交种长杂 5 号选育报告［J］. 杂粮作物，2003（1）.
[21] 严换胜. 高产优质白粒高粱新杂交种天杂 9855 选育报告［J］. 甘肃农业科技，2002（11）.
[22] 邹剑秋，杨晓光，杨镇，等. 高粱杂交种辽杂 12 号选育报告［J］. 杂粮作物，2002（4）.
[23] 邹剑秋，杨晓光，杨镇，等. 高粱杂交种辽杂 11 号选育报告［J］. 杂粮作物，2002（1）.
[24] 何文安，贾恩吉，邓少华，等. 高粱杂交种"吉粱 5 号"选育报告［J］. 吉林农业大学学报，2002（5）.
[25] 孟繁盛，王蕴玉，马尚耀，等. 早熟高粱新杂交种赤杂 7 号的选育［J］. 内蒙古农业科技，1998（S1）.
[26] 黎宝光，康立才，高质强. 高粱新杂交种凌杂 1 号选育报告［J］. 辽宁农业科学，1998（2）.
[27] 陈悦，曹嘉颖.高产优质多抗高粱杂交种辽杂 10 号［J］.中国种业，1998（3）.

[28] 宋仁本，卢庆善，郑春阳，等. 高粱杂交种辽杂6号选育报告 [J]. 辽宁农业科学，1996 (5).

国外主要相关文献

[1] Dhillon M. K., Sharma H. C., Reddy B. V. S. /Agronomic characteristics of different cytoplasmic male-sterility systems and their reaction to sorghum shoot fly, Atherigona soccata. //International Sorghum and Millets Newsletter. Sorghum Improvement Conference of North America, Lubbock, USA: 2005, 46: 52-55. 11 ref.

[2] Kaul S. L., Singh K., Rafiq S. M. /Male fertility restoration studies on A1 and A2 cytoplasms of sorghum. //International Sorghum and Millets Newsletter. Sorghum Improvement Conference of North America, Lubbock, USA: 2003, publ. 2004, 44: 11-13. 7 ref.

[3] Kunwar Singh/Selection of high-yielding cross combinations involving A2 cytoplasmic male sterile lines in sorghum [Sorghum bicolor (L.) Moench]. //Journal of Research ANGRAU. Acharya N G Ranga Agricultural University, Hyderabad, India: 2003, 31: 2, 12-16. 6 ref.

[4] Senthil N., Ramasamy P., Khan A. K. F. /Fertility restoration and heterosis involving different cytoplasms in sorghum (Sorghum bicolor (L) Moench) hybrids. //Journal of Genetics & Breeding. 1998. 52: 4, 339-342. 5 ref.

[5] Jaiswal P., Sane A. P., Ranade S. A., et al. /Mitochondrial and total DNA RAPD patterns can distinguish restorers of CMS lines in sorghum. //Theoretical and Applied Genetics. 1998, 96: 6/7, 791-796. 33 ref.

[6] Lonkar S. G., Borikar S. T. /Inheritance of A1 and A2 cytoplasmic genetic male sterility in sorghum. // Journal of Maharashtra Agricultural Universities. 1994, 19: 3, 450. 7 ref.

[7] Williams-Alanis H., Rodriguez-Herrera R. /Comparative performance of sorghums in A1 and A2 cytoplasms. II. Yield and agronomic characteristics. // Cereal Research Communications. 1994, 22: 4, 301-307. 14 ref.

四、查新结论

经检索国内国外近 15 年相关文献和数据库，国内国外均有关于高粱不育系选育的报道，A_2细胞质不育系的也有报道，与该课题选育的品种（系）比较分析认定如下。

（1）A_2细胞质不育系 7050A 及其杂交种选育。该课题以 421B 为母本，A_1恢复系 TAM428 为父本育成 A_2型细胞质雄性不育系 7050A，并以 7050A 为母本育成辽杂 10 号、辽杂 11 号、辽杂 12 号、辽杂 24 号、辽杂 25 号、锦杂 100 号、沈杂 8 号、辽草 1 号等杂交种。其中，辽杂 10 号于 1997 年在生产上大面积推广。经检索，在检索到同类研究的相关文献中，除参考文献 1、文献 2、文献 3、文献 4 等报道了山西省育成 A_2细胞质不育系 A_2V4A（印度引进 V4 转育而成）及其杂交种晋杂 12 等外，未见其他报道。

（2）配合力高。该课题选育的雄性不育系 7050A 具有非常高的一般配合力，以它为母本育成的杂交种均表现出高产的特性，其中，辽杂 10 号最高亩产达 1 023 千克。经检索，在检索到同类研究的相关文献中未见相同报道。

（3）品种抗性。该课题选育的 7050A 雄性不育系对丝黑穗病菌 3 号生理小种免疫，高抗叶斑病，茎秆粗壮、根系强大、抗倒伏。以 7050A 为母本育成的杂交种均表现为高抗丝黑穗病，高抗叶斑病，抗倒伏。经检索，在检索到同类研究的相关文献中未见相同报道。

（4）品种品质。该课题选育的雄性不育系 7050A 籽粒蛋白质含量为 11.93%，赖氨酸含量高达 0.26%，单宁含量为 0.10%，总淀粉含量为 72.66%，出米率 80%～85%，适口性好，有饭香味。经检索，在检索到同类研究的相关文献中未见各项指标均超过该品系（种）的报道。

查新人（签字）：	技术职务：	查新单位：（签章）
	副研究员	
	助理研究员	
审核人（签字）：	副研究员	年　月　日

案例 3

编号：

查新项目报告书

项目名称： 玉米辽综群体创建、改良及应用研究
委托单位：
委　托　人：
联系电话：
通信地址：
查新单位：
委托日期：
完成日期：

农业部科技与质量标准司制

一、项目主要内容及技术要点

（一）辽综群体创建

在杂种优势模式、杂种优势群理论和数量遗传原理指导下，辽综基础群体（C0）以引自美国4份优良自交系（Oh43、C103、H84、门14）和选自美国亲缘9份优良自交系（自330、替423、铁84、吉63、辽金107、辽金834、辽金231、金03、辽由351）为基础材料，从1973年开始通过互配单交、双交、四交、八交再经混合授粉于1980年组建而成。

（二）辽综群体改良及评价

1. 辽综群体C1-C3的改良

辽综群体C0开始在大小斑病和丝黑穗病病菌接种的情况下，经四代选择自交，选出其中表现优良的系行，进行混合授粉组成的群体C1。第二轮改良过程中，运用了S1目测选择（由C1群体的自交后代S1表现型进行选择）、S1半姊妹选择和S1密植选择（由C1群体的自交后代S1在高密度下表现型进行选择）3种不同方法进行选择，相应地得到了辽综C2-1、C2-2和C2-3。第三轮改良中，以辽综C2-1为基础与旅综C2进行半同胞轮回选择得到辽综C3-1，由辽综C2-2通过S1半姊妹选择得到辽综C3-2，经S1密植选择法通过对辽综C2-3改良得到辽综C3-3。

2. 辽综群体改良效果评价

对上述9个群体进行了2年改良效果研究，结果表明：运用S1密植选择法对辽综群体进行轮回改良，在提高自身产量、穗行数、一般配合力以及遗传多样性方面，明显好于另外两种方法；通过S1密植选择法得到的C3-3群体，在植株主要性状、自身产量及配合力方面，明显优于其他各轮群体；而且该方法简单、易操作，应视为理想的轮回选择方法，有必要在群体改良过程中加以应用。鉴于此，我们在利用辽综C3-3群体选育自交系的同时，确立了辽综群体后续的改良方案，即以S1密植选择法为主，并结合新种质导入对辽综C3-3群体进行后续轮回改良。

3. 辽综群体C4-C6的改良

1991年夏辽综C3-3经自交获得300个S1家系；1992年对300个家系分别在沈阳、丹东、锦州和海城四点高密度种植，同时接种大、小斑病和丝黑穗病病菌，经田间和室内筛选，鉴定出在四个地点均表现优良的30个S1家系；1992冬在海南分别以每个S1家系的混合花粉与当时生产大面积运用的优良骨干自交系铁7922杂交，获得30个杂交组合；这些杂交组合经1993年的双交、1993年冬互交、1994年夏隔离区内开放授粉，最后完成了第4轮改良，获得辽综群体 C4。辽综群体第 5 轮改良路线和方法与第四轮改良完全一样，只是在 C4 基础上导入的新种质变为沈 137，于 1998 年完成获得辽综群体 C5。从 2002 年开始了第 6 轮改良，运用 S1 家系密植选择法结合多点接种鉴定，于 2006 完成了辽综群体 C6 的改良。

（三）辽综群体的应用

从 1989 年开始，课题组把轮回选择与系谱选择结合应用，对辽综群体进行轮回选择，同时，按照育种目标，运用低代大群体、高密度与接种主要病害相结合的方法进行选系。1993 年起从辽综群体不同轮次陆续选出了优良自交系辽轮 10732、辽 1401、辽 1412、辽 1708、辽 7980、辽 6160、辽 3088 等，与之相应地组配出辽单 28、辽单 30、辽单 31、辽单 34、辽单 527、辽单 529、辽 588 等玉米杂交种。

（四）项目创新点

1. 对国外优良种质进行挖掘和创新，创造了变异丰富的广基因群体

通过对引自美国自交系或由美国杂交种选育而成自交系反复鉴定、筛选，最终选出 13 个优势互补自交系，通过采用科学有效的方法组配而成广基因型辽综群体，并实施群体改良，提高群体有利基因频率，没有改变群体的遗传基础，完全属于美国种质，与国内旅大红骨，黄早四及也门热带种质都有极强的杂交优势，这为合理利用该群体奠定了坚实的基础。

2. 轮回选择与新种质导入相结合，丰富了改良群体的遗传变异，提高了群体的利用价值

在杂种优势模式的指导下，两次将来自美国杂交种选系的高配合力的自交系铁 7922 和高抗多种病害沈 137 成功地导入辽综群体，有效地扩宽辽综群体的遗传变异，获得了更多有利基因。这种把轮回选择与新种质导入相结合用于改良群体的做法，在国内国外属首创，并且取得良好的效果。实践也证明了从群体 C4 选育的辽 7980 表现出高配合力、广适性，从群体 C5 中选育的辽 6160 表现出极强的抗病性和较高的配合力。

3. 创造了 S1 家系密植鉴定选择法，丰富和发展了群体轮回选择方法

轮回选择的方法很多，包括混合选择法、改良穗行法、半姊妹轮回选择法和相互轮回选择法，学者们对各种选择方法有其不同的评价，有的强调用自交系或基础广泛的群体作测验种，有的主张进行 S1 或 S2 世代选择，各有其试验资料和理论依据。如何使选择方法更为经济有效和简便易行则是许多育种家所探求的问题。所谓 S1 家系密植鉴定选择法就是对群体的 S1 代家系种植在高密度区，进行抗病虫接种鉴定，选择优良穗行重组群体，然后再进行下轮选择的

方法，与普通S1选择所不同的就是增加了高密度这个条件。S1家系通过密植条件的生理压力，更有利于识别和选择出抗逆性强的家系，进而保证了有关配合力性状的更好发展，同时采用这种选择方法排除了测交及其测交种产量鉴定的庞大工作量。根据我们的试验，S1家系密植鉴定选择所需要的人力与试验用地及花费，远较常规测交选择为少，不失为简便有效的选择方法，这种方法对抗病、抗倒、自身产量的选择，特别是品种耐密性和极端逆境适应性的选择非常有效。在今年大多数品种出现空秆情况下，通过S1密植法改良的辽综群体选育的自交系，组配的杂交种无一出现空秆现象，证明了S1密植选择的实用性和科学性。

4. 利用辽综群体选育的自交系耐逆性强、配合力高，其组配的杂交种适应性广

目前，从辽综群体中选育的辽1401、辽1412、辽1708，组配的辽单30、辽单31、辽单34均表现出耐密植、耐瘠薄、高产稳产等特点，适宜在东华北早熟、瘠薄地区种植；从辽综群体C4选育的辽7980组配的辽单527表现出高产、抗病、适应强等特点，逐步成为东华北及西南玉米主产区的主栽品种；从辽综群体C5选育的辽6160配制的辽单青贮529抗病性强、属粮饲兼用型品种，可在北方大部分地区种植。

二、使用的手段和文献检索范围

中文数据库

CNKI 中国期刊全文数据库　2005—2010 年

CNKI 中国优秀硕士学位论文全文数据库　2000—2010 年

CNKI 中国博士学位论文全文数据库　2000—2010 年

CNKI 中国重要会议论文全文数据库　2000—2010 年

重庆维普中文科技期刊数据库　1989—2010 年

英文数据库

德国施普林格期刊数据库（生物医学和生命科学）　1997—2010 年

国际农业和生物学中心文摘数据库 CABI　1990—2010 年

联合国粮农组织国际农业科技情报系统 Agris 数据库　1990—2010 年

填写要求：

1. 列入所用检索工具的名称、时间范围。
2. 列出所有数据库名称或文档名称、年限。
3. 文字不得小于 4 号字，纸面不够请加页。

三、检索结果

（一）检索词

中文检索词：玉米、群体改良、杂优模式、杂种优势模式、S1 密植选择法、轮回选择、种质导入

中文检索式：玉米 *（群体改良+杂优模式+杂种优势模式+S1 密植选择法+轮回选择+种质导入）

英文检索词：maize，*zea mays* L.，population improvement，recurrent selection，pre-breeding，germplasm introduction，close planting，S1 line recurrent selection，S1 selection，S1 close planting selection

英文检索式：（maize or *zea mays* L.）and（population improvement or recurrent selection or pre-breeding or germplasm introduction or S1 line recurrent selection or S1 selection or S1 close planting selection）

（二）检出文献的相关程度及数量

根据委托单位的要求，对“玉米辽综群体创建、改良及应用研究”项目进行了 1989—2010 年国内外文献检索，查到与本研究项目相关的文献 300 余篇，其中主要相关文献 48 篇。

[1] 邹超英，李芦江，杨克诚，等. 控制双亲混合选择对不同玉米合成群体的改良效应［J］. 作物学报，2010（1）：76-84.

[2] 卜俊周，谢俊良，彭海成，等. 玉米群体改良与资源创新［J］. 河北农业科学，2009，13（9）：61-62，64.

[3] 曹士亮，金益，董玲，等. 部分 CIMMYT 玉米群体改良与利用的初步研究［J］. 东北农业大学学报，2008，39（1）：13-18.

[4] 苟才明，杨克诚. 轮回选择方法及其在玉米群体改良中的应用［J］. 作物杂志，2007（2）：5-8.

[5] 高世斌，潘光堂，胡尔良，等. 4 个 CIMMYT 玉米热带种质直接利用潜力的初步研究［J］. 玉米科学，2005，13（4）：27-29，33.

[6] 董海合，李凤华，朱秀珍. 玉米群体改良研究的现状［J］. 天津农林科技，2005（3）：24-26.

[7] 彭泽斌，田志国. 改良 HS 相互轮回选择与玉米育种［J］. 玉米科学，2004，12（1）：18-20.

[8] 彭泽斌，田志国，刘新芝. 改良 HS 相互轮回选择法对两个玉米群体的改良［J］. 作物学报，2004，30（12）：1 204-1 209.

[9] 陈彦惠，张世煌. 中国主要玉米改良群体杂种优势组合模式的初步评价 [J]. 华北农学报，2002，17（4）：30-36.
[10] 张世煌，彭泽斌. 玉米杂种优势与种质扩增，改良和创新 [J]. 中国农业科学，2000，33（C00）：34-39.
[11] 陈刚，张红伟. 玉米群体的轮回选择效果及应用研究 [J]. 北京农业科学，1999，17（3）：1-3.
[12] 陈庆华，李景昕. 玉米群体改良在创造新种质资源和选系中的效应与方法探讨 [J]. 辽宁农业科学，1998（2）：3-8.
[13] 彭泽斌，刘新芝. 改良 S1 后代轮回选择在玉米群体改良中应用的研究：I. 直接响应与相关响应 [J]. 作物学报，1995，21（6）：695-701.
[14] 王铁成，李华. 半姊妹与全姊妹轮回选择对玉米沈综（旅）C1 群体改良效果的研究 [J]. 延边农学院学报，1996，18（4）：197-205.
[15] 王延波. 玉米辽综群体改良方法及效果的研究 [J]. 辽宁农业科学，1992（6）：37-41.
[16] 时俊光. 美国先锋玉米杂优模式利用对中国玉米育种的影响 [J]. 杂粮作物，2010，30（3）：163-166.
[17] 杨一，张宝石，彭勃. 4 个热带玉米群体在温带的利用研究 [J]. 河南农业科学，2007（5）：21-24.
[18] 高翔，陈泽辉，祝云芳，等. 美国 Reid 种质在中国玉米育种和生产中的作用 [J]. 中国农学通报，2005，21（1）：120-123，136.
[19] 程杰，李树成. 美国玉米杂优模式在新疆的应用与改良 [J]. 玉米科学，1998，6（4）：33-35.
[20] 李芦江，杨克诚. 两种轮回选择方法对玉米群体主要性状的改良效果 [J]. 华北农学报，2009，24（B12）：30-34.
[21] 宋锡章，张宝石. 美国玉米种质的利用与改良 [J]. 玉米科学，2007，15（2）：44-48.
[22] 杨小平. 两种轮回选择方法对玉米群体改良效果的研究 [J]. 辽宁农业科学，1995（4）：20-24.
[23] 陈学军，原亚萍. 半姊妹与全姊妹三轮次选择对玉米“沈综”群体改良效果的研究 [J]. 吉林农业大学学报，1993，15（4）：6-10.
[24] 李哲，王会英. 紧凑耐密型玉米杂交种选育途径探讨 [J]. 国外农学：杂粮作物，1998，18（1）：1-3.

[25] 郑秋玲，马春红，董文琦，等. 玉米新种质改良群体的细胞渗透势研究［J］. 河北农业科学，2010，14（5）：64-65.
[26] 陈彦惠，吴连成，等. 轮回选择对豫综 5 号玉米群体的选择效果［J］. 河南农业科学，2003（1）：8-11.
[27] 杨引福，胡必德. 优质蛋白玉米综合种中群 14 号的轮回选择效果［J］. 西北农业学报，1997，6（2）：51-53.
[28] 刘仁东. 玉米开放的 S1 和 S2 轮回选择系统与优良自交系种质的循环利用［J］. 作物杂志，1994（1）：12-14.
[29] 高瑞景，李泾孝，张仁和，等. 两种密度系谱法选择玉米自交系的一般配合力分析［J］. 西北农林科技大学学报：自然科学版，2008，36（6）：56-60.
[30] 彭泽斌，田志国，刘新芝. MS1 与 MS1-HS 两种选择方法的比较研究Ⅱ. 遗传方差、配合力及杂种优势［J］. 作物学报，2005，31（1）：29-35.
[31] 彭泽斌，田志国，刘新芝.改良 S1 和半同胞交替轮回选择对中综 4 号玉米群体改良效果的研究［J］.中国农业科学，2004，37（11）：1598-1603.
[32] 彭泽斌，田志国，刘新芝. MS1 与 MS1-HS 两种选择方法在玉米群体 ZZ4 中的改良效果比较Ⅰ. 主要农艺性状的变化［J］. 作物学报，2004，30（11）：1102-1107.
[33] 何川，郑祖平. 玉米品系内改良 S1 选择方法与技术［J］. 玉米科学，2003，11（4）：19-20，24.
[34] 曹靖生. 北方早熟春玉米群体 S1 后代轮回选择的效果［J］. 国外农学：杂粮作物，1998，18（6）：1-3.
[35] Gara.，G 郭元林. 硬粒型和马齿型玉米综合群体 S1 选择的反应［J］. 国外作物育种，1997（1）：36-40.
[36] 彭泽斌，陈彦惠. 改良 S1 后代轮回选择在玉米群体改良中应用的研究Ⅱ. 群体方差，配合力及杂交优势［J］. 作物学报，1996，22（4）：465-469.
[37] 彭泽斌，刘新芝. 混合选择与改良 S1 家系选择对玉米群体的改良效果研究［J］. 中国农业科学，1993，26（1）：22-31.
[38] 彭泽斌，刘新芝. 玉米群体改良的改良 S1 综合选择法［J］. 安徽农业科学，1992，20（1）：26-31.
[39] Dhil.，BS 王安. 玉米改良中修改 S1 轮回选择法［J］. 国外农学：杂粮作物，1989（6）：1-3.

[40] Goulas, C. K. Bletsos, E. N. Korkovelos, A. E. Population improvement breeding schemes based on combined S1, HS and TC progeny evaluation to develop maize germplasm tolerant to stress growing conditions. Quantitative genetics and breeding methods: the way ahead. Proceedings of the Eleventh Meeting of the EUCARPIA Section Biometrics in Plant Breeding, Paris, France, 30/31 August-1 September, 2000.2001.147-153. 17 ref.

[41] Garcia, P.San Vicente, F.Quijada, P.Bejarano, A.Response to full-sib recurrent selection in tropical populations of maize. Agronomia Tropical (Maracay).1999.49: 1, 19-40.24 ref.

[42] Marquez-Sanchez, F.Expected inbreeding in recurrent selection in maize. Ⅲ: selection in S1 lines and full-sib and half-sib families. Maydica.2009.54: 1, 109-111.8 ref.

[43] Ron Parra, J.Ramirez Diaz, J.L.DelgadoMartinez, H.Maya Lozano, J.B.Recurrent selection in S1 lines from two maize populations. Revista Fitotecnia Mexicana.1993.16: 1, 42-46.3 ref.

[44] Bosch, L. Casanas, F. Almirall, A. Sanchez, E. Nuez, F. Tropical x temperate maize germplasm: specific recurrent selection for grain yield involving across 8443La Posta composite. Maydica.2003.48: 4, 313-317.25 ref.

[45] Sarcevic, H.Pejic, I.Baric, M.Kozumplik, V.Originality of M3S maize population and changes in allele frequencies revealed by SSR markers after two cycles of selfed progeny recurrent selection. Euphytica. 2008. 161: 1/2, 97-105. 32 ref.

[46] Samphantharak, K.Yavilads, R.S1 selection in honeycomb design for the improvement of high yield maize (*Zea mays L.*) inbreds and hybrids. Kasetsart Journal, Natural Sciences.2004.38: 2, 157-164.11 ref.

[47] Garay, G.Igartua, E.Alvarez, A.Responses to S1 selection in flint and dent synthetic maize populations. Crop Science.1996.36: 5, 1 129-1 134.33 ref.

[48] Kumar, S. Verma, S. S. Bhatt, S.K. Efficacy of S1 family selection for improvement of two populations of maize (*Zea mays L.*). Indian Journal of Agricultural Research.1998.32: 4, 233-238.11 ref.

四、查新结论

检索国内国外近20年相关文献和数据库，国内国外关于玉米自交系及品种选育、群体改良研究的文献报道较多，与该课题研究的主要内容及取得的成果比较分析认定如下。

1. 辽综群体组建与改良

该课题通过引用美国自交系、由美国杂交种选育自交系并反复鉴定、筛选，最终选出13个优势互补自交系，组配而成广基因型辽综群体，并实施群体改良，形成美国种质×含有热带也门种质的杂优模式。选育出一批广适、耐密、耐旱的辽轮10732、辽1401、辽1412、辽1708、辽7980、辽6160、辽3088等优良自交系与辽单28、辽单30、辽单31、辽单34、辽单527、辽单529、辽588等杂交种，并在生产上广泛应用。

经检索，在检索到的相关文献中，玉米群体改良创建和杂优模式研究的文献较多，国内国外均有适用特定区域的杂种优势群和杂优模式，其中，文献10提及了在东北和华北春播玉米区主要表现为旅大红骨×Lan；文献9、文献14、文献23、文献40等分别报道了玉米改良群体及杂优模式创建；文献15详细叙述了辽综群体改良方法及效果，为该课题组1992年的文献报道。综合分析所检文献，未见与该课题创建的辽综群体及其杂优模式相同的国内国外文献报道。

2. 轮回选择与新种质导入相结合

该课题在杂种优势模式的指导下，把轮回选择与新种质导入相结合用于改良群体，两次将来自美国杂交种选系的高配合力的自交系铁7922和高抗多种病害沈137成功地导入辽综群体，有效地扩宽辽综群体的遗传基础，获得了更多有利基因，提高了群体的利用价值。

经检索，在检索到的文献中，国内国外关于玉米轮回选择和优异种质利用的文献较多，其中文献7、文献8、文献13等均报道了改良HS相互轮回选择技术和育种优化方案；文献15详细叙述了相互轮回选择法、S1半姊妹选择法和S1密植鉴定法3种轮回选择方法对辽综群体的改良效果，为该课题组的报道。综合分析所检文献，未见与该课题玉米群体改良（轮回选择及种质导入）相同的国内外文献报道。

3. S1家系密植鉴定选择法

利用S1家系密植法并结合多点鉴定和接种主要病害病菌，丰富和发展了群体轮回选择方法。在2010年大多数品种出现空秆情况下，通过S1密植法改良的辽综群体选育自交系组配的杂交种无一出现空秆现象。

<table>
<tr><td colspan="2">经检索，在检索到的相关文献中，文献 29~39、文献 46~48 等均为 S1 家系选择研究的报道，彭泽斌在此方面有较多的文献，文献 15 为该课题组的报道，报道了 S1 家系在密植鉴定条件下的选择（简称 S1 密植选择法）对辽综群体的改良效果，并对其应用价值进行了讨论。综合分析所检文献，未见与该课题 S1 家系密植鉴定选择法相同的国内外报道。</td></tr>
<tr><td>查新人（签字）：　　技术职务：
研究员
副研究员
审核人（签字）：　　研究员</td><td>查新单位：（签章）

年　月　日</td></tr>
</table>

案例 4

编号：

查新项目报告书

项目名称：苹果育种技术创新及新品种选育与推广
委托单位：
委 托 人：
联系电话：
通信地址：
查新单位：
委托日期：
完成日期：

农业部科技与质量标准司制

一、项目内容及技术要点

“七五”以来，辽宁省果树所先后承担国家、省（部）级苹果育种项目12项次，重点开展了苹果资源收集与评价、杂交育种和芽变选种等工作，选育出了早、中、晚熟苹果新品种5个，对育种理论与技术等进行了深入系统的研究，现将研究结果报告如下。

（一）研究内容（详见技术报告）

1. 育种理论与技术研究

（1）鸡冠、花嫁、超等蔷薇、红露、伏花皮、贝挠尼、拉宝是抗苹果轮纹病育种优异资源，寒富是高自花结实苹果优异资源。

（2）苹果结果性表现为数量性状遗传，早期结实性有显性遗传趋势；果实成熟期多数介于双亲之间或稍提前；果实大小是典型的数量性状，中、小型果有显性遗传的趋势；果形的遗传很大程度决定于亲本品种本身性状的传递能力；果面色泽由多基因控制，红色对黄色为显性；果实酸味属显性遗传，果肉结构的遗传由多基因控制，果实香味遗传传递力品种间差异较大；苹果轮纹病抗性受多个主效基因控制，存在一定程度的母性遗传；苹果抗寒性遗传属于加性效应为主的数量性状遗传，有倾母趋势。

（3）金冠杂种后代结果早，果实多为圆形或圆锥形，多数株系果为黄地红晕，果肉细而松脆的株系较多，与国光的杂交后代味偏酸，与红星的杂交后代味偏甜，果实品质综合评价中上者所占比例较大。

（4）富士杂交后代果实普遍变小，多数后代表现为亲本果形，果实底色绿色对黄色具有一定遗传优势，果实的彩色红色对黄色为显性，红色的后代分离出多种表型，条红对片红显性，红色基因对果实锈斑和果面光洁度具有一定显性上位作用，果实总糖及可溶性固形物含量是受多基因控制的数量性状，加性效应和非加性效应共存，含酸量受一对主效基因和加性多基因共同控制，主基因的遗传效应表现为完全显性，苹果果实肉质、质地、果汁及果心大小为多基因控制的数量性状，杂交后代果实分别呈现肉质变粗、质地变硬、果汁减少、果心变大的趋势。果肉颜色为质量性状，有色对无色表现为显性。

（5）以金冠、国光、红玉、元帅、红星、富士、黄魁、老笃、鸡冠、祝光、寒富、新红星、东光、岳帅为亲本杂交，其后代农艺性状多数表现优良，选育品种概率高，可作为苹果杂交育种的核心亲本。

（6）实生苗叶柄长度、叶片宽度、叶面积、叶片重量与果实纵径、横径、重量、可溶性固形物含量呈显著相关，可作为实生苗果实性状的早期选择指标。

（7）减少实生苗的移植次数、倍量施肥、不短截修剪、采用矮化中间砧嫁接、环割等栽培技术措施可促进实生苗提早结果3~5年。

2. 新品种选育研究

（1）“岳帅”是辽宁省果树所以金冠×红星杂交育成的晚熟苹果品种，1995年通过省级品种备案。该品种具有质优、丰产、抗病等特点。果实近圆形，平均单果重224克，果形指数0.90。果肉黄白色、肉质细、松脆、果汁中多，风味酸甜适口，有香味，品质上等。可溶性固形物含量15.47%，果实硬度9.36千克/厘米^2，总糖含量12.3%，可滴定酸含量0.27%。在辽宁、山东、江苏、河北等地栽培，总面积达到11.3万亩。

（2）“绿帅”是辽宁省果树所选实生苗选育而成的中早熟苹果品种，2003年通过省级备案。该品种具有果面绿色、易成花、丰产、优质、适应性强等特点。果实短圆锥形，平均单果重245克，果面平滑光洁，果肉黄白色，质地松脆，肉质中粗，采收时果实硬度8.1千克/厘米^2，可溶性固形物含量12.78%，总糖含量10.89%，总酸含量0.34%，维生素C含量3.9毫克/100克；风味甜酸、爽口、清香，品质上。在辽宁、山东、江苏、河南、河北等地栽培6.2万亩。

（3）“望山红”是辽宁省果树所通过芽变选种育成的苹果新品种，2004年通过省级备案。该品种具有果实上色早、全面着色，成熟期提前等特点。果实近圆形，平均单果重260克，果形指数0.87。果面着鲜红色条纹，光滑无锈，果肉淡黄色，肉质中粗、松脆，风味酸甜、爽口，果汁多，微香，品质上等。可溶性固形物含量15.3%，果实硬度9.2千克/厘米^2，总糖含量14.1%，可滴定酸含量0.38%，维生素C含量8.35毫克/100克。在辽宁、山东、河北等地已栽培8.4万亩。

（4）“七月鲜”是辽宁省果树所由佚名大苹果与铃铛果杂交选育而成的鲜食加工兼用的早熟苹果品种，2006年通过省级备案。该品种具有抗寒、抗病性强，丰产性好，易栽培管理，果实品质优良，外观艳丽，香气浓郁等特点。平均单果重51g，可溶性固形物含量13.94%，可溶性糖含量10.94%，可滴定酸含量1.22%，维生素C含量0.1875克/千克，果实硬度10.99千克/厘米^2。果肉黄白色，肉质中粗、脆，汁液多，风味甜酸。在黑龙江省的牡丹江、鸡西、双鸭山，辽宁省的铁岭、抚顺、沈阳，河北省的张家口，内蒙古的包头、通辽、赤峰，新疆的奎屯、塔什等地区栽培面积11.8万亩。

（5）“岳阳红”是辽宁省果树所以富士×东光杂交育成的中晚熟品种，2009年通过省级备案。该品种具有果色艳、外观美、风味浓、品质优、早果、丰产、抗性强等特点。果实近圆形，平均单果重205克，果形端正，果面光洁，果肉淡黄色，肉质松脆、中粗，汁液多，风味甜酸爽口，微香，无异味，去皮硬度 10.1 千克/厘米^2，可溶性固形物含量 15.2%，总糖含量 12.52%，可滴定酸含量 0.50%，维生素 C 含量 0.0535 毫克/克。在辽宁、吉林、黑龙江等地已栽培 2.1 万亩。

3. 配套栽培技术研究与应用

（1）七月鲜、岳阳红结果早、丰产，栽植株行距乔砧树以 3 米×4 米为宜、矮砧树以 2 米×4 米为宜。绿帅、岳帅、望山红树体较高大，栽植株行距乔砧树以（3~4）米×（4~5）米为宜、矮砧树以（2~3）米×4 米为宜。

（2）七月鲜 S 基因型为 S1S9，岳帅 S 基因型为 S3S9，绿帅 S 基因型为 S1S2，岳阳红 S 基因型为 S1S2，望山红 S 基因型为 S1S9，选择花期相遇 S 基因型不同品种做授粉品种均可。

（3）望山红、岳帅、岳阳红和绿帅宜采用“改良主干形”整形，七月鲜宜采用“自然纺锤形”整形。主干与主枝粗度比，望山红以 1：0.2 为宜，岳帅、岳阳红、绿帅、七月鲜以 1：（0.2~0.4）为宜。

（4）望山红、岳帅枝果比以（5~6）：1 较为适宜，以 5：1 为主；岳阳红、绿帅枝果比以 4：1 较为适宜；七月鲜枝果比以 3：1 较为适宜。

（5）七月鲜、岳阳红花期较早，要注重防治桃小食心虫，岳帅、绿帅注重防治早期落叶病，望山红重点防治腐烂病和枝干轮纹病。

（6）岳帅 5 月补钙肥，6 月补氮肥和磷肥，7 月补钾肥；岳阳红 5 月补钙肥，6 月补钾肥和氮肥，8 月上旬补氮肥；绿帅 5 月补钙肥，6 月补氮肥和钾肥，7 月补氮肥；七月鲜 5 月补钙肥，8 月补氮肥和钾肥；望山红 5 月补钙肥和氮肥，6 月初补钾肥，7 月补肥，可明显提高各品种果实品质。

（7）1985—2010 年，在辽宁、山东、吉林等 10 个省（市、自治区）推广七月鲜、绿帅、岳帅、岳阳红、望山红 46.57 万亩，获得总经济效益 116 亿元，新增总经济效益 24.5 亿元，投入产出比为 1：3.44。

（二）项目创新点

（1）明确了鸡冠、花嫁、超等蔷薇、红露、伏花皮、贝挠尼、拉宝为苹果轮纹病枝干抗病育种优异资源。

（2）揭示了苹果结实性、果实成熟期、果实大小、果实形状、果面色泽、果实酸味、轮纹病抗性、抗寒性等主要农艺性状的遗传规律。

（3）筛选出金冠、国光、红玉、元帅系、富士、寒富、岳帅等品种可作为苹果晚熟育种的骨干亲本；黄魁、老笃、祝光、鸡冠等品种可作为苹果早熟和抗病杂交育种的骨干亲本。研究并明确了金冠、富士两个品种的遗传特性及育种潜能。

(4) 提出了减少杂种苗的移植次数、倍量施肥、不短截修剪、采用矮化中间砧嫁接、环割等促进杂种苗提早结果的技术措施，缩短育种周期3~5年。

(5) 培育苹果新品种5个，其中岳帅为质优、丰产、抗病的晚熟苹果品种；绿帅为果面绿色、易成花、丰产、优质、适应性强的中早熟苹果品种；望山红为果实上色早、全面红色，成熟期适宜的富士系优良品种；七月鲜为抗寒、抗病性强，丰产性好，易栽培管理，果实品质优良，外观艳丽，香气浓郁的鲜食加工兼用的新品种；岳阳红为果色艳、外观美、风味浓、品质优、早果、丰产、抗性强的中晚熟品种。

(6) 提出了岳帅、绿帅、望山红、七月鲜、岳阳红的适宜栽植密度、授粉品种、树形、留果量、病虫防治及肥水管理等配套栽培技术，实现了良种良法配套。

二、使用的手段和文献检索范围

中文数据库

CNKI 中国期刊全文数据库 2000—2011 年

CNKI 中国优秀硕士学位论文全文数据库 2000—2011 年

CNKI 中国博士学位论文全文数据库 2000—2011 年

CNKI 中国重要会议论文全文数据库 2000—2011 年

重庆维普中文科技期刊数据库 1989—2011 年

中国农业科技文献数据库 1991—2001 年

辽宁省农业科技成果数据库 1991—2004 年

英文数据库

德国施普林格期刊数据库（生物医学和生命科学） 1997—2011 年

国际农业和生物学中心文摘数据库 CABI 1990—2011 年

联合国粮农组织国际农业科技情报系统 Agris 数据库 1990—2011 年

填写要求：

1. 列出所用检索工具的名称、时间范围。
2. 列出所有数据库名称或文档名称、年限。
3. 文字不得小于 4 号字，纸面不够请加页。

三、检索结果

(一) 检索词

中文检索词：苹果、轮纹病、枝干、遗传规律、农艺性状、杂种苗、早实性、核心亲本、选育、栽培技术

中文检索式：苹果 and 轮纹病 and 枝干
苹果 and（遗传规律 or 农艺性状）
苹果 and（（杂种苗 and 早实性）or 核心亲本 or 选育 or 栽培技术）

英文检索词：apple、ring rot、branch、inheritance、agronomic characters、Seedling、Early-bearing、Core Parent Lines

英文检索式：apple and ring rot and branch
apple and（inheritance or agronomic characters）
apple and（（Seedling and Early－bearing）or Core Parent Lines）

(二) 检出文献的相关程度及数量

根据委托单位的要求，对“苹果育种技术创新及新品种选育与推广”项目进行了1996—2011年国内国外相关文献和数据库检索，检索到与本研究项目相关的文献50余篇，其中，主要相关文献22篇。

主要相关文献

[1] 张玉经，王昆，王忆，等. 苹果种质资源果实轮纹病抗性的评价 [J]. 园艺学报，2010（4）.

[2] 李彩丽，李春敏，张新忠，等. 苹果抗轮纹病机制及抗病育种研究进展 [J]. 中国果树，2009（3）.

[3] 白松龄，伊凯，刘国成，等. “寒富”苹果的自花结实性及其S基因型 [J]. 园艺学报，2008（4）.

[4] 李天忠，加藤直幹，奥野智旦. 苹果自花结实性品种花柱S-核酸酶基因的克隆 [J]. 园艺学报，2005（5）.

[5] 张贵平，曹建明，孙俊杰，等. 苹果杂交后代果实经济性状遗传规律分析 [J]. 农业技术与装备，2010（20）.

[6] 陈东玫，李春敏，赵永波，等. 生长调节剂促进苹果实生树提早成花的研究 [J]. 河北农业科学，2008（8）.

[7] 王冬梅，伊凯，刘志，等. 苹果杂种叶片与果实相关性的研究 [J]. 北方果树，2004（S1）.

[8] 刘海涛，李彩丽，赵永波，等. 苹果育种杂种初选轮纹病抗性评价及遗传分析 [J]. 江苏农业科学，2011 (2).
[9] 国立耘，李金云，李保华，等. 中国苹果枝干轮纹病发生和防治情况 [J]. 植物保护，2009 (4).
[10] 姜中武，李元军，于青，等. 苹果抗轮纹病新砧木——烟砧一号的选育 [J]. 果树学报，2011 (2).
[11] 成钢，卢华英. 与苹果农艺性状相关联的 DNA 分子标记研究进展 [J]. 北方园艺，2007 (7).
[12] 刘凤之，王昆，曹玉芬，等. 我国苹果种质资源研究现状与展望 [J]. 果树学报，2006 (6).
[13] 石丽雪，沙广利，王斌，等. 苹果性状标记 AFLP 技术体系的建立和优化 [J]. 山东农业科学，2006 (2).
[14] 王彩虹，束怀瑞. 利用分子标记研究苹果资源与基因组的进展 [J]. 果树学报，2001 (2).
[15] 过国南，阎振立，张恒涛，等. 我国早、中熟苹果品种的生产现状、选育进展及发展展望 [J]. 果树学报，2009 (6).
[16] 焦伶之.苹果新品种岳帅及其栽培技术要点 [J]. 烟台果树，2001 (1).
[17] 伊凯，张敏，刘志，等. 苹果新品种“绿帅” [J]. 园艺学报，2005 (1).
[18] 伊凯，刘志，王冬梅，等. 苹果新品种“望山红” [J]. 园艺学报，2005 (4).
[19] 赵镒，张志强，白露，等. 优质中型苹果——七月鲜 [J]. 北方果树，2006 (5).
[20] 刘志，王冬梅，张景娥，等. 中晚熟苹果新品种“岳阳红” [J]. 园艺学报，2009 (10).
[21] Evaluation of apple cultivars for resistance to ring rot disease. [Chinese] Yan ZhenLi Zhang QuanJun Zhang ShunNi Zhou ZengQiang Guo GuoNan Wang ZhiQiang Journal of Fruit Science. 2005, 22: 6, 654-657. 8 ref.
[22] Apple. [French] Lespinasse, Y. Amelioration des especes vegetales cultivees: objectifs et criteres de selection. 1992, 579-594, 647-648. 34 ref.

四、查新结论

经检索国内国外近 15 年相关文献和数据库，与该课题研究的重点内容比较分析认定如下。

(1) 资源评价。经检索，在检索到的国内国外同类研究的相关文献中，文献 1 阐述利用 5 个不同来源的苹果轮纹病菌株，对 279 份苹果种质资源的果实抗病性进行室内接种鉴定。结果表明，不同种质资源在果实的发病率、潜伏期和病斑大小上均存在极显著差异；同一种质资源分别接种 5 种轮纹病菌，在发病率、潜伏期和病斑大小上也存在显著差异。对抗病性指标进行相关性分析，多数菌株的各个抗病指标间都存在显著相关性。通过综合抗性筛选，发现“珍宝”“金沙依拉姆”和“红玉”为高抗材料；“詹姆斯格里斯”“红夏”“耍红”“伊朗桃苹”“超等蔷薇”和“极早红”为高感材料。文献 3 为委托单位合作发表。文献 8 阐述通过对 5 个苹果品种间杂交组合的杂种实生树枝干和果实轮纹病田间自然发病的调查，采用次数分布图和群体平均数法分析了苹果轮纹病抗病性遗传规律。文献 10 阐述烟砧一号是从鸡冠自然杂交实生苗中选育出的实生种。经过 14 年田间调查和区试鉴定，以其作中间砧的富士枝干和果实的苹果轮纹病的发病率比没有嫁接中间砧的富士降低 59.3% 和 12.77%。而且可显著提高富士果实的可溶性固形物。未见与本课题研究成果相同的报道。

(2) 主要性状遗传。经检索，在检索到的国内国外同类研究的相关文献中，文献 5 阐述通过对 8 个杂交组合、644 株苹果杂种实生苗果实性状的调查，分析了果实大小、果实形状、可溶性固形物含量、综合品质等主要经济性状的遗传规律。文献 11 就 DNA 分子标记在苹果抗性、矮化、果实色泽、酸度几个农艺性状上的研究进展进行了综述，以期为苹果遗传育种提供参考。未见与本课题主要性状遗传研究成果相同的报道。

(3) 确定核心亲本。经检索，在检索到的国内国外同类研究的相关文献中未见与本课题研究成果相同的报道。

(4) 杂种苗提早结果技术。经检索，在检索到的国内国外同类研究的相关文献中，文献 7 为委托单位发表，阐述通过环剥、高接、低接、应用生长调节剂等方法可以促进杂种苗营养积累，提早结果。未见其他与本课题研究成果相同的报道。

（5）新品种选育及配套栽培技术。经检索，在检索到的国内国外同类研究的相关文献中未见相同报道。

查新人（签字）：	技术职务：	查新单位：（签章）
	研究员	
	助理研究员	
审核人（签字）：	研究员	年　月　日

案例 5

编号：

查新项目报告书

项目名称：保护地蔬菜主要病害病原学、流行规律及综合防治配套技术研究

委托单位：

委 托 人：

联系电话：

通信地址：

查新单位：

委托日期：

完成日期：

农业部科技与质量标准司制

一、项目内容及技术要点

（1）1996—1998 年对全省保护地蔬菜上发生的病害种类、发生频率、为害程度及防治现状进行了全面调查研究，首次调查明确各种蔬菜上发生的严重病害有：黄瓜 21 种；番茄 25 种；茄子 19 种；辣椒 16 种；菜豆 9 种；韭菜 4 种；芹菜 7 种。依据发生频率和为害程度将其划分为 6 种类型。并对保护地蔬菜上发生的病害的为害特点及原因进行了系统科学的分析，指出存在的问题及研究防治策略和途径。

（2）在国内首次发现番茄上发生的一种新的细菌病害，经致病性测定和形态、生理生化鉴定，其病原菌是番茄细菌性斑点病菌 *Pseudomonas syringae* pv. tomato（Okabe）Young，Dye et Wilkie。另一种是细菌性溃疡病，其病原菌是 *Clavibacter michiganense* subsp. *michiganense*（Smith）Davies et al.，该病害是国内检疫对象。

（3）首次鉴定明确保护地辣椒死秧的主要病原菌是辣椒疫病菌 *Phytophthora capsici* Leonian；引起洋葱腐烂的病原菌是 *Fusarium oxysporum* f.sp. *cepae*（Hanzawa）Snyder et Hansen。

（4）首次系统深入研究了引起芹菜斑枯病的病原菌 *Septoria apiicola* Speg. 的生物学特性，病菌生理分化，不同菌株的 RAPD 分析，酯酶同工酶分析及病菌的侵染机制和病菌毒素的提取，紫外光谱分析，毒素对寄主的致病作用，这是国内外首次研究结果。

（5）对辣椒疫病菌的病原生物学及其菌系鉴定结果，首次证实沈阳地区辣椒疫病菌的菌系是 A_1 型。

（6）首次对保护地番茄灰霉病和晚疫病、黄瓜白粉病和芹菜斑枯病的流行规律进行较深入的研究分析，明确了在保护地内这四种病害的发生发展与棚室内温度和相对湿度的互作关系，探讨了病原菌在不同环境条件下的发病消长规律。

（7）首次研究明确保护地发生的灰霉病菌、叶霉病菌、黑星病菌和芹菜斑枯病菌的抗药性水平及比例。

（8）深入研究明确了灰霉菌复合抗药菌系形成机制、扑海因对灰霉菌的作用机理及其田间菌系的异质性。在病菌抗药性研究基础上提出了抗药性治理对策。

（9）首次发现好气性芽孢杆菌 B_{18} 菌株，明确了 B_{18} 的抗菌谱、抑菌机制及控病效果。

（10）综合研究提出保护地蔬菜主要病害综合防治配套技术。通过各种单项技术如生态调节、栽培控病、生防及复配、筛选多种化学杀菌剂及其使用技术，提出对主要病害综合防治配套技术规程。通过实际应用、完善，达到操作简便、降低成本、防效显著、减少对环境和蔬菜产品污染的综合治理目标。

(11) 初步建立了保护地蔬菜病害多媒体专家系统软件；并在北宁市主要乡镇示范应用。

(12) 在全省 8 个市、县保护地蔬菜重点产区，通过课题协作网、试验点、示范基地，几年累积推广综防面积 235. 4 万亩，增产蔬菜111 815万千克，增加经济效益 10. 5 亿元。

二、使用的手段和文献检索范围

（一）计算机检索

（1）中文科技期刊篇名数据库 1989—1999 年。

（2）CAB 数据库 1984—1999 年。

（二）手工检索

（1）中文科技资料目录—农业：1989—1997 年农业中 S4 植物保护。

（2）全国报刊索引（科技版）：1989—1999 年农业中 S436 园艺作物病虫害及其防治。

（3）中国农业文摘一植物保护：1989—1999 年中的蔬菜病虫害。

（4）科学技术研究成果公报：1989—1999 年中的农业。

填写要求：

1. 列出所用检索工具的名称、时间范围。
2. 列出所有数据库名称或文档名称、年限。
3. 文字不得小于 4 号字，纸面不够请加页。

三、检索结果

（一）检索词

中文检索词：蔬菜、病害、病原学、流行规律、综合防治、配套技术

中文检索式：蔬菜 and 病害 and（病原学 or 流行规律 or 综合防治 or 配套技术）

英文检索词：cucumber，cucumis sativus，lycopersicon esculentum，tomato，pepper，capsicum annuum，celery，apium graveolens，eggplant，aubergine，solanum melongena，pathogen，epidemio1ogy，integrated control

英文检索式：（cucumis sativus or lycopersicon esculentum or tomato，pepper or capsicum annuum or ce1ery or apium graveolens or eggplant or aubergine or solanum melongena）and（pathogen or epidemiology or integrated contro1）

（二）检出文献的相关程度及数量

根据委托单位要求，对“保护地蔬菜主要病害病原学、流行规律及综合防治配套技术研究”课题进行了1989—1999年国内国外文献检索，查到与本研究项目相关的国内文献400余篇，其中，主要相关文献25篇（部分本课题发表的文献略）；国外文献50余篇，其中，主要相关文献28篇。

国内主要相关文献：

[1] 蔬菜病虫害的综合治理（八）蔬菜病虫抗药性与抗性治理/张友军，谢丙炎//中国蔬菜，1998（2）：56-58.

[2] 番茄灰霉病发展症状诊断及综合防治/李保聚，朱国仁//植物保护，1998（6）：18-20.

[3] 辣椒疫霉对甲霜灵和霜脲氰抗药性遗传的研究/罗赫荣，谢丙炎，等//湖南农业大学学报，1999，25（1）：52-56.

[4] 山东芹菜细菌性叶斑病病原鉴定与防治研究/丁爱云，郑继法，金绪德//山东农业科学，1997（4）：26-27.

[5] 日本蔬菜病害综合防除/李思义译//世界农业，1997（2）：40-42.

[6] 新疆辣椒疫霉病发生规律及综合防治研究/杨华，王志田，崔元轩//新疆农业科学，1997（2）：70-72.

[7] 茄子主要病虫害发生特点及综防技术/田世民//农村科技开发，1997（3）：35，33.

[8] 黄瓜黑星病菌对多菌灵抗药性的测定/潘洪玉，张浩，等//植物保护学报，

1997，23（3）：285-286.
[9] 蔬菜灰霉病菌（*Botrytis cinerea* Pers.）抗多霉灵菌系及其适应性研究/杨涛，赵奎华//辽宁农业科学，1997（4）：15-19.
[10] 宁夏辣椒疫病的综合防治/鲁占魁，樊仲庆等//中国蔬菜，1997（5）：43-44.
[11] 我国番茄细菌性病害研究概述/赵延昌，王振东//辽宁农业科学，1996（2）：30-34.
[12] 黄瓜灰霉病菌（*Botrytis cinerea* Pers.）田间抗药性的测定/潘洪玉，张浩，等//吉林农业大学学报，1996，18（3）：27-31.
[13] 日本蔬菜灰霉病抗药性菌及防治状况/刘品贤译//中国蔬菜，1995（2）：60-61.
[14] 新疆番茄溃疡病的发生及其病原菌鉴定/李春，金潜，等//新疆农业科学，1995（5）：221-224.
[15] 东北地区番茄细菌性溃疡病的发生和病原鉴定研究/赵廷昌，王克，白金铠//植物病理学报，1993，23（1）：29-34.
[16] 辣椒疫病病原研究/任光地，马平虎等//甘肃农业科技，1990（10）：33-35.
[17] 黄瓜细菌性叶斑病病原细菌鉴定/李永镐//东北农学院学报，1989，20（1）：7-10.
[18] 关中地区甜（辣）椒病毒病毒源种群的鉴定/周新民，王鸣//陕西农业科学，1989（3）：32-34.
[19] 蔬菜病虫害防治电脑咨询系统的开发与利用//福建农业科技，1999（1）：39.
[20] 蔬菜病虫害综合治理咨询系统/唐乐尘，郭瑛//计算机与农业，1998（2）：11-14.
[21] 病虫害预测预报技术帮手系统软件的开发实践/李惠明，丁纪文//上海蔬菜，1995（4）：28-30.
[22] 塑料大棚番茄早疫病、黄瓜霜霉病发生规律和综合防治研究//科学技术成果公报，1994（7）：2.
[23] 番茄早疫病发生规律测报及防治技术研究应用//科学技术成果公报，1993（4）：9.
[24] 保护地番茄灰霉病流行规律及防治研究//辽宁省成果数据库，1995—1999.
[25] 系列烟剂防治保护地蔬菜病虫害开发研究//辽宁省成果数据库，1995：111.

国外主要相关文献：

[1] Aspects of the epidemiology of powdery mildew in sweet pepper, varietal response to it and its contro1/Iosifescu-M//Productia-Vegetala, -Horticu1tura, 1985, 34: 11, 3-7.

[2] studies of an actinomycete disease on greenhouse cucumber/Gertsson, -C-A (Sweden) //Vaxtskyddsnotiser, 1985, 49: 6, 118-123.

[3] Reaction of different tomato genotypes to the bacterial speck pathogen (Pseudomonas syringae pv.) /Pilowsky, —M et al//Phytoparasitica, 1986, 14: 1, 39-42.

[4] A study of some biological characters for Sphaerotheca fuliginea as a new powdery mildew causative agent on cucumber in Iraq/Ibrahim, -IF et al//Journa1 of biological sciences research, 1985, 16: 2, 1-2.

[5] Influence of Glomus fasciculatum on damping-off of tomato/ Hegde, -SV et al//Current science, 1984, 58: 11, 588-589.

[6] Occurrence of Fusarium oxysporum f. sp. cucumerinum on greenhouse -grown cucumis sativus seed stocks in North Carolina/Jenkins, -SF et al//Plant Disease, 1983, 67: 9, 1 024-1 025.

[7] On the occurrence of Xanthomonas campestris pv. Vesicatoria on pepper under glass and plastic covers/Griesbach, - E et al//Nachrichtenblatt fur den pflanzenshutz in der DDR, 1988, 42: 9, 176-178.

[8] Control of Pythium damping off and root rot of cucumber with S-H mixture as soil amendment/Lin, -YS et a1//Plant Protection Bulletin, 1988, 30: 3, 223-234.

[9] Tomato powdery mildew/Fletcher, -JT at a1//Plant Pathology, 1988, 37: 4, 594-598.

[10] Bacterial stem rot of greenhouse tomato: etio1ogy, spatial distribution, and the effect of high humidity/Dhanvantari, -BN et al// Phytopathology, 1987, 77: 10, 1 457-1 463.

[11] Attack of Didymella bryoniae on roots of cucumber /Thinggaard, -K//Journal of Phytopathodogy, 1987, 120: 4., 372-375.

[12] Occurrence of Fusarium yellows of celery caused by Fusarium oxysporum f. sp. apii race2 in New York and its control /Awuah, -RT et al//plant Disease, 1986, 70: 12, 1 154-1 158.

[13] Pest and disease control in modern tomato production the development of an integrated programme/Scopes, - NEA//EUR - report, 1988, EUR9386, 130-133.

[14] Integrated contro1 of pests and disease of greenhouse tomatoes/Stenseth — C//Gartneryrket, 1989, 79: 2, 15.

[15] Integrated contro1 of pests and diseases of cucumber/Stenseth-C//Gartneryrket, 1989, 79: 2, 16-17.

[16] The development of integrated pest management in the Jersey glasshouse tomato industry/Mackenzie -N//Pesticide Outlook, 1990, 1: 2, 38.

[17] Integrated contro1 of cryptogamic diseases of tomato in Morocco/Besri -M//Bulletin-SROP, 1991, 14: 5, 187-191.

[18] Integrated control of grey mould of tomato/Gullino - ML et al//Bulletin - SROP, 1991, 14: 5, 211-215.

[19] Integrated pest management of disease and arthropod pests of greenhouse vegetable crops in Ontario: current status and future possibilities/Shipp - JL et al//Canadian Journal of Plant science, 1991, 71: 3, 887-914.

[20] Progress in IPM in glasshouse vegetables in Belgium/Veire-M — van-de et al//Bulletin -SROP, 1991, 14: 5, 22-32.

[21] Biological control of Rhizoctonia and Pythium damping - off of cucumber: an integrated approach/Cubetat - MA et al//Biological Control, 1991, 1: 3, 227-236.

[22] Integration of biologica1 and chemica1 contro1 for grey mould/Elad--Y et al//Recent advances in Botrytis research. Proceedings of the 10th Internatonal Botrytis symposium, Heraklion Grete, Greece, 5 - 10 Apr. 1992: 272-276.

[23] Control of grey mould of tomatoes in greenhouses With fungicides and antagonists/Malathrakis-NE et all//Recent advances in Botrytis research. Proceedings of the 10th Internationa1 Botrytis symposium, Heraklion, Crete, Greece, 5-10 Apri1 1992: 282-286.

[24] Use of Trichoderma harzianum in combination or alternation with fungicides to control cucumber grey mould (Botrytis cinerea) under commercial greenhouse conditions/Elad — Y et all//plant Pathology, 1993, 42: 3, 324-332.

[25] Integrated system of protection for greenhouse vegetable crops/Tverdyukov-PV et al/Zashchita-Rastenii-Moskva, 1992, No. 2, 46-47.

[26] Integrated protection of greenhouse plants/Bartos-J et al//Metodiky pro Zavadeni Vysledku Vyzkumu do Zemedelske Praxe (Czech). 1990, No. 11, 40.

[27] Managing Botrytis cinerea on tomatoes in greenhouses in the Mediterranean / Elad — Y et al//Crop Protection, 1995, 14: 2, 105-109.

[28] Calcium cyanamide and soil solarization for the contro1 of Fusarium solani f. sp. cucurbitae in greenhouse Cucumber/Bourbos-Va et al//Crop Protection, 1997, 16: 4, 383-886.

四、查新结论

经检索国内国外10年相关文献和数据库，国内国外对保护地蔬菜病害研究与防治的报导很多：与该课题提出的研究重点比较分析认定如下。

（1）该课题对全省保护地蔬菜上发生的病害种类、发生频率、为害程度及防治现状进行了全面调查研究。明确了各种蔬菜上发生严重病害的数量：黄瓜21种、番茄25种、茄子19种、辣椒16种、菜豆9种、韭菜4种、芹菜7种，并依据发生频率和为害程度将其划分为6种类型。经检索国内国外相关文献和数据库，类似该课题如此规模、系统研究的未见报道。

（2）在国内发现番茄上发生一种新的细菌病害，经致病性测定和形态、生物生化鉴定，其病原菌是番茄细菌性斑点病菌 *Peudomonas syringae* pv. *tomato*（Okabe）Young，Dye et Wilkie。经检索国内国外相关文献和数据库，国外文献有报导（见西文文献3），国内未见报道。另一种是细菌性溃疡病，其病原是 *Clavibacter michiganense* subsp. *michiganense*（Smith）Davies，et al。经检索国外相关文献和数据库，国外美国、英国等有报道；国内新疆、北京等地有报道，但报道时间晚于该课题。

（3）明确保护地辣椒死秧的主要病原菌是辣椒疫病菌 *Phytophthora capsici* Leomian，并进行了病原生物学及菌系鉴定。经检索国内外相关文献，国内国外都有报道，如德国（见西文文献7）和甘肃、新疆（见中文文献16、文献6）报道了辣椒疫病病原及发生规律的研究，但证实沈阳地区辣椒疫病菌的菌系是A_1型的未见报道。引起洋葱腐烂的病原菌是 *Fusarium oxysporum* f. sp. cepae（Hanzawa）Snyder et Hansen。经检索国内国外相关文献和数据库，大量文献报道为细菌引起，而该课题认为是由真菌引起的。在检索到的文献中未见报道。

（4）该课题系统研究了引起芹菜斑枯病的病原菌 *Septoria apiicola* Speg. 生物学特性，病菌生理分化，不同菌株的RAPD分析，酯酶同工酶分析及病菌的侵染机制和病菌毒素的提取，紫外光谱分析毒素对寄主的致病作用。经检索国内外相关文献和数据库，未见报道。

（5）对保护地番茄灰霉病和晚疫病，黄瓜白粉病和芹菜斑枯病的流行规律及这四种病害发生发展与棚室内温度和相对湿度的互作关系和不同环境下病原菌发病的消长规律进行了研究分析。经检索，国外文献单独研究有报道，深入系统研究未见报道，国内文献除《农村科技开发》1997年3期报道了黄瓜、番茄、茄子主要病害发生特点及综合防治外，未见其他同类规模研究的报道。

（6）明确了保护地发生的灰霉病、叶霉病、黑星病菌和芹菜斑枯病的抗药性水平。灰霉病菌复合抗药菌系形成机制、扑海因对灰霉菌的作用的机理及其田间菌系的异质性。在病菌抗药性研究基础上提出了抗药性治理对策。经检索国内国外相关文献和数据库，国内国外对抗药水平及抗药性的测定均有报道如（西方文献24，中文文献1、文献3、文献8、文献13）。并分离到*Benhron-pelr*类型的抗药菌株在国内外首次发现。

（7）该课题首次明确了*B. cinerea*种存在准性生殖。经检索国内国外相关文献和数据库未见有报道。

（8）首次发现好气性芽孢杆菌B_{18}菌株，明确了B_{18}菌株生物和生理生化性状，探讨了生防菌B_{18}的抗菌谱、抑菌机制及控病效果。经检索国内外相关文献和数据库未见有报道。

（9）针对东北地区综合研究提出的保护地蔬菜主要病害防治规程为国内国外首创。经检索，国内国外相关文献和数据库中单一病害综合防治有报道，如国外日本、英国、以色列等，国内河北、宁夏等。类似该课题的综合研究未见报道。

（10）该课题初步建立了保护地蔬菜病虫害多媒体专家诊断系统软件，本系统采用Jovascript和HTML两种语言编写，以分类检索形式制作多媒体光盘，并在北宁市主要乡镇示范应用。经检索国内国外相关的文献和数据库，除《福建农业科技》1999年1期中报道了“蔬菜病虫害防治电脑咨询系统的开发与利用”外，未见其他报道。

（11）该课题在全省8个市、县保护地蔬菜重点产区，几年累计推广综合面积235.4万亩，增产蔬菜111 815万千克，增加经济效益10.5亿元。如此规模在所查文献和数据库中未见报道。

查新人（签字）：	技术职务： 研 究 员 副研究员 助理研究员	查新单位：（签章）
审核人（签字）：	研 究 员	年 月 日

案例 6

编号：

查新项目报告书

项目名称： 切花菊新品种选育及栽培技术集成创新与推广
委托单位：
委　托　人：
联系电话：
通信地址：
查新单位：
委托日期：
完成日期：

农业部科技与质量标准司制

一、项目内容及技术要点

辽宁省切花菊生产中存在着品种老化、栽培技术落后、设施不完备等问题，严重制约了全省切花菊产业的发展，因而亟待更新品种、提高生产栽培技术水平、完善设施条件，使辽宁省切花菊产业能够健康、快速发展。

（一）研究内容

1. 引进切花菊品种栽培试验并进行鉴定、评价和筛选

引进国内国外菊花200余个品种、品系，筛选适宜辽宁省栽培的切花菊品种3个。

2. 新品种选育

通过杂交育种、生物技术育种、芽变选种等育种方式，获得切花菊优良新品系30个、品种加倍单株2个、神马芽变抗病单株3个。

3. 切花菊育苗技术试验研究

开展切花菊不同扦插基质、生根剂浓度、接穗长度等方面的试验研究。

4. 切花菊遮光系统研制

针对生产上采用手拉式开闭遮光膜，浪费人工、增加生产成本，降低黑膜的使用寿命的问题，研制出电动内置式切花菊遮光系统。

5. 激素调控切花菊生长技术研究

喷施赤霉素解决积温型切花菊品种生长势较弱，产品质量下降的问题。花蕾期喷施B9，以抑制花脖生长保证切花菊产品达到出口标准。

6. 切花菊病虫害防控技术研究

7. 反季节栽培试验研究

采用遮光或补光控制花期，选择最佳光照强度和遮光时间，以减少能源消耗，生产出高质量切花菊产品。

（二）项目查新点

1. 采用接穗摘心后扦插育苗技术，缩短生产时间20天左右

2. 选育切花菊新品种

切花菊“茗雪”突出特点是侧芽不萌发，在整个生长期仅有顶部2~3节处形成花芽，与对照品种神马相比省略了除腋芽人工费用。

3. 抑制切花菊花芽分化技术创新

叶面喷施乙烯利60毫克/升+GA_3 50毫克/升的混合溶液可抑制“清明黄”花芽分化，控制切花菊开花。

二、使用的手段和文献检索范围

中文数据库

1. CNKI 中国期刊全文数据库 2000—2014 年
2. CNKI 中国优秀硕士学位论文全文数据库 2000—2014 年
3. CNKI 中国博士学位论文全文数据库 2000—2014 年
4. CNKI 中国重要会议论文全文数据库 2000—2014 年
5. 重庆维普中文科技期刊数据库 1989—2014 年
6. 万方期刊全文数据库 1985—2014 年
7. 万方学位全文数据库 1985—2014 年
8. 万方会议全文数据库 1985—2014 年
9. 万方成果全文数据库 1985—2014 年
10. 万方专利全文数据库 1985—2014 年
11. 万方标准全文数据库 1985—2014 年
12. 中国农业科技文献数据库 1991—2001 年
13. 辽宁省农业科技成果数据库 1991—2004 年

填写要求：

1. 列出所用检索工具的名称、时间范围。
2. 列出所有数据库名称或文档名称、年限。
3. 文字不得小于 4 号字，纸面不够请加页。

三、检索结果

（一）检索词

中文检索词：切花菊、菊花、接穗、摘心、扦插育苗、智能化遮光、花芽分化、乙烯利、GA_3

中文检索式：（切花菊+菊花）＊接穗

（切花菊+菊花）＊摘心

（切花菊+菊花）＊扦插育苗

花芽分化＊（乙烯利+GA_3）

（二）检出文献的相关程度及数量

根据委托单位的要求，对“切花菊新品种选育及栽培技术集成创新与推广”项目进行了1985—2014年国内相关文献和数据库检索，检索到与本研究项目相关的文献50余篇，其中主要相关文献2篇。

主要相关文献

1

【名称】一种利用嫁接提高切花菊插穗产量和品质的方法

【申请（专利）号】CN201010598839.1

【公开（公告）号】CN102106239A

【申请人】南京农业大学

【发明人】房伟民，张婧，陈发棣，陈素梅，管志勇，滕年军

【申请日期】2010-12-22

【公开（公告）日期】2011-6-29

【专利说明】一种利用嫁接提高切花菊插穗产量和品质的方法，其特征在于实施步骤如下：a. 砧木的准备：嫁接的前一年11—12月开始采集黄蒿（Artemisia scoparia）种子，12月至翌年2月于穴盘或育苗盘播种培养砧木；翌年2—4月苗3~4片叶时定植于营养钵；b. 接穗的准备：嫁接的前一年10—11月花期选择生长健壮一致、无病虫害、花色鲜亮的切花菊植株，剪去开花枝条，集中栽植，加强肥水管理并做好病虫害预防，春季2—4月间摘心2~4次；c. 嫁接与管理：翌年3—5月选择生长粗壮、长势一致的黄蒿砧木，以切花菊品种顶梢为接穗，选择粗细相近的砧木与接穗进行劈接，使两者形成层密切相接，用薄膜封住接口，将嫁接苗置于有遮光的大棚内，成活后统一定植于大棚内培养；一周后统一进行一次摘心，正常的田间栽培管理；于8月底进行夜间补光处理，防止花芽分化；d. 插穗的采集：嫁接苗和扦插苗摘心后20~25天，待侧枝长10~12厘米时开始采集插穗，取其顶梢为插穗，每个分

枝统一留基部 2~3 节，保留两三片完整叶片，每 20~25 天采穗一批。

2

【篇名】切花夏菊促成栽培技术研究

【作者】孙兆法，李梅，陈莉等

【作者单位】山东省青岛市农业科学研究所，青岛，266100

【出处】园艺学报，ACTA HORTICULTURAE SINICA1999，26（6）

【ISSN】0513-353X

【页码】391-396

【摘要】以夏菊品种夏黄为材料在日光温室内对切花夏菊的促成栽培技术进行了研究，经过适当的种苗准备、采穗时间、插穗冷藏等处理以后，夏黄的始花期可提前到 1 月上旬。叶面喷施乙烯利 1 000 毫克/升以后母株形成脚芽的数量多于传统的施肥埋土处理。乙烯利处理后侧芽表现为莲座状生长，而脚芽生长正常，但是以脚芽和侧芽为插穗进行促成栽培时，脚芽开花较晚，表现出更旺盛的营养生长特性。扦插、定植日期较早时开花较早。插穗冷藏后，从定植到开花的天数缩短，花枝长度、鲜重、新生脚芽数量与高度均降低，切花的外观品质提高，花期整齐，并可避免出现高位莲座状生长。GA_3处理对打破夏菊的高位莲座状生长有一定作用。

【DOI】10. 3321/j. issn：0513-353X. 1999. 06. 009

四、查新结论

经检索国内相关文献和数据库，其中，文献 1 阐述一种利用嫁接提高切花菊插穗产量和品质的方法，属于花卉种苗生产技术领域。步骤包括砧木的准备、接穗的准备、嫁接与管理和插穗的采集。与目前采用的以扦插苗为采穗母株相比，本发明利用嫁接苗作为采穗母株，生长势旺，可获得高产量和高品质的插穗。各采穗批次中黄蒿嫁接苗较扦插苗在插穗产量、平均长度、平均节数、平均粗度、平均鲜重和平均干重指标上均有提高。且插穗的扦插生根能力有所提高，最早生根天数及插穗生根苗的不定根数、根长、根粗、根系干重等指标均高于扦插苗。

文献 2 阐述以切花夏菊品种夏黄为材料，叶面喷施乙烯利 1 000 毫克/升以后母株形成脚芽的数量多于传统的施肥埋土处理，GA_3处理对打破夏菊的高位莲座状生长有一定作用。

通过相关文献的对比分析，对本查新项目作出如下结论：

查新点 1：利用嫁接苗和扦插苗摘心的育苗技术在文献 1 中有报道，但该文献未提及缩短生产时间。

查新点 2：本点选育的侧芽不萌发切花菊品种“茗雪”未见报道。

查新点 3：利用乙烯利和 GA_3 激素类物质调节植物花芽分化的报道较多，在菊花栽培上有应用，但本项目研究的叶面喷施乙烯利 60 毫克/升+GA_3 50 毫克/升的混合溶液抑制切花菊“清明黄”花芽分化，未见相同文献报道。

查新人（签字）：	技术职务： 研究员 助理研究员	**查新单位：（签章）**
审核人（签字）：	研究员	年　月　日

案例 7

编号：

查新项目报告书

项目名称：辽育白牛与不同父本杂交利用模式研究与应用
委托单位：
委 托 人：
联系电话：
通信地址：
查新单位：
委托日期：
完成日期：

农业部科技与质量标准司制

一、项目内容及技术要点

（一）项目主要内容

以辽育白牛母本牛资源为基础，根据辽育白牛品种牛的生产性能特点，筛选、研制辽育白牛母本牛最佳经济杂交组合模式及与不同组合模式相适宜的中高等级肉牛肥育技术，并将上述技术整体应用到肉牛生产中。

1. 辽育白牛母本牛杂交利用最佳经济繁育模式

通过开展辽育白牛纯繁及选择具有不同性能特点的世界著名肉牛品种——和牛、皮埃蒙特、西门塔尔为父本与辽育白牛进行杂交生产，从增重性能、产肉性能、肉质等几方面对辽育白牛纯繁后代及其杂交后代进行综合评定，以辽育白牛纯繁为对照，研究探索出生产大理石花纹牛肉和中高等级牛肉的辽育白牛母本牛杂交利用最佳经济繁育模式：生产大理石花纹牛肉的是和牛与辽育白牛杂交组合，生产不追求大理石花纹的中高等级牛肉的是辽育白牛纯繁组合。

2. 大理石花纹牛肉和中高等级牛肉生产肥育技术

该技术与我省目前普遍采用的以体重增长为唯一目标的短期育肥技术不同，用于生产中高等级牛肉的肉牛，需要对断奶犊牛（6~8 个月龄）持续育肥 8~12 个月；用于生产大理石花纹牛肉的肉牛，它需要对断奶犊牛（6~8 个月龄）去势后进行持续育肥，育肥时间要延长至牛体脂肪主沉积期（24~28 月龄），并且在育肥后期实施强度育肥，使牛肉的肌间脂肪含量和嫩度达到中档牛肉或高档牛肉的标准。

（1）阶段式强度育肥饲养。依据育肥牛生长过程中生长速度和组织生长变化以及目标侧重，将育肥期分为育肥前期和育肥后期。育肥前期牛只的体重一般在 500 千克以下，育肥后期牛只的体重一般在 500~550 千克以上。架子牛入场后应逐步适应以精饲料为主的饲养管理方式，做好防疫注射、驱虫、健胃等工作；前期要保证日粮中粗饲料占足够大的比例，以后逐渐降低（一般到期末不低于 30%）；配合料的饲喂量一般为体重的 1%~1.5%，随月龄逐渐增加，但不能超过日粮的 90%；要保证优质蛋白质、钙、维生素的供给，日粮遵循“能量浓度递增、蛋白质浓度递减”的原则。精料供给量要保持连续性，逐渐加料，并且要注意个体间差异。

（2）出栏时机把握。根据育肥期、月龄、日增重、膘情等指标的综合判断出栏时间。具体判断指标为：生产大理石花纹牛肉的和牛与辽育白牛杂交组合育肥期为 16 个月以上（26 月龄以上），适宜屠宰体重为 650 千克以上，日增重低于 0.5 千克/日，膘情中上等以上；生产中高等级牛肉的辽育白牛纯繁组合育肥期为 8~12 个月（18~22 月龄），适宜屠宰体重为 600 千克以上，日增重低于 0.8 千克/日，膘情中上。

（二）项目查新点

将研究品种作为母本，进行以生产不同经济类型（高产和高品质肉）商品代牛为目的杂交利用研究：

（1）研究探索出生产大理石花纹牛肉和中高等级牛肉的辽育白牛母本牛杂交利用最佳经济繁育模式。生产大理石花纹牛肉的是和牛与辽育白牛杂交组合，生产中高等级牛肉的是辽育白牛纯繁组合。

（2）针对辽育白牛母本牛杂交利用最佳经济繁育模式，研制出分别用于生产大理石花纹牛肉和中高等级牛肉的肥育技术。

二、使用的手段和文献检索范围

中文数据库

1. CNKI 中国期刊全文数据库　2000—2016 年
2. CNKI 中国优秀硕士学位论文全文数据库　2000—2016 年
3. CNKI 中国博士学位论文全文数据库　2000—2016 年
4. CNKI 中国重要会议论文全文数据库　2000—2016 年
5. 重庆维普中文科技期刊数据库　1989—2016 年
6. 万方期刊全文数据库　1985—2016 年
7. 万方学位全文数据库　1985—2016 年
8. 万方会议全文数据库　1985—2016 年
9. 万方成果全文数据库　1985—2016 年
10. 万方专利全文数据库　1985—2016 年
11. 万方标准全文数据库　1985—2016 年

填写要求：

1. 列出所用检索工具的名称、时间范围。
2. 列出所有数据库名称或文档名称、年限。
3. 文字不得小于 4 号字，纸面不够请加页。

三、检索结果

（一）检索词

中文检索词：牛、肉牛、牛肉、辽育白牛、大理石花纹、雪花肉、中高等级、纯种繁育、肥育

中文检索式：（牛+辽育白牛肉牛）＊纯种繁育

牛肉＊（大理石花纹+雪花肉+中高等级）

肉牛＊肥育

（二）检出文献的相关程度及数量

根据委托单位的要求，对“辽育白牛与不同父本杂交利用模式研究与应用”项目进行了2000—2016年（部分数据可追溯到1985年）国内相关文献和数据库检索，检索到与本研究项目相关的文献100余篇，其中主要相关文献32篇。

主要相关文献

［1］李廷来，祁兴磊，王之保，等．夏南牛新品种培育项目的实施与现状［J］．中国牛业科学，2008，34（5）：53-59.

机构：河南省泌阳县畜牧局，河南，泌阳，463700。

摘要：夏南牛培育项目始于1986年，1988年河南省畜牧局正式立项，至2006年顺利完成项目各阶段任务，技术和经济指标全部达到预期目的，历时21年。2007年5月15日夏南牛通过国审，2007年6月19日国家农业部发布878号公告，宣告夏南牛在河南省泌阳县诞生。本文详细介绍了项目背景和实施方案、项目实施情况、取得的成果和效益、采取的技术和行政措施。

［2］李义书，倪世恒，陈斌玺，等. 日本和牛与雷琼牛杂交育肥试验研究［J］. 家畜生态学报，2013，34（11）：24-28.

机构：海南省畜牧技术推广站，海南海口，571100。

摘要：选择20头10月龄日本和牛与雷琼牛F1代杂交牛，10头10月龄雷琼牛，以相同营养水平饲养管理方式进行20个月高强度育肥比较，分析和牛与雷琼牛F1代与雷琼牛的育肥增重效果、产肉性能。结果表明：F1杂交牛育肥期末增重显著高于雷琼牛（$P<0.01$）；F1杂交牛在整个育肥期日增重均显著高于同时期的雷琼牛（$P<0.01$），其中F1杂交牛育肥3~6月日增长速度最快，雷琼牛前3个月日增长速度最快；F1杂交牛的宰前体重、胴体重、净肉重和眼肌面积均显著高于与雷琼牛（$P<0.01$），屠宰率、净肉率分别提高7.28%和6.25%。试验结果表明，日本和牛与雷琼牛杂交，F1代杂交牛经育肥后，其增重效果、屠宰性能均优于雷琼牛。

［3］李儒仁，余群力，韩玲，等．日本和牛与秦川牛杂交牛肝脏营养特性分析［J］．营养学报，2013，35（5）：502-504.

机构：甘肃农业大学食品科学与工程学院，兰州，730070；陕西秦宝牧业有限公司，宝鸡，722300。

摘要：日本和牛是当今世界公认优秀良种肉牛，其肉大理石花纹明显，又称“雪花肉”。日本和牛肉多汁细嫩、风味独特，肉用价值极高，在日本被视为国宝。和牛与秦川牛杂交牛（F1 代）是由陕西秦宝牧业公司选用日本和牛与秦川牛杂交培育而成，F1 代继承了和牛肉质细嫩、肉味香浓的优点，改善了秦川牛后躯不发达、生长速度慢的缺点，增加了秦川牛的脂肪沉积，具有极强的大理石花纹，杂交牛肉的品质足以与“雪花肉”媲美。杂交牛肉的品质已经被消费者认可，但脏器却未能充分利用。牛肝中含有丰富的维生素 A 和一般肉类食品中缺少的维生素 C，及一些人体必需的微量营养素。本研究对杂交牛和秦川牛肝脏的营养成分以及功能性成分进行分析，为合理开发利用脏器资源及其产业化提供重要的依据。

［4］梁琨，丁冬，彭增起，等．基于决策树雪花牛肉大理石花纹分级模型［J］．食品科学，2015，36（17）：65-70.

机构：南京农业大学工学院，江苏南京 210031；江苏省现代设施农业技术与装备工程实验室，江苏南京 210031；南京农业大学工学院，江苏南京，210031；南京农业大学食品科技学院，江苏南京，210095；陕西秦宝牧业股份有限公司，陕西宝鸡，721000。

摘要：为建立雪花牛肉大理石花纹等级评价方法，根据不同等级雪花牛肉大理石花纹图像特征及人工评级的标准，确定了影响大理石花纹的等级主要因素。本研究提出影响大理石花纹等级的几何参数特征、几何分布参数特征和统计参数特征．其中几何参数特征主要反映大理石花纹面积、周长等；几何分布特征主要反映大理石花纹图像中脂肪颗粒沉积的密度，根据脂肪颗粒沉积情况可分为大颗粒脂肪、中颗粒脂肪、小颗粒脂肪等；统计参数特征主要反映大理石花纹丰富程度以及大理石花纹分布均匀性。利用相关性分析提取影响雪花牛肉大理石花纹等级的特征参数。建立基于 C4.5 和 CART 算法的决策树模型，结果表明：对于 C4.5 算法建立的决策树分级模型，三级和五级大理石花纹分级预测精度分别为 91.80%、92.31%，而该模型针对四级样本建立的模型无效，其结果多数误判为三级；对于 CART 算法建立的决策树模型同样存在这样的问题，即三级和五级大理石花纹分级预测精度高，而对四级样本分级无效。

［5］古伟锋．我国肉牛新品种培育迈出关键一步——首批转入大理石花

纹状肉质基因的克隆肉牛诞生［J］.科技成果管理与研究，2013（3）：76-77.

［6］王勇峰，李娜，黄必志，等．南方黄牛胴体质量分级模型的建立［J］.肉类研究，2015，(10)：16-19. DOI：10. 15922/j.cnki.rlyj.2015. 10. 004.

机构：中国农业科学院北京畜牧兽医研究所，北京，100193；云南省草地动物科学研究院，云南昆明，650212。

摘要：为了研究南方黄牛胴体质量分级问题，采用指标征集、因子分析、相关性分析等方法对南方黄牛胴体质量分级指标进行分析筛选，然后对筛选出来的大理石花纹、体型等级、眼肌面积等指标进行聚类分析，确定以大理石花纹（脂肪含量）作为胴体质量分级的指标。结果表明：根据大理石花纹得出分级标准为：第1类：1. 32%≤大理石花纹<7. 36%；第2类：7. 36%≤大理石花纹<17. 86%；第3类：17. 86%≤大理石花纹<22. 43%；第4类：大理石花纹≥22. 43%。

［7］金双勇，刘怀野，祁茂彬，等．辽育白牛与5品种（杂种）肉牛的肉质对比试验报告［J］. 现代畜牧兽医，2011，(3)：22-25.

机构：辽宁省畜牧业经济管理站，辽宁，沈阳，110032；辽宁省畜牧兽医局，辽宁，沈阳，110001。

摘要：辽育白牛是辽宁省培育的肉牛新品种，为了测试辽育白牛的肉质，并与辽宁地区其他主要品种（杂种）肉牛进行比较，辽宁省牛育种中心开展了屠宰试验．试验测得的辽育白牛主要肉质指标为：育肥12个月、育肥16个月屠宰pH值分别为6. 9±0. 3和6. 7±0. 4，分割pH值分别为5. 7±0. 2和5. 9±0. 2，嫩度分别为（3±0. 3）千克和（3. 8±1. 5）千克，大理石花纹等级分别为2. 75±1. 3和3. 6±1. 1，肉色分别为5. 75±0. 5和7±0. 0，脂肪颜色分别为1. 25±0. 5和1±0. 0。结果表明：辽育白牛牛肉保水性能好，肉质细嫩，并具备生产高档牛肉的遗传品质，是肉质优秀的肉牛新品种。

［8］张凌，王笑丹，何冰，等. 吉林省牛肉品质控制及评定［J］. 吉林农业科学，2008，33（4）：43-45，65.

机构：吉林大学生物与农业工程学院，长春，130022；吉林省长春皓月清真有限公司，长春，130013。

摘要：从几个方面说明牛肉品质控制及评定方法．在肉牛品质控制方面，从肉牛入栏开始，就应严格控制肉牛的品质，并按照国标方法进行肉牛宰前及宰后检疫．在牛肉品质方面，通过肉色、大理石花纹、脂肪色、牛肉厚度、背膘厚度、pH值、嫩度、多汁性和风味等多方面进行评定，并制定了品质评定的标准图谱及标准方法。

[9] 张继川，黄秉周，吕福玉，等．延黄牛——中国第二个肉用型牛品种培育成功 [J]．中国牛业科学，2009，35 (3)：25-26.

机构：延边家畜繁育改良工作站，吉林，延吉，133000；延边朝鲜族自治州畜牧开发总公司，吉林，延吉，133000。

摘要：延黄牛是2008年初由农业部审批公布的我国第二个肉用型牛品种，经1979—2007年近三十年杂交选育，其遗传组成为利木赞牛25%，延边牛75%。初生重：公犊30.9 (28~34) 千克，母犊28.9 (26~32) 千克。成年体重：公牛901.5千克，母牛490.8千克。该品种具有良好的适应性和产肉性能，其肉用指数：成年公牛5.66~6.76千克/厘米，成年母牛4.06~4.58千克/厘米，分别超过了专门化肉用型牛的BPI底线值5.60千克/厘米和3.9千克/厘米。

[10] 刘怀野，何永涛，杨广林，等．肉用型牛新品种——辽育白牛的培育 [J]．中国牛业科学，2010，36 (2)：31-33.

机构：辽宁省畜牧兽医局，辽宁，沈阳，110001；辽宁省畜牧业经济管理站，辽宁，沈阳，110032。

摘要：辽育白牛是以夏洛来牛为父本，以辽宁本地黄牛为母本级进杂交后，形成含夏洛来牛93.75%、本地牛6.25%血统，适应当地气候和饲养条件的肉牛新群体。初生重平均：公犊43.6千克，母犊40.3千克。成年体重：种公牛平均1 084千克，母牛平均为497千克，其BPI（肉用指数）分别为7.3千克/厘米和3.9千克/厘米，达到肉用型牛BPI标准。目前育种基础群共有辽育白母牛4 200余头，核心群共有1 100余头，制冻精种公牛9头。辽育白牛共8个家系。外貌整齐，遗传性能稳定，具有生长快、产肉多、耐粗饲、繁殖力良好等优点。

[11] 艾纯民，陆壮，张丽君，等．辽育白牛杂交利用试验研究初报 [J]．畜牧兽医科技信息，2016，(7)：24-26.

机构：辽宁省重大动物疫病应急中心，辽宁沈阳，110161；辽宁省畜牧业经济管理站，辽宁沈阳，110032。

摘要：为探索利用我省丰富而优良的辽育白牛母本牛资源生产中高等级牛肉的杂交生产模式，开展了以辽育白牛为母本，西门塔尔牛、和牛、皮埃蒙特牛为父本杂交利用试验。试验结果显示，三品种杂交后代各具特点，西门塔尔杂交后代的日增重水平显著高于其他两组；皮埃蒙特杂交后代屠宰率、净肉率、肉骨比和眼肌面积等胴体品质最高；而和牛杂交后代牛肉的大理石花纹最为丰富，且高档肉产量最高。

[12] 黄必志，付美芬，赵刚，等. 云岭牛新品种的选育 [C]. //第九届中国牛业发展大会论文集. 2014：129-139.

机构：云南省草地动物科学研究院，昆明 小哨 650212；云南省肉牛工程技术研究中心，昆明 小哨 650212。

摘要：云岭牛新品种育种始于 1983 年，由婆罗门牛（Brahman）、莫累灰牛（Murray Grey）和云南黄牛（Yunnan Yellow cattle）三元杂交选育而来。育种过程中，先用莫累灰公牛与云南黄牛杂交，产生莫云杂，再以婆罗门牛为终端父本，形成含 1/2 婆罗门牛 · 1/4 莫累灰牛 · 1/4 云南黄牛血缘的云岭牛新品种。培育过程中建立了核心育种场、扩繁场、商品改良饲养场三位一体的开放式育种模式，采用同质选配，应用 BLUP 法，不断吸纳优秀个体，通过横交选育，最后形成体型外貌特征一致，遗传性能稳定的云岭牛群。云岭牛较好地综合了婆罗门牛、莫累灰和云南黄牛三个亲本生长快、育肥性能好、繁殖率高、抗蜱、适应性强等优良特性，相比于较大型肉牛品种，云岭牛的采食量较小，饲料报酬较高；在肉质方面，按照日本和牛肉分割与定级标准，24 月龄云岭牛育肥牛，70%个体的肉品质达到 A3 以上等级，口感惬意、多汁、滋味好，可与日本神户牛肉相媲美。

[13] 欧阳晓芳，刘绍贵，何华川，等. 肉用型西门塔尔与安格斯不同杂交方式杂交效果研究 [J]. 中国牛业科学，2013，39（6）：41-44.

机构：云南省种畜繁育推广中心，云南昆明，650212；云南农业大学，云南昆明，650201。

摘要：[目的] 为检验肉用型西门塔尔牛云南本地黄牛的改良效果. [方法] 云南省种畜繁育推广中心肉牛纯繁场分别利用 XM♂×本地西门塔尔高代杂交黄牛♀（Ⅰ组）；XM♀×AG♂（Ⅱ组）；AG♂×本地西门塔尔高代杂交黄牛♀（Ⅲ组）。[结果] 在相同的饲养管理条件下，Ⅱ组初生、6 月龄、12 月龄、18 月龄、24 月龄平均体重明显高于Ⅰ组和Ⅲ组，Ⅰ组结果明显高于Ⅲ组；6 月龄、18 月龄日增重Ⅰ组和Ⅲ组差异不显著，Ⅰ组 12 月龄、24 月龄日增重明显高于和Ⅲ组，而Ⅱ组 6 月龄、12 月龄、18 月龄、24 月龄日增重明显高于Ⅰ组和Ⅲ组。[结论] 通过实验结果可以看出，肉用型西门塔尔牛与安格斯种公牛杂交效果优势明显，而肉用型西门塔尔种公牛与本地黄牛杂交效果又明显高于安格斯种公牛。

[14] 左积杰，袁淑芹. 皮埃蒙特肉牛繁殖及犊牛饲养方法 [J]. 养殖技术顾问，2012（3）：64-64.

机构：黑龙江省鸡东县永和乡畜牧站，158200；黑龙江省鸡西市畜牧局，158100。

摘要：1 纯种与杂交繁殖 皮埃蒙特肉牛的纯种繁育采用皮埃蒙特肉牛细管冻精与引进的皮埃蒙特肉牛母牛直接进行补纯种繁育，扩大母牛群。母牛留作自繁或向市场提供部分优质种母牛。公牛按常规方法快速育肥，向市场提供优质牛肉。皮埃蒙特肉牛与其他品种杂交繁育采用皮埃蒙特肉牛与改良黄牛西门塔尔、夏来、法国黄牛、利木赞进行三元杂交，所产生的后代全部作为商品牛。

[15] 郭同军，臧长江，王连群，等. 去势对西门塔尔牛不同部位牛肉品质的影响 [J]. 中国畜牧兽医，2016，43（1）：210-218.

机构：新疆农业大学动物科学学院，新疆肉乳用草食动物营养实验室，乌鲁木齐 830052；新疆畜牧科学院饲料研究所，乌鲁木齐 830000；塔里木大学动物科学学院，阿拉尔，843300；新疆阿克苏地区疾控中心，阿克苏，843000。

摘要：试验旨在研究去势对西门塔尔牛胴体不同部位牛肉品质的影响，试验选取 50 头健康、16 月龄的西门塔尔公牛，经药物驱虫后，依据体重进行单因素配对试验设计。结果显示，未去势组的 pH 值为辣椒条>腹肉>臀肉>外脊>米龙，辣椒条的 pH 值比外脊和米龙高 3.88%和 5.35%（$P<0.01$），比臀肉高 2.29%（$P<0.05$）；腹肉和臀肉的 pH 值分别比米龙高 3.30%和 2.99%，差异极显著（$P<0.01$）；去势组的 pH 值为腹肉>辣椒条>外脊>臀肉>米龙，腹肉的 pH 值比米龙高 4.33%（$P<0.01$），比臀肉高 2.36%（$P<0.05$）；辣椒条的 pH 值比米龙高 3.37%，差异显著（$P<0.05$）。未去势组的脂肪含量为腹肉>外脊>臀肉>辣椒条>米龙，各部位间的脂肪含量差异均不显著（$P>0.05$）；去势组的脂肪含量为腹肉>臀肉>外脊>辣椒条>米龙，腹肉的脂肪含量比外脊、辣椒条和米龙高 82.81%、132.59%和 196.02%，差异显著（$P<0.05$）。未去势组的灰分含量为米龙>外脊>臀肉>腹肉>辣椒条，米龙的灰分含量比辣椒条高 21.90%，差异显著（$P<0.05$）；去势组的灰分含量为辣椒条≥外脊>米龙>臀肉>腹肉，辣椒条和外脊的灰分含量分别比腹肉高 30.60%和 30.60%，差异极显著（$P<0.01$）；去势组和未去势组胴体各部位的剪切力、蒸煮损失、蛋白质含量、失水率、肌红蛋白和干物质含量的组内统计差异相似。结果表明去势对胴体各部位的脂肪沉积能力有调节作用，对除米龙外其他部位 pH 值有影响，对胴体各部位灰分含量有影响；去势对胴体各部位的剪切力、蒸煮损失、

蛋白质含量、持水性、肉色和干物质含量的影响无明显差异。

［16］吕强，张浩，居来提·阿不都外力，等．去势对青年新疆褐牛日增重、体尺指标及血清生化指标的影响［J］．中国畜牧兽医，2014，41（9）：116-120.

机构：新疆农业大学动物科学学院，新疆乌鲁木齐，830052；伊犁职业技术学院，新疆伊宁，835100；新疆肉乳草食动物营养试验室，新疆乌鲁木齐，830052。

摘要：试验旨在研究去势对青年新疆褐牛不同时期日增重、体尺指标及血清生化指标的影响．选取21月龄的青年新疆褐牛62头，分为试验组（去势）和对照组（未去势），试验动物分别于22月龄、23月龄、24月龄、25月龄和26月龄进行体重及体尺指标测定，并采集血样。预试期10天，正试期150天。结果表明，对照组日增重在23月龄、24月龄时显著高于试验组（$P<0.05$），在25月龄、26月龄时极显著高于试验组（$P<0.01$）；对照组全期平均日增重较试验组显著提高13.40%（$P<0.05$）。对照组体高在24月龄、25月龄、26月龄时显著高于试验组（$P<0.05$）；对照组体斜长、体直长、胸围在23月龄、24月龄、25月龄、26月龄时显著高于试验组（$P<0.05$）；试验组尻长和坐骨宽在23月龄、24月龄、25月龄、26月龄时显著高于对照组（$P<0.05$）；试验组血清尿素氮和白蛋白含量在23月龄、24月龄、25月龄、26月龄时显著高于对照组（$P<0.05$），而血清球蛋白含量则呈相反趋势；对照组血清谷丙转氨酶、谷草转氨酶活性在24月龄、25月龄、26月龄时显著高于试验组（$P<0.05$）。综上所述，去势降低了青年新疆褐牛的日增重、生长速度和蛋白质代谢能力，但提高了青年新疆褐牛沉积脂肪的能力。

［17］郭同军，臧长江，王连群，等．去势对西门塔尔牛不同部位牛肉品质的影响［J］．中国畜牧兽医，2016，43（1）：210-218.

机构：新疆农业大学动物科学学院，新疆肉乳用草食动物营养实验室，乌鲁木齐830052；新疆畜牧科学院饲料研究所，乌鲁木齐830000；塔里木大学动物科学学院，阿拉尔，843300；新疆阿克苏地区疾控中心，阿克苏，843000；新疆畜牧科学院饲料研究所，乌鲁木齐，830000。

摘要：试验旨在研究去势对西门塔尔牛胴体不同部位牛肉品质的影响，试验选取50头健康、16月龄的西门塔尔公牛，经药物驱虫后，依据体重进行单因素配对试验设计。结果显示，未去势组的pH值为辣椒条>腹肉>臀肉>外脊>米龙，辣椒条的pH值比外脊和米龙高3.88%和5.35%（$P<0.01$），比臀

肉高 2.29%（$P<0.05$）；腹肉和臀肉的 pH 值分别比米龙高 3.30%和 2.99%，差异极显著（$P<0.01$）；去势组的 pH 值为腹肉>辣椒条>外脊>臀肉>米龙，腹肉的 pH 值比米龙高 4.33%（$P<0.01$），比臀肉高 2.36%（$P<0.05$）；辣椒条的 pH 值比米龙高 3.37%，差异显著（$P<0.05$）。未去势组的脂肪含量为腹肉>外脊>臀肉>辣椒条>米龙，各部位间的脂肪含量差异均不显著（$P>0.05$）；去势组的脂肪含量为腹肉>臀肉>外脊>辣椒条>米龙，腹肉的脂肪含量比外脊、辣椒条和米龙高 82.81%、132.59%和 196.02%，差异显著（$P<0.05$）。未去势组的灰分含量为米龙>外脊>臀肉>腹肉>辣椒条，米龙的灰分含量比辣椒条高 21.90%，差异显著（$P<0.05$）；去势组的灰分含量为辣椒条≥外脊>米龙>臀肉>腹肉，辣椒条和外脊的灰分含量分别比腹肉高 30.60%和 30.60%，差异极显著（$P<0.01$）。去势组和未去势组胴体各部位的剪切力、蒸煮损失、蛋白质含量、失水率、肌红蛋白和干物质含量的组内统计差异相似。结果表明去势对胴体各部位的脂肪沉积能力有调节作用，对除米龙外其他部位 pH 值有影响，对胴体各部位灰分含量有影响；去势对胴体各部位的剪切力、蒸煮损失、蛋白质含量、持水性、肉色和干物质含量的影响无明显差异。

[18] 王艳荣，吕文发，王自良，等. 不同杂交组合肉牛的肥育效果研究[J]. 安徽农业科学，2006，34（6）：1 091，1 093.

机构：河南科技学院动物科学学院，河南，新乡，453003；吉林农业大学动物科技学院，吉林，长春，130118。

摘要：选择 21 月龄左右（体重 300 千克左右）的西杂牛和夏杂牛各 20 头，平均分为 2 组，以干玉米秸秆为基础粗料，配置了精粗比例分别为 50：50、65：35 的 2 种饲粮。经过 3 个月的短期肥育，研究了不同杂种牛的肥育效果以及牛的遗传基础及饲粮类型在肥育及屠宰性能上的互作效应。结果表明：夏杂牛的增重速度和饲料报酬大于西杂牛；各项屠宰指标以及各分割肉块及其占胴体的比例，在 50%精料组夏杂牛大于西杂牛，在 65%精料组西杂牛大于夏杂牛，在杂交组合与饲粮类型间存在着较强的互作效应。

[19] 欧阳克蕙，鲁友友，瞿明仁，等. 烟酸对高精料饲粮肥育肉牛生长性能及血清生化指标的影响[J]. 动物营养学报，2012，24（9）：1 764-1 769.

机构：江西农业大学动物科学技术学院，南昌，330045。

摘要：本文旨在研究高精料饲粮中添加烟酸对肥育肉牛生长性能、养分表现消化率和血清生化指标的影响. 选择体况良好、体重（402.2±25.4）千克的杂交公牛［西门塔尔（♂）×中国黄牛（♀）］24 头，随机分成 4 组，每组 6 头牛。Ⅰ组、Ⅱ组、Ⅲ组和Ⅳ组在精料中分别添加 200 毫克/千克、400

毫克/千克、600 毫克/千克和 800 毫克/千克的烟酸（以干物质计），饲粮精粗比 85：15，试验期 56 天。结果表明：补饲烟酸对干物质采食量没有显著影响（$P>0.05$），Ⅳ组的生长性能优于其余 3 组。Ⅳ组饲粮粗蛋白质、粗脂肪的表现消化率显著地高于其余 3 组（$P<0.05$），酸性洗涤纤维表现消化率显著地高于Ⅲ组（$P<0.05$），中性洗涤纤维表现消化率显著地高于Ⅱ组和Ⅲ组（$P<0.05$）。烟酸水平对血清葡萄糖、甘油三酯和 β-羟基丁酸的浓度无显著影响（$P>0.05$），Ⅳ组血清非酯化脂肪酸浓度极显著地高于其余 3 组（$P<0.01$）。结果提示，高精料饲粮中补饲烟酸可提高肥育肉牛生长性能和养分表观消化率，本试验条件下以精料中添加 800 毫克/千克的烟酸效果较好。

［20］张国梁，王重阳．营养水平对不同品种杂交肉牛育肥的影响［J］．饲料研究，2007，（2）：48-52.

机构：吉林省农业科学院畜牧分院；吉林大学农学部，吉林，长春，130118。

摘要：试验旨在研究不同营养水平日粮对杂交肉牛生产性能及肉品质的影响，并比较西门塔尔、安格斯和夏洛来杂交肉牛的育肥效果。选购后躯发育良好、体质量相近且肉用体型明显的 10 月龄西杂牛 20 头、安杂牛 12 头、夏杂牛 20 头。随机分为高能组和对照组 2 组，每组 26 头，各组平均始质量差异不显著．分别喂以高和中 2 种不同营养水平的日粮，进行 240d 的肥育试验和屠宰试验。结果表明：①肥育前期，与对照组相比，高能组西杂牛、安杂牛和夏杂牛平均日增质量分别提高 13.6%、7.8%和 7.5%，高能组均优于对照组；肥育后期，与对照组相比，高能组安杂牛的平均日增质量提高 21.9%，西杂牛和夏杂牛与对照组相比差异不显著。②高能组试验牛的宰前活质量、胴体质量、屠宰率和优质肉块分割率均高于对照组，但组内不同品种杂交牛之间差异不显著。③在肥育前期，与对照组相比，高能组中安杂牛日增质量最高，其次是西杂牛和夏杂牛；肥育后期，与对照组相比，高能组中的安杂牛日增质量依然最高，其次是夏杂牛和西杂牛，但组间差异不显著。④通过屠宰试验，并对试验牛的胴体和肉品质量测定发现，安杂牛的日增质量、胴体质量、屠宰率数值最高，夏杂牛的蛋白质和氨基酸含量较高。但高能组与对照组间各项指标差异不显著，这说明，在试验条件下，日粮营养水平对不同品种杂交肉牛的育肥效果只起一定作用。

［21］张玉枝，赵广永．舍内拴系饲养条件下肉牛肥育期能量需要量的研究［J］．中国畜牧杂志，2002，38（3）：17-18.

机构：中国农业大学动物科技学院，北京，100094。

摘要：选用 4 头体况良好、年龄 1.5 岁左右、体重相近的健康公牛（夏洛来×本地黄牛）进行试验，研究其能量需要。采用4×4拉丁方设计，根据预期日增重（0千克/天、0.4千克/天、0.8千克/天、1.2千克/天）配合不同营养水平的日粮．试验结果表明，肉牛日增重（Y，kg/d）与综合净能采食量（X，MJ/kg $W^{0.75}$/d）呈显著的线性相关：Y = 3.68X - 1.30，r = 0.95，P < 0.05. 肉牛肥育期用于维持的综合净能需要量为0.354MJ/kg $W^{0.75}$/d，每增重1kg，增加的总的综合净能需要量为22.52MJ。肉牛肥育期综合净能需要量可以按以下公式计算：（1）NEmf = （0.272ΔW+0.354）$W^{0.75}$，式中NEmf单位为MJ/d；ΔW为日增重，kg/d。（2）NEmf = 0.354$W^{0.75}$ + 22.52ΔW，式中NEmf单位为MJ/d；ΔW为日增重，kg/d。

［22］任继平，赵广永．舍饲拴系饲养条件下肉牛肥育期蛋白质需要的研究［J］．中国畜牧杂志，2002，38（2）：21-22.

机构：中国农业大学动物科技学院，北京，100094。

摘要：为了研究肥育肉牛（夏洛来×本地黄牛）的蛋白质需要，选用4头1.5岁左右体重约325千克的公牛，进行饲养试验和消化代谢试验。本试验根据不同的预计增重（0克/天、400克/天、800克/天、1 200克/天）采取4×4拉丁方设计，给4头肥育牛配以不同水平的日粮。结果表明，杂种肥育牛的蛋白质维持需要量为4.52g CP/kg$W^{0.75}$/d，每增重1克需要采食0.78克粗蛋白质。因此杂种肥育牛的蛋白质需要量为：Y=4.52$W^{0.75}$+0.87X，式中Y表示肥育牛的粗蛋白质需要量，单位为克，$W^{0.75}$为代谢体重，单位为千克，X表示肥育牛的增重，单位为克。

［23］周贵，Ryan S. Clark. 饲料添加瘤胃素和采食量变化对肉牛瘤胃pH值影响的研究［J］.吉林农业大学学报，1999，21（4）：1-5.

机构：吉林农业大学动物科技学院，长春130118；加拿大萨斯喀彻温大学动物科学系S7N IH5。

摘要：应用6头安装瘤胃瘘管的1岁龄杂交肉用阉牛，研究饲料添加瘤胃素（Rumensin）和人为控制采食量变化时，瘤胃内酸度（pH值）的变化效果和发展趋势。试验共进行110d，试验牛首先通过20天的适应期，饲喂含精料92.5%的肥育试验日粮，然后转入自由采食期、低变化期（采食量变化为±1.0千克/天）和高变化期（采食量变化为±2.0千克/天）3个肥育阶段。在整个试验期内，持续监测与记录试验动物的采食量、采食速度和瘤胃pH值的变化。结果表明：添加瘤胃素提高了瘤胃平均pH值水平，即降低了酸度；缩短了pH值在5.6以下水平的持续时间。此外，当采食量大幅度变化时，它具有稳定采食量、缓冲瘤胃pH值波动的作用，从而减少了酸中毒的发生率。

[24] 乔艳龙，汤丽琳，夏先林，等．贵州西门塔尔×本地杂交肉牛的肥育营养需要 [J]. 贵州农业科学，2014，(5)：158-163.

机构：贵州大学 动物科学学院，贵州贵阳，550025。

摘要：为探明贵州西（西门塔尔）×本（本地牛）杂交肉牛的日粮组方与营养需要，选用体重 180~380 千克西本杂交架子公牛 185 头，进行了 7 批次 20 个不同饲粮组合试验。结果表明：干物质摄入量 [IDM，g/（$W^{0.75}$·d）]、综合净能摄入量 [INEmf，MJ/（$W^{0.75}$·d）]、粗蛋白质摄入量 [ICP，g/（$W^{0.75}$·d）] 与杂交肉牛日增重呈显著直线相关关系，回归方程分别为 y =0.044 x+55.2，$P<0.05$；y=0.000 3x+0. 322，$P<0.01$；y=0.006 4x+6.26，$P<0.01$。西本杂交肉牛的营养需要计算公式：DM [kg/（头·d）] =（0.044×预期日增重+55.2）×代谢体重/1 000，NEmf [MJ/（头·d）] =（0.000 3×预期日增重+0.322）×代谢体重，CP(g/头·d)=(0.006 4×预期日增重+6.26）×代谢体重。同时推算出西本杂交肉牛在 150~550 千克阶段的营养需要量标准。

[25] 不同杂交组合肉牛肥育试验 [J]. 中国草食动物，2009，29（6)：23-25.

摘要：试验选择 20~21 月龄 [体重（300.0±25.6）千克] 的利杂牛（利木赞牛♂×本地黄牛♀）、西杂牛（西门塔尔牛♂×本地黄牛♀）和夏杂牛（夏洛来牛♂×本地黄牛♀）各 25 头，以青贮玉米和酒糟为基础粗料，经过 3 个月的短期集中肥育，研究杂种肉牛肥育效果与品种的关系，进而分析各项屠宰指标。结果表明：夏杂牛、西杂牛的平均日增重和饲料转化率均大于利杂牛，且差异显著（$P<0.05$)；各项屠宰指标以及各分割肉块及其占胴体的比例与遗传因素有一定关系，但差异不显著（$P>0.05$)。

[26] 郝士帅．肥育期肉牛的饲养管理技术要点 [J]. 农业开发与装备，2016，(6)：159-159.

机构：四川省达州市开江县回龙动物防疫监督站，四川开江，636252。

摘要：随着我国经济发展，畜牧业不断扩大，人们生活质量水平的不断提高，市场对牛肉的需求量也随之增长。但目前由于肉牛的养殖专业户（场）对肉牛的饲养及管理技术不到位，导致畜牧业养殖的经济效益不理想，不仅浪费资源，而且对生产的牛肉质量也不高。本文就现阶段我国肉牛养殖存在的一些问题做了研究分析，并总结出相关肉牛的饲养管理的技术要点。

[27] 艾方林，蒋诚绩，王华，等．羟甲基脲短期肥育肉牛的效果 [J]. 中国畜牧杂志，2000，36（3)：34-35.

机构：贵州省畜牧兽医科学研究所，贵阳，550005。

摘要：在农养舍饲和不改变基础日粮的条件下，用含 N 35%的羟甲基脲作蛋白质补充料，对 20 头成年盘江黄牛（♂）作分组肥育试验．试验组 1 在基础日粮中添加羟甲基脲 100 克，试验组 2 添加 150 克，全取代日粮中菜籽饼 175 克；试验组 3 不添加作为对照组。结果日增重分别为 1 007 克、949 克和 819 克。1 组和 2 组分别比 3 组提高 22.95%和 15.87%；每千克增重消耗饲料干物质总量分别为 7.52 千克、7.87 千克和 9.13 千克，饲养成本分别为 5.02 元、5.3 元和 5.81 元，1 组和 2 组比 3 组单位增重的饲料成本分别降低 13.60%和 8.78%。

［28］韩勇涛．提高肉牛育肥效果的综合措施［J］．湖北畜牧兽医，2013，34（11）：61-62.

机构：河南省新密市职教中心，河南新密，452370。

摘要：结合当地目前生产现状，从育肥牛选购、肥育准备、分阶段肥育、合理调配饲料、疾病预防等方面介绍了提高肉牛育肥效果的措施，以供养牛户参考。

［29］王小芬．提高肉牛肥育效果的技术措施［J］．养殖与饲料，2009，（8）：5-7.

机构：湖北省黄冈职业技术学院，湖北黄冈，438002。

摘要：肉牛肥育受品种、饲养、管理等诸多因素影响。现就肉牛肥育过程中对其品种、性别、年龄、体形的选择及饲养管理等技术措施进行阐述。

［30］朱延旭．优质肉牛肥育技术［J］．辽宁畜牧兽医，2002，（1）：6-7.

机构：辽宁省畜牧兽医科学研究所，辽阳，111000。

摘要：优质肉牛是指 30 月龄以内，最多不超过 36 月龄、皮下脂肪覆盖程度较好，肉质嫩度、风味、多汁性等指标达到规定标准的肥育牛。国内优质肉牛由于生产手段不同而质量差异较大．下面就优质肉牛肥育技术，谈谈粗浅看法。

［31］金双勇，张丽君，张丽辉，等．西门塔尔×辽育白牛杂种阉牛低营养水平、长周期饲养模式生产中高等级牛肉研究初报［J］．现代畜牧兽医，2015，（11）：30-34.

机构：辽宁省畜牧业经济管理站，辽宁沈阳，110032；辽宁省大连市农业行政执法支队，辽宁大连，116000。

摘要：为探索以辽宁省养殖户现有条件为基础，以黄贮玉米秸秆为主的低营养水平，长周期的饲养模式生产中高等级牛肉的可行性及配套技术，开展了西门塔尔公牛与辽育白牛母牛杂交后代牛的育肥和屠宰试验。结果表明，采用低营养水平饲养西门塔尔公牛与辽育白牛母牛杂交后代公犊牛（阉割），可能造成生长性能下降，育肥期延长，产肉性能下降等负面结果，但对肉品质无明显影响，采用低营养水平、长周期的饲养模式，同样可生产中高等级牛肉。

四、查新结论

经检索国内相关文献和数据库，国内固有五大名牛品种包括鲁西牛、南阳牛、秦川牛、延边牛和晋南牛。通过国家畜禽遗传资源委员会审定的品种有：夏南牛、延黄牛、辽育白牛、云岭牛。通过以上相关文献的对比分析，对本查新项目作出如下结论。

查新点 1：在检索到的相关文献中，文献 2 阐述日本和牛与雷琼牛杂交育肥；文献 3 阐述日本和牛是当今世界公认优秀良种肉牛，其肉大理石花纹明显，又称“雪花肉”。日本和牛肉多汁细嫩、风味独特，肉用价值极高；和牛与秦川牛杂交牛（F1 代）是由陕西秦宝牧业公司选用日本和牛与秦川牛杂交培育而成，F1 代继承了和牛肉质细嫩、肉味香浓的优点，改善了秦川牛后躯不发达、生长速度慢的缺点，增加了秦川牛的脂肪沉积，具有极强的大理石花纹；文献 11 开展了以辽育白牛为母本，西门塔尔牛、和牛、皮埃蒙特牛为父本杂交利用试验；文献 31 阐述秦川牛和鲁西牛肌间脂肪沉积良好，能形成较好的大理石花纹，各项指标均可达到优质标准。文献 32 阐述西门塔尔×辽育白牛杂种阉牛低营养水平、长周期饲养模式生产中高等级牛肉研究。本项目以辽育白牛为母本的和牛杂交组合和纯种繁育未见相同报道。

查新点 2：在检索到的相关文献中，关于肉牛肥育技术的研究报道很多，文献 15~16 阐述去势对不同部位牛肉品质、日增重、体尺指标及血清生化指标的影响；文献 17~30 阐述肉牛肥育技术；文献 31 阐述肥育公牛在肥育前应进行去势、驱虫、防疫处理，并应有 3 周的饲养过渡期，以适应强度饲养方式。关于公牛在肥育前去势有报道，本查新点以辽育白牛母本的繁育模式用于生产大理石花纹牛肉和中高等级牛肉的肥育技术未见相同报道。

注：文献 7、文献 10、文献 11、文献 32 为委托单位人员发表。

查新人（签字）：	技术职务：	查新单位：（签章）
	研究员	
	助理研究员	
审核人（签字）：	研究员	年　月　日

案例 8

编号：

查新项目报告书

项目名称：辽宁省动物及动物产品全程监管风险预警与追溯项目

委托单位：

委 托 人：

联系电话：

通信地址：

查新单位：

委托日期：

完成日期：

农业部科技与质量标准司制

一、项目内容及技术要点

（一）主要研究内容

（1）研制了动物从饲养、屠宰加工至生鲜动物产品上市全过程动物卫生信息和动物卫生监管信息大数据系统。该系统是通过引入“互联网+”，通过研制数据模型将动物引入、动物调运、动物免疫、动物疫病、动物病死无害化处理、动物屠宰、动物产品调运至上市等全过程动物卫生信息和全过程动物卫生监管信息数据关联，使各项数据环环相扣，达到数据运用简化和科学，提高了数据利用率。

（2）研制了动物卫生风险评估和预警模型。该模型结合国际兽医卫生组织评估指标与国际兽医机构效能评估工具（PVS）模式，将包括体系监管、检疫监管、流通监管、防疫监督、安全监管、执法监察和信息追溯等动物卫生指标分成一级、二级、三级和四级四个等级。其中，体系监管指标包括动物卫生监督机构畜牧兽医人员比例、实施培训宣传情况、办公设备及经费情况；检疫监管指标包括电子检疫申报点建设备案情况、检疫申报受理情况、输入供屠宰动物屠宰情况及输入动物产品二次检疫情况；流通监管指标包括跨省引入种用乳用及继续饲养动物落地监管情况、检查站人员上岗情况、省外输入动物产品监管情况等；防疫监督指标包括动物卫生监督机构对辖区内备案场所的监管率和动物卫生监督机构上传监督信息的完整度；安全监管包括对辖区内动物诊疗场所监管率、饲养场屠宰场监管情况、乡村兽医备案及培训情况和病死动物违法案件移送情况；执法监察指标包括报备重大、跟进案件情况、查处违法案件数量完成情况和电子案卷录入情况；信息追溯指标包括动物检疫合格证明和标志申请、审核、签收、发放情况及对辖区内运输动物及动物产品的车辆 GPS 设备安装情况。

通过采取专家咨询法、层次分析法、指标权重计算等构建了“双梯度三档四级赋分模型”，运用定量评估方法，将动物卫生区域评估预警结果与红橙黄绿四色关联实现四色动态地图显示。

（3）研制了动物及动物产品全程追溯系统。基于动物标识及动物疫病可追溯体系上加入动物检疫证明追溯系统，利用动物卫生信息数据，建立动物及动物产品全程追溯系统，从而达到生鲜动物性产品利用追溯系统追查至动物饲养产地，直至追查到各项动物卫生信息。

上述三项研究内容从 2013 年开始已全面应用在辽宁省动物卫生方面。至 2013 年底，省、市、县、乡及饲养环节、屠宰及加工环节和动物及动物产品流通环节的动物卫生信息实现了互通、互用。该项目得到国家相关部门的高度评价，已应用到辽宁省政府绩效考核和畜牧小区建设，被广大饲养、屠宰等行业广泛利用，成为动物性食品安全保障体系中唯一的、全程性的、大数据社会化的系统工程，是实现动物卫生社会化监管的唯一方向。

（二）项目查新点

（1）开发了动物从饲养、屠宰加工至生鲜动物产品上市全过程动物卫生信息数据平台。通过研制动物卫生信息数据模型将动物引入、动物调运、动物免疫、动物疫病、动物病死无害化处理、动物屠宰、动物产品调运直至上市等全过程动物卫生信息数据关联，达到数据存储简化和运用科学。

（2）建立了动物及动物产品全程监管风险预警系统。将包括体系监管、检疫监管、流通监管、防疫监督、安全监管、执法监察和信息追溯等动物卫生指标分成一级、二级、三级和四级四个等级，分别与红、橙、黄、绿四色对应，运用定量评估方法，将动物卫生区域评估预警结果与红橙黄绿四色关联实现四色动态地图显示。

（3）建立了从动物产地到餐桌的动物卫生信息追溯模型。将动物标识及动物疫病可追溯体系、动物检疫证明追溯系统和动物卫生信息等内容有机结合，形成动物及动物产品来源及相关信息全程追溯。

二、使用的手段和文献检索范围

中文数据库

1. CNKI 中国期刊全文数据库 2000—2016 年
2. CNKI 中国优秀硕士学位论文全文数据库 2000—2016 年
3. CNKI 中国博士学位论文全文数据库 2000—2016 年
4. CNKI 中国重要会议论文全文数据库 2000—2016 年
5. 重庆维普中文科技期刊数据库 1989—2016 年
6. 万方期刊全文数据库 1985—2016 年
7. 万方学位全文数据库 1985—2016 年
8. 万方会议全文数据库 1985—2016 年
9. 万方成果全文数据库 1985—2016 年
10. 万方专利全文数据库 1985—2016 年
11. 万方标准全文数据库 1985—2016 年

英文数据库

1. 德国施普林格期刊数据库（生物医学和生命科学） 1997—2016 年
2. 国际农业和生物学中心（CABI）文摘数据库 1990—2016 年
3. 联合国粮农组织 AGRIS 数据库 1990—2016 年

填写要求：

1. 列出所用检索工具的名称、时间范围。
2. 列出所有数据库名称或文档名称、年限。
3. 文字不得小于 4 号字，纸面不够请加页。

三、检索结果

（一）检索词

中文检索词：动物、动物产品、动物卫生、动物标识、动物卫生监管、动物卫生监督、信息、系统、平台、数据、模型、一体化、追溯、风险预警、养殖、防疫、检疫、屠宰、调运、疫病

中文检索式：动物 *（养殖+防疫+检疫+屠宰+调运+疫病）

（动物+动物产品）*（动物卫生+动物卫生监管+动物卫生监督）*（信息+系统+平台）

（动物+动物产品）*（动物卫生+动物卫生监管+动物卫生监督）*（数据+模型+一体化）

（动物+动物产品+动物标识）*（追溯+风险预警）

英文检索词：animal、animal product、animal identification、health supervision、risk early warning、trace back

英文检索式：(animal+animal product+animal identification) * health supervision

(animal+animal product+animal identification) * risk early warning

(animal+animal product+animal identification) * trace back

（二）检出文献的相关程度及数量

根据委托单位的要求，对“辽宁省动物及动物产品全程监管风险预警与追溯项目”项目进行了2000—2016年（部分数据可追溯到1985年）国内外相关文献和数据库检索，检索到与本研究项目相关的文献50余篇，其中主要相关文献22篇。

主要相关文献

［1］叶浩宇，蔡荣甫，柏绍兰，等．云南省动物卫生信息化管理系统在曲靖市的建设及应用研究［J］．中国畜牧兽医文摘，2014，(6)：15-15，20.

机构：云南省曲靖市动物卫生监督所，云南曲靖，655000。

摘要：曲靖市是云南省第二大城市，是畜禽商品生产和消费的重要地区，畜产品产量和畜牧业产值均占全省的四分之一强。畜禽养殖数量、肉类产量、畜牧产值等主要指标长期稳居全省第一，畜牧业产值占全市农业总产值的50%。动物卫生信息化建设对于曲靖市动物卫生监督机构提高其检疫检测、动物卫生监控及监督执法的能力和手段显得尤为重要，加强电子化办公、信息化监控系统的建设，已成为曲靖畜牧业发展及动物卫生监督执法工作的需要。曲靖市结合实际，深入研究，把加强动物卫生信息化建设作为提升动物卫生监管

水平的重要手段，以动物检疫电子出证为主线，在省动物卫生监督所的部署、指导、培训下，建立了统一管理、分级负责、资源共享、安全高效的云南省动物卫生信息化管理系统，取得了阶段性成效。

[2] 方旭，王玉顺，骆双庆，等．河南省动物检疫电子出证管理系统研究与应用探讨［J］．中国动物检疫，2013，30（2）：18－21. DOI：10.3969/j.issn.1005－944X.2013.02.007.

机构：河南省动物卫生监督所，河南郑州，450008。

摘要：利用现代信息技术提升动物卫生监管能力，尤为重要和迫切。河南省结合实际，深入研究，把加强动物卫生信息化建设作为提升动物卫生监管水平的重要手段，以动物检疫电子出证为主线，在全省初步建立了统一管理、分级负责、资源共享、安全高效的动物卫生监督执法信息化系统，取得了良好成效。

[3] 曾加其，梅文彬．丹棱县动物疫病追溯体系建设［J］．四川畜牧兽医，2014，（12）：18－19. DOI：10.3969/j.issn.1001－8964.2014.12.006.

机构：四川省丹棱县杨场镇畜牧兽医站，四川 丹棱，620200；四川省沐川县黄丹镇畜牧兽医站，四川 沐川，614504。

摘要：2012 年，在四川省动物卫生监督所的指导下，丹棱县畜牧局与北京某电子有限公司签订协议开发“丹棱县动物与动物卫生监管信息系统平台”，这是一个将养殖、防疫、检疫、屠宰、物资、应急指挥、畜牧生产统计、机构人员管理整合到一起的综合管理平台，可进一步规范追溯体系建设，为丹棱县追溯体系平台建设推广到全国充当先头兵。

[4] 中国动物卫生与流行病学中心．“农业部动物及动物产品卫生风险监测与预警平台信息系统”开发完成，将使动物源性产品安全保障能力得到进一步提升［J］．中国动物检疫，2015（8）：30. DOI：10.3969/j.issn.1005－944X.2015.08.009.

机构：中国动物卫生与流行病学中心。

摘要：中国动物卫生与流行病学中心 7 月 30 日，中国动物卫生与流行病学中心、中科软科技股份有限公司联合开发的“农业部动物及动物产品卫生风险监测与预警平台信息系统”（PRIA）通过专家组验收。PRIA 系统是在农业部农产品质量安全专项支持下构建的全国首个国家层面上的动物及动物产品中病原微生物信息采集和分析平台系统，包含了项目受理、样品采集、菌毒虫株分离、毒力携带状况分析、耐药性状分析、脉冲场电泳（PFGE）分型等多个信息模块，是动物源性产品安全状况实时分析、突发动物源性食品安全事件溯源的重要技术支撑。

[5] 胡肆农，陈昕，吴孜忞，等.全国动物卫生体系管理信息系统的设计与实现[J]. 计算机与农业，2003，(12)：9-12.DOI：10.3969/j. issn. 1672-6251. 2003. 12. 003.

机构：江苏省农业科学院农业资源与环境研究中心，南京，210014。

摘要：基于地理信息系统建立全国动物卫生体系管理信息系统，将大大提高动物卫生管理决策工作的深度、广度、实时性与综合性。系统由 GIS 平台、MIS 子系统、指标体系及评估模型有机组成。本文介绍 GIS 平台和 MIS 子系统的设计与实现，以及“动物防疫管理技术经济指标体系”和“基于效益和损失评估的动物流行病防疫检疫动态数学模型”的建立。

[6] 张茹，王洪斌，肖建华，等.黑龙江省某市畜禽防疫信息系统的构建[J]. 中国兽医杂志，2009，45（8）：80-81.DOI：10.3969/j.issn.0529-6005.2009.08.049.

机构：东北农业大学动物医学学院，黑龙江，哈尔滨，150030。

摘要：近年来，国家和各级政府高度重视动物卫生体系建设事业，加大对重大动物疫病防治和基础设施建设的投资力度，使各地的动物防疫条件、技术手段有了明显的改善，重大动物疫病防治工作取得了明显进展。

[7] 张少轩，甄成刚，刘甜，等．基于 SOA 的动物卫生监督系统设计[J]. 价值工程，2010，29（36）：238-238.

机构：保定职业技术学院，保定，071000；华北电力大学，北京，100000。

摘要：基于 SOA 设计并实现动物卫生监督信息系统，实现对保定市动物检疫、执法监督人员的日常工作进行记录和统计。主要研究内容包括基于 SOA 的系统架构设计，面向对象的系统分析、ORM、Cache、Web Service 等技术，最终实现动物卫生监督系统。

[8] 陆昌华，胡肆农，谭业平，等．动物及动物产品质量安全的风险评估与风险预警[J]. 食品安全质量检测学报，2012，3（1）：45-52.

机构：江苏省农业科学院兽医研究所，农业部动物疫病诊断与免疫重点开放实验室，国家兽用生物制品工程技术研究中心，南京 210014。

摘要：本文针对动物及动物产品安全涉及的多方面、多环节和多层次的问题，确定影响动物及动物产品安全的主要因素，指出动物疫病预警研究是公共卫生应急及城市预警应急系统的重要组成部分。本文提出如何构建动物及动物性食品质量安全风险预警框架、形成风险评估及预警决策的模型的方法，提出采用基于地理信息系统（Geographic Information System，GIS）的数字化监控系统，将流行病学数据库、地理图形、非空间应用模型和空间应用模型有机地结合，实现图形和数据资源共享。系统可及时跟踪疾病的蔓延，通过动物疫病流行病学图形分析，可提出适宜的防治措施，达到重大动物疫病的预警预报目的。借鉴国外成功经验，提出适合国情的风险预警框架体系研究内容，并指出在进行动物卫生评估和动物产品安全性评价时，如何提高 GIS 系统与风险分析在预警体系中的应用。最终为开展风险评估工作提供更多的素材，不仅能促进中国畜牧业的健康持续发展，也能满足国家制定相关政策的需求。

[9] 李林，何剑斌，董婧，等. 基于地理信息系统的动物疫病应急辅助支持系统研究 [J]. 中国畜牧兽医，2010，37（11）：168-171.

机构：沈阳农业大学畜牧兽医学院，沈阳，110866；沈阳农业大学信息与电气工程学院，沈阳，110866。

摘要：构建动物疫病应急辅助支持系统来动态监控处理诸如禽流感、口蹄疫等动物疫病的发生、蔓延已成必要。地理信息系统（geographic information system，GIS）强大的数据管理分析和显示功能，可与动物疫病信息相结合，通过搭建疫病应急辅助支持系统，对疫病应急实施动态监控，为动物疫病应急提供决策支持，减少损失。

[10] 谷红，李国方，王会肖，等. 石家庄市的动物卫生监督风险评估机制 [J]. 中国动物检疫，2014，31（6）：20-21.

机构：石家庄市动物卫生监督所，河北石家庄，050000；河北省栾城县动物卫生监督所，河北栾城，051430。

摘要：动物疫病风险评估和预警机制对动物疫病防控有着极其重要的作用，动物卫生监督风险评估作为动物疫病风险评估和预警的一个分支，其目的在于对动物卫生监督工作中的各种对象进行风险评估，并根据评估结果进行分析，为动物卫生监督提供技术支持。《动物检疫管理办法》第六条明确规定“动物检疫遵循过程监管、风险控制、区域化和可追溯管理相结合的原则”，这是开展动物卫生监督风险评估的法律基石。为进一步贯彻上级要求，2013年石家庄市制定了《动物卫生安全风险评估制度》，建立了组织机构，对评估范围及主要风险因素、风险评估方法、风险评估成果的利用进行了规定，基本建立了动物卫生监督风险评估机制。

[11] 文飞. 基于 ServiceGIS 的动物防疫监管与决策支持系统研究 [J]. 广东农业科学，2010，37（5）：200-202. DOI：10.3969/j. issn. 1004-874X. 2010. 05.083.

机构：广州市农业局信息中心，广东广州，510405。

摘要：以广州市数字地图为载体，以畜禽动物养殖及疫情为重点，建设一套全面、系统、准确的动物防疫基础信息数据库，实现基于GIS的可视化的动物防疫快速决策分析功能，为广州市相关部门科学地实施疫苗、扑杀、经济损失估算及补偿资金配套预算等工作提供决策支持。

［12］朱长光．动物标识及疫病可追溯体系［J］．兽医导刊，2011，（9）：12-14，24.

机构：中国动物疫病预防控制中心动物卫生信息处。

摘要：动物标识及疫病可追溯体系的概念 动物标识及疫病可追溯体系是对动物个体或群体进行标识，以动物标识编号为数据轴心，将牲畜从出生到屠宰历经的防疫、检疫、监督工作贯穿起来，利用现代技术手段把生产管理和防疫监督数据汇总到数据中心，实现牲畜从出生到屠宰全过程的数据网上记录。

［13］郑丽蓉．厦门市动物标识及疫病可追溯体系的建设情况与发展前景［J］．福建畜牧兽医，2011，33（3）：36-37.

机构：福建省厦门市动物卫生监督所，361019。

摘要：阐述厦门市动物标识及疫病可追溯体系的建设情况，展示发展可追溯体系方面的成效。同时提出存在的问题、对策和建议，描绘厦门市可追溯体系未来发展方向和前景。

［14］石谦．四川动物标识及疫病可追溯体系试点情况［J］．兽医导刊，2011，（9）：15-16.

机构：四川省动物卫生监督所。

摘要：四川省动物标识及疫病可追溯体系运行情况 四川是全国先期建设的4个动物标识及疫病可追溯体系（以下简称追溯体系）试点省之一。2005年以来，在农业部和国家发改委的关心支持下，四川省在21个市（州）、146个县（市、区）开展了追溯体系试点工作。

［15］陆宏.敦煌市动物标识及疫病可追溯体系建设现状、存在的问题及对策［J］．甘肃畜牧兽医，2015，45（6）：78-80.DOI：10.3969/j.issn.1006-799X.2015.06.048.

机构：甘肃省敦煌市畜牧兽医局，甘肃敦煌，736200。

摘要：本文阐述敦煌市动物标识及疫病可追溯体系的建设情况，在畜牧业发展过程中发挥的实际效果，同时提出疫病可追溯体系建设过程中存在的问题及工作对策，以确保全市畜牧业的健康发展和畜产品质量安全。

［16］石永杰．安阳市动物标识及疫病可追溯体系建设现状、问题及对策［J］．河南畜牧兽医（市场版），2014，35（7）：26.DOI：10.3969/j.issn.1004-5090.2014.07.011.

机构：安阳市动物卫生监督所，河南安阳，455000。

摘要：概述 动物标识及可追溯体系建设是以畜禽标识二维码为数据轴心将牲畜从出生到屠宰历经的防疫、检疫、监督、销售等环节，利用先进的信息技术把生产管理和执法监督汇总到数据中心，建立畜禽从出生到畜禽产品销售各环节一体化全程追踪监管的管理体系。建立动物标识及疫病可追溯体系是我国发展现代农业和现代畜牧业的需要，是保障公共卫生安全的需要。

[17] 蒋云，尹用国，向泽君，等. 重庆市动物卫生监督指挥调度平台[Z] 重庆数字城市科技有限公司，2011.

机构：重庆数字城市科技有限公司。

摘要：重庆市动物卫生监督指挥调度平台基于自主知识产权的吉信地理信息聚合平台进行构建，主要用于动物卫生监督管理领域。技术原理是利用3S技术，以计算机网络为基础、以有线和无线通信为纽带、以接处警信息处理为核心、以动物卫生监督空间数据库为载体，实现地理信息与动物卫生监督业务数据的完美集成，及时、准确采集动物卫生监督疫情、及时应对畜产品安全事件、宏观指导畜牧业生产布局提供科学决策依据。包括动检110联动接处警子系统、预警预测辅助子系统（涵盖相关业务管理：动物防疫监管、动物检疫管理、动物调运监管、动物卫生监督执法证章标志管理、执法监管、兽医机构及人员管理、监管对象管理、风险要闻管理）、视频监控子系统、疫情信息管理子系统、应急指挥处理子系统、数据管维护子系统等成果。①建立了新型的动物卫生监督管理模式该成果借助三维仿真技术、CallCenter技术、无线视频技术、WebGIS技术、数据库技术，不仅实现了市区两级动物卫生监督业务管理的一体化，同时也实现了动物卫生监督信息的空间化，为科学防控动物疫情、及时应对畜产品安全事件、宏观指导畜牧业生产布局提供科学决策依据。②率先在国内建立了动监行业与公安110的信息共享模式，该成果以整合资源为前提、以网络数据为基础、以应急实战为特征，避免了过去“多而不统、重复建设、无法联动”的疾瘤，真正意义上实现了一体化、集约化的应急联动防控体系，为平安重庆建设发挥了重要作用。③在国内首次建立了动物卫生监督空间信息数据体系，该成果对动物卫生监督业务进行抽象、整合、扩展和提炼，首次在国内建立起了动物卫生监督空间信息数据体系，定义了动物卫生监督空间信息的数据模型，规范了重庆市动物卫生监督行业空间数据的分类、编码、收集、处理、存储、分析、发布、数据交换等业务操作流程。④独创性的采用自主研制的地理信息聚合服务平台，该成果采用了自主研制地理信息聚合服务平台，将来自于多种数据源的数据和信息，根据既定的规则，通过提取、过滤、转换、分析、总结，自动/半自动的将这些信息聚合到空间数据库中，生成完整、准确、简洁的综合信息，同时应用 CallCenter 技术、无线视频技术、WebGIS 技术实现了动监 110 快速接处警、远程视频同步监管、重大动物疫情快速处置、可视化远程指挥处置等业务与空间信息的完美集成。⑤基于 SOA 的 GIS 服务架构该成果，采用基于 SOA 的 GIS 服务架构，涉及的 GIS 功能接口均采用 WebService 技术进行封装，并对外提供 SOA 服务接口，能够根据业务拓展需要快速进行延伸、扩展，能满足其他政府单位调用动物卫生监督业务数据的需要，在国内动物卫生监督领域处于领先水平。⑥Silverlight 技术该成果中使用了自主开发的基于 Silverlight 技术 GIS 中间件，创建出功能丰富、操作便利的 WebGIS 应用，实现跨浏览器、跨客户平台的交互（RichInterface-Application）Web 应用，在国内动物卫生监督行业具有领先水平。

［18］周晨阳，王金华，刘俊，等．辽宁省动物卫生监督风险评估体系的建立［J］．中国动物检疫，2016，33（7）：45-47.

机构：辽宁省动物卫生监督所，辽宁沈阳，110015；中国动物卫生与流行病学中心，山东青岛，266032。

摘要：辽宁省以《动物防疫法》赋予的动物卫生监督执法职能为出发点，以其动物卫生监管信息追溯平台积累的大数据为依托，探索性开展了动物卫生监督风险评估工作。本文简要叙述了动物卫生风险评估的发展沿革和政策背景，重点介绍了辽宁省动物卫生监督风险评估体系的指标设置、方法构建、结果运用、作用特点等相关内容，发挥了大数据在动物卫生监管过程中的风险预警、数据出口、工作考核、政策指导等作用。

［19］ Geudeke, T. Application to herd health supervision of abattoir information derived from slaughtered sows.［Dutch］

De bruikbaarheid van slachthuisinformatie van zeugen voor de veterinair-zootechnische Bedrijfsbegeleiding.; 1992.: v+154 pp. 153 ref.

AB Analysis of postmortem findings for 11 447 sows from 151 herds, combined with serological and biochemical tests on 6440 blood samples, showed that foot lesions were present in 57% of sows (range 25%-80%, according to herd), stomach ulcer in 25%, endometritis in 16%, quiescent ovaries in 14%, dermatitis in 12%, cystitis in 11%, pleuritis in 10%, cystic ovaries in 6%, kidney lesions in 6%, pneumonia in 1.5% and pericarditis in 1.5%. Risk factors related to housing and management were discussed. Improvements should reduce the incidence of pleur itis, endometritis, ovarian dysfunction, dermatitis and foot lesions.

[20] Salina, A. B. Azmie, M. Z. Development, establishment and current achievement of animal traceability system in Malaysia.

Malaysian Journal of Animal Science; 2013. 16 (2): 83-97. 19 ref.

ABThe animal traceability system works as a complement to animal disease control program. Malaysia has been serious in developing the animal traceability system in order to control diseases, to get disease free declaration from The World Organisation of Animal Health (OIE) and to meet the importation regulations of other countries. This action will also help in increasing the competitiveness of Malaysia's livestock industry. Three main components in animal traceability system are animal identification, premise and owner registration and animal movement control. Malaysia has developed the system modularly and the implementation was conducted in stages involving state and federal territory. The data were obtained from various modular databases including the ePermit1, eQuarantine, ePermit2, Pet Passport, eBreed, BurungWalit, TAC Online, ADIC and ipVEINs database which consists of premise, animal and pet registration, import/export, inter-and intra-state animal movement, quarantine management and disease index management. After five years of implementation, the Department of Veterinary Services Malaysia (DVS) is able to locate more than forty thousand premises, trace back and forward more than three hundred thousand animals and pets, identify more than fifteen thousand transports used for animal and animal product movement and monitor more than 700 000 movement consignments between and within the countries. The implementation of the Malaysia's animal traceability system is being carried out in accordance with acts, regulations, state enactments, veterinary and import protocols, and standard operating procedures in force. This well-designed traceability system has advanced Malaysia's performance veterinary services to a higher level and will continue doing so till the near future.

[21] Corrigan, P. J. Seneviratna, P. Occurrence of organochlorine residues in Australian meat.

Australian Veterinary Journal; 1990. 67 (2): 56-58. 14 ref.

ABA number of pesticide residue violations were identified in Australian meat exported to the USA in May 1987. The pesticides involved were the organochlorines, dieldrin and heptachlor. The problems were caused by the persistence of organochlor ines in soils and their illicit use or contamination of storage facilities. Animals grazing contaminated pasture, ingesting contaminated feed or held in contaminated yards over a period, bioaccumulated residues in their adipose tissues which eventually exceeded maximum residue limits and caused violations. An overall strategic plan, "The Integrated Action Plan", was formulated and implemented by the Australian Quarantine and Inspection Service (AQIS) with the assistance of the relevant Departments of the States and the Northern Territory (NT), meat processing and export industries and livestock producer bodies to determine and eliminate the factors causing these problems and the likely sources of contamination were identified and controlled. The National Residue Survey was enhanced, a National Residue Data Base was established and a centralised computer system interactive with abattoirs, laboratories and animal health authorities developed. The cattle farm identity tail tag system already in place, capable of tracing cattle to the farm of origin was refined and trace back systems for sheep and pigs were utilised. Analytical laboratory facilities capable of a rapid sample turnover were expanded and an individual farm organochlorine clearance program was established. From 25 May 1987 to 22 May 1989, 813 330 cattle were tested in the AQIS testing programme from approximately 137 000 individual farms. Of this number, approximately 118 000 farms met the designated test result and were declared clear. This program has also been successful in preventing further violations being detected in Australian beef by overseas import testing authorities. In achieving a reduction of violations, a closer working liaison was established between AQIS and the relevant Departments of the States and NT responsible for animal health programmes.

四、查新结论

经检索国内国外相关文献和数据库，关于动物卫生监管方面的研究报道较多，其中：

查新点 1：在检索到的相关文献中，文献 5 阐述了基于地理信息系统建立全国动物卫生体系管理信息系统，系统由 GIS 平台、MIS 子系统、指标体系及评估模型有机组成，基于 GIS 平台和 MIS 子系统的设计与实现，以及“动物防疫管理技术经济指标体系”和“基于效益和损失评估的动物流行病防疫检疫动态数学模型”的建立。MIS 子系统 1998—2002 年，动物保护工程在全国范围投资建设动物防疫、疫病测报、监督监察三大体系四级网络。关于动物的防疫、检疫、屠宰、调运等方面在数据库中均有较多报道。文献 18（成果）阐述重庆市动物卫生监督指挥调度平台基于自主知识产权的吉信地理信息聚合平台进行构建，主要用于动物卫生监督管理领域。技术原理是利用 3S 技术，以计算机网络为基础，以有限和无线通信为纽带，以接处警信息处理为核心，以动物卫生监督空间数据库为载体，实现地理信息与动物卫生监督业务数据的完美集成。及时、准确采集动物卫生监督疫情，及时应对畜产品安全事件，为宏观指导畜牧业生产布局提供科学决策依据。包括动检 110 联动接处警子系统、预警预测辅助子系统（涵盖相关业务管理：动物防疫监管、动物检疫管理、动物调运监管、动物卫生监督执法证章标志管理、执法监管、兽医机构及人员管理、监管对象管理、风险要闻管理）、视频监控子系统、疫情信息管理子系统、应急指挥处理子系统、数据管维护子系统等成果。建立了新型的动物卫生监督管理模式，该成果借助三维仿真技术、CallCenter 技术、无线视频技术、WebGIS 技术、数据库技术，不仅实现了市区两级动物卫生监督业务管理的一体化，同时，也实现了动物卫生监督信息的空间化，为科学防控动物疫情、及时应对畜产品安全事件、宏观指导畜牧业生产布局提供科学决策依据。关于动物养殖、防疫、调运、屠宰等过程的数据模型或系统建立的研究，在数据库中均有报道。本查新点的研究内容除在文献 19 中有相关的报道外，未见其他报道。

查新点 2：在检索到的相关文献中，文献 3 阐述 2012 年，在四川省动物卫生监督所的指导下，丹棱县畜牧局与北京某电子有限公司签订协议开发“丹棱县动物与动物卫生监管信息系统平台”，这是一个将养殖、防疫、检疫、屠宰、物资、应急指挥、畜牧生产统计、机构人员管理整合到一起的综合管理平台，可进一步规范追溯体系建设。文献 11 阐述了动物卫生监督风险评估机制的建立和动物卫生监督风险评估预警机制的运行等方面的内容。文献 12 阐述以广州市数字地图为载体，以畜禽动物养殖及疫情为重点，与广州市各区基层单位联合，建立一支稳定的农业专业数据采集队伍。通过手持 GPS 采集设备对各个动物养殖场进行坐标定位和基本资料信息的实时采集录入。与原有系统数据结合，完成动防资料的收集整编与建库工作，并与现有的质量安全监控管理信息无缝结合，实现图、文、表等信息的关联查询和显示。建设一套全面、系统、准确的动防基础信息数据库，实现基于 GIS 的可视化的动物防疫快速决策分析功能，为广州市相关部门科学地实施疫苗、扑杀、经济损失估算及补偿资金配套预算等工作提供决策支持。本项目建立的动物及动物产品全程监管风险预警系统设定了 7 个动物卫生指标，并以等级形式反映疫情情况，在检索的文献中未见相同报道。

查新点 3：在检索到的相关文献中，文献 13 阐述动物标识及疫病可追溯体系是对动物个体或群体进行标识，以动物标识编号为数据轴心，将牲畜从出生到屠宰历经的防疫、检疫、监督工作贯穿起来，利用现代技术手段把生产管理和防疫监督数据汇总到数据中心，实现牲畜从出生到屠宰全过程的数据网上记录。通过移动终端和固定终端设备核查动物来源，实现对动物的快速、准确溯源，为行政决策和快速处理疫情提供高效的信息平台。关于动物标识及疫病可追溯体系研究的报道较多，其中，文献 14～17 阐述了福建厦门、四川、甘肃敦煌及河南安阳四地的动物标识及疫病可追溯体系建设现状、问题、前景及对策等。动物标识及疫病可追溯体系在上述文献中有报道。本项目结合动物标识及动物疫病可追溯体系、动物检疫证明追溯系统和动物卫生信息等内容建立的动物卫生信息追溯模型，在检索到的文献中未见相同报道。

注：文献 19 为委托单位人员发表。

查新人（签字）：	技术职务： 研究员 助理研究员	查新单位：（签章）
审核人（签字）：	研究员	年　月　日

案例 9

编号：

查新项目报告书

项目名称： 稻蟹立体生态种养生产关键技术研究与示范

委托单位：

委 托 人：

联系电话：

通信地址：

查新单位：

委托日期：

完成日期：

农业部科技与质量标准司制

一、项目主要内容及技术要点

（一）主要研究内容

稻田养蟹是根据稻蟹共生互利原理进行的，可充分发挥稻田面积和水域空间，发挥土地资源潜能，将无公害优质稻米生产和水产养殖有机结合起来，达到高产、高效、立体开发综合利用的目的，提高了种植业和养殖业的复合经济效益。项目针对当前制约稻蟹种养优质、高产、高效的技术瓶颈问题重点开展了如下研究内容。

（1）稻蟹生态种养适宜水稻品种筛选及其栽培技术研究

（2）研究示范“深沟高畦，大垄双行，沟边密植，早放精养”的河蟹养殖和水稻栽培的稻蟹生态种养模式。

（3）普通稻田与稻蟹生态种养田生态特征比较研究。

（4）稻蟹生态种养生产水稻安全施肥技术研究与示范。

（5）稻蟹生态种养对稻田土壤养分和结构的影响研究。

（6）稻蟹生态种养水稻有害生物安全防控技术研究与示范。

（7）稻蟹种养清洁生产配合河蟹生物防除杂草新技术研究与示范。

（8）稻蟹生态种养对水稻群体结构生长的影响研究。

（9）稻蟹生态种养成蟹放养密度与水稻产量关系研究

（10）稻蟹生态种养对稻田生物多样性的影响研究。

（11）稻蟹生态种养田水质调控及模式化管水技术研究。

（12）稻蟹生态种养河蟹养殖优化配置模式研究与示范。

（13）河蟹专用配合饲料及饵料科学投放技术研究与应用。

（14）稻蟹生态种养田水土资源综合利用技术研究与应用。

（15）稻蟹立体种养生态系统稻蟹共生互利机制研究。

（16）稻蟹生态种养无公害生产全程质量控制技术研究与应用。

（17）稻蟹生态种养生产模式的生态经济学效应与分析。

（18）规范化稻蟹立体生态种养生产技术体系的建立。

（二）创新点

（1）创建并推广了“深沟高畦，大垄双行，沟边密植，早放精养”的河蟹养殖和水稻栽培的稻蟹生态种养模式；营造了立体的、多样化生态环境，既保证了河蟹生育需求，提高了河蟹产量与规格，同时便于对水稻有害生物的生态调控，又保证了水稻丰产需肥，水稻沟边密植能充分利用边际效应提高水稻产量。

（2）率先研发了对河蟹安全的水稻专用肥配方及一次性深施肥技术，解决了水稻施肥和河蟹养殖的矛盾；探明了稻蟹生态种养田土壤肥力变化规律；研究示范了光合细菌沼泽红假单胞杆菌，在稻蟹生态种养生产中的应用技术。

(3) 系统深入地研究了稻蟹种养田对河蟹安全的水稻病虫害防治技术，解决了水稻施药和河蟹养殖的矛盾。率先开发直接应用对河蟹生长安全的高端化学农药康宽、福戈、雷通、阿克泰等使用技术，可有效防治二化螟等水稻重要害虫；研发了对河蟹生长安全的苗床施药带药移栽技术配合模式化管水技术，可有效防治种养田前期的稻水象甲、稻潜蝇、稻飞虱等害虫；稻蟹种养田水稻害虫防治技术的突破，有效压低了越冬虫源基数，使周边稻田稻水象甲等发生危害大为减轻。

(4) 探明了稻蟹种养田坝埂种豆清洁生产配合河蟹生物防除杂草新技术并大面积推广。

(5) 创建了稻蟹生态种养河蟹养殖优化配置模式，首次探明了成蟹放养密度与水稻产量的互作关系，确定了稻田成蟹养殖适宜放养规格和密度（以蟹种规格100~140只/千克，放养密度400~600只/亩为宜)，提出了稻蟹生态种养水质调控措施，研发了适宜河蟹养殖的抗病高效环保型专用配合饲料及饵料科学投放技术。

(6) 根据生态学原理，从食物链理论、生态位理论、互利共生理论方面，首次探明了稻蟹立体种养生态系统中水稻与河蟹和谐共生，生产的稻、蟹产品产量和品质共利双赢的内在机制，该生产模式形成了一个物质循环高效、能量流动畅通、稳定性增加的立体种植、养殖一体化良性循环生态系统。

(7) 创建了稻蟹立体生态种养生产模式，对河蟹生长安全的水稻水肥调控及有害生物控制技术体系 ，河蟹生态养殖技术体系等三项技术体系；形成了一套科学系统的“稻蟹立体生态种养生产技术规范”，有效解决了制约稻蟹种养生产技术瓶颈问题。

(8) 推广了稻蟹种养生产全程无公害检测及产品质量控制技术，通过稻蟹生态种养生产模式应用，实现了埝埂种豆、田中种稻、水中养蟹（鱼）的立体生态种养殖的有机结合，组成了一个多元化的复合生态系统，是名副其实的资源节约、环境友好、食品安全型产业。达到了“一水两用、一地双收”的效果，经济、社会、生态效益显著。

二、使用的手段和文献检索范围

中文数据库

CNKI 中国期刊全文数据库　2005—2010 年
CNKI 中国优秀硕士学位论文全文数据库　2000—2010 年
CNKI 中国博士学位论文全文数据库　2000—2010 年
CNKI 中国重要会议论文全文数据库　2000—2010 年
重庆维普中文科技期刊数据库　1989—2010 年

英文数据库

德国施普林格期刊数据库（生物医学和生命科学）　1997—2010 年
国际农业和生物学中心文摘数据库 CABI　1990—2010 年
联合国粮农组织国际农业科技情报系统 Agris 数据库　1990—2010 年

填写要求：

1. 列入所用检索工具的名称、时间范围。
2. 列出所有数据库名称或文档名称、年限。
3. 文字不得小于 4 号字，纸面不够请加页。

三、检索结果

(一) 检索词

中文检索词：稻；蟹；种养；立体种养；生态种养；深沟高畦；大垄双行；沟边密植；早放精养；稻田养蟹；稻蟹种养；水稻；专用肥；深施肥；沼泽红假单胞杆菌；土壤肥力；病害；虫害；病虫害；模式化管水；施药技术；草害；生物农药；化学农药；生物防除杂草；清洁生产；安全控害；配置模式；养殖模式；规格；密度；饲料；饵料；水质调控；质量控制；无公害检测；种养模式；产量；品质；物质循环；能量流动；共赢机制；内在机制；机理；生产模式；水肥调控；生物控制；生态养殖；技术规范；技术体系

中文检索式：(1) 稻＊蟹＊（种养+立体种养+生态种养）＊（深沟高畦+大垄双行+沟边密植+早放精养+技术规范+技术体系+生产模式）

(2) 稻＊蟹＊（种养+立体种养+生态种养）＊（产量+品质+物质循环+能量流动）＊（共赢机制+内在机制+机理）

(3)（稻田养蟹+稻蟹种养）＊（生物防除杂草+清洁生产+质量控制+无公害检测+深沟高畦+大垄双行+沟边密植+早放精养+种养模式+生产模式+技术规范+技术体系）

(4)（稻田养蟹+稻蟹种养）＊水稻＊（专用肥+深施肥+沼泽红假单胞杆菌+土壤肥力+生物农药+化学农药+病害+虫害+病虫害+水肥调控+生物控制+安全控害）

(5)（稻田养蟹+稻蟹种养）＊蟹＊（配置模式+养殖模式+规格+密度+饲料+饵料+水质调控+生态养殖）

英文检索词：rice；crab；rice-crab models；rice-crab compound cultivation models；rice-crab culture system ；culture

英文检索式：(1) rice and crab and culture

(2) rice-crab and culture

(3) rice-crab models or rice-crab compound cultivation models or rice-crab culture system

（二）检出文献的相关程度及数量

根据委托单位的要求，对“稻蟹立体生态种养生产关键技术研究与示范”项目进行了1989—2010年国内国外文献检索，查到与本研究项目相关的文献200余篇，其中主要相关文献42篇。

[1] 孙德慧. 物质能量多重利用的稻蟹种养生态模式探讨[J]. 经济技术协作信息，2010（17）：122.

[2] 范丽萍，杨锦英，黄志峰，等. 稻蟹生态高效种养技术[J]. 科学养鱼，2010（4）：24-25.

[3] 孟建武，陈志清. 稻田养殖成蟹高效种养配套技术[J]. 北方水稻，2010，40（2）：46-47，54.

[4] 魏雅娟. 稻田养蟹技术[J]. 现代农业，2010（3）：83-84.

[5] 张达余，郭丽华，周志华. 阔池宽沟稻蟹鱼复合生态种养技术集成[J]. 江苏农业科学，2010（1）：249-250.

[6] 郭丽华，张达余，周志华，等. 阔池宽沟稻蟹鱼复合生态种养技术集成[J]. 作物杂志，2009（5）：108-110.

[7] 黄春龙，丁怀亮，郑永山. 北方高寒地区稻田养蟹技术要点[J]. 渔业致富指南，2009（18）：43-44.

[8] 孙富余，于凤泉，李志强，等. 稻蟹种养生产中水稻优化栽植方案初探[J]. 辽宁农业科学，2009（2）：39-41.

[9] 裴光富. 稻蟹种养技术研究[J]. 北方水稻，2009，39（2）：57-58，62.

[10] 陈淑燕. 稻田养蟹关键技术要点[J]. 渔业致富指南，2008（9）：48-50.

[11] 黄国旭，闫巍. 稻、蟹、鱼、萍立体生态种养殖试验[J]. 河北渔业，2008（12）：25.

[12] 唐书芹. 稻田养蟹高产高效技术[J]. 安徽农学通报，2008，14（20）：169.

[13] 王武. 北方稻田养蟹产业发展思路[J]. 中国水产，2008（10）：11-13.

[14] 于永清. 创新稻蟹种养模式、实现稻蟹产效双增[J]. 中国水产，2008（3）：85-86.

[15] 刘研. 盘锦地区稻田养蟹技术[J]. 北方水稻，2007（3）：120-121.

[16] 张素霞．稻田高效立体种养集成技术 [J]. 科技信息，2006 (06X)：177.

[17] 冯勤，王占云．稻田生态养殖河蟹技术要点 [J]. 宁夏农林科技，2006 (6)：105.

[18] 朱兴国，李恒国，张裕哲．无公害稻田养蟹技术（下） [J]. 农家致富，2006 (22)：41.

[19] 王艳华，陈卫新，于永清，等．成蟹稻田生态养殖新技术 [J]. 中国水产，2006 (7)：35-37.

[20] 王典．“龙源”益生菌液在水稻及稻田养蟹上的应用效果 [J]. 垦殖与稻作，2005 (6)：42-43.

[21] 魏雅娟，赵德森，张文芹，等．稻萍蟹立体种养综合配套技术 [J]. 垦殖与稻作，2005 (4)：55-56.

[22] 万永东，王大鹏，秦超．水稻无公害生产和稻田养蟹二元复合技术 [J]. 吉林农业，2005 (3)：13.

[23] 姚成田，周世新，杨晓东．稻田养蟹生态农业模式的建立 [J]. 辽宁气象，2005 (2)：14.

[24] 陈飞星，张增杰．稻田养蟹模式的生态经济分析 [J]. 应用生态学报，2002，13 (3)：323-326.

[25] 魏晓敏，张秀双．试论有机肥对改善稻田养蟹生态环境质量的效果 [J]. 垦殖与稻作，2001 (6)：23-25.

[26] 宋冰，王典．光合生物液在稻田养蟹上的应用效果 [J]. 垦殖与稻作，2000 (6)：31，34.

[27] 杨益众，邵益栋，余月书，等．养蟹稻田减量使用农药对稻、蟹生产的影响 [J]. 江苏农业学报，2006，(1)：19-23.

[28] 胡小军，杨勇，张洪程，等．稻渔（蟹）共作系统中水稻安全优质高效栽培的研究Ⅲ. 适宜品种的选择与应用 [J]. 江苏农业科学，2004 (4)：14-17.

[29] 谢罡，风真．稻蟹混养田稻病综合防治 [J]. 当代畜禽养殖业，2001 (7)：14.

[30] 黄友德．辽宁发展稻田养蟹生产考察报告 [J]. 广西水产科技，1998 (1)：36-40.

[31] 王金爽，栾和林，许进．浅谈北方稻田养蟹技术 [J]. 现代农业，2008 (5)：100.

[32] 李绪美．稻田优质高效立体种养配套技术［J］．中国稻米，2005（1）：36.

[33] 周衍庆，夏玉兰．稻田高效种养模式（一）［J］．垦殖与稻作，2002（2）：37-38.

[34] 肖祖国，李文宽，于永清，等．河蟹养殖技术之三：稻田养殖河蟹不同规格、不同密度对比试验［J］．中国水产，2008（9）：40-42.

[35] 刘鸣达，安辉，王厚鑫，等．不同稻蟹生产模式效益比较的初步研究［J］．中国土壤与肥料，2009，（1）

[36] 闫志利，林瑞敏，牛俊义，等．我国稻蟹共作技术研究的现状与前景展望［J］．北方水稻，2008，（2）：5-8，27.

[37] 李敬伟，李文宽，肖祖国，等．不同配方饲料对稻田养殖中华绒螯蟹生长和效益的影响［J］．水产科学，2009（11）：678-682.

[38] 孙富余，于凤泉，孙文涛，等．稻蟹生态种养生产技术集成与示范技术要点［J］．辽宁农业科学，2010（5）：61-62.

[39] Li XiaoDong，Dong ShuangLin，Lei YanZhi，et al. The effect of stocking density of Chinese mitten crab Eriocheir sinensis on rice and crab seed yields in rice-crab culture systems. Aquaculture. 2007. 273：4，487-493. 26 ref.

[40] Ponchunchoovong，S. Species identification of Thai rice-field crab in the lower north-eastern region of Thailand. Proceedings of the 44th Kasetsart University Annual Conference，Kasetsart，30-January - 2 February，2006. Subject：Fisheries. 2006. 400-407. 6 ref.

[41] Dong Yan Jiang HeWen Yu YongQing Zhou ShiXin Sun Bing. Water-temperature characteristics of rice-field-crab "；Panshan mode & quot；. Agricultural Science & amp；Technology - Hunan. 2010. 11：4，152-155. 6 ref.

[42] Rajasekaran，B. Whiteford，M. B. Rice-crab production in south India. The role of indigenous knowledge in designing food security policies. Food Policy. 1993. 18：3，237-245. ref.

四、查新结论

检索国内国外近20年相关文献和数据库，共检到重要相关文献41篇，其中，中文37篇，英文4篇。国内有较多关于稻田养蟹的研究报道，也有关于稻蟹种养中水肥调控、病虫害防治、种养模式等的研究报道。其中，文献8、文献38为该课题组的报道，详细陈述了稻蟹生态种养生产关键技术，包括深沟高畦建设模式、水稻培育壮秧及苗床施药带药移栽防治种养田害虫技术、一次性深施肥技术、大垄双行沟边密植技术、水质调控技术、种养田清洁生产辅以生物防除杂草技术、对河蟹生长安全的水稻病虫害综合防控技术、土地资源综合利用技术、河蟹养殖优化配置模式及专用饲料饵料投放技术、无公害生产全程质量控制技术等。国外此方面研究报道较少。与该课题研究的主要内容及取得的成果比较分析认定如下。

（1）创建并推广了“深沟高畦，大垄双行，沟边密植，早放精养”的河蟹养殖和水稻栽培的稻蟹生态种养模式；营造了立体的、多样化生态环境，既保证了河蟹生育需求，提高了河蟹产量与规格，同时，便于对水稻有害生物的生态调控，又保证了水稻丰产需肥，水稻沟边密植能充分利用边际效应提高水稻产量。

经检索，在检索到稻蟹生态种养的相关文献中，文献5、文献6介绍了阔池宽沟稻蟹鱼复合生态种养技术集成情况。文献8、文献38为该课题组撰写，报道了结合地方稻蟹种养的生产经验，提出“深沟高畦、立体生态，大垄双行、沟边密植”的栽培方案，并在2年系统试验的基础上初步提出了稻蟹种养生产的水稻优化栽培方案。文献9提及了改变水稻种植模式，推行大垄双行，即改30厘米垄为20厘米→40厘米→20厘米的排序插秧。综合分析所检文献，未见与该课题相同的研究报道。

（2）研发了对河蟹安全的水稻专用肥配方及一次性深施肥技术，解决了水稻施肥和河蟹养殖的矛盾；探明了稻蟹生态种养田土壤肥力变化规律；研究示范了光合细菌沼泽红假单胞杆菌在稻蟹生态种养生产中的应用技术。经检索，在检索到的稻蟹种养的相关文献中除该课题组的报道外，未见相同报道。

（3）系统深入地研究了稻蟹种养田对河蟹安全的水稻病虫害防治技术，解决了水稻施药和河蟹养殖的矛盾。开发直接应用对河蟹生长安全的高端化学农药康宽、福戈、雷通、阿克泰等使用技术，可有效防治二化螟等水稻重要害虫；研发了对河蟹生长安全的苗床施药带药移栽技术配合模式化管水技术，可有效防治种养田前期的稻水象甲、稻潜蝇、稻飞虱等害虫；稻蟹种养田水稻害虫防治技术的突破，有效压低了越冬虫源基数，使周边稻田稻水象甲等发生危害大为减轻。

经检索，在检索到的相关文献中，有关于稻蟹种养中病虫害防治技术等的报道，例如，文献 3 简要陈述了稻田养蟹中肥水管理、病虫草害防治等配套技术。文献 27 报道了养蟹稻田减量使用农药对稻、蟹生产的影响。文献 36 提及了王典等对光和生物液（PSB）进行了试验示范，有效地提高了蟹苗成活率，增加了蟹、稻产量，王典、徐清云等确定了“龙源”益生菌液、苦参碱可溶性液等生物制剂在稻蟹共作田的应用效果，高玉芝等提出了河蟹的敌害生物田鼠、水蛇、青蛙、蟾蜍的除治方法。未见对稻蟹种养田中生物农药、化学农药应用开发进行深入研究的报道。

（4）探明了稻蟹种养田坝埂种豆清洁生产配合河蟹生物防除杂草新技术并大面积推广。

在检索到稻蟹种养的文献中，除该课题组的报道外未见相同报道。

（5）创建了稻蟹生态种养河蟹养殖优化配置模式，探明了成蟹放养密度与水稻产量的互作关系，确定了稻田成蟹养殖适宜放养规格和密度（以蟹种规格 100~140 只/千克，放养密度 400~600 只/亩为宜），提出了稻鱼蟹生态种养水质调控措施，研发了适宜河蟹养殖的抗病高效环保型专用配合饲料及饵料科学投放技术。

在检索到的相关文献中，文献 9 报道了依据水稻、河蟹的生态学和生物学原理，进行稻蟹种养技术研究，通过实验研究出河蟹苗种的放养规格、放养密度、饵料投喂、水质调节、病害防治技术等；文献 31、文献 32 等均提及了稻田中蟹的放养规格、密度及饵料投放技术等，文献 34 对稻田养殖河蟹不同规格、不同密度对比试验进行了详细报道，文献 38 报道了中华绒螯蟹载畜量对于稻蟹种养田中稻、蟹产量的影响。综合分析所检文献，未见相同报道。

（6）根据生态学原理，从食物链理论、生态位理论、互利共生理论方面，探明了稻蟹立体种养生态系统中水稻与河蟹和谐共生，生产的稻、蟹产品产量和品质共利双赢的内在机制，该生产模式形成了一个物质循环高效，能量流动畅通，稳定性增加的立体种植、养殖一体化良性循环生态系统。

在检索到的相关文献中，孙德慧在文献《物质能量多重利用的稻蟹种养生态模式探讨》中陈述：食物链是物质循环再生和能量多级利用的主渠道，遵循这一原理，在稻田养蟹，将单纯以水稻为主的稻田生物群体转变为稻蟹互利共生、物质能量多重利用的生物群体。螃蟹在稻田中可起到除草的作用，减少除草剂的施用，养蟹限制了农药、化肥的施用，减少了环境污染，蟹粪残饵为水稻生长提供养分，可培肥土壤。此模式社会、经济、环境效益可观。文献中详细陈述了物质能量多重利用稻蟹种养生态模式与单一种植水稻的区别及其经济、环境、社会效益。综合分析所检文献，未见深入研究稻蟹生态种养模式及其互利共赢内在机制的报道。

(7) 创建了稻蟹立体生态种养生产模式和河蟹生长安全的水稻水肥调控及有害生物控制技术体系、河蟹生态养殖技术体系等三项技术体系；形成了一套科学系统的“稻蟹立体生态种养生产技术规范”，有效解决了制约稻蟹种养生产技术瓶颈问题。

在检索到的文献中未见相同报道。

(8) 推广了稻蟹种养生产全程无公害检测及产品质量控制技术，通过稻蟹生态种养生产模式应用，实现了埝埂种豆、田中种稻、水中养蟹（鱼）的立体生态种养殖的有机结合，组成了一个多元化的复合生态系统，是名副其实的资源节约、环境友好、食品安全型产业。达到了“一水两用、一地双收”的效果，经济、社会、生态效益显著。

在检索到的文献中未见相同报道。

查新人（签字）：　　　　技术职务： 研究员 副研究员 审核人（签字）：　　　　研究员	查新单位：（签章） 年　月　日

案例 10

编号：

查新项目报告书

项目名称： 柞蚕新品种辽蚕 582 及其杂交种辽蚕 5821 的选育与应用

委托单位：

委 托 人：

联系电话：

通信地址：

查新单位：

委托日期：

完成日期：

农业部科技与质量标准司制

一、项目内容及技术要点

随着柞蚕蛹食用消费市场的需求旺盛，传统柞蚕业的终端产品发生了转变，仅有10%~20%的柞蚕茧用于缫丝，柞蚕生产多是割茧取蛹作为食品供应市场。由于同一柞蚕品种全茧量的雌雄开差率达30%以上，从而造成人工采茧或机械割茧费用增加，且机械割茧的鲜蛹破损率达5%左右，年经济损失达1.4亿元以上。此外，由柞蚕微孢子虫（*Nosema pernyi*）通过食下传染和胚种传染途径引发的柞蚕微粒子病一直是对柞蚕生产危害最为严重的传染性疫病，目前，生产上主要通过母蛾镜检病原微孢子虫将发病率控制在一定的范围之内，但该病害每年仍会给蚕种和蚕茧生产造成较大的经济损失。研究表明，不同柞蚕品种对柞蚕微粒子病的抵抗能力存在差异，因此，在生产上放养对柞蚕微粒子病有较强抵抗力的品种可以有效控制和减少柞蚕微粒子病的危害。

（一）主要研究内容

1. 育种目标

选育出全茧量雌雄开差小、高产、稳产和对柞蚕微粒子病耐受性强的柞蚕新品种纯种1个，杂交种1对；全茧量雌雄开差率比对照种缩小15%，对微粒子病的抵抗性比对照种提高5倍，杂交种产量比对照种提高15%。

2. 育种方法

（1）对柞蚕微粒子病的耐受性选择。各代选育材料的幼虫饲养至4龄起后，每个蛾区选4龄起蚕100头，每头蚕经口定量添食制备的柞蚕微孢子虫孢子悬液5微升，然后于室内常规饲养，选择结茧率高的蛾区继代。

（2）高全茧量及缩小雌雄开差率的选择。在上述继代蛾区中选择雄茧全茧量高，全茧量雌雄开差率小，茧层率高的蛾区和个体继代。

（3）杂交种的培育与筛选。通过配合力测定、主成分分析和灰色关联度分析等方法来评价和筛选优良杂交组合，再通过杂交种品种比较试验，最终育成新的杂交种辽蚕5821。

（二）取得的主要成果

1. 工艺、农艺性状的改造

辽蚕582春秋平均全茧量雌雄开差率为25.37%，比对照种缩小了20.41%；辽蚕5821春秋平均全茧量雌雄开差率为24.40%，比对照种缩小了18.09%。

2. 对微粒子病有较强的耐病性

辽蚕582春秋蚕期感病蛾区收蚁结茧率比青六号高35.11%，对微粒子病的抗性比青六号高7.10倍；辽蚕5821的微粒子病感病蛾区收蚁结茧率比对照种高30.91%。

3. 丰产、稳产性好

辽蚕 582 春秋平均单蛾产茧量比对照种 8821 增产 9. 39%；辽蚕 5821 春秋平均单蛾产茧量比对照种 8821×抗大增产 17. 98%。

4. 繁种及农村推广

2012—2016 年放养辽蚕 5821 共 89 973 把，比对照种增产 16. 46%，新增产值 2. 696 16 亿元，推广面积占辽宁二化二放蚕区的 30%以上。

5. 相关基础研究

（1）柞蚕全茧量的遗传规律研究

柞蚕全茧量由 2 对主基因控制，同时存在多基因的修饰作用和性别上的差异，雌、雄个体主基因遗传力分别为 49. 01%和 24. 35%，多基因遗传力分别为 0. 53%和 26. 47%。

（2）柞蚕全茧量雌雄开差率的遗传研究

全茧量雌雄开差率由 1 个主位点组与微位点组控制，主位点组与微位点组的遗传率分别为 37. 18%和 16. 01%。

（3）柞蚕对微粒子病的耐病性研究

柞蚕微孢子虫对柞蚕生长发育的影响主要表现在：幼虫发育迟缓，龄期经过时间延长，蚕体质量最大增加量下降，体质量增速变慢，蚕体瘦小。与其他品种相比，辽蚕 582 幼虫的生长发育受微孢子虫侵染的影响最小。

（4）柞蚕肠液、血液的理化性质对柞蚕微孢子虫侵染的影响

柞蚕肠液 pH 值越低，其对微孢子虫侵染的抵抗性就越强，柞蚕蛹血液中过氧化氢酶的活性越强，其对微孢子虫侵染的抵抗性也越强。

（三）查新点

1. 育种目标及育成品种的创新

以缩小柞蚕全茧量雌雄开差率及柞蚕对微粒子病的耐病性为评价指标进行新品种选育，育成了纯种辽蚕 582 及其杂交种辽蚕 5821。

辽蚕 582 全茧量雌雄开差率春秋平均比对照种相对缩小 20. 41%，柞蚕微孢子虫对新品种的半数致死剂量比对照品种高 7. 10 倍，是国内外首例耐微粒子病柞蚕新品种。

辽蚕 5821 微粒子病感病蛾区收蚁结茧率比对照种高 30. 91%，单蛾产茧量春秋平均比对照种增产 17. 98%。

2. 建立了缩小全茧量雌雄开差率的评价指标及选育方法

以全茧量雌雄开差率为评价指标并建立雄茧极端高值的选育方法，并首次探明柞蚕全茧量、全茧量雌雄开差率的遗传规律，查清了其受控基因的数量及

基因效应的大小。

3. 建立了柞蚕耐微粒子病的评价指标及选育方法

以感病蚕良茧收蚁结茧率为评价指标，首次以胚种传染的具有中度感染的微粒子病蛾为研究对象，建立耐微粒子病品种的选育方法，并首次发现与柞蚕耐微粒子病有关的生理生化影响因子：即肠液 pH 值和血液中过氧化氢酶的活性。

二、使用的手段和文献检索范围

中文数据库

1. CNKI 中国期刊全文数据库　2000—2016 年
2. CNKI 中国优秀硕士学位论文全文数据库　2000—2016 年
3. CNKI 中国博士学位论文全文数据库　2000—2016 年
4. CNKI 中国重要会议论文全文数据库　2000—2016 年
5. 重庆维普中文科技期刊数据库　1989—2016 年
6. 万方期刊全文数据库　1985—2016 年
7. 万方学位全文数据库　1985—2016 年
8. 万方会议全文数据库　1985—2016 年

英文数据库

1. 德国施普林格期刊数据库（生物医学和生命科学）1997—2016 年
2. 国际农业和生物学中心（CABI）文摘数据库　1990—2016 年
3. 联合国粮农组织 AGRIS 数据库　1990—2016 年

填写要求：

1. 列出所用检索工具的名称、时间范围。
2. 列出所有数据库名称或文档名称、年限。
3. 文字不得小于 4 号字，纸面不够请加页。

三、检索结果

（一）检索词

中文检索词：柞蚕、品种、选育、耐微粒子病、微孢子虫病、全茧量、雌雄开差、雌雄差异、遗传、评价方法

中文检索式：（1）柞蚕 * 品种 * 选育 * （耐微粒子病+微孢子虫病）

（2）柞蚕 * 全茧量 * （雌雄开差+雌雄差异+遗传）

（3）柞蚕 * 耐微粒子病 * 评价方法

英文检索词：*Antheraea Pernyi*，tussah，variety，breeding，pebrine disease，microsporidiosis，*Nosema Pernyi*，cocoon weight，difference，female，male，genetic，evaluation methods

英文检索式：（1）（*Antheraea Pernyi* or tussah）and variety and breeding and（pebrine disease or microsporidiosis or *Nosema Pernyi*）

（2）（*Antheraea Pernyi* or tussah）and cocoon weight and difference and female and male

（3）（*Antheraea Pernyi* or tussah）and cocoon weight and genetic

（4）（*Antheraea Pernyi* or tussah）and（pebrine disease or microsporidiosis）and evaluation methods

（二）检出文献的相关程度及数量

根据委托单位的要求，对“柞蚕新品种辽蚕 582 及其杂交种辽蚕 5821 的选育与应用”项目进行了 2000—2016 年（部分数据库扩展到 1985 年）国内国外相关文献和数据库检索，检索到与本研究项目相关的文献 200 余篇，其中，主要相关文献列举 21 篇。

［1］朱有敏，董绪国，李青峰等．柞蚕强健性品种“抗大”的选育及杂交组合“抗大×8821・8822”的选配［J］．蚕业科学，2008，34（4）：756-760.

机构：辽宁省蚕业科学研究所，辽宁凤城，118100。

摘要：运用柞蚕抗病、稳产性状的遗传相关性及基因重组原理，进行纯种选育和杂交组合评选，育成了强健性柞蚕新品种抗大并组配抗大×8821・8822杂交组合。新品种抗大对柞蚕核型多角体病毒的感染抵抗力分别是选大 1 号的 5.62 倍和大三元的 5.58 倍，对柞蚕链球菌的感染抵抗力分别是选大 1 号的 6.76 倍和大三元的 4.37 倍。杂交组合抗大×8821・8822 在秋季的千粒种茧产量为 226.9 千克，较对照品种大三元增产 10.9%，并且具有发育整齐、营茧集

中、耐粗饲料、稳产性好的特点，已在二化性柞蚕区大面积放养。

［2］朱兴友，郝大东，靳向东等．柞蚕新品种吉青选育［J］．北方蚕业，2014，（3）：7-9.

机构：吉林省蚕业科学研究院，吉林省吉林市，132012。

摘要：柞蚕新品种“吉青”是以“选大二号”为基础材料，利用杂交育种手段，采用分区饲养、系统分离、定向培育的方法，同时兼顾各项经济指标的综合平衡，通过9年18代的系统选育，育成的青蚕大型茧新品种。其全茧量13.04克，千粒茧重12.36千克，虫蛹统一生命率92.97%，纯种较选大二号和吉柞88-2增产5%以上；与吉柞88-2、选大二号杂交，增产幅度达16.7%~22.5%。

［3］柞蚕新品种-抗病二号［Z］．辽宁省蚕业科学研究所.

机构：辽宁省蚕业科学研究所 。

摘要：抗病二号柞蚕新品种属抗病、丰产、优质、中早熟、二化性品种。其选育方法是以提高柞蚕诱发抵抗性和感染抵抗性为中心，设计了成虫形态特征及其抗病力，卵期抗高温能力，蚁蚕抗低温饥饿能力，小蚕对病毒感染抵抗性，小蚕群集性，小蚕取食能力，蚕的形态特征及其抗病力，幼虫龄期等选择指标。它采用诱发抵抗性与感染抵抗性选择相结合，形态特征及其抗病力与生态特性及其抗逆性选择相结合，蛾、卵、蚕各发育阶段选择相结合，直接与间接选择相结合，纯种选育与杂交后系统选育相结合的选择方法而育成。该品种的主要特点是：抗病力强，增产显著，丝质优良，杂交优势明显。适宜于所有可以放养青六号品种的地区使用。

［4］柞蚕二化地区一化性新品种早秋214［Z］．辽宁省农业科学院蚕业科学研究所．2008.

机构：辽宁省农业科学院蚕业科学研究所。

摘要：以一化性品种为母本，二化性品种春养滞育材料为父本杂交育成883、932，再与四青、吉黄杂交组配成四元杂交种（883·932）×（四青·吉黄）即早秋214。早秋214幼虫淡黄色，体背姜黄色，体侧香蕉黄色，茧色灰褐偏白，雌蛾桂皮棕色，雄蛾淡棕叶色。解舒好，丝量多，解舒率达67%，比对照高10%，丝干量达58.08克，比对照高21.94%，抗病性强，脓病、软化病、微粒子病发病率分别是对照的1/4，1/5，4/5。早秋214柞蚕茧大，适应性强，好养、丰产，经济效益高。但一年只能养一次蚕，繁育系数低。

［5］徐亮，陈悦，孟宪民，等．柞蚕微孢子虫侵染对不同柞蚕品种幼虫生长发育的影响［J］．蚕业科学，2014，40（1）：172-175.

机构：辽宁省蚕业科学研究所。

摘要：选择 5 个柞蚕品种进行柞蚕微孢子虫添毒试验，调查微孢子虫对柞蚕幼虫生长发育的影响及不同品种之间的抵抗能力差异。以浓度为 2.4×10^6 个/毫升的柞蚕微孢子悬液按照 5 微升/头的剂量给 4 龄起蚕添食后，微孢子虫对整个 4 龄期柞蚕幼虫的生长发育影响较小（$P>0.05$）；但进入 4 眠期后微孢子虫侵染对柞蚕幼虫的生长发育产生了明显的影响，幼虫发育迟缓，龄期经过时间延长，蚕体质量最大增加量下降，体质量增速变慢。比较不同柞蚕品种的抵抗能力，发现柞蚕品种 582 的幼虫生长发育受微孢子虫侵染的影响最小，柞蚕品种青 6 号和宽青的幼虫生长发育受微孢子虫侵染的影响最大。

［6］徐亮，吴艳，孟宪民，等．柞蚕三个茧质性状的遗传效应分析［J］．蚕业科学，2005，31（3）：354-357.

机构：辽宁省蚕业科学研究所，凤城，118100。

摘要：以柞蚕品种 9906、H043 及其 F1、F2、B1、B2 6 个世代类型作材料，对柞蚕茧质的 3 个主要性状（全茧量、茧层量和茧层率）进行了基因效应分析。结果表明，3 个性状均不符合简单的加性-显性模型，普遍存在基因互作，使杂种优势表现较为复杂。茧质的 3 个主要性状受环境条件影响较大，遗传力较低；广义遗传力除全茧量的雌雄个体之间无明显差别之外，茧层量和茧层率的雌雄个体之间则开差率较大；茧层量的遗传变异系数最大，而全茧量和茧层率的遗传变异系数则略低。实验还表明新品种 9906 比 H043 有较多的部分显性等位基因。

［7］徐亮，孟宪民，戚俐，等．柞蚕全茧量的主基因-多基因混合遗传分析［J］．蚕业科学，2008，34（3）：435-438.

机构：辽宁省蚕业科学研究所，辽宁凤城，118100。

摘要：全茧量性状是柞蚕育种的重要指标之一。选择全茧量有显著差异的 2 个柞蚕品系 582（P1）、宽青（P2）为亲本，通过对 P1、P2 及 F1 和 F2 作 4 家系世代联合分析，研究柞蚕全茧量遗传规律。结果表明：柞蚕全茧量由 2 对主基因控制，同时存在多基因的修饰作用和性别上的差异，雌性个体符合 2 对等加性主基因+加显多基因模型，雄性个体符合 2 对等显性主基因+加显多基因模型；雌、雄个体主基因遗传力分别为 49.01%和 24.35%，多基因遗传力分别为 0.53%和 26.47%。柞蚕育种对全茧量的选择应依据性别采用不同的选择方案：雌个体应强化早期选择；雄个体需多代连续选择，并强化后续世代选择。

［8］徐亮，吴艳，刘凤云，等．柞蚕茧质性状的遗传效应与杂种优势分析［J］．蚕业科学，2011，37（1）：130-133.

机构：辽宁省蚕业科学研究所，辽宁凤城，118100。

摘要：为了解柞蚕茧质性状的遗传规律和群体杂种优势的表现，对柞蚕3个品种采用完全双列杂交试验设计，利用加性显性遗传模型（AD模型）和MINQUE（1）统计分析方法分析柞蚕茧质性状的遗传表现。结果表明：全茧量和茧层量同时受加性基因和显性基因的控制，茧层率则主要受显性基因的控制；遗传率的大小顺序为全茧量>茧层量>茧层率；3个茧质性状均表现为正向的群体平均优势，且F2代的优势减半；全茧量表现为负向的群体超亲优势，茧层量F1代的群体超亲优势不明显，F2代表现为负向的群体超亲优势，茧层率则表现为正向的群体超亲优势。3个供试柞蚕品种中，582的全茧量和茧层量具有较高的基因加性效应值，适合作为高全茧量和茧层量育种的杂交亲本。

［9］徐亮，吴艳，戚俐，等．柞蚕全茧量雌雄开差率的主-微位点组遗传分析［J］．蚕业科学，2014，40（3）：440-444.

机构：辽宁省蚕业科学研究所。

摘要：为探索柞蚕全茧量雌雄开差率的遗传特点，选择全茧量雌雄开差率有显著差异的5个柞蚕品种为亲本，按Griffing方法Ⅱ设计组配成15个双列杂交组合（10个杂交组合和5个亲本）进行完全双列杂交试验。应用数量性状主—微位点组分析法解析发现5个柞蚕亲本间的全茧量雌雄开差率由1个主位点组与微位点组控制，主位点组与微位点组的遗传率分别为37.18%和16.01%，主位点组的加性效应为-2.55%，显性效应为-3.43%。其中，亲本品种582的全茧量雌雄开差率最小，含有1个可以使全茧量雌雄开差率缩小的纯合加性（++）主位点组，杂交组合582×抗大的全茧量雌雄开差率最小，含有1个可以使全茧量雌雄开差率缩小的杂合显性（+-）主位点组。杂交组合全茧量雌雄开差率的遗传构成包括主位点组杂合显性效应或主位点组纯合加性效应、微位点组杂合显性效应和微位点组纯合加性效应，不同杂交组合上述3种效应所占的比率不同。亲本间全茧量雌雄开差率的主、微位点组及其遗传构成的解析，阐明了其杂交组合全茧量雌雄开差率的遗传特点，可作为柞蚕优良品种选育及杂交组合选配的理论依据。

［10］徐亮，吴艳，孟宪民，等．不同性别柞蚕全茧量性状的遗传差异分析［J］．蚕业科学，2015，41（4）：629-633.

机构：辽宁省蚕业科学研究所。

摘要：研究全茧量性状在不同性别柞蚕间的遗传差异，对于柞蚕品种的高产性状选择具有重要指导意义。利用数量性状加性—显性—母体遗传模型，对5个柞蚕品种及其20个正、反交组合不同性别个体的全茧量性状遗传差异进行分析，结果表明：雌性柞蚕的全茧量性状遗传除受加性和显性效应的影响外，还受母体效应的影响，其中加性效应占总遗传方差的比率较大；在雄性柞蚕的全茧量性状遗传效应中，加性效应所占的比率最大，显性效应所占的比率较小，母体效应则不显著。雌性柞蚕的全茧量性状遗传力 h2N = 66. 67%，雄性柞蚕的全茧量遗传力 h2N = 78. 38%，高于雌性柞蚕。由于雌性、雄性柞蚕的全茧量性状遗传的加性效应在总遗传方差中均占有较大比率，因此全茧量性状选择适于在早期世代进行，且对雄性个体具有更好的选择效果，但全茧量性状遗传存在负向显性效应。

[11] 褚金祥，等. 柞蚕微粒子病发生规律及防治技术研究 [Z]. 河南省云阳蚕业试验场. 2005.

机构：河南省云阳蚕业试验场。

摘要：该成果是以一化性柞蚕为研究对象，对微孢子虫体外保存、柞蚕不同品种、不同龄期对微粒子病的抗性、感染与非感染微孢子虫柞蚕蛹的生理差异、气象因素对一化性柞蚕体质及蚕茧产量的影响等进行了系统深入的研究。首次建立了一化性柞蚕收益日期预报模式。首创针对不同化性品种，采取44℃高温处理柞蚕雌蛹的技术，有效地控制了柞蚕微粒子病的发生并达到了实用化水平。通过 2000—2003 年的推广应用，使蚕种场增收 586. 4 万元，蚕农增收 6 361. 00 万元。

[12] 臧敏，秦萍，王勇，等. 柞蚕微孢子虫侵染后柞蚕 5 龄雌雄个体血淋巴蛋白质含量和组成的变化及差异分析 [J]. 蚕业科学，2012，38 (1)：92-96.

机构：沈阳农业大学生物科学技术学院，辽宁省昆虫资源工程技术研究中心，沈阳 110866。

摘要：以柞蚕 5 龄幼虫为材料添食柞蚕微孢子虫（*Nosema pernyi*，Np），通过测定与分析不同性别 5 龄幼虫血淋巴蛋白质含量和组成变化的差异，为探究柞蚕对柞蚕微孢子虫感染的免疫应答提供依据……研究结果说明 Np 侵染后，柞蚕 5 龄幼虫血淋巴蛋白质的含量及组成均产生了一定的变化，并且雌雄个体间的变化存在差异。

[13] 李冬梅，曲文波. 柞蚕品种间对微粒子虫的抗性测定 [J]. 中国蚕业，2002，23 (2)：23.

机构：黑龙江省蚕业研究所，150086；黑龙江省蚕业技术指导总站。

摘要：一种昆虫对某一病原的感受性不仅存在着地域差异，同时还存在着品系及品种间的差异，不同蚕品种对微粒子病的感受性有强弱之分（三谷贤三郎，1930)，在家蚕品种中抗性强的ID50值是抗性弱的100倍，这种感受性强弱可遗传给后代，认为在不同家蚕品种之中存在不同的微粒子病抗性基因。

[14] 邓真华，姜义仁，秦利，等．柞蚕微粒子病研究现状及展望 [J]. 中国蚕业，2010，31 (1)：5-8.

机构：沈阳农业大学柞蚕研究所，辽宁沈阳，110161；辽宁省蚕业科学研究所，辽宁凤城，118100。

摘要：结合沈阳农业大学柞蚕研究所在柞蚕微粒子病检测方面所做的工作，综述了柞蚕微粒子病的病原、病理、检测技术及防治等方面的研究成果，以期为柞蚕微粒子病的有效检测及防治提供参考。

[15] Kushwaha, R. V. Singhvi, N. R. Mathur, S. K. Sahay, A. Sahay, D. N. Roy, D. K. Suryanarayana, N. Efficacy of drug formulation 'A' and 'B' against pebrine disease in tasar silkworm. Journal of Experimental Zoology, India; 2007. 10 (2): 483-484. 4 ref.

AB Tropical tasar silkworm Antheraea mylitta is a wild insect commercially exploited to produce tasar silk. It is estimated that in tasar sericulture, more than 40% of losses occur due to diseases only. The most common diseases affecting tasar silkworm are microsporidiosis (pebrine), viral diseases, bacterial diseases and mycosis. Among these, pebrine disease caused by a protozoan, Nosema mylittensis, is the most serious one. The methods recommended for control of secondary infection of pebrine disease has met limited success only. The present study was conducted to determine the efficacy of drug A and B against pebrine disease in tasar silkworm. Results showed that drug formulation A and B were found equally effective in reducing pebrine disease. The mortality of tasar silkworms, due to pebrine disease, was decreased by 13.44% and 16.38% in drug A and B, respectively. At RTRS level, mortality due to pebrine disease was decreased by 18.00% and 7.35% in drug A and B. Drug A and B treatment increased cocoon yield by 14.94% and 17.11% over the control at RTRS level. At farmers' level, cocoon yield increased by 11.89% in case of drug A and 10.48% in drug B. The ERR was increased by 1.54% to 5.58% in treated silkworms. Commercial parameters of cocoon also increased in case of drug treatments over control, indicating improvement in cocoon quality. Cost: benefit ratio at adopted farmers level was 1 : 1.33 in case of drug B and 1 : 1.51 in case of drug A whereas at RTRS level, cost: benefit ratio was 1 : 1.43 in case of drug A and 1 : 5.01 in case of drug B.

[16] Zhu BaoJian Liu ChaoLiang Liu QiuNing Dai LiShang Characterization of a female-specific protein from the wild silkworm Actias selene. Bulletin of Insectology; 2012, 65 (1): 107-112. 34 ref.

AB In Actias selene (Hubner) (Lepidoptera Saturniidae) there is at least one female specific protein limited to the fat body. Sodium dodecyl sulfate polyacrylamide gel electrophoresis performed on the fat body proteins from male and female pupas of A. selene and a female-specific protein with a molecular weight of about 24 kDa was revealed. This protein was purified for determination of the N-terminal amino acid sequence. Conventional polymerase chain reaction (PCR) and rapid amplification of cDNA ends (RACE) PCR were also carried out to clone the cDNA encoding 24 kDa protein (As-24K) based on the amino acid residues. The As-24K cDNA consists of 832 bp and the amino acid sequence shares 71% similarity with the 24 kDa proteins from *Antheraea pernyi* (Guerin-Meneville) and *Antheraea yamamai* (Guerin-Meneville) (Lepidoptera Saturniidae). In female pupa western blotting using antiserum against As-24K revealed that 24 kDa protein was restricted to the fat body. It was not found in any other pupal tissues.

[17] Jiang YiRen Deng ZhenHua Shi ShengLin Yang RuiSheng Li YanZhuo Duan YuXi Qin Li Development of a PCR-based method for detection of *Nosema pernyi*. African Journal of Microbiology Research; 2011, 5 (24): 4 065- 4 070. 23 ref.

AB Nosema pernyi is the lethal pathogen of pebrine disease in Antheraea pernyi. We have developed a PCR-based method for detection of N. pernyi using specific primers. The primers were designed by the reported conserved regions of microsporidian SSU rRNA. When the genomic DNA of N. pernyi was used as the DNA template, the specific DNA sequences were amplified by PCR. It was observed that PCR diagnosis of N. pernyi using the three sets of primers provided increased specificity and sensitivity when compared with light microscopy.

[18] Wang Yong Liu Wei Jiang YiRen Huang Ling Irfan, M. Shi ShengLin Yang RuiSheng Qin Li Morphological and molecular characterization of *Nosema pernyi*, a microsporidian parasite in *Antheraea pernyi*. Parasitology Research; 2015, 114 (9): 3 327-3 336. 37 ref.

AB*Nosema pernyi* is a lethal pathogen that causes microsporidiosis in the Chinese oak silkworm, *Antheraea pernyi*. In this study, we presented its morphological and some molecular characteristics. The mature spores were measured to be 4. 36x1. 49 micro m. The spore wall consisted of an electron - dense exospore (EX) and electron-lucent endospore (EN) layer. The polar filament (PF) was isofilar with 10-12 coils that were frequently arranged in a single row. Investigation results indicated that *N. pernyi* can infect the gut wall, silk glands, and other tissues. A full-length SMART cDNA library of *N. pernyi* was constructed, and then 824 expressed sequence tags (ESTs) were sequenced. Ninety unigenes, out of 197 assembled unigenes, showed significant homology to known genes of *Nosema ceranae*, *Nosema bombycis*, *Encephalitozoon cuniculi*, and other microsporidian species. Based on the nucleotide sequence of the alpha - and beta -*tubulin* genes and amino acid sequence of *actin* gene, phylogenetic trees analysis showed that *N. pernyi* was closely related to *Nosema philosamiae* and *Nosema antheraeae*. It was correctly assigned to the *Nosema* group.

[19] Sun Ying Jiang YiRen Wang Yong Li Xi Sheng Yang RuiSheng Yu ZhiGuo Qin Li The Toll signaling pathway in the Chinese oak silkworm, *Antheraea pernyi*: innate immune responses to different microorganisms. PLoS ONE; 2016. 11 (8): e0160200. 46 ref.

AB The Toll pathway is one of the most important signaling pathways regulating insect innate immunity. Spatzle is a key protein that functions as a Toll receptor ligand to trigger Toll-dependent expression of immunity-related genes. In this study, a novel spatzle gene (ApSPZ) from the Chinese oak silkworm*Antheraea pernyi* was identified. The ApSPZ cDNA is 1065 nucleotides with an open reading frame (ORF) of 777 bp encoding a protein of 258 amino acids. The protein has an estimated molecular weight of 29. 71 kDa and an isoelectric point (PI) of 8. 53. ApSPZ is a nuclear and secretory protein with no conserved domains or membrane helices and shares 40% amino acid identity with SPZ from Manduca sexta. Phylogenetic analysis indicated that ApSPZ might be a new member of the Spatzle type 1 family, which belongs to the Spatzle superfamily. The expression patterns of several genes involved in the Toll pathway were examined at different developmental stages and various tissues in 5th instar larvae. The examined targets included A. pernyi spatzle, GNBP, MyD88, Tolloid, cactus and dorsalA. The RT-PCR results showed that these genes were predominantly expressed in immune-responsive fat body tissue, indicating that the genes play a crucial role in A. pernyi innate immunity. Moreover,

A. pernyi infection with the fungus Nosema pernyi and the gram-positive bacterium Enterococcus pernyi, but not the gram - negative bacterium Escherichia coli, activated the Toll signaling pathway. These results represent the first study of the Toll pathway in A. pernyi, which provides insight into the A. pernyi innate immune system.

[20] Sharan, S. K. Bansal, A. K. Shukla, R. M. Thangavelu, K. A new method of detection of pebrine disease [Nosema sp.] in tasar silk moth, *Antheraea mylitta* Drury (Saturniidae). Journal of Research on the Lepidoptera; 1992. 31 (1/2): 12-15. 9 ref.

[21] Wang LiJun Xu JinShan Zhou ZeYang Cloning of immune system-related gene ApTOLL1 and its expression in Nosema-infected *Antheraea pernyi*. Agricultural Biotechnology; 2012. 1 (3): 49-51. 11 ref.

AB Objective: This study aimed to identify the immune system-related TOLL-like receptor family gene of *Antherea pernyi*, to lay the foundation for further investigating the immune mechanism of *Antherea pernyi*. Method: Immune system-related TOLL-like receptor family gene of *Antherea pernyi* was cloned for sequencing and phylogenetic analysis; in addition, expression variations of TOLL - like receptor family gene in *Antherea pernyi* infected with *Nosema pernyi* and *Nosema bombycis* were detected to analyze the differences in immunological reactivity of *Antherea pernyi* to Nosema infection. Result: Based on cDNA cloning and sequencing, an immune system-related gene fragment was isolated from *Antherea pernyi*, which is the most homologous to the Toll1 gene in Toll signaling pathway of Bombyx mori according to the sequencing result and phylogenetic analysis, which is named ApToll1 gene. Subsequently, *Antherea pernyi* pupae were injected respectively with Nosema bombycis and Nosema pernyi, fluorescent real-time quantitative PCR analysis showed that ApToll1 was abundantly expressed in *Antherea pernyi* pupa 2 h after Nosema bombycis injection, which began to express in *Antherea pernyi* pupa 11 h after Nosema pernyi injection, indicating that the immune response time induced by various Nosema strains varies in Toll signaling pathway of *Antherea pernyi*. Conclusion: ApToll1 gene of *Antherea pernyi* was first cloned in this study, which provides reference for further investigating the immune mechanism of *Antherea pernyi*.

四、查新结论

检索国内国外15年相关文献和数据库，国内关于柞蚕选育、病害防治等研究的报道较多，国外柞蚕研究文献较少。与该课题取得的成果比较分析认定如下。

查新点1：以缩小柞蚕全茧量的雌雄开差率及提高柞蚕对微粒子病的耐病性为育种目标，育成纯种辽蚕582和杂交种辽蚕5821。

在检索到的文献中，国内已有较多柞蚕品种选育的文献报道及微孢子虫抗性研究的报道，关于柞蚕微孢子虫抗性研究的文献较少。其中，文献4报道了早秋214抗病性强，微粒子病发病率是对照的4/5；文献5报道了5个不同柞蚕品种对微孢子虫的抵抗能力研究。结果显示，辽蚕582的幼虫生长发育受微孢子虫侵染的影响最小，为该课题组的文献报道。综合分析所检文献，未见耐微粒子病及缩小全茧量的雌雄开差率品种选育研究的国内外文献报道。

查新点2：建立了缩小全茧量雌雄开差率的评价指标及选育方法。

在检索到的文献中，国内已有较多关于蚕全茧量研究的文献报道，也有柞蚕全茧量遗传研究、雌雄差异研究的文献报道，国外关于柞蚕全茧量遗传、雌雄差异研究的文献较少。其中，文献6~10涉及了全茧量遗传受控基因研究和全茧量雌雄开差研究，为该课题组的研究报道。综合分析所检文献，未见建立缩小全茧量雌雄开差率的评价指标及雄茧极端高值选育方法的国内外报道。

查新点3：建立了柞蚕耐微粒子病的评价指标及选育方法。

在检索到的文献中，国内国外同类研究多为蚕微粒子病防控、检测及微孢子虫研究的文献报道，未见肠液pH值和血液中过氧化氢酶的活性对柞蚕微粒子病影响的相关报道，未见柞蚕耐微粒子病评价指标及选育方法研究的国内国外报道。

查新人（签字）：	技术职务：	查新单位：（签章）
	研究员	
	副研究员	
审核人（签字）：	研究员	年　月　日

参考文献

安树兰，等 . 1988. 计算机书目文献管理数据库［M］. 北京：清华大学出版社 .

白磊 . 1997. 农业科技资源分类配置与光盘检索指南［M］. 北京：科学出版社；龙门书局 .

包平 . 2003. 农业信息检索［M］. 南京：东南大学出版社 .

查先进 . 1996. 论信息资源的含义与经济学特征［J］. 国外情报科学 .（1）：22.

柴雅凌 . 2004. 网络文献检索［M］. 天津：天津大学出版社 .

陈光祚，等 . 1987. 科技文献检索［M］. 武汉：武汉大学出版社 .

陈荣祥，贺慧生 . 1995. 科技文献检索与利用［M］. 重庆：重庆大学出版社 .

陈雅芝，等 . 2006. 信息检索［M］. 北京：清华大学出版社 .

陈英，等 . 1996. 科技文献信息检索［M］. 成都：成都科技大学出版社 .

陈有富，魏秀娟 . 1999. 农业文献信息检索与利用［M］. 北京：中国农业大学出版社 .

陈玉瑢 . 农业文献检索法概论学习指导书［M］. 沈阳农业大学图书馆 .

储荷婷，等 . 1999. Internet 网络信息检索原理工具技巧［M］. 北京：清华大学出版社 .

C. 谢尔曼，G. 普赖斯 . 2003. 看不见的网站－Internet 专业信息检索指南［M］. 马费成，等译 . 沈阳：辽宁科学技术出版社 .

邓学军，等 . 2006. 科技信息检索［M］. 西安：西北工业大学出版社 .

邓亚桥 . 2001. 当代信息检索［M］. 长春：吉林人民出版社 .

邓要武，王星华 . 2004. 科技信息检索［M］. 北京：北方交通大学出版社 .

丁传奉 . 2004. 信息资源检索与利用［M］. 北京：知识产权出版社 .

董京，王郁葱 . 2007. 农业科技文献信息检索与利用［M］. 合肥：安徽教育出版社 .

董小英，马张华，等 . 2003. 互联网信息资源的检索利用与服务［M］. 北京：北京大学出版社 .

段明莲 . 2001. 文献信息资源编目［M］. 北京：北京大学出版社 .

符绍宏，等 . 2005. 因特网信息资源检索与利用［M］. 第 2 版 . 北京：清华大学出版社 .

符绍宏 . 2004. 信息检索［M］. 北京：高等教育出版社 .

高丹 . 2004. 网络信息组织方法研究综述［J］. 图书馆杂志（10）：40-42，13.

高荣 . 2014. 高校科技查新与图书馆工作研究［M］. 北京：中国北京纺织出版社 .

龚国伟 . 1987. BRS 公司及其联机检索系统简介［J］. 情报科学，3：80-84.

龚蛟腾 . 2004. 网络信息检索技术现状、瓶颈及趋势分析［J］. 情报杂志 .（5）：75-77.

郭丽芳 . 2007. 五大国际联机检索系统收录数据库内容比较分析［J］. 情报科学，2：259-262.

韩梅 . 2005. 网络搜索引擎研究综述（1994-2004 年）［J］. 图书馆学研究（10）：51-55.

何萍，戴华胜 . 2001. Dialog 和 Lexis-Nexis 的用户培训［J］. 情报杂志，5：91-92.

华南农学院科技情报室 . 1984. 农业文献检索方法简明教程［M］.

黄晓明 . 2003. OCLCFirstSearch 系统国内专线免费检索数据库及使用方法介绍［J］. 现代图书情报技术，S1：64-65+44.

蒋冬梅，胡晓鸥 . 2002. BIOSIS Previews 网络数据库指南［J］. 农业图书情报学刊（4）：29-30，41.

焦玉英，符绍宏，何绍华 . 2010. 信息检索［M］. 第 2 版 . 武汉：武汉大学出版社 .

金红亚 . 2002. 光盘数据库检索使用指南［M］. 上海：上海科学技术文献出版社 .

科学技术部 . 2000. 关于加强与科技有关的知识产权保护和管理工作的若干意见 . 国科发政字［2000］569 号 .

科学技术部 . 2002. 关于大力发展科技中介机构的意见 . 国科发政字［2002］488 号 .

科学技术部 . 2002. 科技部加强与科技相关的知识产权保护和管理工作的思路和安排 . 国科发政字［2002］278 号 .

科学技术部 . 2003. 科学技术评价办法（试行）. 国科发基字［2003］308 号 .

赖茂生，徐克敏，等 . 1994. 科技文献检索［M］. 第 2 版 . 北京：北京大学出版社 .

李蓓，谭宇红．1999. 有关网络资源著录的探讨［J］. 图书情报工作（7）：31-34.

李明德，郭景孝．1988. 生物与农业文献检索［M］. 天津：南开大学出版社．

李明伍．2014. 信息检索［M］. 北京：科学出版社．

李绍华．2006. 基于网格的信息检索系统体系结构研究［J］. 现代情报（7）：57-59.

梁红妮．2003. 独树一帜的联机检索系统—STN［J］. 情报探索，1：35-37.

刘秉文，王志国，李志勇．2008. 现代文献信息资源建设［M］. 呼和浩特：内蒙古人民出版社．

刘尚毅，等．2013. 现代信息检索教程［M］. 北京：人民邮电出版社．

刘新华，等．1996. 科技信息检索与开发利用［M］. 北京：科学技术文献出版社．

刘源甫，等．1993. 农业文献库与计算机检索［M］. 北京：中国科学技术出版社．

刘昭东，等．1995. 信息工作理论与实践［M］. 北京：科学技术文献出版社．

卢小宾，李景峰．2003. 信息检索［M］. 北京：科学出版社．

罗庭芝．1999. 论计算机文档题名著录的规范［J］. 江苏图书馆学报（5）：24-25.

罗晓宁．2011. 网络信息检索与利用［M］. 上海：同济大学出版社．

马国庆，等．1990. 农业文献检索与利用［M］. 武汉：武汉大学出版社．

梅伯平．1999. 关于信息资源有序性的探讨［J］. 图书情报工作．（7）：18-20.

南京农业大学图书情报专业．1987. 农业文献检索指南［M］. 南京农业大学．

倪鹏云．1999. 计算机网络系统结构分析［M］. 北京：国防工业出版社．

聂玉美．1995. 德国 STN 国际联机检索系统［J］. 德国研究，4：54-56.

潘淑春，马亚敏，金晨，等．2002. 全国农业文献信息资源发展与协调共享［J］. 农业图书情报学刊（5）：52-56.

潘薇．2004. 大学生文献信息检索指南［M］. 北京：中国农业大学出版社．

全勤．1999. 论光盘的著录［J］. 图书情报工作（2）：45-48.

沈固朝．2004. 网络信息检索 工具·方法·实践［M］. 北京：高等教育出版社．

司莉．2003. 网络信息资源组织研究进展［J］. 情报科学（6）：653-658.

宋继伟，邵波．2006. 网格信息检索体系结构分析［J］. 图书情报工作（10）：40-44.

宋继伟．2006. 网格信息检索［J］. 中国信息导报（1）：61-62.

唐建华．2005. 外文全文文献获取的一条可靠途径——STN 系统的全文解决方案［J］. 莱阳农学院学报（社会科学版），2：102-104.
唐圣琴 . 2008. 现代农业文献信息资源检索［M］. 贵阳：贵州大学出版社 .
唐五湘，等 . 2001. 科技查新教程［M］. 北京：机械工业出版社 .
汪滨 . 2000. 标准化组织在国际互联网上的发展［J］. 中国标准化（7）：56-57.
王娟琴 . 1999. 现代信息检索方法研究［D］. 武汉大学 .
王明萱 . 1994. 试论中国农业文摘系列刊物的标准化问题［J］. 农业图书情报学刊（1）：41-43.
王能琴 . 1980. 书目检索服务公司（BRS）的联机检索系统［J］. 计算机与图书馆，3：35-40.
王太和 . 1988. STN 系统数据库结构的初步探讨［J］. 现代图书情报技术，2：25-27，31.
王晓力 . 1994. 国内四大联机系统概述［J］. 图书与情报，1：56-58+34.
王玉波 . 1999. 信息检索技术新进展研究［D］. 武汉大学 .
乌家培 . 1996. 信息资源与信息经济学［J］. 情报理论与实践（4）：4-6，44.
吴旭，代根兴 . 2002. Web of Science 数据库检索系统［J］. 情报科学（3）：293-296，305.
吴旭，韩为民，荆林浩 . 2001. Web of Science Proceedings 数据库检索系统［J］. 现代图书情报技术（6）：52-55.
夏继明，杨长平 . 2006. 信息检索与利用 · 农业［M］. 成都：四川科学技术出版社 .
夏太寿，金福兰，蔡忆宁 . 2013. 科技查新案例评析［M］. 南京：东南大学出版社 .
夏旭初，等 . 1993. 科技信息检索［M］. 沈阳：东北大学出版社 .
小山内，正明，松山裕二，等 . 1991. BRS 和 ORBIT 的发展动态［J］. 情报理论与实践，5：38-40.
肖沪卫 . 2008. 科技查新理论与实践［M］. 上海：上海科学技术文献出版社 .
谢新洲，李永进 . 2008. 科技查新与创新评估［M］. 北京：北京科技术出版社 .
谢新洲，滕跃 . 2004. 科技查新手册［M］. 北京：科学技术文献出版社 .
谢新洲，周静 . 2015. 新编科技查新手册［M］. 北京：人民出版社 .
徐晓，王惠芬 . 1990. 联机与光盘检索原理与方法［M］. 北京：人民军医出版社 .
许磊 . 2002. 中文网络信息分类法分析［J］. 情报杂志（9）：57-58，61.
杨爱群，罗任秀 . 2005. 网络信息检索工具研究［J］. 现代情报（3）：137-138+140.

杨长平 . 2009. 信息检索与利用 [M]. 北京：中国农业出版社 .
杨建林 . 2007. 网格环境下的信息检索 [J]. 情报理论与实践（3）：388-391.
杨水平，唐圣琴 . 1999. 文献信息检索与利用 [M]. 成都：成都科技大学出版社 .
姚国昌 . 1997. 谈我国的数据库建设 [J]. 图书情报工作（10）：28-30.
叶勤 . 2006. 农业信息检索 [M]. 北京：高等教育出版社 .
尹仙香，章云兰 . 1999. 农林文献检索教程 [M]. 杭州：浙江科学技术出版社 .
于尔壬 . 1989. 农业文献检索 [M]. 北京：农业出版社 .
余乃言 . 1992. 化工联机情报检索系统——CHOICE [J]. 现代化工，3：36-38.
袁新芳，樊瑜 . 2013. 实用信息检索 [M]. 徐州：中国矿业大学出版社 .
曾民族 . 1997. 网络信息检索现状和性能评价 [J]. 情报学报（2）：90-99.
张基温，等 . 2004. 大学信息检索 [M]. 北京：中国水利水电出版社 .
张静，陈秀华，金福臣 . 2013. 信息检索 [M]. 广州：世界图书广东出版公司 .
张俊林，曲为民，杜林，等 . 2004. 跨语言信息检索研究进展 [J]. 计算机科学，31（7）：16-19.
张立公，吴新年 . 1996. 计算机情报技术导论 [M]. 兰州：兰州大学出版社 .
张佩云，孙亚民，吴江 . 2006. 基于本体的知识检索研究及实现 [J]. 情报学报（5）：553-558.
张琪玉 . 2001. 网络信息检索工具增强关键词检索功能的措施 [J]. 图书馆杂志，20（1）：7-10.
张清华 . 2000. 信息（情报）检索基础教程 [M]. 北京：中国林业出版社 .
张仁琼 . 2014. 科技查新工作的理论与实践 [M]. 合肥：合肥工业大学出版社 .
张世良 . 1997. 科技文献检索教程 [M]. 北京：北京图书馆出版社 .
张云秋，吴正荆 . 2003. 网络全文检索系统的实现技术及其未来发展 [J]. 情报科学，21（10）：1 080-1 083.
赵华英 . 1995. 农业信息检索指南 [M]. 北京：中国农业科技出版社 .
赵立桢，赵欢乐 . 2002. 农业信息检索与利用教程 [M]. 北京：中国农业大学出版社 .
赵生让 . 2013. 信息检索与利用 [M]. 西安：西安电子科技大学出版社 .
郑怀国 . 2005. 试论农业图书馆信息资源建设 [J]. 农业图书情报学刊（12）：28-31.
郑章飞 . 1999. 现代信息检索 [M]. 武汉：华中理工大学出版社 .
中国技术监督情报所情报研究室 . 1999. WSSN——服务于标准用户的 IT 工具 [J]. 中国标准化（7）：41.

周瑞馨 . 1997. 现代科技信息检索 ［M］. 哈尔滨：哈尔滨工业大学出版社 .

周艳，熊建平 . 2004. Ovid 系统生物、农业数据库使用探讨 ［J］. 农业图书情报学刊（10）：131-133.

朱榕，韩香花 . 2013. 科技查新理论与实践 ［M］. 长春：吉林文史出版社 .

左文革，吴秀爽 . 2006. 农业信息检索与利用 ［M］. 北京：中国农业出版社 .

B. Yang，H. Garcia－Molina. 2002. Efficient Search in Peer－to－Peer Networks ［J］. ICDCS'02.

Hart C. 2002. The Future of Search Engines ［J］. Search Engine Meeting.

Jones K. S. 2003. QUANTITY vs QUALITY ［J］. Search Engine Meeting.

J. Yang，Liu Wenyin，Hongjiang Zhang，et al. 2001. The Saurus － aided Approach for Image Browsing and Retrieval ［J］. 2nd IEEE International Conf.

J. Yang. 2001. An Approach to Semantics－based Image Retrieval and Browsing ［J］. Distributed Multimedia Systems（1）.

Kautz H，Selman B，Shah M. 1997. The Hidden Web ［J］. Thirteenth Conference on Uncertainty in Artificial Intelligence.

Rappoport A. 1999. Report on the 1999 Search Engines Meeting ［J］. Searcher（8）.

R. Baeza － Yates，B. Ribeiro － Neto. 1999. Modern Information Retrieval ［J］. Pearson Education Limited.

Savoy J. 2000. Information Retrieval on the Web ［J］. UPGRADE（3）.